제2판

자본시장 불공정거래

CAPITAL MARKET UNFAIR TRADING

규제이론과 실무

안현수

박영사

실무가를 위한 해설서를 목표로 출간한 이래 금융당국, 검찰 등 법조 실무가들의 애독서로 큰 호응을 받으며 초판 발행을 마감하였습니다. 독자 여러분께 감사드리며 저자로서 큰 보람을 느낍니다.

이번 개정판은 2024년 시행 불공정거래 과징금제도를 반영하는 한편, 가상자산시장 편을 신설하여 양 시장을 아우르는 불공정거래 전문서로 전면 개정하였습니다.

우선 별도의 장을 신설하여 새로운 과징금제도와 과징금 산정기준을 상세하였습니다. 법정화된 부당이득 산정 방법은 유형별 해설을 통해 실무 활용도를 높였습니다. 그리고 본서가 정책연구에 활용한다는 점을 고려하여 과징금 및 주요국의 조사체계 등 이론을 새롭게 정비하였습니다.

또한 한국거래소의 시장감시업무 전반을 망라하였습니다. 감리 대상 위규행위를 유형별로 설명하고, 불공정거래 모니터링 · 시장경보제도 등을 신설하여 금융투자회사의 컴플라이언스 업무 활용도를 높였습니다.

2024년 시행 가상자산법 해설은 이번 개정판의 특징이라 하겠습니다. 가상자산의 개념과 종류, 탈중앙화, 블록체인의 원리, 국가별 규제체계 및 불공정거래 규제를 쉽게 이해할 수 있도록 구성하였습니다. 가상자산법이 자본시장법상 불공정거래 조항을 계수하였으므로, 이 책을 활용하면 가상자산 규제 이해에 큰 도움이 될 것입니다.

개정판의 검토와 자문을 주신 정선제 부장검사님(서울동부지검), 윤재남 서기관님(서울남부지검 금융 · 증권범죄수사과장), 최연호 수사관님(서울중앙지검), 김관범 사무관님, 김치중 사무관님, 장원석 사무관님, 전양준 사무관님, 최민혁 사무관님(이상 금융위원회), 강성곤 팀장님, 조성우 팀장님(이상 금융감독원), 이재호 선임연구위원님, 김인수 팀장님(이상 한국거래소)에게 감사드립니다. 새로운 학문적 시각을 넓혀준 연구센터 구성원에게도 감사드립니다. 또한 항상 옆에서 응원해 주는 딸 현진을 비롯한 가족에게 고마움을 전합니다.

2024년 5월

안 현 수

머리말

1956년 주식 13개 종목으로 거래를 시작한 우리 자본시장은 2천여 개 상장회사와 다양한 파생상품이 거래되는 시장으로 성장하였습니다. 그중 코스닥 시장은 중소형 기술주 중심의 시장으로 자리매김하였지만, 중소형주의 경우 불공정거래의 온상이 되고 있고, HTS 등 거래의 전산화로 개인 계좌 중심의 시세조종이 일반화된 것이 현실입니다.

이에 대응한 불공정거래에 대한 규제 역시 많은 변화가 있었습니다. 형사처벌이 강화되는 한편 과징금 규제가 그 영역을 확대하고 있고, 자본시장조사단, 증권범죄수사협력단 등 조직 신설과 기관간 인적 교류를 통해 공조체계를 강화하고 있습니다. 검경 수사권 조정 이후 경찰의 불공정거래 수사 비중도 증가하고 있으며, 금융투자회사의 모니터링을 통한 자율규제 기능도 이루어지고 있습니다.

이렇게 불공정거래 규제수요는 증가하였지만, 실무가 차원에서 불공정거래 규제를 쉽게 이해할 수 있는 해설서를 찾기란 쉽지 않습니다. 현재의 자본시장 규제 서적들은 학술적 논의에 비해 현상에 대한 설명은 상대적으로 부족하다는 생각을 합니다. 예를 들어 시세조종이 나쁘다는 이론적 근거는 알 수 있지만, 시세조종이 어떻게 이루어지고 시장에 어떤 악영향을 미치는지 설명하는 것에는 한계를 보입니다. 많은 분들은 기존 책자들의 방대한 분량에 놀라고, 본인이 원하는 답변을 찾는데 어려움이 있다는 이야기를 합니다.

저는 실무가의 시각에서 적용가능하고 쉽게 읽히는 것을 목표로 이 책을 만들었습니다. 우선 규제 내용을 간결하게 정리하고, 구체적인 사례, 도표와 요약을 통해 직관적으로 내용을 파악할 수 있도록 구성하였습니다. 또한 시세조종 주문유형, 부당이득, 과징금, 단기매매차익 등의 구체적인 산정 방법, 주식시장 매매제도, 불공정거래 경향의 설명을 통해 실무에 적용 가능하도록 했다는 점에서 차별성이 있습니다.

최근 들어 시장질서 교란행위에 대한 금융당국의 적용례가 증가하면서 그 규제 영역을 확장하고 있습니다. 이러한 추세를 감안하여 시장질서 교란행위 규제 내용과 최근까지의 구체적인 과징금 부과 사례, 과징금 산정방법도 소개하였습니다. 최근의 공매도 규제 강화에 따른 제도 도입 내용도 반영하였습니다.

우리 자본시장법은 주로 미국과 일본의 법령을 계수하여 만들어졌다는 특성을 갖고 있습니다. 이를 감안하여 각 편별로 미국과 일본의 제도 연혁과 현황을 설명하고 비교가 가능하도록 함으로써, 현행 불공정거래 규제가 만들어진 이유를 충분히 이해할 수 있도록 하였습니다.

이 책은 주석서는 아니지만 각 내용별 조문을 기재하여 따로 조문을 찾아보지 않아도 되도록 하였고, 모든 주석에 문헌 제목을 다 기재하여 참고문헌을 찾기 쉽도록 배려하였습니다.

이 책의 내용은 모두 공개된 자료를 기반으로 합니다. 또한 저자의 견해는 학자 개인의 의견으로서 저자 소속기관의 공식적인 입장과 다를 수 있다는 점을 밝힙니다.

이 책의 완성과정에서 주변 동료들의 도움은 제게 큰 힘이 되었습니다. 이 책의 검토와 자문을 해주신 이승학 검사님(한국거래소 법률자문관), 김학태 사무관님(금융위원회), 강성곤 수석님(금융감독원), 김민교 부장님(한국거래소), 강승주 과장님(한국거래소), 이광원 선배(법학박사)에게 감사의 말씀을 전합니다. 또한 저자가 학문의 길에 들어설 수 있도록 이끌어 주신 최준선 교수님(성균관대학교), 저자의 학술활동에 대한 지원을 아끼지 않으신 김연미 교수님(성균관대학교)에게도 감사드립니다. 이 책의 발간을 위하여 도움을 주신 한국상장회사협의회 김춘 부장님과 박영사 조성호 이사님에게도 감사의 말씀을 드립니다. 그리고 저자의 집필과정에서 옆에서 성원해준 부모님과 아내, 그리고 딸 현진에게도 고마움을 전합니다. 마지막으로 공정한 자본시장을 위하여 보이지 않는 곳에서 묵묵히 노력하는 한국거래소 시장감시본부 구성원들과 출간의 기쁨을 나누고 싶습니다.

이 책은 이제 첫 발걸음을 뗐습니다. 지적해주시면 연구와 반영을 통해 완성된 책으로 성장할 수 있도록 하겠습니다.

2022년 1월

안 현 수

차례

Contents

제3편　시세조종행위

제7편   불공정거래 조사·수사 체계

제8편　가상자산 불공정거래 규제

제1장　가상자산 규제체계 ·································· 481

〈 Tip 차례 〉

제 1 편
불공정거래 규제의 의의

제 1 장 총 론

제 2 장 불공정거래 법률체계

제 1 장
총 론

제 1 절   불공정거래 규제는 왜 필요한가

　자본시장은 증권과 파생상품의 발행 및 거래가 이루어지는 시장이다. 기업은 자본의 확충을 위하여 증권을 발행하고 투자자는 공모·사모의 방법을 통해 발행 증권을 배정받는데 이를 발행시장이라고 한다. 발행시장에서 증권을 배정받은 투자자는 자금이 필요할 때 언제든 증권의 환금을 해야 할 것이므로 거래소와 같은 시장을 필요로 하는데 이를 유통시장이라고 한다.

　유통시장이 원활하지 않으면 투자자의 자금 유입은 위축될 수밖에 없으므로 발행시장의 성장과 유통시장의 원활화는 상호 불가분의 관계에 있다. 자본시장은 발행시장과 유통시장 간 상호작용을 통해 산업자본의 확충에 기여한다.

　한편 파생상품시장은 기초자산인 증권의 가격변동 리스크를 회피하는 수단으로 기능한다. 이러한 자본시장이 국가 경제에서 순기능을 유지하기 위해서는 발행시장과 유통시장이 투자자의 신뢰 속에서 공정하게 운영될 필요가 있다.

　자본시장은 매도·매수자 간 거래가 이루어지는 시장(market)의 속성을 갖는다. 시장에서는 당사자 간 직접 거래가 이루어지기도 하지만, 거래소와 같이 불특정 다수가 참여하는 경매거래도 존재한다. 거래소 시장은 다수의 투자자가 실시간으로 공표되는 시세와 정보를 바탕으로 거래하도록 지원하여 유통시장의 원활화에 기여한다.

　반면 실시간 경쟁매매 시장은 호가나 시중의 정보에 민감하게 반응하므로 가격 왜곡행위에 따른 위험이 상존한다. 만약 일부 시장참여자가 공정한 가격형성을 저해하는 행위를 반복한다면 그 시장은 신뢰를 잃고 존재 의미를 상실할 것이다.

따라서 시장의 거래 규칙을 정하고 이를 지키지 않는 자를 제재함으로써 시장을 보호할 필요가 있는 것이다.

자본시장법은 자본시장에서의 "공정한 경쟁"을 촉진하고, "투자자를 보호"함으로써 자본시장의 "공정성·신뢰성 및 효율성"을 높이는 것을 기본 목적으로 한다(법 §1). 불공정거래는 자본시장의 핵심 기능이자 목적인 "공정한 경쟁"을 저해하는 행위를 말한다. 불공정거래 규제는 자본시장의 공정한 경쟁을 저해하는 행위를 금지함으로써 투자자를 보호하고 자본시장의 신뢰를 지키는 데 목적이 있다.

제 2 절 불공정거래 규제의 보호법익

Ⅰ. 사기죄와의 구분

미국의 불공정거래 행위 규제는 거래상대방에 대한 사기를 구성 요건으로 하여 증권거래법 10(b)에 포괄적으로 규정하고 있고, 구체적인 적용 방법은 판례의 축적을 통해 발전했다.

반면 우리나라는 형법상 죄형법정주의가 엄격하게 요구되고 있으므로 미국과 같은 포괄조항만으로 불공정거래를 규제하는 것은 한계가 있다. 따라서 우리나라와 일본의 경우 법률에 불공정거래 유형별로 규제대상을 구체적으로 정하고 있다.

불공정거래에 일반 형법상 사기죄를 적용할 수 없는 걸까. 사기죄와 불공정거래 금지규정은 보호법익에서 차이를 두고 있다. 법익은 법에 의하여 보호되는 이익 및 가치를 말한다. 예를 들어 사기죄는 사람을 기망하여 재산상 이익을 취득하는 행위로서 개인의 재산을 보호법익으로 한다. 만약 사기죄와 같은 개인적 법익 보호 관점으로 규제한다면 불특정 다수가 참여하는 자본시장 특성과 재산상 이익이라는 요건상 실질적인 규제가 어려울 것이다. 반면 자본시장법은 그 중심 이념인 '자본시장의 공정성과 신뢰'라는 정책적 관점에서 보호법익을 설정한다. 자본시장은 기업의 자금조달의 창구이자 금융시장의 한 축으로서 국가 경제발전의 중요한 기능을 담당한다는 점에서 사회적 보호법익 설정의 필요성이 인정된다.

II. 학 설

학설은 불공정거래 규제는 '자본시장의 공정성과 신뢰'의 저해라는 법익 침해의 우려가 있으면 충분하고, 재산권과 같은 현실적인 침해라는 위험 발생을 요건으로 하지 않는다는 점에서 사기죄와는 차별을 두고 있다.[1] 이러한 범죄를 추상적 위험범이라고 한다. 구체적 위험이 발생할 필요가 없고, 위험성만으로도 구성요건이 충족된다. 반대로 사기죄는 구체적인 침해를 요구하므로 침해범이라 불린다.

불공정거래 규정은 시장의 공정·신뢰를 보호하는 위험범 구조 덕택에 행위자의 재산상 이익이나 상대방의 손해를 요건으로 하지 않는다. 또한 '매매유인 목적' 등 목적범 형식으로 조문화되어 있어 실제 매매가 유인되었는지 여부 등을 묻지 않는다.[2] 행위자의 목적은 판례상 매매양태 등 정황증거를 통하여 입증이 가능하다. 이러한 불공정거래 금지 규정의 특징을 알고 있으면 앞으로 설명하는 불공정거래 규제에 대한 이해가 쉬울 것이다.

III. 판 례

헌법재판소의 결정이나 대법원의 판례 역시 내부자거래 등 불공정거래 규제의 보호법익은 "투자자를 보호하고 증권시장의 공정성을 확립하여 투자자에게 그 신뢰감을 갖게 하려는" 것에 목적을 두고 있다고 판단하고, "개개인의 재산적 법익은 직접적 보호법익"이 아니라고 보고 있다.[3] 불공정거래의 규제가 증권시장의 공정성에 대한 투자자의 신뢰라는 초개인적 법익을 갖는다는 점에서 미국, 영국, 독일이나 일본 등의 관점도 우리나라의 학설, 판례와 크게 다르지 않다.

---

1) 내부자거래의 보호법익과 관련한 견해가 언급된 논문으로는 박순철, "미공개중요정보 이용행위의 규제에 관한 연구", 성균관대학교 박사학위논문(2009), 15면; 이상돈·이철희, "내부자거래의 시장유해성과 시장의 형법비친화성", 「형사정책연구」 제10권 제4호(1999), 104면; 선종수, "시세조종행위에 대한 형법적 고찰", 동아대학교 대학원 박사학위 논문(2012), 94면.
2) 대법원 2003.12.12. 선고 2001도606 판결.
3) 헌법재판소 1997.3.27. 94헌바24 결정, 대법원 2002.6.14. 선고 2002도1256 판결.

제 2 장

불공정거래 법률체계

제1절 자본시장법

통상 불공정거래라고 하면 자본시장법 제4편(불공정거래 규제)에서 규정한 미공개중요정보 이용행위, 시세조종, 부정거래행위를 말한다. 이른바 3대 불공정거래라고도 불리는 이 규제는 형사처분 대상이었으나 2023년 자본시장법 개정을 통해 과징금 부과도 가능하게 되었다.

우리나라에서 최초로 도입된 불공정거래 규제는 시세조종행위 금지이다. 1962년 제정된 구 증권거래법은 미국 증권거래법 제9조를 모델로 시세조종행위 금지 규정을 처음 도입하였다.

일반적으로 '내부자거래'로도 칭하는 미공개중요정보 이용행위는 회사의 내부정보를 이용하는 행위를 말한다. 반면 공개매수정보 및 대량취득처분정보는 증권 수급과 관련된 정보에 해당하나 주가에 영향을 미치는 정보이므로 이를 이용하는 행위를 금지한다. 그 외에 내부자의 단기매매차익 반환, 임원 등의 특정증권등 소유상황 보고, 장내파생상품의 대량보유보고는 내부자거래의 간접규제를 위한 제도이다.

부정거래행위는 자본시장법 제정을 통해 도입된 불공정거래 포괄금지 규정이다. 처음 도입 시에는 규정의 포괄성으로 인하여 위헌성 여부에 대한 논란도 있었으나, 현재는 다양한 유형의 신종 불공정거래에 적용되고 있다.

2015년 도입된 시장질서 교란행위 금지규정은 기존 3대 불공정거래가 규제하지 못하는 회색지대의 불공정거래를 규제하기 위하여 도입된 규정이다. 이 규제는 금융위원회의 행정처분인 과징금 부과 대상이다.

그 외에 공매도 금지 및 보고·공시 등 규제(법 §180~180의4), 3대 불공정거래행위에 대한 배상책임 근거(법 §175, §177, §179)를 규정하고 있다.

▼ 자본시장법상 불공정거래 규정체계

구 분	조 문	내 용
내부자거래	제172조	내부자의 단기매매차익 반환
	제173조	임원·주요주주의 소유상황 보고의무
	제173조의2	장내파생상품의 대량보유보고 장내파생상품 정보 누설·이용행위
	제174조	미공개중요정보, 공개매수정보, 대량취득처분정보 이용행위 금지
시세조종	제176조	시세조종행위 등의 금지
부정거래행위	제178조	불공정거래 포괄조항
시장질서교란행위	제178조의2	과징금 부과대상 교란행위 금지
공매도	제180조	공매도 금지
	제180조의2	공매도 순보유잔고의 보고
	제180조의3	공매도 순보유잔고의 공시
	제180조의4	공매도자의 모집·매출에 따른 주식취득 제한
민사책임	제175·177·179조	불공정거래 배상책임
감 독	제426조~제427조의2	금융위의 불공정거래 조사권한
과징금	제429조의2, 제429조의3	3대 불공정거래, 장내파생상품 정보 누설·이용행위, 시장질서 교란행위, 공매도
형사처분	제443조	3대 불공정거래, 공매도
	제445조	장내파생상품 정보 누설·이용행위
	제446조	임원·주요주주의 소유상황 보고의무
과태료	제449조	장내파생상품의 대량보유보고, 공매도 보고

제 2 절 불공정거래 관련 행정규칙 등

I. 자본시장조사 업무규정

「자본시장조사 업무규정」(이하 "조사업무규정")은 금융위원회 또는 증권선물위원회가 자본시장법령의 위반행위를 조사·조치함에 있어 필요한 세부사항을 정한 금융위원회의 행정규칙이다. 이 규정은 불공정거래 조사 절차 및 조사 방법, 조사결과에 대한 심의 등 처리 절차, 조사결과에 따른 고발, 과징금 부과 등 행정조치 사항, 그리고 불공정거래 조사 관련기관의 협의체인 불공정거래조사·심리기관협의회의 운영에 관한 사항 등을 정하고 있다. 또한 불공정거래행위와 관련한 과징금 및 과태료 부과에 관한 세부기준도 정하고 있다.

II. 단기매매차익 반환 규정

「단기매매차익 반환 및 불공정거래 조사·신고 등에 관한 규정」은 종전의 「단기매매차익 반환 등에 관한 규정」, 「증권범죄조사 사무처리 규정」 및 「불공정거래 신고 및 포상 등에 관한 규정」을 2011년 통합하여 만든 금융위원회의 행정규칙이다.

이 규정은 자본시장법 제172조에 따른 내부자의 단기매매반환의무 반환대상 직원, 반환의 예외사유 등을 정하고 있다. 또한 금융위원회 조사공무원의 압수·수색 등 강제조사권(증권범죄조사), 불공정거래 신고 및 포상금 지급 등 세부 사항을 정하고 있다.

사실 이 규정은 서로 목적이 다른 세 가지 사항이 혼재되어 있다. 특히 「제3장 증권범죄조사 및 처리」가 자본시장조사 업무규정에서 분리된 것은 과거의 불공정거래 조사권한과 관련이 있다. 2013년 금융위원회 자본시장조사단이 신설되기 전까지는 금융감독원만이 불공정거래 조사업무를 수행하였기 때문에 조사공무원의 강제조사권에 관한 사항은 별도로 규정할 필요성이 있었다.

이제는 강제조사권에 관한 사항은 자본시장조사 업무규정에 흡수하고 양 규정에 혼재된 조사권한 관련 사항을 일관되게 정비할 필요가 있다.

Ⅲ. 한국거래소 시장감시규정

시장감시규정은 거래소 시장감시위원회의 업무(법 §402)에 관한 세부사항을 정한 규정이다. 이 규정은 불공정거래 초동조사인 이상거래 심리의 처리절차, 회원의 업무관련규정 위반행위에 대한 감리 및 징계절차 등을 규정하고 있다. 그 외에 불공정거래의 예방을 위한 회원에 대한 예방조치요구, 이상급등 종목에 대한 투자주의·투자경고종목의 지정 및 공표방법 등을 정하고 있다. 2021년 3월에는 정부의 공매도 규제 강화기조에 발맞춰 회원에 대한 공매도 감리근거를 마련하였다(시장감시규정 제6절 신설).

한국거래소의 시장감시규정은 자율규제기관의 규정으로서 거래소와 회원 간에 정한 권리와 의무를 정한 계약내용인 약관의 성질을 갖는다.[4] 한편 자본시장법은 거래소에게 심리·감리 등 시장감시업무를 통해 투자자를 보호할 책무 부여하고,[5] 회원에 대한 금융거래정보 요구권 등을 보장함으로써 자본시장의 투자자 보호 기능을 수행할 수 있도록 지원하고 있다.

---

4) 대법원 2007.11.15. 선고 2007다1753 판결.
5) 제373조의7(상장 및 시장감시 등의 책무) 거래소는 다음 각 호의 업무를 행함에 있어서 이 법 또는 정관등에 따라 거래소시장에서 투자자를 보호하고 증권 및 장내파생상품의 매매를 공정하게 수행할 책무를 가진다.
   1. 증권의 상장 및 상장폐지 업무
   2. 제402조제1항제1호부터 제3호까지의 규정에 따른 업무
   3. 그 밖에 투자자를 보호하고 공정한 거래질서를 확보하기 위하여 필요한 업무로서 대통령령으로 정하는 업무

제 2 편

내부자거래

제 1 장

총 론

제 1 절 내부자거래의 의의

I. 의 의

사례	내부자거래의 전형적인 사례

Q. 상장법인 이사인 甲은 1월 초 회사가 50% 이상 자본잠식이라는 가결산 결과를 보고 받았다. 3월 사업보고서가 공시되면 관리종목으로 지정되고 주가는 급락할 것이다.

甲은 손해를 보지 않으려면 사업보고서가 공시되기 전에 보유 주식 1만주를 팔아야 한다. 甲은 어떤 선택을 해야 할까?

A. 상장법인 임직원은 미공개중요정보를 이용하여 주식거래를 하지 않을 신분상 의무가 있다. 甲이 거래한다면 내부자거래 위반이다.

내부자거래는 회사의 내부자가 일반인에게 공개되지 않은 회사의 중요한 내부정보를 이용하여 해당 회사의 증권을 거래하는 행위를 말한다. 위 사례에서 자본잠식이라는 정보는 회사의 중요한 내부정보이다. 만약 甲이 사업보고서가 공시되기 전에 주식을 판다면 내부자거래 위반에 해당한다.

회사의 내부정보는 그 정보의 내용에 따라 공개 후 주가가 상승하거나 하락할 수 있다. 내부자는 그 정보가 일반에 공개되기 이전에 알게 될 경우 사전에 매입하거나(호재성 정보), 매도하여(악재성 정보) 이익을 실현하거나 손실을 회피할 경제적 유인이 생기게 된다.

내부자거래를 규제하는 것은 거래자 사이의 정보의 비대칭을 막는 데 목적이 있다. 내부자들이 내부정보를 이용하여 이익을 추구하는 것이 허용된다면, 일반투자자들은 시장에 대한 신뢰를 잃어버릴 것이다. 정보비대칭을 해결하기 위한 제도인 공시의무도 무력화된다.

헌법재판소 역시 동등한 입장과 가능성 위에서 증권거래를 하도록 투자자를 보호하는 것이 내부자거래 규제의 목적이라고 설명하고 있다.[1]

내부자거래 규제는 회사 내부자뿐 아니라 정보수령자까지 그 정보를 이용하여 해당 회사의 금융투자상품 거래를 하지 않을 의무를 부과한다. 통상 내부자거래라고 불리는 규제는 규제대상자가 확대됨에 따라 법률상 미공개중요정보 이용행위로 칭하고 있다.

내부자거래가 시장에 미치는 영향을 볼 때 시세조종 등 다른 불공정거래 수준의 악성이 있다고 평가하기는 어렵다. 실제 미국이나 일본의 내부자거래 처벌조항을 보면 부정거래 등 다른 행위보다 처벌 수준이 낮다.[2] 합리적인 투자자의 관점에서 회사의 중요정보를 알고도 이를 외면하고 투자결정을 한다는 것은 쉽지 않다. 시세조종이나 부정거래는 조직적·계획적이고 부당이득 규모가 큰 반면, 내부자거래는 상대적으로 소극적인 불공정거래 행위로 평가할 수 있다.

II. 내부자거래의 규제체계

1. 회사관계 중심의 규제 모델

우리나라의 내부자거래 규제는 미국, 일본과 같이 회사와 법률상·계약상 관계에 있는 내부자와 그로부터 정보를 수령한 1차 정보수령자를 규제하는 회사관계 중심의 규제 모델을 채택하고 있다. 이러한 규제체계는 규제대상자와 대상정보를 명확히 하는 장점이 있으나, 회사의 외부자가 생성한 시장정보나 정보전득자를 규제하지 못하는 한계가 있다. 반면 시장질서 교란행위 규제(법 §178의2)는 영국과

---

1) [헌법재판소 2002.12.18. 99헌바105 결정] 내부자거래에 대한 규제의 목적은 증권매매에 있어 정보면에서의 평등성, 즉, 공정한 입장에서 자유로운 경쟁에 의하여 증권거래를 하게 함으로써 증권시장의 거래에 참여하는 자로 하여금 가능한 동등한 입장과 동일한 가능성 위에서 증권거래를 할 수 있도록 투자자를 보호하고 증권시장의 공정성을 확립하여 투자자에게 그 신뢰감을 갖게 하려는 데에 있는 것이다.
2) 일본 금융상품거래법상 내부자거래 벌칙(5년 이하의 징역 또는 500만엔 이하의 벌금)은 부정거래 벌칙(10년 이하의 징역 또는 1천만엔 이하의 벌금)의 절반 수준이다.

EU의 시장남용규칙과 같은 정보이용 중심의 규제를 통해 기존 미공개중요정보 이용행위 규제를 보완하는 기능을 갖는다.[3]

2. 규제체계

내부자거래 규제는 시세조종과 달리 형사처벌을 통한 직접규제가 늦은 편이다. 내부자거래가 범죄라는 인식이 늦게 형성되었기 때문이다.

내부자거래 규제체계는 전통적 규제인 ⅰ) 내부자의 증권거래에 대한 공시의무 부과나 단기매매차익 반환의무 부과를 통한 간접적인 규제, ⅱ) 내부자거래를 한 내부자에 대한 형사처벌이나 과징금 부과를 통한 직접 규제로 대별된다.

▼ 내부자거래 규제체계

구 분	조 문	내 용
간접규제	제172조	내부자의 단기매매차익 반환
	제173조	임원·주요주주의 특정증권등 소유상황 보고의무
	제173조의2	장내파생상품의 대량보유보고
직접규제	제174조	미공개중요정보 이용행위 금지
	제178조의2①	시장질서 교란행위의 금지(정보이용형 교란행위)

내부자에 대한 공시의무 부과를 통한 간접적인 규제는 임원·주요주주의 특정증권등 소유상황 보고의무(법 §173)가 있다. 동 보고의무는 내부자거래에 대한 간접규제를 위한 감시수단의 기능을 갖는다.[4]

내부자의 단기매매차익 반환제도는 내부자가 당해 증권에 대한 6개월 이내의 단기매매를 통하여 얻은 이익에 대하여 해당 법인이 반환을 청구할 수 있는 민사청구권을 부여한 제도이다(법 §172).

내부자거래에 대한 형사처벌 및 과징금을 통한 직접규제는 미공개중요정보 이용행위 금지규정(법 §174) 및 시장질서 교란행위 금지규정(법 §178의2①)이 있다. 형사처벌 또는 과징금 부과 대상인 미공개중요정보 이용행위는 상장법인의 업무관련

---

3) 시장질서 교란행위와 EU 시장남용규칙에 관한 자세한 내용은 제5편 참조.
4) 임재연, 「자본시장법」, 박영사(2018), 625면 참조.

미공개중요정보를 이용한 내부자와 1차 정보수령자를 규제 대상으로 한다. 반면, 시장질서 교란행위의 경우 제174조가 규제하지 못하는 2차 이상 정보수령자의 미공개정보 이용행위 및 시장정보 등 외부정보 이용행위에 대하여 과징금을 부과하는 제도이다.

일반적으로 제174조에 따른 미공개중요정보 이용행위가 주된 규제 및 제재 대상이 되고 있으며, 정보이용형 교란행위의 경우 제174조에 따른 위반행위의 조사과정에서 정보전달 경로가 확인된 2차 이상 정보수령자가 제재 대상인 경우가 주종을 이루고 있다.

제 2 절   내부자거래 규제의 연혁

Ⅰ. 개 관

사실 내부자거래가 처벌할 가치가 있는 행위인지에 대한 입장이 정리된 것은 그리 오래된 것이 아니다. 미국 1934년 증권거래법 제정 초기에는 내부자거래 자체에 대한 처벌이 아닌 16(a)의 소유주식 변동보고와 16(b)의 단기매매차익 반환제도와 같은 간접규제 방식을 적용하기도 했다. 이러한 규제 방식의 출발은 한국과 일본도 마찬가지였다. 미국을 중심으로 내부자거래의 규제 필요성에 대한 이론적 근거가 형성되면서 형사적 규제의 토양을 마련하게 된 것이다.

Ⅱ. 연 혁

1. 단기매매차익반환제도의 도입

구 증권거래법상 최초에 도입된 내부자거래 규제는 내부자의 단기매매차익 반환제도이다. 1976년 도입 당시에는 내부자가 그 직무 또는 지위에 의하여 "지득한 비밀을 이용"하여 매매할 것을 요구하였기 때문에 사실상 내부자거래의 규제 조항의 기능을 하였다. 이와 별도로 상장법인의 임직원 또는 주요주주의 공매도 금지규정을 두었는데, 이 역시 내부자거래의 제한을 위한 규제 목적을 갖고 있었다.

2. 미공개중요정보 이용행위 금지의 도입

1987년 11월 개정에서는 단기매매차익 반환규정상 정보이용요건을 삭제하고 미공개중요정보 이용행위 금지 및 형사처벌 규정(구 증권거래법 §105④3, §208③)을 신설하면서 내부자거래의 직접규제를 마련하였다.

당시의 미공개중요정보 이용행위 금지규정은 기존의 단기매매차익 반환규정의 '직무 또는 지위'와 같은 직무관련요건 및 정보이용요건을 차용한 것 이외에는 다소 포괄적으로 규정된 상태였다.[5] 따라서 구체적인 내부자의 범위나 정보의 중요성 여부를 판단하기 어렵다는 문제가 있었다. 이후 1991년 개정 법률은 미국 및 일본의 법제를 참고하여 내부자의 범위를 회사내부자, 준내부자 및 정보수령자로 구체적으로 열거하고, 미공개중요정보의 범위를 상장법인의 신고사항(구 증권거래법 §186①)으로 명확화하였다.

자본시장법에서는 미공개중요정보의 정의를 '투자자의 투자판단에 중대한 영향을 미칠 수 있는 정보로서 불특정 다수인에게 공개되지 않은 정보'로 규정하여 신고·공시사항 이외의 다양한 중요정보를 포섭할 수 있도록 하였다.

3. 시장질서 교란행위 등 과징금 규제의 도입

미공개중요정보 이용행위의 규제는 2차 이상 정보수령자의 규제나 회사 외부에서 생성된 시장정보를 이용한 불공정거래의 규제가 불가능한 문제점을 안고 있었다.[6] 2015년 도입된 시장질서 교란행위 규제는 이러한 규제 공백을 해결하기 위하여 2차 이상 정보수령자의 미공개정보 이용행위 및 시장정보 등 외부정보 이용행위인 정보이용형 교란행위를 금지하고 있다(법 §178의2). 이 제도는 영국 금융서비스시장법상 시장남용행위(market abuse) 규제 제도가 모델이 된 것인데, 영국과 같은 불공정거래에 대한 이원적인 규제체계를 마련하게 되었다.

한편 2023년 자본시장법 개정으로 미공개중요정보 이용행위를 포함한 3대 불공정거래에 대하여 부당이득의 2배 이하의 과징금 부과 근거가 마련되어 동일한 구성요건의 불공정거래행위에 대해 형사처벌 또는 과징금 부과가 가능하다(법 §429의2①).

---

5) 제105조 ④ 누구든지 유가증권의 매매 기타 거래와 관련하여 다음 각 호의 1에 해당하는 행위를 하지 못한다.
  3. 특정 유가증권에 관하여 일반적으로 공개되지 아니한 정보를 직무 또는 지위에 의하여 지득한 자가 그 정보를 이용하거나 타인으로 하여금 이를 이용하게 하는 것.
6) 정부합동발표, "주가조작 등 불공정거래 근절 종합대책", (2012), 10면 참조.

제3절 외국의 내부자거래 규제

Point

• 미국과 일본은 정보를 알고 있는 상태의 거래도 규제대상이 된다.
– 한국은 정보를 알 뿐 아니라 이를 이용하여 거래해야 규제대상이 된다.

I. 미 국

1. SEC Rule 10b-5를 통한 규제[7]

미국의 내부자거래 규제는 불공정거래에 대한 포괄규정인 1934년 증권거래법 10(b), 그리고 10(b) 위임을 받은 SEC Rule 10b-5[8]에 근거하고 있다.

그러나 이 규정은 사기적인 수단 또는 책략을 이용하는 것을 금지하는 포괄규정으로서 내부자거래에 대하여 구체적인 요건을 제시한 것은 아니므로, 내부자거래 위반의 구체적인 구성요건의 판단은 판례나 학설을 통한 해석의 영역으로 남게 되었다.

2. 내부자거래 이론의 발전

미국의 내부자거래 이론은 내부자거래가 증권거래법에 따른 사기적 행위에 해당하는 근거가 무엇인가를 중심으로 발전해 왔다. 전통적 이론으로는 정보소유이론과 거래상대방에 대한 신뢰를 근거로 하는 신인의무이론이 있다. 부정유용이론은 신인의무를 부담하지 않는 외부자까지 규제를 확대하여 신인의무이론의 한계를 극복한 이론이다. 미국의 규제이론은 사기적 행위의 근거에 초점을 맞추고 있으므로, 규제의 필요성에 대한 근본적 논거 제시와는 동떨어졌다는 지적이 있다.[9] 우리나라는 미국과 달리 사기를 요건으로 하지 않고 '자본시장의 공정'이라는 사회적

---

7) Rule 10b-5에 대한 상세한 설명은 부정거래행위에서 기술한다.
8) Rule 10b-5(시세조종적이고 기만적인 방법의 사용) 누구든지 주간통상 또는 우편수단이나 기타 방법, 전국증권거래소를 이용하여 증권의 매수 또는 매도와 관련하여 직접·간접으로 (a) 사기를 위한 수단, 계략, 술책을 사용하거나, (b) 중요한 사실에 관하여 허위의 기재를 하거나 표시가 행해진 당시의 상황에 비추어 오해가 유발되지 않도록 하는데 필요한 중요한 사실의 기재를 누락하거나, (c) 타인에게 사기 또는 기망이 되거나 될 수 있는 행위, 실무관행, 거래과정에 관여하는 것은 위법한 행위이다
9) 김건식, 정순섭, 「자본시장법」, 박영사(2023), 411면.

법익 하에 규제하므로 미국과 같은 논란은 발생하지 않는다.

(1) 정보보유이론(정보평등이론)

정보보유이론(Possession theory)은 회사의 내부정보를 보유한 사람은 정보를 공개하지 않고서는 그 회사의 증권을 거래할 수 없다는 이론이다. 이 이론은 Rule 10b – 5가 중요정보에 동등하게 접근할 권리를 보장하기 위한 것이라는 것을 근거로 한다. 이러한 해석을 근거로 정보평등이론(Equal access theory)이라고도 불리기도 한다. 이 이론은 1968년 Texas Gulf Sulphur 판결[10]에서 확립되었는데 법원은 "정보보유자는 투자자에게 공개할 의무가 있으며, 내부정보가 공개되지 않은 상태에서는 해당 증권의 거래 또는 추천을 자제해야 한다"라고 하여 이른바 '공시 또는 포기(disclosure or abstain)' 원칙을 채택하였다. 동 판결에서 법원은 Rule 10b – 5에 따른 의무는 "엄격하게 내부자라고 불릴 수 없는 사람들을 포함하여 정보를 소유한 모든 자에게 적용된다"라고 하여 Rule 10b – 5에 따른 금지는 내부자뿐 아니라 내부정보를 보유한 모든 사람에게 적용된다는 것을 명확히 하였다. 이 사건을 통하여 내부자거래에 Rule 10b – 5가 처음 적용되었으며, Rule 10b – 5 적용범위가 확장되는 계기가 되었다.

한편 이 판결은 미공개중요정보의 중요성에 대한 판단기준을 제시하였다. 당해 미공개중요정보가 사실로 확정될 '가능성'과 공개될 경우 주가에 영향을 미칠 '중대성'이 인정될 경우 중요한 정보라고 판시하였는데, 이를 "가능성 – 중대성 기준(probability – magnitude test)"이라고 한다.

(2) 신인의무이론

정보보유이론은 미공개중요정보를 보유한 모든 자를 규제대상으로 하므로, 내부자의 범위가 지나치게 광범위해진다는 문제점을 갖고 있었다. 이러한 문제점에 주목하여 생겨난 이론이 신인의무이론(Fiduciary duty theory)이다. 신인의무이론은 회사, 주주 또는 거래상대방에 대한 신뢰관계(relationship of trust and confidence)가 있는 자에 대해서만 공개의무를 부담한다는 이론이다. 이 이론은 1980년 Chiarella 사건에서 최초로 채택되었다.[11]

인쇄공인 피고인(Chiarella)이 서류 인쇄 중에 알게 된 공개매수 정보를 이용하

---

10) SEC v. Texas Gulf Sulphur Co., 401 F.2d 833(2d Cir. 1968); 광산회사인 Texas Gulf Sulphur(TGS)의 1964.4.16. 주요 광물 발견에 대한 공표 이전에 TGS 임직원들이 동 주식을 매수하거나 스톡옵션을 부여받은 사건이다.
11) Chiarella v. United States, 445 U.S. 222(1980).

여 주식을 매수한 사건에서 연방대법원은 내부자와 피고인 간 믿음과 신뢰의 관계 (relationship of a fiduciary or trust)가 없으면 공개의무가 없다는 취지의 무죄 판결 을 함으로써 신인의무이론을 최초로 채택하였다.

이 이론은 공개되지 않은 내부정보에 직·간접적으로 접근할 수 있는 자에 대한 거래 회피의무를 부담하는 정보보유이론과 비교할 때, 신인의무를 갖는 자로 내부자의 범위를 명확히 했다는 특징이 있다. 신인의무를 부담하는 자는 임직원, 지배주주 또는 일시적으로 신인의무를 부담하는 변호사, 공인회계사도 포함된다.[12] 그러나 이 이론은 신인의무가 없는 외부인에 대한 규제 근거를 설명할 수 없다는 한계가 있다.

한편 SEC는 Chiarella 사건이 판결 이후 Rule 14e−3을 제정하여 공개매수 정보를 보유한 자의 거래를 금지하였다. 또한 신인의무이론에 따른 패소에 대응하여 1984년 「내부자거래제재법」(Insider Trading Sanction Act of 1984)을 제정하였는데, 미공개중요정보를 보유한(possession) 상태에서 증권을 매매하거나 정보를 전달하는 경우 SEC가 법원에 민사소송 제기를 통해 최대 부당이득의 3배에 상당하는 민사제재금의 부과가 가능하다(증권거래법 §21A). 따라서 신인의무나 정보의 이용 여부와 관계없이 정보보유만으로도 제재가 가능하게 된 것이다.

(3) 부정유용이론

부정유용이론(misappropriation theory)은 신인의무를 부담하지 않는 외부자들의 규제에 비롯된 이론으로서, 정보원에 대한 신뢰를 위반하여 개인적 이익을 위해 미공개중요정보를 이용하여 거래하는 자에 대한 책임을 묻고 있다. 부정유용이론은 내부자의 거래 시 '정보이용 여부'를 묻고 있으므로, 내부자가 당해 미공개정보를 알고 있었더라도 다른 이유로 거래를 했다는 항변을 할 경우 수사기관이나 SEC가 유죄로 입증하기가 어려운 문제가 발생하게 되며, 정보의 보유만으로도 금지대상이 되는 공개매수정보 이용행위 규제(Rule 14e−3)와 내부자거래제재법(증권거래법 §21A)과도 상충된다.

공개매수정보 이용행위와 관련한 O'Hagan 사건[13]과 Smith 사건,[14] 내부자거

---

12) 박순철, "미공개중요정보 이용행위의 규제에 관한 연구", 성균관대학교 박사학위논문 (2009), 27면.
13) United States v. O'Hagan, 521 U.S. 642(1997); Phillsbury사 보통주의 공개매수와 관련 하여 공개매수 대리인 법무법인에 소속된 변호사인 O'Hagan이 공개매수 업무에 참여하지 않았지만 동 정보를 엿듣고 공개매수 발표 전에 보통주 및 주식 콜옵션을 매수

래제재법 위반과 관련한 Adler 사건[15]을 통해서 미공개중요정보 보유요건만으로는 충분하지 않고 정보이용요건을 요구함으로써 SEC의 입장과 큰 간격을 노출하게 되었고, 이러한 일련의 판결은 SEC의 새로운 규정 제정을 촉발하는 계기가 되었다.

3. Rule 10b5-1을 통한 규제(정보보유기준의 채택)

2000년 도입된 SEC Rule 10b5-1의 주요 골자는 미공개중요정보의 이용이 아닌 보유기준을 채택하는 한편, 내부자가 계약의 존재 등 일정한 요건에 해당함을 증명하는 경우에 내부자거래 규제대상에서 제외함으로써 증명책임을 내부자에게 전환하는 것을 내용으로 한다.[16]

규정은 미공개중요정보에 "근거한(on the basis of)" 거래를 별도로 정의하고 있는데, "미공개중요정보를 알면서(aware of the material nonpublic information)" 매도·매수를 한 경우 미공개중요정보에 근거하여 거래하는 것으로 정의함으로써 정보보유기준을 채택하였다(§10b5-1(b)).[17]

하여 이익을 얻은 사건이다. 이 사건에서 법원은 부정유용이론은 회사의 주주들에게 신인의무를 부담하지 않는 회사 외부자들의 남용으로부터 시장건전성을 보호하기 위해 고안된 것으로서, 정보원에 대한 신인의무를 위반하여 개인적 이익을 위해 중요비밀정보를 이용하여 증권을 거래하는 자에게 책임을 물을 수 있다고 하면서 정보유용이론에 근거하지 않은 행위에 대해 증권거래법 10(b) 및 Rule 10b-5를 적용할 수 없다고 보았고, 신인의무를 전제하지 않은 Rule 14e-3은 증권거래법의 위임범위를 벗어난 것으로 보아 무죄판결하였다.

14) United States v. Smith, 155 F.3d. 1051(1998).
15) SEC v. Adler, 137 F.3d 1325 (11th Cir. 1998); Adler 사건은 악재성 정보의 공시 이전에 임원이 주식을 매각한 사건에 대하여 SEC가 내부자거래제재법에 따라 법원에 민사제재금 부과를 위한 민사소송을 제기한 사건이다. 해당 임원은 사전에 주식 매각 계획이 있었다는 이유로 해당 정보와 거래행위간 인과관계가 없다고 주장하였다. 판결에 따르면 정보의 보유기준으로 할 경우 고의 요소(scienter)가 없는 사안도 포함이 되는 문제가 있고, 사기를 요건으로 하는 1934년 증권거래법 10(b)와 SEC Rule 10b-5와 맞지 않으며, 중요정보를 보유하고 거래를 한 사실이 있으면 그 정보를 이용했다는 사실이 강하게 추정(strong inference)되므로 SEC의 입증 문제는 완화되며, 미공개정보 이용에 대해서 피고인이 입증책임을 부담한다고 판시하였다.
16) Rule 10b5-1 요건에 대하여 자세히 설명한 논문은 안현수, "자본시장법상 내부자거래의 정보이용요건에 관한 연구", 「형사법의 신동향」 통권 제64호(2019.9), 192면 이하 참조.
17) Rule 10b5-1 (b) Definition of "on the basis of." Subject to the affirmative defenses in paragraph (c) of this section, a purchase or sale of a security of an issuer is "on the basis of" material nonpublic information about that security or issuer if the person making the purchase or sale was aware of the material nonpublic information when

규정은 내부자가 일정한 사유에 대한 적극적 항변(affirmative defenses)을 통하여 내부자거래에 근거하여 거래하는 것이 아님을 증명하는 경우 내부자거래 요건 적용을 배제하고 있다.[18] 적용배제 사유는 미공개중요정보를 알기 전에 ① 증권의 매수·매도에 대한 구속력 있는 계약(binding contract)을 체결한 경우, ② 지정된 제3자에게 그 제3자의 계좌로 증권의 매수·매도를 지시한 경우, ③ 증권거래에 대한 서면 계획(written plan)을 채택한 경우이다(§ 10b5-1(c)(1)(ⅰ)(A)). 거래계획의 공시 방법은 기존에 있는 임원·주요주주 지분변동 보고 등 지분 관련 공시제도[19]를 활용하여 증권의 거래행위가 선의였음을 증명하는 수단으로 사용할 수 있다.[20]

미국은 Rule 10b5-1의 정보보유요건에 대한 논의가 활발한데, 증권거래법 10(b)를 근거로 하는 Rule 10b5-1 규정이 형사범에 대한 고의와 기망 요소를 배제한다는 점에서 법률의 위임범위를 넘어서는 것으로 입법의도와 맞지 않다는 견해가 다수를 이루고 있다.[21]

한편 거래계획의 사전공시를 통한 면책 방식은 중대한 부작용을 갖고 있었는데, 내부자가 중요사항 공시 직전에 거래계획을 수립하고 주식을 거래하는 등 사전 계획을 악용하는 문제를 양산한 것이다.[22] 결국 SEC는 2022년 12월 14일에 아래와

---

the person made the purchase or sale.

18) 적용배제 사유는 미공개중요정보를 알기 전에 ① 증권의 매수·매도에 대한 구속력 있는 계약(binding contract)을 체결한 경우, ② 지정된 제3자에게 그 제3자의 계좌로 증권의 매수·매도를 지시한 경우, ③ 증권거래에 대한 서면 계획(written plan)을 채택한 경우이다(§ 10b5-1(c)(1)(ⅰ)(A)).

19) 사전적 공시사항인 1933년 증권법 Rule 144에 따른 임원, 제휴자의 증권의 매도에 대한 Form 144의 경우 Rule 10b5-1에 따른 계획의 채택 또는 지시가 있는 경우 그 내용의 기재를 구체적으로 요구하고 있다. 사후적 공시인 임원, 주요주주의 지분변동과 관련한 증권거래법 제16조에 따른 Form 4의 경우 거래 발생일로부터 2영업일 이내에 제출해야 하는데, 10b5-1의 계약, 지시 또는 계획에 따른 경우에는 브로커가 내부자에게 거래의 집행을 통보한 날로부터 2일 이내로 제출기한이 연장된다(Rule 10a-3(g)(2)).

20) Stuart Gelfond, Arielle Katzman, A Guide To Rule 10b5-1 Plans, Insights, volume 29 Number 11(2015), at 5.

21) Carol B. Swanson, Insider Trading Madness : Rule 10b5-1 and the Death of Scienter, 52 University of Kansas Law Review, Vol. 52(2003) at 96~99, 204; United States v. Nacchio, 519 F.3d 1140 (10th Cir. Colo. 2008); Donna M. Nagy, The "Possession vs. Use" Debate in the Context of Securities Trading by Traditional Insiders: Why Silence Can Never be Golden, 67 U. CINN. L. REV. (1999), at 1195.

22) 2011년 11월 월스트리트 저널이 Mohawk Industries CEO가 악재성 정보(분기실적 하향 정보) 발표 직전에 거래계획 수립하고 주식을 팔아 큰 손실을 면한 사건을 다룬 뉴스를 다룸으로써 10b5-1 플랜의 문제점이 크게 부각되는 계기가 되었다. 또한 10b5-1 플랜에 따라 거래를 하는 내부자들이 통계적으로 유의미한 수익률을 올린다는 연구결과

같은 거래계획에 대한 추가적 요건을 정한 Rule 10b5-1 개정규정을 통과시켰다.

1. 냉각기간
   임원(directors or officer) : 거래계획의 채택 또는 수정 후 90일, 거래계획이
   분기보고서에 공개된 후 2영업일(거래계획 채택 후 120일까지 한함)까지 거래할
   수 없음
   임원 외의 자 : 거래계획 채택 또는 수정 후 30일까지 거래할 수 없음
2. 선의의 증명 : 임원은 거래계획의 채택·수정시 미공개중요정보를 알지 못하거나,
   Rule 10b-5를 회피하기 위한 계략이 아닌 선의로 계획을 채택하였음을 증명해야 함
3. 복수 거래계획 제한 : ⅰ) 복수 거래계획의 중첩 사용 제한, ⅱ) 적극적 항변은 12
   개월 기간 동안 단일 거래계획으로 제한
4. 정보공개 요건 : ⅰ) 발행인은 분기별로 Form 10-K, Form 20-F에 따라 임원
   의 거래계획(거래계획의 종료, 수정도 포함)을 공개, ⅱ) 매년 발행인의 내부자거
   래 정책 및 절차 공개, ⅲ) 스톡옵션 부여시기에 관한 정책과 관행, 스톡옵션 부여
   상세 공개, ⅳ) 임원 및 주요주주 지분변동 보고시 Rule 10b5-1(c)의 적극적 항
   변요건의 충족 여부를 체크

Ⅱ. 일 본

1. 사기적 부정거래 금지규정에 따른 규제

일본의 초기 내부자거래 규제는 미국 증권거래법의 영향을 받은 舊 증권거래
법상 단기매매차익 반환제도와 사기적 부정거래 금지규정이라는 포괄규정(§58, 현
행 금융상품거래법 §157)에 따라 이루어졌다. 그런데 이 규정은 추상적인 구성요건으
로 인해 실제 내부자거래에 따른 처벌이 이루어진 사례는 없었다.[23] 그러나 타테
호화학공업 사건[24]을 계기로 내부자거래 규제의 강화 필요성이 제기되었고, 1988
년 증권거래법 개정을 통하여 별도의 내부자거래 금지 규정을 신설하였다.

가 나오기도 했다 ; M. Todd Henderson, Alan D. Jagolinzer, Karl A. Muller, Offensive
disclosure - How voluntary can increase returns from insider trading, Georgetown Law
Journal Vol.103 No. 5(Jan. 2015), at 1294.
23) 사기적 부정거래행위 조문이 적용된 사례는 나스유황광업 사건 판례가 유일하다; 最高
裁第三小法廷, 1965年5月25日, 裁判集刑事 155号, 831頁.
24) 타테호(タテホ)화학공업 사건: 1987년 타테호화학공업이 채권선물거래로 고액의 손실
을 입은 것을 공표해 동사의 주가는 폭락했지만, 공표 직전에 손실을 입을 것을 알고,
동사 및 거래처 관계자인 내부자가 동사의 주가가 하락하기 전에 주식을 매도한 사건.
전형적인 내부자거래 사건임에도 불구하고, 법률상 책임을 묻지 못하였다.

2. 회사관계자의 금지행위

(1) 개 요

금융상품거래법 제166조(회사관계자의 금지행위)는 내부자거래 규제대상과 규제 제외 대상을 구체적이고 한정적으로 열거하는 한편, 중요사실에 대한 이용이 아닌 보유요건을 채택했다는 것으로 정리된다.

금융상품거래법 제166조 제1항은 회사관계자가 상장회사에 관한 업무 등에 관한 중요한 사실을 "지득"한 경우 당해 중요사실의 공표 후가 아니면 당해 상장 회사 등의 특정증권등과 관련된 매매 등을 금지한다.[25] 따라서 회사관계자는 중요 사실을 알고 있으면 충분하고, 그 중요사실을 이용하거나 그에 근거하여 증권을 거 래할 것을 요건으로 하지 않는다.[26]

(2) 구성요건

1) 규제대상자

규제대상자는 ⅰ) 상장회사(모회사·자회사 포함)의 임원, 대리인, 사용인 기타 종업원은 직무에 관하여, ⅱ) 회계장부 열람청구권을 갖는 주주는 그 권리행사에 관하여, ⅲ) 상장회사등에 법령에 따른 권한을 갖는 자는 그 권한의 행사에 관하여, ⅳ) 상장회사등과 계약을 체결하고 있는 자 또는 체결의 교섭을 하고 있는 자 는 당해 계약의 체결이나 그 교섭 또는 이행에 관하여, ⅴ) ⅱ) 내지 ⅳ)인 법인의 임원등은 직무에 관하여 각각 지득하여야 한다. 또한 상기 회사관계자로부터 중요 사실을 전달받은 1차 정보수령자도 규제대상이다.

2) 중요사실

금융상품거래법은 우리 자본시장법과 달리 상장회사등에 관련되는 업무 등에 관

---

25) 제166조(회사관계자의 금지행위) ①다음 각 호의 자(이하 이 조에서 「회사관계자」라 한 다.)로서 상장회사등에 관련되는 업무등에 관한 중요사실[당해 상장회사등의 자회사에 관련되는 회사관계자(당해 상장회사등에 관련되는 회사관계자에 해당되는 자는 제외한 다.)에 관하여는 당해 자회사의 업무등에 관한 중요사실로서 제2항제5호 내지 제8호에 규정하는 것에 한한다. 이하 같다.]를 당해 각 호에서 정하는 바에 따라 지득한 자는 당 해 업무등에 관한 중요사실이 공표된 후가 아니면 당해 상장회사등의 특정유가증권등 에 관한 매매 기타 유상양도·양수 또는 파생상품거래(이하 이 조에서 「매매등」이라 한 다.)를 하여서는 아니 된다. 당해 상장회사등에 관련되는 업무등에 관한 중요사실을 다 음 각 호에서 정하는 바에 따라 지득한 회사관계자로서 당해 각 호의 회사관계자에 해 당되지 아니하게 된 후 1년 이내의 경우에도 또한 같다.
26) 三國谷勝範, 「インサイダー取引規制詳解」, 資本市場研究会(1990), 28頁.

한 중요사실을 구체적으로 나열하여 규정한다(금상법 §166②). 상장회사등과 그 자회사에 관한 중요사실을 발생사실, 결정사실 그리고 회사의 결산정보사실로 대별하여 상세히 열거하고, 기타 상장회사 등이나 그 자회사의 운영, 업무 또는 재산에 관한 중요한 사실로서 투자자의 투자판단에 현저한 영향을 미치는 사실을 규정하고 있다.

3) 금지행위

회사관계자와 정보수령자는 당해 상장회사등의 특정증권등에 관해 매매, 기타 유상의 양도 또는 양수를 해서는 안 된다(금상법 §166①). 중요사실을 알고 있으면 충분하고, 그 중요사실을 이용하거나 그에 근거하여 증권을 거래할 필요는 없다. 정보의 이용여부와 상관없이 거래한 경우 위법으로 규정한다는 점에서 정보이용여부를 요건으로 하는 우리나라와 다르다.

4) 예 외

금융상품거래법은 회사관계자의 금지행위 적용의 예외를 별도로 정한다. 회사법에 따른 권리행사를 통해 주권을 취득하는 경우, 신주예약권의 행사, 특정증권등의 옵션 행사를 통해 매매 등을 하는 경우 등이다(금상법 §166⑥). 중요사실을 알기 전에 체결된 매매계약을 이행하는 경우도 예외가 되는데, SEC Rule 10b5-1의 예외사유와 유사하다(금상법 §166⑥12). 세부적인 예외사항은 「증권거래등의 규제에 관한 내각부령」 제59조 제14호에서 정한다.[27]

(3) 비 판

사실 금융상품거래법 제166조 제1항에 따라 내부자거래 요건을 보유기준으로 적용하는 것과, 미공개중요정보를 알기 전에 계약이나 계획이 있는 경우 규제대상에서 제외한다는 점에서는 미국 SEC Rule 10b5-1과 아주 유사하다. 이러한 형식범 체계는 미공개중요정보를 알고 매매를 하면 충분하고, 정보의 이용여부는 필요하지 않으므로, 해당 미공개정보와 관계없이 매매한 경우에도 내부자거래가 된다. 따라서 행위의 목적이나 주관적 요건이 없이 적용하여 어리석은 결론을 양산한다

---

27) 「증권거래등의 규제에 관한 내각부령」 제59조제14호에 따른 회사관계자의 금지행위 제외대상은, ⅰ) 당해 계약 또는 계획의 사본이 금융상품거래업자에 제출된 해당 제출일에 해당 금융상품거래업자에 의한 확인을 받을 것, ⅱ) 해당 계약 또는 계획에 대한 확정일자가 있을 것, ⅲ) 해당 계약 또는 계획이 금융상품거래법 제166조제4항에 따른 공표조치에 준하는 공중의 열람에 제공될 것. 그리고 해당 계약·계획의 이행으로 실시하는 매매 등의 종목, 일자, 매매총액, 수량은 해당 계약·계획에 의해 특정된 것이어야 하며, 해당 계약·계획에 사전에 정해져 재량의 여지가 없는 방식에 의해 결정되어야 한다.

는 비판이 제기되고, 내부자거래를 실질범화해야 한다는 견해도 있다.[28]

3. 정보전달·거래권장 행위의 규제

(1) 제도도입 배경

자본시장법은 미공개정보를 '타인에게 이용하게 하는 행위'를 금지한다. 예를 들어 내부자가 타인에게 알려주고 정보수령자가 이를 이용하여 매매 기타 거래에 이용하게 된 경우에는 당해 내부자는 처벌대상이 된다. 반면 일본의 경우 이러한 정보전달행위 자체는 금지하지 않았는데, 상장회사 임원 등에게 공무원과 같은 비밀누설죄를 만드는 것은 적당하지 않고, 증권시장의 공정성에 대한 투자자의 신뢰확보 측면에서 단순한 정보전달행위를 바로 처벌할 필요성이 없기 때문이라고 한다.[29]

그러나 2012년 상장회사의 공모증자에 관한 미공개정보를 이용한 기관투자자들의 내부자거래 사건이 발생하고, 미공개 중요사실을 전달한 증권회사 직원의 행위에 대하여 과징금 부과 등 법적 조치가 이루어지지 않아 미공개정보의 전달행위와 관련한 규제의 필요성이 제기되었다.[30] 이후 2013년 6월 정보전달 및 거래권장 규제내용을 담은 금융상품거래법 개정을 하게 되었다.

(2) 금지행위

금융상품거래법은 상장회사의 중요 사실에 관한 정보 전달 및 거래 권장행위에 대해 다음과 같이 규정한다(§167의2①).

ⅰ) 상장회사에 관한 업무 등에 관한 중요한 사실을 법 제166조 제1항 각호에 정하는 바에 따라 알게 된 회사관계자는 ⅱ) 타인에 대하여 당해 중요사실의 공표 전에 매매 등을 하도록 함으로써 당해 타인에게 이익을 얻게 하거나, 당해 타인의 손실이 발생하지 않도록 할 목적으로, ⅲ) 당해 중요한 사실을 전달하고, ⅳ) 당해 매매 등을 하는 것을 권장하는 것으로 규정한다.

(3) 규제대상자

정보전달 및 거래 권장행위의 규제대상은 회사관계자 및 원회사관계자[31]이다.

---

28) 木目田裕·山田将之, "規制の概要と法166 条の成立要件[上]", 商事法務, 1840号 (2008), 93頁.

29) 横畠裕介, 「逐条解説インサイダー取引規制と罰則」, 商事法務(1989), 127頁.

30) 大崎貞和, 「インサダー取引規制見直しの概要と今後の課題」, 月刊資本市場, No.331 (2013.3), 23頁.

31) 원회사관계자는 회사관계자가 아니게 된 후 1년 내의 자이다.

회사관계자는 상장회사 임직원, 계약직, 파견사원, 아르바이트뿐 아니라, 상장회사와 계약을 체결한 자 또는 계약 협상 중인 자도 포함한다. 규제대상자를 회사관계자 및 원회사관계자로 한정하고 있으므로 1차 정보수령자는 규제 대상에 포함하지 않는다.

(4) 거래요건의 충족

정보전달·거래권장 금지규정인 제167조의2는 유가증권 등의 거래를 요건으로 하지 않지만, 형사처벌·과징금 부과대상이 되려면 거래 요건을 충족하여야 한다(금상법 §197의2).[32] 거래요건을 부가한 취지는 정보전달·거래권장 규제가 부정한 정보전달 등으로 인해 미공개 중요사실에 근거한 거래를 일으키는 것을 방지하기 위한 목적이므로,[33] 상장기업의 정상적인 업무활동(예 : IR활동)에 지장이 생기지 않아야 하며, 동 정보전달이 투자판단의 요소가 아닌 경우까지 제재를 받을 필요성이 높지 않다는 점을 고려한 것이다.[34]

(5) 제 재

정보전달 및 권장행위에 대해서는 과징금 부과 및 형사처벌이 가능하다(금상법 §175의2, §197의2).[35]

정보전달자는 정보를 전달할 때 정보수령자가 중요사실을 인식할 것을 예견하면서 전달할 것이 요구된다.[36] 또한 이러한 정보전달자 측의 상황뿐만 아니라 정보수령자 측의 접수 인식이 뒤따라야 전달이 이루어졌다는 견해도 있다.[37] 전달되는 정보는 그 정보가 그 일부에 해당하더라도 전달행위 규제대상이다.[38]

---

32) 金融庁,「情報伝達·取引推奨規制に関するQ&A」,(2013.9.12.), 問 7 ; 中村聡,「インサイダー取引規制の平成二五年改正と実務上の諸問題」, 商事法務, 1998号(2013), 30頁.

33) 神田秀樹,「インサイダー取引規制の難しさ」, 金融法務事情, 1980号, 2013, 1頁.

34) 金融廳 金融審議會, インサイダー取引規制に関するワーキング·グループ,「近年の違反事案及び金融·企業実務を踏まえたインサイダー取引規制をめぐる制度整備について」, (2012.12.25.), 2頁.

35) ⅰ) 법 제167조의2의 규정에 위반하여 정보 전달행위 또는 거래 권장행위를 한 자는 ⅱ) 당해 위반 행위에 의해 정보 전달을 받은 자 또는 거래를 하는 것을 권유받은 자가 당해 위반 행위에 관한 중요한 사실을 공표 전에 당해 위반 행위에 따른 특정 유가증권 등에 관한 거래 등을 한 경우에만 ⅲ) 과징금 납부명령 대상으로 하게 된다. 형사처벌 조항도 마찬가지로 거래 요건이 적용된다(금융상품거래법 제197조의2).

36) 三國谷勝範,「インサイダー取引規制詳解」, 資本市場研究会(1990), 28頁.

37) 梅澤拓,「情報伝達·取引推奨行為に関するインサイダー取引規制の強化と実務対応」, 金融法務事情 1980号(2013), 48頁.

38) 齊藤将彦,「公募増資に関連したインサイダー取引事案等を踏まえた対応」, 金融法務事情 1980号(2013), 97頁; 木目田裕「インサイダー取引規制の実務」, 商事法務(2010), 71~72頁.

제 2 장
미공개중요정보 이용행위

┌ 제1절 규제대상자 : 내부자 · 준내부자와 정보수령자

Ⅰ. 의 의

제174조(미공개중요정보 이용행위 금지) ① 다음 각 호의 어느 하나에 해당하는 자(제1호부터 제5호까지의 어느 하나의 자에 해당하지 아니하게 된 날부터 1년이 경과하지 아니한 자를 포함한다)는 상장법인[6개월 이내에 상장하는 법인 또는 6개월 이내에 상장법인과의 합병, 주식의 포괄적 교환, 그 밖에 대통령령으로 정하는 기업결합 방법에 따라 상장되는 효과가 있는 비상장법인(이하 이 항에서 "상장예정법인등"이라 한다)을 포함한다. 이하 이 항 및 제443조제1항제1호에서 같다]의 업무 등과 관련된 미공개중요정보(투자자의 투자판단에 중대한 영향을 미칠 수 있는 정보로서 대통령령으로 정하는 방법에 따라 불특정 다수인이 알 수 있도록 공개되기 전의 것을 말한다. 이하 이 항에서 같다)를 특정증권등(상장예정법인등이 발행한 해당 특정증권등을 포함한다. 이하 제443조제1항제1호에서 같다)의 매매, 그 밖의 거래에 이용하거나 타인에게 이용하게 하여서는 아니 된다.

미공개중요정보 이용행위는 상장법인을 중심으로 임직원 등 일정한 신분(진정신분범)에 해당하면 규제대상자가 되는 체계이다.[39] 규제대상자는 크게 상장법인의 ⅰ) 임직원 등 내부자, ⅱ) 내부자는 아니나 인허가권자 또는 계약체결자 등 상장법인과의 당해 인허가 또는 계약업무를 행사 · 이행하는 과정에서 해당 정보를 취득할 지위에 있는 준내부자, 그리고 ⅲ) 내부자 또는 준내부자로부터 해당 정보를

---

39) 대법원 2002.1.25. 선고 2000도90 판결.

전달받는 1차 정보수령자로 분류된다.

　구 증권거래법 초기에는 "직무 또는 지위에 의하여 지득한 자"로 규제대상자를 포괄적으로 정하였는데(§105④3), 회사내부자로만 국한하지 않으려는 의도를 갖고 있었다.[40] 하지만 포괄적 규정으로 인하여 실질적 규제가 어려운 문제가 있으므로[41] 1991년 개정 이후 현재까지 내부자거래 규제대상자인 내부자와 준내부자를 구체적으로 열거하는 방식을 취하고 있다.

▼ 미공개정보 이용행위 규제대상자

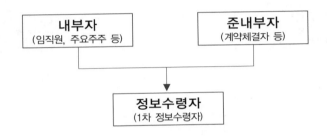

II. 내부자

　내부자는 당해 상장법인·계열회사와 그 임직원·대리인, 주요주주(주요주주가 법인인 경우 임직원·대리인 포함)이다. 내부자는 상장법인의 내부정보를 지득할 수 있는 지위에 있는 자로서 당해 정보를 지득할 경우 법인의 증권거래를 회피할 의무를 부담한다. 내부자에게 이러한 의무를 부과하지 않는다면 우월적인 정보접근권을 이용하여 동 정보의 공개 전에 증권을 거래함으로써 일반투자자보다 월등한 차익을 거둘 수 있게 되고, 이는 '자본시장의 공정성 확보'라는 자본시장법상 중심적인 보호법익을 침해하는 행위가 되기 때문이다.

---

40) 안문택, 「증권거래법」, 박영사(1982), 468면.
41) 윤주한, "내부자거래의 규제에 관한 고찰", 「기업과 혁신연구」, 90-Ⅱ, 조선대학교 지식경영연구원(1991.1), 156면; 국회 재무위원회, "증권거래법중개정법률안 심사보고서", (1991.12), 9면; 일본은 1987년 증권거래법 개정을 통하여 내부자거래 규제를 도입하면서 규제대상자인 '회사관계자'의 범위를 명확히 정한바, 동 제도가 우리 증권거래법 개정에 영향을 미친 것으로 보인다.

▼ 내부자 · 준내부자의 범위

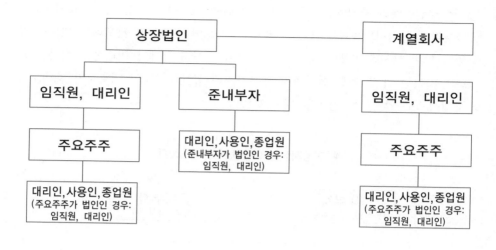

1. 법 인

제174조 ① 1. 그 법인(그 계열회사를 포함한다. 이하 이 호 및 제2호에서 같다) 및 그 법인의 임직원 · 대리인으로서 그 직무와 관련하여 미공개중요정보를 알게 된 자

1999년 증권거래법 개정 시 내부자에 법인이 포함되었다. 법인이 규제대상에 포함된 이유는 기업의 경영권 방어 수단의 확충을 위해 증권거래법상 상장법인의 자기주식 취득한도를 확대했기 때문이다.[42]

자본시장법은 법인의 대표자나 대리인, 사용인, 그 밖의 종업원이 그 법인의 업무에 관하여 불공정거래 금지 규정을 위반할 경우 그 행위자와 법인 양자를 처벌하도록 양벌규정을 적용하므로(법 §448), 법인의 업무에 관한 행위자인 대표자, 대리인, 사용인, 그 밖의 종업원도 처벌대상이 된다. 다만, 당해 법인이 그 위반행위를 방지하기 위하여 해당 업무에 관하여 상당한 주의와 감독을 게을리 하지 아니한 경우에는 적용하지 않는다(법 §448 단서).

상장법인의 자기주식 취득 · 처분은 공시의무사항이므로(법 §161, 코스닥시장 공

---

42) 1998.2월 개정에서는 자사주 취득한도가 100분의 10에서 3분의 1로 확대되었고, 1998.5월 개정에서는 이익배당 한도 내로 변경되었으며, 1999.2월에는 자사주 취득 대상 법인이 협회등록법인까지 확대되었다.

시규정 §6①2(3)), 법인이 호·악재성 정보를 이용하여 드러내놓고 자기주식 취득·처분을 하는 것은 현실적으로 어렵다. 그보다는 자기주식 취득 또는 처분이라는 호재성 또는 악재성 정보를 내부자가 이용하는 경우가 일반적이다.[43]

2. 계열회사

> **사례** 모회사 임원이 자회사 정보를 이용한 거래를 하는 경우
>
> **Q.** A사의 대규모 단일판매 계약과 관련하여 A사의 모회사인 B사의 임원 甲은 그룹사 회의 중 계약정보를 알고 계약정보 공시 전에 A사 주식을 매집하였다.
> 이 경우 甲은 미공개중요정보 이용행위 금지위반에 해당하는가?
>
> **A.** 모회사 임원은 계열회사의 임원으로서 내부자에 해당하며, 미공개중요정보 이용금지 대상자이다.

당해 법인의 계열회사도 내부자에 포함된다. 계열회사는 「독점규제 및 공정거래에 관한 법률」(이하 "공정거래법")이 정의하고 있는데, 2이상의 회사가 동일한 기업집단에 속하는 경우에 이들 회사는 서로 상대방의 계열회사라 규정한다(공정거래법 §2조3호). 또한 당해 계열회사의 임직원, 대리인, 주요주주도 내부자의 범위에 포함된다. 계열회사는 경우에 따라서 같은 기업집단 내 다른 계열회사에 대한 중요의사결정의 주체가 될 수 있고, 정보접근권에 있어서 우월한 위치에 있으므로 당연한 규제라 할 것이다.

> **Tip** ➕ **계열회사 포함여부를 확인하는 방법**
>
> - 위의 사례에서 A사와 B사가 공정거래법에 따른 동일 기업집단에 속하는 경우 甲은 계열회사의 임원으로서 미공개중요정보 이용행위 금지위반에 해당한다.
>
> - 계열회사는 공정거래법에 따른 동일 기업집단에 해당하므로, 공정거래위원회(기업집단포털, http://www.egroup.go.kr)를 통해 동일 기업집단 해당 여부를 확인할 필요가 있다.
>
> - 만약, 공정거래위원회 기업집단포털에 확인이 안 되는 기업은 어떻게 확인하는가. 사업보고서를 확인하면 된다. 사업보고서상 「계열회사 등의 현황」에 해당 기업집단의 계열회사 명칭, 지배·종속 및 출자현황, 회사와 계열회사간 임원 겸직 현황을 기재하도록

---

43) 대법원 2004.3.26. 선고 2003도7112 판결; 상장법인 대표이사가 지인에게 주가부양을 위해 자사주를 취득할 것이라는 정보를 알려주어 주식거래에 이용하게 한 사건이다.

하고 있다(금융감독원 기업공시서식 작성기준 제7-4-1조(계열회사의 현황) 참조).

※ 실무에서 계열회사의 의미를 혼동하여, 모회사는 자회사의 계열회사에 해당하지 않는 것으로 오인하는 경우가 많으므로 유의할 필요가 있다.

3. 임직원·대리인

당해 법인(계열회사 포함)의 임직원·대리인은 내부자이다. 법원은 대체로 임직원·대리인의 범위를 폭넓게 인정하고 있다. 임직원의 범위는 정식의 고용계약을 체결한 자뿐 아니라 사실상 법인의 보조자로 사용하고 있으면서 직접 또는 간접으로 법인의 통제·감독하에 있는 자도 포함한다(예: 아르바이트 학생, 파견직원). 대법원 판례를 보면 증권사 고객이 투자상담 보조업무 등을 한 경우에도 임직원으로 인정한 경우도 있다.[44] 당해 법인과의 직접 고용계약이 존재하지 않은 경우에는 행위 당시에 수행한 업무 및 통제·감독 여부에 따라 판단하면 된다.

대리인은 법인으로부터 대리행위를 할 수 있는 자격(대리권)을 부여받은 자이다(예: 변호사, 지배인 등).[45]

4. 주요주주

제174조 ① 2. 그 법인의 주요주주로서 그 권리를 행사하는 과정에서 미공개중요정보를 알게 된 자

---

(1) 주요주주의 범위

당해 법인(계열회사 포함)의 주요주주는 내부자에 해당한다. 주요주주의 대리인, 사용인 그 밖의 종업원도 포함한다(법 §174①5, 주요주주가 법인인 경우에는 그 임직원 및 대리인).

주요주주의 범위는 ⅰ) 누구의 명의로 하든지 자기의 계산으로 금융회사의 의결권 있는 발행주식 총수의 100분의 10 이상의 주식(그 주식과 관련된 증권예탁증권

---

44) 대법원 1993.5.15. 선고 93도344 판결; 증권사 고객이 투자상담, 주식매도 등 업무를 보조하는 과정에서 일임매매제한규정(증권거래법 제107조제1항)을 위반한 사건으로서, 법인의 통제, 감독하에 있는 경우 법인의 종업원에 포함된다고 판단한 판결이다.
45) 주요주주·준내부자의 대리인이 법인인 경우에는 그 임직원·대리인도 규제 대상이나, 당해 법인의 대리인이 법인인 경우에 대해서는 법률상 언급이 없다(법 §174①5). 특별히 제외해야 할 이유가 없으므로 향후 입법적 보완이 필요할 것으로 보인다.

을 포함)을 소유한 자, 또는 ⅱ) 임원의 임면 등의 방법으로 금융회사의 중요한 경영사항에 대하여 사실상의 영향력을 행사하는 주주로서 대통령령으로 정하는 자에 해당해야 한다(금융회사의 지배구조에 관한 법률 §2조6호나목). 금융회사의 지배구조에 관한 법률 시행령은 혼자서 또는 다른 주주와의 합의·계약 등에 따라 대표이사 또는 이사의 과반수를 선임한 주주 등을 주요주주로 본다(동법 §4).

10% 이상의 주식을 소유한 주요주주는 개별주주 1인의 소유주식만으로 산정한다. 최대주주등과 같이 친척 등 특별관계자를 합산하여 산정하는 것이 아니라는 점에 유의해야 한다.[46] 다만 차명계좌 등 자기 계산으로 소유한 주식은 포함한다.

(2) 권리의 행사

주요주주는 "그 권리를 행사하는 과정"에서 정보를 취득할 것을 요건으로 한다. 주요주주의 경우 일정한 '직무'라는 것이 없으므로 권리행사를 요건으로 한 것이다. 그렇다면 그 '권리'는 어떠한 권리를 의미하는가. 일본 금융상품거래법의 경우 "회계장부 열람청구권"을 갖는 주주는 그 권리의 행사에 관하여 지득하는 경우로 구체적으로 정하고 있다(§166). 그러나 자본시장법은 그 권리행사의 내용이 어떤 것인지 명확하게 규정하고 있지 않다.

만약 상법상 주주권인 의결권, 주주제안권, 회계장부열람청구권 등으로 해석하면 권리행사의 범위가 너무 협소해지는 문제가 있다. 대부분의 경우 주요주주에 대하여 정보수령자의 책임을 물을 수밖에 없을 것이다.

이와 관련하여 권리는 의결권, 정보열람권보다는 그 지위 또는 자격으로서의 주주권으로 보는 것이 보는 견해가 있다.[47] 주요주주는 구체적인 주주권의 행사 여부와 상관없이 상장법인의 주요 경영사항에 대하여 사실상 영향력을 행사할 수 있고, 이러한 영향력을 기반으로 정보접근에 있어서 우월적 지위를 갖게 된다. 따라서 '권리의 행사'는 '그 지위에서 알게 된 것'으로 해석하는 것이 타당하다는 것이다.[48]

실무적으로는 주요주주가 구체적인 주주권 행사를 통해 정보를 취득하는 경우는 사례를 찾아보기 힘들고, 주요주주의 지위로서 갖는 최대주주나 경영진과의 특별한 관계와 정보접근 가능성을 기반으로 정보를 취득하는 것이 일반적이다. 판례

---

46) 서울고등법원 2008.6.24. 선고 2007노653 판결.
47) 김건식·정순섭, 앞의 책, 415면, 김정수, 「자본시장법원론」 SFL그룹(2014), 1240면, 박순철, "미공개중요정보 이용행위의 규제에 관한 연구", 성균관대학교 박사학위논문(2009), 74면.
48) 박순철, 앞의 논문, 74면 참조.

역시 구체적인 주주권 행사가 아닌 주요주주의 지위를 통한 상장법인과의 특별한 관계에서 지득한 경우 정보수령자가 아닌 내부자의 책임을 묻고 있다.49)

Ⅲ. 준내부자

준내부자는 ⅰ) 공무원 등 법령에 따른 인허가 등 권한을 갖는 자, ⅱ) 법인과의 계약체결자 등이 해당한다. 이들은 내부자는 아니지만 상장법인의 중요정보를 지득하거나, 중요정보를 생성할 수 있는 지위에 있으므로 준내부자로서 규제대상이다. 또한 준내부자의 대리인, 사용인 그 밖의 종업원도 규제 대상자이다(법 §174①5, 준내부자가 법인인 경우에는 그 임직원 및 대리인).

1. 법령에 따른 인허가 등 권한을 갖는 자

제174조 ① 3. 그 법인에 대하여 법령에 따른 허가·인가·지도·감독, 그 밖의 권한을 가지는 자로서 그 권한을 행사하는 과정에서 미공개중요정보를 알게 된 자

사 례 　인허가권자가 권한과 관계없는 정보를 지득한 경우

Q. 공무원 甲은 A사의 공장부지 건축허가 심사를 위하여 제출받은 서류를 검토하던 중 A사가 대규모 수주를 받아 공장건설을 추진한다는 사실을 알게 되었다. 대규모 수주계약은 공시되지 않았지만 본 계약만 남은 상태이다. 만약 甲이 수주계약 정보를 이용해서 A사 주식을 매수하였다면 미공개중요정보 이용행위에 해당하는가?

A. 인허가 권한을 행사하는 과정에서 정보를 취득한 것이므로 미공개중요정보 이용에 해당한다. 행사하는 권한내용(건축허가)과 미공개정보의 내용(수주계약정보)이 일치할 필요는 없다.

상장법인에 대하여 법령에 따른 인허가 등 권한을 갖는 자는 회사의 외부자이

---

49) 대법원 1994.4.26. 선고 93도695 판결(주요주주가 상장법인 경영전반 정보를 보고받은 경우로서 부도발생 정보를 지득한 경우), 대법원 2000.11.24. 선고 2000도2827 판결(주요주주 사무실에서 상장법인과 계열사 간 지급보증 계약을 한 경우로서 연쇄부도를 알 수 있었던 경우), 서울동부지방법원 2006.8.18. 선고 2006고단1047 판결(주요주주의 임원이 상장법인 대표이사로부터 공장매각정보를 들은 경우).

지만, 그 권한을 행사하는 과정에서 해당 상장법인 자료의 접근을 통하여 미공개중요정보를 지득할 수 있다. 또한 인허가 권한의 행사 결과에 따라 상장법인의 악재·호재성 미공개중요정보가 생성될 수 있다. 따라서 준내부자는 회사 내부자 수준의 정보접근권을 갖는 지위에 있다.

준내부자가 정보를 지득하는 과정은 ⅰ) 권한을 행사하는 과정에서 수령한 자료를 통해 기존에 생성된 정보를 알게 되거나, ⅱ) 인가 등 권한의 행사를 통하여 정보가 생성되는 경우로 대별할 수 있다. ⅰ)의 경우는 행정기관이나 수사기관이 심의·조사·수사권한을 행사하는 과정에서 취득한 서류·진술 등을 통하여 해당 상장법인의 미공개중요정보를 지득하는 경우를 예로 들 수 있다. ⅱ)의 경우는 행정기관의 허가·심사 절차과정에서 허가·특허권 취득 여부에 대한 정보를 지득하는 경우가 될 것이다. 그 외에 기업회생절차, 경영진의 구속 등도 예가 될 수 있다.

법령에 따라 권한을 가지는 자이므로 일반적으로 공무원이 해당하나, 법령상 권한을 위임 또는 위탁받은 공공기관이나 민간기구도 해당한다고 보는 것이 타당하다.[50]

준내부자는 '그 권한을 행사하는 과정'에서 미공개중요정보를 알게 될 것을 요구한다. 따라서 해당 상장법인에 대하여 법령에 따른 권한을 행사하는 과정에서 정보를 지득해야 하며, 이와 상관없는 경로를 통하여 정보를 지득할 경우 정보수령자에 해당한다. 권한을 행사하는 과정에서 지득하는 정보이므로 행사하는 권한의 내용과 미공개중요정보의 내용이 일치할 필요는 없다. 앞서 설명한 조사·수사과정에서 취득한 서류 등을 통하여 회사의 내부정보를 알게 되는 경우가 해당한다.

2. 계약체결을 하고 있거나 교섭하고 있는 자

제174조 ① 4. 그 법인과 계약을 체결하고 있거나 체결을 교섭하고 있는 자로서 그 계약을 체결·교섭 또는 이행하는 과정에서 미공개중요정보를 알게 된 자

상장법인과 계약을 체결하고 있거나 체결을 교섭하고 있는 자 역시 동 계약과정에서 상장법인의 중요정보를 알게 되거나, 중요정보를 생성할 수 있는 지위에 있으므로 준내부자로서 규제대상이 된다. 계약체결자 등의 규제는 회사와의 일정한 관계에서 발생한 지위로 인하여 생기는 내부정보 접근권한을 이용하는 것을 규

---

50) 박순철, 앞의 논문, 78면 참조.

제하는 데 목적이 있다.[51]

　'계약을 체결·교섭 또는 이행과정'에서 정보를 알게 되면 요건을 충족하므로, 그 계약의 내용과 정보의 내용이 일치할 필요가 없다. 또한 그 계약이 이행되지 않거나, 유효하지 않은 계약인 경우에도 적용이 가능하며,[52] 계약의 내용이나 종류, 계약형태, 이행시기, 계약기간의 장단을 불문한다. 예를 들어 구두계약이나, 가계약도 계약에 해당하며, 법적 구속력이 없는 양해각서(MOU), 잠정적인 구두합의와 같은 경우에는 '계약을 교섭하는' 단계에 해당하므로 규제 대상에 포함이 가능하다.[53]

　계약체결자 관련 판결례를 보면, M&A 용역계약 체결자뿐만 아니라, 손실보전약정 체결자도 준내부자로 인정되며, 주로 자금조달 관련 미공개정보를 지득한 경우가 주종을 이루고 있다.[54]

---

51) 서울지방법원 2003.6.25. 선고 2002노9772 판결, 서울고등법원 2011.7.8. 선고 2011노441 판결.

52) [유효하지 않은 계약의 경우 : 대법원 2010.5.13. 선고 2007도9769 판결] 구 증권거래법(2008.2.29.법률 제8863호로 개정되기 전의 것)제188조의2제1항 제4호에서 '당해 법인과 계약을 체결하고 있는 자'를 내부거래의 규제 범위에 포함시킨 취지는, 법인과 계약을 체결하고 있는 자는 그 법인의 미공개중요정보에 쉽게 접근할 수 있어 이를 이용하는 행위를 제한하지 아니할 경우 거래의 공정성 내지 증권시장의 건전성을 해할 위험성이 많으므로 이를 방지하고자 하는 데에 있다. 이와 같은 입법 취지를 고려하여 보면, 법인과 계약을 체결함으로써 그 법인의 미공개 중요정보에 용이하게 접근하여 이를 이용할 수 있는 지위에 있다고 인정되는 자는 비록 위 계약이 그 효력을 발생하기 위한 절차적 요건을 갖추지 아니하였다고 하더라도 '당해법인과 계약을 체결하고 있는 자'에 해당한다고 봄이 상당하다; 신주인수계약 체결 후 이루어진 이사회 결의의 하자가 있는 경우 신주인수계약을 체결한 자가 증권거래법상 '계약을 체결하고 있는 자'의 요건을 충족하는지 여부이다. 대법원은 절차적 요건을 결여한 계약이라 하더라도, '당해 법인과 계약을 체결하고 있는 자'로 보는데 문제가 없다고 보았다(저자 注).

53) 서울고등법원 2011.7.8. 선고 2011노441 판결(대법원 2014.2.27. 선고 2011도9457 판결로 확정).

54) 관련 판결 : M&A 및 컨설팅계약 체결자(서울고등법원 2009.3.19. 선고 2008노2314 판결), 신주인수계약 체결자(대법원 2007.7.26. 선고 2007도4716 판결), 자금유치 자문계약 체결자(대법원 2007.7.12. 선고 2007도3782 판결), 손실보전약정 체결자(서울중앙지방법원 2006.8.18. 선고 2006노1559 판결), 비상장사 자금유치 대리인(수원지방법원 2008.8.29. 선고 2008고합112 판결), M&A 업무 용역계약을 체결한 법인의 직원(서울북부지방법원 2004.9.2. 선고 2004노484 판결).

Ⅳ. 정보수령자

제174조 ① 6. 제1호부터 제5호까지의 어느 하나에 해당하는 자(제1호부터 제5호까지의 어느 하나의 자에 해당하지 아니하게 된 날부터 1년이 경과하지 아니한 자를 포함한다)로부터 미공개중요정보를 받은 자

---

1. 의 의

내부자나 준내부자로부터 미공개중요정보를 받은 자(통상 '1차 정보수령자'로 칭함)는 규제 대상자이다. "제1호부터 제5호까지의 어느 하나에 해당하는 자"로부터 미공개중요정보를 받을 것을 요건으로 하므로, 정보전달자는 각 호별로 정해진 요건을 충족한 자로부터 정보를 수령할 것이 요구된다.

예를 들어 제1호에 따른 법인의 임직원으로부터 미공개중요정보를 받은 경우에는 그 임직원은 ⅰ) "그 직무와 관련하여" ⅱ) "미공개중요정보를 알게 되었을 것"이 요구된다. 만약 내부자가 그 직무와 무관하게 정보를 알게 되었다면 그 내부자는 정보수령자가 된다.[55] 그 내부자가 1차 정보수령자라면 그 내부자로부터 정보를 수령한 자는 2차 정보수령자로서 규제대상이 아니다.

2. 정보수령행위

1차 정보수령자는 내부자 또는 준내부자로부터 정보를 "받을 것"을 요건으로 하므로, 내부자·준내부자의 정보의 제공행위 및 정보수령자의 수령행위가 있어야 한다. 1차 정보수령자는 내부자로부터 "정보를 받은 자"라고만 규정하므로(법 §174 ①6), 내부자가 정보를 1차 정보수령자에게 이용하게 하려는 의사와 상관없이 정보를 받아 매매, 그 밖의 거래를 하더라도 구성요건을 충족한다.[56]

내부자의 중요서류를 절취하여 정보를 취득한 경우는 정보수령행위를 인정할 수 없는데, 이 경우에는 법 제178조의2 제1항 제1호 다목의 절취행위에 따른 정보이용형 시장질서 교란행위 규제대상이 된다.

---

55) 다만 후술하는 직무관련성과 관련하여 판례는 대체로 내부자의 직무관련성을 넓게 보고 있다.
56) 정보이용형 교란행위와 관련하여 2차 정보수령자가 준내부자인 아들의 경영권 인수참여를 3차 정보수령자에게 자랑삼아 이야기한 사안에서 2차 정보수령자는 이용하게 하려는 의사가 없다고 보아 처분하지 않은 반면, 3차 정보수령자는 정보를 이용한 것으로 과징금 부과한 바 있다(증권선물위원회 의결 안건번호 2016-305호).

만약 내부자가 정보를 제공했으나 1차 정보수령자가 거래하지 않은 경우에는 어떤가. 설령 내부자가 정보를 이용하게 할 의도가 있었다 하더라도 결과적으로 1차 정보수령자가 정보를 이용한 것이 아니므로 내부자가 정보를 이용하게 한 것으로 볼 수 없다.[57]

3. 2차 정보수령자

사례 **2차 정보수령자 적용 여부**(대법원 2001.1.25. 선고 2000도90 판결)

Q. 신문기자 甲은 A사 홍보이사로부터 A사가 무세제 세탁기 개발 시연회를 한다는 사실을 알게 되어 동 보도 전에 동생 乙에게 알려주고 동 정보를 이용하여 주식을 매수하게 하였다. 甲과 乙은 미공개중요정보 이용행위에 해당하는가?

A. 甲은 상장법인 A사 홍보이사로부터 정보를 받은 1차 정보수령자이고, 乙은 2차 정보수령자이다. 甲은 타인에게 미공개중요정보를 이용하게 하였으므로 처벌대상이지만, 乙은 처벌대상이 아니다.
* 다만 乙은 시장질서 교란행위에 따른 과징금 부과대상에 해당한다.

만약 위 사례와 같이 1차 정보수령자로부터 정보를 수령한 2차 정보수령자의 경우는 어떻게 적용하는가. 제174조 제1항은 내부자, 준내부자, 1차 정보수령자가 그 정보를 "타인에게 이용하게 하여서는 아니 된다"라고 규정한다. 타인인 2차 정보수령자가 매매하는 등 그 정보를 이용하게 되는 경우 정보제공자인 1차 정보수령자는 처벌대상이다. 2차 정보수령자는 처벌대상은 아니지만 과징금 부과 대상인 제178조의2 제1항에 따른 정보이용형 시장질서 교란행위 규제대상이 된다. 2차 이상의 정보수령자를 형사처벌 대상으로 하지 않는 것은 규제대상자가 광범위해져 처벌범위가 불명확하게 되거나 법적안정성을 해치는 것을 막기 위하여 내부자와 특별한 관계에 있는 자로 제한하는 것이다.[58] 제174조 제1항의 금지규정은 편면적

---

57) 김건식·정순섭, 앞의 책, 437면.
58) [2차 정보수령자 규제 제외 취지 : 대법원 2001.1.25. 선고 2000도90 판결] 제2차 정보수령자 이후의 사람이 유가증권의 매매 기타의 거래와 관련하여 전달받은 당해 정보를 이용하거나 다른 사람에게 이용하게 하는 행위는 그 규정조항에 의하여는 처벌되지 않는 취지이다. … 그 처벌범위가 불명확하게 되거나 법적안정성을 해치게 되는 것을 막기 위하여 제2차 정보수령자 이후의 정보수령자의 미공개 내부정보 이용행위를 그의 처벌 범위에 넣지 않기로 한 것으로 봄이 죄형법정주의 원칙에 부응되기 때문이다. … 그 입법취지에 비추어 제2차 정보수령자가 제1차 정보수령자로부터 제1차 정보 수령 후에

대향범[59] 조항으로서 공범에 관한 형법총칙 규정이 적용되지 않는다.[60]

▼ 정보수령자의 정보이용(거래) 여부에 따른 처벌대상

이용 여부	내부자	1차정보수령자	2차정보수령자
1차, 2차 정보수령자가 거래한 경우	처 벌 →	처 벌 →	처벌불가
1차 정보수령자는 거래하지 않고 2차 정보수령자만 거래*	처 벌*	처 벌	처벌불가

* 내부자가 2차 정보수령자의 정보이용에 대한 인식이 있는 경우 적용(제4절 참조)

V. 직무관련성

제174조 제1호 및 제5호 규정은 '그 직무와 관련하여' 미공개중요정보를 알 것을 요구하므로, 그 법인의 임직원 또는 대리인·사용인, 그 밖의 종업원은 직무관련성이 인정되어야 한다. 내부자 및 준내부자의 규제 취지가 미공개 중요정보에 쉽게 접근할 수 있는 지위에 있는 자의 정보 이용행위를 제한하는 데 목적이 있으므로, "그 법인의 미공개 중요정보에 용이하게 접근하여 이를 이용할 수 있는 지위에 있다고 인정되는 자"로 인정된다면 적용하는 것이 타당하다.[61] 따라서 "직무"의 범위는 미공개중요정보와 직접 관련된 직무가 아니더라도, 임직원으로서의 직무를 수행하는 과정에서 지득한 정보라면 적용 가능하다. 직무관련성과 관련한 하급심 판결을 보면 대체로 직무관련성의 범위를 넓게 인정하고 있다.[62]

미공개 내부정보를 전달받은 후에 이용한 행위가 일반적인 형법 총칙상의 공모, 교사, 방조에 해당된다고 하더라도 제2차 정보수령자를 제1차 정보수령자의 공범으로서 처벌할 수는 없다고 할 것이다.

59) 상호 대향된 행위의 존재를 필요로 하는 범죄를 대향범이라고 한다. 그 중 일방에 대해서만 처벌 규정이 있는 것을 편면적 대향범이라고 한다.

60) 미공개중요정보 이용행위의 공범론에 대해서는 제6편 제3장 불공정거래의 공범과 죄수 참조.

61) 대법원 2010.5.13. 선고 2007도9769 판결 참조.

62) 직무관련성을 인정한 판결 : 생산본부장이 기술이전계약 담당 임원으로부터 기술이전계

피고인 甲은 A약품의 생산본부장(이사)으로 A약품의 신약개발 등을 지원하는 업무에 종사하는 사람인바, 피고인 甲은 2005. 8. 26.경 A약품 구내식당에서, A사 중앙연구소 장으로 기술이전계약 담당임원인 乙로부터 'A약품이 개발한 위궤양 치료제의 전 세계 판매를 위하여 다국적 제약회사인 B사와 조만간 기술이전계약을 체결할 예정이다'라 는 취지의 중요정보를 직무와 관련하여 전해 듣고 위 정보를 이용하였다.

※ 기술이전계약 담당자가 아닌 자가 대화 중 지득한 경우도 직무관련성을 인정한 사례

VI. 내부자 지위의 연장

내부자 및 준내부자의 지위에 해당하지 아니하게 된 날부터 1년이 경과하지 않으면 내부자 및 준내부자의 지위가 유지된다(§174① 본문). 1년의 경과기간을 둔 것은 내부자 또는 준내부자의 지위상실 후에도 누릴 수 있는 반사이익을 고려한 것이다.[63] 일본 금융상품거래법도 회사관계자의 지위 연장을 1년으로 한다(§166).

제 2 절 규제대상증권

규제대상 증권은 '특정증권등'이며, 상장예정법인등이 발행한 해당 특정증권등 을 포함한다(법 §174① 본문). 특정증권등은 제172조 제1항의 단기매매차익반환의무 에서 규정하는 특정증권등과 같다.

특정증권등은 ⅰ) 주권상장법인이 발행한 증권(대통령령이 정하는 증권[64])은 제

약 정보를 구내식당에서 들은 경우(수원지방법원 2007.8.10. 선고 2007고단2168 판결), 주식담당직원이 파기한 사업목적 추가 관련 이사회 결의안을 총무과 직원이 우연히 보 게 된 경우(서울지방법원 2002.1.23. 선고 2001고단10894 판결), 경영정보팀 직원이 항 암신약 권리이전 계약 파기 정보를 관련 보도자료 담당 직원으로부터 들은 경우(서울남 부지방법원 2018.1.26. 선고 2017고정340 판결).

[63] 한국증권법학회, 「자본시장법 주석서(Ⅰ)」, 박영사(2015), 1034면.

[64] 시행령 제196조(단기매매차익 반환면제 증권) 법 제172조 제1항 제1호에서 "대통령령으 로 정하는 증권"이란 다음 각 호의 증권을 말한다.

외), ⅱ) ⅰ)과 관련된 증권예탁증권, ⅲ) 당해 상장법인 외의 자가 발행한 것으로서 ⅰ), ⅱ)의 증권과 당해 상장법인 외의 자가 발행한 증권과 교환을 청구할 수 있는 교환사채권, ⅳ) ⅰ)~ⅲ)의 증권만을 기초자산으로 하는 금융투자상품이다.

제3절 상장법인의 업무 등과 관련된 미공개중요정보

Ⅰ. 상장법인

1. 개 관

미공개중요정보는 '상장법인 또는 상장예정법인등의 업무 등과 관련된 미공개중요정보'이어야 한다. 상장예정법인등은 "6개월 이내에 상장하는 법인 또는 6개월 이내에 상장법인과의 합병, 주식의 포괄적 교환, 그 밖에 대통령령으로 정하는 기업결합 방법에 따라 상장되는 효과가 있는 비상장법인"을 말한다.

2. 상장예정법인

상장예정법인은 1998년 2월 구 증권거래법 개정으로 반영되었는데, 상장예정법인의 임직원, 주요주주 또는 주관사 등 계약체결자 등이 미공개정보를 이용할 가능성이 높다는 점이 고려되어 추가되었다. 거래소의 상장예비심사 승인을 받은 법인은 6개월 이내에 신규상장신청이 가능한데(코스닥시장 상장규정 §8①5), 상장예정법인의 경우 상장예비심사 승인 후 상장에 이르는 6개월의 기간 동안 회사의 가치에 중대한 영향을 미치는 의사결정 또는 정보공개가 이루어지고, 공모과정 중에서 다양한 기관투자자와 일반투자자의 투자가 이루어지므로, 투자자 보호를 위한 규

---

1. 채무증권. 다만, 다음 각 목의 어느 하나에 해당하는 증권은 제외한다.
   가. 전환사채권
   나. 신주인수권부사채권
   다. 이익참가부사채권
   라. 그 법인이 발행한 지분증권(이와 관련된 증권예탁증권을 포함한다) 또는 가목부터 다목까지의 증권(이와 관련된 증권예탁증권을 포함한다)과 교환을 청구할 수 있는 교환사채권
2. 수익증권
3. 파생결합증권(법 제172조 제1항 제4호에 해당하는 파생결합증권은 제외한다)

제의 필요성이 있다.[65]

3. 우회상장법인

6개월 내 합병 등 기업결합방식에 따라 상장효과가 발생하는 우회상장법인에 대한 미공개중요정보 이용행위 규제는 2013년 5월 개정으로 신설되었는데, 우회상장법인은 증권의 공모절차가 없다는 점을 제외하면 절차 및 효과 측면에서 상장예정법인과 차이가 없으므로 규제의 균형성 측면에서는 당연히 필요한 입법이다.

하지만 상장예정법인이나 우회상장법인의 증권은 거래소 시장에 유통되지 않으므로, 미공개중요정보 이용행위 가능성은 상대적으로 낮고, 장내 거래내역을 기반으로 하는 조사 프로세스에서는 그 적발도 용이하지 않다.[66]

---

65) 상장예비심사 승인 이후에는 주식 공모를 위한 증권신고서의 제출, 투자자 대상 IR 및 상장신청이라는 중요한 정보의 공개 및 의사결정이 이루어진다. 예를 들어, 공모가격 산정을 위한 기관투자자 대상 수요예측에서 원하는 공모가격을 받지 못하거나, 증시 불황으로 인해 해당 법인이 상장신청을 철회하는 경우가 종종 있는데, 이러한 악재성 의사결정 정보를 이용하여 사전에 주식을 매도할 경우 미공개중요정보 이용행위가 될 수 있다.
66) 다만, 코넥스시장에서 코스닥시장으로 이전하는 경우와 같이 상위 시장으로 상장하려는 법인의 경우에는 장내거래를 통한 미공개중요정보 이용행위가 가능하며, 실제로 이에 대한 감시 및 규제도 이루어지고 있다.

Tip 상장심사절차

☑ 상장의 개념
- 상장은 거래소가 정한 요건을 충족한 증권을 증권시장에서 거래할 수 있도록 허용하는 것을 의미한다.

☑ 상장요건(코스닥시장 상장규정)
- 코스닥 상장을 위해서는 거래소의 상장예비심사 승인을 받아야 상장이 가능한데, 이익 등 재무요건, 주식분산요건, 감사의견(적정) 등 외형요건을 충족해야 한다.
  - 코스닥은 기술력이 있는 성장기업에 대하여 재무요건을 면제하는 대신, 전문평가기관의 평가(A등급)를 거쳐 상장예비심사 청구를 허용하고 있다.

- 통상 주관사의 확인을 통해 외형요건을 충족한 상태에서 심사청구를 하므로, 외형요건보다는 질적 심사요건의 미충족이 문제가 된다.

- 질적 심사는 기업계속성(재무, 영업상황), 경영투명성 및 안정성(내부통제), 기타 투자자 보호 사항을 심사하게 된다.
  - 주로 주력사업의 사업성, 매출채권 · 재고자산 · 현금흐름의 건전성, 혈연중심 지배구조, 과도한 대여금 · 담보제공 · 횡령, 관계회사 거래, 최대주주 지분율 취약이 문제가 된다.

☑ 상장절차
- 상장예비심사 승인 후 6개월 이내에 증권신고서 제출, 수요예측을 통한 공모가 결정, 투자자 대상 모집 · 매출 및 상장이 이루어지게 된다.

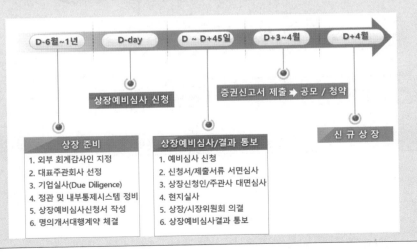

Tip **우회상장이란 무엇인가?**

☑ 우회상장의 정의

- 상장법인과 비상장법인간 기업결합을 통해 비상장법인이 상장하는 효과를 발휘하는 것을 말한다.
- 거래소 상장규정에 따르면 우회상장은 상장법인이 비상장법인과 합병, 주식교환, 영업 · 자산양수, 현물출자 등의 기업결합을 하는 것으로서, 경영권의 변동이 있고 비상장법인이 상장하는 효과가 있는 것으로 정의하고 있다.[67]

☑ 우회상장의 장점과 단점

- 우회상장은 IPO를 거치지 않으므로 지분율 희석의 문제가 없고, 상장비용과 기간이 절약되면서도 상장에 따른 경영권 프리미엄을 획득한다는 점에서 장점을 갖고 있다.
- 다만, 일반적인 우회상장의 경우 부채로 인해 손상된 상장회사(shell)와의 합병에 따른 재무적 리스크를 떠안아야 하는 위험이 있다.

☑ 우회상장에 대한 상장심사

- 우회상장의 경우 신규상장심사에 준하는 심사를 거쳐 상장여부가 결정된다.
- 최근에는 전통적인 우회상장보다는 기업인수목적회사(SPAC)와의 합병을 통한 우회상장이 활성화된 상태이다.

☑ 기업인수목적회사(Special Purpose Acquisition Company: SPAC)

- SPAC은 다른 기업과 인수 · 합병하는 것을 유일한 사업목적으로 하는 회사이다.
- SPAC은 IPO와 상장을 거쳐 존속기간(3년) 내에 타법인과 합병을 통해 타법인이 상장하는 효과가 있다. 타법인은 합병상장심사를 거쳐 상장여부가 결정된다.

▼ SPAC 상장 및 합병절차

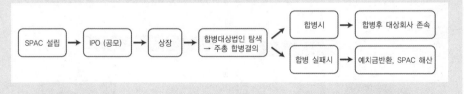

---

67) 코스닥시장 상장규정 제2조 제7항.

Ⅱ. 업무관련 정보

사례 **자회사 정보**(서울지방법원 2003.5.14. 선고 2003노1891 판결)

Q. 상장법인 A사 임원 甲은 자회사인 B사의 경영실태 실사결과 파산상태에 이르게 됐다는 사실을 알고 해당 사실이 공시되기 전에 A사 주식을 매도하여 손실을 회피하였다.
자회사 B사의 파산정보는 상장법인 A사의 업무관련 정보에 해당하는가?

A. A사는 B사의 주식을 가진 모회사이므로, B사의 파산으로 인해 보유지분율만큼 평가손이 반영되어 A사 재무에 악영향을 미친다. A사의 경영·재산 등에 관하여 중대한 영향을 미칠 사실이므로 업무관련 정보에 해당한다.

---

1. 업무관련성

당해 정보는 상장법인의 '업무 등'과 관련된 미공개중요정보이어야 한다. 회사는 영리 목적을 두고 있고, 사업에 관한 사무(업무)를 통하여 영리의 목적을 실현한다. 따라서 영리 목적을 실현하기 위한 일련의 활동과 관련된 정보가 업무관련정보에 해당한다.

판례는 미공개중요정보를 판단함에 있어서 '법인의 경영·재산 등에 관하여 중대한 영향을 미칠 사실'로 보고 있으므로, 영리활동을 위한 경영활동과 그 결과로 나타나는 재무적인 영향이 있는 정보일 필요가 있다. 업무관련 정보와 대응되는 개념인 '시장정보'의 경우 회사의 업무관련 정보가 아니고, 회사의 증권과 관련된 정보이므로 동 규제대상에 해당하지 않는다(예: 블록딜 정보, 공개매수 정보, 대량취득처분 정보). 시장정보의 규제는 제178조의2 규정에 따른 시장질서 교란행위의 규제대상이고, 공개매수정보, 대량취득처분 정보는 제174조 제2항 및 제3항에서 별도로 규제한다.

2. 관계회사 정보의 업무관련성 여부

(1) 자회사의 미공개정보

해당 상장법인의 계열회사나 피투자회사의 미공개중요정보는 해당 상장법인의 업무 등과 관련된 정보로 볼 수 있는가. 계열회사의 미공개정보를 포함하는지 여부에 대하여 자본시장법상 구체적인 언급은 없다. 다만, 시행령 제201조 제2항은 정보공개 방법과 관련하여 "해당 법인(해당 법인으로부터 공개권한을 위임받은 자를 포함한다) 또는 그 법인의 자회사(「상법」 제342조의2 제1항에 따른 자회사를 말하며, 그 자회사로부터 공개권한을 위임받은 자를 포함한다)"로 규정하여 해당 법인뿐 아니라 그 자회사를 정보공개 주체로 인정하고 있다. 따라서 자회사에서 생성된 정보를 해당 자회사에서 직접 공개하는 경우까지 포함해야 한다.

자회사의 재무에 영향을 미치는 정보는 모회사의 손익에도 직접적으로 영향을 미치기 때문에 그 정보의 중요성이 인정된다(예를 들어 자회사가 손실이 발생한 경우 모회사의 지분율만큼 평가손이 재무제표에 반영되어 영업외비용으로 처리된다).

또한 한국거래소 공시규정상 상장법인의 종속회사(외부감사법 제7조 제1항에 따른 종속회사) 및 공정거래법상 지주회사인 상장법인의 자회사의 주요 경영사항은 해당 상장법인에 중대한 영향을 미치는 것으로 보고 공시하도록 하고 있다.[68] 따라서 공시규정에 따라 종속회사나 자회사의 경영사항[69]을 공시하는 경우에는 미공개중요정보의 공개로 보는 데 문제가 없다.

자회사 화재가 미공개중요정보에 해당(대법원 1995.6.30 선고 94도2792 판결)

자본금이 101억여 원인 회사의 자회사에서 화재가 발생하여 약 20억원의 손실을 입은 것을 비롯하여 연도말 결산 결과 약 35억원의 적자가 발생한 것이 드러났고, 그와 같은 내용이 아직 공개되지 아니하고 있었다면, 그와 같은 정보는 중요한 정보로서 그 공개 전의 내부자거래는 증권거래법이 규제하는 대상에 해당한다.

---

(2) 모회사 등의 미공개정보

그렇다면, 해당 상장법인의 자회사가 아닌 계열회사나, 모회사, 피투자회사의 정보도 미공개중요정보로 볼 수 있는가. 자회사가 아닌 계열회사, 모회사나 피투자

---

68) 종속회사의 주요경영사항 공시(유가증권상장규정 제8조의2, 코스닥시장 상장규정 제6조의2), 지주회사의 자회사의 주요경영사항 공시(유가증권상장규정 제8조, 코스닥시장 상장규정 제6조)

69) 공시대상이 되는 종속회사 주요경영사항은 ⅰ) 영업활동의 정지, ⅱ) 자본증가(감소) 결의, ⅲ) 중요한 영업양수도, ⅳ) 중요한 자산양수도, ⅴ) 중요한 자산양도를 권리행사의 내용으로 하는 풋백옵션 계약 등 체결, ⅵ) 주식교환·이전, 해외증권시장 상장 및 폐지, 매매거래정지 조치, ⅶ) 분할·합병·분할합병 등, ⅷ) 부도발생 및 당좌거래 정지, ⅸ) 회생절차 개시신청, 기업구조조정 촉진법에 따른 주채권은행의 조치, ⅹ) 해산사유 발생, 증권에 대한 중대한 소송제기 등이다(코스닥시장 상장규정 제6조의2).

회사의 정보로서 당해 계열회사 등이 공개한 정보는 시행령상 정보공개요건을 충족하지 않으므로, 당해 상장법인·자회사가 공개하는 정보가 아니면 미공개중요정보의 공개요건을 충족할 수 없다. 또한, 해당 상장법인의 자회사가 아닌 계열회사나, 모회사, 피투자회사의 정보가 해당 상장법인의 경영, 재무에 영향을 미쳐야 할 것이다.[70]

예를 들어 모회사의 대규모 단일판매계약으로 인해 자회사가 관련 수주를 받는 경우에는 대규모 단일판매계약은 자회사의 미공개중요정보로 취급될 수 있다. 하지만 대규모 단일판매계약으로 자회사가 직접적으로 받는 수혜가 없다면, 대규모 단일판매계약은 자회사의 경영·재산에 아무런 영향을 미치는 것이 없으므로 미공개중요정보가 될 수 없다.

다만, 현실에서는 모회사의 대형 호재로 인해 그 정보와 관계없는 자회사나 관계회사의 주가가 급등하는 경우가 있다. 이 경우에는 일종의 당해 회사의 '시장정보'로 취급하여 시장질서 교란행위 여부를 판단할 필요가 있다고 본다.

Ⅲ. 중요한 정보

구 증권거래법은 "중요한 정보"를 증권거래법 제186조 제1항에 나열된 상장법인 등의 신고·공시 의무사항을 중요한 정보로 열거하여 규정하고 있었다.[71] 이와 관련하여 대법원은 이러한 신고·공시의무사항은 '투자자의 투자판단에 중대한 영향을 미칠 수 있는 정보'를 예시하기 위한 목적인 것으로 보아, 한정적 열거규정이 아닌 예시규정으로 판단하였다.[72] 현행 자본시장법은 중요정보를 "투자자의 투자판단에 중대한 영향을 미칠 수 있는 정보"로 하여 포괄적으로 반영하고 있다.

그렇다면 "투자자의 투자판단에 중대한 영향을 미칠 수 있는 정보"는 어떻게 판별해야 하는가? 판례는 ⅰ) 법인의 경영·재산 등에 관하여 중대한 영향을 미칠 사실들 가운데에서 ⅱ) 합리적인 투자자가 그 정보의 중대성 및 사실이 발생할 개연성을 비교 평가하여 판단할 경우 유가증권의 거래에 관한 의사결정에서 중요한 가치를 지닌다고 생각하는 정보를 가리킨다고 판시하고 있다.[73] 이러한 판단기준

---

70) 같은 취지로는 김건식·정순섭, 앞의 책, 423면 참조.
71) 증권거래법 제188조의2 ②제1항에서 "일반인에게 공개되지 아니한 중요한 정보"라 함은 제186조제1항 각호의 1에 해당하는 사실 등에 관한 정보중 투자자의 투자판단에 중대한 영향을 미칠 수 있는 것으로서 당해 법인이 총리령이 정하는 바에 따라 다수인으로 하여금 알 수 있도록 공개하기 전의 것을 말한다.
72) 대법원 2000.11.24. 선고 2000도2827 판결.

은 미국의 내부자거래 관련 판례에서 형성된 가능성-중대성 기준과 실질적 개연성 기준을 채택한 것이다.[74]

1. 법인의 경영·재산 등에 관하여 중대한 영향을 미칠 사실

자본시장법상 주요사항보고서 제출 사유(법 §161)의 경우 그 법인의 경영·재산 등에 관하여 중대한 영향을 미치는 사항으로 보아 제출 및 공시의무를 부과하고 있고, 거래소 공시규정에 따른 공시신고사항(코스닥시장 공시규정 §6)의 경우도 동일한 취지이다. 따라서 법인의 경영·재산 등에 관하여 중대한 영향을 미치는 사항은 공시의무사항이나 이에 준하는 중요성이 있는 정보로 보는 것이 타당하다.

그 외에 공시의무사항이 아닌 사항(예 : 임상시험의 성공이나 실패)이나 상장법인의 의사와 상관없이 발생한 정보(예 : 대표이사의 체포)도 회사의 경영이나 재산(재무)에 중대한 영향을 미칠 수 있으므로 중요한 정보로 볼 수 있다. 다만 금리정책, 애널리스트 분석보고서, 기관투자자의 주문정보 등은 법인의 경영·재산 등과 무관한 정보이므로 미공개중요정보가 아닌 시장질서 교란행위의 규제대상정보인 '시장정보'에 해당한다.

2. 합리적인 투자자가 중요한 가치를 지닌다고 생각하는 정보

합리적인 투자자가 거래의사결정에서 중요한 가치를 지니기 위해서는 합리적인 투자자가 주가에 영향을 미치는 호재 또는 악재로 평가할 수 있는 정보이어야 한다. 그런데 이전에 나온 추측성 보도 등이 유포되어 주가에 영향을 미치는 중요한 정보인지 여부가 불분명한 경우 법원의 판결은 대체로 정보의 중요성이 있다고 보는 것이 일반적이다.[75] 또한 해당 정보가 반드시 객관적으로 명확하고 확실할 것까지 요구하지 않는다.[76]

---

73) [대법원 2008.11.27. 선고 2008도6219 판결] '투자자의 투자판단에 중대한 영향을 미칠 수 있는 정보'란 법인의 경영·재산 등에 관하여 중대한 영향을 미칠 사실들 가운데에서 합리적인 투자자가 그 정보의 중대성 및 사실이 발생할 개연성을 비교 평가하여 판단할 경우 유가증권의 거래에 관한 의사결정에서 중요한 가치를 지닌다고 생각하는 정보를 가리킨다.

74) 제4편 부정거래행위 중 미국의 부정거래행위 규제 참조.

75) 대법원 1995.6.29. 선고 95도467 판결(이미 신문을 통해 추측성 보도가 있었던 경우), 서울중앙지방법원 2013.7.26. 선고 2013고합12 판결(1분기 자본잠식률이 50%인 상태에서 반기 자본잠식률 50% 공시로 관리종목으로 지정된 경우).

76) 대법원 1994.4.26. 선고 93도695 판결.

호재성·악재성 여부는 어떻게 판별하는가? 대체로 제3자 배정 유상증자(자본확충을 통한 재무건전성 강화), 수주계약이나 대규모 흑자시현(사업의 수익성 향상), 타법인 인수(유망사업 진출에 따른 성과 기대감) 등은 시장에서 호재성 정보로 보는 것이 일반적이다. 그러나 이러한 정보의 공시·공개만으로 호재성 정보로 단정하기는 어렵다. 예를 들어 재무구조가 악화된 기업의 대규모 유상증자 정보는 시장에서 회사의 경영상황 악화 및 유동성 위기가 있다는 것을 알려주는 정보로 해석될 수 있다.[77]

회사의 분할은 어떤가. 보통은 사업부문 분할을 통한 사업전문성 제고를 목적으로 내세우지만, 실제 목적을 살펴보면 비주력사업 분할을 통한 재무구조 개선이나 매각을 통한 구조조정을 목적으로 하는 경우도 많다. 경쟁력 있는 사업부분을 분할할 경우 분할된 회사의 사업성을 기대할 수 있지만, 기존회사의 가치하락 우려도 존재한다. 따라서 주가흐름도 일관되지 않은 경향을 보인다.[78]

따라서 정보의 중요성 여부 또는 호재성·악재성 여부가 명확하지 않은 사안의 경우에는 해당 정보와 관련한 산업상황, 증시상황, 회사의 상황, 해당 정보에 대한 일반적인 시장의 평가를 고려해서 중요성 여부를 판단하여야 한다.[79]

회사의 상황을 통한 중요성의 판단(대법원 2008.11.27. 선고 2008도6219 판결)

이 사건 공소사실에서 피고인들이 이용한 것으로 기소된 중요정보(이하 '이 사건 중요정보'라 한다)는 ① 엘지카드 주식회사(이하 '엘지카드'라 한다)의 적자가 누적됨에 따라 자본 부족 문제로 인하여 재무구조가 급속히 나빠져 회사의 경영상황이 악화될 것이라는 정보, ② 상반기에 1차 유동성 위기 해소를 위해 실시된 1조원 상당의 자본확충이 끝났음에도 위와 같은 재무구조의 악화 등으로 엘지카드에서는 추가 자기자본 확충을 위하여 조만간 수천억 원 이상 규모의 유상증자가 이루어져야 하는 상황이라는 정보임을 알 수 있다.

---

77) 대법원 2008.11.27. 선고 2008도6219 판결.
78) 예를 들어 20.9.17. LG화학의 에너지솔루션 분할 결정의 경우 전지사업부문의 경쟁력 강화에 따른 모회사 주주의 주주가치 상승을 기대할 수 있었지만, 실제 시장과 언론의 반응은 분할회사의 IPO 후 기존주주의 지분가치 희석 및 주주가치 훼손 우려가 주를 이루었다.
79) 대법원 2010.5.13. 선고 2007도9769 판결; 바이오회사 주식 인수에 관한 수시공시가 당시 바이오테마 붐 등 시장상황으로 볼 때 호재성 정보로서 투자자에게 중요한 가치가 있다고 본 판례이다.

▼ 호재 · 악재 사례[80]

구분	정보내용	이유	관련 판결
호재	제3자배정 증자	재무건전성 개선	서울고법 2005.6.30. 2005노566
	무상증자	유동성 제고	대법원 2005.4.29. 2005도1835
	타법인 인수	신사업 기대감	중앙지법 2007.1.26. 2006고합1411
	우회상장	우량법인 합병	서울고법 2007.10.19. 2007노1819
	자사주 취득	주주가치 제고	대법원 2004.3.26. 2003도7112
	결산실적 호전	실적 호재	대법원 1995.6.29. 95도467
	기술이전계약	실적 호재	수원지법 2007.8.10. 2007고단2168
악재	계열사 수익 악화	재무제표 악영향	서울지법 2003.5.14. 2003노1891
	대규모 적자	재무악화	대법원 1995.6.30. 94도2792
	유상증자 실패	재무악화	중앙지법 2013.9.12. 2013고단1010
	무보증 전환사채 발행	재무악화	서울고법 2008.5.1. 2008노334
	감자	재무악화	대법원 2007.7.26. 2007도4716
	회사자금 횡령	재무악화	서울고법 2007.5.10. 2007노322
	감사의견 거절	상장폐지	서울지법 2003.12.17. 2003노5398
	부도발생	기업계속성 우려	대법원 2000.11.24. 2000도2827

Ⅳ. 사실인 정보

정보는 "사실에 관한 정보"일 것을 요구한다. 따라서 허위의 내용은 적용 대상이 아니다. 제174조는 정보의 진실성 여부를 명시하지 않지만, 진실한 정보를 규제대상으로 보는 것이 대체적인 견해이다.[81] 허위의 내용은 객관적으로 정보의 비대칭이 없고, 허위정보 공시에 따른 시세 변동도 정보의 객관적인 가치 때문이 아니라 투자자의 오인에 기인한 것이므로 허위정보까지 규제대상으로 하기는 어렵다는 것을 근거로 한다.[82]

---

80) 금융감독원, 「자본시장 불공정거래 및 기업공시 판례분석」, (2019.12) 사례를 바탕으로 정리하였음
81) 임재연, 「자본시장과 불공정거래」, 박영사(2021), 298면.
82) 박순철, 앞의 논문, 106면.

법원도 완전한 허구사항이라면 정보로 인정하지 않으나,[83] 사실의 내용 중 그 정보가 객관적으로 명확하지 않거나, 일부 허위 또는 과장된 부분이 있는 경우 그 정보가 반드시 객관적으로 명확하고 확실할 것까지 요구하지 않는다.[84]

만약 상장법인이 허위의 내용을 공개했다면 제178조 제2항 또는 제178조의2 제2항 제4호의 풍문 유포행위 또는 제178조 제1항 제2호의 중요사항의 거짓기재의 적용여부의 판단 대상이다.

V. 정보의 미공개성

1. 개 념

규제대상 정보는 불특정 다수인이 알 수 있도록 공개되기 전의 '미공개' 정보이어야 한다. 정보 공개는 시행령 제201조 제1항에 따른 방법으로 공개하고 일정한 기간 또는 시간이 지나면 공개된 것으로 본다. 이러한 시간의 설정은 미공개중요정보의 공개 후 일반투자자의 투자판단을 위한 주지기간을 부여하는 데 목적이 있다. 따라서 미공개중요정보가 공시되거나 언론에 이미 보도되었더라도, 공시ㆍ보도 이후 주지기간 내에 내부자 또는 정보수령자가 증권을 매수(호재성 정보) 또는 매도(악재성 정보)할 경우 미공개중요정보 이용행위에 해당한다.

2. 정보생성시점

사례	이사회 결의 전 취득한 정보로 주식을 매수한 경우
	(대법원 2009.11.26. 선고 2008도9623 판결)

Q. 상장회사 A사의 재무담당 임원 甲은 주가관리 목적의 장내 자사주 취득 건에 대하여 대표이사 보고를 통해 내부방침을 정하였다. 그러나 아직 자사주 취득에 대한 이사회 결의는 아직 이루어지지 않았다.

　　甲은 이사회 결의 및 공시가 있기 전에 A사 주식을 매수하여 이사회 공시 후 주식을 팔아 차익을 실현했다. 甲의 행위는 미공개정보 이용행위에 해당하는가?

A. 회사 내부방침 결정은 완성된 것이 아니지만 거래의 의사결정에 중요한 가치

---

83) 서울중앙지방법원 2008.11.27. 선고 2008고합236 판결.
84) 대법원 2010.2.25. 선고 2009도4662 판결.

를 지니는 정보이다. 대표이사 보고시점에는 이미 중요정보가 생성되었다고 볼 수 있다. 甲은 미공개중요정보를 이용한 것이 맞다.

(1) 의 의

미공개중요정보가 만들어지기 위해서는 해당 상장법인의 검토 및 보고, 합의 등을 거쳐 최종적인 의사결정을 한다. 예를 들어 유상증자하는 경우, 필요한 자금 규모 파악 및 조달방법 등에 대한 초기 검토, 구체적인 증자금액 및 일정을 확정하는 내부 합의를 거쳐 최종 결정인 이사회 결의가 이루어진다. 유상증자 결정이라는 정보는 이사회 의결로 확정되지만, 이사회 의결시점을 미공개중요정보의 생성시점으로 하면 정보의 공개는 이사회 결의 당일 이루어지므로(거래소 수시공시 기준, 금융위 주요사항보고서의 경우 익일) 규제의 실익이 없게 된다. 따라서 최종 결정이 이루어지기 전에 객관적으로 명확하고 확실하게 완성되지 않은 상태라도 거래의 의사결정에 중요한 가치를 지닐 정도로 구체화되는 시점을 미공개중요정보 생성시점으로 보고 있다.[85]

(2) 규제대상

정보생성시점은 해당 미공개중요정보를 이용 가능한 시점이 되므로, 정보생성시점부터 정보공개시점까지의 증권 매수(호재) 또는 매도(악재)행위를 한 계좌를 대상으로 미공개중요정보 이용행위 여부를 판단한다. 따라서 정보생성시점의 선정시기에 따라 규제대상자가 정해진다.

만약 정보생성시점 이후에 매수하였으나 정보공개 전에 매도한 경우에는 미공개중요정보 이용 성립에 영향을 미치는가. 미공개중요정보를 이용하여 해당 주식을 매수한 이상 이는 미공개 중요정보 이용행위에 해당하고, 그 후 그 주식을 언제, 어떻게 매도하였는지는 미공개 중요정보 이용행위 성립 여부에 영향을 미치지 않는다.[86]

---

85) [정보생성시점 : 대법원 2008.11.27. 선고 2008도6219 판결] 일반적으로 법인 내부에서 생성되는 중요정보란 갑자기 완성되는 것이 아니라 여러 단계를 거치는 과정에서 구체화되는 것으로서, 중요정보의 생성시기는 반드시 그러한 정보가 객관적으로 명확하고 확실하게 완성된 경우를 말하는 것이 아니라, 합리적인 투자자의 입장에서 그 정보의 중대성과 사실이 발생할 개연성을 비교 평가하여 유가증권의 거래에 관한 의사결정에 있어서 중요한 가치를 지닌다고 생각할 정도로 구체화되면 그 정보가 생성되었다고 할 것이다.
86) 서울중앙지방법원 2014.4.4. 선고 2013고합604 판결.

▼ 주식 매수(호재) 또는 매도(악재) 시점별 미공개정보 이용 여부 판단

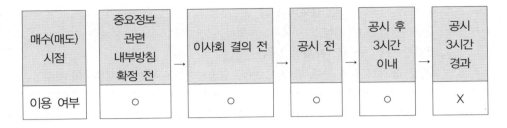

매수(매도) 시점	중요정보 관련 내부방침 확정 전	→	이사회 결의 전	→	공시 전	→	공시 후 3시간 이내	→	공시 3시간 경과
이용 여부	○		○		○		○		X

(3) 사 례

정보생성시점과 관련한 판결을 보면, 자사주 취득 후 이익소각 검토,[87] 대표이사와 대주주 간 무상증자 의결의 합의,[88] 기업인수협상에서 인수자의 사실상 확정,[89] 장기공급계약 체결과 관련하여 공급가격의 합의가 이루어진 후 정식 제안서를 제출한 때,[90] 적대적 M&A 중단 대신 경영자문계약을 체결하기로 하는 구두계약을 한 시점,[91] 사업보고서 미제출로 인한 상장폐지 정보와 관련하여 분식규모 증가로 전년도 12월 금융감독원으로부터 회계감리 자료를 제출하라는 요청을 받게 된 시점,[92] 경영권 양수도계약과 관련하여 주식인수의향서를 토대로 매매가격 등 계약사항의 주요 부분에 대한 합의가 이루어진 시점[93] 등이다.

3. 정보공개시점

시행령 제201조(정보의 공개 등) ① 법 제174조제1항 각 호 외의 부분에서 "대통령령으로 정하는 방법"이란 해당 법인(해당 법인으로부터 공개권한을 위임받은 자를 포함한다) 또는 그 법인의 자회사(「상법」 제342조의2제1항에 따른 자회사를 말하며, 그 자회사로부터 공개권한을 위임받은 자를 포함한다)가 다음 각 호의 어느 하나에 해당하는 방법으로 정보를 공개하고 해당 호에서 정한 기간이나 시간이 지나는 것을 말한다.
1. 법령에 따라 금융위원회 또는 거래소에 신고되거나 보고된 서류에 기재되어

---

87) 대법원 2009.11.26. 선고 2008도9623 판결.
88) 서울중앙지방법원 2008.12.10. 선고 2008노3093 판결.
89) 대법원 2005.9.9. 선고 2005도4653 판결.
90) 서울중앙지방법원 2001.4.7. 선고 2010고합775 판결.
91) 서울고등법원 2011.7.8. 선고 2011노441 판결.
92) 서울중앙지방법원 2011.1.28. 선고 2010고합1459 판결.
93) 서울고등법원 2017.6.15. 선고 2017노211 판결.

있는 정보: 그 내용이 기재되어 있는 서류가 금융위원회 또는 거래소가 정하는 바에 따라 비치된 날부터 1일

2. 금융위원회 또는 거래소가 설치·운영하는 전자전달매체를 통하여 그 내용이 공개된 정보: 공개된 때부터 3시간

3. 「신문 등의 진흥에 관한 법률」에 따른 일반일간신문 또는 경제분야의 특수일간신문 중 전국을 보급지역으로 하는 둘 이상의 신문에 그 내용이 게재된 정보: 게재된 날의 다음 날 0시부터 6시간. 다만, 해당 법률에 따른 전자간행물의 형태로 게재된 경우에는 게재된 때부터 6시간으로 한다.

4. 「방송법」에 따른 방송 중 전국에서 시청할 수 있는 지상파방송을 통하여 그 내용이 방송된 정보: 방송된 때부터 6시간

5. 「뉴스통신진흥에 관한 법률」에 따른 연합뉴스사를 통하여 그 내용이 제공된 정보: 제공된 때부터 6시간

미공개중요정보가 생성되고 해당 정보가 공개된 후 주지기간(공시의 경우 3시간)이 경과하기 전까지 해당 정보를 이용하여 금융투자상품을 매수(호재) 또는 매도(악재)한 경우에는 미공개중요정보 이용에 해당한다. 시행령은 공개매체에 따라 매체의 전파력을 감안하여 정보공개시점을 구분하고 있다.

(1) 공시정보

제1호의 금융위원회 또는 거래소에 신고·보고된 서류의 비치에 따른 공개방법의 경우 과거에는 금융감독원과 거래소 공시실에 비치하여 일반에 열람하도록 하였으나, 현재는 제2호에 따른 금융감독원이나 한국거래소의 전자공시시스템[94]을 통하여 상장법인의 주요사항이 공시되고 있으므로 현재는 작동되지 않는 공개방법에 해당한다.

(2) 언론보도

제3호의 신문을 통한 정보공개의 경우 「신문 등의 진흥에 관한 법률」에 따른 일반일간신문 또는 경제분야의 특수일간신문 중 전국을 보급지역으로 하는 둘 이상의 신문에 게재된 경우 게재일의 다음 날 6시가 지나야 해당 정보가 공개된 것으로 본다.

다만 「신문 등의 진흥에 관한 법률」에 따른 전자간행물의 형태로 게재된 경우

---

94) 금융감독원 전자공시시스템(http://dart.fss.or.kr), 한국거래소 전자공시시스템(http://kind.krx.co.kr).

에는 게재된 때부터 6시간으로 한다. 최근에는 대부분의 매체에서 인터넷 기사를 먼저 게재하므로, 통상 인터넷 기사 게재시점을 기준으로 공개시점을 산정한다. 예를 들어 중요정보가 A신문 인터넷 기사로 10:00에 게재되고, 동 내용으로 B신문 인터넷 기사로 11:00에 게재되었다면, B신문 게재시점인 11:00로부터 6시간이 경과한 17:00가 정보공개시점이 되는 것이다.

유의할 점은 '「신문 등의 진흥에 관한 법률」에 따른 일간신문 또는 경제분야의 특수일간신문 중 전국을 보급지역으로 하는 신문'을 공개매체의 요건으로 하고 있으므로, 예를 들어 지역매체나 경제가 아닌 과학·종교 등 특정분야신문, 주간신문을 통한 정보공개는 제3호에 따른 정보공개요건을 충족하지 못한다.[95]

(3) 추측성 기사

시행령은 해당 법인 또는 자회사(공개권한을 위임받은 자를 포함)가 각 호의 방법으로 정보를 공개할 것을 요건으로 하므로, 해당 법인의 의사로 공개한 것이 아니면 공개요건을 충족하지 못한다. 예를 들어 취재원이 불분명한 추측성 기사, 당해 회사가 아닌 피인수대상 회사에서 당해 회사 간 경영권양수도 계약을 체결했다고 공개한 경우에는 당해 회사에게 정보공개에 대한 위임을 받지 않은 이상 공개된 정보로 인정되지 않는다. 당해 회사가 출처가 아닌 경우 등 출처가 불분명한 경우에는 정보의 신빙성을 결여하여 중요정보로서의 가치를 갖기 어렵기 때문이다. 판례도 같은 취지이다.[96]

사례	중요정보 공개 전에 추측성 기사가 나온 경우

① [3.20. 10:00] A회사의 재무상황 악화로 인한 50% 이상 자본잠식에 관한 취재원 불명의 연합뉴스 보도 게재
② [3.20. 10:30] A사 계열회사 임원 甲은 A사 주식을 매도
③ [3.21. 09:00] A사는 50% 이상 자본잠식이 반영된 사업보고서 공시

---

95) 인터넷을 통한 보도정보 취득이 일반화된 상황에서 전국적 매체나 일간매체만을 공개매체요건으로 하는 것은 현실에 부합하지 않는다고 본다.
96) [대법원 1995.6.29. 선고 95도467 판결] 회사가 추정 결산결과를 공개한 사실이 없는 이상, 비록 일간신문 등에 그 추정 결산결과와 유사한 내용으로 추측 보도된 사실이 있다고 하더라도, 그러한 사실만으로는 그 회사의 추정 결산실적이 일반인에게 공개된 정보라거나 또는 그로 인하여 그 회사가 직접 집계하여 추정한 결산 수치가 중요한 정보로서의 가치를 상실한다고 볼 수 없다.

이 경우 甲의 매도는 미공개중요정보 이용행위에 해당하는가?

①의 언론보도는 당해 법인이 공개한 정보가 아니므로, 시행령에 따른 미공개정보의 공개에 해당하지 않는다. 甲이 ①의 언론보도만을 기반으로 매도결정을 하였다면, 미공개중요정보 이용행위에 해당하지 않는다. 하지만, 甲이 ①의 언론보도와 별도로 자본잠식 관련 내부정보를 지득하였다면, 미공개중요정보 이용행위로 볼 가능성이 높다.

다만, 정보지득경로가 입증되지 아니하고, 신뢰도가 높은 연합뉴스 기사로 인해 투매로 인한 주가급락이 이루어졌다면, 언론보도를 보고 매도했다는 주장이 합리적 근거가 있다고 판단할 가능성이 있다.[97]

제 4 절   정보의 이용

Ⅰ. 구성요건

1. 매매, 그 밖의 거래

미공개중요정보를 특정증권등의 "매매, 그 밖의 거래"에 이용하거나 타인에게 이용하게 하여서는 아니 된다(법 §174).

"매매"는 장내매매뿐 아니라 장외매매도 포함한다. "그 밖의 거래"는 유상거래를 의미하고, 주식관련사채의 권리행사, 담보권의 설정도 포함하며,[98] 발행시장에서의 취득도 포함한다.[99]

2. 정보의 이용

내부자 등은 미공개중요정보를 특정증권등의 "매매, 그 밖의 거래에 이용하거나 타인에게 이용"하게 해야만 구성요건을 충족한다. 단순히 알고 있는 상태에서 매매하는 것이 아니라, 그 정보가 매매의 요인이 되어야 한다는 의미이다. 이 점에

---

97) 김건식·정순섭, 앞의 책, 430면 역시 정보가 널리 공개된 상태인 경우에는 중요성 요건을 충족하지 못한다고 볼 여지가 있다고 한다.
98) 한국증권법학회, 「자본시장법 주석서(Ⅰ)」, 박영사(2015), 1048면.
99) 서울지방법원 1998.3.26. 선고 98고단955 판결.

서 정보이용 여부와 상관없이 알고 있는 상태에서 매매를 하는 경우에도 구성요건을 충족하는 미국, 일본과 차이가 있다.

그런데 내부자가 정보를 이용했는지 여부는 내부자의 주관적 의사의 영역이므로 당사자의 진술이 없다면 이를 입증하기는 쉽지 않다. 따라서 매매에 이르게 된 경위나 요인, 매매 양태 등 객관적인 사실을 종합하여 간접사실을 증명하는 방법으로 판단할 수밖에 없다. 판결은 정보를 보유한 상태에서 거래한 경우에는 특별한 사정이 없는 한 정보를 이용한 것으로 보고 있다. 또한 거래의 다른 요인이 있더라도 내부정보가 하나인 요인인 경우에도 정보이용에 해당한다.

거래가 있는 경우 정보이용을 인정(서울중앙지방법원 2007.7.20. 선고 2007고합159 판결)

증권거래법 제188조의2 제1항은 유가증권의 매매 기타 거래와 관련하여 미공개정보를 '이용'하는 행위를 금지하고 있기 때문에, 미공개정보 이용행위로 처벌하기 위해서는 단순히 미공개정보를 '보유'하고 있는 상태에서 유가증권의 거래를 한 것만으로는 부족하고, 그것을 '이용'하여 유가증권의 거래를 한 것이 인정되어야 하지만, 미공개정보를 인식한 상태에서 유가증권 거래를 한 경우에는 특별한 사정이 없는 한 그것을 이용하여 유가증권 거래를 한 것으로 봄이 상당하고, 또한 유가증권 거래를 하게 된 다른 요인이 있더라도 미공개 내부 정보를 이용한다는 것이 하나의 요인이 된 경우에는 미공개정보를 이용하여 유가증권 거래를 한 것으로 인정할 수 있다.

3. 타인에게 이용하게 하는 행위

(1) 의 의

내부자, 준내부자, 1차 정보수령자가 당해 정보를 "타인에게 이용하게 하는 행위"를 금지한다. 이 규정은 정보제공자인 내부자, 준내부자 또는 1차 정보수령자를 규제하기 위한 규정이다.

이 요건을 충족하기 위해서는 ⅰ) 타인에 대한 정보제공행위가 있어야 하고, ⅱ) 그 정보를 타인이 매매, 그 밖의 거래에 이용하는 행위가 있어야 한다. "이용하게 하는 행위"의 법문상 정보제공 행위는 고의에 의한 것임을 요구한다. 또한 정보제공행위와 정보수령자의 이용행위 간에는 인과관계가 인정되어야 한다.[100] 따

---

100) 대법원 2020.10.29. 선고 2017도18164 판결.

라서 정보제공자는 정보수령자가 당해 정보를 특정증권등의 매매, 그 밖의 거래를 한다는 점을 인식하면서 정보를 제공해야 한다.[101] 만약 정보를 제공했더라도 정보수령자가 매매거래에 이용하지 않았다면 구성요건을 충족할 수 없다.[102] 미공개중요정보를 다른 경위로 알게 된 경우에는 인과관계가 인정되지 않는다.[103]

정보제공자는 정보수령자가 정보를 거래에 이용하려 한다는 정을 알면서 정보를 제공하는 정도면 족하고, 미필적인 정도로도 충분하다.[104] 꼭 그 정보를 이용하여 거래하도록 권유할 필요는 없다.[105] 예를 들어 결산실적을 이용하여 주식을 거래하려는 정을 알면서도 추정결산실적에 관한 정보를 알려준 경우에는 정보를 타인에게 이용하게 하는 행위에 해당한다.[106] 반면 내부자가 타인에게 이용하게 할 의사 없이 정보를 전달만 한 경우에는 "이용하게 하는 행위"로 볼 수 없다.[107]

(2) 미공개정보의 인식

정보제공자가 정보제공에 대한 인식이 없는 경우에 관한 판례를 보자. 예를 들어 상장법인 A사의 주식 매각과 관련하여 인수회사인 B사의 임원 甲이 A사의 실사를 나오게 된 경우를 살펴보자. A사 건물에서 우연히 만난 지인 乙이 '웬일이냐'는 질문에 단순히 '실사를 나왔다'라고만 말했으면 A사 주식의 대량·취득 처분이라는 미공개중요정보를 전달한 것으로 볼 수 있는가.

甲 자신이 미공개정보를 제공한다는 사실에 대한 인식 없이 말한 것으로서, 구체성이 있는 정보를 제공했다는 것으로 보기 어렵다. 다만 乙이 A사 매각 계획 정보를 알고 있고, 이러한 정황을 아는 甲이 '실사를 나왔다'라고 말했으면 甲이 A사 주식 인수 추진이라는 미공개정보를 乙에게 제공한다고 인식할 수도 있다. C사의 항암 신약에 관한 수출계약이 파기되었다는 악재성 미공개중요정보와 관련하여 "C사에 악재가 있다"는 이야기를 전득한 丙은 관련 배경 지식이 있는 터라 그 이

---

101) 대법원 위의 판결.
102) 서울중앙지방법원 2007.12.21. 선고 2007고합569 판결.
103) 서울중앙지방법원 위의 판결.
104) 대법원 앞의 판결.
105) 서울중앙지방법원 앞의 판결.
106) 대법원 1995.6.29. 선고 95도467 판결.
107) 김건식·정순섭, 앞의 책, 437면도 같은 입장이다. 관련 사례를 보자. 정보이용형 교란행위와 관련하여 2차 정보수령자가 준내부자인 아들의 경영권 인수참여를 3차 정보수령자에게 자랑삼아 이야기한 사안에서 2차 정보수령자는 이용하게 하려는 의사가 없다고 보아 처분하지 않은 반면, 3차 정보수령자는 정보를 이용한 것으로 과징금 부과한 바 있다(증권선물위원회 의결 안건번호 2016-305호).

야기가 수출계약 파기임을 인식했다는 점에서 미공개중요정보 이용행위(정보이용형 교란행위)가 인정되었다.[108]

정보제공자가 미공개정보의 인식이 없는 경우(대법원 2017.10.31. 선고 2015도8342 판결)

정보수령자가 정보제공자로부터 정보를 전달받았다고 인정하기 위해서는 단순히 정보의 이동이 있었다는 객관적 사실만으로는 충분하지 않고, 정보제공자가 직무와 관련하여 알게 된 미공개정보를 전달한다는 점에 관한 인식이 있어야 한다.
한편 정보수령자가 알게 된 미공개정보는 대량취득·처분의 실시 또는 중지를 알수 있을 만큼 구체적이어야 한다. 정보제공자가 제공한 내용이 단순히 미공개정보의 존재를 암시하는 것에 지나지 않거나, 모호하고 추상적이어서 정보수령자가그 정보를 이용하더라도 여전히 일반투자자와 같은 정도의 경제적 위험을 부담하게 되는 경우에는 특별한 사정이 없는 한 위 규정에서 말하는 미공개정보에 해당하지 않는다.

(3) 타인 범위의 확장 가능 여부

1) 학 설

예를 들어 정보제공자인 내부자가 전달한 정보를 전득자인 2차 정보수령자가 이용한 경우 처벌할 수 있는가. 이에 대하여 견해가 나뉜다. 정보제공자는 처벌대상이 아니라고 보는 견해는 다음과 같다. '타인에게 이용하게 하는 행위'는 정보제공자를 처벌하고 정보이용자를 처벌하지 않는 편면적 대향범에 해당한다.[109] 만약 타인의 범위를 확장하게 되면 정보제공자가 제공한 정보를 전득자가 거래에 이용하는 경우에는 오로지 정보제공자만 처벌을 받는 불균형한 상태에 놓인다는 점을 지적한다.[110] 설령 1차·2차 정보수령자가 실질적으로 하나의 단체로 인정된다고 하더라도 1차 정보수령자가 2차 정보수령자의 심부름꾼에 불과한 경우와 같이 매우 예외

---

108) 서울행정법원 2018.7.12. 선고 2017구합78025 판결.
109) 상대방을 필요로 하는 범죄로서 서로 반대되는 방향의 의사가 합치됨으로써 성립하는 범죄를 대향범이라고 한다. 그 중 타방을 처벌하지 않는 범죄는 편면적 대향범에 해당한다. 예를 들어 공무상비밀누설죄의 누설자는 처벌하나 상대방인 비밀취득자는 처벌하지 아니한다.
110) 구길모, "미공개중요정보 이용행위에 대한 형사처벌 — 대법원 2020.10.29. 선고 2017도18164 판결을 중심으로 —", 「충남대학교 법학연구」 제32권 제2호(2021.5), 247면.

적인 경우에만 제한적으로 적용해야 한다고 한다.[111] 한편 처벌이 가능하다는 견해는 '타인'의 문언에 주목하여 1차 정보수령자로 한정할 이유가 없다고 한다.[112]

2) 판 례

판례는 '타인'의 범위를 넓게 해석한다. 상장법인 임원이 실적정보를 증권사 영업부장에 전달하고, 2차 정보수령자인 증권사 고객이 이용한 사건에서는 상장법인 임원의 정보제공행위를 인정하였다. 다만 동 판례에서는 '타인'의 범위에 관한 판단은 없었다.[113]

이후 대법원은 회사 IR 담당자가 1차 정보수령자인 애널리스트에게 전달한 실적 정보를 2차 정보수령자인 자산운용사 매니저가 이용한 사안에서 ⅰ) 자본시장법에서 '타인'을 달리 정의하지 않는다는 점, ⅱ) 정보전달과정에서의 변질가능성을 이유로 타인의 개념을 제한하여 해석해야 한다고 볼 수 없는 점, ⅲ) '정보제공자로부터 직접 정보를 받은 자'로 제한하여 해석하지 않는다고 하여 죄형법정주의에 어긋난다고 할 수 없는 점, ⅳ) 투자자를 보호하고 자본시장의 공정성을 확립한다는 규정의 입법취지를 고려할 때 타인의 범위를 제한하지 않아야 한다는 점 등을 들어 내부자가 2차 정보수령자가 정보를 이용한다는 점을 인식하였는지를 더 심리했어야 한다면서 타인의 범위를 직접 정보를 수령한 자로 제한한 원심을 파기환송하였다.[114] 이후 파기환송심에서는 "회사 내부자들이 애널리스트들이 해당 정보를 펀드매니저들에게 전달해 기관투자자가 이 정보를 이용할 것이라는 것에 관하여 충분히 고의가 있었고 적어도 미필적으로라도 고의가 있었다"고 판단하여 유죄로 인정해 벌금형을 선고했다.[115]

3) 검 토

동 판례에 대하여 '타인'의 사전적 의미에만 집중하여 해석하여 막연히 누군가에 의하여 사용될 수 있다는 미필적 고의만 가진 경우에도 적용함으로써 동 조항의 확장적 해석의 위험이 발생한다고 하면서 '타인'을 직접 상대방으로 제한하여

---

111) 임재연, 「자본시장과 불공정거래」, 박영사(2021), 255면.
112) 조인호, "정보제공자책임과 정보수령자책임", 「기업법연구」 제23권 제1호(2009), 370면; 윤광균, "내부자거래에서의 2차 정보수령자와 공범관계", 「법조」 제668호(2012.5), 124면; 박순철, 앞의 논문, 145면.
113) 대법원 1995.6.29. 선고 95도467 판결.
114) 대법원 2020.10.29. 선고 2017도18164 판결.
115) 서울고등법원 2021.5.13. 선고 2020노1940 판결(대법원 2021.8.19. 선고 2021도6661 판결로 확정).

목적론적 축소해석을 하는 것이 타당하다는 견해가 있다.[116] 반면 미국도 전득자의 정보이용에 대해 내부자의 책임을 묻는 판례[117]가 확립된 바 있고, 타인의 범위에 대한 넓은 해석이 자본시장의 건전성 도모라는 법률 취지에 부합한 것으로서 동 판례를 지지하는 견해도 있다.[118]

'타인'의 문언을 넓게 해석하더라도 그 범위를 무제한 확장할 수는 없다. 구성요건상 정보제공자는 정보수령자가 정보를 이용하여 거래하려 한다는 사실을 알고 있거나 예견할 것이 요구되기 때문이다. 따라서 정보전득자가 그 정보를 이용할 것을 예견하면서 전달한 때에만 정보제공자에게 책임을 물을 수 있다.[119] 예를 들어 내부자의 정보제공행위로 인하여 2차 정보수령자가 거래에 이용한다는 점을 인식한 때에만 내부자의 책임을 물을 수 있다.[120] 또한 1·2차 정보수령자를 하나의 단체로 볼 수밖에 없거나, 1차 정보수령자가 2차 정보수령자의 사자(使者)에 불과한 경우로서 사실상 하나의 1차 정보수령자로 볼 수밖에 없는 특수한 경우에 적용 가능할 것이다.

Ⅱ. 매매 양태를 통한 정보이용의 판단

사례 정보공개 전후로 매수·매도가 반복된 경우(서울고등법원 2009.5.15. 선고 2008노3397 판결)

Q. A사 직원 甲은 A사의 나노이미지센서 칩 개발이라는 호재성 공시 전에 A사 주식을 매수하였다. 그런데 甲은 예전부터 A사 주식을 매수·매도하였고, 공시 전에 일부 주식을 매도하기도 했으며, 공시 이후에도 일부 매수·매도가 있었다. 이 경우 양태를 볼 때 미공개중요정보 이용행위에 해당하는가?

A. 단순히 정보공개 전후에 매수·매도가 있다고 해서 정보이용이 아닌 것으로 추정할 수는 없다.

    ※ 법원은 정보공개전 대출을 통해 대량매수를 했다는 점에서 정보공개전 매도만으로 甲의 무죄를 추단할 수 없다고 판단

---

116) 구길모, 앞의 논문, 245면.
117) U.S v. Salman, 792 F. 3d 1087, 1089–1090(9th Cir, July 6, 2015).
118) 김지환, "내부자거래에서 정보수령자의 책임에 관한 고찰 – 대법원 2020.10.29. 선고 2017도18164판결을 중심으로–", 「동북아법연구」 제14권 제3호(2021) 참조.
119) 동일한 취지의 견해로는 박순철, 앞의 논문, 145면.
120) 대법원 2020.10.29. 선고 2017도18164 판결 참조.

행위자의 정보 이용 여부는 주관적 의사의 영역이므로 자백이 없는 경우에는 입증이 용이하지 않다. 따라서 매매에 이르게 된 경위나 요인, 매매 양태 등 객관적인 사실을 종합하여 간접사실을 증명하는 방법으로 판단할 수밖에 없다. 판례가 제시하는 정보의 이용 여부의 판단기준은 정보의 취득 경위 및 정보의 인식 정도, 피고인의 경제적 상황과 함께 "거래를 한 시기, 거래의 형태나 방식, 거래 대상이 된 증권 등의 가격 및 거래량의 변동 추이 등 여러 사정을 종합적으로 살펴서 판단"하도록 한다.[121)]

내부자는 알게 된 내부정보를 이용하여 자신의 경제적 이익을 극대화하는 방향으로 매매할 것이므로, 그 거래시점, 거래량, 가격 등에서 미공개정보를 지득·이용하는 것이 아니고서는 설명하기 어려운 양태를 보인다면, 정보를 매매에 이용한다고 추정할 수 있다.[122)]

미공개정보를 이용한 매매가 되기 위해서는 정보생성시점 이후 정보공개전까지의 기간 동안 매매(호재의 경우 매수, 악재의 경우 매도)가 집중되는 것이 일반적이다. 내부자가 정보를 지득한 후 정보공개가 임박하거나 증권의 수급이 불균형할 때는 단시간 내에 많은 수량을 취득 또는 처분하기 위하여 고가매수 주문(악재의 경우 저가매도 주문)이나 시장가주문을 제출하는 양태를 보인다.

또한 호재성 정보의 경우 내부자는 이익 극대화를 위하여 많은 자금을 마련하여 매수해야 하므로, 대규모 자금을 증권계좌에 입금하거나, 타종목의 매도, 담보대출을 통해 마련한 자금으로 해당 종목에 집중 매수하는 매매 특성을 보인다.

이와 반대로, 지속적으로 매수·매도를 반복하거나, 보유자금으로 대상 종목보다는 다른 종목을 집중 매수하는 경우에는 매매양태상으로 정보이용을 입증하기는 어렵다.

---

121) 대법원 2017.1.25. 선고 2014도11775 판결.
122) [서울중앙지방법원 2007.2.9. 선고 2006고합332 판결] 유가증권의 매매 기타 거래와 관련하여 미공개 내부정보를 '이용'한다고 함은 미공개 내부 정보를 지득한 상태에서 유가증권을 거래함에 있어 그 정보가 유가증권의 거래 여부, 거래시점, 거래량, 가격 등 거래조건의 결정에 하나의 요인으로 작용하여 만일 그러한 정보를 알지 못했더라면 내렸을 결정과 다른 결정을 내리게 함으로써 영향을 미침을 의미한다.

▼ 미공개정보이용 매매양태의 추정(호재)

구 분	미공개정보 이용 양태	정보이용 추정이 어려운 양태
거래패턴	정보공개 전 집중매수	정보공개 전후 지속적 매수매도
거래적극성	신용거래, 거액입금후 전량매수	타종목 매수 비중이 높음
호가내용	고가매수호가 등 적극적 매수양태	저가매수호가 등 소극적 매수양태

* 예시로 든 특징에 불과하며 절대적 판단기준이 아님

양태를 통한 정보이용의 판단은 정보 이용여부에 대한 고려요소의 일부이므로 정보이용 여부 판단의 절대적 요건이 될 수는 없다. 또한 내부자의 정보 지득을 전제로 판단해야 하므로, 정보취득경로가 불분명한 경우에는 매매양태만으로는 정보를 이용했다고 판단할 수 없다. 그리고 단순히 정보공개전에 일부 매도가 있거나, 정보공개 후에도 매수가 지속된다고 해서 정보의 이용이 없다고 판단할 수 없고, 전체 거래규모나 매매성향 등을 종합적으로 고려해서 판단하여야 한다.[123]

Ⅲ. 매매의 경위나 요인 분석을 통한 정보이용의 판단

미공개정보를 지득하였으나, 매매에 다른 동기가 있거나 특별한 사정이 있는 경우로서 내부자의 매매에 합리적인 이유가 있을 때에는 미공개정보를 이용하였다고 보기 어려운 경우가 있다. ⅰ) 대출금 변제가 불가피한 상황에서 증권을 매도하여 이를 대출금 변제에 바로 충당한 경우,[124] ⅱ) 담보대출을 하면서 담보로 제공한 주식 가격의 하락으로 담보권자의 반대매매가 실행된 경우 ⅲ) 미공개정보가

---

123) [정보공개 전후로 지속적으로 매도·매수가 반복된 사례 : 서울고등법원 2009.5.15. 선고 2008노3397 판결] 2005.11.10.에 공개된 호재성 공시 정보의 이용행위와 관련하여 1심은 甲이 2004년 9월경 이래로 계속하여 A사 주식을 매매하였고, 2005.10.25.에는 1,350주를 매도하기도 하였으며, 그 이후에도 2007년 말경까지 계속하여 A사 주식을 매수하거나 매도하였던 점, 공소 제기된 2005.11.2. 및 11.4.의 주식거래는 평소 피고인의 주식거래 형태와 별다른 차이점이 발견되지 않아 정보를 '이용'했다 보기 어렵다고 보아 무죄를 선고하였다(서울중앙지방법원 2008.11.27. 선고 2008고합236 판결).
반면 원심은 10년 이상 가입해 놓았던 생명보험금을 담보로 약관대출을 받아 이 사건 주식매수자금을 마련하였던 점, 甲이 2005.10.19.부터 같은 해 10.21.까지 위 주식을 무려 11,900주나 매수한 점에 비추어 보면, 2005.10.25. 위 주식 1,350주를 매도한 사실이 甲이 사건 정보를 모르고 있었다거나 또는 이를 이용하지 아니하였음을 추단할 만한 근거가 될 수 없는 점 등을 들어 甲의 정보이용 사실을 인정하여 유죄를 선고하였다.
124) 서울동부지방법원 2011.12.30. 선고 2011고합221, 279(병합) 판결.

공시·공개되기 전에 관련 정보가 이미 알려진 경우, ⅳ) 미공개정보 공개 이전에 주가에 영향을 미치는 다른 정보가 알려진 경우를 예로 들 수 있다.

판례는 "정보를 취득한 경위 및 정보에 대한 인식의 정도, 정보가 거래에 관한 판단과 결정에 미친 영향 내지 기여도, 피고인의 경제적 상황"을 보고 정보의 이용 여부를 판단할 것을 요구한다.[125]

ⅰ) 대출금 변제는 행위자의 경제적 상황을 고려할 때 매매의 불가피성이 인정되면 미공개정보를 이용하지 않은 거래로 볼 수 있다. ⅱ) 반대매매와 같이 주식 담보계약상 담보비율을 하회하여 반대매매가 이루어진 경우라면, 내부자의 의사와 무관하게 매매가 이루어진 경우이므로 미공개정보를 이용한 거래가 성립할 수 없다.[126]

ⅲ), ⅳ)는 다른 정보로 인하여 투자판단에 영향을 미치는 경우이다. 정보가 공개되기 전에 동일한 내용의 추측성 기사, 또는 다른 호재성·악재성 정보가 매매의 요인이 되는 경우를 예로 들 수 있다. 이 경우 정보 공개전 유포된 정보만 투자판단에 절대적으로 영향을 미치는 것은 아닐 것이므로, 정보의 지득 여부와 매매 양태를 종합적으로 고려하여 개별적으로 판단해야 한다.

---

125) 대법원 2017.1.25. 선고 2014도11775 판결.
126) 다만 주가하락에 따른 담보비율 하회는 과거부터 지속되었음에도, 정보공개시점을 앞두고 반대매매가 이루어졌다면 담보권자가 정보를 지득하여 매도가 이루어졌을 가능성도 배제할 수 없다. 또한 내부자가 추가 담보제공이 가능한 상황에서도 반대매매를 방치한 경우 내부자의 정보이용 가능성이 있다.

구 분		내 용
규제대상자	내부자	상장법인(계열회사 포함), 상장법인·계열회사의 임직원, 대리인, 주요주주(주요주주의 대리인·사용인·종업원 포함)
	준내부자	준내부자(인허가권자, 계약체결자), 준내부자의 대리인·사용인·종업원
	정보수령자	내부자나 준내부자로부터 정보를 전달받은 1차 정보수령자
규제대상증권		해당 상장법인이 발행한 특정증권
미공개중요정보	개 념	상장법인(자회사 포함)의 업무 등과 관련된 미공개중요정보
	대상정보	공시정보뿐 아니라 투자판단에 중대한 영향을 미칠 수 있는 정보를 포함(예: 임상성공, 대표이사 구속)
	제 외	애널리스트 보고서, 블록딜 정보 등 회사 업무와 무관한 시장정보는 제외(시장질서 교란행위 규제 대상)
정보공개요건	정보공개주체	상장법인(자회사 포함)이나 대리인이 공개한 정보가 아니면 공개된 것이 아님(출처 불명의 추측성 기사는 공개된 것이 아님)
	정보생성시점	− 정보가 확정되기 전의 구체화된 시점(예 : 이사회 결의 전 내부 합의) − 정보생성시점 이후 매수(매도)가 규제대상
	정보공개시점	공시 또는 보도 후 일정시간이 지나야 정보가 공개된 것으로 봄(예: 공시 후 3시간, 언론보도 후 6시간). 그 이전의 거래는 규제대상
정보의 이용	개 념	해당 정보를 이용하여 거래하여야 함. 다만 정보를 보유한 상태에서 거래한 경우에는 정보를 이용한 것으로 인정(판결)
	정황증거를 통한 입증	정보의 이용여부는 주관적 의사이므로 입증이 어려움. 내부자 등의 정보이용 여부는 매매 양태 등 정황증거로 입증이 가능(판례) (예: 정보공개전 집중매수, 고가매수주문, 매수를 위한 대규모 자금 마련 등).

제 3 장

공개매수정보, 대량취득처분정보의 이용행위

제 1 절   공개매수 정보 이용행위

제174조 ② 다음 각 호의 어느 하나에 해당하는 자(제1호부터 제5호까지의 어느 하나의 자에 해당하지 아니하게 된 날부터 1년이 경과하지 아니한 자를 포함한다)는 주식등에 대한 공개매수(제133조제1항의 공개매수를 말한다. 이하 이 항에서 같다)의 실시 또는 중지에 관한 미공개정보(대통령령으로 정하는 방법에 따라 불특정 다수인이 알 수 있도록 공개되기 전의 것을 말한다. 이하 이 항에서 같다)를 그 주식등과 관련된 특정증권등의 매매, 그 밖의 거래에 이용하거나 타인에게 이용하게 하여서는 아니 된다. 다만, 공개매수를 하려는 자(이하 이 조에서 "공개매수예정자"라 한다)가 공개매수공고 이후에도 상당한 기간 동안 주식등을 보유하는 등 주식등에 대한 공개매수의 실시 또는 중지에 관한 미공개정보를 그 주식등과 관련된 특정증권등의 매매, 그 밖의 거래에 이용할 의사가 없다고 인정되는 경우에는 그러하지 아니하다.

Ⅰ. 공개매수 정보 이용행위의 의의

1. 의   의

공개매수 실시 또는 중지에 관한 정보는 공개매수가격에 따라 주가에 영향을 미칠 수 있고, 장내 주식 수급에도 직접적인 영향을 미치는 중요한 정보에 해당한다. 그러나 이 정보는 상장법인의 업무와 관련한 정보가 아니라 시장정보에 해당하므로 별도의 규정을 두어 규제하고 있다.

2. 공개매수제도

공개매수는 기업지배권을 획득하거나 강화할 목적으로 장외에서 불특정 다수인을 대상으로 상장법인의 주식을 대량매수하는 행위를 말한다(법 §133①).

공개매수의 목적은 경영권을 취득하거나, 반대로 경영권을 보호할 목적, 지주회사 요건을 충족하기 위한 경우, 주주가치 제고 목적 또는 자진 상장폐지를 위한 경우 등이 있다.

자본시장법은 공개매수시 요건을 두어 규제하고 있는데, 공개매수는 회사 지배권의 변경을 수반할 수 있는 행위이므로 공개매수의 내용을 일반에 공시하여 투자자를 보호할 필요성이 있기 때문이다.

주식등을 과거 6개월 동안 장외에서 10인 이상의 자로부터 매수하여 그 주식총수의 5% 이상을 보유하게 되는 경우에는 공개매수를 해야 한다(법 §133③, 영 §140). 공개매수를 하는 경우 공개매수 목적, 주식 종류, 기간, 가격 등을 기재한 공개매수공고 및 공개매수신고서를 제출하고, 공개매수설명서를 공시하여야 한다(법 §134~137). 공개매수규정은 장외거래에 대해서만 규제하므로, 장내매수는 적용되지 않는다.

Ⅱ. 연혁 : 사전매수의 규제

사례 **공개매수를 위해 사전매수하는 경우**

Q. 甲은 A사 경영권 취득을 위하여 공개매수 요건(5%)을 충족하기 전까지 A사 주식을 장외에서 매집해왔다. 이 경우에도 공개매수 정보 이용행위에 해당하는가?

A. 공개매수 공고 후에도 상당기간 주식을 보유하는 경우에는 규제대상이 아니다. 공개매수 전 경영권 취득을 위한 사전취득은 불가피하기 때문이다.

구 증권거래법은 미공개중요정보 이용행위 금지규정을 준용하여 공개매수정보 이용행위를 규제하였다(§188의2③). 그런데 이 규정은 공개매수인이 규제대상에 포함되어 공개매수 전 사전매수행위(업계에서는 "발판매수"로 칭함)가 규제되는 문제가 있었다. 실무상 발판매수는 허용되는 것으로 인정되어 오다가, 2007년 자본시장법이 제정되면서 공개매수자 본인은 공개매수정보 이용행위 규제대상에서 제외하였다.

2009년 2월 개정에서는 공개매수자 본인과 계열회사를 규제대상에 포함하되, 단서에 "공개매수자가 공개매수를 목적으로 거래하는 경우"는 제외하도록 개선하였다. 그런데 이 문구가 공개매수를 결정하기 이전에 주식을 취득하는 이른바 '발판매수'를 인정하기 위한 규정으로 볼 수 있는지에 대하여 학계와 실무상 논란이 촉발되었다.

동 단서 규정이 공개매수전 발판매수를 허용하는 것이 아니라는 견해는 이 규정은 오로지 공개매수 목적으로 거래하는 경우만 허용하는 것으로서, 입법예고문에도 "공개매수자가 공개매수정보를 이용하여 사전매수하는 것을 금지하려는 것"이라고 설명하는 것을 근거로 한다.[127]

발판매수를 허용하는 규정이라는 견해는 공개매수를 하려는 자의 공개매수 목적의 사전매수행위를 허용하는 것으로서, 공개매수 공고 이후에는 당연히 공개매수가 허용되므로 굳이 단서규정을 둘 이유가 없다고 한다.[128] 공개매수 공고 이전의 공개매수자의 사전매집 행위는 본래의 목적을 실현하는 행위로서 이를 이용하는 행위로 볼 수 없고, 그 사전매집이 공개매수 목적이 아닌 정보이용 목적이라는 것을 입증하는 것은 현실적으로 어렵다. 이러한 점을 고려하여 발판매수를 허용하도록 만든 규정이라는 견해가 타당하다.[129]

이러한 논란으로 인해 2013년 개정을 통하여 "공개매수를 하려는 자(이하 이 조에서 "공개매수예정자"라 한다)가 공개매수공고 이후에도 상당한 기간 동안 주식등을 보유하는 등 주식등에 대한 공개매수의 실시 또는 중지에 관한 미공개정보를 그 주식등과 관련된 특정증권등의 매매, 그 밖의 거래에 이용할 의사가 없다고 인정되는 경우에는 그러하지 아니하다"고 상세하여 발판매수가 있더라도 상당기간 주식을 보유할 때는 예외 적용이 가능하도록 명확화하였다.

---

127) 임재연, 「자본시장과 불공정거래」, 박영사(2021), 323면; 그러나 입법예고문을 살펴보면 당시 개정규정 중 공개매수자 본인을 공개매수정보 이용행위 규제대상에 포함한 것을 설명한 것으로서 동 단서규정의 취지를 설명하는 내용이 아니다.

128) 박순철, 앞의 논문, 171면; 김순석, "자본시장과 금융투자업에 관한 법률상의 불공정거래의 규제", 「인권과 정의」, 통권 제389호(2009.1), 45면.

129) 당시 입법 관여자들의 의견을 종합해보면 이 규정은 발판매수 허용을 위하여 반영한 규정이고, 제174조제3항의 대량취득·처분의 실시·중지 규정 역시 달리 적용할 이유가 없어 동일하게 사전매수행위 허용을 위한 단서규정을 반영한 것이라고 한다.

III. 구성요건

1. 대상정보

규제대상 정보는 제133조 제1항에 따른 주식등에 대한 공개매수의 실시 및 중지에 관한 미공개정보이다. 정보공개방법은 미공개중요정보에 관한 정보공개 방법을 준용한다(영 §201③). 통상 공개매수신고서 공시를 통하여 공개매수 실시 정보가 공개된다.

2. 규제대상 증권

사례	공개매수 대상 보통주가 아닌 우선주를 매수한 경우

Q. A사 직원 甲은 A사가 실시하는 A사 보통주 공개매수 실시 정보를 지득하고 A사 우선주를 매수하였다. 이 경우 공개매수 정보 이용행위에 해당하는가?

A. 공개매수 대상증권은 의결권 있는 주식에 관계되는 증권(주식등)이지만, 공개매수 정보 이용행위 금지대상이 되는 증권은 '특정증권'으로 범위가 넓다. 공개매수 정보 이용행위에 해당한다.

규제대상 증권은 공개매수 주식등과 관련된 "특정증권등"이다(법 §174② 본문). 제172조 제1항의 내부자의 단기매매차익 반환의무에서 규정한 "특정증권등"과 같다.

공개매수 대상이 되는 "주식등"은 의결권 있는 주식에 관계되는 증권이지만(법 §133①, 영 §139), 공개매수정보 이용행위 관련 규제대상증권은 "특정증권등"으로 범위가 넓으므로, 규제대상자가 공개매수 대상 주식등뿐 아니라 다른 특정증권등을 공개매수정보를 이용하여 매매거래하였다면 규제대상이다.

3. 규제 대상자

규제대상자는 당해 "상장법인"이 "공개매수예정자"로 바뀐 것 이외에는 미공개중요정보 이용행위 규제대상자와 동일한 체계를 갖고 있다. 공개매수 실시 정보는 상장법인이 아닌 공개매수예정자를 통하여 생성된다는 점에서 미공개중요정보 이용행위와 차이가 있다.

구체적으로는 ⅰ) 공개매수예정자 및 ⅱ) 공개매수예정자의 임직원·대리인·주요주주가 내부자가 된다. 그 외에 ⅲ) 공개매수예정자의 준내부자, ⅳ) 주요주주·준내부자의 대리인·사용인·종업원(법인인 경우에는 그 임직원·대리인), ⅴ) 1차 정보수령자가 규제 대상자이다(법 §174②1∼6).

4. 예 외

"공개매수예정자가 공개매수공고 이후에도 상당한 기간 동안 주식등을 보유하는 등 주식등에 대한 공개매수의 실시 또는 중지에 관한 미공개정보를 그 주식등과 관련된 특정증권등의 매매, 그 밖의 거래에 이용할 의사가 없다고 인정되는 경우"에는 대상에서 제외한다(법 §174② 단서). 공개매수예정자의 공개매수전의 사전매집 행위에 대하여 공개매수 정보 이용행위가 아닌 것으로 보는 규정이다.

예를 들어 자진 상장폐지 목적으로 공개매수를 하려는 자가 공개매수공고 이후에 사전매집한 주식을 고가에 매도하여 차익을 실현했다면 예외 규정을 적용할 수 있을까. 상당한 기간 동안 주식등을 보유하는 등 정보이용 의사가 없음이 인정되어야 하는데, 사전매집한 주식을 고가에 매도하였을 뿐 아니라 상장폐지를 위하여 공개매수를 한 취지와도 맞지 않는 매도양태로 판단할 수밖에 없다. 이 경우에는 공개매수자가 공개매수 실시에 관한 정보를 이용하였는지를 따져야 할 것이다.

이 단서규정의 취지상 공개매수 대상 주식등에 관한 발판매수의 예외를 적용하려는 것이므로, 공개매수 대상 주식등이 아닌 주식등과 관련한 다른 특정증권등을 매집하는 경우에는 예외가 적용되지 않는다고 보아야 한다(예 : 보통주의 공개매수를 하려는 자가 우선주를 사전매집하는 경우).

제2절 주식등의 대량취득·처분 정보의 이용행위

제174조 ③ 다음 각 호의 어느 하나에 해당하는 자(제1호부터 제5호까지의 어느 하나의 자에 해당하지 아니하게 된 날부터 1년이 경과하지 아니한 자를 포함한다)는 주식등의 대량취득·처분(경영권에 영향을 줄 가능성이 있는 대량취득·처분으로서 대통령령으로 정하는 취득·처분을 말한다. 이하 이 항에서 같다)의 실시 또는 중지에 관한 미공개정보(대통령령으로 정하는 방법에 따라 불특정 다수인이 알 수 있도록 공개되기 전의 것을 말한다. 이하 이 항에서 같다)를 그 주식등과 관련된 특정증권등의 매매, 그 밖의 거래에 이용하거나 타인에게 이용하게 하여서는 아니 된다. 다만, 대량취득·처분을 하려는 자가 제149조에 따른 공시 이후에도 상당한 기간 동안 주식등을 보유하는 등 주식등에 대한 대량취득·처분의 실시 또는 중지에 관한 미공개정보를 그 주식등과 관련된 특정증권등의 매매, 그 밖의 거래에 이용할 의사가 없다고 인정되는 경우에는 그러하지 아니하다.

I. 의 의

주식등의 대량취득·처분 정보의 이용행위 금지는 경영권에 영향을 줄 수 있는 취득·처분 정보를 그 주식등과 관련된 특정증권등의 매매, 그 밖의 거래에 이용하거나 타인에게 이용하는 것을 금지하는 것이다. 대량취득·처분 정보는 경영권에 영향을 미칠 수 있고 증권수급과도 관련되므로 주가에 영향을 미칠 수 있는 시장정보에 해당하지만, 미공개중요정보 이용행위 규제대상인 상장법인의 업무관련정보에는 해당하지 않으므로 별도의 규정으로 규제하고 있다.

II. 미공개중요정보 이용행위와의 관계

주식등의 대량취득·처분은 회사 외부에서 생성된 주주 간의 양수도 계약사항이므로 상장법인의 내부정보에 해당하지 않는다. 다만 경영권 변경을 수반하는 주식양수도 계약의 경우 법인의 경영에 관하여 중대한 영향을 미치는 정보로서 상장법인은 한국거래소에 공시할 의무가 있다(코스닥시장 공시규정 §6). 따라서 이 경우에는 외부정보라 하더라도 그 실질은 미공개중요정보로 볼 여지가 있다.[130] 예를

---

130) 박임출, "대량취득·처분 정보를 이용한 내부자거래", 「기업법연구」제29권 제1호

들어 회사를 상대로 하는 청구액이 자기자본의 5% 이상인 소송의 제기나 과징금의 부과, 상장폐지, 감사의견 거절도 외부에서 생성된 정보이지만 공시사항으로서 법인의 경영에 중대한 영향을 미치는 미공개중요정보로 보는 것이 일반적이다.

만약 법 제174조 제1항을 적용한다면 대량처분자는 회사의 주요주주이므로 미공개중요정보 이용행위의 규제대상에 해당하나, 대량취득자는 회사 외부자로서 규제대상에서 제외되는 문제가 있다. 구 증권거래법상 미공개중요정보 이용행위에 관한 판례는 경영권 양수자는 계약당사자인 정보생성자로서 직무와 관련하여 알게 된 정보가 아니고, 대량처분자로부터 정보를 받은 정보수령자에도 해당하지 않는다고 판단한 바 있다.131)

대량취득자는 대량취득·처분 정보를 생성·지득하는 자이고, 타인에게 그 정보를 이용하게 할 수 있다는 점에서 대량처분자와 달리 적용할 이유가 없다. 법 제174조 제3항은 전술한 미공개중요정보 규제의 문제점을 보완하는 기능을 갖는다.

III. 연 혁

주식등의 대량취득·처분 정보 이용행위 규제는 2007년 자본시장법 제정을 통하여 처음 도입되었다. 최초 도입 당시에는 '대량취득·처분을 하는 자' 자신은 규제 대상에서 제외하였다. 그러나 정보생성자 본인의 정보이용행위에 대하여 처벌하지 않는 것은 부당하다는 문제점이 제기되어, 2009년 2월 개정에서는 대량취

(2015), 248면; 노혁준, "주식대량취득, 처분정보와 미공개정보이용행위", 「민사판례연구」(2017.2.28.), 908면.

131) [대법원 2003.11.14. 선고 2003도686 판결] 증권거래법 제188조의2 소정의 미공개정보 이용행위의 금지 대상이 되는 "당해 정보를 받은 자(소위 정보수령자)"란 같은 조 제1항 각호에 해당하는 자로부터 이들이 직무와 관련하여 알게 된 당해 정보를 전달받은 자를 말하는 바, 피고인이 법 제188조의2 제1항 각 호에 해당하는 자로서 A강업의 주요주주인 B사로부터 전달받았다는 이 사건 공소사실 기재 당해 정보인 "B사가 위 피고인에게 A강업 주식 290만 주를 양도하여 A강업의 경영권을 양도한다."는 정보는 B사가 그 소유의 주식을 위 피고인에게 처분함으로써 스스로 생산한 정보이지 직무와 관련하여 알게 된 정보가 아니고, 위 피고인은 당해 정보를 B사로부터 전달받은 자가 아니라 B사와 이 사건 주식 양수계약을 체결한 계약 당사자로서 B사와 공동으로 당해 정보를 생산한 자에 해당한다 할 것이므로, 원심이 위 피고인이 법 제188조의2 제1항 제4호의 "당해 법인과 계약을 체결하고 있는 자" 또는 법 제188조의2 제1항 소정의 "당해 정보를 받은 자"에 해당하지 아니한다고 판단한 것은 정당한 것으로 수긍이 가고, 거기에 증권거래법상의 내부자거래에 관한 법리를 오해한 위법이 있다고 할 수 없다.

득·처분을 하는 자를 규제대상자에 포함하는 대신, 단서를 마련하여 "대량취득·처분을 하는 자가 대량취득·처분을 목적으로 거래하는 경우"에는 규제 대상에서 제외하였다(§174③본문 단서).

그런데 이 단서 규정이 대량취득·처분 전에 이루어진 취득·처분행위를 허용하는 규정인지 여부와 관련하여 앞에서 설명한 공개매수 전 발판매수와 동일한 해석상 논란이 제기되었다. 결국 이 규정 역시 2013년 5월 개정으로 "대량취득·처분을 하려는 자가 제149조에 따른 공시 이후에도 상당한 기간 동안 주식등을 보유하는 등 주식등에 대한 대량취득·처분의 실시 또는 중지에 관한 미공개정보를 그 주식등과 관련된 특정증권등의 매매, 그 밖의 거래에 이용할 의사가 없다고 인정되는 경우에는 그러하지 아니하다"라고 개정하여 사전 취득·처분행위에 대한 적용예외 근거를 명확히 하였다.

Ⅳ. 구성요건

1. 대상정보

경영권에 영향을 줄 가능성이 있는 대량취득·처분의 실시 또는 중지에 관한 정보가 규제 대상 정보이다. "대량취득·처분"의 기준은 다음의 3가지 요건을 모두 충족하여야 한다(영 §201④).

1. 보유 목적이 발행인의 경영권에 영향을 주기 위한 것일 것(취득의 경우만 해당)
2. ⅰ) 발행주식의 10% 또는 ⅱ) 취득·처분을 통하여 최대주주 등이 되거나 되지 않게 되는 경우 그 변동비율 중 가장 낮은 비율[132]
3. 주식등의 대량보유보고대상에 해당할 것

정보공개방법은 미공개중요정보에 관한 정보공개 방법을 준용한다(영 §201⑤). 공시의 경우 주식등의 대량보유보고, 최대주주 변경 공시, 주식 양수도 계약체결 공시를 통하여 대량취득·처분 정보가 공개된다.

2. 규제대상 증권

정보이용 금지가 되는 규제대상 증권은 대량취득·처분 주식등과 관련된 "특

---

132) 자본시장조사 업무규정 제54조.

정증권등"이다(법 §174③본문). 특정증권등은 제172조 제1항에 규정한 "특정증권등"
과 같다.

한편 대량취득ㆍ처분대상이 되는 "주식등"은 의결권 있는 주식에 관계되는 증권이다(법 §133①, 영 §139). 만약 규제대상자가 대량취득ㆍ처분 대상 주식등뿐 아니라 다른 특정증권등을 대량취득ㆍ처분 정보를 이용하여 매매거래하였다면 규제대상이다.

3. 규제 대상자

규제대상자는 미공개중요정보 이용행위 규제대상자인 당해 "상장법인"이 "대량취득ㆍ처분을 하려는 자"로 바뀐 것 이외에는 체계상 차이가 없다. 대량취득ㆍ처분 정보는 상장법인이 아닌 대량취득ㆍ처분을 하려는 자를 통하여 생성되므로 내부자인 ⅰ) 대량취득ㆍ처분 예정자 및 ⅱ) 대량취득ㆍ처분 예정자의 임직원ㆍ대리인ㆍ주요주주, ⅲ) 대량취득ㆍ처분 예정자의 준내부자, ⅳ) 주요주주ㆍ준내부자의 대리인ㆍ사용인ㆍ종업원(법인인 경우에는 그 임직원ㆍ대리인), ⅴ) 1차 정보수령자가 규제 대상자이다(법 §174③1~6).

4. 예 외

"대량취득ㆍ처분을 하려는 자가 제149조에 따른 공시 이후에도 상당한 기간 동안 주식등을 보유하는 등 주식등에 대한 대량취득ㆍ처분의 실시 또는 중지에 관한 미공개정보를 그 주식등과 관련된 특정증권등의 매매, 그 밖의 거래에 이용할 의사가 없다고 인정되는 경우"에는 대상에서 제외한다(§174③ 단서). 이 규정은 대량취득ㆍ처분 예정자의 일정한 대량취득ㆍ처분전의 사전취득 행위를 허용하는 규정이다. 만약 경영권에 영향을 미칠 목적으로 대량취득을 하려는 자가 대량보유보고 이후 기존에 매집한 주식을 고가에 매도하여 차익을 실현했다면 대량취득정보의 이용여부를 따져봐야 한다. 제174조 제3항 단서는 예시적 규정이므로, 정보의 이용 여부는 거래 목적이나 매매양태 등의 개별적인 판단을 요한다.

이 단서규정의 취지상 공개매수에 관한 발판매수 허용의 경우와 마찬가지로 대량취득ㆍ처분 대상 주식등에 관한 사전매수의 예외를 적용하려는 것이므로, 대량취득ㆍ처분 대상 주식등이 아닌 주식등과 관련한 다른 특정증권등을 매집하는 경우에는 단서규정은 적용되지 않는다고 보아야 한다.

5. 공동매수·응원매수 가능 여부

사례 **응원매수행위의 인정 여부**(서울중앙지방법원 2013.9.27. 선고 2013노2064 판결)[133]

Q. A사는 상장법인 B사의 경영권을 취득할 목적으로 2010.9.28.~30일 기간 동안 장내에서 B사 주식을 매수하여 최대주주로 등극하였고, 2010.10.4. 대량보유보고 공시를 하였다.

그 과정에서 A사 대표이사 甲은 2010.8.5.~9.3 기간 동안 B사의 주식을 차명계좌로 매수하고 2010.9.28.~10.4까지 동 주식을 매각하여 4억 7천만 원의 매매차익을 얻었다. 甲은 A사의 요청에 따라 주식을 매수한 응원매수라고 주장한다. 甲의 매수는 대량취득 정보를 이용한 행위로 볼 수 있는가?

A. 甲은 제174조 제3항 단서의 '대량취득·처분을 하는 자'가 아니다. 설령 A사가 응원취득을 요청했다는 사유로 배제범위가 확대된다면 규제의 실효성이 상실될 우려가 있다. 甲이 차명계좌를 이용하여 A사 주식을 취득하는 행위는 미공개정보를 이용한 행위에 해당한다.

대량취득자 본인 외의 자가 '공동매수'를 통해 사전매수하는 것은 어떠한가. 특별관계자(특수관계인 또는 공동보유자)로서 대량보유보고에 기재되고, 대량취득 목적하에 사전매수하였다면 대량취득자 본인으로 보아 예외를 인정할 수 있을 것이다.[134] 사전매수가 대량취득 목적에 부합하는지는 개별적인 판단을 요한다.

대량취득의 성공을 위하여 대량취득자의 요청으로 제3자가 매수하는 '응원매수'의 방법을 통한 사전매수는 어떠한가. 판례는 법상 대량취득·처분자의 거래만 법 단서의 적용대상이라는 입장이다. 법원은 대량취득·처분자의 요청에 따른 응원매수를 허용할 경우 규제의 실효성이 상실될 우려가 있다는 점을 근거로 한다.[135] 이를 지지하는 견해도 같은 근거를 든다.[136]

---

133) 대법원 2014.3.13. 선고 2013도12440 판결로 확정
134) 박임출, "대량취득·처분 정보를 이용한 내부자거래", 「기업법연구」 제29권 제1호 (2015), 237면, 노혁준, "주식대량취득, 처분정보와 미공개정보이용행위", 「민사판례연구」, (2017.2.28.), 922면도 같은 입장이다.
135) [서울중앙지방법원 2013.9.27. 선고 2013노2064 판결] 자본시장법 제174조 제3항 단서는 오직 대량취득·처분을 하는 자가 한 거래만을 이용행위에서 배제하고 있는데, 대량취득·처분을 하는 자의 요청이 있다는 사유 등에 의하여 그 배제 범위가 확대된다면 실질적으로 대량취득·처분을 하는 자와 통모하여 거래하는 경우를 처벌하지 못하게

위의 사례에서 甲은 A사의 지배권 강화 목적의 응원매수임을 주장하였으나, 1심은 ⅰ) 차명계좌로 매매할 불가피한 사정이 없었던 점,[137] ⅱ) 응원매수 목적임에도 甲 보유 주식을 A사에 장외매도하지 않은 점, ⅲ) 대량보유보고 전에 장내에서 매도한 점을 들어 미공개정보를 이용하여 주식을 취득한 것으로 보았다.

다만 일부 응원매수의 경우 법 단서에 따른 예외는 가능할 것이다. 예를 들어 주식등을 응원매수한 후 그 취득한 주식을 양도하기로 합의·계약한 경우에는 공동보유자인 특별관계인에 해당하므로(영 §141②), 대량보유보고상 공시된 경우 대량취득자 본인으로서 단서의 예외가 인정될 수 있을 것이다. 참고로 일본 금융상품거래법은 공개매수자에게 매도할 목적의 응원매수를 허용한다.[138] 상기 공동매수·응원매수행위는 공개매수에도 동일하게 적용 가능하다.

됨으로써 사실상 미공개정보 이용행위 금지규정의 실효성이 상실될 우려가 있는 점 등에 비추어 보면, 거래의 목적이 대량취득·처분을 하는 자의 요청에 의한 것이라고 할지라도 그와 같은 목적에 따라 미공개정보의 이용 여부가 좌우된다고 볼 수 없다.

136) 노혁준, 앞의 논문, 924면.

137) 甲이 A사의 특수관계인임에도 연명하여 대량보유보고를 하지 않은 점을 보면, 차명계좌를 이용해 은밀히 거래하여 차익을 거둘 목적인 것으로 보인다(저자 注).

138) 제167조 ⑤ 4. 공개매수자등의 요청(당해 공개매수자등이 회사인 경우에는 그 이사회가 결정한 것(위원회 설치회사의 경우는 집행간부가 결정한 것을 포함한다)에 한한다)에 의하여 당해 공개매수등에 관한 상장등주권등(상장등주권등의 매매에 관한 옵션을 포함한다. 이하 이 호에서 같다)의 매수등을 하는 경우(당해 공개매수자등에게 당해 상장등주권등의 매도등을 할 목적으로 당해 상장등주권등의 매수등을 하는 경우에 한한다).

제 4 장

단기매매차익 반환의무

제1절 총 론

I. 의 의

단기매매차익 반환의무는 회사의 내부정보 접근이 용이한 상장법인의 임원, 직원 및 주요주주가 당해 상장법인이 발행한 증권 등을 거래하여 단기간내에 이익을 얻은 경우 미공개중요정보의 이용여부와 상관없이 그 이익을 상장법인에게 반환하는 제도이다.

내부자거래에 대한 처벌 근거는 별도로 마련되어 있지만, 내부정보 이용 여부를 입증하는 것은 매우 어렵다. 따라서 내부정보 이용 여부와 관계없이 거래로 인하여 발생한 차익을 회사에 반환하도록 함으로써 내부자거래에 대한 예방적·간접적 규제를 하는 데 취지가 있다. 내부정보 이용 여부를 따지지 않는 이 제도의 재산권 침해의 위헌성과 관련하여 헌법재판소는 증권시장의 공정성을 확보하려는 입법목적을 달성하기 위하여 불가피한 것으로서 과잉금지 원칙을 위반하여 재산권의 본질적 내용을 침해한 것으로 볼 수 없다고 하면서 합헌 결정을 내린 바 있다.[139]

II. 연 혁

단기매매차익 반환제도는 1976년에 처음 도입된 내부자거래 규제제도이다(구 증권거래법 §188조②). 당시에는 내부정보의 이용여부를 요건으로 하고, 회사가 이를

---

139) 헌법재판소 2002.12.18. 99헌바105, 2001헌바48(병합) 결정 참조.

입증하는 경우에 반환을 청구할 수 있도록 하였기 때문에 사실상 내부자거래 규제 기능을 수행하였다.

1987년 증권거래법 개정에서는 정보이용요건을 삭제하고 내부정보 입증책임을 당해 내부자로 전환하였다. 하지만 내부자가 내부정보 이용여부에 관한 입증자료를 독점하여 내부자거래가 아님을 쉽게 입증하는 등 실효성 문제가 발생하게 됨에 따라, 1991년 개정을 통해 내부자의 입증요건을 삭제하여 현재와 같이 정보이용 여부와 상관없이 반환의무를 부과하였다.

구 증권거래법은 법인의 주주 또는 증권선물위원회가 법인에 대하여 반환청구를 요구할 수 있고, 당해 법인이 그 요구를 받은 날부터 2월 내 그 청구를 하지 않을 때는 주주나 증권선물위원회의 대위 청구권을 인정하고 있었다(§188③). 또한 반환청구 요구를 받은 날부터 2월 이내에 반환이 이루어지지 않은 경우에는 해당 법인은 증권선물위원회에 보고하도록 규정하였고(구 증권거래법 시행령 §83의5⑦), 동법인에 대한 필요한 행정조치를 할 수 있었다(§83의5⑧). 자본시장법이 제정되면서 사인간의 청구권 사안에 국가가 개입하는 것이 타당하지 않다는 점을 고려하여 증권선물위원회의 대위청구권 및 행정조치 관련 근거를 삭제하였다.

제2절 요 건

제172조(내부자의 단기매매차익 반환) ① 주권상장법인의 임원(「상법」 제401조의2 제1항 각 호의 자를 포함한다. 이하 이 장에서 같다), 직원(직무상 제174조제1항의 미공개중요정보를 알 수 있는 자로서 대통령령으로 정하는 자에 한한다. 이하 이 조에서 같다) 또는 주요주주가 다음 각 호의 어느 하나에 해당하는 금융투자상품(이하 "특정증권등"이라 한다)을 매수(권리 행사의 상대방이 되는 경우로서 매수자의 지위를 가지게 되는 특정증권등의 매도를 포함한다. 이하 이 조에서 같다)한 후 6개월 이내에 매도(권리를 행사할 수 있는 경우로서 매도자의 지위를 가지게 되는 특정증권등의 매수를 포함한다. 이하 이 조에서 같다)하거나 특정증권등을 매도한 후 6개월 이내에 매수하여 이익을 얻은 경우에는 그 법인은 그 임직원 또는 주요주주에게 그 이익(이하 "단기매매차익"이라 한다)을 그 법인에게 반환할 것을 청구할 수 있다. 이 경우 이익의 산정기준 · 반환절차 등에 관하여 필요한 사항은 대통령령으로 정한다.

Ⅰ. 반환의무자: 주권상장법인의 임원, 직원, 주요주주

1. 임 원

임원은 이사와 감사를 말한다(법 §9②). 이사의 범위에는 상법상 업무집행지시자도 포함한다(상법 §401의2). 업무집행지시자는 명예회장·회장·사장·부사장·전무·상무·이사 등 회사의 업무를 집행할 권한이 있는 것으로 인정되는 명칭을 사용한 자를 포함한다. 상법 제408조의2에 따른 집행임원을 둔 경우에는 동 집행임원도 포함한다.[140]

2. 직 원

직원은 직무상 제174조 제1항의 미공개중요정보를 알 수 있는 자로서 대통령령으로 정하는 자에 한한다. 시행령상 대상이 되는 직원의 범위는 ⅰ) 자본시장법 제161조 제1항에 따른 주요사항보고서 제출사항의 수립·제출·변경·추진·공시, 그 밖에 이와 관련된 업무에 종사하고 있는 직원, 또는 ⅱ) 재무·회계·기획·연구개발에 관련된 업무에 종사하고 있는 직원이다(영 §194). 미공개중요정보 이용행위와 달리 내부정보 접근 가능성이 높은 직원으로 한정한 것이다.

임직원이 매도·매수시점 중 어느 시기에 그 신분을 유지하여야 하는지에 대한 명문의 규정은 없으나, 판례에 따르면 주요주주의 경우 매도·매수한 시기 중 어느 한 시기에 있어서 주요주주가 아닌 경우에는 적용대상에서 제외한다고 명시한 것을 볼 때(법 §172⑥), 임직원의 경우 어느 한 시점에만 임직원의 지위를 가진 경우에 적용대상이 되는 것으로 보고 있다.[141] 학설도 견해가 일치한다.[142]

3. 주요주주

주요주주는 ⅰ) 누구의 명의로 하든지 자기 계산으로 법인의 의결권 있는 발행주식 총수의 10% 이상의 주식(관련 증권예탁증권 포함)을 소유한 자, ⅱ) 임원의 임면 등의 방법으로 법인의 중요한 경영사항에 대하여 사실상의 영향력을 행사하는 주주를 말한다(금융회사의 지배구조에 관한 법률 §2조6호). 자기 계산으로 차명계좌로 주식을 소유한 경우로서 합산한 주식이 10% 이상이면 단기매매차익 반환의무

---

140) 금융감독원, 「기업공시 실무안내」, (2020.12), 381면.
141) 대법원 2008.3.13. 선고 2006다73218 판결.
142) 김건식·정순섭, 앞의 책, 454면; 임재연, 「자본시장과 불공정거래」, 박영사(2021), 155면.

가 발생한다.[143]

주요주주가 매도·매수한 시기 중 어느 한 시기에 있어서 주요주주가 아닌 경우에는 적용대상에서 제외된다(법 §174⑥).

사례	매수 후 매도한 시기 동안 주요주주의 지위를 계속 유지해야만 반환의무가 발생하는가?

아니다. 매수·매도 기간 중간에 주요주주가 아닌 경우에도 반환의무가 있다.

① 매수·매도(또는 매도·매수) 당시에는 주요주주이나, 그 중간에 지분율 하락으로 주요주주가 아니었던 경우 : 규정상 매도·매수한 시기 양자를 충족하므로 반환의무가 있다.[144]

② 주요주주가 아니었다가 매수로 인해 주요주주가 되는 경우 : 주식을 매수함으로써 주요주주의 지위를 갖게 된 것이므로 매수 당시에는 내부자로 볼 수는 없다. 이 경우는 반환의무가 없다.

반대로 매도로 인해 주요주주가 아니게 된 경우에는 매도 당시에는 내부자였으므로 반환의무가 있다. 결론적으로 매수 또는 매도 당시에 주요주주 지위였는지 여부로 판단한다.

4. 투자매매업자의 준용

단기매매 차익반환에 관한 제172조 제1항 및 제2항은 주권상장법인이 모집·사모·매출하는 특정증권등을 인수한 투자매매업자에게 대통령령으로 정하는 기간 동안 준용한다(법 §172⑦). 이 규정은 인수업무에 따라 취득한 정보를 이용한 단기매매차익을 규제하기 위한 목적을 갖는다.

시행령 제198조 제4호에 따른 "모집·사모·매출하는 특정증권등의 인수에 따라 취득하거나 인수한 특정증권등을 처분하는 경우"는 제외하므로(영 §199), 특정증권등의 인수에 따른 취득·처분이 아닌 다른 목적으로 매매하는 경우에 적용된다.

---

143) 서울고등법원 2007.11.29. 선고 2006나101207 판결.
144) 서울서부지방법원 2008.7.25. 선고 2007가합521 판결.

5. 차명거래의 적용

단기매매차익 반환의무자가 자기 계산으로 타인 명의로 거래하는 경우에는 반환의무가 있다. 판례는 제도 취지상 내부자가 주식거래의 직접적인 주체가 아닌 경우에는 내부자의 행위와 동일시할 수 있는 경우에 적용 가능하다고 보고 있다.[145]

반환의무자의 처가 차명거래한 경우(대법원 2007.11.30. 선고 2007다24459 판결)

피고는 소외 2(피고의 처인 소외 1의 언니) 명의의 이 사건 증권거래위탁계좌(이하 '이 사건 차명계좌'라고 한다)의 실질상 계좌주로서 피고의 처인 소외 1에게 이 사건 차명계좌를 이용한 주식거래를 위임한 것에 불과하고, 따라서 위 소외 1의 이 사건 단기매매행위는 피고의 행위와 동일시할 수 있는 경우에 해당한다고 보아 피고가 원고에 대하여 이 사건 단기매매로 인한 차익을 반환할 의무가 있다는 취지로 판단하였다.

II. 대상 금융투자상품

반환대상이 되는 특정증권등은 다음과 같다(법 §172①).

1. 그 법인이 발행한 증권(대통령령으로 정하는 증권[146])을 제외한다)
2. 제1호의 증권과 관련된 증권예탁증권
3. 그 법인 외의 자가 발행한 것으로서 제1호 또는 제2호의 증권과 교환을 청구할 수 있는 교환사채권
4. 제1호부터 제3호까지의 증권만을 기초자산으로 하는 금융투자상품

---

145) 대법원 2007.11.30. 선고 2007다24459 판결.
146) 시행령 제196조(단기매매차익 반환면제 증권) 법 제172조제1항제1호에서 "대통령령으로 정하는 증권"이란 다음 각 호의 증권을 말한다.
    1. 채무증권. 다만, 다음 각 목의 어느 하나에 해당하는 증권은 제외한다.
      가. 전환사채권
      나. 신주인수권부사채권
      다. 이익참가부사채권
      라. 그 법인이 발행한 지분증권(이와 관련된 증권예탁증권을 포함한다) 또는 가목부터 다목까지의 증권(이와 관련된 증권예탁증권을 포함한다)과 교환을 청구할 수 있는 교환사채권
    2. 수익증권
    3. 파생결합증권(법 제172조제1항제4호에 해당하는 파생결합증권은 제외한다)

III. 단기매매

1. 매수 또는 매도

단기매매차익 반환의무는 6개월 이내에 매수와 매도 또는 매도와 매수가 있어야 한다. 매수 또는 매도는 장내 또는 장외거래 모두를 포함한다. 매수 또는 매도는 유상거래를 의미하며, 입법 취지상 교환이나 대물변제도 포함한다.[147] 증여, 상속, 무상증자 등의 경우 비자발적 거래로서 반환의무 대상에 해당하지 않는다고 보는 것이 통설이다.[148]

민법상 매매는 "당사자 일방이 재산권을 상대방에게 이전할 것을 약정하고 상대방이 그 대금을 지급할 것을 약정함으로써 그 효력이 생긴다"(§563)는 점을 고려하면, 매수 또는 매도의 시기는 대금과 증권의 교부일이 아닌 계약체결일을 기준으로 판단하여야 한다.[149]

만약 차명계좌의 매도주문과 실명계좌의 매수주문이 서로 체결된 경우(예: 가장매매)에도 단기매매차익 반환대상의 매매에 해당하는가. 이는 권리의 이전이 없는 형식적인 거래에 불과하여 단기매매차익 반환조항의 적용대상인 매매에 해당하지 않는다.[150]

2. 기간요건 : 6개월

특정증권등을 매수한 후 6개월 이내에 매도하거나, 매도한 후 6개월 이내에 매수한 경우에 적용한다(법 §172①).

일반적인 기간의 기산점은 기간의 초일을 산입하지 않는 것이 원칙이다(민법 §157). 그러나 자본시장법은 단기매매차익 산정 기간의 경우 초일을 산입한다고 별도로 규정하므로(영 §195①1), 매매계약체결일을 초일로 하여 산정한다.

---

147) 서울고등법원 2001.5.18. 선고 2000나22272 판결(대법원 2003.7.25. 선고 2001다42684 판결로 확정).
148) 한국증권법학회, 「자본시장법 주석서(Ⅰ)」, 박영사(2015), 1001면; 임재연 「자본시장과 불공정거래」, 박영사(2021), 156면; 김건식 · 정순섭, 앞의 책, 455면.
149) [대법원 2011.3.10. 선고 2010다84420 판결] 내부정보를 이용할 가능성이 높은 단기매매를 6월이라는 기간요건하에 간접적으로 규제하고자 하는 단기매매차익 반환제도의 취지와 더불어 민법상 매매는 당사자 일방이 재산권을 상대방에게 이전할 것을 약정하고 상대방이 그 대금을 지급할 것을 약정함으로써 그 효력이 생긴다(민법 제563조)는 점을 고려하면, 6월 이내의 단기매매인지 여부는 계약체결일을 기준으로 판단하여야 한다.
150) 대법원 2005.3.25. 선고 2004다30040 판결.

Q. 내부자가 2005.10.28.에 매수하고 2006.4.28. 매도한 경우 단기 매매차익 반환의무가 있는가?(서울중앙지방법원 2007.6.1. 선고 2006 가합92511 판결)

A. 매수일인 2005.10.28.을 산입하여 역(曆)에 의하여 6개월이 되는 날은 2006. 4.27.이다. 내부자는 2006.4.28.에 매도하였으므로, 단기매매차익 반환의무가 없다.

Ⅳ. 차익의 산정 방법

1. 1회의 매수와 매도

단기매매차익은 6개월 이내에 1회의 매수와 매도(또는 매도와 매수)가 있는 경우에는 매도단가에서 매수단가를 뺀 금액에 매매일치수량을 곱하여 계산하고, 이 금액에서 매매거래수수료와 세액(증권거래세 및 농어촌특별세)을 공제한다(영 §195①).

단기매매차익 산출 산식

단기매매차익 = [(매도단가 − 매수단가) × 매매일치수량] − 수수료 & 세금

매도(매수)단가는 가중산술평균으로 산정한 금액을 말하고, 매매일치수량은 매수수량과 매도수량 중 적은 수량으로 산정한다.

만약 장외거래를 통하여 차익을 얻은 경우 과세되는 양도소득세는 공제대상이 되는가? 자본시장법 시행령은 공제되는 세액을 증권거래세 및 농어촌특별세로 명시하고 있으나 다른 제세금에 대한 언급은 없다. 판례는 양도소득세는 단기매매차익 반환제도에 기인한 것이 아니라 양도차익에 과세하는 직접세인 양도소득세 관련 법령이 적용된 결과인 것으로서 공제대상이 아닌 것으로 판시하고 있다.[151]

2. 2회 이상의 매수와 매도

2회 이상의 매수와 매도가 반복된 경우에는 선입선출법으로 가장 시기가 빠른 매수분과 가장 시기가 빠른 매도분을 대응하여 차익을 산정한다(선입선출법). 그다음의 매수분과 그다음의 매도분은 대응할 매도분이나 매수분이 없어질 때까지 같은 방법으로 차익을 산정한다(영 §195①2).

---

151) 대법원 2016.3.24. 선고 2013다210374 판결.

구 증권거래법 개정 전에는 가중평균법을 채택하면서 평균가격을 산출하는 단계에서 이익액과 손실액 간 상쇄를 허용하였으나, 2000년 9월 8일 개정 이후 선입선출법으로 바뀌면서 이러한 상쇄를 허용하지 않는다.[152] 따라서 각 1회의 매수와 매도의 차익 산정 중에 손실이 있는 경우에는 0원으로 반영한다(영 §195①).

3. 이종증권간 단기매매차익의 산정

(1) 이종증권의 구분방법

구 증권거래법에서는 동일 종목간 매매 또는 동일한 종류이나 다른 증권간 매수·매도(예: 보통주와 우선주)에 대해서만 차익산정 방식을 정하였으나, 종류가 다른 증권(예: 보통주와 전환사채)간 매수·매도에 대한 산정근거는 없었다. 자본시장법에서는 이를 보완하여 이종증권의 매매에 따른 단기매매차익 산정근거를 마련하였다.

단기매매차익 반환의무와 관련한 특정증권등의 종류나 종목을 구분하는 명시적인 근거는 없다. 통상 자본시장법 제4조에 따른 증권의 구분(채무증권, 지분증권 등)에 따라 다른 종류의 증권으로 구분하는 것이 일반적이다. 같은 종류의 증권이라도 주식과 신주인수권증권과 같이 매매단위와 가격결정요소가 달라 가치산정이 동일하다고 할 수 없는 경우에는 같은 종류에 해당하지 않는 것으로 본다.[153]

같은 종류의 증권이나 가격결정요소가 다른 경우에는 다른 종목의 증권으로 구분한다(예: 전환사채와 신주인수권부사채).

(2) 종류는 같으나 종목이 다른 경우 산정방법

증권의 종류가 같으나 종목이 다른 경우에는 가격을 통일화하는 방식으로 환산하여 산정한다. 매수 후 매도하여 이익을 얻은 경우에는 매도일의 매수증권 종가로 환산하고, 매도 후 매수하여 이익을 얻은 경우에는 매수일의 매도증권 종가로 환산하여 산정한다(영 §195조②1).

(3) 종류가 다른 경우 산정방법

매수증권과 매도증권의 종류가 다른 경우에는 지분증권으로 환산하여 계산한 가격으로 한다(영 §195조②2). 구체적인 환산방법은 당해 증권 매매일의 권리행사 대상이 되는 지분증권의 종가로 환산한다(단기매매차익 반환규정 §6①). 예를 들어 주식

---

152) 상쇄 불가 원칙에 대한 취지 설명은 대법원 2005.3.25. 선고 2004다30040 판결 참조.
153) 서울고등법원 2016.10.6. 선고 2016나2022194 판결; 김상철, "단기매매차익 반환청구의 이론과 실무", 「BFL」 제86호(2017.11), 36면 참조.

을 매수한 후 전환사채를 매도한 경우 전환사채 매도가격은 매도 당시 주식의 종가로 환산하여 계산한다. 이 경우 주식 수 산정은 매도일에 전환사채의 권리행사가 이루어질 경우 취득할 수 있는 주식수량으로 산정한다(단기매매차익 반환규정 §6②).

4. 증자, 배당, 합병 등이 있는 경우 산정

단기매매차익 산정 시 매수 또는 매도 후 특정증권등의 증자로 인한 자본의 증감, 합병, 배당, 주식분할, 주식병합이 있는 경우에는 이를 고려하여 매수·매도 단가와 수량을 재산정하여 계산한다(영 §195④, 단기매매차익 반환규정 §7①). 증자 등이 이루어지는 경우 주식 수 증가 등으로 주당 가치의 변화가 이루어지므로, 이에 맞게 가격이나 수량의 조정이 필요하기 때문이다. 구체적인 매매단가 및 수량의 환산기준은 단기매매차익 반환규정 별지 산식에서 정하고 있다.

5. 경영권 프리미엄의 산정 여부

최대주주가 주식을 양도하면서 경영권 프리미엄에 따른 이익을 취득하는 경우에도 단기매매차익에 포함하여 산정한다. 판례는 지배주식 양도에 따른 경영권 프리미엄은 주식 그 자체의 대가로 보고 있다.

적대적 M&A 방어를 위해 주식을 매입하였다가 6개월 이내에 경영권을 양도한 사례(대법원 2004.2.13. 선고 36580 판결)

지배주식의 양도와 함께 경영권이 주식양도인으로부터 주식양수인에게 이전하는 경우 그와 같은 경영권의 이전은 지배주식의 양도에 따르는 부수적인 효과에 불과하고, 그 양도대금은 지배주식 전체에 대하여 지급되는 것으로서 주식 그 자체의 대가임이 분명하므로, 법 제188조 제2항에 규정된 법인의 내부자가 주식을 매수한 후 6개월 이내에 그 주식과 함께 경영권을 이전하면서 취득한 경영권 프리미엄 또한 주식의 단기매매로 인하여 얻은 이익에 해당한다고 봄이 상당하다.

6. 기 타

동일인이 자기 계산으로 다수 계좌를 이용하여 매매한 경우에는 전체를 1개 계좌로 본다(단기매매차익 반환규정 §7③). 동일인이 차명계좌를 이용한 거래를 한 경우는 1인의 거래로 보아 산정하는 규정이다. 만약 동일인이 자기계좌와 차명계좌를 이용하여 가장매매한 때에는 어떠한가? 이 경우 양 계좌간 가장매매분은 1개의 계좌로 보아 단기매매에 해당하지 않는다.[154]

단기매매차익을 산정하는 경우 무상증자 또는 배당에 대한 세금과 기타 매매와 관련한 미수연체이자, 신용이자 등은 고려하지 아니한다(단기매매차익 반환규정 §7④).

V. 산정 사례

상장회사 임원 A는 아래와 같이 1.3~7.30 기간 동안 150주를 매수 및 매도 하였다. 이 경우 단기매매차익을 계산해 보자.

▼ 임원 A의 매매내역

번 호	일 자	매 수		매 도	
		수 량	가 격	수 량	가 격
①	1.3	10	10,000		
②	1.3	40	11,000		
③	1.5			50	12,000
④	5.2	100	12,000		
⑤	5.3			70	10,000
⑥	6.4			20	14,000
⑦	12.20			10	12,000

2회 이상의 매수와 매도가 반복되었으므로 선입선출법으로 가장 시기가 빠른 매수분과 가장 시기가 빠른 매도분을 대응하여 차익을 산정한다.

①과③ : 10 × (12,000 – 10,000) = 20,000

②와③ : 40 × (12,000 – 11,000) = 40,000

④와⑤ : 70 × (10,000 – 12,000) = –140,000 ⇒ 손실은 0으로 계산

④와⑥ : 20 × (14,000 – 12,000) = 40,000

④와⑦ : 6개월 이내의 매매가 아니므로 산정대상에서 제외

단기매매차익(90,000원) = (20,000 + 40,000 + 40,000) – 제세금(10,000원)

④와 ⑤의 경우 손실이 발생했으나, 손실이 있는 경우에는 0원으로 반영하므로 동 손실액은 반영하지 않는다.

---

154) 대법원 2005.3.25. 선고 2004다30040 판결.

제 3 절 단기매매차익 반환의 예외

I. 법령에 의한 반환 예외

임직원 또는 주요주주로서 행한 매도 또는 매수의 성격, 그 밖의 사정 등을 고려하여 대통령령으로 정하는 경우에는 단기매매차익 반환의무가 발생하지 않는다(법 §172⑥). 시행령이 정한 사유들은 법령에 따라 매수·매도하는 경우 등과 같은 비자발적인 거래나, 비자발적 거래는 아니나 주식매수선택권의 행사와 같이 취득한 권리의 행사에 따른 거래에 해당한다(영 §198). 그 외에 시행령 제198조 제13호에 따라 "그 밖에 미공개중요정보를 이용할 염려가 없는 경우로서 증권선물위원회가 인정하는 경우"는 실권주·단수주 취득, 집합투자업자가 행하는 매매, 공로금·장려금·퇴직금 등으로 지급받는 주식의 취득 등이다(단기매매차익 반환 및 불공정거래 조사·신고 등에 관한 규정 §8).

II. 해석에 의한 적용제외 가능 여부

사례 **정직 중인 직원의 반환의무 여부**(대법원 2008.3.13. 선고 2006다73218 판결)

Q. A사 직원 甲은 6개월 내 A사 주식의 매수·매도를 하였다. 그런데 甲은 회사로부터 정직 처분을 받은 상태라서 정보접근 가능성이 없다고 주장한다. 이 경우 단기매매차익 반환의무가 있는가?

A. 단기매매차익 반환의무는 정보이용 유무를 묻지 않고 반환의무를 부과하는 제도이다. 하지만 대법원은 내부정보 이용가능성이 전혀 없는 경우에는 예외를 인정한다. 다만 대법원은 정직 중인 직원이더라도 정보접근 가능성이 있다고 판단했다.

---

1. 판 례

단기매매차익 반환의무는 형사책임을 묻는 미공개중요정보 이용행위 규제와 달리 내부자에게 매매차익의 반환이라는 민사책임을 과한다는 특징을 갖는다. 구 증권거래법에서는 증권선물위원회의 대위청구권 및 행정조치권이 있었기 때문에,

반환의무가 사실상의 형벌에 해당하고, 정보이용 여부에 대한 증명도 허용하지 않고 제재를 가하는 것은 헌법상 재산권보장을 침해하는 것이라는 비판이 있었다.155)

　　헌법재판소는 단기매매차익 반환의무가 내부정보 이용 유무를 요건으로 할 경우 그 입증이 곤란하여 입법목적을 잃게 되므로 불가피한 입법선택으로 보면서 "과잉금지 원칙에 위반하여 재산권의 본질적인 내용을 침해한 것으로 볼 수 없다"고 하여 동 조항을 합헌으로 판단하면서도, 증권거래법상 단기매매차익반환의 예외사유에서 명시적으로 따로 정한 바 없다고 하더라도 내부자거래가 아님이 명백한 경우에는 이 조항 자체가 적용되지 않는다고 해석해야 한다고 판단하였다.156) 정보이용 여부를 묻지 않고 반환의무를 부과하는 것은 취지상 타당하다고 하면서도, 내부정보 이용가능성이 없는 것이 명백히 입증되는 경우는 적용제외를 허용하는 상충된 결과가 된 것이다.157)

　　객관적으로 내부정보를 부당하게 이용할 가능성이 전혀 없는 유형에 대하여 단기매매차익 반환의무 적용을 배제할 수 있다는 논지는 대법원도 마찬가지이다.158) 대법원은 내부정보의 부당한 이용가능성의 판단시 ⅰ) 거래의 자발성, ⅱ) 내부정보 접근 가능성 중 하나라도 충족하지 못하는 경우 반환책임이 있다고 보고 있다.159) 이러한 내부정보의 부당한 이용 가능성을 판단한 대법원 판례를 보면 둘 다 내부정보 접근 가능성이 있는 것으로 판단한 사건들인데, ⅰ) 정직처분을 받은 직원의 거래,160) ⅱ) 적대적 기업인수를 통해 주식을 거래한 주요주주가 경영진 저항으로 인해 인수를 단념하고 매각한 경우이다.161) 정보이용가능성이 없다고 본 하급심 판결은 산업은행이 기촉법상 채권금융기관협의회의 결의에 따라 출자전환

　　155) 이철송, "유가증권의 단기매매차익 반환과 정보이용의 중요성", 「증권법연구」 통권 제8호(2004), 2면.
　　156) [헌법재판소 2002.12.18. 99헌바105 결정] 이 사건 법률조항의 입법목적과 단기매매차익반환의 예외를 정한 시행령 제86조의6의 성격 및 헌법 제23조가 정하는 재산권 보장의 취지를 고려하면 내부정보를 이용할 가능성조차 없는 주식거래의 유형에 대하여는 이 사건 법률조항이 애당초 적용되지 않는다고 해석하여야 할 것이므로 내부자의 단기매매에 대하여 법과 법시행령이 정하는 예외사유에 해당하지 않는 한 엄격한 반환책임을 부과하였다고 하여 이를 두고 최소침해원칙에 위배된다고 할 수 없다.
　　157) 성희활, "증권거래법상 단기매매차익반환제도에서 적용제외사유의 문제", 「법조」 제56권 제6호(2007.6), 184면 참조.
　　158) 대법원 2004.2.12. 선고 2002다69327 판결, 대법원 2004.2.13. 선고 2001다36580 판결, 대법원 2016.3.24. 선고 2013다210374 판결.
　　159) 대법원 2004.5.28. 선고 2003다60396 판결.
　　160) 대법원 2008.3.13. 선고 2006다73218 판결.
　　161) 대법원 2004.5.28. 선고 2003다60396 판결.

하여 주요주주가 된 후 6개월 이내에 일부 주식을 매도한 사례가 있다.[162]

내부정보 이용가능성 관련 판례(대법원 2004.5.28. 선고 2003다60396 판결)

단기매매차익 반환제도의 입법 목적, 같은법 시행령 제83조의6에 정해진 예외사유의 성격 그리고 헌법 제23조가 정하는 재산권보장의 취지를 고려하면, 같은법 시행령 제83조의6에서 정한 예외사유에 해당하지 않더라도 객관적으로 볼 때 내부정보를 부당하게 이용할 가능성이 전혀 없는 유형의 거래에 대하여는 법원이 같은 법 제188조 제2항의 매수 또는 매도에 해당하지 아니하는 것으로 보아 그 적용을 배제할 수는 있다 할 것이다(대법원 2004.2.12. 선고 2002다69327 판결, 2004.2.13. 선고 2001다 36580 판결). 그리고 여기서 내부정보에 대한 부당한 이용의 가능성을 판단함에 있어서는 객관적으로 볼 때 피고가 임의로 거래하였는지 여부 및 그가 내부정보에 접근할 수 있는 가능성이 있었는지 여부를 고려하여야 하고, 만약 비자발적인 유형의 거래가 아니거나 내부정보에의 접근 가능성을 완전히 배제할 수 없는 유형의 거래인 경우에는 내부정보에 대한 부당한 이용의 가능성이 있다고 보아야 할 것이므로 같은 법 제188조 제2항의 적용 대상인 매수 또는 매도에 해당하여 단기매매차익의 반환책임을 피할 수 없다고 할 것이다.

---

2. 학설과 검토

(1) 학 설

앞서 본 바와 같이 대법원의 판례는 i) 거래의 비자발성, ii) 내부정보 접근 가능성 양자를 충족해야 반환의무의 예외가 된다고 본다.

이와 관련하여 두 요건 중 한 가지만 충족해도 된다는 견해는 두 요건 모두를 요구하는 경우 적용예외가 사실상 불가능하다는 점을 지적한다.[163]

두 요건 모두를 충족해야 한다는 견해는 어느 하나만 해당되어도 예외가 되면 규제의 구속력을 크게 약화시키는 문제가 있고, 구체적 판단 시 내부정보 접근가능성은 구체적·주관적 고려가 필요하지만, 거래의 비자발성은 판단이 용이하므로 이를 우선적으로 고려하는 것이 타당하다고 한다.[164]

---

162) 부산고등법원 2019.12.12. 선고 2018나58762 판결.
163) 김상철, "자본시장법상 단기매매차익반환제도의 매매개념과 적용예외사유에 관한 연구", 「사법논집」 제48집(2009.12), 227면.

(2) 검 토

단기매매차익 반환제도는 내부자거래의 입증 문제를 고려하여 정보 이용여부와 관계없이 신분에 따른 반환책임을 부과하는 제도이다. 따라서 사안마다 내부정보의 접근가능성이나 비자발성 여부를 판단하는 것은 제도의 취지에 부합하지 않는다. 다만 대법원이나 헌법재판소가 밝힌 바와 같이 단기매매차익 반환제도가 "내부자거래규제라는 입법목적"을 갖고 있다는 점은 부정할 수 없다.

다만 판례에 따라 정보이용 가능성을 판단할 때는 정보이용 가능성이 명백히 없는 때에만 제한적으로 적용하는 것이 제도 취지에 부합할 것이다. 대법원 판례 역시 정보접근 가능성이 상대적으로 낮은 임직원(정직된 직원), 주요주주(M&A를 포기하고 매각한 주요주주) 사례에서도 내부정보의 접근가능성을 인정했다는 점을 볼 때, 법원의 판단을 통해 예외가 인정될 가능성은 낮을 것으로 생각된다. 한편 비자발적인 거래의 경우 외견상 비자발적으로 보인다고 하더라도 판단이 용이하지 않은 경우가 있으므로, 시행령이 인정하는 예외사유에 준하는 사안에 대하여 극히 제한적으로 인정해야 한다.[165]

---

164) 장상균, "적대적 기업인수의 포기로 인한 매도와 단기매매차익의 반환책임", 「대법원 판례해설」, 통권 제49－50호(2004), 731면; 성희활, "자본시장법상 단기매매차익반환제도에 관한 고찰", 「증권법연구」 제12권 제2호(2011), 303～304면.

165) 비자발성이 인정되는 경우에도 내부정보 접근 가능성이 있는 경우가 있다. 예를 들어 최대주주가 사채업자에게 담보로 제공한 주식이 반대매매가 된 경우를 살펴보자. 반대매매는 주가하락으로 약정된 담보비율이 하락함에 따라 매도된 것이므로, 이는 비자발적 매도로 보아 반환의무 예외를 인정해야 할 것이다. 그런데, 반대매매 이후 감사의견 거절이 공시되었다면 어떠한가? 이 경우 최대주주와 사채업자의 미공개중요정보 이용 가능성을 배제할 수 없지만, 정보전달경로의 입증은 어려울 것이다. 단기매매차익 반환의무 부과시 판단요소가 개입될 경우 규제의 공백은 불가피하다.

제 4 절 반환절차

Ⅰ. 증권선물위원회의 통보

> 제172조 ③ 증권선물위원회는 제1항에 따른 단기매매차익의 발생사실을 알게 된 경우에
> 는 해당 법인에 이를 통보하여야 한다. 이 경우 그 법인은 통보받은 내용을 대통령령으
> 로 정하는 방법에 따라 인터넷 홈페이지 등을 이용하여 공시하여야 한다.

증권선물위원회는 단기매매차익 발생사실을 알게 된 경우에는 해당 법인에 이를 통보하여야 한다(법 §172③). 단기매매차익 발생사실의 적발은 금융당국이 별도로 조사하는 것이 아니라, 미공개중요정보 이용행위 심리·조사 과정에서 확인되는 경우가 일반적이다.

통보받은 법인은 인터넷 홈페이지 등을 통하여 그 내용을 공시해야 한다(법 §172③, 영 §197). 해당 법인에 공시의무는 부과되어 있지만, 미이행에 따른 벌칙은 없다. 단기매매차익 반환대상이 임직원, 주요주주 등 내부자인 만큼 상장법인의 적극적인 환수노력을 기대하기 어려운 측면이 있다. 공시 미이행에 대한 벌칙(예 : 과태료) 규정 마련 또는 거래소 공시의무 부과를 할 경우 국가의 직접 개입 없이 공시를 접한 주주의 반환청구 등을 통한 간접강제가 이루어질 수 있을 것이다.

Ⅱ. 반환청구

> 제172조 ② 해당 법인의 주주(주권 외의 지분증권 또는 증권예탁증권을 소유한 자
> 를 포함한다. 이하 이 조에서 같다)는 그 법인으로 하여금 제1항에 따른 단기매
> 매차익을 얻은 자에게 단기매매차익의 반환청구를 하도록 요구할 수 있으며, 그
> 법인이 그 요구를 받은 날부터 2개월 이내에 그 청구를 하지 아니하는 경우에는
> 그 주주는 그 법인을 대위(代位)하여 그 청구를 할 수 있다.

해당 법인은 단기매매 차익을 거둔 내부자에게 반환을 청구할 권리가 있다(법 §172① 본문). 해당 법인의 주주는 그 법인으로 하여금 단기매매차익을 얻은 자에게 단기매매차익의 반환청구를 하도록 요구할 수 있으며, 그 법인이 그 요구를 받은

날부터 2개월 이내에 그 청구를 하지 아니하는 경우에는 그 주주는 그 법인을 대위(代位)하여 청구를 할 수 있다(법 §172조②). 주주가 소를 제기하여 승소한 경우에는 회사에 소송비용, 그 밖에 소송으로 인한 모든 비용 지급청구도 가능하다(법 §172④).

청구의 방법은 재판상 또는 재판 외의 권리행사로 가능하며, 해당 법인이 단기매매차익 반환을 청구하는 내용증명우편의 송달이나,166) 상계의 의사표시167)도 권리행사로 인정된다.168)

III. 제척기간

단기매매차익 반환청구권은 이익을 취득한 날부터 2년 이내에 청구하지 아니한 경우에는 소멸한다(법 §172⑤). 단기매매차익의 산정은 매매계약일을 기준으로 하지만, 반환청구권은 이익을 취득한 날로 기산하므로 계약일 이후 결제일(양수도일)이 기산시점이 된다. 따라서 반환청구권 행사가 가능한 대상거래는 결제일(현재 시점 기준)부터 2년 이내에 취득한 이익이 대상이 된다.169)

---

166) 대법원 2012.1.12. 선고 2011다80203 판결.
167) 서울고등법원 2014.9.19. 선고 2013나80957 판결.
168) 김상철, 앞의 논문, 47면 참조.
169) 거래기준으로 할 경우 최초 이익을 취득하기 전인 처음의 매수 또는 매도가 있었던 6개월 이내의 시점으로 거슬러 가므로, 최초 거래일부터 최종결제일까지 총 2년 6개월 전까지의 거래가 조사대상이 된다.

단기매매차익 반환의무의 요건

구 분		내 용
반환의무자	임직원	– 임원 및 주요사항보고서 제출사항 관련 업무, 재무·회계·기획·연구개발 관련 업무종사 직원으로 한정 – 매수, 매도 중 한 시점에만 임직원인 경우에도 적용
	주요주주	매수, 매도 양 시기에 주요주주인 경우에만 적용(단 중간에 주요주주가 아닌 경우에는 적용)
매수 또는 매도	개 념	6개월 이내에 매수와 매도, 매도와 매수가 있는 경우에 적용
	매수·매도 시기	계약체결일을 기준으로 적용
	이종증권 합산	이종증권(예: 보통주와 전환사채)의 경우도 합산하여 적용
반환의 예외	예외사유	비자발성이 있는 법령에 따른 매매 등은 제외
	판 례	내부정보 이용가능성이 없는 경우에는 제외 가능
반환절차	통 보	증권선물위원회가 조사결과 확인되는 경우 해당 법인에 통보
	청구권자	해당법인은 해당 내부자에게 반환청구권을 가짐
	제척기간	이익을 취득한 날부터 2년 내에 청구권이 있음

제 5 장

내부자거래 관련 보고의무

제1절 주식등의 대량보유 등의 보고

제147조(주식등의 대량보유 등의 보고) ① 주권상장법인의 주식등(제234조제1항에 따른 상장지수집합투자기구인 투자회사의 주식은 제외한다. 이하 이 절에서 같다)을 대량보유(본인과 그 특별관계자가 보유하게 되는 주식등의 수의 합계가 그 주식등의 총수의 100분의 5 이상인 경우를 말한다)하게 된 자는 그 날부터 5일(대통령령으로 정하는 날은 산입하지 아니한다. 이하 이 절에서 같다) 이내에 그 보유상황, 보유 목적(발행인의 경영권에 영향을 주기 위한 목적 여부를 말한다), 그 보유 주식등에 관한 주요계약내용, 그 밖에 대통령령으로 정하는 사항을 대통령령으로 정하는 방법에 따라 금융위원회와 거래소에 보고하여야 하며, 그 보유 주식등의 수의 합계가 그 주식등의 총수의 100분의 1 이상 변동된 경우(그 보유 주식등의 수가 변동되지 아니한 경우, 그 밖에 대통령령으로 정하는 경우를 제외한다)에는 그 변동된 날부터 5일 이내에 그 변동내용을 대통령령으로 정하는 방법에 따라 금융위원회와 거래소에 보고하여야 한다. 이 경우 그 보유 목적이 발행인의 경영권에 영향을 주기 위한 것(임원의 선임·해임 또는 직무의 정지, 이사회 등 회사의 기관과 관련된 정관의 변경 등 대통령령으로 정하는 것을 말한다)이 아닌 경우와 전문투자자 중 대통령령으로 정하는 자의 경우에는 그 보고내용 및 보고시기 등을 대통령령으로 달리 정할 수 있다.

I. 개 관

1. 의 의

주식등의 대량보유 등의 보고의무(이하 "대량보유보고")는 주권상장법인의 주식등을 5% 이상 보유하거나 1% 이상 변동이 있는 경우 금융위원회와 거래소에 보고

하도록 하는 제도이다. 이 제도는 주식등의 대량취득 · 처분에 관한 정보를 신속하게 보고 · 공시하게 함으로써 기업지배권의 공정성을 확보하고, 적대적 M&A를 목적으로 하는 음성적인 주식매집을 방지하여 경영권에 대한 불공정한 침탈을 방지하는데 목적이 있다. 반면 유사한 제도인 임원등의 특정증권등 소유상황보고 제도(법 §173)의 경우 내부자거래의 사전감시 기능을 주목적으로 한다.

2. 불공정거래 규제와의 관계

대량보유보고는 불공정거래 규제를 주목적으로 하는 규제는 아니지만 불공정거래 규제와 밀접한 연관이 있다. 불공정거래 관련 회사 내부자 및 대량매매자의 매매과정에서 대량보유보고 누락 및 거짓표시 등이 적발되는 경우가 많다. 따라서 불공정거래 사건의 경우 대량보유보고 및 임원 등의 특정증권등 소유상황보고 위반이 포함되는 경우가 일반적이다.

그리고 부정거래사건의 주종을 차지하는 무자본 M&A의 경우 사채자금 등 타인자금으로 경영권을 인수함에도, 대량보유보고시 자기자금으로 허위 기재함으로써 정상적인 경영권 취득의 외관을 형성하는 경우가 일반적이다. 정상적인 경영권 취득 여부는 회사의 발전가능성을 판단하는데 중요한 요소가 되기 때문이다. 이러한 대량보유보고의 허위기재는 대량보유보고 위반뿐 아니라 부정거래행위의 위반에도 해당한다.

한편 2020년 금융감독원의 대량보유보고 서식 개정에서는 대량보유보고자가 민법상 조합인 경우에는 개별 조합원의 인적사항이 보고내용에 반영되도록 하였다. 이는 민법상 조합인 투자조합이 무자본 M&A 등 불공정거래행위 수단으로 이용되고, 투자조합의 세부사항에 대한 공시의무가 없다는 점을 악용하는 것을 차단하기 위한 것이다.

대량보유보고의 기능(대법원 2011.7.28. 선고 2008도5399 판결)

코스닥시장 참여자의 입장에서는 경영권을 취득한 주체가 누구인지, 취득자금의 출처가 자기자본인지 차입금인지, 실제 취득한 주식의 수량이 얼마인지 등은 그 회사의 장기적인 발전 가능성, 새로운 사업영역에 대한 확장 및 인수 합병시의 성공 가능성, 경영권을 안전하게 방어하기 위한 추가 주식 취득의 필요성 등을 판단하는 기본적인 자료가 된다.

Ⅱ. 보고요건

1. 보고대상 증권

보고대상 증권은 주권상장법인의 주식등(제234조 제1항에 따른 상장지수집합투자기구인 투자회사 주식은 제외한다)이다(법 §147①). '주식등'은 의결권 있는 주식에 관계되는 증권을 말한다(법 §133①, 영 §139). 대량보유보고의무는 경영권에 영향을 미칠 수 있는 대량매수로 인한 경영권의 침탈방지를 목적으로 하므로 의결권이 없는 우선주 등 증권은 보고대상에서 제외하는 것이다.

상장지수집합투자기구인 투자회사 주식은 ETF(상장지수펀드)가 투자회사 형태로 발행된 주식을 말한다. ETF 상품의 성격을 고려할 때 보고의무 부과의 필요성이 없을 것이다.

보고의무가 부과되는 증권은 아래와 같다.

ⅰ) 주권상장법인이 발행한 증권의 경우

① 주권상장법인이 발행한 주권, ② 신주인수권이 표시된 것(신주인수권증권·신주인수권증서), ③ 전환사채권, ④ 신주인수권부사채권, ⑤ ①~④의 증권과 교환을 청구할 수 있는 교환사채권, ⑥ ①~⑤의 증권을 기초자산으로 하는 파생결합증권(권리행사로 그 기초자산을 취득할 수 있는 것으로 한정)(영 §139.1).

※ 주권은 의결권 있는 주식에 관계되어야 하므로 보통주, 의결권 있는 우선주, 보통주로 전환가능한 전환우선주가 해당한다. 전환사채권이나 신주인수권부사채권 역시 전환 또는 인수대상이 주권이어야 한다(신주인수권이 분리된 이후의 신주인수권부사채는 제외한다).

ⅱ) 주권상장법인 이외의 자가 발행한 증권의 경우

① ⅰ)의 증권과 관련된 증권예탁증권, ② ⅰ)의 증권이나 ①의 증권과 교환을 청구할 수 있는 교환사채권, ⅰ)의 증권이나 ①, ②의 증권을 기초자산으로 하는 파생결합증권(권리의 행사로 그 기초자산을 취득할 수 있는 경우에 한함)(영 §139.2).

2. 보고 의무자

본인과 그 특별관계자가 보유하게 되는 주식등의 수의 합계가 그 주식등의 총수의 100분의 5 이상인 경우에 보고의무가 발생한다(법 §147①). 특별관계자는 특수관계인과 공동보유자를 말한다(영 §141①). 특수관계인의 범위는 금융회사의 지배구조에 관한 법률 시행령 제3조에서 정하고 있다.

공동보유자는 본인과 합의나 계약에 따라 다음 각 호의 어느 하나에 해당하는 행위를 할 것을 합의한 자를 말한다(영 §141②).

1. 주식등을 공동으로 취득하거나 처분하는 행위
2. 주식등을 공동 또는 단독으로 취득한 후 그 취득한 주식을 상호양도하거나 양수하는 행위
3. 의결권(의결권의 행사를 지시할 수 있는 권한을 포함한다)을 공동으로 행사하는 행위

공동보유자는 일반적으로는 경영권의 안정적 유지를 확약하기 위한 목적으로 이러한 공동보유의 합의를 하는데, 공동보유에 관한 확약서류를 제출하여 증빙하게 된다.[170]

특수관계인이 소유하는 주식등의 수가 1,000주 미만이거나 공동보유자에 해당하지 아니함을 증명하는 경우에는 특수관계인으로 보지 않으므로 보유지분 합산 시 배제할 수 있다(영 §141③).

---

170) 무자본 M&A의 경우에는 사실상 경영권의 공동취득자로 추정되는 자들이 지분보고 회피 및 장내매각 목적으로 5% 미만으로 주식을 취득하는 경우가 종종 발생하고 있다.

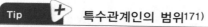
□ **본인이 개인인 경우**

본인을 기준으로 ①의 친족관계에 있는 자, ②의 지배관계에 있는 법인 등을 포함한다.

① 친족 등

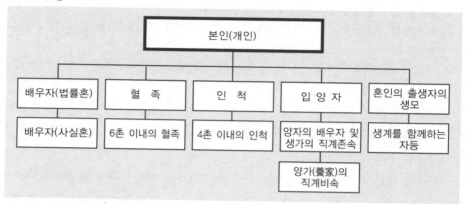

② 단독 또는 일정범위의 친족 등과 지배관계에 있는 법인·임원

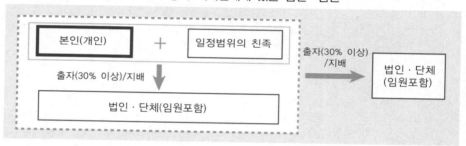

□ **본인이 법인·단체**

본인을 기준으로 본인이 출자한 법인, 본인에게 출자한 개인·법인 등을 포함한다.

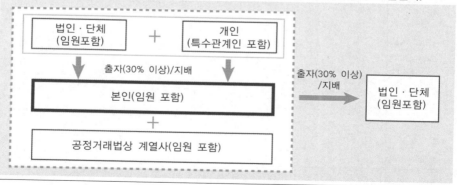

3. 보유 형태

'보유'의 의미는 '소유, 그 밖에 이에 준하는 경우'를 말한다(법 §133③). 주식등의 소유뿐 아니라 '소유에 준하는 보유'에 대하여 보고의무를 부과한다. 소유에 준하는 보유는 ⅰ) 누구의 명의로든지 자기의 계산으로 주식등을 소유한 경우, ⅱ) 주식의 인도청구권을 갖는 경우, ⅲ) 의결권을 갖는 경우, ⅳ) 담보계약 등에 따라 취득·처분 권한을 갖는 경우, ⅴ) 매매완결권을 갖는 경우, ⅵ) 파생상품의 권리행사를 통해 매수인 지위를 갖는 경우, ⅶ) 스톡옵션 행사를 통해 매수인의 지위를 갖는 경우이다(영 §142).

ⅰ)은 자기계산으로 타인명의로 보유한 경우에 보고의무를 부과하는 것이다.[172] 판례는 종국적인 권리행사 이전에 권리를 취득하는 것만으로도 보유로 본다.[173] 예를 들어 최대주주가 사채업자에게 5%가 넘는 주식을 담보로 대출한 경우 최대주주는 담보계약 체결에 따른 변경보고의무가 발생하고, 담보권자인 사채업자는 담보권 실행 조건 성취 시 신규보고 및 담보주식 처분시 변동보고 의무가 발생한다.[174]

4. 보고의 종류

(1) 신규보고

보고대상 주식등을 5% 이상 보유하게 된 경우 보고의무 발생일로부터 5일 이내에 보고해야 한다(법 §147①). 유의할 점은 대량보유보고의 경우 주식등의 계약체

---

171) 출처 : 한국거래소, 「증권시장의 지분공시제도 해설」, (2019).

172) 서울중앙지방법원 2004.4.29. 선고 2004고합114 판결(차명계좌로 처분한 경우 계산주체에게 보고의무가 있다는 판결).

173) [종국적 권리행사가 아닌 권리 취득 자체를 보유로 본 판례 : 대법원 2002. 7. 22. 선고 2002도1696 판결] 증권거래법상 소유에 준하는 '보유'에 대한 같은법 시행령 제10조의4 제4호, 제5호를 포함한 같은 조 제2호 내지 제6호의 규정은 장래 주식을 소유할 것이 예상되거나, 소유하지는 않지만 주식에 대한 의결권을 갖거나 의결권의 행사를 지시할 수 있는 권한을 가지는 경우를 '보유'로 규정한 것으로, 특히 위 시행령 제10조의4 중 제4호, 제5호에 관하여는 그 종국적인 권리를 행사하여야만 '보유'로 본다는 것이 아니고, 권리의 종국적 행사 이전에 그와 같은 권리의 취득 자체를 '보유'로 규정한 것으로 해석하는 것이 타당하다고 할 것이고, 이와 같이 풀이하는 것이 장래의 권리를 규정한 다른 각 호 즉 제2호, 제3호, 제6호의 규정과 비교하여서도 균형이 맞는 해석이라고 보여진다.

174) 무자본 M&A의 경우 최대주주의 담보대출 여부를 은폐하기 위해 대량보유보고를 하지 않는 경우가 많다.

결일을 기준으로 보고의무가 발생한다는 점이다(영 §153③). 반면 임원 등의 소유주식보고의무의 경우 결제일(증권시장의 경우 T+2일)에 보고의무가 발생한다. 일수 산정 시 민법상 초일 불산입의 원칙에 따라 보고의무 발생일의 다음 날부터 기간을 계산하고, 토요일, 공휴일, 근로자의 날은 일수 산정 시 제외한다(영 §153①). 이는 변동·변경 보고의 경우도 동일하게 적용된다.

(2) 변동보고

기존 보고 이후 주식등의 총수가 1% 이상 변동한 경우 보고의무가 발생한다(법 §147①). 대량보유상황·보유 목적 또는 그 변동내용을 보고하는 날 전일까지 새로운 변동내용을 보고해야 할 사유가 발생한 경우에는 함께 보고하여야 한다(법 §147③).

(3) 변경보고

ⅰ) 보유목적의 변경(예: 단순투자목적 → 경영참가목적), ⅱ) 보유주식등에 대한 주요계약의 체결 또는 변경(예: 담보계약, 신탁계약, 환매조건부계약, 대차계약 등, 단순투자목적인 경우에는 보고대상에서 제외), ⅲ) 보유형태가 변경(예: 소유→보유, 경영참가목적인 경우에 한함)된 경우에는 5일 이내에 보고하여야 한다(법 §147④, 영 §155).

ⅱ)의 주요계약의 체결 또는 변경에 따른 보고의무 여부는 보유주식등의 변동을 초래할 수 있는 계약인지 여부에 따라 판단한다. 예를 들어 보유주식등의 변동을 초래할 수 있는 대차계약의 경우 보고의무가 발생하나, 보호예수계약은 보유주식의 임의의 인출 및 매각을 제한하는 데 목적이 있고 보유주식등의 변동을 초래할 수 있는 계약이 아니므로 보고의무가 없다.[175]

5. 보고 특례

(1) 투자목적에 따른 보고내용과 시기의 특례

1) 취지 및 연혁

대량보유보고는 기업지배권에 대한 경보를 주 기능으로 하므로 경영권에 영향을 미치는 취득·처분이 발생하면 이를 신속하고 상세하게 공시할 필요가 있다. 이를 위하여 종전에는 경영참가목적의 보유에 대하여는 보고내용의 상세 및 5일 이내 보고의무를 부과하는 한편, 그 외는 단순투자목적으로 구분하여 약식보고 및 보고기한의 특례를 적용하였다.

---

175) 금융감독원, 「기업공시 실무안내」, (2020), 358면.

그러나 스튜어드십코드[176] 도입 이후 기업지배구조개선을 위한 기관투자자들의 주주활동이 활발해지면서 경영참여목적의 범위를 구체적으로 정하고, 주주활동 내용에 따라 대량보유보고를 차등화할 필요성이 제기되었다. 2020년 개정된 시행령은 경영참여목적의 범위를 명확히 하고, 경영참여목적은 아니나 적극적 주주활동을 하는 경우를 '일반투자목적'으로 구분하는 한편, 단순투자목적 역시 별도로 정의하였다.

2) 투자목적별 정의

경영참여목적은 보유목적이 발행인의 경영권에 영향을 주기 위한 것으로 임원의 선임·해임 또는 직무의 정지, 이사회 등 회사의 기관과 관련된 정관의 변경 등을 위하여 회사나 그 임원에 대하여 사실상 영향력을 행사하는 것을 말한다(법 §147①, 영 §154①, 증권의 발행 및 공시등에 관한 규정 §3–13).

'사실상 영향력을 행사'하는 것은 임원의 선·해임, 합병 등을 위한 주주제안권, 주주총회소집 청구권의 행사는 포함하나, 단순히 의견을 전달하거나 대외적으로 의사를 표시하는 것은 제외한다(영 §154①). 단순한 의견의 전달이 아닌 사실상 영향력의 행사로 판단하기 위해서는 요구사항을 관철할 수 있는 지위에 있으면서 이를 이용할 의사 및 이용하는 행위가 있어야 한다.[177] 2019년 발생했던 한진칼의 경영권 분쟁 사건의 경우 반도그룹 측이 대주주에게 임원 선임을 요구하면서 단순투자목적으로 보고한 바 있는데, 증권선물위원회는 반도그룹의 경영권에 영향을 주기 위한 목적을 단정하기 어려워 혐의 없음으로 판단한 바 있다.[178]

일반투자목적은 경영참여 및 단순투자목적이 아닌 경우로서 회사·임원의 위법행위에 대한 유지청구권, 해임청구권, 신주발행유지청구권, 공적연금 등이 사전에 공개한 원칙에 따라 기업지배구조 개선을 위한 정관변경을 추진하는 경우 등과 같이 시행령이 정한 경영참가목적의 예외사유에 해당하는 활동을 말한다.

단순투자목적은 의결권, 신주인수권, 배당 등 법률에 따라 보장되는 권리만을 행사하기 위한 것을 말한다(영 §154③).

---

176) 기관투자자의 수탁책임을 위한 행동원칙을 정한 자율규범이다. 2016년 기업지배구조원이 공표하였고, 금융위원회도 관련 법령해설집을 배포한 바 있다.
177) 금융위원회, "스튜어드십 코드 관련 법령해석집", (2017.6) 참조.
178) 2022년 제6차 증권선물위원회 조치안 및 의결서 참조.

3) 보고내용과 보고기한의 특례

경영참여목적의 경우 일반서식으로 보유목적의 구체적 내용, 주식등에 관한 주요계약 내용 등을 포함한 세부내용을 보고해야 하고, 일반·단순투자목적은 약식서식으로 보고한다(영 §153②, 증권의 발행 및 공시등에 관한 규정 §3-10).

단순투자목적으로 보유하는 자는 변동보고시 보고의무 발생일이 속하는 달의 다음 달 10일 이내에 보고하면 된다(영 §154③). 국가, 지방자치단체, 한국은행, 전문투자자 중 연기금 등(이하 "연기금 등")은 보고의무발생일이 속하는 분기 다음 달 10일까지 신규보고 또는 변경보고를 하면 된다(영 §154④, 규정 §3-14). 일반투자목적의 경우 연기금 등은 다음 달 10일까지, 그 외의 자는 10일 이내(신규보고는 5일)에 보고하면 된다(영 §154③·⑤).

▼ 투자목적별 보고내용과 기한

보유목적	경영참여목적		경영참여목적이 아닌 경우			
			일반투자		단순투자	
주주활동	임원 선·해임 등에 대한 주주제안 등 '사실상 영향력' 행사 ※ 배당, 보편적 지배구조 개선 관련 주주활동 등 제외		경영권 영향 목적은 없으나 적극적인 유형의 주주활동 ※ 예 : 배당, 지배구조 개선 관련 주주활동		주주권만 행사 ※ 예 : 의결권, 　　　신주인수권	
보고의무	연기금 등	약식(5일)	연기금 등	약식(월별)	연기금 등	약식(분기)
	그 외	상세(5일)	그 외	약식(10일, 신규: 5일)	그 외	약식(월별, 신규 : 5일)

(2) 변동보고의 면제

1% 이상의 변동과 관계없이 보고의무가 면제되는 경우는 주로 증자·감자 등의 사유로 발행주식수가 변동되는 경우이다(영 §153⑤).

1. 주주가 가진 주식 수에 따라 배정하는 방법으로 신주를 발행하는 경우로서 그 배정된 주식만을 취득하는 경우(예 : 무상증자, 주주배정 유상증자)
2. 주주가 가진 주식 수에 따라 배정받는 신주인수권에 의하여 발행된 신주인수권증서를 취득하는 것만으로 보유 주식등의 수가 증가하는 경우
3. 자본감소로 보유 주식등의 비율이 변동된 경우

4. 신주인수권이 표시된 것(신주인수권증서는 제외한다), 신주인수권부사채권·전환사
   채권 또는 교환사채권에 주어진 권리행사로 발행 또는 교환되는 주식등의 발행가격
   또는 교환가격 조정만으로 보유 주식등의 수가 증가하는 경우

기타 3자배정 유상증자 등과 같이 발행주식 총수의 변동으로 인해 보유비율의
변동이 있으나, 보고자의 주식 수의 변동이 없는 경우에는 보고의무가 없다.

다만 면제사유 이후 보고자의 추가 취득·처분으로 인하여 직전 보고 대비 보
유비율이 1% 이상 변동된 경우에는 변동보고의무가 발생한다[예: 직전 보고 :   5%
→ 면제사유발생 : 6%(보고면제) → 0.1% 지분취득 : 6.1%(보고의무 발생)].

6. 보유비율의 산정

대량보유보고를 위한 보유비율의 산정은 시행규칙에서 정한다(§17). 산정산식
은 다음과 같다.

보유비율 산정 산식

$$\text{보유비율} = \frac{\text{본인 및 특별관계자의 주식등총수}}{\text{주식등의 총수}}$$

주식등의 총수는 시행령 제139조에 따른 의결권 있는 주식과 의결권 있
는 주식과 관계된 증권(주식관련 사채 등, 주식으로 교부받게 될 숫자로 환산)을 포함한
다(시행규칙 §17②).[179]

교환사채의 경우 기발행주식으로 교환받게 되고, 증권예탁증권·파생결합증권
의 기초자산인 주식 역시 기발행주식이기 때문에 주식등의 총수에 산입하지 않는다.

Ⅲ. 보고의무 위반 시 제재

1. 의결권 행사의 제한

고의나 중과실로 대량보유보고(정정보고 포함) 의무를 위반한 경우, 중요사항을
거짓 보고하거나 기재를 누락한 경우에는 발행주식총수의 5%를 초과하는 부분 중

---

179) 분모의 주식등의 총수 = 의결권 있는 발행주식 총수(자기주식을 포함) + 대량보유를
    하게 된 날의 본인과 그 특별관계자가 보유하는 주식관련사채(발행된 전체 주식관련
    사채가 합산되지 않는다는 점에 유의할 필요가 있다)

위반분에 대하여 해당 주식등의 매수등을 한 날부터 그 보고를 한 후 6개월까지 의결권행사가 제한된다(법 §150①, 영 §158).

2. 행정조치

금융위원회는 위반 주식등에 대하여 6개월 이내의 기간을 정하여 처분을 명할 수 있다(법 §150). 또한 위반자에 대하여 거래의 정지·금지, 임원해임권고, 고발 및 수사기관에의 통보, 경고·주의 등의 조치를 할 수 있다(법 §151).

3. 과징금

중요사항에 대한 허위기재 또는 누락, 미보고에 대하여 주식의 시가총액의 10만분의 1(5억원을 초과하는 경우에는 5억원)을 곱한 금액 내에서 과징금을 부과할 수 있다(법 §429). 과징금 또는 고발·통보 조치 여부는 위법행위의 동기와 법규위반의 결과에 따라 조치수준이 결정된다.[180]

4. 형사처벌

보고서류의 중요사항에 대한 허위기재 또는 기재누락의 경우 5년 이하의 징역 또는 2억원 이하의 벌금에 처한다. 미보고시에는 3년 이하의 징역 또는 1억원 이하의 벌금에 처한다. 금융위원회의 처분명령을 위반한 경우에는 1년 이하의 징역 또는 3천만원 이하의 벌금에 처한다(법 §444~446). 금융위원회의 수사기관 고발대상이 되는 행위는 예를 들어 최대주주가 고의로 보고의무를 위반한 경우나, 관련 불공정거래로 고발되는 경우(예: 부정거래행위 과정에서 허위기재가 수반된 경우)가 해당한다.

---

180) 자세한 내용은 제7편 제1장 제5절 참조.

제 2 절   임원 등의 특정증권 등 소유상황 보고

제173조(임원 등의 특정증권등 소유상황 보고) ① 주권상장법인의 임원 또는 주요주주는 임원 또는 주요주주가 된 날부터 5일(대통령령으로 정하는 날은 산입하지 아니한다. 이하 이 조에서 같다) 이내에 누구의 명의로 하든지 자기의 계산으로 소유하고 있는 특정증권등의 소유상황을, 그 특정증권등의 소유상황에 변동이 있는 경우(대통령령으로 정하는 경미한 소유상황의 변동은 제외한다. 이하 이 조에서 같다)에는 그 변동이 있는 날부터 5일까지 그 내용을 대통령령으로 정하는 방법에 따라 각각 증권선물위원회와 거래소에 보고하여야 한다. 이 경우 대통령령으로 정하는 부득이한 사유에 따라 특정증권등의 소유상황에 변동이 있는 경우와 전문투자자 중 대통령령으로 정하는 자에 대하여는 그 보고 내용 및 시기를 대통령령으로 달리 정할 수 있다.

Ⅰ. 의   의

임원 등의 특정증권 등 소유상황 보고제도(이하 "소유상황보고")는 상장법인의 임원 또는 주요주주에게 소유하고 있는 특정증권의 소유상황 및 변동상황을 증권선물위원회와 거래소에 보고하도록 하는 제도이다. 이 제도는 회사 내부자가 미공개중요정보를 이용하여 부당이득을 취하는 행위를 사전에 감시하는 동시에 사후적으로 단기매매차익의 발생 여부를 확인하여 반환하도록 함으로써 거래의 투명성을 확보하는 데 목적을 두고 있다. 주식등의 대량보유 상황보고의 경우 지분변동에 관한 유사한 보고제도이지만 경영권에 대한 불공정한 침탈을 방지하는 것이 주목적이라는 점에서 차이가 있다.

Ⅱ. 보고요건

1. 보고대상 증권

보고대상 증권은 제172조의 단기매매차익 반환 규정에서 정한 특정증권등과 동일하다. 대량보유보고의무는 경영권에 영향이 있는 대량매수로 인한 경영권의 침탈 방지를 목적으로 하므로, 의결권이 없는 우선주는 보고대상 증권에서 제외되는 반면(영 §139), 소유상황보고는 내부자거래의 사전감시 기능이 있으므로, 우선주가 포함된다는 차이가 있다.

2. 주식의 소유형태

"누구의 명의로 하든지 자기의 계산으로 소유"하고 있는 경우에 신고의무가 발생한다(법 §173①). 따라서 자기의 계산으로 차명으로 소유하는 경우에도 보고의무가 있다.

3. 보고의무자

(1) 임 원

보고의무자는 주권상장법인의 임원 또는 주요주주이다. 임원은 이사 및 감사를 말하고(법 §9②), 업무집행지시자를 포함한다(상법 §401의2①). 일반적으로 업무집행지시자는 명예회장·회장·사장·부사장·전무·상무·이사 등의 명칭을 사용하는 표현이사(상법 §401의2①3)인 경우가 많다. 표현이사는 회사의 업무를 집행할 권한이 있는 것으로 인정되는 명칭을 사용한 자인데, 그 명칭 자체에 이미 업무집행권이 드러나 있으므로 그에 더하여 회사에 대해 영향력을 가질 것을 요구하지 않는다.[181] 또한 이사와 동등한 권한이 있을 것을 필요는 없다.[182] 상법 제408조의2에 따른 집행임원을 둔 경우에는 동 집행임원도 포함한다.[183]

(2) 주요주주

주요주주는 ① 누구의 명의로 하든지 자기 계산으로 법인의 의결권 있는 발행주식 총수의 10% 이상의 주식(관련 증권예탁증권 포함)을 소유한 자, ② 임원의 임면 등의 방법으로 법인의 중요한 경영사항에 대하여 사실상의 영향력을 행사하는 주주를 말한다(금융회사의 지배구조에 관한 법률 §2조6호). 10% 이상의 주식을 요건으로 하므로, 전환사채나 신주인수권부사채와 같은 주식관련사채는 산정대상이 아니다. "사실상 영향력을 행사하는 주주"라 함은 단독 또는 다른 주주와의 합의·계약 등에 따라 대표이사 또는 이사의 과반수를 선임한 주주 등을 말한다(금융회사의 지배구조에 관한 법률 시행령 §4).

4. 보고시기

(1) 신규보고

주권상장법인의 임원 또는 주요주주가 된 날부터 5일 이내에 보고하여야 한다. 민법상 초입 불산입 원칙(민법 §157)에 따라 보고의무 발생일의 다음 날부터 기간을 계산하고, 토요일, 공휴일, 근로자의 날은 일수 산정 시 제외한다(영 §153①).

---

181) 대법원 2009.11.26. 선고 2009다39240 판결.
182) 서울중앙지방법원 2009.1.9. 선고 2006가합78171 판결; 송옥렬, 「상법강의」, 홍문사(2019), 1093면; 상법 제401조의2제1항제3호에 따른 명예회장·회장·사장·부사장·전무·상무·이사 이외에 고문·이사대우 등의 명칭을 사용하는 자의 경우 ① 내부직제, ② 담당업무 및 전결권의 범위, ③ 급여기준 등을 종합적으로 고려하여 자기 책임하에 판단·결정하도록 하고 있다(금융감독원, 「기업공시 실무안내」, (2020.12), 381면 참조).
183) 금융감독원, 「기업공시 실무안내」, (2020.12), 381면.

이러한 일수 산정은 변경보고의 경우도 동일하다.

　　신규보고의 기준일은 주식을 소유한 자가 임원이 된 경우에는 선임일에, 주식의 취득으로 인해 보고의무가 발생하는 경우에는 그 취득일에 보고의무가 발생한다.[184] 특정증권을 소유하지 않은 자가 임원이 된 경우에는 보고의무가 없으며, 추후 특정증권을 취득하였을 경우에 보고의무가 발생한다.

(2) 변동보고

　　증권시장이나 파생상품시장에서 특정증권등을 매매한 경우에는 그 결제일(T+2)로부터 5일 이내에 보고의무가 있다(영 200§④1). 유의할 점은 대량보유보고의무의 경우 계약체결일(T)에 보고의무가 발생한다는 것과 비교할 때(영 §153③3) 2일의 보고기한의 차이가 발생한다는 점이다. 예를 들어 10% 이상 주식을 소유한 주요주주가 1%의 주식을 추가로 취득할 경우 위 두 가지 보고의무가 함께 발생하게 되는데, 유사한 내용의 보고의무의 보고기한을 달리 정하여 보고하도록 하는 것은 보고자의 혼동을 일으킬 우려도 있고, 특별히 기한을 구분해야 할 실익도 없어 보인다. 양 보고의무의 보고기한은 통일하는 것이 바람직하다.

　　변동수량이 1,000주 미만이고 그 취득 또는 처분금액이 1천만원 미만인 경우에는 변동보고의무는 면제된다(영 §200⑤). 단 누적 변동수량이 1,000주 이상이 되거나 누적 취득(처분)금액이 1,000만원 이상이 되는 경우에는 보고의무가 발생하고, 신규보고의 경우에는 면제사유는 없다.

(3) 변동보고기한의 예외

　　주식배당, 준비금의 자본전입, 주식의 분할 또는 병합, 자본감소로 인한 소유상황 변동의 경우에는 그 변동이 있던 달의 다음 달 10일까지 보고하면 된다(영 §200⑧). 경영권에 영향을 주기 위한 목적이 없는 국가 등 시행령이 정한 전문투자자는

---

184) 시행령 제153조 (주식등의 대량보유 등의 보고) ③ 주권상장법인의 임원(「상법」 제401조의2제1항 각 호의 자를 포함한다) 또는 주요주주가 특정증권등의 소유상황을 보고하여야 하는 경우에 그 보고기간의 기준일은 다음 각 호와 같다.
　1. 주권상장법인의 임원이 아니었던 자가 해당 주주총회에서 임원으로 선임된 경우: 그 선임일
　2. 「상법」 제401조의2제1항 각 호의 자인 경우: 해당 지위를 갖게 된 날
　3. 주권상장법인이 발행한 주식의 취득 등으로 해당 법인의 주요주주가 된 경우: 그 취득 등을 한 날
　4. 주권비상장법인이 발행한 주권이 증권시장에 상장된 경우: 그 상장일
　5. 주권비상장법인의 임원(「상법」 제401조의2제1항 각 호의 자를 포함한다. 이하 이 조에서 같다) 또는 주요주주가 합병, 분할합병 또는 주식의 포괄적 교환·이전으로 주권상장법인의 임원이나 주요주주가 된 경우: 그 합병, 분할합병 또는 주식의 포괄적 교환·이전으로 인하여 발행된 주식의 상장일

ⅰ) 단순투자목적의 경우 변동이 있던 분기의 다음 달 10일까지, ⅱ) 단순투자목적이 아닌 경우 변동이 있었던 달의 다음 달 10일까지 보고하면 된다(영 §200⑨).

Ⅲ. 보고의무 위반시 제재

소유상황보고를 하지 않거나 거짓으로 보고한 자에 대해서는 1년 이하의 징역 또는 3천만원 이하의 벌금에 처한다(법 §446). 또한 보고를 하지 않거나 거짓으로 보고한 경우 해당 임원 및 주요주주에게 경고 · 주의, 수사기관 고발 · 통보 등의 행정조치를 취할 수 있다(법 §426⑤).

Summary 대량보유 상황보고와 임원 등의 소유상황보고 제도 비교		
구 분	주식등의 대량보유 상황보고(5% 보고)	임원등의 특정증권등 소유상황보고
보고목적	경영권 변경가능성 예측	내부자거래 방지
보고 의무자	주식등을 5% 이상 보유하게 된 자	임원 및 주요주주
보고대상 유가증권	본인 및 특별관계자(공동보유자포함)가 보유하는 주식등(의결권과 관계있는 것으로 한정) ※ 특별관계자 주식 포함	누구의 명의로 하든지 자기의 계산으로 소유하고 있는 특정증권등 ※ 특별관계자 주식은 제외
보고방법	본인과 특별관계자가 함께 연명보고 ※ 민법상 투자조합은 개별조합원 인적사항 기재	개별보고
보고사유	－ 신규보고 : 주식등을 5% 이상 보유하게 된 경우 － 변동보고 : 보유주식등이 1% 이상 변동이 있는 경우 － 변경보고 : ⅰ)보유목적을 변경한 경우, ⅱ)신탁, 담보계약 등 주요계약체결 · 변경, ⅲ)보유형태 변경 (소유 ↔ 보유)	－ 신규보고 : 임원 · 주요주주가 된 경우 － 변동보고 : 소유 특정증권등이 1단위(예 : 1주)라도 변동이 있는 경우 ※ 변동수량이 1,000주 미만이고 그 취득 또는 처분금액이 1천만원 미만인 경우에는 보고의무 면제 － 소유증권의 종류가 변경되는 경우
보고기한	5일 이내(매매일 기준, 초일, 토요일, 공휴일 제외) ※ 단순투자목적 투자자의 변동보고 : 다음 월 10일까지(연기금 등은 보유 · 변동이 속하는 분기의 다음 월 10일까지)	5일 이내(결제일 기준, 초일, 토요일, 공휴일 제외) ※ 단순투자목적 투자자의 변동보고 : 다음 월 10일까지(연기금 등은 변동이 속하는 분기의 다음 월 10일까지)

제3절 장내파생상품의 대량보유보고 등

Ⅰ. 장내파생상품의 대량보유보고

제173조의2(장내파생상품의 대량보유 보고 등) ① 동일 품목의 장내파생상품(제4조제10항제3호에 따른 일반상품, 그 밖에 대통령령으로 정하는 것을 기초자산으로 하는 파생상품으로서 파생상품시장에서 거래되는 것만 해당한다. 이하 이 조에서 같다)을 금융위원회가 정하여 고시하는 수량 이상 보유(누구의 명의로든지 자기의 계산으로 소유하는 경우를 말한다. 이하 이 항에서 같다)하게 된 자는 그 날부터 5일(대통령령으로 정하는 날은 산입하지 아니한다. 이하 이 조에서 같다) 이내에 그 보유 상황, 그 밖에 대통령령으로 정하는 사항을 대통령령으로 정하는 방법에 따라 금융위원회와 거래소에 보고하여야 하며, 그 보유 수량이 금융위원회가 정하여 고시하는 수량 이상으로 변동된 경우에는 그 변동된 날부터 5일 이내에 그 변동 내용을 대통령령으로 정하는 방법에 따라 금융위원회와 거래소에 보고하여야 한다.

1. 의 의

장내파생상품의 대량보유 보고의무는 동일 품목의 장내파생상품을 일정한 수량 이상 보유하게 된 자에 대하여 그날부터 5일 이내에 보유상황 등을 금융위원회와 거래소에 보고하게 하는 제도이다. 이 제도의 취지는 기초자산과 연계한 불공정거래에 대하여 금융당국이 파악·대처하는 수단을 마련하는 데 목적이 있다.[185]

이 제도는 원래 2008년 3월 선물거래법 개정을 통해 처음 반영된 제도이다. 당시에는 일반상품 또는 일반상품의 지수를 대상으로 하는 일반상품선물에 대하여 보고의무를 부과하였다(선물거래법 §32②). 금융상품선물의 경우 기초자산이 거래되는 현물시장을 금융당국이 감독할 수 있지만, 일반상품선물의 경우 현선연계 불공정거래 조사 등에 어려움을 겪을 수 있다는 점을 고려한 것이다.[186] 2009년 2월 자본시장법의 개정으로 장내파생상품 대량보유보고 규정이 신설되었고, 2013년 개정을 통하여 일반상품선물뿐 아니라 일부 주가지수를 기초자산으로 하는 장내파생상품도 보고대상에 포함되었다.

---

185) 국회 재정경제위원회, "선물거래법 일부개정법률안 심사보고서", (2008.2), 8면.
186) 국회 재정경제위원회, 위의 보고서, 7면.

2. 보고대상 장내파생상품

보고대상 장내파생상품은 동일 품목의 장내파생상품 중 ⅰ) 법 제4조 제10항 제3호에 따른 농산물 등 일반상품,[187] 또는 ⅱ) 한국거래소가 산출하는 코스피200 주가지수를 기초자산으로 하는 파생상품이다(법 §173의2①, 영 §200의2①, 금융투자업규정 §6-29①).[188]

보고대상이 되는 수량은 금융위원회가 정한 장내파생상품 품목의 미결제약정 수량 이상의 보유 또는 변동이 있는 경우 보고의무가 발생한다. 예를 들어 KOSPI200 선물의 경우 미결제약정을 20,000계약 이상 보유하게 된 경우 보유보고의무가 발생하고, 4,000계약 이상의 보유수량 변동이 된 경우에는 변동보고의무가 발생한다(금융투자업규정 §6-29).

3. 보고방법

보고의무가 발생한 자는 장내파생상품의 보유 또는 변동된 날부터 5일 이내에 보유상황을 금융위원회와 거래소에 보고하여야 한다(법 §173의2①).[189] 민법상 초일 불산입 원칙(민법 §157)에 따라 보고의무 발생일의 다음 날부터 기간을 계산하고, 주식등의 대량보유상황보고 규정을 준용하여 토요일, 공휴일, 근로자의 날은 일수 산정 시 제외한다(영 §200의2②, §153①).

보고대상자가 위탁자인 경우에는 금융투자업자로 하여금 대신하여 보고하게 할 수 있다. 신규 및 변동보고 하는 날 전날까지 새로 변동 내용을 보고할 사유가 발생한 경우에는 합산하여 보고할 수 있다(영 §200의2④).

4. 벌 칙

대량보유 및 변동보고를 하지 않거나 거짓으로 보고한 경우 1천만원 이하의 과태료를 부과한다(법 §449③8의3).

---

187) 제4조 (증권) ⑩ 이 법에서 "기초자산"이란 다음 각 호의 어느 하나에 해당하는 것을 말한다.
    3. 일반상품(농산물·축산물·수산물·임산물·광산물·에너지에 속하는 물품 및 이 물품을 원료로 하여 제조하거나 가공한 물품, 그 밖에 이와 유사한 것을 말한다)
188) 한국거래소에는 KOSPI200 선물과 옵션이 상장되어 있다.
189) 장내파생상품 대량보유보고는 금융감독원 홈페이지(장내파생상품 대량보유보고시스템)를 통하여 보고받고 있다.

Ⅱ. 장내파생상품 정보 누설·이용행위

제173조의2 ② 다음 각 호의 어느 하나에 해당하는 자로서 파생상품시장에서의 시세에 영향을 미칠 수 있는 정보를 업무와 관련하여 알게 된 자와 그 자로부터 그 정보를 전달받은 자는 그 정보를 누설하거나, 제1항에 따른 장내파생상품 및 그 기초자산의 매매나 그 밖의 거래에 이용하거나, 타인으로 하여금 이용하게 하여서는 아니 된다.
1. 장내파생상품의 시세에 영향을 미칠 수 있는 정책을 입안·수립 또는 집행하는 자
2. 장내파생상품의 시세에 영향을 미칠 수 있는 정보를 생성·관리하는 자
3. 장내파생상품의 기초자산의 중개·유통 또는 검사와 관련된 업무에 종사하는 자

1. 의 의

장내파생상품 정보 이용행위 금지규정은 파생상품시장에서 시세에 영향을 미칠 수 있는 정보의 누설 또는 이용행위를 금지하는 규정이다. 종전에는 2008년 3월 구 선물거래법 개정으로 반영된 선물거래 대상품목 관련 업무종사자의 정보누설·이용금지규정(§33)이 적용되어 오다 2009년 2월 자본시장법 개정을 통해 반영된 것이다. 이 규정은 장내파생상품 가격 결정에 영향을 미칠 수 있는 직무에 종사하는 자와 정보수령자가 해당 정보를 누설 또는 이용하는 것을 금지하는 데 목적이 있다.

2. 규제대상자

규제대상자는 크게 장내파생상품 관련 직무에 종사하는 자와 정보수령자(1차 정보수령자)로 분류된다. 관련 직무종사자는 ⅰ) 장내파생상품의 시세에 영향을 미칠 수 있는 정책을 입안·수립 또는 집행하는 자(예 : 금융감독기관 종사자), ⅱ) 장내파생상품의 시세에 영향을 미칠 수 있는 정보를 생성·관리하는 자(예 : 거래소 임직원), ⅲ) 장내파생상품의 기초자산의 중개·유통 또는 검사와 관련된 업무에 종사하는 자(예 : 돈육선물의 경우 검역관)이다(법 §173의2②).

3. 금지행위

금지행위는 그 정보를 누설하거나, 장내파생상품 및 그 기초자산의 매매나 그 밖의 거래에 이용하거나, 타인에게 이용하게 하는 행위이다. 이 규정은 미공개중요정보 이용행위와 달리 당해 정보를 누설하는 것만으로도 금지 및 처벌대상이 된다

는 점에서 차이가 있는데, 관련 직무종사자의 직무상 정보누설 금지의 기능을 의도한 것으로 보인다.

이 규정을 위반하여 파생상품시장에서의 시세에 영향을 미칠 수 있는 정보를 누설하거나, 장내파생상품 및 그 기초자산의 매매나 그 밖의 거래에 이용하거나, 타인에게 이용하게 한 자에 대하여 3년 이하의 징역 또는 1억원 이하의 벌금에 처하거나(법 §445조22의2호), 부당이득의 2배 이하의 과징금을 부과할 수 있다(법 §429의2①).

제3편

시세조종행위

제 1 장

총 론

제1절 시세조종행위의 의의

Ⅰ. 의 의

시세조종행위는 자연스러운 수요공급이 아닌 인위적인 방법을 통하여 금융투자상품의 가격을 왜곡하는 행위를 말한다.

투자자는 해당 금융투자상품의 정보를 바탕으로 매도·매수할 가격과 수량을 결정한다. 금융투자상품의 정보는 발행회사의 정보뿐 아니라, 해당 금융투자상품의 시세와 수급현황을 포함한다. 이러한 정보를 바탕으로 수많은 투자자가 제출한 주문을 통하여 합리적인 가격이 형성된다.

시세조종행위는 금융투자상품에 대한 거짓 정보를 유포하거나, 직접 거래에 참여하여 금융투자상품의 가격 및 수급에 인위적인 영향을 미친다. 이러한 정보와 인위적인 가격·수급을 통하여 일반투자자의 투자판단의 오판을 일으킴으로써 시세조종의 목적을 달성하게 되는 것이다.

시세조종행위의 규제는 이러한 인위적인 시세개입행위를 금지함으로써 선량한 투자자를 보호하고 자본시장의 투명성과 공정성을 확보하는데 목적이 있다.

시세조종행위는 증권범죄 중 혐의입증이 가장 어렵다. 시세조종의 혐의 입증의 요체는 행위자의 매매거래의 시세조종성 양태 존재여부의 규명이다. 자본시장은 수많은 시장참가자가 거래하고, 호재·악재성 정보가 혼재하고 있다. 그 속에서 행위자의 주문에 따른 주가변동 여부 및 투자자의 매매유인 여부를 규명하기가 쉽지 않다. 증권선물위원회의 처분 과정이나 재판과정을 보면 단순히 시세조종성 호가 개수를 산정하는 정도만으로는 부족하고, 구체적인 시세조종성 양태에 대한 공방이 이어지게 된다.

II. 시세조종 양태의 진화

전통적인 시세조종행위는 호·악재성 허위내용을 유포하는 방법으로 시세를 조종하고, 보유물량을 정리하여 차익을 실현하는 방식의 '허위표시에 의한 시세조종' 방식이 주를 이루었다.[1] 과거 이러한 시세조종이 가능했던 것은 증권에 관한 정보전달 방식이 주로 입소문, 전보, 전화, 신문 등에 의존하여 정보전달의 지체가 있었고, 정보 진위의 파악에 상당한 시간이 필요했기 때문이다.

직접 증권시장에 참여하여 일반투자자를 대상으로 실행하는 '현실거래에 의한 시세조종'의 경우 과거에는 투자자의 주문이 거래소 시장에 주재하는 시장대리인(증권회사)의 호가를 통해 수작업에 의한 체결이 이루어졌으므로, 투자자가 실시간으로 시세를 견인하기는 쉽지 않았다. 따라서 당시에는 증권회사가 주도하는 시세조종 및 공매도 사건이 사회적 문제가 되기도 했다.

그러나 통신수단의 발달과 매매시스템의 전산화가 가속화되면서 인터넷이나 스마트폰을 기반으로 한 HTS(MTS) 주문이 실시간으로 가능하게 됨에 따라 일반투자자 계좌를 통한 현실거래에 의한 시세조종이 주를 이루고 있다. 통상 시세조종행위는 "가장·통정매매" 또는 "현실거래에 의한 시세조종행위"로 이해되고 있으며, 허위표시에 의한 시세조종 규제는 규제범위가 넓은 제178조 제2항에 따른 풍문의 유포에 따른 부정거래행위가 주로 적용되는 추세이다.

---

1) 시세조종에 따른 최초의 처벌 사례는 1814년 영국의 Rex v. de Berenger 사건인데, 나폴레옹이 사망하였고 연합군이 파리를 점령하였다는 허위 내용을 전파하고 보유물량을 팔아 이익을 챙긴 사건이다; 김정수, 「자본시장법원론」, SFL그룹(2014), 1246면 참조.

제 2 절　시세조종행위 규제의 연혁

　　시세조종행위 금지 규정은 1962년 구 증권거래법 제정 시 도입된 최초의 불공정거래 규제 규정이다. 당시 규정은 가장·통정매매의 금지 및 현실거래에 의한 시세조종행위 금지규정 등을 두고 있었는데, 현재의 시세조종행위 금지규정과 비교해도 내용상 큰 차이가 없었다. 이 규정은 미국 증권거래법 제9조를 모델로 하여 입법이 된 것이다.

　　2007년 자본시장법이 제정되면서 내용상 변화가 이루어졌다. 현물·선물 연계 시세조종에 대한 규제 근거가 신설되었고(법 §176④), 구 증권거래법의 시세조종규정에 부속되어 있던 사기적 부정거래행위 금지규정(증권거래법 §188의4④)이 분리되어 부정거래행위 금지규정이 신설되었다(법 §178). 2013년 개정에서는 선물·선물 연계 시세조종행위 등 연계시세조종 범위가 확대되었다(법 §176④).

제 3 절　외국의 시세조종행위 규제

Point

- 한국·일본의 규정은 미국 증권거래법 제9조를 계수해서 체계상 큰 차이가 없다.
- 세 국가 모두 행위자의 매매유인목적을 요건으로 한다.
- 세 국가 모두 매매유인목적 여부는 양태 및 동기 등 간접증거로 입증 가능하다.
- 미국은 제9조보다는 주로 포괄규정인 Rule 10b-5를 근거로 시세조종 규제를 한다.

Ⅰ. 미　국

1. 증권거래법 제9조

(1) 의　의

　　미국 증권거래법상 시세조종행위 유형을 직접 열거하여 규제하는 규정은 1934년 증권거래법 제9조이다. 이 규정은 미국의 1929년 대공황의 주요 원인 중

하나였던 증권시장의 시세조종 및 과당거래를 규제하기 위하여 도입되었다.

제9조(a)(1)은 가장매매, 통정매매를 금지하고, 제9조(a)(2)~(5)는 현실거래에 의한 시세조종, 표시에 의한 시세조종, 시세의 안정조작을 금지하고 있다. 이 조항들은 현행 우리 자본시장법상 시세조종행위 금지규정과 차이가 없다.[2]

이 규정은 최초 도입 시 전국증권거래소에 등록된 증권에 대하여만 적용하였으므로, 나스닥 등 장외에서 거래되는 증권에 대하여는 적용되지 않았다. 그러나 2008년 글로벌 금융위기에 따른 금융시장 투명성 제고를 위하여 2010년 입법된 도드-프랭크법(Dodd-Frank Act)에 따라 전국증권거래소에 등록되지 않은 증권(any security not so registered)까지 규제 대상에 포함하였다.

(2) 가장·통정매매

제9조(a)(1)(A)는 가장매매 금지규정이다. 가장매매는 증권의 소유권 이전이 수반되지 않는 거래일 것을 요구한다. 다만 모든 가장매매가 위법은 아니고 매매성황의 허위·오해의 외관 형성의 목적을 요건으로 한다.[3]

(B), (C)는 통정매매 금지규정이다. 통정매매의 경우 가장매매와 달리 증권의 소유권이 이전한다는 차이가 있다. 통정매매의 경우 매수와 매도를 구분하여 규정하고 있다.

---

2) 제9조는 적용증권범위의 한계와 Rule 10b-5의 포괄적 적용으로 인해 큰 의미를 갖기 어렵게 되었다. 그러나 우리 자본시장법상 시세조종금지 규정의 모델이 되었다는 점에서는 중요한 참고가 된다.
3) 증권거래법 제9조 증권가격의 조종(Manipulation of security prices)
    (a) 누구든지 직접 또는 간접으로 우편, 주간통상의 방법이나 수단 또는 전국증권거래소의 시설을 이용하여 다음 각 호의 행위를 하는 것은 위법이다. 전국증권거래소 회원도 다음 각 호의 행위를 하는 것은 위법이다.
    (1) 전국증권거래소에 등록된 증권의 매매가 성황을 이루고 있다는 허위 또는 오해의 외관을 형성하거나, 또는 해당 증권 시장에 관해 허위 또는 오해의 외관을 형성할 목적으로 하는 다음의 행위
    (A) 당해 증권의 실질적인 소유권에 아무런 변경을 수반하지 않는 거래
    (B) 실질적으로 동일한 수량, 실질적으로 동일한 시기, 실질적으로 동일한 가격으로 동일인 또는 다른 당사자에 의하거나 동일인 또는 다른 당사자를 위하여 당해 증권의 매수 주문이 이루어지고 있다는 것을 미리 알고 당해 증권의 매도 주문을 하는 행위
    (C) 실질적으로 동일한 수량, 실질적으로 동일한 시기, 실질적으로 동일한 가격으로 동일인 또는 다른 당사자에 의하거나 동일인 또는 다른 당사자를 위하여 당해 증권의 매도 주문이 이루어지고 있다는 것을 미리 알고 당해 증권의 매수 주문을 하는 행위

(B), (C)에서 "동일인 또는 다른 당사자에 의하거나 동일인 또는 다른 당사자를 위하여(by or for the same or different parties)"로 표현한 것은 다른 당사자가 위탁받아 주문하는 경우, 동일인이 거래 상대방 계좌를 위탁받아 주문하는 경우인 위탁거래를 통한 통정매매를 포함하기 위한 것이다.

"실질적으로 동일한 수량ㆍ시기ㆍ가격(substantially the same size, at substantially the same time, and at substantially the same price)"으로 규정한 것은 통정매매에서 주문시점이 현실적으로 일치할 수 없고, 불특정다수가 참여하는 시장의 상황으로 인하여 수량ㆍ시기ㆍ가격이 완전히 일치하기 어렵다는 점을 고려한 것이다. 따라서 대체로 동일한 것으로 인정될 경우에는 구성요건을 충족하는 것으로 보고 있다.

시세조종 조문을 보면 가장매매, 현실거래에 의한 시세조종의 경우 거래 (transaction)로 규정하고, 통정매매는 주문(enter an order or orders)으로 규정한다.[4] 거래로 제한하게 되면 주가에 영향을 미치는 주문행위는 규제가 되지 않는 문제가 있다. SEC는 거래의 개념에 매매주문도 포함한다고 고시함으로써 적용상 문제를 해소하였다.[5]

(3) 현실거래에 의한 시세조종

제9조(a)(2) 규정은 현실매매에 의한 시세조종행위를 규제하는 시세조종행위 규제의 핵심 규정이다.[6]

이 규정은 ⅰ) 거래성황을 유발하거나 시세를 등락시키는 거래행위라는 시세변동요건과, ⅱ) 타인의 매매를 유인할 목적이라는 주관적 요건을 둔다. 행위자의 매매유인 목적은 행위자의 주관적 영역이기 때문에 입증문제를 안고 있으며, 일본에서도 그 적용 방법에 대한 학설ㆍ판례상 논쟁이 있는 영역이다.

매매유인목적의 입법 취지는 증권의 가격을 견인함으로써 해당 증권의 가격이 과소평가되어 있다고 오인한 타인을 매매거래에 참여하게 하고, 타인의 매수로 시세조종을 의도한 가격까지 상승시키는 것을 규제하는 데 목적을 두고 있다.[7] 이는

---

4) 통정매매를 주문으로 규정한 것은 주문시점(substantially the same time)이 구성요건 요소가 되기 때문에 주문으로 표현한 것으로 보인다.

5) Securities Exchange Act Release No.3673(April 3, 1945), 하은수, 「읽다보면 이해되는 증권 불공정거래 조사」에세이 작가총서 231(2009), 66면에서 재인용.

6) 증권거래법 제9조 (a)(2) 단독으로 또는 타인과 공모하여 타인의 증권의 매도 또는 매수를 유인할 목적으로 전국증권거래소에 등록된 증권 또는 등록되지 않은 증권이나 동 증권을 기초로 하는 스왑계약에 관하여, 실제로 또는 외관상 거래성황을 유발하거나, 동 증권의 시세를 인위적으로 상승 또는 하락시키는 일련의 거래행위

시세하락의 경우도 동일하게 적용된다.

　　매매유인목적은 행위자의 주관적 사안이므로 당사자의 진술이 없는 한 이를 입증하는 것은 어렵다. 미국의 경우 관련 정황증거를 통하여 매매유인 목적을 추정하거나, 시세조종에 경제적 이익을 갖는 자가 시세에 영향을 미치는 행위를 하는 경우 매매유인 목적이 강하게 추정된다.[8]

　　판례나 SEC 결정례가 인정하는 정황증거는 시세조종의 동기[9]가 일련의 거래[10]와 결합된 경우에 시세조종의 목적이 추정되는 것으로 보고 있다.[11]

Tip ➕ **시세조종 규제에 투자자에 대한 매매유인 목적이 왜 필요한가?**

일반적인 거래와 위법한 거래의 차이를 명확히 구분하기 위하여 만든 요건이다.

- 단순히 대량매매로 인한 시세상승이나 하락을 이유로 시세조종행위를 적용할 수는 없다. 따라서 준법행위와 위법행위간 한계를 명확히 하기 위하여 1934년 증권거래법 입법 당시 시세조종의 목적요건을 반영하였다.

- §9(a)(1) 제정 당시 하원에 제출된 법률안은 "당해 증권의 가격을 상승 또는 하락시키는 목적(for the purpose of raising or depressing the prices of such security)"을 주관적 요건으로 반영하였다.

---

7) Thel, Regulation of Manipulation under Section 10(b); Security Prices and the Text of the Securities Exchange Act of 1934, Colum. Bus. L. Rev, (1988) at 359, 411.

8) McLucas & Angotti, Market Manipulation, 22 REV. SEC. & COMMODITIES REG. (1988), at 106, 107.

9) 시세조종 동기가 존재한다고 판단한 사례로는 ⅰ) 증권 매수옵션을 보유한 경우, ⅱ) 공모 이후 잔량을 고가에 분산하려는 경우, 담보로 제공된 증권의 담보가치를 높이려는 경우, ⅲ) 공개매수를 성사 또는 저지하려는 경우, ⅳ) 대상 주식 가격을 변동시켜 워런트 행사를 촉발시킴으로써 자금조달을 하려는 경우 등이 있다(Loss & Seligman, Securities Regulation, (1991), at 3970, 3971, 윤영신·이중기, 「증권거래법상 시세조종행위의 요건 및 제재에 관한 연구」, 한국법제연구원(2000.9), 22면에서 재인용)

10) 거래행위와 관련한 사례로는 ⅰ) 단계적으로 가격을 높여 연속적으로 대량의 주식을 매수하는 경우, ⅱ) 시종가에 빈번한 거래, ⅲ) 허수 대량매수주문, ⅳ) 거래주식의 대부분을 매수하거나, 종가가 고가에 형성되도록 매수하거나, 거래소에서 고가가 형성되도록 매수 후 장외매도하여 유동물량을 감소시키는 것, 주식의 파킹, ⅴ) 차명계좌를 통한 시장지배 등이다(윤영신 외, 위의 보고서, 23면).

11) Loss & Seligman, Securities Regulation, (1991), at 855(윤영신 외, 위의 보고서, 20면에서 재인용).

- 하지만 이 요건을 적용할 경우 단순히 시세변동이 있을 것이라는 인식만 가지고 대량 거래를 하는 수많은 사람을 처벌하게 되는 문제점을 안고 있었다. 이후 상하원의 법률안을 조정하는 과정에서 "타인의 증권의 매도 또는 매수를 유인할 목적"으로 그 요건을 대체하게 되었다.

- 따라서 시세를 인위적으로 상승 또는 하락시키는 행위나, 거래성황을 유발하는 것만으로는 위법한 거래로 규정할 수 없고, 행위자의 타인에 대한 매매유인 목적의 존재 여부에 따라 위법성 여부가 결정된다.

(4) 표시에 의한 시세조종

이 규정은 매매거래행위가 아닌 정보를 통하여 인위적인 시세조종을 하는 행위를 규제하는 규정이다. 이 규정은 우리 자본시장법 제176조와 일본 금융상품거래법 제159조 제2항에 직접적으로 영향을 미친 규정으로서, 내용상 서로 큰 차이가 없다.[12)]

제3호, 제5호는 시세조종을 한다는 내용을 유포함으로써 타인의 매매거래를 유인하는 행위를 규제하는 내용이다. 실제 시세조종행위가 이루어질 필요는 없으며, 해당 정보를 전파하는 것으로 요건을 충족한다.

---

12) 증권거래법 제9조 (a) (3) 딜러, 브로커, 증권 스왑 딜러, 증권스왑 주요참가자, 그 외에 증권, 증권스왑, 증권스왑계약의 매매나 매매의 청약을 하는 자가 전국증권거래소에 등록된 증권, 등록되지 않은 증권, 증권스왑 또는 증권스왑계약의 가격을 인위적으로 상승 또는 하락시킬 목적으로 1인 이상의 자가 행하는 시장 조작으로 인하여 동 증권의 가격이 상승 또는 하락할 것이라는 정보를 회람 또는 유포함으로써 동 증권의 매매를 유인하는 행위
  (4) 딜러, 브로커, 증권 스왑 딜러, 증권스왑 주요참가자, 그 외에 증권, 증권스왑, 증권스왑계약의 매매나 매매의 청약을 하는 자가 전국증권거래소에 등록된 증권, 등록되지 않은 증권, 증권스왑 또는 증권스왑계약의 매매를 유인할 목적으로 그러한 증권의 매매, 스왑이 이루어진 당시의 상황에 비추어 중요사실에 관하여 허위 또는 오해를 유발시킬 수 있고, 허위 또는 오해의 유발을 알았거나 알 수 있었던 합리적인 근거를 갖고 있는 부실표시를 하는 행위
  (5) 딜러, 브로커, 증권 스왑 딜러, 증권스왑 주요참가자, 그 외에 증권, 증권스왑, 증권스왑계약의 매매나 매매의 청약을 하는 자로부터의 대가를 목적으로 전국증권거래소에 등록된 증권, 등록되지 않은 증권, 증권스왑 또는 증권스왑계약의 가격을 인위적으로 상승 또는 하락시킬 목적으로 1인 이상의 자가 행하는 시장 조작으로 인하여 동 증권의 가격이 상승 또는 하락할 것이라는 정보를 회람 또는 유포함으로써 동 증권의 매매를 유인하는 행위

제4호는 허위 또는 오해를 유발하는 표시를 통하여 시세가 인위적으로 형성되는 것을 규제하는 데 목적이 있다.

(5) 시세의 안정조작

원칙적으로 증권가격의 안정화를 위한 일련의 거래행위는 실제 증권시장의 수요공급과 가격에 인위적인 영향을 미치는 행위이므로 금지한다.[13] 다만 공모 등 신주를 발행하는 경우에는 과도한 물량 출회로 인하여 시장 및 투자자에게 큰 리스크를 주므로 일정한 요건 하에 안정·조작을 허용하고 있다. 이 규정에서 "공익 또는 투자자 보호를 위해 필요하거나 적절하다고 정하는 규정"은 Regulation M(SEC Rule 104)을 말한다. 이 규정은 공모시 안정조작(Stabilization)이 허용되는 요건을 정하고 있다.[14]

2. 증권거래법 10(b)

증권거래법 도입 초기에는 제9조가 적용되었지만, 증권거래법 10(b)와 SEC Rule 10b-5의 포괄적 적용 판례가 형성되면서 현재는 불공정거래의 포괄규정인 10(b)와 SEC Rule 10b-5가 주로 적용되고 있다.[15] SEC는 시세조종행위에 대하여 제9조 및 10(b) 위반이 되는 것으로 보고 있으며,[16] 판례상으로도 10(b) 및 Rule 10b-5 위반이 된다고 본다.[17]

10(b)와 Rule 10b-5가 주로 적용되는 이유 중 하나는 과거 제9조의 규제대상 증권이 전국증권거래소 등록 증권으로 한정되었기 때문이다(다만 2010년 제9조 개정 이후에는 대상증권이 비등록 증권까지 확대되었음). 또한, 제9조와 같은 유인목적을 요구하지 않으므로 유인목적을 충족하지 못하는 사안에 적용할 수 있다.[18]

---

13) 증권거래법 제9조 (a) (6) SEC가 공익 또는 투자자 보호를 위해 필요하거나 적절하다고 정하는 규정과 규제를 위반하여 단독으로 또는 타인과 공동으로 정부증권 이외의 증권의 가격을 고정시키거나 안정시키기 위해 해당 증권의 매수 또는 매도를 위한 일련의 거래를 행하는 것

14) 17 CFR §242.104.

15) 시세조종에 대한 형사사건 19건에서 제9조에 의하여 소추된 사례는 3건에 그치고 있으며, SEC가 원고인 41건 중 Sec. 9에 근거한 사례는 5건에 그치고, 나머지 36건은 10(b)를 적용한 사례였다; 今川嘉文, 「相場操縱規制の法理」, 信山社(2001), 60頁; 엄세용, '자본시장법상 시세관련 불공정거래 규제에 관한 연구', 서강대학교 박사학위논문(2016), 168면에서 재인용.

16) Michael Batterman, 46 S.E.C. 305(1976).

17) Chemetron Corp v. Business Funds, Inc, 718 F 2d 705(5th Cir, 1983).

18) 10(b)가 유인목적을 요구하는지 여부에 관한 학설과 판례의 입장은 명확하지 않다.

Ⅱ. 일　본

1. 규정체계

일본 금융상품거래법(이하 "금상법")상 시세조종행위 금지규정은 미국 증권거래법 제9조를 계수한 규정이다. 규제대상 금융투자상품은 상장 유가증권이나 장내파생금융상품 뿐만 아니라 장외매매 유가증권 및 장외파생금융상품을 포함한다. 우리 자본시장법 제176조가 비상장 금융투자상품을 규제대상에서 제외하는 것과는 차이가 있다.

금상법 제159조에서 정하는 시세조종 행위유형은 ⅰ) 가장거래(제1항제1호~제3호), ⅱ) 담합거래(제1항제4호~제8호, 자본시장법의 통정매매에 해당), ⅲ) 현실거래에 의한 시세조종(제2항제1호), ⅳ) 허위표시에 의한 시세조종(제2항제2호, 제3호), ⅴ) 안정조작(제2항제4호)로 구분된다. 가장거래와 담합거래의 경우 "타인에게 오해를 줄 목적"을 요구하고, 현실거래에 의한 시세조종은 "거래를 유인할 목적"을 요구하고 있다.

현선연계거래에 대한 시세조종이 없다는 것만 제외하면 우리 자본시장법상 시세조종행위 금지규정과 큰 차이는 없다.

2. 유인목적에 대한 논쟁

현실거래에 의한 시세조종의 유인목적 요건에 대한 판결과 학설의 입장은 크게 유인목적이라는 주관적 목적을 요구하는 "유인목적설", 그리고 변동거래라는 객관적 구성요건만을 요구하는 "변동거래설"이 대립하였다.

유인목적설은 "공개시장의 수급 내지 자유경쟁 원리에 의하여 형성되어야 할 시세를 인위적으로 변동시키려는 의도를 갖고, 선량한 투자자를 시장에서 매매거래에 참여시키려는 목적"으로 해석하는 입장으로서 최고재판소의 판례[19]와 통설[20]이다. 따라서 선의의 투자자를 매매거래에 참여시킬 목적이 있는 경우에만 시

US v. Charnay, 537 F.2d 341(9th Cir.1976) 사건의 경우 "Rule 10b-5에 따라 타인의 증권거래를 유도하기 위한 목적을 주장하고 입증할 필요성과 관련하여 SEA 10(b)와 마찬가지로 Rule 10b-5상 요건이 없다. SEA 10(b)나 Rule 10b-5 어느 쪽도 타인에 의한 거래의 유인에 대한 일정한 의도를 언급하고 있지 않다."고 하여 §10(b)의 시세조종행위 적용에 있어서 유인목적이 요구되지 않는다고 판시하고 있다. 반면 US. v. Muhheren, 938 F.2d 354(2d Cir.1991) 사건의 경우 유인목적이 불필요하다는 해석에 신중한 자세를 보이고 있다.

19) 最決 平成6年7月20日 刑集48巻5号, 201頁(協同飼料事件上告審判決).
20) 東條伸一郎, 「証券取引法125条に関する若干の問題」, 法律のひろば 26巻8号 (1973),

세조종의 구성요건을 충족한다. 다만 이 학설은 행위자의 자백이 없는 경우 입증이 곤란한 문제가 발생하게 되므로, 시세조종의 동기, 매매거래 양태, 기타 부수적인 행위 등 상황증거가 유인목적 판단근거로 활용한다.[21]

변동거래설은 유인목적은 유가증권시장에서 유가증권의 매매거래를 하도록 제3자를 유인한다는 것을 행위자가 인식하는 것으로 충분하며, 변동거래는 단순히 거래 자체가 시세를 변동시킬 가능성이 있는 거래가 아니라 "시장을 지배할 의도"를 갖고 행하는 시세변동 가능성이 있는 거래로 보는 견해이다.[22] 이 견해에 따르면 유인목적은 행위자의 매매거래 등 행위로 제3자를 유인할 수 있다는 인식으로 충족되며, 시장지배 의도 여부에 따라 위법행위 여부를 구분하게 된다. 변동거래설은 유인목적 입증이 곤란하다는 점에 주목하였는데, 변동거래의 위법성의 실질은 매매거래의 유인 그 자체가 아니라 공개시장의 수급이나 자유경쟁에 의해 형성되어야 할 가격이 인위적으로 변동될 수 있다는 점에 중점을 둔 것이다.

하지만 변동거래설은 "시장을 지배할 의도"라는 요건을 창설함으로써 해석론의 한계를 넘어선 것이며 목적범 구성요건의 취지에도 반한다는 비판이 이루어졌다. 결국 협동사료 사건에서 최고재판소가 유인목적설을 채택함으로써 학설상의 대립은 종지부를 찍게 되었다.

61頁; 福田平, 「判批」, 判例評論 369号(1989), 79頁; 神崎克郎, 「現実取引による相場操縦」, 法曹時報 44巻3号(1992), 7頁; 加賀讓治, 「証券相場操縦規制論」, 成文堂(2002), 256頁; 神崎克郎・志谷匡史・川口恭弘, 「証券取引法」, 青林書院(2006), 953頁.
21) 神崎克郎, 「現実取引による相場操縦」, 法曹時報 44巻3号(1992), 13頁; 古川元晴, 「相場操縦について」, 研修485号(1988), 55頁; 黒川弘務「相場操縦罪(変動取引)における誘引目的および変動取引の意義」, 商事法務 1342号(1993), 8頁.
22) 東京高判 昭和 63年 7月26日 高刑集 41巻2号, 269頁, 判時1305号, 52頁(協同飼料事件控訴審判決).

제 2 장
시세조종행위의 유형

제 1 절 위장매매에 의한 시세조종

제176조(시세조종행위 등의 금지) ① 누구든지 상장증권 또는 장내파생상품의 매매에 관하여 그 매매가 성황을 이루고 있는 듯이 잘못 알게 하거나, 그 밖에 타인에게 그릇된 판단을 하게 할 목적으로 다음 각 호의 어느 하나에 해당하는 행위를 하여서는 아니 된다.

1. 자기가 매도하는 것과 같은 시기에 그와 같은 가격 또는 약정수치로 타인이 그 증권 또는 장내파생상품을 매수할 것을 사전에 그 자와 서로 짠 후 매도하는 행위
2. 자기가 매수하는 것과 같은 시기에 그와 같은 가격 또는 약정수치로 타인이 그 증권 또는 장내파생상품을 매도할 것을 사전에 그 자와 서로 짠 후 매수하는 행위
3. 그 증권 또는 장내파생상품의 매매를 함에 있어서 그 권리의 이전을 목적으로 하지 아니하는 거짓으로 꾸민 매매를 하는 행위
4. 제1호부터 제3호까지의 행위를 위탁하거나 수탁하는 행위

Ⅰ. 위장매매에 의한 시세조종의 의의

1. 의 의

가장매매와 통정매매를 통칭하여 위장매매라고 부른다. 현실거래에 의한 시세조종의 경우 행위자와 시장참여자간 실제 매매거래를 통하여 시세조종이 이루어지는 반면, 위장매매에 의한 시세조종은 매도자－매수자간 미리 짜고 거래가 이루어진다는 점에서 차이가 있다.

위장매매는 공개경쟁시장에서 인위적인 거래증가를 통하여 매매성황의 외관을 형성하고 투자자의 오인을 유발한다. 또한 위장매매를 통해 현실거래에 의한 시세조종을 용이하게 하므로 이를 규제 대상으로 하고 있다.[23] 위장매매와 현실거래에 의한 시세조종을 병행한 경우 수개의 행위를 단일하고 계속된 범의 아래 일정 기간 계속하여 반복한 범행으로서 포괄일죄가 성립한다.[24]

위장매매는 동일인 또는 공범간 거래가 서로 오가며 반복적으로 이루어지므로 적은 자금으로도 시세조종이 가능하다. 또한 연계 계좌 간의 거래이므로 매매수수료 등 비용 이외에 시장변동에 따른 손실 위험이 낮다는 점에서 현실거래에 의한 시세조종과 차이가 있다. 규제대상 증권은 상장증권 및 장내파생상품으로 한정된다.

2. 매매체결의 필요 여부

위장매매에 의한 시세조종은 매매거래가 성립되지 않은 주문행위만으로도 구성요건을 충족하는가? 제176조 제1항 제1호부터 제3호의 가장매매 및 통정매매의 규정은 매도·매수 등 매매의 성립을 요건으로 하고 있다. 그러나 제4호의 "제1호부터 제3호까지의 행위를 위탁하거나 수탁하는 행위"의 금지규정을 근거로 위탁 후 매매거래가 성립되지 않은 경우까지 규제대상으로 보는 것이 법문에 충실한 해석이라는 것이 대체적인 견해이다.[25]

주문행위를 포함하여 규제대상이 된다고 보는 다른 근거는 주문사실도 투자판단에 영향을 줄 수 있고,[26] 법익침해의 위험성을 볼 때 주문 집행 여부에 상관없이 처벌대상이 된다고 보는 것이다.[27] 판례 역시 같은 입장이다.[28]

매매거래로 한정해야 한다는 견해는 자본시장법이나 일본 금융상품거래법 모두 매수, 매도주문이 매매거래에 포함된다는 명문의 근거가 없으므로, 이를 제한적으로 해석해야 한다고 한다.[29]

---

23) 대법원 2001.11.27. 선고 2001도3567 판결.
24) 대법원 2009.4.9. 선고 2009도675 판결.
25) 임재연, 「자본시장법」, 박영사(2018), 865면.
26) 김건식·정순섭, 「자본시장법」, 박영사(2023), 484면.
27) 이성호, "범죄체계론상 사기죄의 새로운 조명, 관련 범죄와의 비교를 중심으로", 「형사법연구」, 제22호(2004), 133면; 伊藤栄樹·小野慶二·荘子邦雄編集, 「注釈特別刑法第5巻Ⅰ」(立花書房, 1986), 279頁; 제4호는 일본 금융상품거래법 제159조제1항제9호와 동일하기 때문에 일본에서도 관련한 논의가 있었다.
28) 대법원 2002.6.14. 선고 2002도1256 판결.
29) 안문택, 「증권거래법 개론」, 박영사(1992), 253면; 鈴木竹雄·河本一郎, 「証券取引法(新版)」(有斐閣, 1984), 529頁.

매매의 위탁 또는 수탁의 금지는 거래의 위탁자와 수탁자의 책임 근거를 명확히 할 목적의 조문으로 보이나, 매매에 이르지 않은 주문행위와 그 위탁·수탁행위를 규제하는 것으로 해석할 여지는 있다. 다만 가장매매와 통정매매가 매매거래뿐 아니라 주문행위까지 포섭하는 것임을 명확히 하기 위해서는 주문까지 포함하는 것으로 명확하게 규정할 필요가 있다.

참고로 앞서 설명한 바와 같이 SEC는 미국 증권거래법상 가장매매, 현실거래에 의한 시세조종성 거래(transaction)와 관련하여 거래의 개념에 매매주문도 포함한다고 고시함으로써 적용상 문제를 해소한 바 있다.[30]

위장매매와 현실거래에 의한 시세조종은 혼재되는 경우가 많다. 실무상으로는 위장매매를 허수주문 등 시세조종 주문유형 중 하나로 보고, 입증의 명확화와 다른 주문유형과의 구분을 위해 매매거래가 성립된 것을 대상으로 판단하는 경우가 일반적이다.[31]

II. 구성요건

1. 매매성황의 오인 또는 오판의 목적

(1) 매매성황의 오인·오판 목적

위장매매는 타인이 "매매가 성황을 이루고 있는 듯이 잘못 알게 하거나, 그 밖에 타인에게 그릇된 판단을 하게 할 목적"을 가지고 있어야 한다.

판례는 매매성황의 오인 또는 오판을 하게 할 목적의 판단에 있어서 "다른 목적과의 공존여부나 어느 목적이 주된 것인지는 문제되지 아니하고, 그 목적에 대한 인식의 정도는 적극적 의욕이나 확정적 인식임을 요하지 아니하고 미필적 인식이 있으면 족하며, 투자자의 오해를 실제로 유발하였는지 여부나 타인에게 손해가 발생하였는지 여부 등도 문제가 되지 아니하고"라고 하여 행위자의 목적 판단요건을 넓게 보고 있다.[32] 따라서 행위자의 확정적 인식이 아닌 미필적 인식만으로도 구성요건을 충족한다.

---

30) Securities Exchange Act Release No.3673(April 3, 1945).
31) 다만 위장매매만 있는 경우와 같이 다른 시세조종 주문유형과 구분할 필요가 없는 경우에는 매매거래가 성립된 것만 볼 이유가 없다.
32) 대법원 2001.11.27. 선고 2001도3567 판결.

(2) 매매성황의 오인·오판 목적의 판단 방법

이 요건은 주관적 구성요건요소에 해당한다. 행위자의 목적 여부는 주관적 영역이므로, 행위자의 직접 진술이 없는 경우에는 그 입증이 쉽지 않다. 판례는 유가증권의 가격 및 거래량의 동향 등 간접사실을 종합적으로 고려하여 그 목적을 판단하도록 하고 있다.

간접사실을 통한 위장매매의 판단 방법(대법원 2001.11.27. 선고 2001도3567 판결)

이러한 목적은 당사자가 이를 자백하지 않더라도 그 유가증권의 성격과 발행된 유가증권의 총수, 매매거래의 동기와 태양(순차적 가격상승주문 또는 가장매매, 시장관여율의 정도, 지속적인 종가관여 등), 그 유가증권의 가격 및 거래량의 동향, 전후의 거래상황, 거래의 경제적 합리성 및 공정성 등의 간접사실을 종합적으로 고려하여 판단할 수 있다.

계량적 판단방법으로는 위장매매 전후 거래량의 변화, 위장매매의 매매횟수 및 매매금액, 위장매매 매도-매수간 시차, 매매관여율, 주문관여율 등이 사용된다. 위장매매의 경우 현실거래에 의한 시세조종행위(법 §176②1)와 같은 "시세를 변동시키는 매매"일 것으로 요구하지 않는다. 하지만 위장매매에 의한 시세조종행위 역시 인위적인 시세개입을 금지하는 데 그 취지가 있으므로, 위장매매 전후 주가변동률 역시 계량적 판단지표가 된다.[33]

그런데 위장매매에 의한 시세조종은 매매성황의 목적이 아니면 설명할 수 없는 비경제적인 매매거래를 반복하는 행위이므로, 양태 자체만으로 주관적 목적을 입증하는 데 큰 어려움이 없다.[34]

---

[33] 가장·통정매매에 대한 과징금 부과시 ⅰ) 위반기간 일평균 가장·통정매매 횟수, ⅱ) 총매매금액, ⅲ) 주가변동율을 계량적 지표로 사용한다(자본시장조사 업무규정 별표2 참조).

[34] 매매성황 목적과 상관없는 조세회피나 손익이전 목적의 가장·통정매매의 경우 법 제178조의2에 따른 시장질서 교란행위 규제대상이 된다.

2. 가장매매

사례 **가장매매의 성립 여부**(서울고등법원 2009.1.6. 선고 2008노1506 판결)

Q. 甲은 시세조종 전주들로부터 돈과 다수의 계좌를 받아 매매 시간, 가격, 수량 등 매매조건을 미리 계획하고 그에 따른 매매를 했다. 이 경우 가장매매에 해당하는가?

A. 가장매매는 계좌주가 동일인일 필요는 없지만 계산주체가 동일할 것을 요구한다. 동일인이 다수 계산주체로부터 위임받아 짜고 거래했다면 통정매매에 해당한다.

가장매매는 권리의 이전을 목적으로 하지 않는 가장된 매매거래를 말한다. 그 계좌주가 동일인일 필요는 없고, 명의가 다르더라도 동일인이 실질적으로 소유하고 있는 차명계좌의 경우도 가장매매에 해당한다.[35] 실무상 계산주체가 동일하면 가장매매, 계산주체가 다른 경우에는 통정매매로 판단하고, 법원 역시 동일한 기준을 적용한다.[36] 일반적인 가장매매는 ⅰ) 1인이 가족이나 지인의 차명계좌를 활용하여 자기계산으로 매매하거나, ⅱ) 시세조종 전주가 전업투자자 등 시세조종 실행세력을 동원하여 자금을 대주고 가장매매를 실행하는 경우를 예로 들 수 있다.

가장매매는 권리이전이 수반되지 않은 매매의 합리성이 없는 행위이므로, 매매성황의 오인·오판 목적 이외에 다른 목적을 상정하기 어렵다. 다만 동일 증권사의 다수 딜러간 교차매매가 되는 경우에는 가장매매의 의도 없이 매매가 이루어질 가능성이 있다. 시세조종의 목적 없이 서로 다른 독립 업무단위 간의 거래가 우연히 이루어진 경우에는 가장매매 등 위장매매에 의한 시세조종이 적용되기 어렵다.

3. 통정매매

통정매매는 서로 다른 계산주체 간에 거래 시기, 가격과 수량을 서로 짜고 거래하는 행위를 말한다(법 §176①1,2). 가장매매와 달리 타인간의 거래행위이므로 ⅰ) 같은 시기, ⅱ) 같은 가격으로 매수·매도할 것을 서로 짜고 거래할 것이 요구된다. '같은 시기'는 반드시 동시가 아니더라도 쌍방의 주문이 거래시장에서 대응

---

35) 대법원 2001.11.27. 선고 2001도3567 판결, 대법원 2004.7.9. 선고 2003도5831 판결.
36) 서울고등법원 2009.1.6. 선고 2008노1506 판결(대법원 2009.4.9. 선고 2009도675 판결로 확정).

하여 성립할 가능성이 있는 시간이면 충분하다. 예를 들어 이미 시장에 내어져 있는 주문에 대해서 통정한 다음 대응하는 주문을 내어 매매를 성립시키는 것도 통정매매에 해당한다.[37)]

'같은 가격'은 쌍방 주문이 대응하여 거래가 성립할 가능성이 있는 범위 내의 가격이면 충분하다. 또한 매수주문과 매도주문의 수량이 반드시 일치할 필요가 없다.

같은 가격, 시간의 판단 기준(서울고등법원 2009.1.6. 선고 2008노1506 판결)

증권거래법 제188조의4 제1항 제1호, 제2호에서 말하는 '같은 시기'란 반드시 동시가 아니더라도, 쌍방의 주문이 거래시장에서 대응하여 성립할 가능성이 있는 정도의 시기이면 족하며, '같은 가격'도 쌍방의 주문이 대응하여 거래가 성립할 가능성이 있는 범위 내의 가격이면 충분할 뿐만 아니라, 매수주문과 매도주문의 수량이 반드시 일치할 필요는 없으며, 이미 시장에 내어져 있는 주문에 대해서 통정한 다음 대응하는 주문을 내어 매매를 성립시키는 것도 모두 시세 및 거래량을 인위적으로 변동시킬 가능성이 있는 거래로서 통정매매에 해당하고, 매도주문량과 실제 매매체결량의 차이가 있는 경우도 통정매매에 해당할 수 있다.

매매수량은 거래시기와 가격의 경우와 마찬가지로 정확하게 일치할 필요는 없다. 주문량과 실제 매매체결량의 차이가 있는 경우에도 통정매매에 해당한다.

미국 증권거래법의 통정매매 금지규정(§9(a)(1)(B),(C))의 경우 실질적으로 동일한(substantially the same) 주문 수량·시기·가격을 요건으로 하는데, 완전히 동일할 필요는 없으며 대체로 동일하다고 인정되면 요건을 충족하는 것으로 본다.[38)]

통정매매는 매수·매도자가 다른 계산주체인 경우 성립하는데, 만약 다른 계산주체의 여러 계좌를 동일인이 위임받아 각 계좌 간 매매를 하는 경우에도 각 손익의 귀속 주체인 타인 간의 거래로서 통정매매에 해당하는 것으로 본다.[39)]

---

37) 서울고등법원 2009.1.6. 선고 2008노1506 판결.
38) 행위자간의 거래량, 거래시기와 거래가격의 중첩정도가 정상수준을 상회하여 거래의 우연성에 반하고 합리적인 의심을 넘어서면 위법성이 인정된다; 張小寧, "証券犯罪の総合的研究 −実効的規制のための基礎的考察−", 立命館法學(2012.3), 11頁.
39) 대법원 2013.7.11. 선고 2011도15056 판결, 서울고등법원 2009.1.6. 선고 2008노1506 판결(대법원 2009.4.9. 선고 2009도675 판결로 확정).

제 2 절 현실거래에 의한 시세조종

제176조(시세조종행위 등의 금지) ② 누구든지 상장증권 또는 장내파생상품의 매매를 유인할 목적으로 다음 각 호의 어느 하나에 해당하는 행위를 하여서는 아니된다.
1. 그 증권 또는 장내파생상품의 매매가 성황을 이루고 있는 듯이 잘못 알게 하거나 그 시세(증권시장 또는 파생상품시장에서 형성된 시세, 다자간매매체결회사가 상장주권의 매매를 중개함에 있어서 형성된 시세, 그 밖에 대통령령으로 정하는 시세를 말한다. 이하 같다)를 변동시키는 매매 또는 그 위탁이나 수탁을 하는 행위

Ⅰ. 의 의

위장매매에 의한 시세조종에 대응되는 개념으로 실제 시장참여자와의 주문 또는 매매거래를 통하여 시세조종행위를 하는 것을 말한다. 상장증권 또는 장내파생상품의 매매를 유인할 목적으로 매매가 성황을 이루고 있는 듯이 잘못 알게 하거나 그 시세를 변동시키는 매매 또는 그 위탁이나 수탁을 하는 행위를 금지한다(법 §176②1). 일반적으로 시세조종을 규제할 때 가장 많이 적용하는 규정이다.

현실거래에 의한 시세조종은 매매체결보다는 주문행위(이상호가)가 시세조종성을 판단하는 데 핵심요소이다. 따라서 매매성립이 이루어지지 않은 주문행위까지 포섭해야 규제의 실익이 있다. 하지만, 제176조 제2항 제1호도 위장매매에 의한 시세조종의 경우와 마찬가지로 매매를 요건으로 하면서 "위탁이나 수탁을 하는 행위"를 근거로 주문행위까지 포섭한다고 보는 것이 일반적인 해석이다. 입법론적으로는 "매매ㆍ주문 또는 그 위탁이나 수탁을 하는 행위"로 규정할 경우 매매체결과 주문행위까지 포섭되고, 규제대상을 명확히 할 수 있다고 본다.

II. 구성요건

1. 매매유인목적

사례 대량매도로 인한 주가급락시 시세조종 해당 여부

Q. 상장회사 최대주주 甲은 상속세 납부를 위하여 부득이 갖고 있던 지분 중 3%를 장내에 매도하였다. 갑작스러운 매도물량 출회로 주가는 급락하였다. 甲은 자신의 매도로 인해 주가에 영향을 미칠 것이라는 예상은 하고 있었다. 甲의 매도는 시세조종에 해당하는가?

A. 시세조종은 매매유인목적을 요건으로 한다. 투자자를 유가증권의 매매에 끌어들이려는 목적을 갖고 있다고 볼 수 없으므로 시세조종에 해당하지 않는다.

(1) 매매유인목적의 의미

행위자는 "상장증권 또는 장내파생상품의 매매를 유인할 목적"을 갖고 있어야 한다. 위 사례와 같이 시세변동이 있을 것이라는 인식만을 가지고 대량거래를 했다고 하여 시세조종으로 처벌할 수 없다는 의미이다. 미국이나 일본도 현실거래에 의한 시세조종행위에 있어서 매매유인목적을 요구한다.

판례는 매매유인목적을 "인위적인 조작을 가하여 시세를 변동시킴에도 불구하고 투자자에게는 그 시세가 시장에서의 자연적인 수요·공급의 원칙에 의하여 형성된 것으로 오인시켜 유가증권의 매매거래에 끌어들이려는 목적"이라고 판시하고 있다.[40] 이는 앞서 설명한 일본 협동사료사건에서 유인목적설을 지지한 최고재판소의 해석과 같다.

제1편에서 설명한 바와 같이 시세조종 등 모든 불공정거래 금지규정은 추상적 위험범으로서 구체적 위험이 발생하지 않더라도 요건을 충족한다. 매매유인목적으로 요건을 충족하고 실제 매매유인이 이루어질 필요는 없다.

---

40) 대법원 2001.6.26. 선고 99도2282 판결, 대법원 2003.12.12. 선고 2001도606 판결, 대법원 2007.11.29. 선고 2007도7471 판결.

증권거래법 제188조의4 제2항 소정의 '매매거래를 유인할 목적'이라 함은 인위적인 조작을 가하여 시세를 변동시킴에도 불구하고, 투자자에게는 그 시세가 유가증권시장에서의 자연적인 수요·공급의 원칙에 의하여 형성된 것으로 오인시켜 유가증권의 매매에 끌어들이려는 목적으로서 이 역시 다른 목적과의 공존 여부나 어느 목적이 주된 것인지는 문제되지 아니하고, 목적에 대한 인식의 정도도 미필적 인식으로 충분하며, 한편 위 조항 제1호 소정의 '유가증권의 매매거래가 성황을 이루고 있는 듯이 잘못 알게 하거나 그 시세를 변동시키는 매매거래'라 함은 본래 정상적인 수요·공급에 따라 자유경쟁시장에서 형성될 시세 및 거래량을 시장요인에 의하지 아니한 다른 요인으로 인위적으로 변동시킬 가능성이 있는 거래를 말하는 것일 뿐 그로 인하여 실제로 시세가 변동될 필요까지는 없고, 일련의 행위가 이어진 경우에는 전체적으로 그 행위로 인하여 시세를 변동시킬 가능성이 있으면 충분한데, 이상의 각 요건에 해당하는지 여부는 당사자가 이를 자백하지 않더라도 그 유가증권의 성격과 발행된 유가증권의 총수, 가격 및 거래량의 동향, 전후의 거래상황, 거래의 경제적 합리성과 공정성, 가장 혹은 허위매매 여부, 시장관여율의 정도, 지속적인 종가관리 등 거래의 동기와 태양 등의 간접사실을 종합적으로 고려하여 이를 판단할 수 있다

(2) 간접사실을 통한 매매유인목적의 판단

매매유인목적 여부는 행위자의 주관적 의사와 관련된 것이므로, 행위자의 자백이 없으면 이를 입증하는 것은 곤란하다. 판례상 매매유인목적은 다른 목적과의 공존 여부나 어느 목적이 주된 것인지는 문제되지 않고, 목적에 대한 인식 정도는 적극적 의욕이나 확정적 인식임을 요하지 않으며, 미필적 인식이 있으면 족하다고 보고 있다. 또한 그 입증에 있어서 당사자가 자백하지 않더라도 유가증권의 성격과 발행 총수, 매매동기와 태양, 가격 및 거래동향, 전후의 거래상황, 거래의 경제적 합리성 등 간접사실을 통해 판단할 수 있다.[41] 미국이나 일본도 정황증거(간접사실)를 통하여 매매유인의 목적을 추정한다. 미국의 경우 시세조종의 동기, 일련의 거래양태(허수호가, 시종가관여 등)를 통하여 매매유인 목적을 추정하고,[42] 일본도 마찬가지로 시세조종의 동기, 매매거래 양태, 기타 부수적인 행위 등 정황증거를 판단근거로 활용한다.[43] 이러한 간접사실을 통한 입증방법은 아래의 '매매의 성황 오

---

41) 대법원 2003.12.12. 선고 2001도606 판결, 대법원 2007. 11.29. 선고 2007도7471 판결.
42) Loss & Seligman, Securities Regulation, (1991), at 855.
43) 神崎克郎, 「現実取引による相場操縦」, 法曹時報 44巻3号, (1992), 13頁; 古川元晴, 「相

인 및 시세를 변동시키는 매매'를 입증하는 경우에도 마찬가지로 적용된다.

2. 매매의 성황 오인 및 시세를 변동시키는 매매

매매유인목적이 행위자의 주관적 의사에 관한 요건이라면, "매매가 성황을 이루고 있는 듯이 잘못 알게 하거나 그 시세를 변동시키는 매매"는 매매유인목적을 갖고 실제 시장에서 어떠한 실행행위를 하는지에 관한 구성요건이다. 구성요건상 ⅰ) 매매성황의 오인 또는 ⅱ) 시세변동 요건 중 하나를 충족하면 되도록 규정하고 있으나, 이 두 가지 요건을 별도로 보기보다는 함께 취급하는 경우가 일반적이고 판례도 마찬가지이다.[44] 아래에 설명할 대부분의 시세조종 주문유형 역시 매매성황의 오인과 시세를 변동시키는 두 가지 효과를 갖는다.[45]

매매유인 목적 또는 매매성황의 오인과 시세를 변동시키는 매매인지 여부를 판단하기 위해서는 앞서 설명한 대법원 판례와 같이 매매동기와 태양, 가격 및 거래동향, 전후의 거래상황, 거래의 경제적 합리성 등 간접사실을 통해 입증이 가능하다. 입증방법의 예를 들어보자. 주식담보대출을 한 자가 담보주식의 주가 하락으로 인한 반대매매를 방지하기 위하여(시세조종의 동기), 고가매수 등 시세조종 주문(손실이 발생하는 비경제적 매매 태양)을 통하여 시장참여자의 매수세를 증가시켜 시장 호가수량 및 거래량을 증가시키고 시세 끌어올린 경우(가격 및 거래동향, 전후의 거래상황)로서 그 주문관여율과 매매관여율이 높은 경우(시장지배력)에는 매매 유인 목적과 매매성황 오인, 시세변동 목적이 있다고 인정할 수 있다.[46]

시세변동 매매주문의 입증의 간접증거로는 시세조종주문 여부가 사용되고, 행위자의 시세조종 동기는 매매유인 목적 입증을 위한 간접증거로 인정된다.

場操縦について」硏修 485号, (1988), 55頁; 黒川弘務, 「相場操縦罪 (変動取引) における誘引目的および変動取引の意義」商事法務 1342号, (1993), 8頁.
44) 대법원 2010.6.24. 선고 2007도9051 판결; 거래성황 오인 또는 시세를 변동시키는 매매에 대하여 상술한 자료로는 한국증권법학회, 「자본시장법 주석서(Ⅰ)」, 박영사(2015), 1097면 참조.
45) 예를 들어 다량의 고가매수주문은 매매가 성황을 이루는 외관을 형성함과 동시에 일반투자자의 매매유인을 하고, 체결을 통해 주가를 변동시키는 효과를 갖는다. 그 외에 물량소진주문, 시가·종가 관여 매수주문, 호가공백주문, 시장가주문 등의 경우도 마찬가지이다.
46) 서울중앙지방법원 2015.5.29. 선고 2014고합329 판결의 사건(반대매매 방지를 위한 시세조종)의 양태를 바탕으로 정리하였음.

3. 시세를 변동시키는 매매주문 유형(시세조종 주문)

(1) 의 의

시세조종주문은 매매성황의 외관을 형성하고 시세를 변동시키는 주문을 말한다. 시세조종 주문행위의 수량, 그 수량의 비중 및 시세에 미치는 영향의 분석을 통하여 시세조종행위의 입증수단으로 활용한다.

금융당국과 법원이 인정하고 있는 시세조종주문의 유형으로는 고가매수주문, 물량소진주문, 호가공백주문, 허수주문, 시가관여주문, 종가관여주문, 상한가주문, 시장가주문이 있다.[47] 이러한 주문유형은 시세를 왜곡할 수 있는 비경제적 주문형태이다. 다만 이러한 주문형태의 존재만으로 시세조종행위로 보는 것은 아니다. 매매주문 당시의 시세추이, 시세에 미치는 영향 및 호가상황, 주문행위의 반복성 등을 종합적으로 고려하여 판단한다.

전체 시세조종주문은 주문관여율(호가관여율로도 불림)과 매매관여율로 산정하여 시세조종주문의 전체 시장지배력을 판단하는 지표로 활용한다.[48] 관여율은 매수·매도 관여율을 각각 산정하는데, 주로 매수 관여율을 산정하는 경우가 일반적이다. 시세조종 기간 관여율은 일별 관여율을 각각 계산 후 일 평균값을 산정한다.[49] 검찰은 시세조종기간의 유형별 시세조종주문현황을 범죄일람표로 작성하여 증거로 사용한다.

관여율

주문관여율 = (시세조종 매수(매도)주문수량/시장 전체 총 매수(매도)주문수량)×100[50]

매매관여율 = (시세조종 매수(매도)체결수량/시장 전체 총 매수(매도)체결수량)×100[51]

---

47) 서울고등법원 2009.1.6. 선고 2008노1506 판결. 이하 각 유형별 시세조종주문의 정의는 동 판결 내용을 기초로 작성하였음.
48) [서울고등법원 2019.11.14. 선고 2019노1509 판결] 피고인들이 거래한 종목의 상당수가 시가총액이 적은 중·소형주이고, 거래량이 많은 종목이었으며, 기업의 내재가치보다는 거래량이나 거래횟수에 쉽게 영향을 받는 종목이었던 점을 고려하면, 주문수량을 기준으로 한 피고인들의 호가관여율(해당 주문수량/시장 전체 매수 주문수량) 6.9%는 결코 적다고 볼 수 없다.
49) 시세조종이 있던 2일간 매수주문관여율이 각각 20%, 30%인 경우 시세조종기간 관여율은 (20%＋30%)/2＝25%가 된다.
50) 서울고등법원 2019.11.14 선고 2019노1509 판결, 수원지방법원 2013.1.31. 선고 2012고합

시세조종주문은 반드시 매매체결에 이를 필요는 없고, 그 주문만으로도 상승 또는 하락시키는 효과가 있고, 매매유인을 하는 효과를 가지므로 체결이 아닌 주문수량으로 시세조종주문을 판단한다. 주문을 기준으로 산정하므로 원주문에 대한 취소를 하는 경우에도 원주문은 시세조종 주문수량에 포함한다. 예를 들어 허수주문은 주문취소를 수반하는데 허수주문 그 자체로 시세조종의 효과를 발휘하므로 원주문인 허수주문은 당연히 시세조종 주문수량에 포함하는 것이다. 한편 원주문에 대해 정정주문을 했는데 양자가 시세조종주문인 경우 어떻게 산정하는가. 정정주문은 그 실질이 원주문 취소 후 신규주문과 동일한 효과를 내는 것이므로, 당연히 정정주문 역시 시세조종 주문수량에 포함한다. 예를 들어 1,000원에 10주 주문을 낸 후 900원에 10주 정정주문을 하였는데 양자가 시세조종 주문이라면 시세조종 주문수량은 20주가 된다.

주문행위만으로도 시세조종행위로 판단(대법원 2002. 6. 14 선고 2002도1256 판결)

매매계약의 체결에 이르지 아니한 매수청약 또는 매수주문이라 하더라도 그것이 유가증권의 가격을 상승 또는 하락시키는 효과를 가지고 제3자에 의한 유가증권의 매매거래를 유인하는 성질을 가지는 이상 증권거래법 제188조의4 제2항 제1호 소정의 '유가증권의 매매거래가 성황을 이루고 있는 듯이 잘못 알게 하거나 그 시세를 변동시키는 매매거래 또는 그 위탁이나 수탁을 하는 행위'에 해당하고, 단지 매수주문량이 많은 것처럼 보이기 위하여 매수의사 없이 하는 허수매수주문도 본조 제2항 제1호가 금지하는 이른바 현실거래에 의한 시세조종행위의 유형에 속한다.

---

(2) 고가매수주문

고가매수주문은 직전가 또는 상대매도우선호가[52]보다 고가로 매수주문을 반복하는 주문이다. 이 주문형태는 매수세력이 유입되어 매매가 성황을 이루고 주가가 상승하는 것처럼 보이게 하여 일반투자자의 매매를 유인하는 효과가 있다.[53] 또한 상대매도우선호가와의 체결을 통해 주가를 상승시킨다.

---

699 판결, 부산지방법원 2018.1.9. 선고 2017고합197 판결 참조.
51) 부산지방법원 2018.1.9. 선고 2017고합197 판결 참조.
52) 매도호가 중 가장 낮은 가격으로 제출된 호가를 말한다. 일반적으로 매수호가는 상대매도우선호가보다 낮은 가격에 형성되어 있는데, 만일 상대매도우선호가보다 고가의 매수호가를 제출한다면 투자자 입장에선 해당 종목의 주가가 상승할 것으로 예단할 수 있다.
53) 서울고등법원 2009.1.6. 선고 2008노1506 판결.

통상 매수주문은 상대매도우선호가보다 낮은 가격을 제출하는 것이 일반적이다. 그런데 더 높은 가격으로 매수주문을 제출하는 것은 합리성이 결여된 비경제적인 주문양태이다.

다만 호재로 인한 주가상승 국면에서 추격매수를 위한 고가매수주문이 이루어졌고, 체결가능성이 높은 가격 범위에서 이루어진 경우가 대부분인 경우 시세조종성 고가매수주문으로 보기 어렵다.[54]

▼ 고가매수주문 사례

매 도	가 격	매 수
:	:	
5,000주	10,100원	③ 8,000주
① 5,000주	10,050원	
② 5,000주	10,000원(직전가)	
	9,950원	5,000주
	:	:
매도잔량(100,000주)	호가잔량	매수잔량(70,000주)

* ①, ②, ③은 호가 순서

위의 사례는 매도10호가 총잔량이 100,000주로 매도세가 우세한 상황에서 직전가보다 2호가 높은 ③ 8,000주 매수주문으로 상대 매도 1~2호가 물량인 ②, ① 순서로 체결하여 10,000원에서 10,050원으로 상승시키는 경우이다.

Tip ➕ **매매체결 우선순위와 가격은 어떻게 결정되는가?**

1. **매매체결 우선원칙**
① 가격우선원칙 : 매수호가는 가격이 높은 호가가 우선하고, 매도호가는 가격이 낮은 호가가 우선한다.
② 시간우선원칙 : 가격이 동일한 호가 간에는 먼저 접수된 호가가 나중에 접수된 호가에 우선한다.

• 예를 들어 위의 고가매수주문 사례를 보면 ② 5,000주가 낮은 매도 호가이므로 가격 우선원칙에 따라 먼저 체결되고, ① 5,000주는 주문시간은 앞서나 가격우선원칙에 따

---

54) 수원지방법원 2013.1.31. 선고 2012고합699 판결.

라 후순위가 되어 3,000주가 체결된다.

2. 가격 결정방법

- 가격 결정은 선행호가의 가격으로 체결된다. 따라서 먼저 주문한 매도 ② 5,000주 호가 가격인 10,000원에 체결되고, ① 5,000주 호가 가격인 10,050에 체결되어 직전가 대비 50원 상승시키는 결과가 된다.

(3) 물량소진주문

물량소진주문은 상대매도우선호가로 나온 매도물량을 소화하기 위하여 반복적으로 매수주문을 하여 매도우선호가 수량을 지속적으로 흡수함으로써 매수세의 외관을 형성하고, 가격을 인위적으로 지지하는 주문이다.[55] 주가가 상대매도우선호가 아래로 떨어지지 않은 채 인위적으로 지지되는 효과가 있다. 상대매도우선가 가격으로 주문을 제출한다는 점에서 상대매도우선호가 또는 직전가보다 높은 가격을 제출하는 고가매수주문과 차이가 있다.

▼ 물량소진주문 사례

매 도	가 격	매 수
:	:	:
10,000주	10,100원	
10,000주	10,050원	
① 10,000주	10,000원	② 5,000주 ③ 3,000주
	9,950원	5,000주
	9,000원	5,000주
:	호가잔량	:

위의 사례는 상대매도호가에 ② 5,000주, ③ 3,000주 매수주문을 반복하여 ① 매도우선호가와 체결하여 상대호가를 소진시킴으로써 매수세의 외관을 형성하고 주가를 유지하는 경우이다.

---

55) 서울고등법원 2009.1.6. 선고 2008노1506 판결.

(4) 허수매수주문

허수매수주문은 ⅰ) 매수의사 없이 직전가 또는 상대호가와 대비하여 체결가 능성이 없는 저가의 주문을 반복적으로 제출하여 매수잔량이 많이 쌓인 것처럼 보이게 하거나, ⅱ) 체결가능성이 있는 가격대에 주문을 제출하나 매수의사 없이 반복적으로 정정·취소하는 주문양태이다.[56) 이 경우 매수세력이 많은 것처럼 보이게 하여 마치 매매거래가 성황을 이루고 있는 것으로 일반투자자에게 그릇된 판단을 하게 하여 매매를 유인하게 된다.

ⅰ)의 체결가능성 없는 허수호가 범위는 직전가 또는 상대호가, 거래량 및 주문잔량과 대비하여 즉시 체결될 가능성이 있었는지 여부 등 시장상황이나 양태에 따라 당시의 제반 상황을 종합하여 판단해야 한다.[57)

체결가능성 없는 허수주문(서울고등법원 2009.1.6. 선고 2008노1506 판결, 대법원 2009.4.9. 선고 2009도675 판결로 확정)

이른바 '허수 매수주문'은, 매수의사가 없이 직전가 혹은 상대호가와 대비하여 체결 가능성이 없는 저가의 주문을 반복적으로 내어 매수잔량이 많이 쌓인 것처럼 보이게 하는 것으로서, 매수세력이 많은 것처럼 보이게 하여 마치 매매거래가 성황을 이루고 있는 것처럼 일반투자자들로 하여금 그릇된 판단을 하게 하여 매매거래를 유인하는 것 이다.

이러한 허수 매수주문에 해당하는지의 여부를 판단함에 있어서는, 그 매수주문 가격 이 당시의 직전가 또는 상대호가, 거래량 및 주문잔량과 대비하여 즉시 체결될 가능성이

---

56) 허수매수주문에 대한 세부 내용은 시장질서 교란행위 장의 허수성호가 내용 참조.

57) 서울고등법원 2009.1.6. 선고 2008노1506 판결.
   [허수매수주문 관련 사례 : 서울중앙지방법원 2012.12.28. 선고 2011고합414 판결] 2009.8.4. 13:22:12경 M 사무실에서 피고인 B는 1순위매수호가가 710원(37,245주), 1순 위매도호가가 715원(2,596주)인 상태에서 대우증권 가락지점 Z 명의 증권계좌를 통해 직전가 보다 25원 낮은 매수6호가 수준인 685원에 20,000주를 매수주문하고, 13:22:18 대신증권 평촌지점 피고인 A 명의 증권계좌를 통해 직전가 보다 35원 낮은 매수8호가 수준인 675원에 50,000주를 매수 주문하며, 13:22:33 대신증권 평촌지점 피고인 A 명의 증권계좌를 통해 직전가보다 35원 낮은 매수7호가 수준인 680원에 60,000주를 매수주 문하고, 13:23:02 대신증권 평촌지점 피고인 A 명의 증권계좌를 통해 직전가 보다 50원 낮은 매수 10호가 수준인 665원에 100,000주를 매수주문하여 각 호가의 잔량을 주문수 량만큼 증가시키는 등 매수의사 없이 허수매수 주문한 것을 비롯하여 그때부터 2009. 8. 10.까지 사이에 별지 5. (주)M 허수매수 주문내역 기재와 같이 총 38회의 허수매수주 문을 제출하여 일반투자자들에게 K의 주식매매거래가 성황을 이루고 있는 것처럼 보이 게 하여 일반투자자들을 오인케 하였다.

있었는지, 저가에 대량의 매수주문을 내고 그 이후에 주문을 취소하거나 저가의 매수주문을 분할하여 연속하여 반복적으로 내는 태양을 보이고 있는지, 당일 고가 매수주문이 존재하는 등 상반된 양태를 보이고 있는지, 매수주문 수량이 당시의 거래량, 매수·매도 주문잔량 등과 비교하여 매수세가 유입되는 것으로 보이지는 않는지 등 거래 당시의 제반 상황을 종합하여 판단해야 할 것이지, 당일의 저가나 일정기간 동안의 평균 매매가격을 뜻하는 이동평균가격보다 낮은 가격의 매수주문인지 여부 등의 획일적인 기준으로 판단할 수는 없고, 매도·매수 호가 총잔량 공개제도가 폐지되고 최우선 호가 10개만이 공개되는 상황에서 그와 같은 기준을 적용해야 할 합리적인 근거도 없다.

ⅱ)의 호가의 정정·취소의 경우 아래 판례와 같이 최우선 매수호가의 경우에도 적용 가능하다.

정정·취소가 반복된 허수주문(대법원 2008.12.11. 선고 2006도2718 판결)

5단계까지 호가 잔량을 공개하는 이유는 수요와 공급 상황에 관한 정보를 시장 참여자 누구나 실시간으로 접할 수 있도록 하여 시장 참여자들의 가격결정에 도움을 주기 위한 것인바(모든 시장 참여자들이 허수주문을 일상적으로 함으로써 호가 잔량이 아무런 기능도 할 수 없다면 공개할 이유가 없을 것이다), 실제로 체결할 의사 없이 위 범위 내의 호가에 대량의 허수주문을 하였다가 체결 직전에 취소하는 행위를 반복하는 것은 수요와 공급 상황에 관하여 시장에 잘못된 정보를 제공하는 행위로 볼 수 있다.

* 국채선물시장에서 최우선 3~6단계 허수호가 및 최우선 1~2단계 호가 후 취소를 반복한 행위와 관련한 선물거래법 제31조 제1항 제4호 규정을 위반한 사례

고가매수주문이나 물량소진주문은 선행하는 상대우선호가에 체결가능성이 높은 공격적인 후행호가를 제출하여 체결시키는 방법으로 매매성황 및 주가상승효과를 갖는다.[58] 그 외에 시가·종가관여 주문, 호가공백주문, 시장가주문 역시 체결가능성이 높은 주문을 제출하는 방식이다. 이렇게 후행하는 매수호가로 상대매도호가를 체결시키는 행위는 대체로 시세조종의 강한 의도를 갖는 호가로 판단할 수

---

[58] 고가매수주문, 물량소진주문 같이 기다리지 않고 즉시 체결시킬 목적으로 내는 주문을 Taking 주문이라고 한다. Taking 매도의 경우 가격을 낮추어 주문해야 한다. 반대로 Making 주문은 즉시 체결을 목적으로 하는 것이 아니라 후행하는 Taking 주문의 체결을 기다리는 주문을 말한다. 예를 들어 시장조성자의 매수주문은 매도최우선호가보다 낮게 제출해야 하는데 이러한 주문이 Making 주문에 해당한다.

있다. 반면 허수매수주문은 체결가능성이 없는 호가의 제출로서 매매체결의 진정성이 없는 호가라는 점에서 다른 시세조종 주문과 구분된다.

(5) 시가·종가 관여 매수주문

시가 및 종가 관여 매수주문은 시가 또는 종가 결정을 위한 접수시간에 매도·매수별 3단계 우선호가의 가격·수량[59] 및 예상 체결가격과 예상 체결수량[60]이 공개되는 상황에서, 예상 체결가격보다 높은 가격에 매수주문을 함으로써 예상 체결가격을 상승시켜 마치 주가가 상승하는 것으로 오인하게 하고 일반투자자들의 매수세를 유인함으로써 시가 혹은 종가가 높은 가격에 결정되도록 하는 것을 말한다.[61]

시가·종가 관여 매수주문은 10분(종가)에서 30분(시가)의 짧은 호가접수시간에 이루어지므로 1~2회의 주문만으로도 가격 결정에 영향을 미칠 수 있다.

시가·종가 관여 매수주문의 방법은 ⅰ) 고가 및 대량의 매수주문을 통해 매매를 유인하고, 시가·종가 결정전에 취소하는 방법이 있고, ⅱ) 실제 매매체결을 통하여 실제 시가·종가를 높게 결정하도록 하는 방법이 있다. 시가·종가의 결정은 가장 많은 수량을 체결할 수 있는 가격으로 결정되므로, ⅱ)의 경우 주문수량이 많을수록 시가·종가가 고가로 결정될 가능성이 높아진다.

시가·종가 관여 매수주문은 일반적으로 직전예상체결가격(예상체결가격이 형성되지 않은 경우에는 직전가)보다 높거나, 시장가로 제출하는 경우이다. 한편 하급심 판결은 "예상 체결가격과 같은 가격에 매수주문을 한 경우에도, 그 주문으로 인하여 예상 체결가격이 상승하지 않을 뿐 예상 체결수량을 증가시키거나 매수호가 잔량을 증가시켜 일반투자자들에게 매수세가 유입되는 것으로 오인하게 할 수 있으므로, 예상 체결가격과 같은 가격에 매수주문을 하였다는 점만으로 시세조종 행위에 해당하지 않는다고 할 수는 없고, 앞서 본 바와 같이 일련의 행위 전체에 비추어서 시세조종 행위에 해당할 수 있다"고 하여 예상 체결가격보다 높은 경우 뿐 아니라 동일한 가격인 경우에도 시가·종가 관여 매수주문으로 보고 있다.[62]

---

59) 9시 이후 경쟁매매시간대에는 매수·매도 양방향의 10단계 호가가격·수량이 공개되나, 시가·종가 결정을 포함한 단일가매매 시간에는 인위적 시세조종 방지를 위하여 3단계 우선호가만 공개된다(코스닥시장 업무규정 §50).
60) 호가접수시간 동안 접수된 주문을 취합하여 실시간으로 보여주는 예상체결 가격 및 체결량을 말한다.
61) 서울고등법원 2009.1.6. 선고 2008노1506 판결.
62) 서울고등법원 2009.1.6. 선고 2008노1506 판결.

Tip 시가 · 종가 매매방식은 개별경쟁매매와 어떤 차이가 있는가?

실시간 개별경쟁매매가 아닌 주문을 모아 하나의 가격으로 체결된다.

- 증권시장의 정규시장은 9시부터 15시 30분까지 운영되며, 8시 30분부터 9시까지는 시가, 15시 20분부터 15시 30분까지는 종가 결정을 위한 단일가격에 의한 개별경쟁매매가 이루어진다.

- 단일가격에 의한 매매방식은 매매거래의 연속성이 단절된 경우(시가) 또는 주가급변 가능성이 높은 경우(종가) 등에 다수의 시장참가자 주문을 통해 새로운 균형가격을 신속히 발견하는 데 목적이 있다.

증권 정규시장의 호가 · 매매거래시간

구분		호가접수시간	매매거래시간
정규시장		08:30~15:30 (7시간)	09:00~15:30 (6시간 30분)
시간외시장	장개시전	08:00~09:00 (1시간)	08:00~09:00 (1시간)
	장종료후	15:30~18:00 (2시간 30분)	15:40~18:00 (2시간 20분)

- 단일가매매 체결 방법은 가격결정시점까지 호가접수를 받아 가장 많은 수량을 체결할 수 있는 가격(합치가격)으로 아래의 원칙에 따라 매매를 체결하게 된다.

  ① 합치가격에 미달하는 매도호가와 이를 초과하는 매수호가의 전 수량
  ② 합치가격의 호가 간에는 매도호가 또는 매수호가 어느 일방의 전 수량

- 위 원칙에 따라 아래와 같이 볼드체 ①, ② 같은 번호의 호가간 체결이 이루어진다.

매도호가(주)	가격(원)	매수호가(주)
40	15,350	① 50
② 40 20	15,300	② 40
① 10	15,250	
① 40	15,200	50 70
20	15,150	10 50 20
10	15,100	100 50 20

- 위의 체결가격은 아래와 같이 가장 많이 체결되는 가격으로 정해진다.

매도체결가능수량	가격	매수체결가능수량	체결가능수량
180	15,350	50	50
140	15,300	90	90
80	15,250	90	80

(6) 호가공백주문

거래량이 적은 종목은 호가건수가 적으므로 매수호가 및 매도호가 간의 호가공백이 발생한다. 호가공백주문은 그 공백이 있는 가격대에 매수주문을 하여 매수세가 유입되는 외관을 형성하는 주문형태를 말한다.

하급심 판결을 보면 매수1호가 549원, 매도1호가 551원으로 호가간 공백이 발생한 상태에서 550원의 매수주문을 하여 매수세 유입 외관을 형성하고, 가격을 상승시키는 경우를 예로 들고 있다.[63]

(7) 상한가주문

상한가주문은 대량의 상한가 매수주문을 통해 매도물량을 흡수하고, 상한가가 인위적으로 지속되도록 하여 투자자들의 매수세를 유인하는 주문을 말한다. 해당 종목에 대형 호재가 있거나 테마주인 경우 매수세가 유입되어 주가가 급등하는 경우가 일반적이다. 이러한 상승 재료로 주가가 상한가 또는 상한가에 근접한 종목을 타겟으로 하여 인위적으로 상한가로 고정하는 상한가주문이 이루어진다.

상한가주문을 이용한 대표적인 시세조종 유형은 이른바 '상한가 굳히기'이다. 상한가 굳히기는 장중에 대량의 상한가 주문으로 상한가를 유지하고, 장 종료 후 시간외 종가 및 익일 시가 단일가 시간대에 고가매수주문을 내어 고가의 매수세를 유인한 후 시초가가 높게 형성되면 전일 매수물량을 매도하여 차익을 실현하는 행위를 말한다.[64]

물론 급등주의 매수 목적 주문을 시세조종 주문이라고 할 수는 없을 것이다. 예를 들어 '상한가 따라잡기'는 상한가에 근접한 주식을 대상으로 선매수 후 상한가가 지속되면 매도하여 차익을 실현하는 투자기법인데, 대량의 매수호가를 통해 시장지배력을 확보하는 상한가 굳히기와는 구분된다. 예를 들어 매수관여율이 1%에 불과하여 매도 잔량을 흡수하였다고 단정하기 어렵고, 정치 테마주로서 다수 투자자들도 동시다발적으로 매수주문을 하는 상황이어서 상호 간에 매매를 유인하는 관계인 경우에는 상한가 따라잡기로서 시세조종으로 볼 수 없다.[65]

(8) 시장가주문

시장가주문은 주문제출시 가격을 지정하지 않는 주문으로서 매매주문이 시장

---

63) 서울중앙지방법원 2013.12.27. 선고 2013고합698 판결.
64) 서울고등법원 2014.9.19. 선고 2014노800 판결.
65) 서울고등법원 2014.5.30. 선고 2014노465 판결.

에 도달했을 때 체결 가능한 가격으로 매매체결시키는 주문형태를 말한다. 시장가주문은 투자자가 지정한 가격으로 주문하는 지정가주문에 대응되는 주문으로서, 매매거래가 신속히 이루어지는 장점이 있다.

시장가주문은 매매거래가 신속히 이루어지고 매도 주문이 충분하지 않은 상태에서 시장가 매수주문만 지속적으로 제출할 경우 상대 매도호가를 잠식하면서 가격을 급등시키는 효과를 발휘한다.

시장가주문은 체결의 우선순위를 보장받기 위하여 가장 높은 매수지정가보다 높은 가격으로 주문이 이루어지므로, 그 실질에 있어서는 상한가주문, 고가매수주문과 차이가 없다.

시장가주문은 거래소가 정한 주문형태의 하나이므로, 시장가주문 자체로 시세조종주문으로 단정할 수 없다. 결국 시장수급상황과 반복성 등 매매양태를 통하여 시세조종 목적 여부를 판단하여야 한다.

시장가주문의 시세조종성(서울중앙지방법원 2010.9.3. 선고 2010고합280 판결)

특히 시장가주문(주문제출시 가격을 지정하지 않는 주문으로서 매매주문이 시장에 도달했을 때에 체결 가능한 가격으로 매매체결시키는 주문)에 대하여는 매매거래가 신속히 이루어지고 매도 주문이 충분하지 않은 상태에서 시장가 매수주문만 계속 접수되면 가격이 급등할 우려가 있고, 이 경우는 상한가 주문과 일치한다.

Tip 한국거래소 시장에서 제출 가능한 호가의 종류

- 투자자가 회원에게 주문을 제출하고 회원은 해당 주문을 거래소에 호가로 제출한다. 호가 및 주문은 의사표시 주체에 따른 구분으로 실질은 동일하다.

- 한국거래소는 제출할 수 있는 호가(주문)의 종류를 정하고 있는데, 지정가주문, 시장가주문, 조건부지정가주문, 최유리지정가주문, 최우선지정가주문, 목표가주문, 경쟁대량매매주문이 있다(코스닥시장 업무규정 제2조 제6항).

- 여기서는 일반적으로 많이 사용하는 지정가주문, 시장가주문을 소개한다.
  (장내주문의 80% 이상은 지정가주문, 나머지는 시장가주문이고, 그 외의 주문형태 비중은 미미하다.)

1. 지정가주문

- 투자자가 지정한 가격 또는 그 가격보다 유리한 가격으로 매매거래를 하고자 하는 주문이다.

- 예를 들어 매수 지정가주문의 경우 투자자가 지정한 가격이나 그보다 낮은 가격, 매도 지정가주문의 경우 투자자가 지정한 가격이나 그보다 높은 가격이면 매매체결이 이루어진다.

- 지정가주문은 투자자가 지정한 가격보다 불리한 가격으로 체결되지 않는다는 장점이 있지만, 동 가격에 부합하는 상대주문이 없는 경우에는 상대주문이 유입될 때까지 매매체결은 이루어지지 않는다.

2. 시장가주문

- 시장가주문은 수량을 지정하되 가격은 지정하지 않는 주문유형으로, 현시점에서 시장에서 형성되는 가격으로 즉시 매매거래를 하고자 하는 주문을 말한다.

- 시장가주문은 체결우선순위 보장을 위하여 높은 가격*으로 주문이 이뤄진다.
  * Max(가장 높은 매수지정가+1tick, 가장 높은 매도지정가). 접속매매, 매수지정가가 있는 경우 기준임

- 시장가주문은 매매거래가 신속히 이루어진다는 장점이 있지만, 상대방 주문이 충분하지 않은 경우 현재가와 현저히 괴리된 가격으로 체결될 위험이 있다(예 : 매도물량이 적은 상태에서 시장가매수주문이 증가하면 주가상승 초래).

- 따라서 신규상장종목, 정리매매종목, 신주인수권증서, 신주인수권증권, ELW와 같이 가격제한폭이 없거나 완화된 종목은 시장가주문을 허용하지 않는다.

4. 시세조종의 동기

(1) 의 의

시세조종의 동기는 시세조종행위를 하게 된 계기를 말한다. 판례상 시세조종의 동기는 시세조종의 주관적 목적(유인목적)을 입증하기 위한 정황증거로 인정된다.[66] 미국도 시세조종의 동기가 일련의 거래와 결합된 경우에 시세조종의 목적이 추정되는 것으로 본다.

시세조종의 동기는 단순히 시세조종행위에 따른 차익실현 목적만 있는 것이 아니다. 시세조종행위의 비경제적인 매매양태의 특성상 시세조종행위의 결과 손실이 발생하는 경우가 많기 때문이다. 시세조종의 동기는 매매차익 실현 이외에도 사채발행의 성공, 주식담보가치 하락 방지, 상장요건의 유지 등 다양한 동기가 존재한다.

시세조종행위와 행위자·관련자의 시세조종 동기의 실현을 통한 경제적 또는 무형적 이익이 확인될 경우 시세조종의 목적은 강하게 추정될 수 있다.

(2) 시세조종의 동기의 유형

1) 증권발행의 원활화

상장법인의 유상증자, 전환사채 등 증권의 발행이 원활히 이루어지기 위해서는 원하는 발행가격에 청약 미달 없이 발행이 이루어져야 한다. 만약 주가가 하락세에 있는 경우 손해를 우려한 투자자의 청약이 미달할 가능성이 높고, 발행가격 역시 낮게 책정되어 원하는 금액의 자금조달이 어려워진다.[67]

따라서 상장법인의 경우 증권발행의 성공을 위하여 높은 발행가격 산정과 청약 경쟁률 제고를 위하여 청약 또는 이사회 결의전 주가를 인위적으로 상승시킬 유인이 발생한다. 이 경우 주가부양을 위하여 허위사실 유포, 호재성 보도자료 배

---

66) 대법원 2010.6.24. 선고 2007도9051 판결.
67) 주권상장법인이 일반공모증자방식 및 제3자배정 증자방식으로 유상증자를 하는 경우 청약일 전 3~5거래일의 가중산술평균주가를 할인(일반공모증자의 경우 30% 이내, 제3자배정의 경우 10% 이내)한 가액으로 산정한다(증권의 발행 및 공시 등에 관한 규정 §5-18①).
다만, 제3자배정시 신주를 1년간 보호예수하는 경우에는 유상증자 이사회 전일을 기산일로 하여 산정한 다음 가액 중 낮은 가격을 10% 이내에서 할인한 가액으로 산정한다(동 규정 §5-18②).
 - 1개월간, 1주일간, 최근일 가중산술평균주가의 평균
 - 최근일 가중산술평균주가

포를 통한 부정거래행위가 결합되는 경우가 많다. 많이 발생하는 시세조종 동기 유형 중 하나이다.[68]

이와는 반대로 신주발행가격을 의도적으로 낮출 목적으로 시세하락을 위한 시세조종을 한 사례도 있다.[69]

▼ 증권발행의 원활화

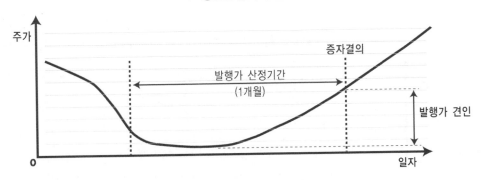

증권발행의 원활화(서울남부지방법원 2014.8.13. 선고 2014고합136 판결)

H사는 2008년과 2009년 2년 연속 영업손실과 당기순손실을 기록하여 자본잠식 상태에 이르렀고, 이로 인해 관리종목으로 지정될 상황에 처해지자, 자본금 증대를 위한 유상증자가 필요하여 2010.8.경부터 유상증자 절차를 진행하였는데, 당시 주가가 액면가인 500원에도 훨씬 미치지 못하는 금액이어서 주권 발행가격을 액면가인 500원 이상으로 확정하여 유상증자를 성공시키기 위해서는 주가를 500원 이상 인위적으로 부양해야 할 필요가 있었고 이에 H사의 대표인 I는 J를 통하여 피고인 등에게 유상증자에 성공할 경우 회사 이사진의 절반을 구성할 수 있는 권리를 주는 등 경영에 참여시켜 주는 조건을 제의하였고, 피고인은 유상증자를 성공시켜 함께 회사 경영에 참여하고, 낮은 가격에 주식을 매수하였다가 유상증자 성공후 고가에 매도하여 시세차익을 얻을 목적으로 시세조종을 하였다.

---

68) 관련 판결 : 신주인수권부사채 발행 원활화(대법원 2004.1.27. 선고 2003도5915 판결), 전환사채 발행 원활화(서울지방법원 2000.5.12. 선고 2000고단2008 판결), 유상증자의 원활화(서울중앙지방법원 2010.9.3. 선고 2010고합280 판결, 서울남부지방법원 2014.8.13. 선고 2014고합136 판결).
69) 서울중앙지방법원 2009.1.22. 선고 2008고합569 판결.

2) 전환사채 전환신주의 매도차익 실현

주권상장법인이 전환사채를 발행하는 경우에는 그 발행 후 1년이 경과한 후에 주식으로 전환이 가능하다(증권의 발행 및 공시 등에 관한 규정 §5-21②). 예를 들어 제3자 배정을 통하여 대량의 전환사채를 보유한 자는 전환시점에 고가에 전환된 주식을 매도하려 할 것이나, 대규모 매도물량 출회 시 주가하락이 우려될 것이므로 매도시점에 주가부양을 통해 매매차익을 극대화할 유인이 발생한다.

▼ 전환신주의 매도차익 실현

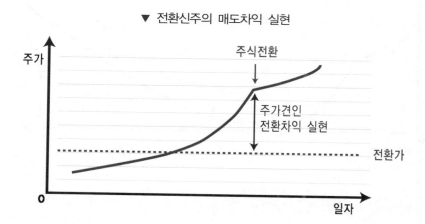

3) 전환사채 전환가액 조정(Refixing)

전환사채가 발행되어 전환청구가 되기 전까지 주가가 하락할 경우 정기적으로 전환가액을 조정하도록 하고 있다.[70] 예를 들어 최초 발행 당시 1주당 전환가액 1만원의 전환사채 10만원어치를 보유하고 있는데, 주식이 7천원으로 하락한 경우 전환을 통해 받을 주식은 7천원짜리 10주가 되므로, 전환사채 보유자 입장에서는 주식전환시 손해를 보게 된다.

이러한 불합리함을 보완하기 위하여 전환가액을 조정하게 되는데, 예를 들어 시가하락시 전환가액을 7천원으로 조정할 경우 전환가능주식수가 증가(10주 → 약 14주)한다.[71]

---

70) 전환가액 조정사유 및 산정방법은 전환사채 발행 공시사항에 기재하고 있다.
71) 전환가액조정은 조정일 전일을 기산일로 하여 ① 1개월, 1주일, 최근일 각각의 가중산술평균주가를 산술평균한 가액, ② 최근일 가중산술평균주가, ③ 청약일 전 제3거래일 가중산술평균주가 중 가장 높은 가액으로 하되, 70% 이상이어야 한다(증권의 발행 및 공시 등에 관한 규정 제5-23조제2호). 한편 2021.10.28. 규정 개정을 통해 하향조정이

이러한 전환가액 조정은 전환사채 보유자에게 합리적일지는 몰라도 최대주주 입장에서는 지급해야 할 발행주식수가 증가하고, 최대주주의 지분율이 하락하는 문제가 있다. 따라서 최대주주가 전환가액 조정을 위한 산정기간 중 시세조종을 통하여 전환가액을 견인시키는 경우가 있다.

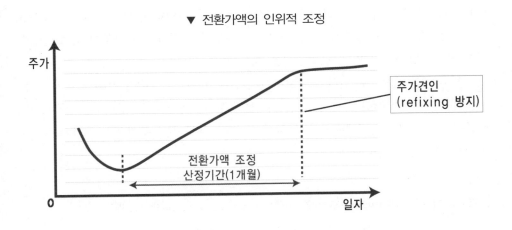

▼ 전환가액의 인위적 조정

전환가액 조정(서울중앙지방법원 2004.4.16. 선고 2004고합261 판결)

피고인은 A사의 대표이사인바, 거래소 등록 주식인 A사에서 발행한 제16회 해외전환사채의 전환신청이 임박한 상태에서 위 회사의 주가가 하락국면에 있자 주가가 하락하면 추가 조정전환 가격조건(Refixing 조건)으로 인하여 전환주식수가 대폭 증가하고 이로 인하여 피고인의 지분율을 유지하기 위한 추가 주식매수에 수십억원이 소요될 것이 예상되자 위 회사 주가 하락을 인위적으로 저지할 것을 마음먹고, 피고인은 자금을 대며, 乙은 주가조작 전문가를 물색하여 피고인에게 연결시켜 주고, 丙, 丁은 위 돈으로 3개의 계좌를 이용하여 시세조종 주문을 내기로 공모하여, 위 회사의 주식의 거래가 성황을 이루고 있는 듯이 잘못 알게 하고 매매거래를 유인할 목적으로 … 인위적으로 조작한 후 약 3억 700만원의 부당이득을 취하였다.

─────────────────

가능한 사모발행 전환사채에 대해서는 주가가 다시 상승할 경우 최초 전환가액 범위 내에서 전환가액을 상향조정하도록 근거를 마련하였다.

4) 담보주식의 반대매매 방지

상장법인 주주가 증권회사, 저축은행 등 금융기관 또는 사채업자에게 주식담보대출을 하는 경우, 주가하락에 따른 담보가치 하락으로 인한 손실방지를 위하여 계약서상 반대매매 조항을 기재하는 것이 일반적이다.

통상 계약서상 담보가치총액의 일정비율 이상의 담보유지비율(예: 당일 종가의 140% 이상)을 정하여 동 담보비율 미만으로 주가가 하락하는 때에는 그 부족분을 납부해야 하고, 이를 납부하지 않는 때에는 채무자의 의사와 상관없이 담보권자가 원리금에 해당하는 물량의 담보주식을 처분할 수 있다.

만약 주가하락으로 인하여 담보주식의 반대매매가 이루어질 경우 채무자인 주주는 손해가 불가피하다. 특히 최대주주의 경우에는 경영권을 상실하는 경우도 발생한다. 채권자의 반대매매를 방지하기 위해서 채무자는 주가 상승·유지를 위한 시세조종을 실행하게 된다.[72]

증권사의 반대매매방지(광주지방법원 2013.7.9. 선고 2013고정924 판결)

피고인은 위 14억원의 융자를 받으면서 증권사와 사이에 피고인의 신용거래 융자금에 대한 담보가액의 총액(증권계좌 총 평가액 22억원)이 당일 종가를 기준으로 증권사가 정한 최저 담보유지비율(140%, 약 19억 6천만 원) 이상을 유지하되, 주가가 하락하여 최저 담보유지비율 미만이 될 경우에는 유예기간 1일(발생일 포함 2일)동안 피고인이 그 부족분을 증권계좌에 입금시켜야 되고, 그 부족분을 증권사가 정한 기일까지 입금시키지 못할 경우에는 발생일 포함 3영업일째에 증권사가 피고인의 의사와 상관없이 그 차액만큼을 반대매매(하한가×수량)하기로 하였다.

이런 상황에서 피고인은 증권사 반대매매를 통한 손해를 방지하고 수익을 내기 위해 처 명의의 증권계좌 등 8개 계좌를 통해 C 주식의 시세를 조종하여 타인으로 하여금 C 주식의 거래가 성황을 이루고 있는 듯이 잘못 알게 하여 매매를 유인하였다.

---

5) 합병의 성사

주식회사의 합병에 대한 주주총회의 결의를 하는 경우 이에 반대하는 주주는 자기가 소유하는 주식을 회사에 대하여 매수할 것을 청구할 수 있다(상법 §360의5). 이를 주식매수청구권이라 한다. 다수 주주가 주식매수청구권을 행사하는 경우 회

---

[72] 증권사의 반대매매 관련(광주지방법원 2013.7.9. 선고 2013고정924 판결, 서울중앙지방법원 2006.12.19. 선고 2006고합729 판결).

사는 막대한 비용이 소요되고, 이로 인하여 합병 자체가 무산될 가능성이 있다. 만약 주식매수청구권 행사 예정가격보다 시세가 높은 경우에는 청구권 행사가 억제될 것이므로, 합병의 성사를 위하여 시세조종행위의 유인이 발생하게 된다.[73]

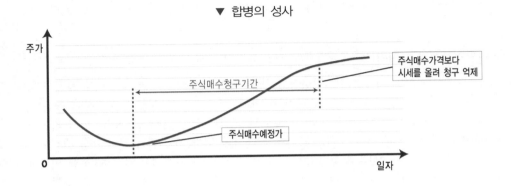

▼ 합병의 성사

6) 무자본 M&A의 성사

무자본 M&A는 기업인수시 자기자금이 아닌 차입자금을 이용하여 기업을 인수하는 방식을 말한다.

불공정거래와 관련하여 무자본 M&A가 문제가 되는 대표적인 사례는 ⅰ) 정상적인 기업인수 외관 형성을 위하여 대량보유보고 등 공시사항에 "자기자금"으로 허위기재하고, ⅱ) 실제로는 인수시점에 짜고 사채업자나 재무적투자자 등 채권자에게 인수대상 회사의 주식을 담보로 회사인수자금을 차용하며, ⅲ) 인수 후 채권자에게 해당 주식을 매도하거나 전환사채를 발행해준 다음, ⅳ) 호재성 정보 유포를 통해 주가를 부양하고, ⅴ) 채권자의 주식매도, M&A 세력의 횡령·배임(대여금, 부실기업 고가인수) 등을 통해 차익실현을 하는 구조이다.

이러한 행위는 전형적인 부정거래행위의 유형에 해당하는데, 이 과정에서 채권자의 이익회수를 지원하거나, 인수자금의 원활한 차입을 위하여 시세조종을 병행한다.[74]

---

73) 관련 판결: 서울중앙지방법원 2007.6.22. 선고 2007고합11 판결, 서울중앙지방법원 2014.3.18. 선고 2014고단177 판결.
74) 관련 판결: 서울지방법원 2003.4.10. 선고 2002고합1086 판결, 서울남부지방법원 2014.4.30. 선고 2014고단627 판결, 서울남부지방법원 2015.6.11. 선고 2014고합424 판결.

7) 상장폐지 요건의 회피

주권상장법인이 한국거래소가 정한 거래량 요건이나 시가총액 요건을 충족하지 못하는 경우에는 관리종목 지정 및 상장폐지가 될 수 있다.[75] 동 요건은 거래소의 상장종목으로서 갖춰야 할 유통성 및 규모의 요건을 정한 것인데, 동 요건을 해소하기 위해서는 거래량의 인위적인 증가나 주가부양의 유인이 생기게 된다.[76]

상장폐지요건 회피(서울고등법원 2005.7.12. 선고 2004노2874 판결)

피고인은 2001. 12.경 코스닥상장법인인 A사의 대표이사로 취임한 이래 채무탕감, 대주주 차등감자, 주요채권의 출자전환 등을 통해 재무구조개선을 추진하여 왔는데, 2002. 6. A사가 최대주주에 대한 채권에 관하여 대규모 충당금을 적립하면서 자본이 전액 잠식됨에 따라 A사 주식은 2002. 7. 2. 자본잠식률 50% 이상의 사유로 관리종목으로 지정되었고, 2002. 7. 16.에는 종가가 액면가 5,000원의 20%인 1,000원을 미달하는 상황이 30일 이상 지속되었다는 이유로 관리종목 지정사유가 추가된 상황에서 2002. 7.경 A사가 위와 같이 관리종목으로 지정되어 등록 취소될 위기에 놓이자, 피고인은 주가를 부양하여 등록 취소를 막기로 하고 乙에게 1,000원 이상으로 고정시킬 수 있도록 부탁하는 등 시세조종을 공모하였다.

Tip ➕ 상장폐지

☑ **상장폐지의 개념**
- 상장폐지는 상장규정이 정한 기준에 해당하면 시장에서 매매될 수 있는 자격이 상실되는 것을 의미한다. 부실기업의 퇴출을 통해 건전한 시장을 유지하고, 투자자를 보호하는데 목적이 있다.

  - 상장폐지는 거래소-상장법인간 사법상의 계약관계를 해소하는 거래소의 일방적인 의사표시에 해당한다(대법원 2007.11.15. 선고 2007다1753 판결).

☑ **형식적 사유에 의한 상장폐지**(코스닥시장 상장규정 §38①)
- 상장폐지는 요건에 해당하면 바로 폐지가 되는 형식적 상장폐지, 거래소의 심사를 통해 폐지 여부가 결정되는 상장적격성 실질심사 상장폐지로 구분된다.

  - 형식적 상장폐지는 최종부도, 은행거래정지, 파산, 사업보고서 미제출, 자본전액 잠식, 감사의견 비적정 등의 요건에 해당하면 바로 상장폐지가 되며

---

75) 코스닥시장 상장규정 제28조(관리종목), 제38조(상장의 폐지).
76) 관련 판결: 서울고등법원 2005.7.12. 선고 2004노2874 판결, 서울남부지방법원 2015.7.9. 선고 2015고단2033 판결.

- 정기보고서 2회 연속 미제출, 매출액 2년 30억원 미만, 온반기 자본잠식 50% 이상, 세전손실 2년 자기자본의 50%(10억원) 이상 등은 최초 관리종목지정 후 폐지가 된다.

☑ 상장적격성 실질심사에 의한 상장폐지(코스닥시장 상장규정 §38②)
• 횡령배임, 회계처리기준 위반, 불성실공시 벌점 15점 이상, 감사의견 변경으로 상장폐지 해소, 매출액 등 폐지요건 회피 등은 발생시 심사를 통해 폐지 여부를 결정한다.
  - 유의할 점은 폐지사유만을 심사하는 것이 아니라, 기업의 재무내용, 경영현황 등을 종합적으로 고려하여 상장폐지 여부가 결정된다는 점이다.
  - 상장폐지 사유가 발생하면 사유 발생 후 15일 내 실질심사 대상 여부를 결정하고, 대상에 해당할 경우 대상법인의 개선계획서를 심의하여 개선기간 부여 또는 폐지여부를 결정하게 된다.

5. 거래동향을 통한 시세조종 여부의 판단

대법원 판례는 시세조종 여부의 판단에 있어서 시세조종 주문양태와 시세조종 동기뿐 아니라 당시의 거래 동향을 고려하여 판단하도록 제시하고 있다.[77] 거래 동향을 바탕으로 무죄를 인정한 하급심 사례를 보면 ⅰ) 주식시장 전반의 거래상황, ⅱ) 당해 종목의 투자전망, ⅲ) 피고인들의 거래규모, ⅳ) 매매거래 후의 주가 및 거래량 변화를 판단요소로 사용하고 있다.[78] 이 사건의 경우 ⅰ) 당해 종목 업종지수가 지속적으로 상승세를 유지하였고, ⅱ) 당해 종목의 영업이익과 순이익이 상당히 증가할 것으로 기대되었던 상황이었고, ⅲ) 종전 거래량, 발행주식수 등에 비추어볼 때 피고인들의 매수주문량이 시가에 큰 영향을 주기 어려워 보이는 점, ⅳ) 피고인이 시세차익을 취하고 난 후 주가가 일시 하락하기는 하였으나 하락폭이 근소하였고, 얼마 지나지 않아 다시 주가가 상승하고 거래량이 급증한 점을 무죄의 근거로 하였다.

해당 종목이나 업종이 각광받아 주가가 자연스럽게 상승하는 경우에는 인위적인 시세조종이 개입할 필요가 없다. 특히 시장에서 주목받는 테마주의 경우 투자자

---

77) [대법원 2003.12.12. 선고 2001도606 판결] 이러한 목적은 당사자가 이를 자백하지 않더라도 그 유가증권의 성격과 발행된 유가증권의 총수, 매매거래의 동기와 태양(순차적 가격상승주문 또는 가장매매, 시장관여율의 정도, 지속적인 종가관여 등), 그 유가증권의 가격 및 거래량의 동향, 전후의 거래상황, 거래의 경제적 합리성 및 공정성 등의 간접사실을 종합적으로 고려하여 판단할 수 있다.
78) 서울고등법원 2005.10.19. 선고 2005노1123 판결.

들의 매수세 집중으로 인하여 시세조종 세력이 관여할 수 없는 수준으로 거래량이 급증하고 주가가 급등하는 양상을 보인다.[79] 다만, 테마주를 대상으로 SNS나 인터넷 게시판을 통한 종목 추천 또는 시세견인행위를 통하여 주가급등을 촉진시켰다면 시세조종이나 부정거래행위 규제대상이 될 것이다.

제3절 표시에 의한 시세조종

Ⅰ. 시세조종 유포행위

제176조(시세조종행위 등의 금지) ② 누구든지 상장증권 또는 장내파생상품의 매매를 유인할 목적으로 다음 각 호의 어느 하나에 해당하는 행위를 하여서는 아니 된다.
　2. 그 증권 또는 장내파생상품의 시세가 자기 또는 타인의 시장 조작에 의하여 변동한다는 말을 유포하는 행위

사례　　**시세조종 유포행위**(서울지방법원 2002.3.6. 선고 2002고단1118 판결)

Q. 甲은 증권사 지점장 乙에게 기관투자자들과 함께 A주식 작전을 시킬 것이니 동 주식을 매수하라고 권유하고, 乙을 통해 고객들에게 시장조작에 의해 주가를 변동시킬 것이라는 말을 유포하였다. 甲은 실제 매매거래를 통한 시세조종을 하지 않았지만 시세조종 위반행위를 한 것인가?

A. 매매를 유인할 목적으로 시장조작으로 시세를 변동시킨다는 말을 유포하면 죄가 성립한다. 실제 매매거래를 통한 시세조종을 하지 않더라도 해당한다.

　시세조종 유포행위는 투자자의 매매를 유인할 목적으로 자기 또는 타인의 시세조종이 이루어진다는 내용의 정보를 유포하는 행위를 말한다.

---

79) 2020년에는 우선주의 이상급등 현상이 있었는데, 증시 상승기에 유통물량이 적은 우선주가 테마가 되어 투자자들의 추종매매양태가 일어난 바 있다; 금융위원회, "우선주 시장관리를 강화하여 투자자를 보다 효과적으로 보호하겠습니다", (2020.7.9.), 보도자료 참조.

이 규정은 미국 증권거래법 제9조(a)(3)와 유사하고, 일본 금융상품거래법 제159조 제2항 제2호와 거의 동일한 내용인데, 일본은 미국 증권거래법을, 우리는 일본의 구 증권거래법을 계수하여 만든 규정이기 때문이다.

가장·통정매매나 현실거래에 의한 시세조종은 실제 매매거래나 주문행위를 규제대상으로 하지만, 표시에 의한 시세조종은 정보의 표시·유포행위를 규제한다는 점에서 차이가 있다.

정보의 사실 또는 허위 여부는 요건이 아니므로 실제 시세조종행위가 있을 필요는 없으며, 유포행위로 인하여 실제 시세가 변동할 것을 요구하지 않는다.[80] 또한 특정인 또는 불특정 다수에게 해당 정보를 전파하면 충분하다.

"시장조작에 의하여 변동"한다는 정보를 유포하는 것이므로, 단순히 주가가 어느 정도 상승할 것이라는 내용만으로는 요건을 충족하지 못한다.[81] 유포 방법은 구두로 전달하는 방법[82]뿐 아니라 인쇄물, 통신, 인터넷[83]을 통한 유포방법을 포함한다.

II. 중요사실에 관한 거짓 또는 오해유발 표시 행위

제176조(시세조종행위 등의 금지) ② 누구든지 상장증권 또는 장내파생상품의 매매를 유인할 목적으로 다음 각 호의 어느 하나에 해당하는 행위를 하여서는 아니된다.

3. 그 증권 또는 장내파생상품의 매매를 함에 있어서 중요한 사실에 관하여 거짓의 표시 또는 오해를 유발시키는 표시를 하는 행위

이 규정은 부당한 표시로 인하여 인위적으로 시세가 형성되는 위험을 방지하기 위한 목적을 갖는다. 미국 증권거래법 제9조(a)(4), 일본 금융상품거래법 제159조 제2항 제3호와 유사한 규정이다.

이 규정은 부정거래행위 금지규정인 제178조 제1항 제2호와 마찬가지로 '중요

---

80) 神田秀樹·黒沢悦郎·松尾直彦ほか, 「金融商品取引法コンメンタール4 (不公正取引規制·課徴金·罰則)」(商事法務, 2011), 81頁.
81) 임재연, 「자본시장법」, 박영사(2018), 880면.
82) 서울지방법원 2002.3.6. 선고 2002고단1118 판결.
83) 서울중앙지방법원 2012.11.29. 선고 2012고합142 판결.

한 사실에 관한 거짓 표시'를 규제한다.[84] 양 규정은 벌칙도 같다(법 §443①). 그런데 제178조 제1항 제2호의 경우 대상 금융투자상품의 범위가 넓고, 장내거래 여부를 묻지 않으며, 매매유인목적도 요구하지 않으므로 규제범위가 제176조 제2항 제3호보다 넓다. 이로 인하여 허위표시에 관하여는 제178조 제1항 제2호가 적용되고 있으며, 자본시장법상 부정거래행위 금지규정이 도입된 이후로는 제176조 제2항 제3호가 적용된 판례가 나오지 않고 있다.

일본도 동 규정과 유사한 규정인 제159조 제2항 제3호보다 사기적 부정거래에 관한 규정인 제158조가 더 폭넓은 요건을 갖고 있으므로, 규정을 일원화하는 것이 필요하다는 견해가 있다.[85] 유사한 규정이 더 포괄적인 요건으로 적용됨에 따라 제176조 제2항 제3호가 향후 정상적으로 작동될 가능성은 낮을 것으로 예상된다. 현 상황에서는 이 규정을 존치하고 적용할 필요성은 없다고 본다.

제4절 시세 고정·안정행위

> 제176조(시세조종행위 등의 금지) ③ 누구든지 상장증권 또는 장내파생상품의 시세를 고정시키거나 안정시킬 목적으로 그 증권 또는 장내파생상품에 관한 일련의 매매 또는 그 위탁이나 수탁을 하는 행위를 하여서는 아니 된다. 다만, 다음 각 호의 어느 하나에 해당하는 경우에는 그러하지 아니하다.

Ⅰ. 의 의

시세고정·안정을 위한 시세조종 금지규정은 상장증권 또는 장내파생상품의 시세를 고정시키거나 안정시킬 목적으로 하는 매매 또는 그 위탁이나 수탁을 금지하되, 일정한 요건을 갖춘 안정조작과 시장조성을 허용하는 규정이다. 이 규정은 다른 시세조종 금지규정과 마찬가지로 인위적인 시세조작을 방지하는 입법 취지를

---

84) 제178조 ① 2. 중요사항에 관하여 거짓의 기재 또는 표시를 하거나 타인에게 오해를 유발시키지 아니하기 위하여 필요한 중요사항의 기재 또는 표시가 누락된 문서, 그 밖의 기재 또는 표시를 사용하여 금전, 그 밖의 재산상의 이익을 얻고자 하는 행위

85) 金融商品取引法研究會, "相場操縱の規制", 日本證券經濟研究所, (2013), 21頁.

갖는다. 매매유인 목적이나 시세를 변동시키는 매매에는 해당하지 않지만 시세를 고정시키거나 안정시키는 일련의 매매 역시 시세조종행위로 보는 것이다.

II. 구성요건

1. 시세의 고정 또는 안정

사례	**시세를 고정시킨 경우 시세조종에 해당하는지 여부** (서울중앙지방법원 2010.2.5. 선고 2009고합690 판결)

Q. A사 최대주주 甲은 포항공대에 100억원의 주식기부 발표를 했다. 그런데 주식 기부 발표 후 주가하락 및 이로 인한 추가 주식출연이 예상되는 상황이었다. 甲은 주가하락에 따른 추가 출연부담을 피하려고 고가매수주문 및 시장가주문을 통해 주가하락 방지를 했다. 이 경우 시세조종에 해당하는가?

A. 시세변동을 수반하지 않는 행위라도 시세고정·안정행위에 해당하면 시세조종에 해당한다.

* 다만 이 사건에서 법원은 인위적인 고정행위도 현실거래에 의한 시세조종의 포괄일죄에 해당한다고 판단

(1) 의 의

상장증권 또는 장내파생상품의 "시세를 고정시키거나 안정시킬 목적"이 있어야 한다. 판례는 "시세를 고정시키거나 안정시킬 목적"은 현재의 시장가격을 고정·안정시키는 경우뿐 아니라, 행위자가 일정한 가격을 형성하고 그 가격을 고정시키거나 안정시키는 경우도 포함하는 것으로 본다.[86] 따라서 정해진 가격에 고정·안정되어야 하는 것은 아니며 시세가 일정한 가격 범위 내에서 일탈하지 않는 것이면 된다. 또한 시세를 높은 가격 또는 낮은 가격으로 견인하고 그 가격을 고정·안정시키는 경우까지 포함한다.[87]

(2) 현실거래에 의한 시세조종과의 차이

최근의 시세조종의 양태를 보면 명백하게 주가를 견인하는 방식의 시세조종을

---

86) 대법원 2004.10.28. 선고 2002도3131 판결.
87) 대법원 2015.6.11. 선고 2014도11280 판결(ELS 상환일에 기초자산인 주식의 가격을 하락시켜 고정할 목적으로 상환기준가격보다 낮은 가격으로 매도한 행위에 대하여 처벌한 판례).

하는 경우는 찾아보기 힘들다. 시세조종으로 주가가 확연하게 상승하는 수준일 경우 시세조종 연계군의 시세·호가관여가 명확하여 쉽게 포착될 수밖에 없고, 증권사의 모니터링에 따른 수탁거부 등 조치를 받을 가능성도 있다. 반대매매의 방지, 전환사채의 전환가액 조정(refixing) 방지, 주식매수청구권 억제, 상장폐지 모면[88] 등을 목적으로 하는 시세 고정·안정행위의 수요가 많은 것이 현실이다.

그러나 실제로는 이러한 행위들이 현실거래에 의한 시세조종(법 §176②1)으로 포섭되는 경우가 일반적이다.[89] 반대매매 방지 등 시세조종 동기 측면에서는 시세 고정·안정의 목적이 추정되지만, 시세조종주문 등 매매양태를 보면 시세고정·안정 행위도 시세변동행위와 큰 차이가 없기 때문이다. 또한 제176조 제2항 제1호와 제3항의 행위는 법정형도 동일하므로 어떤 조문을 적용하더라도 결과는 동일하며, 이러한 점을 고려하여 시세고정행위에 대하여 현실거래에 의한 시세조종 규정을 적용한 판결도 있다.[90]

2. 일련의 매매

이 규정은 다른 시세조종행위 규정과 다르게 "일련의" 매매일 것을 요한다. 미국과 일본의 경우 현실거래에 의한 시세조종 및 시세고정·안정행위 규정에 "일련의 매매(a series of transactions)"를 요건으로 한다. 미국의 결정례를 보면 3회의 거래로도 시세조종의 요건을 충족시키는 것으로 보고 있다.[91] 일본의 하급심 판례는 "일련의 매매거래라 함은 계속적인 유인목적의 발현이라고 객관적으로 인정되는 복수의 거래를 말하는 것"으로 해석하며,[92] 학설도 1회의 매매는 해당하지 않는 것으로 본다.[93]

시세고정·안정조작에 관한 구 증권거래법 제188조의3 제3항의 경우 "매매거

---

88) 상장폐지 모면을 위하여 시세고정을 한 판례: 대법원 2005.12.9. 선고 2005도5569 판결.
89) 반대매매 방지 등은 시세조종의 동기 측면에서는 시세고정·안정행위에 가깝지만, 개별 매매양태의 분석에서는 시세변동매매를 확인할 수 있으므로, 현실거래에 의한 시세조종이 적용된다.
90) 서울중앙지방법원 2010.2.5. 선고 2009고합690 판결; 안정조작 행위와 현실거래에 의한 시세조종행위 양태의 유사성에 비추어 포괄일죄를 인정한 판결이다.
91) Securities and Exchange Commission, Initial Decision Release No. 303 Administrative Proceeding File No. 3-11812,(2005), at 26; Kidder Peabody & Co., 18 S.E.C. 559,568(1945).
92) 東京地判 昭和 56年 12月 7日 判例時報 1048号16.
93) 金融商品取引法研究會,「相場操縦の規制」, 日本證券經濟研究所(2013), 21頁.

래"라고만 규정하였는데, 동 규정과 관련한 판례는 "일정기간 반복적으로 이루어져야 하는 것이 아니라 한 번의 매매거래"도 구성요건을 충족한다고 판시한 바 있다.[94] 하지만 자본시장법 체계에서는 이 규정이 "일련의 매매"를 요건으로 하고 있고, 동 법문을 복수의 거래로 해석하는 외국의 사례를 감안할 때 단 1회의 거래만으로 시세고정·안정행위 규정을 적용할 수는 없을 것이다. 반면 현실거래에 의한 시세조종행위의 경우 단 1회의 종가관여 매수주문으로 시세조종을 인정한 판례가 있다.[95]

III. 예외: 시장조성과 안정조작

제176조(시세조종행위 등의 금지) ③ 1. 투자매매업자(모집 또는 매출되는 증권의 발행인 또는 소유자와 인수계약을 체결한 투자매매업자로서 대통령령으로 정하는 자에 한한다. 이하 이 조에서 같다)가 대통령령으로 정하는 방법에 따라 그 증권의 모집 또는 매출의 청약기간의 종료일 전 30일의 범위에서 대통령령으로 정하는 날부터 그 청약기간의 종료일까지의 기간 동안 증권의 가격을 안정시킴으로써 증권의 모집 또는 매출을 원활하도록 하기 위한 매매거래(이하 이 항에서 "안정조작"이라 한다)를 하는 경우
2. 투자매매업자가 대통령령으로 정하는 방법에 따라 모집 또는 매출한 증권의 수요·공급을 그 증권이 상장된 날부터 6개월의 범위에서 대통령령으로 정하는 기간 동안 조성하는 매매거래(이하 이 항에서 "시장조성"이라 한다)를 하는 경우

---

1. 의 의

시세의 고정 또는 안정행위 금지규정은 증권의 모집·매출을 원활하게 하기 위한 목적으로 행하는 안정조작과 시장조성을 예외적으로 허용한다(법 §176③ 각호). 이러한 안정조작과 시장조성은 인위적인 시세 개입에 해당하지만, 모집·매출 후 대량의 매도물량 출회로 인한 일시적인 시장충격을 완화하고 원활한 공모를 지원하는 효과가 있다는 점을 고려한 것이다.

---

94) 대법원 2004.10.28. 선고 2002도3131 판결.
95) 서울고등법원 2012.1.13. 선고 2011노433 판결, 대법원 2004.10.28. 선고 2002도3131 판결로 확정; 물론 시가·종가 관여행위는 단일가 매매라는 체결방식의 특성상 1회의 주문으로도 시세변동의 효과가 극대화되는 측면이 있다.

안정조작은 증권의 모집·매출과 관련한 청약이 원활하게 이루어질 수 있도록 청약기간 종료일 전 30일 범위에서 인수인(투자매매업자)이 매매거래를 통하여 증권가격을 안정시키는 행위를 말한다(법 §176③1). 그리고 시장조성은 투자매매업자가 모집·매출한 증권의 수요·공급을 상장된 날부터 6개월 범위에서 조성하는 매매거래를 말한다(법 §176③2).

2. 시장조성과 안정조작제도의 연혁과 현황

(1) 시장조성의무의 시행

시장조성과 안정조작은 투자매매업자에 의해 이루어지는데, 신고서의 제출 및 그 방법, 그 결과가 반영된 보고서의 제출에 관한 세부사항을 시행령에 정하고 있다(영 §204, §205).

과거에는 공모 활성화를 위해 금융감독위원회의 「유가증권인수업무에관한규정」에 따라 인수회사가 상장일부터 1월간 시장조성을 하도록 의무를 부과하였다(§27①). 또한 동 규정에 따라 안정조작에 관한 사항을 발행회사와 약정할 경우에는 발행가액이 확정된 다음날부터 안정조작을 할 수 있도록 하였다(§41①). 그러나 1999년 수요예측제도의 시행과 함께 공모가액의 적정성에 대한 투자자의 자기책임과 주관사의 인수책임 간의 적절한 균형 목적으로 시장조성의무가 폐지되었다. 그런데 수요예측제도 도입 이후 공모가가 높게 형성되고, 주가하락에 따른 투자자 피해가능성이 높아짐에 따라 시장조성제도는 '수요예측 표준권고안'을 제정하여 권장사항 형태로 부활하였다.

그러나 주관사가 시장조성 위험으로 인해 공모가격을 지나치게 보수적으로 책정하고 공모가격 결정을 왜곡시켜 기업자금 조달을 어렵게 하는 등 문제점이 발생하자, 금융당국은 2003.9월 가격지지방식을 취하는 시장조성의무를 폐지하였다.[96)

(2) 환매청구권 제도

현재는 금융감독위원회의 「유가증권인수업무에관한규정」이 금융투자협회의 「증권인수업무 등에 관한 규정」으로 이관되었고, 기술성장기업이나 이익미실현기업이 코스닥시장에 상장하기 위하여 인수하는 경우, 상장일부터 일정기간(1개월~6개월) 인수회사

---

96) 시장조성제도 연혁의 주요내용은 김성민·이상혁, "IPO주식의 시장조성제도 부활이후 주관사회사의 공모가 산정행태", 「한국증권학회지」, (2006.6), 150~151면을 참조하여 작성하였음.

가 일반청약자에게 공모주식을 공모가격 90% 이상으로 인수회사에 매도할 수 있는 환매청구권(풋백옵션)을 부여함으로써, 공모주의 가격급락에 따른 일반투자자들의 투자위험을 최소화하고 있다(증권 인수업무 등에 관한 규정 §10의3).

결론적으로 과거 금융당국 규정상 강제되었던 시장조성제도는 없어지고 현재는 시장조성 여부는 투자매매업자(인수인)의 선택사항이 되었지만, 제도변화 과정에서 시장조성에 따른 문제점이 노출됨에 따라 사실상 운영되지 않는 제도가 된 상태에 있다. 최근에는 모집·매출 과정에서 시장조성이나 안정조작신고서를 제출하는 사례가 없다.

제 5 절 연계시세조종

제176조(시세조종행위 등의 금지) ④ 누구든지 증권, 파생상품 또는 그 증권·파생상품의 기초자산 중 어느 하나가 거래소에 상장되거나 그 밖에 이에 준하는 경우로서 대통령령으로 정하는 경우에는 그 증권 또는 파생상품에 관한 매매, 그 밖의 거래(이하 이 항, 제177조 및 제443조제1항제7호에서 "매매등"이라 한다)와 관련하여 다음 각 호의 어느 하나에 해당하는 행위를 하여서는 아니 된다.

I. 의 의

이 규정은 증권·파생상품과 그 기초자산 중 어느 하나의 시세를 변동·고정함으로써 부당한 이익을 얻거나 제3자에게 부당한 이익을 얻게 할 목적의 행위를 금지하는 규정이다.

한국거래소 시장에는 주가지수 선물·옵션, 개별주식 선물·옵션 등 금융파생상품 및 ELW와 같은 파생결합증권이 상장되어 거래되고 있다. 이러한 금융투자상품은 주가지수, 주식 등 기초자산의 가격과 연동하여 가격이 변동되므로, 기초자산의 가격을 인위적으로 변동시키면 파생상품 등의 가격 역시 변동된다(순방향 연계시세조종). 반대로 파생상품 등의 가격을 변동시켜 기초자산의 가격을 변동시키는 시세조종행위도 이론상 가능하다(역방향 연계시세조종).

이러한 파생상품 등과 기초자산간 가격 연동성을 이용하여 시세를 변동 또는 고정함으로써 부당한 이익을 얻는 행위를 규제하는 데 연계시세조종 금지의 목적이 있다. 특히 최근 들어 파생상품시장 및 ELW, ELS, ETN 등 다양한 파생결합증권 시장이 폭발적으로 성장함에 따라 연계시세조종에 대한 규제 필요성은 날로 증가하고 있다.

Tip ➕ 파생상품 용어를 통해 배우는 연계시세조종의 수익 구조

☑ 베이시스
- 파생상품은 일정한 시점(예 : 3개월)을 정하여 현물(기초자산)과 대금을 교환하는 거래계약이다. 만기일이 되면 파생상품 가격은 현물 시세에 수렴이 되겠지만, 그 이전에는 시장상황에 따라 파생상품 가격과 현물 가격의 차이가 발생할 수 있다. 이 차이를 베이시스(basis)라고 한다.

☑ 콘탱고 · 백워데이션
- 파생상품가격이 기초자산가격에 비해 높은 경우 콘탱고(contango)라고 한다. 반대로 기초자산 가격이 더 높은 경우는 백워데이션(backwardation)이라고 부른다.

▼ 콘탱고와 백워데이션

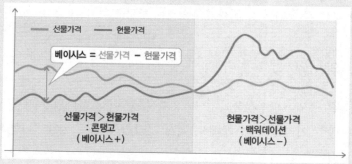

* 출처 : 한국거래소, 「쓱하고 싹배우는 파생상품」

☑ 차익거래
- 파생상품가격이 기초자산가격보다 높은 경우인 콘탱고에는 높은 가격의 파생상품을 매도하고 낮은 가격의 기초자산을 매수하여 차익을 실현한다(매수차익거래).
  따라서 콘탱고의 경우 기초자산가격의 상승을 예상할 수 있다.
- 연계시세조종의 예를 들어보자. 기초자산의 시세를 인위적으로 견인하여 파생상품가격

보다 기초자산의 가격이 높아지면 파생상품가격이 상승할 것이므로, 기존에 보유한 파생상품을 매도하여 시세차익이 가능하게 된다.

☑ 레버리지효과
• 옵션쇼크 사건과 같이 기초자산을 저가에 매도하여 손실을 보고, 풋옵션에서 차익을 시현했다면 큰 이익을 시현하지 않는 것으로 보일 수 있다. 그러나 파생상품은 계약금액의 10% 내외의 증거금만으로 매매가 가능하므로 투입자금 대비 높은 이익을 시현하는 레버리지 효과를 기대할 수 있다.

II. 연 혁

2000년 선물거래법 개정으로 현물·선물 연계 시세조종에 대한 규제를 처음으로 도입하였다(§31①5의2). 2007년 자본시장법이 제정되면서 현물·선물 연계 시세조종에 대한 규제 근거가 신설되었고(법 §176④), 2013년 개정에서는 현물·현물 역방향 연계 시세조종, 선물·선물 연계 시세조종도 규제 대상에 포함하였다.

III. 구성요건

1. 대상 금융투자상품

연계 시세조종 규제대상 금융투자상품은 "증권, 파생상품 또는 그 증권·파생상품의 기초자산 중 어느 하나가 거래소에 상장되거나 그 밖에 이에 준하는 경우로서 대통령령으로 정하는" 증권을 말한다(법 §176④ 본문). 예를 들어 파생결합증권(예 : ELS)과 그 기초자산(예 : ELS의 기초자산인 주식) 중 하나는 거래소에 상장되어 있어야 한다. 자본시장법 제정 당시에는 규제대상 증권이 "상장증권 또는 장내파생상품"으로 규정되어 있어 장외파생결합증권인 ELS의 적용 가능 여부에 대한 논란이 있었으나, 2013.2월 개정을 통하여 "증권·파생상품"으로 폭넓게 규정하여 해석상 문제를 해소하였다.

▼ 연계시세조종행위의 유형

유 형	예 시
현선연계	주식 시세조종 → 선물에서 시세차익
선현연계	선물 시세조종 → 주식에서 시세차익
현현연계	주식 시세조종 → 파생결합증권에서 시세차익
현현역방향 연계	파생결합증권 시세조종 → 주식에서 시세차익
선선연계	선물 3월물 시세조종 → 선물 6월물에서 시세차익

2. 현물·선물 순방향 연계 시세조종행위

> 제176조 ④ 1. 파생상품의 매매등에서 부당한 이익을 얻거나 제삼자에게 부당한 이익을 얻게 할 목적으로 그 파생상품의 기초자산의 시세를 변동 또는 고정시키는 행위

파생상품에서 이익을 얻을 목적으로 그 기초자산에 대한 시세조종을 하는 것을 말한다(법 §176④1). 기초자산인 개별주식의 시세를 견인하여 파생상품의 이익을 실현하는 행위를 예로 들 수 있다. 파생상품의 경우 보통 계약금액의 10% 이내의 증거금으로 거래가 가능하므로, 기초자산에 대한 시세조종으로 파생상품 가격이 상승하면 상대적으로 큰 차익을 실현할 수 있다.

현·선 순방향 연계 시세조종의 대표적인 사건은 이른바 "옵션쇼크 사건"이다. 이 사건은 도이치증권과 도이치은행에서 KOSPI200 풋옵션을 매수한 다음, 보유하고 있던 KOSPI200 지수를 구성하는 현물주식을 옵션만기일인 2010년 11월 11일 장마감 동시호가 시간대에 낮은 가격에 전량 매도하여 KOSPI200 지수를 2.79% 급락시켜 기존에 매수한 풋옵션에서 총 449억원 가량의 이익을 얻은 사건이다.[97]

기초자산의 시세를 변동시키는 연계시세조종의 경우 행위자가 정당한 헤지거래라고 주장하는 것이 일반적이다. 판례는 ⅰ) 위험관리를 위한 헤지거래가 시기, 수량 및 방법 등의 면에서 헤지 목적에 부합하는지(경제적 합리성), ⅱ) 파생상품 계약 조건에 영향을 줄 목적으로 인위적으로 가격을 조작하였는지(거래의 공정성) 여

---

[97] 범행을 주도한 도이치뱅크 홍콩지점 차익거래부문 상무 등은 재판을 위한 송환이 무산되고, 한국 도이치증권 주식파생부문 팀장 A는 도이치뱅크와 공모관계가 명확하지 않아 무죄판결을 받았다(대법원 2023.12.21. 선고 2018도20415 판결).

부에 따라 시세조종 여부를 판단한 바 있다.[98]

사실 주가지수 선물·옵션의 경우 기초자산이 200개 종목으로 구성되어 있으므로 인위적인 시세조종이 쉽지 않다. 반면 개별주식 선물·옵션의 경우 기초자산이 단일종목으로 구성되므로 상대적으로 시세조종이 용이한 측면이 있다.

3. 선물·현물 역방향 연계 시세조종행위

제176조 ④ 2. 파생상품의 기초자산의 매매등에서 부당한 이익을 얻거나 제삼자에게 부당한 이익을 얻게 할 목적으로 그 파생상품의 시세를 변동 또는 고정시키는 행위

기초자산의 이익을 얻기 위하여 파생상품의 시세를 변동·고정시키는 행위이다(법 §176④2). KOSPI200 선물 가격을 인위적으로 견인하여 기보유한 현물 가격이 상승하면 매도하여 차익을 실현하는 경우를 예로 들 수 있다. 그런데 파생상품 가격의 변동행위로 기초자산의 가격변동을 이끌어내는 것은 쉽지 않다. 파생상품의 가격은 기초자산의 가격에 연동되는 것을 기본구조로 하지만, 기초자산인 주식의 가격은 파생상품의 가격보다는 해당회사의 밸류와 시황의 영향을 많이 받기 때문이다. 설령 파생상품의 시세조종을 통하여 기초자산의 가격이 일시적으로 영향을 받더라도 기초자산의 가격은 그 본질가치로 회귀할 것이므로 시세조종이 쉽지 않다. KOSPI200 옵션 시세조종에 관하여 법원은 KOSPI200 옵션 시장의 특성을 들어 옵션시장에서의 시세조종이 용이하지 않다는 점을 지적하고 있다.[99]

---

98) 대법원 2016.3.10. 선고 2013다7264 판결(신영증권의 ELS 연계시세조종에 대한 민사소송 판결임).

99) 법원은 KOSPI200지수 옵션시장의 성격을 검토하면서 ① 옵션의 가치는 기초자산의 가치에 연동된다는 점, ② 이론적으로 수요와 공급이 무한하다는 점, ③ 다수의 옵션 종목이 상호 연동된다는 점, ④ 차익거래의 가능성, ⑤ 허수주문에 따른 손실리스크, ⑥ 투자자 구성이 주로 외국인 및 기관투자자라는 점을 지적하면서, "이상과 같은 코스피200지수 옵션시장의 특성들에 비추어 보면, 특별한 사정이 없는 한 옵션시장에서 시세조종이 가능하려면, 시장 전체에 충격을 줄 수 있는 막대한 자금을 동원할 수 있는 자가, 거래의 미묘한 균형상태 등을 틈타 순간적 충격이나 거래상황에 관한 허위정보를 가함으로써 가격결정에 일시적으로나마 영향을 미치기 위해 고도의 정밀한 방법, 즉 알고리즘 방식으로 거래하는 전문적 옵션투자자에게조차 포착되지 않을 정도의 기법을 사용하는 경우라야 할 것이다. 따라서 피고인의 주문행위(1~2억원의 자금을 이용한 '물량소진 주문'과 '허수주문'의 반복)가 시세조종행위에 해당한다고 보려면, 이 사건 공소사실과 같은 피고인의 주문 이후에 실제 매수·매도세의 유입 등 매매유인

4. 현물·현물 연계 시세조종행위

제176조 ④ 3. 증권의 매매등에서 부당한 이익을 얻거나 제삼자에게 부당한 이익을 얻게 할 목적으로 그 증권과 연계된 증권으로서 대통령령으로 정하는 증권 또는 그 증권의 기초자산의 시세를 변동 또는 고정시키는 행위

(1) 요 건

증권의 매매등에서 부당한 이익을 얻을 목적으로 그 증권과 연계된 증권으로서 대통령령으로 정하는 증권 또는 기초자산의 시세를 변동·고정시키는 행위를 말한다(법 §176④3). 시세조종의 대상이 되는 "그 증권과 연계된 증권"은 시행령에서 정하고 있는데, 예를 들어 전환사채나 신주인수권부사채의 이익을 얻을 목적의 경우에는 당해 전환사채·신주인수권부사채와 연계된 교환사채권, 지분증권, 파생결합증권, 증권예탁증권이 해당한다(영 §207조1호). 만약 주식의 가격을 인위적으로 견인할 경우에는 그 주식으로 전환가능한 전환사채권은 주식전환에 따른 차익을 기대할 수 있으므로 전환사채권의 가격상승을 수반할 수 있다.[100]

"그 증권의 기초자산"은 파생결합증권의 기초자산으로서 전환사채권, 신주인수권부사채권, 교환사채권, 지분증권 또는 증권예탁증권이 해당한다(영 §207조5호).

현물·현물 연계시세조종행위와 관련한 대표적인 사례는 파생결합증권인 주가연계증권(Equity Linked Securities: ELS)의 상환일에 기초자산인 주식의 가격을 하락시키는 행위에 대하여 처벌한 판례가 있다.

의 효과가 있었는지, 적어도 그러한 주문 행태가 그와 같은 매매유인의 효과를 가져올 수 있는 방법이었는지, 매매유인의 효과가 피고인의 주문행위 때문이었는지 등의 사항을 면밀히 증명되어야 한다"라고 판시하였다(서울고등법원 2019.9.6. 선고 2018노488 판결; 항소기각 판결 후 상고하지 않아 판결이 확정됨; 동 사건에 대한 해설은 황현일, "옵션에 대한 시세조종 판단기준 – 서울고등법원 2018노488 판결을 중심으로", 한국증권법학회 2020년 하계 특별세미나 발표자료 참조).

100) 주식관련사채는 그 분류상 증권에 해당하지만 전환가능시점에 권리행사를 통하여 주식을 취득할 수 있으므로, 파생상품과 유사한 성격을 갖는다.

기초자산인 주식의 가격 등의 변동에 따라서 투자수익이 결정되는 상품이다.

☑ ELS의 개념
- 기초자산인 주식의 가격이나 주가지수의 변동에 따라서 투자수익이 결정되는 파생결합증권이다.[101]

- 일반적인 주식형 ELS의 수익 구조는 기초자산(보통 2종목의 주식) 가격이 조기(3개월 또는 6개월) 또는 만기(2년) 상환 시 일정 수준을 넘으면 약정된 수익을 투자자에게 지급하고, 반대로 일정수준 이하로 하락하면 원금손실이 발생한다.

- 국내에서 발행되는 ELS는 통상 비상장 상품으로 출시된다.

☑ 헤지거래
- 연계시세조종 사건의 경우 피고인측이 정상적인 헤지거래라고 주장하는 경우가 많다.

- 헤지거래는 기초자산과 파생상품의 가격변동으로 야기되는 위험을 회피하기 위해서 기초자산과 파생상품을 서로 반대포지션을 취하는 것을 말한다.

- 예를 들어 기초자산의 하락을 대비해 선물매도 포지션을 취하면 기초자산 하락에 따른 손해를 상쇄하게 된다. 후술할 ELS 델타헤지 사건의 경우 피고인은 주식매도가 상품 위험관리 목적의 델타헤지였다고 주장했다.

☑ 델타(Delta) 헤지
- ELS를 발행하게 되면 발행사 또는 운용사를 통해 위험을 헤지하게 된다.

- 델타는 기초자산의 가격변동에 따른 파생상품 가격변동 비율을 말하는데, 기초자산의 가격변동에 따른 파생상품의 가격변동을 상쇄시키기 위해 델타값이 커지면 기초자산을 매수하고, 델타값이 작아지면 기초자산을 매도하는 방식으로 헤지를 하게 된다.[102]

---

101) 제4조(증권) ⑦ 이 법에서 "파생결합증권"이란 기초자산의 가격·이자율·지표·단위 또는 이를 기초로 하는 지수 등의 변동과 연계하여 미리 정하여진 방법에 따라 지급금액 또는 회수금액이 결정되는 권리가 표시된 것을 말한다.

102) ELS의 델타헤지 전략에 대해 상세히 설명한 자료는 나지수, "주가연계증권(ELS) 델타헤지거래 관련 분쟁의 분석", 「증권법연구」 제17권 제1호(2016), 113면 이하 참조.

(2) 현물·현물 연계시세조종행위 판례 : ELS 시세조종

1) 형사사건 처리 경과

ELS 델타헤지 관련 시세조종 사건은 ELS 상환일에 델타헤지를 위하여 주식을 매도하여 지급금액을 축소한 것이 정당한 운용전략인지 아니면 시세조종행위인지 여부가 핵심이 된 사건이다.

ELS 델타헤지와 관련한 다수의 형사사건 및 민사사건의 재판이 진행된 바 있다. 형사사건의 경우 미래에셋증권 ELS 사건,[103] 대우증권 ELS 사건[104]은 각각 유죄가 확정되었다. 미래에셋 ELS 사건은 제176조 제3항의 시세고정행위가 적용되었는데, 사건 발생시점인 2009년 4월 15일 당시 자본시장법상 연계시세조종 규제 대상 증권이 "상장증권 또는 장내파생상품"으로 규정되어 있어 장외파생결합증권인 ELS의 적용 가능 여부에 대한 논란의 소지가 있었기 때문이다.[105] 대우증권 ELS 사건 역시 자본시장법상 연계시세조종 규제가 도입되기 전인 2005년에 발생한 사건이므로, 증권거래법 제188조 제2항 제1호에 따른 현실거래에 의한 시세조종 금지규정을 적용하였다.

ELS 헤지거래 사건에 대하여 논란이 있는 시세조종행위를 적용하는 것보다는 부정거래행위로 규율하는 것이 타당하다는 견해가 있다.[106] ELS 헤지거래가 비정상적이거나 인위적인 조작을 하는 행위이고, 투자자보호 의무를 위반한 헤지행위라는 점에서 '사회 통념상 부정하다고 인정되는 일체의 수단·계획 기교'로 인정될 수 있을 것이다.

두 사건은 중간평가일에 델타헤지 물량을 접속매매시간대 전체에 걸쳐 분산매도하여 중도상환조건 성취여부를 결정하는 종가결정에 미치는 영향을 최소화하여 투자자와의 이해상충이 발생하지 않도록 할 의무가 있었지만, 종가결정을 위한 단일가 매매에 저가주문을 통하여 중도상환조건 성취를 무산시켰다는 공통점을 갖는다.

---

103) 대법원 2015.6.11. 선고 2014도11280 판결.
104) 서울중앙지방법원 2015.8.6. 선고 2011고단3416 판결(양측 항소하지 않아 판결 확정).
105) 당시 자본시장법상 ELS 연계시세조종의 규제공백에 대하여 지적한 논문으로는 성희활, "자본시장법상 연계 불공정거래의 규제현황과 개선방향", 금융법연구 제6권 제2호(2009), 54면; 남궁주현, "현실매매에 의한 시세조종행위의 성립요건에 관한 고찰", 「증권법연구」 제12권 제2호(2011), 273면 참조.
106) 김연미, "주가연계증권 관련 소송을 통해 본 불공정거래규제상 쟁점", 「BFL」 제80호 (2016.11), 44면.

미래에셋 ELS 형사사건(대법원 2015.6.11. 선고 2014도11280 판결)

① **사실관계** : 이 사건은 미래에셋증권 제357회 ELS의 중간평가일인 2009.4.15.에 종가결정을 위한 동시호가 시간대에 미래에셋증권 트레이더가 기초자산인 SK에너지 주식에 대하여 예상체결가보다 낮은 가격으로 매도주문을 제출하여 조기상환 조건성 취가격인 96,000원보다 100원 낮은 95,900원에 고정시킨 사건이다. 이 사건의 경우 현물·현물 연계시세조종에 해당하는 사건이지만, 당시 비상장 장외파생결합증권에 대한 연계시세조종 규제가 미비한 상태였으므로 시세고정행위 규제가 적용되었다.

② **판결요약** : 이 사건의 판결을 요약하면 ① 델타헤지 업무는 트레이더의 일정한 재량이 인정되는 업무라는 점, ② 동 ELS 기초자산인 주식의 헤지거래에서 발생한 손실을 만회할 기회를 얻기 위하여 조기상환을 무산시킬 유인이 있었다는 점, ③ 델타값 감소가 예정되어 있으므로 상당량 매도할 필요가 있음에도 사건 기준일 14:30경까지 현실성 없이 높은 가격으로 매도주문을 한 채 보유물량을 유지하다가 단일가매매 시간 대에 들어서 저가매도를 통하여 상환기준가격보다 100원 낮은 가격으로 결정되도록 하였다는 점에서 시세고정행위를 했음이 상당하다고 판단하였다.

2) 민사사건 처리 경과

민사사건의 경우 델타헤지의 정당성에 대한 판단이 엇갈렸는데, 대우증권 ELS 사건(앞의 형사사건과 동일사건이다),[107] 한국투자증권 ELS 사건[108]은 원고 승소판결이 나온 반면, 신영증권 ELS 사건,[109] 현대증권 ELS 사건[110]은 원고 패소판결이 확정되었다.

신영증권 ELS 사건의 판결내용을 살펴보면 단일가매매시간의 시장가 매도는 가격하락을 목적으로 하는 주문으로 보기 어렵다는 점, 여타 지정가주문 역시 가격 하락 목적으로 보기 어렵다는 점, 조건성취여부는 상환일 종가에 의하여 결정되므로 장 종료 직전에 헤지거래를 수행하는 것이 이론적으로 합리적이라는 점 등을 들어 시세 고정·안정 목적이 있다고 보기 어렵다고 판시하였다.

금융위원회는 종가시간대 델타헤지를 통한 중도상환조건에 영향을 미치는 행위를 방지하기 위하여 제도개선방안을 발표하였는데, 만기시 수익 지급조건을 개선하여 만기일 종가가 아닌 만기 이전 3일 이상 종가평균 또는 만기일 거래량의 가중평균가격을 사용하도록 하였다.[111]

---

107) 대법원 2015.5.14. 선고 2013다3811 판결.
108) 대법원 2016.3.24. 선고 2013다2740 판결.
109) 대법원 2016.3.10. 선고 2013다7264 판결.
110) 대법원 2016.3.24. 선고 2012다108320 판결.

5. 현물·현물 역방향 연계 시세조종행위

제176조(시세조종행위 등의 금지) ④ 4. 증권의 기초자산의 매매등에서 부당한 이익을 얻거나 제삼자에게 부당한 이익을 얻게 할 목적으로 그 증권의 시세를 변동 또는 고정시키는 행위

기초자산의 이익을 목적으로 그 증권의 시세를 변동·고정시키는 행위이다(법 §176④4). 파생결합증권의 시세조종을 통하여 기초자산의 이익을 얻는 행위를 예로 들 수 있다. 선물·현물 역방향 연계시세조종행위와 동일한 구조이다.

6. 선물·선물 연계 시세조종행위

제176조 ④ 5. 파생상품의 매매등에서 부당한 이익을 얻거나 제삼자에게 부당한 이익을 얻게 할 목적으로 그 파생상품과 기초자산이 동일하거나 유사한 파생상품의 시세를 변동 또는 고정시키는 행위

파생상품과 기초자산이 동일하거나 유사한 파생상품의 시세를 변동·고정시켜 이익을 얻는 행위를 말한다. 이 규정은 2013년 개정을 통하여 반영된 조문이다. 파생상품의 경우 동일한 기초자산으로 여러 월물의 파생상품이 있다. 예를 들어 KOSPI200 선물의 경우 3개월 단위로 상품이 상장되어 거래되는데, 동일한 기초자산의 상품으로서 동일한 가격연계성을 갖고 있으므로 상호 가격에 영향을 미칠 수 있다. 따라서 동일 기초자산인 다른 품목의 파생상품의 경우에 적용할 수 있다.

---

111) 금융위원회, "ELS 발행 및 운영관련 제도개선 방안", (2009.9.10.), 보도자료.

구 분			내 용
위장매매에 의한 시세조종	가장매매		동일한 계산주체가 권리이전을 수반하지 않는 가장된 매매를 하는 것
	통정매매		서로 다른 계산주체간에 서로 짜고 거래하는 행위 거래 시기, 가격과 수량이 동일할 필요는 없으며 대응하여 성립할 가능성이 있으면 충분
현실거래에 의한 시세조종	개 념		투자자의 매매를 유인할 목적으로 매매성황의 오인 또는 시세를 변동시키는 매매거래
	매매유인목적		투자자에게 시세가 자연스러운 수급에 의해 형성된 것으로 오인시켜 매매에 끌어들이려는 목적 매매양태, 시세조종의 동기, 호가관여율 등 간접증거를 통해 매매유인 목적 입증 가능
	시세변동 거래 · 매매유인목적 입증 수단	시세조종 주문	① 고가매수 : 직전가 또는 상대우선호가보다 고가로 매수주문 ② 물량소진 : 상대매도호가를 지속적으로 체결하여 가격을 지지하는 주문 ③ 허수주문 : 체결가능성 없는 저가의 주문 또는 호가의 반복적인 정정 · 취소 ④ 시종가관여 : 시가 · 종가결정 시간대에 높은 가격의 매수주문을 통해 시종가를 높이는 주문 ⑤ 호가공백 : 매수 · 매도호가의 공백을 메우는 주문 ⑥ 상한가주문 : 상한가주문으로 상한가 고정 ⑦ 시장가주문 : 가격을 지정하지 않는 주문
		시세조종의 동기	ⅰ) 증권발행의 원활화, ⅱ) 전환사채 전환차익 실현, ⅲ) 전환가액 조정, ⅳ) 반대매매 방지, ⅴ) 합병의 성사, ⅵ) 무자본 M&A의 성사, ⅶ) 상장폐지요건의 회피
표시에 의한 시세조종	시세조종 유포행위		투자자의 매매를 유인할 목적으로 자기 또는 타인의 시세조종이 이루어진다고 유포하는 행위
	중요사실의 거짓표시		제178조 제1항 제2호(거짓기재 등)가 주로 적용됨
시세고정 · 안정행위	개 념		시세고정 · 안정목적의 매매행위
	예 외		모집 · 매출을 위한 시장조성 · 안정조작은 예외
연계시세조종	현선연계		예 : 현물 시세조종 → 선물에서 시세차익
	선현연계		예 : 선물 시세조종 → 현물에서 시세차익
	현현연계		예 : 주식 시세조종 → 파생결합증권에서 시세차익
	현현역방향 연계		예 : 파생결합증권 시세조종 → 주식에서 시세차익
	선선연계		예 : 선물 3월물 시세조종 → 6월물에서 시세차익

제 4 편

부정거래행위

제 1 장
총 론

┌ 제 1 절 부정거래행위의 의의

부정거래행위는 모든 금융투자상품의 매매, 그 밖의 거래와 관련하여 사용하는 일체의 부정한 행위로서, 미공개중요정보 이용행위, 시세조종행위 수준의 가벌성이 있는 행위를 말한다.

부정거래행위 금지규정은 신종 수법들의 유형을 일일이 법률에 열거하여 규제하기 어려운 현실을 고려하여 자본시장법 제정 시 미국과 일본의 입법례를 반영한 포괄적인 사기금지 조항을 마련한 것이다.

부정거래행위 금지규정은 금융투자상품의 매매, 그 밖의 거래와 관련하여 ⅰ) 부정한 수단, 계획 또는 기교를 사용하는 행위, ⅱ) 중요사항의 거짓기재 또는 누락행위, ⅲ) 금융투자상품의 매매유인 목적의 거짓시세 이용행위 및 ⅳ) 위계, 폭행, 협박행위로 구성되어 있다(법 §178).

부정거래행위 금지 조항 중 제1항의 "부정한 수단, 계획 또는 기교를 사용하는 행위"는 일본 금융상품거래법 제157조 제1호를 계수한 조문으로서 국내 현행법상 찾아보기 힘든 포괄적인 법문이다. 이 조문에 대한 위헌 가능성을 지적하는 견해도 있지만, 헌법재판소는 부단히 변화하는 다양한 생활관계의 규율을 위한 포괄적 조항의 필요성을 인정한다.[1]

일본은 조문의 포괄성에 대한 논란으로 인해 제157조 제1호가 적용된 사례가 한건만 존재하는 실정이다.[2] 그러나 우리나라의 경우 부정거래행위가 미

---

[1] 헌법재판소 2010.3.25. 2009헌가2 결정; 형법 제185조의 기타 방법에 의한 교통방해 금지의 명확성 원칙 위반여부에 대한 합헌 결정이다.
[2] 일본 금융청 증권거래등감시위원회의 검찰 고발 및 과징금 부과실적 역시 위계사용·풍설유포 규정은 적용되고 있으나, 제157조 제1호 규정은 적용된 사례가 없다(証券取引等監視

공개정보이용행위, 시세조종행위에서 규제하지 못하는 다양한 유형의 불공정 거래 행위를 규제하는 효과를 거두고 있다.[3]

제2절 부정거래 규제의 연혁

구 증권거래법상 부정거래행위는 시세조종행위의 일부로 규정되어 왔다. 1982년 개정된 법률은 "부당한 이득을 취하기 위하여 고의로 허위의 시세 또는 허위의 사실 기타 풍설을 유포하거나 위계를 쓰는 것"을 요건으로 하는 포괄적 사기금지 규정을 도입하였다.[4] 그러나 이 규정은 '이득의 취득'이라는 구성요건으로 인해 완전한 포괄적 적용의 한계가 있었다.

2007년 제정된 자본시장법은 부정거래행위를 시세조종행위에서 독립된 규정으로 분리하는 한편, 목적 요건을 배제한 구성요건으로 변경하여 금융투자상품의 매매, 그 밖의 거래와 관련하여 "부정한 수단, 계획 또는 기교를 사용하는 행위"라는 포괄적 금지규정(법 §제178①1)을 신설하였다.

신설된 자본시장법 제178조는 일본 금융상품거래법 제157조 및 제158조를 모델로 만든 규정이다. 금융상품거래법 제157조 제1호는 유가증권의 매매 또는 기타 거래 또는 파생상품거래 등에 관하여 "부정한 수단, 계획 또는 기교"의 사용을 금지한다.

委員会委員, "金融商品取引法及び証券取引等監視委員会の活動状況", (2017.12.21.), <https://www.fsa.go.jp/sesc/kouen/kouenkai/20171221-1.pdf>.

3) 금융감독원의 불공정거래 조사실적을 보면 부정거래행위(18.6%), 시세조종(16.3%), 미공개정보(17.8%)로 부정거래행위가 높은 비중을 차지하고 있다; 금융감독원, "'19년 자본시장 불공정거래 조사 실적 및 '20년 중점조사 계획", (2020.1.22.), 보도자료 참조.

4) 제105조 (시세조종등 불공정거래의 금지) ④ 누구든지 유가증권의 매매 기타 거래와 관련하여 다음 각호의 1에 해당하는 행위를 하지 못한다.
　　1. 부당한 이득을 취득하기 위하여 고의로 허위의 시세 또는 허위의 사실 기타 풍설을 유포하거나 위계를 쓰는 것
　　2. 중요한 사항에 관하여 허위의 표시를 하거나 필요한 사실의 표시가 누락된 문서를 이용하여 타인에게 오해를 유발하게 함으로써 금전 기타 재산상의 이익을 취득하는 것

제3절 외국의 부정거래행위 규제

Point

• 일본은 미국의 Rule 10b-5를, 한국은 일본의 규정을 계수했다.
  - 미국은 '사기적 수단, 계획, 기교'를 요건으로 한다.
  - 한국·일본은 사기는 요건이 아니고, '부정한 수단, 계획, 기교'를 요건으로 한다.
  - 일본은 '부정한 수단, 계획, 기교'의 포괄성으로 인해 적용이 되지 않고 있다.

Ⅰ. 미 국

1. 개 관

미국에서는 연방증권법규가 제정되기 이전에는 주 정부의 법률로 규제되고 있었으나, 증권사기에 충분한 대응을 하지 못하였다. 1929년 주가 대폭락에 따른 미 연방정부의 입법대응으로 증권 발행시장을 규제하는 증권법(Securities Act of 1933)과 유통시장을 규제하는 증권거래법(Securities Exchange Act of 1934)을 제정하였다. 우리나라의 자본시장법상 부정거래행위 금지에 해당하는 규정은 증권거래법 10(b), 그리고 SEC 규정인 Rule 10b-5 규정이다.

증권거래법 도입 초기에는 시세조종을 금지하는 제9조 규정 등이 적용되었으나, 현재는 불공정거래 전반에 관한 규제는 주로 포괄 규정인 Rule 10b-5를 통해 이루어진다.

2. Rule 10b-5 구성요건

(1) 증권의 매매 관련성

"증권"의 매수 또는 매도와 관련하여야 한다. SEC 등록증권인지 여부나, 공개 회사인지 여부와 상관없이 Rule 10b-5의 적용대상이다.

Rule 10b-5 규정은 "증권의 매수 또는 매도와 관련하여(in connection with the purchase or sale of any security)" 발생하는 사기를 금지한다. 매수는 "매수(buy and purchase)"의 범위에 매수나 취득을 위한 계약을, 선물상품의 경우 장래 인도를 위한 계약을 포함한다. "매도(sale and sell)"의 경우 역시 매도나 처분을 위한 계약을, 선물상품의 경우 장래 인도에 관한 계약을 포함한다.5) 따라서 증권의 권리

이전이 되지 않은 매매계약이 체결된 경우도 "매수 또는 매도"의 범위에 포함한다.

증권의 "매수 또는 매도와 관련하여(in connection with)"라고 규정하고 있으므로 행위자가 매수·매도의 당사자일 필요는 없다. 예를 들어 행위자가 실제로 증권을 매매하지 않고, 합리적인 투자자의 투자결정에 영향을 줄 수 있는 부실표시 또는 기재가 있는 경우와 같이 매매와의 관련성이 있는 경우면 족하다는 의미이다.

(2) 중요성

1) 중요성 요건

Rule 10b-5는 "중요한 사실(material fact)"에 관하여 허위의 기재를 하거나 누락하는 행위를 금지한다. 행위자의 부실표시가 '중요한 정보'일 것을 요건으로 한 것이다. 중요성 요건은 투자자의 투자판단에 영향을 줄 정도로 중요한 정보가 규제의 대상이다. 중요성 개념은 투자자보호라는 사회적 이익과 비용을 적절히 비교형량하는 과정에서 형성된 개념으로 증권법 전반에 걸치는 핵심적 개념이라 할 수 있다.[6] 중요성 요건은 내부자거래의 중요정보에도 그대로 적용된다.

2) 가능성-중대성 기준

중요성 판단기준 중 하나는 "가능성-중대성 기준(probability-magnitude test)"으로서, 중요성 판단기준이 최초로 거론된 내부자거래 사건인 Texas Gulf Sulphur[7] 판결에서 채택되었다. 광물 발견 사실이 중요한 정보인가 여부인가에 관하여 피고는 그 상업성이 확실하지 않아 공시할 사항이 아니라고 주장하였다. 그러나 연방대법원은 중요성의 판단기준은 합리적인 투자자가 증권거래에서 그 정보를 중요하다고 간주하는지 여부라고 하면서, 당해 정보가 사실로 확정될 '가능성(probability)'과 그 정보가 공개될 경우 주가에 영향을 미칠 '중대성(magnitude)'이 인정되면 중요한 정보로 보아야 한다고 판시하였다.

---

5) SEA §3(a) (13) The terms "buy" and "purchase" each include any contract to buy, purchase, or otherwise acquire. For security futures products, such term includes any contract, agreement, or transaction for future delivery.
 (14) The terms "sale" and "sell" each include any contract to sell or otherwise dispose of. For security futures products, such term includes any contract, agreement, or transaction for future delivery.
6) 박승배, "자본시장법상 불공정거래행위로 인한 손해배상책임에 관한 연구", 연세대학교 법학박사학위 논문(2010), 154면.
7) SEC. v. Texas Gulf Sulphur Co., 401 F.2d 833(2d Cir. 1968).

이 판결은 정보가 반드시 명확하고 확정적이어야 할 필요는 없으며, 합리적인 투자자가 투자결정시 중요한 정보로 간주할 수 있다면 당해 정보의 중요성이 인정된다는 점을 보여주고 있다.

3) 실질적 가능성 기준

두 번째로 "실질적 가능성 기준(substantially likelihood test)"이다. 합리적인 투자자가 투자판단에 있어서 그 정보를 중요하다고(significant) 고려할 '실질적 가능성(substantial likelihood)'이 있다면 당해 정보는 중요한 것이라고 한다. Basic 판결에서는 "합병이 이루어질 '가능성'과 가능한 사건의 중요도를 살펴보아야 한다"고 판시하였다. 동 판결에 따르면 특정상황에서 ⅰ) 사건이 발생할 '가능성'이 얼마나 존재하는가, ⅱ) 만일 당해 사건이 발생한다면 당해 증권의 투자자에게 얼마나 중요한가를 비교해야 한다.[8]

(3) 사 기

Rule 10b-5는 "사기를 위한 수단, 계획 또는 기교(device, scheme, or artifice to defraud)", "허위표시 또는 누락(untrue statement of a material fact or to omit to state a material fact)"을 금지행위로 규정한다. 연방대법원의 판례는 10(b)나 Rule 10b-5에서 말하는 "any manipulative or deceptive device or contrivance"가 사기(fraud)를 의미한다고 해석한 바 있는데,[9] 사기를 요건으로 하는 점에서 자본시장법 제178조 제1항 제1호와 일본 금융상품거래법 제157조 제1호와는 큰 차이가 있다.

Ⅱ. 일 본

1. 개 관

금융상품거래법상 부정거래행위 금지 규정은 종전 증권거래법 제58조를 계수한 조문이다. 동 규정의 모델은 미국 증권거래법 10(b) 및 SEC Rule 10b-5에서 비롯된 것이나, 사기적 요건이 없다는 점에서 양 규정이 유사하다고 보기 어렵다. 자본시장법 제178조는 금융상품거래법 제157조를 계수한 것으로서 양 규정의 내

---

8) Basic, Inc. v. Levinson, 485 U.S. 224 (1988); Basic 사건은 Basic사가 타 회사와 합병을 위한 예비협상을 진행함에도 이를 부인하는 공시를 하였는데, 부인 시점에서 합병공시가 이루어진 시점까지 주식을 매도한 주주를 위하여 이루어진 집단소송 사건이다.
9) Ernst & Ernst v. Hochfelder, 425 U.S. 185, 199 (1976).

용은 큰 차이가 없다.

2. 요 건

(1) '부정한 수단'의 사용

금융상품거래법 제157조[10] 제1호는 "유가증권의 매매 또는 기타 거래 또는 파생상품거래 등에 관하여 부정한 수단, 계획 또는 기교를 사용하는 것"을 금지한다.

제1호는 우리 자본시장법과 같이 추상적으로 규정되어 있는데, 이로 인해 제157조 제1호가 적용된 판례는 극히 드물며, 동 규정이 적용될 만한 사건이 발생한 경우에 이를 적용하기보다는 다른 조항을 새롭게 추가하는 등 조사 · 수사기관이나 사법부 모두 동 규정의 적용에 소극적인 태도를 보인다.

(2) 부실표시행위 및 허위시세 이용 금지

금융상품거래법 제157조 제2호는 유가증권의 매매 등에 관한 중요한 사항에 대하여 허위표시가 있거나 오해를 발생시키지 아니하기 위하여 필요한 중요사실의 표시가 누락된 문서 기타표시를 사용하여 금전 기타 재산을 취득하는 것을 금지한다. 이 조문 역시 대상증권의 상장 여부를 묻지 않으며, 행위자의 거래사실 여부를 묻지 않는다. 제157조 제3호는 유가증권의 매매 그 외의 거래 또는 파생상품 거래 등을 유인할 목적으로 허위시세를 이용하는 것을 금지한다.

(3) 풍설의 유포, 위계 등의 금지

금융상품거래법 제158조[11]는 "누구든지 유가증권의 모집, 매출 또는 매매 기타 거래 또는 파생상품거래 등을 위하거나 유가증권 등의 시세변동을 도모할 목적

---

10) 금융상품거래법 제157조 (부정행위의 금지) 누구든지 다음 각호에 해당하는 행위를 하여서는 아니된다.
  1. 유가증권의 매매 기타 거래 또는 파생상품거래 등에 관하여 부정한 수단, 계획 또는 기교를 사용하는 것
  2. 유가증권의 매매 기타 거래 또는 파생상품거래 등에 관한 중요한 사항에 대하여 허위의 표시가 있거나 오해를 발생시키지 아니하기 위하여 필요한 중요한 사실의 표시가 누락된 문서 기타 표시를 사용하여 금전 기타 재산을 취득하는 것
  3. 유가증권의 매매 기타 거래 또는 파생상품거래 등을 유인할 목적으로 허위의 시세를 이용하는 것
11) 제158조(풍설의 유포, 위계, 폭행, 협박의 금지) 누구든지 유가증권의 모집. 매출 또는 매매 기타 거래 또는 파생상품거래등을 위하거나 유가증권등(유가증권 또는 옵션은 파생상품거래와 관련한 금융상품(유가증권을 제외한다) 또는 금융지표를 말한다. 제168조제1항, 제173조제1항 및 제197조제2항에서 같다.)의 시세변동을 도모할 목적으로 풍설의 유포, 위계의 사용, 폭행 또는 협박을 하여서는 아니 된다.

으로 풍설의 유포, 위계의 사용, 폭행 또는 협박을 하여서는 아니된다"고 규정한다. 이 역시 풍문의 유포, 위계 사용 등을 금지하는 자본시장법 제178조 제2항과 거의 동일한 조문으로 구성되어 있다.

일본의 구 거래소법 제32조의4는 "허위의 풍설을 유포하고 위계를 사용하거나 폭행 또는 협박"을 하는 것을 금지하고 있었다. 이후 1948년 증권거래법 제정시 '허위의 풍설'에서 '허위의'가 삭제되었는데, 이는 허위사실과 풍설을 별도로 구분하지 아니하고, 모두 풍설로 규제하고 있는 것으로 보인다.

3. 판례와 학설

(1) 판 례

1) 사실관계

나스유황광업(那須硫黃積業) 사건은 동 회사가 주권을 담보로 금융기관의 대출을 받을 목적으로 주권의 가치가 거의 없는 회사 주식에 시장성이 있는 것 같은 외관을 갖추기 위해 증권회사 외무원과 공모하여 자기매매를 통해 위장매매를 이루게 하여 1주에 60엔 내지 75엔의 가격을 형성하게 한 사건이다.[12] 청구인은 「부정한」이라는 용어의 의미 및 내용이 막연하여 헌법 제31조에 위반한 위헌 법률이라고 주장하였다.

2) 판 례

동경고등법원은 구 증권거래법 제58조 제1호의 부정한 수단은 '유가증권의 거래에 있어 타인을 기망하여 착오에 빠뜨려서 자기 또는 타인의 이익을 도모하는 행위'를 의미하는 것으로 판시하였는데,[13] 부정한 수단을 사기적 행위로 한정하는 입장을 취한 것이다.

반면 최고재판소는 부정한 수단을 사기적 행위로 한정하지 않고 '사회통념상 부정하다고 인정되는' 일체의 수단을 말하는 것이라고 폭넓게 해석하여, 죄형법정주의상 명확성의 원칙을 위반한 것이 아니라고 판단하였다.[14]

3) 판례 이후 입법대응

---

12) 高津陽子, 「金融商品取引法157条利用の可能性について ― 米国証券取引所法10b−5との比較から」, 証券経済研究 第71号(2010. 9), 41頁.
13) 東京高裁 1963年 7月10日, 事件番号 昭37(う) 1798号.
14) 最高裁 第三小法廷, 1965年 5月25日, 裁判集刑事 155号 831頁.

금융상품거래법 제157조 제1호의 적용이 가능한 사건이 빈번했음에도 불구하고, 이러한 포괄적 해석은 이후 적용사례가 1건도 없게 되는 부작용을 낳게 되었다. 이후 입법정책은 동 조문을 적용하기보다는 개별조문을 추가하는 대증적 방법으로 문제를 해결해 왔다.

내부자거래 조문이 없던 당시 발생한 1987년 타테호 화학공업(タテホ化学工業) 사건15)이 발생한 이후 일본에서는 내부자거래를 어떻게 규제할 것인가에 대한 다양한 논의가 있었지만, 금융상품거래법 제157조 제1호의 적용보다는 내부자거래 조항인 금융상품거래법 제188조(주권등의 매매에 관한 보고서의 제출), 제190조의2(회사관계자의 금지행위), 제190조의3(공개매수자등 관계자의 금지행위)를 신설하는 방식으로 대응하였다.16) 당시 내부자거래에 대해 제157조 제1호를 적용하는 데 이견이 없었지만, 이후 대량추천판매 등 동조 적용이 가능한 사안이 발생할 때마다 개별조항을 신설하는 방식으로 처리했던 것이다.17)

(2) 학 설

내부자거래와 같은 여타 불공정거래행위가 금융상품거래법 제157조 제1호 위반이 된다는 점에 대해 학설상으로는 이의가 없다.18) 그러나 '부정한 수단'의 의미에 대한 해석에 대한 학설은 나뉜다. 학계에서는 동 조항의 문언이 극히 추상적이라서 요건 등 여러 가지 점에서 실제로 적용하기는 곤란하다는 주장을 제기하고 있다.19) 최고재판소의 입장과 같이 부정한 수단을 제한적으로 해석하지 않고 부정거래 일반을 금지하는 것으로 본다는 견해20)와 증권거래를 통한 사기적 행위, 방법을 포괄적으로 금지하는 일반조항 규정으로 해석하는 절충적 입장도 있지만,21) 기존의 다수설은 "타인을 기망하여 착오에 빠뜨리는 행위를 하는 것"으로 해석하였다.22) 즉 '부정한 수단'은 '사기적 행위'로 받아들이는 것이 타당하다고 보는 것

---

15) 타테호(タテホ) 화학공업 사건 : 타테호社가 채권 선물거래로 고액의 손실을 입은 것을 공표해, 동사의 주가는 폭락했지만, 공표 직전에 손실을 입을 것을 알고, 동사 및 거래처 관계자인 내부자가 동사의 주가가 하락하기 전에 판 사건이다.

16) 近藤光男, 「不公正な証券取引規制に関する一考察 － 証券取引法一五七条と規則10b－5の比較」, 河本一郎先生古稀祝賀現代企業と有価証券の法理(有斐閣, 1994), 172頁.

17) 高津陽子, 「金融商品取引法157条利用の可能性について － 米国証券取引所法10b－5との比較から」, 証券経済研究 第71号(2010. 9), 41頁.

18) 鈴本竹雄・河本一郎, 「證券取引法(新版)」(有斐閣, 1984), 555頁.

19) 堀口宣, 「ハンドブック證券取引法」, 第四版(勁草書房, 2005), 307頁.

20) 鈴本竹雄・河本一郎, 前揭書, 527頁.

21) 川村和夫, 「注解證券取引法」, (有斐閣, 1997), 1137頁.

이다.[23] 사기적 행위로 해석하는 이유는 최초 SEC Rule 10b−5의 '사기'(fraud)를 특별한 의도 없이 '부정한'으로 번역한 결과로 보아 Rule 10b−5와 동일하게 해석하는 것이 타당하다고 한다.[24]

결과적으로 최고재판소의 포괄적 해석을 통하여 적용의 방향성은 정리되었다고 볼 수 있다. 그러나 조문에 대한 판례와 학설의 차이는 이 규정의 타당성에 대한 논란을 만들게 되었다. 처벌의 대상이 되는 행위는 미리 명확하게 규정되고 있을 필요가 있지만, 제158조는 그 애매한 문언이기 때문에 죄형법정주의에 위배된다는 지적이 제기되었다.[25] 또한 제157조의 위반에 대하여 금융상품거래법상 가장 중한 벌칙이 적용되는 점도 제157조 제1호의 적용을 소극적으로 만드는 원인이 되고 있다고 한다.[26]

---

22) 岸田雅雄 「注釈 金融商品取引法(第3卷)」 (きんざい, 2010年), 2頁; 鈴本竹雄・河本一郎, 上揭書, 551頁; 神崎克郎, 志谷匡史, 川口恭弘,「証券取引法」, (青林書院, 2006), 858頁.

23) 竹内昭夫,「新證券・商品取引判例百選」, (有斐閣, 1988), 145頁.

24) 岸田雅雄, 前揭書, (きんざい, 2010年), 4頁; 小林一郎,「MSCB の利用意義とその實踐~金商法157条の有效活用の檢討を中心として」, 佐賀大學濟論集(2016), 8頁.

25) 高津陽子,「金融商品取引法157条利用の可能性について − 米国証券取引所法10b−5との比較から」, 証券経済研究 第71号(2010. 9), 51頁.

26) 김학석, "금융투자상품의 부정거래행위에 관한 연구" 고려대학교 법학박사학위 논문, (2011), 62면; 참고로 부정거래행위에 대해서는 징역 10년 이하, 벌금 1,000만엔 이하(법인은 7억엔 이하)인 반면, 내부자거래의 경우 징역 5년 이하, 벌금 500만엔 이하(법인은 5억엔 이하)에 처하도록 규정한다(저자 注).

제 2 장
부정거래행위의 구성요건

┌─ 제1절 금융투자상품의 매매, 그 밖의 거래

제178조 ① 누구든지 금융투자상품의 매매(증권의 경우 모집 · 사모 · 매출을 포함
한다), 그 밖의 거래와 관련하여 다음 각 호의 어느 하나에 해당하는 행위를 하여
서는 아니 된다.

Ⅰ. 금융투자상품

1. 의 의

제178조 제1항은 '금융투자상품'의 매매, 그 밖의 거래와 관련하여 부정거래행
위를 하는 것을 금지한다. 자본시장법상 금융투자상품은 '이익을 얻거나 손실을 회
피할 목적으로 특정 시점에 금전 등을 지급하기로 약정함으로써 취득하는 권리로
서, 투자성이 있는 것'을 말한다.[27] 금융투자상품은 '이익을 얻거나 손실을 회피할

---

27) 제3조(금융투자상품) ① 이 법에서 "금융투자상품"이란 이익을 얻거나 손실을 회피할
목적으로 현재 또는 장래의 특정(特定) 시점에 금전, 그 밖의 재산적 가치가 있는 것
(이하 "금전등"이라 한다)을 지급하기로 약정함으로써 취득하는 권리로서, 그 권리를
취득하기 위하여 지급하였거나 지급하여야 할 금전등의 총액(판매수수료 등 대통령령
으로 정하는 금액을 제외한다)이 그 권리로부터 회수하였거나 회수할 수 있는 금전등
의 총액(해지수수료 등 대통령령으로 정하는 금액을 포함한다)을 초과하게 될 위험(이
하 "투자성"이라 한다)이 있는 것을 말한다. 다만, 다음 각 호의 어느 하나에 해당하는
것을 제외한다.
 1. 원화로 표시된 양도성 예금증서
 2. 수탁자에게 신탁재산의 처분 권한(「신탁법」 제46조부터 제48조까지의 규정에 따른 처분
  권한을 제외한다)이 부여되지 아니한 신탁(이하 "관리신탁"이라 한다)의 수익권

목적'을 가지고 있어야 한다. 금융투자상품은 '권리를 취득하기 위해 지급하였거나, 지급하여야 할 금전등의 총액이 그 권리로부터 회수하였거나 회수할 수 있는 금전 등의 총액을 초과하게 될 위험', 즉 투자성이 있어야 한다. 이 요건에 따르게 되면, 원본보장형 예금과 보험상품은 자본시장법의 적용에서 제외된다.

자본시장법 제3조 제2항은 금융투자상품의 종류를 증권과 파생상품으로 분류하고 있다. 증권은 당해 증권의 취득시 지급한 금전 등 외에 추가지급의무를 부담하지 않는다(다만, 증권 중 하나인 파생결합증권은 권리행사에 따른 지급의무를 부담한다. 법 §4① 괄호 단서).

증권 중 대표적인 것은 주식회사의 지분을 나타내는 지분증권인 주권이 이에 해당한다. 파생상품은 기초자산에서 파생된 상품으로서, 기초자산의 가격 변동에 연동하여 일반적으로 그 변동 폭보다 크게 손익이 결정되는 상품을 말한다.

2. 상장 여부

법 제178조는 단순히 '금융투자상품'이라고만 정의하고 있으므로, 금융투자상품의 상장 여부를 불문하고 모든 금융투자상품이 부정거래행위 규제 대상이 된다. 내부자거래, 시세조종 금지규정이 상장된 금융투자상품을 규제대상으로 하는 것과 차이가 있다. 일본 금융상품거래법 제157조나 미국 Rule 10b-5 역시 대상 증권이나 파생상품의 상장 여부를 묻지 않는다. 상장 여부를 묻지 않으므로 부정거래행위 대상이 되는 금융투자상품은 비상장주식이나 K-OTC와 같은 제3시장 거래주식도 포함한다. 예를 들어 K-OTC 시장 종목에서 시세조종이 이루어진다면 부정거래행위 금지규정이 적용될 것이다.

비상장주식의 경우 유통성이 낮으므로 주로 발행주식의 모집·매출 과정에서 행하는 부정거래행위가 주종을 이루고 있다.[28]

---

② 제1항의 금융투자상품은 다음 각 호와 같이 구분한다.
  1. 증권
  2. 파생상품
   가. 장내파생상품
   나. 장외파생상품
28) 서울중앙지방법원 2023.3.23. 선고 2022고합577 판결.

II. 금융투자상품의 매매, 그 밖의 거래

제178조 제1항은 '금융투자상품의 매매, 그 밖의 거래와 관련하여'로 규정한다. '관련하여'로 규정하므로 행위자가 금융투자상품의 매매나 기타 거래행위를 직접 할 것을 요구하지 않는다. 매매나 거래의 주체를 제한하지 않으므로 제3자의 매매나 그 밖의 거래와 관련하여 부정거래를 한 경우에도 구성요건을 충족한다.[29] 동 요건을 통하여 행위자의 허위표시나 부정거래행위로 일반투자자가 매매나 그 밖의 거래를 통해 입는 피해를 보호하게 된다.

이 요건으로 인해 행위자의 매매거래를 요건으로 하는 미공개중요정보 이용행위나 시세조종행위와 차별성을 갖는다.

미국 Rule §10b-5도 증권의 "매수 또는 매도와 관련하여(in connection with)" 행하는 사기적 부정거래행위를 금지하는데, 행위자가 실제로 증권을 매매하지 않고, 합리적인 투자자의 투자결정에 영향을 줄 수 있는 매매와의 관련성이 있는 행위를 규제한다.

"그 밖의 거래"는 매매 이외의 합병계약을 통한 신주발행,[30] 신주인수권부사채 발행[31]과 같이 금융투자상품이 신규로 발행되는 경우나, 담보설정계약[32]과 같이 향후 금융투자상품의 소유권 이전이 수반될 수 있는 경우도 포함한다.

거래의 의미(서울중앙지방법원 2008.2.1. 선고 2007고합71, 2006고합1272(병합) 판결)

증권거래법 제188조의4 제4항 제1호를 위반하였다고 하려면 허위사실 유포 기타 위계를 사용하는 행위가 '유가증권의 매매 기타 거래'와 관련한 것이어야 하는바, 흡수합병은 관념적으로는 소멸회사의 인격의 형식을 벗기고 인격의 실체를 계승하는 것이라고 할 수 있으나 그 경제적 실질은 존속회사가 소멸회사의 자산을 이전받고 그 대가로 소멸회사의 주주들에게 존속회사의 신주를 발행하는 것이므로 합병계약 또한 위 규정이 정한 '유가증권의 거래'에 포함된다고 보아야 할 것이다.

---

29) 임재연, 「자본시장과 불공정거래」, 박영사(2021), 440면.
30) 서울중앙지방법원 2008.2.1. 선고 2007고합71, 2006고합1272(병합) 판결.
31) 서울중앙지방법원 2004.4.9. 선고 2004고합267 판결.
32) 임재연, 「자본시장법」, 박영사(2018), 843면.

제2절 부정한 수단, 계획 또는 기교

제178조(부정거래행위 등의 금지) ① 누구든지 금융투자상품의 매매(증권의 경우
　모집·사모·매출을 포함한다. 이하 이 조 및 제179조에서 같다), 그 밖의 거래와
　관련하여 다음 각 호의 어느 하나에 해당하는 행위를 하여서는 아니 된다.
　1. 부정한 수단, 계획 또는 기교를 사용하는 행위

I. 의 의

1. 의 의

　누구든지 금융투자상품의 매매, 그 밖의 거래와 관련하여 '부정한 수단,
계획 또는 기교를 사용하는 행위'를 하여서는 아니된다(법 §178①1). 불공정거
래에 대한 다른 규정이 미치지 못하는 위법을 규제하는 포괄규정이다.

　자본시장법 제정을 통해 새롭게 도입된 것으로서, 일본 금융상품거래법 제157
조 제1호와 동일하다. 또한, 우리 자본시장법과 일본 금융상품거래법 모두 SEC
Rule 10b-5의 "device, scheme, or artifice"를 그대로 번역한 것이다. 다만 미국
의 경우 SEC Rule 10b-5에서 '사기를 위한 수단, 계략, 술책(device, scheme, or
artifice to defraud)'이라는 표현을 사용하여 일반적 사기행위 규정임을 명확히 하고
있으며, 연방대법원의 판례 역시 동 조문이 사기(fraud)를 의미한다고 해석하고 있
다.[33] 그러나 법 제178조 제1항 제1호는 사기나 기망을 요건으로 규정하지 않는
대신 '부정한'이라는 법문을 사용한다.

2. 명확성 원칙의 위배 여부

　부정거래행위 금지의 입법취지를 감안하면 추상적·규범적 용어 사용의 불가피
성은 있다. 그러나 '부정한'의 법문만으로는 반가치적 구성요건을 찾기는 어렵고, 부
정한의 범위를 유추할 만한 다른 법률조항이나 구체적인 기준을 찾을 수 없다. 이러
한 포괄적이고 추상적인 법문으로 인해 명확성 원칙과 충돌할 우려가 제기된다.[34]

---

33) Ernst & Ernst v. Hochfelder, 425 U.S. 185 (1976).
34) [서울고등법원 2011.6.9. 선고 2010노3160 판결] 자본시장법 제178조 제1항 제1호는 거
　　래구조의 변화나 시장의 환경변화에 따라 다양하고 새로운 유형의 부정거래행위가 발
　　생할 수 있는 개연성이 높은 반면 모든 부정거래행위 유형을 사전에 일일이 열거하여

명확성 원칙은 누구나 법률이 처벌하고자 하는 행위가 무엇이며 그에 대한 형벌이 어떠한 것인지 예견할 수 있고, 그에 따라 자신의 행위를 결정할 수 있도록 구성요건이 명확할 것을 의미한다.[35]

명확성 원칙과 관련하여 헌법재판소는 "법규범의 문언은 어느 정도 일반적 규범적 개념을 사용하지 않을 수 없기 때문에 기본적으로 최대한이 아닌 최소한의 명확성을 요구하는 것이다"[36]라고 하는 한편, "명확성의 원칙에서 명확성의 정도는 모든 법률에 있어서 동일한 정도로 요구되는 것은 아니고 개개의 법률이나 법조항의 성격에 따라 요구되는 정도에 차이가 있을 수 있으며, 각각의 구성요건의 특수성과 그러한 법률이 제정되게 된 배경이나 상황에 따라 달라질 수 있다"[37]고 보고 있다.

한편 "법규범이 불확정개념을 사용하는 경우라도 법률해석을 통하여 법원의 자의적인 적용을 배제하는 합리적이고 객관적인 기준을 얻는 것이 가능한 경우는 명확성의 원칙에 반하지 아니한다"[38]는 헌법재판소의 입장을 볼 때 제178조 제1항 제1호는 위헌으로 보기 어렵고, 이 판시에 비추어 엄격한 기준에 의하여 해석해야 한다는 견해가 있다.[39]

도입 초기의 우려와 달리 현재는 일정한 판단기준을 제시한 판례도 형성되었고, 불공정거래 일반규정이 우선 적용되는 것이 보통이다. 그러나 '부정성'에 대한 개념 자체는 여전히 불명확하다. 판례 역시 일본의 판례를 수용하여 "사회통념상 부정하다고 인정되어 허용될 수 없는 일체의 수단, 계획 또는 기교"로 해석함으로써 부정성에 대한 순환논법적 해석에 머물고 있다.

규제하는 것은 입법기술상 한계가 있는 점을 고려하여 자본시장법 제정과 함께 신설된 조항이다. 그런데 위와 같은 입법취지를 감안하더라도 자본시장법 제178조 제1항 제1호는 그 문언 자체가 지나치게 포괄적·추상적이어서 자칫 형사법의 대원칙인 죄형법정주의와 충돌할 우려가 있다; 이 조항이 지나치게 추상적이어서 구체적인 행위유형을 예상하기 어렵다는 견해로는 김병연·권재열·양기진, 「자본시장법 : 사례와 이론」(제4판), 박영사(2019), 484면.

35) 헌법재판소 2000.6.29. 98헌가10 결정, 헌법재판소 2011.4.28. 2009헌바56 결정.
36) 헌법재판소 2011.8.30. 2009헌바128 결정.
37) 헌법재판소 1992.2.25. 89헌가104 결정, 2013.6.27. 2012헌바169 결정.
38) 헌법재판소 2007.10.25. 2006헌바50 결정.
39) 임재연, 「자본시장법」, 박영사(2018), 902면.

Ⅱ. 부정한 수단, 계획, 기교의 구성요건

1. '부정한'의 의미

(1) 판 례

SEC Rule 10b−5는 '사기'를 요건으로 하지만, 제178조 제1항 제1호는 '부정한'을 요건으로 한다. 이 부정성을 어떻게 해석하는가에 따라 규제대상이 정해질 것이다.

투자수익보장약정을 통해 주식매수를 하게 한 사건에서 하급심은 "부정한 수단, 계획, 기교"는 거래상대방 또는 불특정투자자에 대한 기망이 요구되는 것으로 보았다.[40]

그러나 동 사건에 대하여 대법원은 "부정한 수단, 계획, 기교"를 "사회통념상 부정하다고 인정되어 허용될 수 없는 일체의 수단, 계획 또는 기교"로 포괄적으로 해석하였다.[41] 앞선 일본 최고재판소의 판례가 "사회통념상 부정하다고 인정되는 일체의 수단"이라고 판시한 것과 동일하다.

부정한 수단, 계획 또는 기교의 의미(대법원 2011.10.27. 선고 2011도8109 판결)

자본시장과 금융투자업에 관한 법률 제178조 제1항 제1호는 금융투자상품의 매매, 그 밖의 거래와 관련하여 '부정한 수단, 계획 또는 기교를 사용하는 행위'를 금지하고 있는데, 여기서 '부정한 수단, 계획 또는 기교'란 사회통념상 부정하다고 인정되는 일체의 수단, 계획 또는 기교를 말한다.

이후 ELW 스캘퍼에 대하여 증권사가 전용망 제공을 한 부정거래사건에서 대법원은 부정거래행위의 '부정성'에 대한 판단기준을 제시한 바 있다. 대법원은 ⅰ) 그 행위가 법령 등에서 금지된 것인지, ⅱ) 다른 투자자들로 하여금 잘못된 판단을 하게 함으로써 공정한 경쟁을 해치고 선의의 투자자에게 손해를 전가했는지, ⅲ) 이로 인하여 자본시장의 공정성, 신뢰성 및 효율성을 해칠 위험이 있는지를 고려하

---

40) [서울중앙지방법원 2010.10.29. 선고 2010고합305 · 412(병합) 판결] '부정한 수단, 계획 또는 기교'라 함은 거래상대방 또는 불특정투자자를 기망하여 부지 또는 착오상태에 빠뜨릴 수 있는 모든 수단, 계획, 기교 또는 행위자의 지위 · 업무 등에 따른 의무나 관련 법규에 위반한 수단, 계획, 기교를 말하는 것으로 같은 법 제176조 및 제178조가 정하고 있는 나머지 행위들을 포괄하는 개념으로 보아야 한다.

41) 대법원 2011.10.27. 선고 2011도8109 판결.

여 행위의 부정성을 판단해야 한다고 판시하였다. 이 판례 이후 매수추천 행위 관련 사건들과[42] 삼성증권 배당오류 사건[43]에서도 이 판례를 기반으로 부정성 여부를 판단한 바 있다.

이 판례에 따르면 부정성 여부에 대하여 투자자의 '잘못된 판단'을 요구함으로써 기망을 판단요소로 하였다.

ELW 사건(대법원 2014.1.16. 선고 2013도9933 판결)

'부정한 수단, 계획 또는 기교'란 사회통념상 부정하다고 인정되는 일체의 수단, 계획 또는 기교를 말하며, 이때 어떠한 행위를 부정하다고 할지는 그 행위가 법령 등에서 금지된 것인지, 다른 투자자들로 하여금 잘못된 판단을 하게 함으로써 공정한 경쟁을 해치고 선의의 투자자에게 손해를 전가하여 자본시장의 공정성, 신뢰성 및 효율성을 해칠 위험이 있는지를 고려하여 판단해야 한다.

---

(2) 학 설

SEC Rule 10b-5는 기망을 요건으로 하고 있고, 일본 금상법 제157조는 기망을 요건으로 하지 않지만, 학설은 이 규정이 Rule 10b-5에서 기원했다는 점에서 기망을 요건으로 한다고 본다. 우리 자본시장법도 이러한 해석이 가능할까?

학설은 대체로 대법원의 해석을 긍정한다. 불공정거래에 관한 다른 규정은 "거짓의 기재", "위계" 등 기망을 구성요건으로 하는 반면, 제178조 제1항 제1호는 기망을 구성요건으로 하지 않는 점을 볼 때 기망을 요하지 않는다는 견해가 우세하다.[44] 한편 '거래상대방 또는 불특정투자자를 기망하여 부지 또는 착오에 빠지는 상태'로 해석하는 견해가 있는데,[45] 이 경우 제178조 제2항의 위계금지규정에 대한 종전의 대법원 해석과 동일한 결론에 이른다는 문제가 있다.

(3) 기망의 필요 여부

제178조의 기원이 되는 SEC Rule 10b-5는 증권거래의 비대면적 특성을 고려하여 보통법상 사기죄의 요건을 완화하여 규제함으로써 투자자보호라는 증권거래법상 목적을 실현하는 것을 입법목적으로 하고 있고,[46] 요건상 사기(fraud)를

---

42) 대법원 2017.3.30. 선고 2014도6910 판결, 대법원 2018.4.12. 선고 2013도6962 판결.
43) 서울남부지방법원 2019.4.10. 선고 2018고단3255 판결.
44) 임재연, 「자본시장법」, 박영사(2018), 912면; 김건식·정순섭, 「자본시장법」, 박영사(2023), 508면.
45) 한국증권법학회, 「자본시장법 주석서(Ⅰ)」, 박영사(2015), 956면.

요건으로 한다.

일본의 경우 다수설은 SEC Rule 10b‒5의 '사기'(fraud)를 '부정한'으로 해석한 것으로 보아 Rule 10b‒5와 동일하게 보아야 한다고 하지만,[47] 최고재판소가 '사회통념상 부정하다고 인정되는 일체의 수단'으로 해석함으로써 입법상 연혁적 이유는 큰 의미를 갖기 어렵게 되었다.

제178조 제1항 제1호는 '위계'나 '거짓 기재'와 같은 명시적인 기망 요건을 두고 있지 않다. 그렇다면 '부정성'은 어떤 의미로 해석해야 하는가. 위의 ELW 판례를 기점으로 이후 판례들은 부정성에 대하여 다른 투자자의 '잘못된 판단'을 판단 요소로 함으로써 일정한 기망을 요구한다.[48]

다만 제178조 제2항의 '위계'는 기망의 결과 특정 투자자의 '일정한 행위를 유인할 목적'을 요구하는 반면,[49] 제178조 제1항 제1호는 이러한 목적을 요구하지 않는다. 또한 매매 그 밖의 거래를 할 목적도 요구하지 않는다.

예를 들어 삼성증권 직원들이 실제 있지도 않는 배당오류로 입고된 주식을 매도하는 행위는 투자자들에게 잘못된 판단을 하게 한 행위로서 부정거래행위에 해당하나, 그 결과 투자자에게 일정한 행위를 유인할 목적이 있었던 것은 아니므로 위계에 해당한다고 평가할 수 없다.[50]

부정거래행위가 자본시장법의 목적인 '투자자의 이익과 신뢰'를 저버리는 행위라고 본다면 일정한 기망적 요소가 없는 부정거래행위를 상정하기는 어렵다고 본다.[51] 그간의 판례의 태도, 미국·일본·우리나라의 입법 연혁, 기망을 요구하

---

46) 우홍구, "미국(美國) 연방증권법상(聯邦證券法上)의 불공정(不公正)한 주식거래(株式去來)에 관한 고찰(考察) ‒Rule 10b‒5를 중심(中心)으로", 일감법학 제2권(1997), 2면; Kirshner v. United States, 603 F2d 234,41 (2nd Cir. 1978), cert, denied, 442 US 909(1979).

47) 岸田雅雄,「注釈 金融商品取引法(第3卷)」(きんざい, 2010年), 4頁; 小林一郎,「MSCB の利用意義とその實踐~金商法157条の有效活用の檢討を中心として」, 佐賀大學濟論集(2016), 8頁.

48) 대법원 2017.3.30. 선고 2014도6910 판결(증권 추천 후 매도하는 스캘핑 관련), 대법원 2018.4.12. 선고 2013도6962 판결(유사투자자문업자의 회원에 대한 매수 추천행위), 서울남부지방법원 2019.4.10. 선고 2018고단3255 판결(삼성증권 배당오류 사건).

49) 대법원은 위계의 의미를 "거래 상대방이나 불특정 투자자를 기망하여 일정한 행위를 유인할 목적의 수단, 계획, 기교 등"으로 해석한다; 대법원 2011.10.27. 선고 2011도8109 판결 참조.

50) 서울남부지방법원 2019.4.10. 선고 2018고단3255 판결.

51) [대법원 2004.4.9. 선고 2003도7828 판결] 사기죄의 요건으로서의 기망은 널리 재산상의 거래관계에 있어서 서로 지켜야 할 신의와 의무를 저버리는 모든 적극적 또는 소극적

는 다른 부정거래 규정과의 균형을 고려하면 '부정성'은 기망을 포함하는 개념으로 보는 것이 타당하다.[52]

제178조 제1항 제1호의 취지(서울고등법원 2011.6.9. 선고 2010노3160 판결)

자본시장법 제178조 제1항 제1호를 적용함에 있어서는, 자본시장에서의 금융혁신과 공정한 경쟁을 촉진하고 투자자를 보호하며 금융투자업을 건전하게 육성함으로써 자본시장의 공정성·신뢰성 및 효율성을 높여 국민경제의 발전에 이바지한다는 자본시장법의 목적(자본시장법 제1조)에 유념하면서, 같은 항 제2호, 제3호 및 같은 조 제2항을 통하여 보다 구체화된 부정거래행위의 내용, 그 밖에 당해 행위의 불법성 정도가 다른 규정을 통하여 처벌하더라도 자본시장법의 목적달성에 지장을 초래하지 않는지 등을 종합적으로 고려하여 죄형법정주의와 최대한 조화를 이룰 수 있도록 신중을 기함이 옳다.

---

2. 수단, 계획, 기교

부정한 '수단'의 사전적 의미는 '어떤 목적을 이루기 위한 방법 또는 그 도구'를 말한다. 부정한 수단이 적용된 사례는 전산상 오배당 입력된 삼성증권 주식을 삼성증권 직원들이 매도한 사안(삼성증권 배당오류 사건)에 대하여 확보하지 않은 주식을 매도한 행위에 대하여 부정한 수단을 사용한 것으로 본 판결이 있다.[53] 그 외에 ELW의 신속한 거래를 위하여 증권회사에서 특정 투자자에게 전용망을 제공한 것에 대하여 부정한 수단을 제공한 것으로 보아 기소한 사례가 있다.[54]

'계획'의 사전적 의미는 '장차 벌일 일에 대해 구체적인 절차나 방법, 규모 따위를 미리 헤아려 구상하거나 또는 그 내용'을 말한다.[55]

'기교'는 '교묘한 솜씨나 기술'을 뜻하는데, 제3자 유상증자가 성공한 외관형성을 위하여 최대주주 등이 차명으로 실권주를 인수한 사안에 대하여 '부정한 기교'에 해당한다고 판단한 사례가 있다.[56]

행위를 말하는 것이다.

52) 부정한 수단이 사기적이거나 시세조종적 또는 이에 준하는 정도의 불법성이 있어야 한다는 견해로는 김학석·김정수, 「자본시장법상 부정거래행위」, SFL 그룹(2015), 204면.
53) 서울남부지방법원 2019.4.10. 선고 2018고단3255 판결.
54) 대법원 2014.1.16. 선고 2013도9933 판결(전용망 제공에 대하여 무죄); 서울남부지방검찰청, 「자본시장법 벌칙해설」, (2019), 150면 참조.
55) 고려대 한국어대사전.
56) 서울고등법원 2011.6.9. 선고 2010노3160 판결.

사실 수단·계획·기교가 적용된 사례를 보면 그 차이를 구분하기가 어렵고, 다수의 판례는 구분하지 않고 '부정한 수단, 계획 또는 기교'를 적용하는 경우가 대부분이다. 미국의 경우도 SEC Rule 10b-5에서 '사기를 위한 수단, 계략, 술책(device, scheme, or artifice to defraud)'을 단어별로 별도로 적용하지 않는다.

Ⅲ. 부정한 수단, 계획 또는 기교의 양태

1. 무자본 M&A

(1) 의 의

'부정한 수단, 계획 또는 기교를 사용하는 행위'는 다양한 사안에 적용되고 있는데 그 중 무자본 M&A를 이용한 부정거래행위에 많이 적용된다.

무자본 M&A는 기업인수자가 차입한 자금을 통하여 기업을 인수하는 것을 말한다. 무자본 M&A는 기업인수 방법의 하나로서 그 자체로 불법이 되는 것은 아니다. 그러나 부정거래행위 대상이 되는 무자본 M&A는 애초 기업을 경영할 목적보다는 단기간 내 차익실현을 목적으로 일련의 불공정거래가 이루어진다.

국내에서는 2000년대 닷컴버블의 붕괴 이후 부실화된 코스닥 상장법인들이 기업사냥꾼의 타겟이 되어 인수된 후 시세조종, 횡령·배임 등을 통해 단기차익을 실현하고 다시 M&A 매물로 나오는 일이 반복되었다. 2008년 한국거래소에 상장폐지 실질심사 제도가 도입된 이후로는 상당수 부실기업들의 퇴출이 이루어졌지만, 무자본 M&A를 통한 부정거래행위는 전형적인 불공정거래 방식으로 정착되어 만연하게 이루어지고 있다.

무자본 M&A를 통한 부정거래행위는 상장법인의 부실화를 가속화시켜 관리종목 또는 상장폐지가 되고, 투자자의 피해를 수반하기 때문에 투자자 보호를 위한 규제의 필요성이 높다.

▼ 무자본 M&A를 통한 부정거래행위[57]

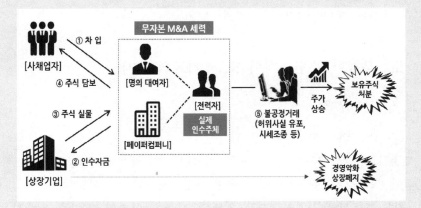

위의 그림을 통하여 전형적인 무자본 M&A를 통한 부정거래행위 양태를 살펴보자.

① **사채업자와 공모** : M&A 세력은 자금력이 있는 사채업자와 짜고 자금을 차입하여 상장법인 인수계약을 체결하게 된다.

② **공시사항 허위기재** : 정상적인 기업인수 외관 형성을 위하여 대량보유보고 등 공시사항에 "자기자금"으로 허위기재하고, 인수한 주식은 사채업자에게 담보로 제공한다(이 경우 중요사항의 거짓기재(법 §178①2)도 적용된다).

③ **주가부양** : 실현가능성이 희박한 신규사업 진출 등 호재성 정보 유포를 통해 주가를 부양하고, 시세조종행위도 이루어진다.

④ **차익실현** : 사채업자와 M&A 세력의 주식매도, 횡령·배임(대여금, 부실기업 고가인수) 등을 통해 차익을 실현한다.

(2) 최근의 경향

1) 투자조합

최근의 경향을 살펴보면 인수 실체를 확인하기 어려운 투자조합을 활용하는 사례가 상당수를 차지하고 있다.[58] 투자조합은 개별조합원의 인적 정보의 은폐가

---

57) 금융감독원 "최근 무자본 M&A 불공정거래의 특징과 주요 적발사례", (2016.10.21.), 보도자료.
58) 금융감독원이 불공정거래 혐의가 있는 무자본 M&A의 최대주주 현황을 파악한 결과에

쉽고, 사채자금의 유입을 위한 ㄴ매매수단으로 활용이 가능하며, 민법상 조합에 대한 공시 등 규제가 없으므로 합유재산인 주식을 조합원에게 배분 및 매각하는 경우 이를 파악하기 힘들다는 문제가 있다.

이러한 문제점을 개선하기 위하여 2020년 조합이 최대주주가 되는 경우에는 1년간 의무 보호예수를 하도록 거래소 상장규정을 개정하고, 금융감독원 공시서식 개정을 통해 대량보유보고시 조합원의 인적사항을 기재하도록 의무를 부과한 바 있다.

2) 대규모 사채발행

최근에는 경영권 양수도 계약과 함께 대규모 전환사채, 신주인수권부사채의 사모발행이 이루어지는 것이 일반적이다. 대규모 사채발행은 대규모 자금조달이라는 점에서 투자자들에게 호재성 정보로 인식하는 효과를 갖지만, 실질은 사채업자 등의 차입자금이 일시 유입되었다가 즉시 상환되거나 대여금, 신규사업진출을 통하여 자금이 유출되는 경우가 많다.

3) 바이오 등 사업진출

바이오 산업, 4차 산업혁명 관련 업종이 각광받게 됨에 따라 이러한 사업진출 발표를 통하여 주가를 부양하고, 실체 확인이 어려운 바이오 회사 등을 인수하여 자금을 유출하는 방식이 증가하고 있다.

(3) 무자본 M&A 부정거래행위에 대한 규정 적용

무자본 M&A는 자기자금 없이 기업을 인수하는 과정에서 부실기재, 주가부양 및 이익실현의 과정이 일련의 계획에 따라 이루어지고, 다양한 불공정거래 행위가 결합되기 때문에 허위표시, 시세조종행위 등과 포괄적으로 적용된다(포괄일죄). 금융당국과 검찰은 일반적으로 부정한 수단, 계획 또는 기교와 제2항의 위계금지규정을 함께 적용하는 경우가 일반적이다(상상적 경합).[59]

따르면 정보접근이 어려운 비외감법인이나 투자조합 등인 경우가 82%를 차지하고 있다; 금융감독원, "무자본 M&A 합동점검 결과 및 투자자 유의사항 안내", (2019.12.19.), 보도자료 참조.
59) 불공정거래 규정의 적용은 제6편 중 불공정거래 죄수에서 설명한다.

피고인들은 H, I와 공모하여 사실은 개인이 사채를 동원하여 J를 인수하고, 계약일에 취득한 주식 140만주를 전량매도 하였음에도 G라는 외국계 우량 투자회사가 자금을 사용하여 인수하고, 계약일에 취득한 주식 140만주를 예탁하고 있는 것처럼 허위 공시함과 더불어 위와 같은 내용의 허위 보도자료를 배포함으로써, 주식의 매매와 관련하여 중요사항에 관하여 거짓의 기재를 하고, 부정한 수단을 사용하여 J주가를 상종가 2번 기록 등 급상승시켜 2010. 3. 17. 및 3. 18. 등에 주식 630만주 전량 처분하여 1,835,285,129원의 부당이득을 취하였다.

2. 기타 양태

제178조 제1항 제1호는 다양한 불공정거래행위를 규제하기 위한 목적이 있으므로 다양한 양태의 부정거래행위에 적용된다. 예를 들어 유상증자 성공의 외관 형성을 위한 최대주주 등의 차명투자행위,[60] 삼성증권 오배당 입력에 따른 대량매도 사건, 비상장회사가 공모발행규제를 회피하기 위하여 89명을 청약 받은 후 청약금액이 많은 49인에게만 후순위채를 매매한 사건,[61] 분식 재무제표를 이용하여 금융기관으로부터 대출을 받은 행위[62] 등 다른 불공정거래행위 금지 규정에서 적용할 수 없는 유형의 행위가 적용된다.

① **사실관계** : 삼성증권의 우리사주 조합원에 대한 현금배당시 담당자가 잘못 입력하여 2018.4.6. 배당금 28.1억원이 아닌 동사 주식 28.1억주가 삼성증권 직원에게 입고되는 사고가 발생하였다. 삼성증권 직원인 피고인들은 자신들이 정당하게 소유하여 매도할 권한이 있는 것처럼 MTS(모바일 주식매매시스템)를 이용하여 동 주식에 대한 매도주문을 제출하여 부정한 수단 등을 사용하여 재산상 이득을 취득하고 삼성증권에 손해를 입히었다.

② **판결요약** : 법원은 "우리사주가 전산상 잘못 입력된 것이고 피고인이 이를 이용하여 공소외 1 회사 주식에 대하여 시장가 내지 저가로 대량의 매도주문을 제출하여 매도주문이 체결되는 경우 공소외 1 회사의 주가가 급격하게 하락할 수 있다는 사실

---

60) 서울고등법원 2011.6.9. 선고 2010노3160 판결.
61) 인천지방법원 2014.9.17. 선고 2013고단7638 판결.
62) 대법원 2017.12.22. 선고 2017도12649 판결.

을 인식하였을 뿐만 아니라, 다른 투자자들로 하여금 잘못된 판단을 하게 함으로써 자본시장의 공정성·신뢰성을 저해하고 선의의 투자자들에게 손해를 전가할 수 있음을 충분히 알 수 있었음에도 불구하고, 현행 증권거래시스템상 위와 같이 전산상 입력된 주식에 대하여 매도주문을 제출하면 실제 주식이 입력된 경우와 마찬가지로 매매가 이루어지는 것을 기화로 실제로 보유하고 있지 아니한 위 공소외 1 회사 주식에 대한 대량의 매도주문을 제출"하였다는 점에서 금융투자상품의 매매, 그 밖의 거래와 관련하여 부정한 수단, 계획 또는 기교를 사용하였다고 판단하였다.

③ 해설: 이 사건은 우리사주 조합원(삼성증권 직원) 중 22명이 1,208만주를 09:35 ~10:06(31분간) 매도주문하여 그 중 16명의 501만주가 체결되어 당일 최고 11.68%가 급락하는 등 주가 및 금융투자회사 내부통제와 관련한 큰 파장을 불러왔던 사건이다.

이 사건은 증권사 직원이 전산상 오류입고 된 주식을 매도했다는 점에서 조직적인 행위가 수반되는 일반적인 부정거래 양태와 차이를 보이고 있다. 이 판결은 부정한 수단이 비조직적이고 고의성이나 악성이 낮은 행위에 적용될 수 있다는 것을 보여준 대표적인 사례이다(같은 사건에서 금융위는 시장질서 교란행위로 과징금을 부과하면서 행위자의 고의가 없다고 판단하였다).

제3절 중요사항의 거짓 기재 등

제178조(부정거래행위 등의 금지) ① 누구든지 금융투자상품의 매매(증권의 경우 모집·사모·매출을 포함한다), 그 밖의 거래와 관련하여 다음 각 호의 어느 하나에 해당하는 행위를 하여서는 아니 된다.

2. 중요사항에 관하여 거짓의 기재 또는 표시를 하거나 타인에게 오해를 유발시키지 아니하기 위하여 필요한 중요사항의 기재 또는 표시가 누락된 문서, 그 밖의 기재 또는 표시를 사용하여 금전, 그 밖의 재산상의 이익을 얻고자 하는 행위

I. 의 의

이 규정은 공시 등을 통하여 중요사항에 대하여 거짓 기재 등을 하여 이익을 얻고자 하는 행위를 금지하는 규정이다. 구 증권거래법 제188조의4 제4항 제2호가

---

63) 서울남부지방법원 2019.4.10. 선고 2018고단3255 판결, 대법원에서 원심유지 및 형 확정(대법원 2022.3.31. 선고 2020도11566 판결).

현행 규정까지 이어온 것으로서 원래 "… 금전 기타 재산상의 이익을 취득하는 것"이라는 결과범 형식이 1997.1월 "이익을 얻고자 하는 행위"로 개정되어 지금까지 이어 온 것으로 재산상의 이익취득 요건은 적용되지 않게 되었다.[64]

이 규정은 허위 표시·누락에 관한 미국 SEC 10b−5(b)와 일본 금융상품거래법 제157조 제2호에 해당하는 규정이다. 금상법 제157조 제2호[65]가 "… 금전 기타 재산을 취득하는 것"으로 결과범 형식으로 규정하는 것을 제외하고는 동일하다.

제178조 제1항 제2호는 시세조종에 관한 제176조 제2항 제3호[66]와 유사하지만, "상장증권 또는 장내파생상품의 매매를 유인할 목적"을 요구하지 않고, 매매거래 여부나 상장 여부를 묻지 않으므로 규제대상이 넓다. 자본시장법 제정 이후로는 제176조 제2항 제3호를 적용하는 경우는 없고, 주로 제178조 제1항 제2호를 적용한다.

한편 이 규정에 따라 재산상 이익을 얻기 위하여 중요사항의 거짓 기재 등을 하면 제2항에 따른 위계 사용의 구성요건을 충족할 수 있다. 예를 들어 해외펀드 명의를 사용한 신주인수권부사채 인수를 하면서 언론에 '대만계 인맥을 통해 홍콩 펀드를 끌어들여 와서 공동투자하는 것'이라고 허위사실을 퍼트린 것은 위계의 사용 및 거짓 표시에 해당한다.[67]

---

64) 증권거래법 제188조의4(시세조종등 불공정거래의 금지) ④ 누구든지 유가증권의 매매 기타 거래와 관련하여 다음 각호의 1에 해당하는 행위를 하지 못한다.
  2. 중요한 사항에 관하여 허위의 표시를 하거나 필요한 사실의 표시가 누락된 문서를 이용하여 타인에게 오해를 유발하게 함으로써 금전 기타 재산상의 이익을 얻고자 하는 행위
65) 금융상품거래법 제157조 2. 유가증권의 매매 기타 거래 또는 파생상품거래 등에 관한 중요한 사항에 대하여 허위의 표시가 있거나 오해를 발생시키지 아니하기 위하여 필요한 중요한 사실의 표시가 누락된 문서 기타 표시를 사용하여 금전 기타 재산을 취득하는 것
66) 제176조(시세조종행위 등의 금지) ② 누구든지 상장증권 또는 장내파생상품의 매매를 유인할 목적으로 다음 각 호의 어느 하나에 해당하는 행위를 하여서는 아니 된다.
  3. 그 증권 또는 장내파생상품의 매매를 함에 있어서 중요한 사실에 관하여 거짓의 표시 또는 오해를 유발시키는 표시를 하는 행위
67) 대법원 2010.12.9. 선고 2009도6411 판결.

II. 구성요건

1. 중요 사항

사례	대량보유보고의 자금출처 허위기재(대법원 2006.2.9. 선고 2005도8652 판결)

Q. 무자본 M&A로 경영권을 취득한 甲은 실제로는 사채업자의 자금으로 지분을 취득했음에도 주식등의 대량보유보고에는 '자기자금'으로 표기하였다. 이 경우 중요사항의 거짓 기재에 해당하는가?

A. 취득자금의 허위기재는 투자판단에 영향을 미치는 것으로서 중요사항의 거짓기 재에 해당한다.

'중요사항'에 관한 부실표시 · 누락행위가 규제대상이다. 판례와 학설[68]에 따르면 '중요사항'은 제174조 제1항에서 규정한 미공개중요정보에 대한 정의에 따른 "투자자의 투자판단에 중대한 영향을 미칠 수 있는 정보"를 말한다.

대법원은 "자본시장법 제178조 제1항 제2호의 '중요사항'이란, 미공개중요정보 이용행위 금지조항인 같은 법 자본시장법 제174조 제1항에서 정한 '미공개중요정보'와 궤를 같이하는 것으로서, 당해 법인의 재산 · 경영에 관하여 중대한 영향을 미치거나 특정증권 등의 공정거래와 투자자 보호를 위하여 필요한 사항으로서 투자자의 투자판단에 영향을 미칠 수 있는 사항을 의미한다"고 판시하였다.[69]

중요한 사항은 제174조 제1항의 미공개중요정보와 달리 당해 법인뿐 아니라 특정증권등의 정보를 포함하므로, 회사 외부에서 생성되는 특정증권과 관련한 시장정보도 중요사항에 포함된다. 또한 정보 공개여부를 묻지 않는다.

가장 많이 적용되는 사례인 주식등의 대량보유보고의 경우 대량보유보고상 최대주주 또는 주요주주에 관한 사항[70]이나, 보유목적 또는 변동사유[71]는 투자자의 투자판단에 영향을 미칠 수 있는 중요사항에 해당한다.

---

68) 임재연, 「자본시장법」, 박영사(2018), 898면; 한국증권법학회, 「자본시장법 주석서(Ⅰ)」, 박영사(2015), 929면.
69) 대법원 2011.10.27. 선고 2011도8109 판결, 대법원 2009.7.9. 선고 2009도1374 판결.
70) 대법원 2003.11.14. 선고 2003도686 판결.
71) 서울중앙지방법원 2005.7.8. 선고 2005고합108 판결.

2. 거짓 기재

중요사항에 관하여 '거짓의 기재 또는 표시'가 금지된다. 구 증권거래법 제188조의4 제4항은 '문서를 이용하여'라는 요건을 규정하였다. 이로 인하여 문서를 이용하지 않은 거짓 기재 등은 이 규정이 적용되지 않는 문제점이 있었다. 현행 자본시장법은 문서뿐 아니라 '그 밖의 기재 또는 표시'를 포함하므로, 문서 이외의 방법인 TV 등 언론보도, 인터넷, SNS, 강연 등 다양한 방법을 통한 거짓 기재·표시를 하는 경우도 포함한다.[72]

전파력이 강한 TV, 인터넷, SNS를 통하여 거짓기재 또는 표시를 한 경우 제178조 제2항에 따른 풍문 유포행위의 구성요건을 충족할 수 있다. 이 경우에는 수사 실무상 제1항의 거짓 기재보다는 제178조 제2항을 적용하여 기소한다고 한다.[73]

한편 기망의사 없이 거짓기재가 이루어졌다면 거짓 기재 규정을 적용하기 어렵다. 예를 들어 분식회계 후 상당기간이 지나서 부당한 이익을 얻을 목적 없이 동 재무제표가 반영된 증권신고서를 통한 유상증자가 이루어졌다면, 분식회계 당시에는 유상증자 등에 이용할 의도가 없었을 것이므로 이 규정을 적용하기 어려울 것이다.[74]

'문서, 그 밖의 기재 또는 표시를 사용'해야 하므로 아예 공시나 표시 자체를 하지 않으면 적용할 수 없다. 따라서 의도적으로 대량보유보고의무를 이행하지 않은 경우에는 이 요건을 충족하지 못한다.[75]

3. 금전, 그 밖의 재산상의 이익

구 증권거래법은 "… 금전 기타 재산상의 이익을 취득하는 것"이라는 결과범 형식으로 규정된 것이 1997년 증권거래법 개정 시 "금전 기타 재산상의 이익을 얻고자 하는 행위"라는 목적범 형식으로 바뀌어 현행 규정까지 이어오고 있다. 부실기재 행위와 이익 취득 간의 인과관계와 관련하여 판례는 중요한 사항에 관한 허위·부실표시 문서를 이용한 이상 그로써 바로 위 조항 위반죄가 성립하는 것이고, 문서 이용행위로 인하여 '금전 기타 재산상의 이익을 얻을 것'을 요하지 않는다고 한다.[76] 따라

---

72) 김학석, "금융투자상품의 부정거래행위에 관한 연구" 고려대학교 법학박사학위 논문 (2011), 159면 참조.
73) 서울남부지방검찰청, 「자본시장법 벌칙해설」, (2019), 161면.
74) 조두영, 「증권범죄의 이론과 실무」, 박영사(2018), 212면.
75) 대법원 2010.12.9. 선고 2009도6411 판결; 외국 기관투자자 명의의 대량매매에 대하여 대량보유보고 및 소유주식상황보고를 하지 않은 사안에서 허위표시를 하거나 누락된 문서의 이용이라는 요건을 충족하지 못한다고 판시하였다.

서 부실표시가 있는 이상 재산상 이익을 얻지 못한 경우에도 구성요건을 충족한다.

"재산상 이익"과 관하여는 구 증권거래법 제188조의4 제4항의 '부당한 이득'에 대한 대법원의 판례를 준용하면 된다. 대법원은 "개인적이고 유형적인 경제적 이익에 한정되지 않고, 기업의 경영권 획득, 지배권 확보, 회사내에서의 지위 상승 등 무형적인 이익 및 적극적인 이득뿐 아니라 손실을 회피하는 경우와 같은 소극적 이득, 아직 현실화되지 않은 장래의 이득도 모두 포함하는 포괄적인 개념으로 해석하는 것이 상당하다"라고 판시하였다.[77]

Ⅲ. 거짓 기재의 양태

제178조 제1항 제2호 규정 위반은 공시내용의 허위기재·누락에서 많이 발생하고, 그중 주식등의 대량보유보고 위반행위가 상당수를 차지하고 있다. 회사의 호재성 정보가 되는 경영권 양수도를 하는 경우 지분을 취득한 최대주주나 5% 이상 주주는 대량보유보고를 해야 한다.

그런데 무자본 M&A를 위하여 사채자금으로 지분을 취득한 사실이 공개될 경우 정상적인 경영참여 목적의 취득으로 보기 어렵고, 합병의 성공 및 회사의 발전 가능성에 부정적인 요소가 된다.[78] 이로 인하여 주가에도 악영향을 미치므로 이를 은폐하기 위해 자금원을 '자기자금'으로 적거나, 보유목적란에 '경영참여'로 거짓 기재하게 된다. 경영참여 의사가 없음에도 대량보유보고상 '경영참여'라고 기재한 것은 고의로 허위 표시를 한 행위에 해당한다.[79] 이러한 거짓기재는 사채업자 등 채권자에 대한 주식담보제공 사실이 공시되거나, 채권자의 매각으로 인하여 드러나는 경우가 많다.

무자본 M&A는 대체로 부정한 계획하에 실행한 일련의 행위 중 중요사항의 거짓기재가 병행되므로, 제178조 제1항 제1호, 제2호 및 제2항이 함께 적용되는 경우가 일반적이다.

그 외에 대량보유보고시 최대주주 등의 허위기재,[80] 대량보유보고·소유주식

---

76) 대법원 2006.4.14. 선고 2003도6759 판결.
77) 대법원 2002.7.22. 선고 2002도1696 판결.
78) 서울고등법원 2008.6.4. 선고 2008노145 판결(대량보유보고의 기능에 대한 판결).
79) 대법원 2006.2.9. 선고 2005도8652 판결.
80) 서울중앙지방법원 2007.12.21. 선고 2007고합569 판결.

보고서 차명주식 누락,[81] 최대주주 변경 허위공시,[82] 유상증자 성사를 위한 재무제표 허위기재[83] 해외전환사채 발행하면서 사실과 다르게 외자 유치를 한 것처럼 공시한 행위,[84] 펀드 투자비중의 허위표시를 통한 부당권유행위,[85] 석유자원 개발사업에 관한 허위 내용의 보도자료를 배포한 행위[86] 등의 사례가 있다.

> **대량보유보고서에 취득자금 허위기재**(대법원 2006.2.9. 선고 2005도8652 판결)[87]
>
> 회사의 대주주가 주식 및 신주인수권부사채 취득자금을 '차용금'이 아니라 '자기자금'으로 공시하는 것은 시장에서 대규모 매도물량에 대한 공포심을 해소하고 향후 주가가 안정적으로 유지될 것이라는 기대를 불러옴으로써 일반투자자들의 투자판단에 영향을 미친다는 것이 경험칙상 명백하다는 점 등을 들어, 피고인 B가 일반투자자들의 투자판단에 영향을 미치는 중요한 사항인 주식취득자금 조성내역 등에 관하여 그 판시와 같이 사실과 다른 내용을 공시한 것은 구 증권거래법 제188조의4 제4항 제2호 소정의 '오해를 유발하는 행위'에 해당한다고 판단하였다.

제4절 거짓의 시세 이용

> 제178조(부정거래행위 등의 금지) ① 누구든지 금융투자상품의 매매(증권의 경우 모집·사모·매출을 포함한다. 이하 이 조 및 제179조에서 같다), 그 밖의 거래와 관련하여 다음 각 호의 어느 하나에 해당하는 행위를 하여서는 아니 된다.
>
> 3. 금융투자상품의 매매, 그 밖의 거래를 유인할 목적으로 거짓의 시세를 이용하는 행위

---

81) 서울고등법원 2011.6.9. 선고 2010노3160 판결, 대법원 2009.7.9. 선고 2009도1374 판결.
82) 서울고등법원 2009.2.5. 선고 2008노210 판결, 서울중앙지방법원 2011.3.8. 선고 2010고단7412 판결.
83) 서울중앙지방법원 2005.4.28. 선고 2005고합65 판결, 서울동부지방법원 2014.7.10. 선고 2012고단3348 판결.
84) 대법원 2003.6.24. 선고 2003도1456 판결.
85) 서울고등법원 2021.5.27. 선고 2020노2251 판결[법 제49조에 따른 부당권유행위(現 금융소비자 보호에 관한 법률 제21조)와 부정거래행위를 함께 인정]
86) 대법원 2018.6.28. 선고 2018도2475 판결.
87) 피고인 B는 피고인 A의 자금을 이용하여 T사를 인수하면서 외국인 기관투자자가 투자하는 외관을 갖추는 위계를 쓰는 행위를 하였고, A의 자금임에도 외국인 기관투자자로 공시한 사례이다.

이 규정은 매매를 유인할 목적으로 '거짓의 시세'를 이용하는 행위를 금지하는 규정이다.

이 규정은 일본 금융상품거래법 제157조 제3호와 동일한 내용의 조문이다. 구 증권거래법 제188조의4 제4항 제1호는 "부당한 이득을 얻기 위하여 고의로 허위의 시세를 이용"하는 것을 금지하였는데, 자본시장법 제178조 제1항 제3호는 '거래를 유인할 목적'을 요구하는 것으로 변경되었다.

이 규정은 모든 매매 유인 목적을 요구하는 시세조종에 관한 제176조 제2항 규정과 유사하나, 비상장 금융투자상품을 포함한다는 점과 현실거래에 의한 시세조종 이외의 행위규제가 가능하다는 차이가 있다. 따라서 K-OTC나 사설 장외거래사이트의 경우 이 규정의 적용이 가능할 것이다. 하지만 이 규정이 적용된 사례는 드물다.

제5절 위계 등의 사용

제178조(부정거래행위 등의 금지) ② 누구든지 금융투자상품의 매매, 그 밖의 거래를 할 목적이나 그 시세의 변동을 도모할 목적으로 풍문의 유포, 위계(僞計)의 사용, 폭행 또는 협박을 하여서는 아니 된다.

I. 의 의

이 규정은 진위가 불분명한 풍문을 유포하거나 위계를 사용하는 행위 또는 폭행 또는 협박을 하는 행위를 금지하는 규정이다. 이 조항은 일본 금융상품거래법 제158조[88]와 동일한 내용으로 구성되어 있다.

구 증권거래법 제188조의4 제4항 제1호는 "부당한 이득을 얻기 위하여 고의로 허위의 시세 또는 허위의 사실 기타 풍설을 유포하거나 위계를 쓰는 행위"를 금지하였는데, '고의' 요건을 삭제하였으나, 형사책임 원칙상 고의가 당연한

---

[88] 제158조(풍설의 유포, 위계, 폭행, 협박의 금지) 누구든지 유가증권의 모집. 매출 또는 매매 기타 거래 또는 파생상품거래등을 위하거나 유가증권등(유가증권 또는 옵션은 파생상품거래와 관련한 금융상품(유가증권을 제외한다) 또는 금융지표를 말한다. 제168조제1항, 제173조제1항 및 제197조제2항에서 같다.)의 시세변동을 도모할 목적으로 풍설의 유포, 위계의 사용, 폭행 또는 협박을 하여서는 아니 된다.

요건이므로 고의를 요한다.[89] 그 외에 행위 유형 중에 '폭행 또는 협박'이 추가되었다.

현행 법률상 위계는 자본시장법 외에도 위계에 의한 공무집행방해죄(형법 §137), 위계에 의한 살인죄(형법 §253), 위계에 의한 미성년자 등 간음죄(형법 §302), 업무상 위계에 의한 간음죄(형법 §303①), 신용훼손죄(형법 §313), 위계에 의한 업무집행방해죄(형법 §314①), 경매·입찰방해죄(형법 §315①) 등에 범죄의 구성요건으로 적용하고 있다.[90]

이들 규정은 위계에 따른 위험만으로 구성요건을 충족하기도 하고,[91] 피해자의 객관적 행위의 발생을 요구하기도 한다.[92] 그러나 '위계' 자체의 의미는 기망을 통하여 상대방의 착오를 이용한다는 점에서는 큰 차이가 없다.[93]

자본시장법상 '위계'의 의미에 대하여 판례는 "거래상대방이나 불특정 투자자를 기망하여 일정한 행위를 유인할 목적의 수단·계획·기교 등"이라고 해석한다.[94] 이러한 해석은 이 규정의 모델이 된 SEC Rule 10b-5의 '사기를 위한 수단, 계획 또는 기교(device, scheme, or artifice to defraud)에서 기반하고 있다. 기망 요소만 제외한다면 제178조 제1항 제1호의 '부정한 수단·계획·기교'와 유사한 포괄적 규정의 내용을 담고 있다.

---

89) 김학석, "금융투자상품의 부정거래행위에 관한 연구", 고려대 법학박사학위 논문(2011), 173면.
90) 위계의 개념에 대하여 상세히 설명한 논문으로는 이석배, "자본시장과 금융투자업에 관한 법률에서 부당거래행위의 의미 -"위계" 개념의 해석론을 중심으로-", 「경제법연구」, 제10권 제1호(2011), 70면 참조.
91) 위계에 의한 업무방해죄의 경우 위계에 의한 업무방해의 결과가 실제로 발생함을 요하지 않고 업무방해의 결과를 초래할 위험이 발생하면 족하다(대법원 2010.3.25. 선고 2009도8506 판결 참조).
92) 위계에 의한 공무집행방해죄의 경우 행위의 결과 상대방이 그릇된 행위나 처분을 하여야만 죄가 성립한다(대법원 2009.4.23. 선고 2007도1554 판결 참조).
93) [대법원 2010.3.25. 선고 2009도8506 판결] 위계에 의한 업무방해죄에서 '위계'란 행위자가 행위목적을 달성하기 위하여 상대방에게 오인·착각 또는 부지를 일으키게 하여 이를 이용하는 것을 말한다.
94) 대법원 2008.5.15. 선고 2007도11145 판결, 대법원 2011.10.27. 선고 2011도8109 판결.

Ⅱ. '부정한 수단'과의 구별

1. 판 례

구 증권거래법 제188조의4 제4항 제1호의 '위계'와 관련하여 대법원은 "거래 상대방이나 불특정 투자자를 기망하여 일정한 행위를 유인할 목적의 수단·계획· 기교 등"이라고 해석하였다.[95]

한편 자본시장법 제178조 제1항 제1호에 관하여 하급심 법원은 "같은 법 제176조 및 제178조가 정하고 있는 나머지 행위들을 포괄하는 개념으로 보아야 한 다"고 하여, 제178조 제1항 제1호가 제2항을 포함한 불공정거래 규정을 포괄하는 개념으로 해석하였다.[96]

2. 학설 및 검토

제178조 제1항 제1호는 제2항의 '위계'의 목적요건과 기망이라는 행위요소를 포함하고 있지 않다는 점에서 명확히 구분된다. 명확히 구별하여야 종래의 위계사 용을 그대로 두면서 객관적 부정거래행위를 추가로 도입한 입법자의 의도에 맞는 다고 한다.[97]

법 제178조 제2항과 별도로 제1항을 신설한 취지와 판례상 제178조 제1항 제 1호의 '부정한 수단'을 제2항의 위계보다 더 포괄적인 개념으로 판단한 점을 고려 할 때,[98] '위계의 사용'과 '부정한 수단' 간의 해석은 구별하는 것이 타당하다.

위계는 행위자의 매매 그 밖의 거래 또는 시세 변동 목적이 있어야 하며, 기 망의 결과 투자자들에게 일정한 행위를 유인할 목적이 있어야 한다. 예를 들어 피 흡수합병 대상인 외환카드에 대한 회사의 감자설 유포로 투자자를 오인시켜 외환 카드의 주가를 하락시킴으로써 외환은행의 합병비율을 유리하게 한 경우에는 위계 에 해당한다.[99]

하지만 이러한 주관적 목적은 행위에 따른 객관적 결과까지 반드시 요구하는 것은 아니므로, 객관적 사실관계로 '부정한 수단'과 '위계'를 구분하기는 쉽지 않다.

---

95) 대법원 1992.6.9. 선고 91도2221 판결.
96) 서울지방법원 2010.10.29. 선고 2010고합412 판결.
97) 정순섭, "자본시장 불공정거래행위에 대한 규제 시스템과 개선과제", 「자본시장 불공정 거래행위에 대한 효율적 규제방안 모색을 위한 심포지엄」자료, 법무부(2010), 16면.
98) 대법원 2011.10.27. 선고 2011도8109 판결.
99) 대법원 2011.3.10. 선고 2008도6335 판결.

이러한 이유로 금융당국이나 검찰의 경우 부정거래사건에서 양 조문을 함께 상상적 경합으로 고발, 기소함으로써 상호 보충적으로 적용하는 경향을 보인다.[100] 판례도 양 조문의 적용에 대하여 상상적 경합으로 판단한다.[101]

부정한 수단과 위계간 경계를 완벽히 구분하기는 쉽지 않지만, 기망행위에 따른 투자자에 대한 유인, 그 결과 유무형의 이익 실현 등 인과관계가 명확하거나,[102] 간접증거를 통해 주관적 목적의 입증이 가능한 경우에는 위계를 우선 적용해야 할 것이다.

실무상으로는 구성요건이 명확한 요건(거짓 기재 > 위계 > 부정한 수단)부터 우선 적용하는 것을 원칙으로 하지만,[103] 실제 이 규정들을 함께 적용하여 고발, 기소하는 경우가 일반적이다.

III. 구성요건

1. 시세의 변동

법 제178조 제2항은 "금융투자상품의 매매, 그 밖의 거래를 할 목적이나 그 시세의 변동을 도모할 목적으로" 위계 사용 등의 행위를 하여서는 아니된다고 규정한다. 제178조 제1항 제1호와 달리 제2항은 행위자의 매매, 시세 변동 등 목적성을 요구한다. 다만 그 목적이 구체적이고 확정적일 필요는 없으며,[104] 이러한 목적이 유일한 동기일 것을 요구하는 것은 아니므로 다른 목적과 함께 존재해도 무방하고, 어떤 목적이 행위의 주된 원인인지는 문제가 되지 않는다.[105]

---

100) [대법원 2011.7.14. 선고 2011도3180 판결(요지)] 甲주식회사 대표이사인 피고인이 해외법인 명의 증권계좌를 보유하고 있는 乙과 약정을 맺고 해외법인 명의로 되어 있는 국내 외국인투자 전용계좌 등을 이용하여 주식을 대규모로 매수하는 등 방법으로 정상적인 외국인투자를 가장하였다고 하여 자본시장과 금융투자업에 관한 법률(이하 '자본시장법'이라 한다)위반으로 기소된 사안에서, 위와 같은 주식거래 행위가 자본시장법 제178조 제1항 제1호, 제2항에서 규정하고 있는 '금융투자상품의 매매와 관련하여 부정한 수단이나 기교를 사용하는 행위' 및 '위계의 사용'에 해당한다고 본 원심판단을 수긍한 사례.
101) 대법원 2011.7.14. 선고 2011도3180 판결, 대법원 2017.3.30. 선고 2014도6910 판결, 서울중앙지방법원 2013.12.24. 선고 2013고단3942 판결.
102) 물론 부정거래행위는 위험범이므로 그 행위에 따른 객관적인 결과가 요구되는 것은 아니다.
103) 조두영, 「증권범죄의 이론과 실무」, 박영사(2018), 199면.
104) 대법원 2009.7.9. 선고 2009도1374 판결.
105) 대법원 2003.12.12. 선고 2001도606 판결.

2. 풍문의 유포

사례	**기사를 인용해 종목추천한 경우** (서울중앙지방법원 2012.9.21. 선고 2012고합662 판결)

Q. 甲은 정치인 기사를 인터넷 게시판에 게시하면서 강조할 부분에 밑줄을 긋거나 해당 기사와 관련된 정치인 테마주 회사명, 그 주가가 상승할 것인지 등을 기재하면서 해당 종목을 추천하였다. 이 경우 풍문의 유포에 해당하는가?

A. 기사 게시와 단순한 의견제시나 미래에 대한 예측만 가지고 풍문에 해당한다고 볼 수 없다.

(1) 풍 문

금융투자상품의 매매, 그 밖의 거래를 할 목적이나 시세 변동을 목적으로 '풍문의 유포'를 하여서는 아니 된다.

구 증권거래법 제188조의4 제4항 제1호는 "허위의 사실 기타 풍설을 유포"하는 것을 금지하였는데, '허위의 사실'이 삭제되고, '풍설'이 '풍문'으로 변경되었다. 일본의 구거래소법 제32조의4 역시 '허위의 풍설'로 규정하던 것이 1948년 증권거래법 제정시 '허위의'가 빠지고 '풍설'만 남게 되었다. '허위' 여부를 묻지 않으므로 풍문이 진실인지 허위인지는 문제가 되지 않는다.[106] 그러나 사실인 내용의 전파행위가 문제가 되기는 어려울 것이므로 실제로는 거짓 내용의 유포가 대상이 될 것이다.[107]

'풍문'은 사전적 의미로 '실상 없이 바람처럼 떠도는 소문'을 뜻하는데, 판결은 '풍문'을 "시장에 알려짐으로써 주식 등 시세의 변동을 일으킬 수 있을 정도의 사실로서 합리적 근거가 없는 것"이라고 해석한 바 있다.[108]

따라서 풍문은 단순한 것이 아닌 거래 여부의 결정이나 시세의 변동을 초래할 수 있는 중요한 사항이어야 한다.[109] 주가 변동에 영향을 미칠 위험이 없는 사소한 내용의 풍문은 규제 대상이 아니다. 단순한 의견이나 예측을 표시하는 행위는 풍문의 유포에 해당하지 않는다.[110] 그러나 그것이 허위의 객관적 사실과 결합하여 단

---

106) 서울중앙지방법원 2012.9.21. 선고 2012고합662 판결.
107) 김정수, 「자본시장법원론」 SFL그룹(2014), 1328면.
108) 서울고등법원 2013.3.22. 선고 2012노3764 판결.
109) 한국증권법학회, 「자본시장법 주석서(Ⅰ)」, 박영사(2015), 1162면.
110) 서울고등법원 2013.1.17. 선고 2012노3290 판결.

정적인 의견이나 예측을 피력하였다면 풍문의 유포에 해당할 수 있다.[111]

또한 공개된 자료나 공시, 신문기사를 그대로 전재하는 것은 해당 자료의 허위성을 명백히 인식하고서 그에 편승하기 위한 것이라는 등 특단의 사정이 없는 한 풍문의 유포에 해당하지 않는다.[112]

(2) 유 포

'풍문의 유포'란 일반적으로 정확하지 않은 사실을 사실인 양 퍼트리는 행위를 말한다.[113] '유포'는 불특정 다수에게 전파하는 행위를 말하지만, 특정인에게 전파하더라도 전파가능성이 있다면 유포에 해당한다.[114] 유포의 방법이나 수단에 대한 제한이 없으므로 인터넷, 이메일 등 모든 방법이 해당한다.

행위자는 사후에 진실로 밝혀진다고 하더라도 유포 당시 합리적인 근거를 전혀 갖추지 못하였다는 것을 인식하고 유포한다면 풍문의 유포에 해당한다.[115]

사례   **Q.** 기자가 허위 내용의 기사를 게재한 경우 풍문의 유포에 해당하는가?(서울중앙지방법원 2012.6.25. 선고 2012고단2326 판결)

A. 객관적으로 확인되지 아니한 호재성 기사를 통해 이를 주식매매에 이용한 경우 풍문의 유포에 해당한다.

---

3. 위계의 사용

위계의 사용 금지 조문은 구 증권거래법에서 사기적 부정거래 금지규정의 역할을 수행하였다. 현재는 제178조 제1항 제1호가 포괄적 규정의 역할을 대체하고 있다. 현재도 기망행위에 대하여 이 조문을 적용하며, 실무상 제178조 제1항 제1호와 함께 상상적 경합범으로 고발 또는 기소한다.

위계의 사전적 의미는 "거짓으로 계책을 꾸미거나 또는 그 계책"을 말하며, 판례는 위계를 "거래 상대방이나 불특정 투자자를 기망하여 일정한 행위를 유인할 목적의 수단, 계획, 기교 등"이라고 해석하고 있다. 여기서 '기망'은 객관적 사실과 다

---

111) 서울지방법원 1998.12.15. 선고 98노7566 판결.
112) 서울중앙지방법원 2012.9.21. 선고 2012고합662 판결(서울고등법원 2013.1.17. 선고 2012노3290 판결로 확정).
113) 한국증권법학회, 앞의 책, 958면.
114) 서울지방법원 1998.12.15. 선고 98노7566 판결.
115) 서울중앙지방법원 2012.9.21. 선고 2012고합662 판결.

른 내용의 허위사실을 내세우는 등의 방법으로 타인을 속이는 것을 의미한다.[116]

위계의 기망성에 대한 견해로는 형법상 사기와 동일하게 보는 견해[117]와 일반적인 사기보다 더 확장된 것으로 보는 견해[118]가 있다. 판례가 기망을 위계의 본질적 요소로 본 점을 볼 때 형법상 사기와 동일한 성격을 갖는다고 본다. 다만 제178조 제2항은 추상적 위험범(법익침해의 위험만으로 구성요건을 충족하는 범죄)이므로 위계의 사용, 풍문의 유포, 폭행·협박이 있으면 범죄가 성립하고, 매매 그 밖의 거래나 시세변동이 일어날 필요는 없다.[119] 따라서 재산상 손실과 같은 인과관계를 요구하는 사기죄보다는 그 요건이 완화되었다고 보아야 한다.[120]

다만 행위자는 적어도 불특정 투자자를 기망하여 "일정한 행위를 유인할 목적"은 갖고 있어야 한다. 따라서 행위자의 행위로 인해 불특정투자자에게 거래 등 일정한 행위를 유인할 목적이 없다면 위계로 보기 어렵다.[121] 이 점에서 제178조 제1항 제1호의 유인목적을 요구하지 않는 '부정한 수단'과 '위계'가 구분된다.

---

116) [대법원 2011.10.27. 선고 2011도8109 판결] 구 증권거래법 제188조의4 제4항 제1호는 유가증권의 매매 기타 거래와 관련하여 부당한 이득을 얻기 위하여 고의로 허위의 시세 또는 허위의 사실 기타 풍설을 유포하거나 위계를 쓰는 행위를 금지하고 있다. 여기서 '위계'는 거래 상대방이나 불특정 투자자를 기망하여 일정한 행위를 유인할 목적의 수단, 계획, 기교 등을 말하는 것이고, '기망'은 객관적 사실과 다른 내용의 허위사실을 내세우는 등의 방법으로 타인을 속이는 것을 의미한다.

117) 김정수, "시세조종규제의 이론과 실제", 「주식」, 증권거래소(2001.7), 27면; 한국증권법학회, 앞의 책, 1164면.

118) 성희활, "사기적 부정거래에서 '위계'의 적용 문제", 「증권법연구」(2007), 73면.

119) [대법원 2006.4.14. 선고 2003도6759 판결] 구 증권거래법(2004. 1. 29. 법률 제7114호로 개정되기 전의 것) 제188조의4 제4항 제2호는 원래 "중요한 사항에 관하여 허위의 표시를 하거나 필요한 사실의 표시가 누락된 문서를 이용하여 타인에게 오해를 유발하게 함으로써 금전 기타 재산상의 이익을 취득하는 것"이라는 결과범 형식으로 규정되어 있던 것을 1997. 1. 13. 개정(법률 제5254호)시 "중요한 사항에 관하여 허위의 표시를 하거나 필요한 사실의 표시가 누락된 문서를 이용하여 타인에게 오해를 유발하게 함으로써 금전 기타 재산상의 이익을 얻고자 하는 행위"라는 목적범 형식으로 바꾼 것인바, 그 문언의 해석상 일단 '타인에게 오해를 유발하게 함으로써 금전 기타 재산상의 이익을 얻기 위하여' 중요한 사항에 관한 허위·부실 표시 문서를 이용한 이상 그로써 바로 위 조항 위반죄가 성립하는 것이고, 문서 이용행위로 인하여 실제 '타인에게 오해를 유발'하거나 '금전 기타 재산상의 이익을 얻을 것'을 요하지 않으므로, 허위·부실 표시 문서 이용행위와 타인의 오해 사이의 인과관계 여부는 위 죄의 성립에 아무런 영향을 미치지 않는다.

120) 한국증권법학회, 앞의 책, 1168면 참조.

121) 대법원 2011.10.27. 선고 2011도8019 판결.

피고인들의 행위 자체는 주식 매도주문에 불과하여, 이것 자체가 불특정 투자자에게 일정한 행위를 유인할 목적이 있다고 까지는 보기 어렵고 부정한 수단을 넘는 추가적 기망으로서 위에서 본 자본시장법상 위계에 해당한다고 평가하기 어려우므로, 공소사실중 위계사용 부분에 대하여는 일응 범죄의 증명이 없다고 볼 것이다.

* 삼성증권 직원의 배당오류주식 매도에 대하여 위계가 아닌 부정한 수단으로 본 판결

또한 제178조 제2항의 위계는 '금융투자상품의 매매, 그 밖의 거래를 할 목적이나 그 시세의 변동을 도모할 목적'이 있어야 하나, 제178조 제1항의 '부정한 수단'은 이러한 목적을 요구하지 않으므로 위계의 사용보다 그 폭이 넓다.

그렇다면 행위자의 주관적 목적은 어떻게 판단하는가. 판례는 위계의 판단에 있어서 행위자의 지위, 행위자의 특정 진술이나 표시를 하게 된 동기와 경위, 합리적인 근거에 기초하여 성실하게 행하여진 것인지 여부, 거래 상대방이나 불특정 투자자들에게 오인·착각을 유발할 위험이 있는지 여부, 제반 사정들을 종합적·전체적으로 고려하여 객관적인 기준에 의하여 판단할 것을 요구한다.[122]

4. 폭행 또는 협박

(1) 의 의

금융투자상품의 매매, 그 밖의 거래를 할 목적이나 그 시세의 변동을 도모할 목적으로 '폭행 또는 협박'을 하여서는 아니 된다(법 §178②). '폭행 또는 협박'은 자본시장법 제정 시 신설된 조문으로서 일본 금융투자상품법 제158조와 동일한 내용이다.

(2) 폭 행

형법 제260조의 폭행죄[123]는 사람의 신체에 대하여 유형력을 가함으로써 성립하는 범죄(협의의 폭행)[124]에 해당하는 반면, 공무집행방해죄(형법 §136),[125] 강요

---

122) 대법원 2001.1.19. 선고 2000도4444 판결, 대법원 2011.3.10. 선고 2008도6335 판결 등.
123) 제260조 (폭행, 존속폭행) ① 사람의 신체에 대하여 폭행을 가한 자는 2년 이하의 징역, 500만원 이하의 벌금, 구류 또는 과료에 처한다.
124) 이재상, 「형법각론」, 박영사(2010), 61면.
125) 제136조 (공무집행방해) ① 직무를 집행하는 공무원에 대하여 폭행 또는 협박한 자는 5년 이하의 징역 또는 1천만원 이하의 벌금에 처한다.
   ② 공무원에 대하여 그 직무상의 행위를 강요 또는 조지하거나 그 직을 사퇴하게 할 목적으로 폭행 또는 협박한 자도 전항의 형과 같다.

죄(형법 §324)[126]의 폭행은 사람에 대한 '직접·간접'의 유형력의 행사를 말한다(협의의 폭행). 공무집행방해죄나 강요죄의 경우 사람의 업무나 권리행사에 관한 방해를 처벌하는 점에서 그 용례가 자본시장법 제178조 제2항에 더 가깝다. 법 제178조 제2항의 '폭행'은 신체에 대한 유형력 행사보다는 사람에 대한 직·간접적 유형력 행사로 봄이 타당하다.

형법상 폭행죄, 협박죄와 제178조 제2항의 폭행, 협박은 서로 보호법익을 달리하는 범죄로서 제178조 제2항은 법조경합에 따른 특별조항으로 보는 것이 타당하다. 따라서 "금융투자상품의 매매, 그 밖의 거래를 할 목적이나 그 시세의 변동을 도모할 목적으로" 폭행 또는 협박을 하는 경우에는 형법이 아닌 자본시장법 제178조 제2항이 우선 적용된다.[127]

(3) 협 박

협박(脅迫)이란 해악(害惡)을 고지하여 상대방에게 공포심을 일으키게 하는 것을 말한다. 형법 제283조의 협박죄[128]는 사람에게 현실로 공포심을 느낄 수 있을 정도의 해악을 고지하는 것을 말한다(협의의 협박).[129] 공무집행방해죄의 경우 사람에게 공포심을 일으킬 목적으로 상대방에게 해악을 고지하는 것을 말한다(광의의 협박). 해악의 고지로 인하여 상대방에게 공포심이 일어났는가는 문제 삼지 않는다. 자본시장법 제178조 제2항의 협박 역시 넓게 해석함이 타당하다.

5. 거래·시세변동 목적

제178조 제2항은 제1항 제1호와 달리 "금융투자상품의 매매, 그 밖의 거래를 할 목적이나 그 시세의 변동을 도모할 목적"을 요구한다. 판례는 이러한 목적이 다른 목적과의 공존 여부나 어느 목적이 주된 것인지가 문제되지 않는다고 본다.[130]

---

126) 제324조 (강요) 폭행 또는 협박으로 사람의 권리행사를 방해하거나 의무없는 일을 하게 한 자는 5년 이하의 징역에 처한다.

127) 한국증권법학회, 앞의 책, 1167면 참조.

128) 제283조 (협박, 존속협박) ① 사람을 협박한 자는 3년 이하의 징역, 500만원 이하의 벌금, 구류 또는 과료에 처한다.

129) 이재상, 앞의 책, 113면.

130) [대법원 2009.7.9. 선고 2009도1374 판결] 허위의 사실을 유포하는 행위 당시 위와 같은 포괄적인 의미의 부당한 이득을 얻으려는 목적이 있으면 족하며 그 행위 당시부터 장차 유가증권을 처분하여 이득을 얻겠다는 목적이 구체적이고 확정적으로 존재하여야 하는 것은 아니다. 위와 같은 부당한 이익을 얻으려는 목적은 그것이 행위의 유일한 동기일 필요는 없는 것이므로 다른 목적과 함께 존재하여도 무방하고 그 경우 어떤 목적이 행위의 주된 원인인지는 문제되지 아니한다.

이는 시세조종에 대한 매매유인목적[131]이나 미공개중요정보의 정보 이용여부[132]의 경우에도 동일하다.

Ⅳ. 위계 사용행위의 양태

위계사용행위는 자본시장법 제178조 제1항 제1호의 '부정한 수단'이 도입된 이후로는 포괄규정으로서의 유용성은 퇴색되었다. 그러나 기망성이 명확한 사건에는 적극적으로 적용되고 있으며, 실무상 부정한 수단과 함께 상상적 경합범으로 적용되는 경우가 일반적이다.

구 증권거래법 당시 위계 규정이 적용된 대표적인 사례는 외환카드 사건이다. 이 사건은 외환은행과 외환카드 간 합병과 관련하여 외환은행 최대주주인 론스타펀드가 외환카드의 감자계획을 발표하여 합병비율을 조정한 사건과 관련하여 동 공표행위를 투자자들의 오인·착각을 이용하여 부당한 이득을 취하려는 기망적인 수단, 계획 내지 기교로서 위계를 쓰는 행위에 해당한다고 판단했다.[133]

자본시장법 시행 이후 사례를 보면 외국인 자금 유입이라는 외관 형성을 통하여 투자자들에 대해 위계를 사용한 사건,[134] 증권방송을 통한 매수추천행위 후 보유물량을 매도하여 차익을 실현한 행위에 대하여 위계사용이 적용된 바 있다.[135] 양 사건의 경우 부정한 수단 및 위계사용행위 규정 양자를 적용하였다.

증권전문가가 증권방송이나 리딩방에서 명시적으로 특정증권을 매수 추천하지 않고, 특정증권의 매수세 유입상황, 실적 개선 동향 등을 소개한 경우 매수 추천으로 보아 부정한 수단 또는 위계를 적용할 수 있는가. 대법원은 증권전문가가 소개한 내용이나 의견은 투자자에게 종목이 매수하기 적합하다는 점을 소개하여 매수 의사를 불러일으키는 행위로서 매수 추천을 하였다고 판시한 바 있다. 실제 리딩방 등의 매수추천 행위의 양태를 보면 제178조 제2항에 따른 풍문의 유포행위 위반을 의식하여 호재성 공시, 종목 뉴스를 링크하고, 간접적 표현으로 추천을 권유하는 방식을 취하는 경우가 많다. 추천행위를 통한 위계 여부의 판단에 있어서는 행위자의 표현

---

131) 대법원 2010.6.24. 선고 2007도9051 판결.
132) 서울중앙지방법원 2007.7.20. 선고 2007고합159 판결.
133) 대법원 2011.3.10. 선고 2008도6335 판결.
134) 대법원 2011.7.14. 선고 2011도3180 판결.
135) 서울중앙지방법원 2013.12.24. 선고 2013고단3942 판결.

이 궁극적으로 일반투자자에게 매수를 유인하는 효과를 갖는가에 따라 판단하는 것이 타당하다. 해당 종목을 직접 추천하지 않았고 당해 정보가 사실인 정보라고 하더라도, 제공한 정보가 투자자에게 매수 의사를 불러일으키기에 충분하고(매수의 유인), 선행매수한 증권에 대한 이해관계를 표시하지 않았다면 불특정 투자자를 기망하여 일정한 행위를 유인할 목적을 갖는 위계의 사용을 적용해야 할 것이다.

매수추천의 판단기준(대법원 2022.5.26. 선고 2018도13864 판결)

투자자문업자, 증권분석가, 언론매체 종사자, 투자관련 웹사이트 운영자 등이 추천하는 증권을 자신이 선행매수하여 보유하고 있고 추천 후에 이를 매도할 수도 있다는 증권에 관한 자신의 이해관계를 표시하지 않은 채 증권의 매수를 추천하는 행위는 자본시장법 제178조 제1항 제1호에서 정한 '부정한 수단, 계획, 기교를 사용하는 행위'에 해당한다. 또한 위와 같은 행위는 투자자의 오해를 초래하지 않기 위하여 필요한 중요사항인 개인적인 이해관계의 표시를 누락함으로써 투자자에게 객관적인 동기에서 증권을 추천한다는 인상을 주어 거래를 유인하려는 행위로서 자본시장법 제178조 제2항에서 정한 '위계의 사용'에도 해당한다(대법원 2017.3.30. 선고 2014도6910 판결 참조). 여기서 '증권의 매수를 추천'한다고 함은 투자자에게 특정 증권이 매수하기에 적합하다는 사실을 소개하여 그 증권에 대한 매수 의사를 불러일으키는 것을 가리킨다.[136]

---

[136] 원심은 특정 증권을 매수하라는 의사를 표시하였다거나 투자자에게 주식 매수를 부추길 의사가 있었다고 단정하기 어렵다고 하여 무죄로 판단(서울고등법원 2017.4.7. 선고 2015도760 판결)

☑ 리딩방

• 리딩방은 자칭 증권전문가가 유료회원을 대상으로 카카오톡 등 SNS, 인터넷 카페 등을 통한 일대일 투자상담을 통해 특정증권의 매매를 추천하는 곳을 말한다.

• 투자할 종목을 추천해 주고 매수·매도 타이밍까지 리딩(leading)해 준다는 의미에서 리딩방으로 불린다.

• 일대일 투자자문의 영업은 투자자문업자(법 §6)에게 허용되고 있으나, 리딩방은 무자격자들의 위법한 개별적 투자자문이 이루어진다.

☑ 리딩방의 불공정거래 양태

• 리딩방은 불특정다수에게 오픈채팅방, 스팸메시지, 유튜브 등을 통해 종목을 추천하고, 연락처를 노출하여 유료회원 가입시 비공개 채팅방으로 초대한다.

• 리딩방은 특정종목에 대한 추천을 하면서 동 종목에 대한 호재성 정보, 뉴스 등을 게시하여 회원의 매수세를 유인한다. 주로 단기 급등이 용이한 테마주, 저유동성 종목이나 호재성 정보가 있는 종목이 타겟이 된다.

• 회원들의 종목 매수로 주가가 상승하면, 리딩방은 기존 보유물량을 고가에 처분하여 차익을 실현한다.

☑ 펌프 앤 덤프

• 이러한 리딩방의 전략은 펌프 앤 덤프(Pump & dump)라고 불리는 전통적인 불공정거래 유형에 해당한다.

• 미국에서는 1980년대 증권회사 브로커들이 저가주 시장 유통되는 백지수표회사(SPAC의 초기형태)에 대한 수익성 있는 합병관련 허위 리포트를 유포하고, 주가 부양 후 보유물량을 투매하는 펌프 앤 덤프가 성행하기도 했다.

Summary 부정거래행위 요건

구 분		내 용
부정한 수단	대상상품	상장 여부를 불문하고 모든 금융투자상품이 규제 대상 (행위자가 직접 금융투자상품을 거래하지 않는 경우에도 적용)
	부정한 수단의 개념	사회통념상 부정한 일체의 수단, 계획 또는 기교를 의미하며, 기망을 요구하지 않음(판례)
	양 태	무자본 M&A를 통한 부정거래행위가 다수를 차지하고, 다양한 유형의 규제가 이루어짐
중요사항의 거짓기재	중요사항	미공개중요정보와 같은 법인에 대한 중요정보뿐 아니라 금융투자상품에 관한 시장정보를 포함
	거짓기재	문서뿐 아니라 언론, 인터넷 등 다양한 매체의 거짓 기재 표시 또는 누락을 포함
	재산상의 이익	반드시 재산상 이익을 요구하지 않는다(판례).
	양 태	주식등의 대량보유보고의 거짓기재(예 : 취득자금, 취득목적)가 많음
위계등의 사용	위 계	일정한 기망을 요한다는 점에서 부정한 수단과 차이가 있음 부정한 수단이 주로 포괄규정으로 적용
	풍문의 유포	정확하지 않은 사실을 퍼트리는 행위
	폭행 또는 협박	형법상 폭행·협박과 달리 사회적 법익을 보호하므로 직접적인 폭행 또는 협박의 효과를 요구하는 것은 아님

제5편

과징금 규제와
공매도

제 1 장

불공정거래 과징금 규제

제1절 총 론

Ⅰ. 불공정거래 과징금 제도의 의의

1. 과징금의 개념

과징금은 '행정기관이 행정법규 위반자에게 과하는 금전 부과금'을 말한다. 그런데 부당이득환수 또는 제재와 같은 과징금의 목적에 대해서는 법률상으로나 학문적으로도 통일된 개념을 갖고 있지 않다. 우리보다 과징금 제도를 먼저 도입한 일본에서도 과징금의 목적에 대한 견해가 일관되지 않는다. 과징금의 목적을 어떻게 정의하느냐에 따라 유사한 성격의 처벌제도와의 관계가 정립되므로 과징금의 성격 규정은 중요한 의미가 있다.

과징금의 모태라고 할 수 있는 미국·영국의 민사제재금은 위반행위의 억지 또는 제재를 주목적으로 한다. 반면 일본은 과징금을 도입하면서 형사처벌제도와의 성격을 구분하기 위하여 부당이득 환수를 과징금의 목적으로 설정하였다. 일본의 과징금 제도를 계수한 우리나라의 경우 일본과 같이 부당이득환수 목적을 갖는 것으로 보았지만, 개별 법률에서 제재의 성격을 가미한 과징금이 도입되면서 이제는 오로지 부당이득만을 환수하는 것으로 보지 않는다.

2. 과징금의 목적

과징금의 목적에 대하여 학설상으로는 부당이득환수설,[1] 행정제재설,[2] 그리고 부당이익 환수와 제재 양자의 성격을 갖는다는 겸유설[3]로 나뉜다. 예를 들어 「물가안정에 관한 법률」상 정부 고시가격을 초과하여 거래한 자의 부당이득에 따른 과징금(§2의2①)은 전형적인 부당이득환수 목적의 과징금이다. 법률 위반에 대한 제재 성격을 갖는 과징금은 「공중위생관리법」에 따른 영업정지에 갈음하여 부과하는 과징금(§11의2①)이 이에 해당한다.

자본시장법상 시장질서 교란행위나 3대 불공정거래 위반에 따른 과징금은 법률 위반행위자의 부당이득을 기준으로 하여 과징금을 부과하나, 위반행위의 중요도에 따라 부당이득을 초과한 최대 3배까지 부과할 수 있고, 부당이득 산정이 불가능한 경우에도 기본 과징금의 부과가 가능하다. 따라서 부당이득 환수와 제재의 겸유적 성격을 갖고 있다고 보는 것이 타당하다.[4] 주된 목적은 어디에 있다고 보아야 하는가. 공정거래법상 부당지원행위 과징금에 대한 판례는 부당내부거래 억지라는 행정목적을 실현하기 위한 제재금으로서의 기본적 성격에 부당이익 환수적 요소도 부가되어 있는 것으로 본다.[5] 불공정거래 과징금 역시 달리 볼 이유가 없다.

연혁적으로 보면 일본이 영미법상 민사제재금을 계수하는 과정에서 형사처벌과의 목적을 구분하기 위하여 부당이득환수 기능을 강조한 것이 우리 과징금 제도 목적에도 영향을 준 것으로 보인다. 과징금은 가해자의 불법행위에 근거하여 환수된 금전이 피해자에게 귀속하지 않는다는 점에서, 법률상 원인 없이 얻은 이익을 귀속하는 민법상 부당이득 반환(§741)과도 구분된다.

---

1) 부당이득환수설은 일반적으로 행정법상의 의무를 위반한 자가 해당 위반행위로 인하여 얻은 불법적 이익을 박탈하는 것에 목적이 있으므로, 법위반에 따라 발생한 부당이익에 해당하는 금액을 환수함으로써 행정목적을 달성하게 된다(전형적 과징금). 이러한 과징금은 부과 여부에 대한 행정청의 재량을 인정하지 않으며, 과징금액 산정 역시 부당이득액으로 한정된다고 한다; 김홍대, "과징금제도의 의의와 법적 성격", 「법조」제51권 제12호(2002), 23면.

2) 행정제재설은 법률 위반행위에 대한 제재로서의 성격을 갖는다고 보는 것으로서 일정한 사업을 시행하는 자에게 영업정지 등 일정한 행정명령의 이행과 선택적으로 또는 갈음하여 적용되는 행정청이 부과 및 징수하는 금전적 부담으로 정의되고 있다(변형된 과징금); 김동희, 「행정법 I」, 박영사(2016), 437면.

3) 겸유설은 과징금이 부당이익환수와 제재의 성격 양자를 갖고 있다는 것으로서, 탈형벌주의의 추세에 따라 과징금 제도 역시 기존의 부당이득환수제도에서 형벌을 대체하는 제재수단을 겸하는 수단으로 변화했다고 볼 수 있다.

4) 시장질서 교란행위 과징금이 겸유적 성격을 갖고 있다고 보는 견해로는 김민석, "자본시장 불공정거래에 대한 금전제재의 법적 쟁점 - 최근 미국 증권거래법 개정 사례와 그 시사점을 중심으로", 「금융법연구」제19권 제1호(2022), 250면.

5) 헌법재판소 2003.7.24. 2001헌가25 결정, 대법원 2004.4.23. 선고 2001두6517 판결 참조.

3. 형벌과의 비교

(1) 법적 성격 비교

과징금과 형벌 제도를 비교해 보면 과징금은 위법행위로 인한 경제적 이익의 환수 또는 제재하기 위한 제재금으로서 위법행위의 발생 예방이 일차적 목적인 반면, 형벌은 과거의 위반행위에 대한 국가형벌권의 행사로서 사후적인 응보 성격을 갖는다. 부과주체 역시 과징금은 행정청이 부과주체이고 형벌은 사법당국으로 구분된다. 징역·벌금 등 형벌은 엄격한 구성요건과 고의를 요구하는 반면, 행정제재인 과징금은 반윤리성을 요구하지 않으므로 과실인 경우에도 부과가 가능하다. 또한 형벌 대상인 불공정거래는 인식·목적 등 주관적 목적 요건을 충족해야 하나, 과징금 부과대상 행위는 주관적 목적을 요구하지 아니한다. 다만 3대 불공정거래 과징금 부과의 경우 주관적 요건을 충족해야 한다.[6]

이렇게 과징금과 형벌은 목적, 부과주체와 요건 면에서 법적 성격을 달리하지만, 제재와 억지의 기능을 겸유한다는 점에서 기능적 유사성이 있다. 이와 관련하여 헌법재판소는 과징금 제재를 통한 억지는 행정규제의 본원적 기능이라고 보면서 "제재적 성격 유무를 기준으로 하여 이중처벌금지 원칙을 폭넓게 적용하게 되면 오늘날의 행정현실에 탄력적으로 대응할 수 없게 될 우려가 있다"고 하여 행정처분의 독립성을 인정하는 태도를 취하고 있다.[7]

(2) 형벌·과징금의 병과

원칙적으로 과징금 부과제도는 형벌권의 실행으로서의 과벌은 아니고 행정상의 제재금으로서 그 취지와 기능, 부과 주체와 절차를 달리하므로 형벌과 과징금 양자가 부과되더라도 이중처벌에 해당하지는 않는다는 것이 판례와 통설이다.[8]

이와 관련하여 헌법재판소는 과징금과 형사처벌의 병과를 이중처벌금지의 문

---

6) 예를 들어 법 제174조의 미공개중요정보 이용행위의 구성요건상 미공개정보를 매매에 "이용"할 것이 요구되고, 법 제176조의 시세조종은 "매매를 유인할 목적"을 요구하므로 과징금 제도도 사실상 고의를 전제로 적용할 수밖에 없다. 우리 3대 불공정거래 규정과 유사한 일본 금융상품거래법상 불공정거래 금지규정 역시 주관적 요건이 요구되기 때문에 사실상 처벌−과징금 요건상의 차이는 존재하지 않는 것으로 보기도 한다; 木目田 裕·上島正道監修 西村あさひ法律事務所·危機管理グループ編, 「インサイダー取引 規制の実務」, 商事法務(2014. 8. 10), 616頁.
7) 헌법재판소 2003.7.24. 선고 2001헌가25 결정.
8) 공정거래위원회의 과징금 부과와 관련한 판례로는 대법원 2004. 4. 9. 선고 2001두6197 판결, 헌법재판소 2003. 7. 24. 선고 2001헌가25 결정; 김철용, 「행정법 I」, 박영사 (2005), 410면.

제보다는 과잉금지원칙의 문제로 위헌여부를 판단해야 한다는 입장이다. 공정거래법상 부당지원행위에 따른 과징금 부과와 관련하여 과징금에 형사처벌 조항을 병과하는 것은 비례성 원칙에 반하여 과잉제재를 하는 것이라 할 수 없다고 판단하였다.[9]

불공정거래 과징금은 벌금제도와 입법취지상 부당이득 박탈 목적을 겸유하기 때문에 병과가 이루지면 현실적으로 각각의 목적과 기능이 중복되어 국가의 행정작용 및 형사사법권 남용의 문제가 지적될 수밖에 없다.[10] 시장질서 교란행위에 따른 과징금 부과 후 형벌 등 제재를 받은 경우 과징금을 감면하도록 한다던가,[11] 3대 불공정거래에 대해 벌금을 부과받으면 과징금 부과의 취소 또는 감면하는 것도(법 §429의2②) 실질적인 이중제재 또는 과징제재의 문제점을 보완하기 위한 목적을 갖고 있는 것이다.

4. 과징금 규제의 필요성

(1) 처벌 중심의 규제체계

대표적 규제인 3대 불공정거래 처벌 제도는 검사의 엄격한 입증책임이 따르고, 구성요건을 충족하지 못하는 행위는 규제가 어려운 문제가 있다.

예를 들어 호재성 정보를 이용해 주식을 매수한 2차 정보수령자는 1차 정보수령자와 공범관계에 있다고 하더라도 1차 정보수령자까지 규제대상으로 하는 법 제174조의 객관적 구성요건상 처벌이 불가능하다.[12] 법 제176조의 시세조종의 경우

---

9) 헌법재판소, 앞의 결정; 다만 헌재 결정은 공정거래법상 부당지원행위에 따른 처벌 수준 (2년 이하의 징역 또는 1억 5천만원 이하의 벌금)이 낮아 과징금을 통한 억제가 필요하다는 것을 전제로 판단한 것이므로, 양자가 부당이득에 연동하는 불공정거래 과징금·처벌 제도와 동일한 잣대로 비교할 수 없다.

10) 헌법재판소는 부동산실명법상 의무 위반에 대하여 처벌과 동시에 과징금을 부과하는 것이 이중처벌에 해당하여 헌법에 위반된다고 보기는 어렵다고 하면서도, 동일한 행위를 대상으로 하여 형벌을 부과하면서 과징금을 부과하여 대상자에게 거듭 처벌되는 것과 같은 효과를 낳는다면 과잉금지 및 신뢰의 원칙에 반한다며 헌법불합치 결정을 한 바 있다(헌법재판소 2001.5.31. 99헌가18 결정 참조).

11) 자본시장조사 업무규정 별표2 과징금 부과기준 5. (4) 동일한 위반행위에 대하여 법원, 검찰 기타 다른 행정기관으로부터 형벌, 과태료, 과징금 등의 형태로 제재조치를 이미 받은 경우에는 제재금액 등을 고려하여 이 기준에 따른 과징금을 감면할 수 있다.

12) 대법원 2001.1.25. 선고 2000도90 판결; 신동방 주식회사의 무세제 세탁기 개발이 보도되기 전날 신문기자 A가 동생 B에게 해당 정보를 알려주고 B가 해당 주식을 매수하여 매매차익을 취득한 사건에서 대법원은 2차 정보수령자를 처벌 범위에 넣지 않은 것은 처벌범위가 불명확하게 되거나 법적 안정성을 해치는 것을 막기 위한 것이라고 하면서

일반투자자의 "매매를 유인할 목적"이라는 주관적 구성요건을 충족해야 하는데, 주관적 의사에 대한 입증이 이루어지지 않으면 시세조종의 구성요건을 충족하기 어렵다.[13]

특히 불공정거래 처벌제도는 다른 나라와 달리 부당이득에 연동하는 독특한 체계이다. 부당이득에 연동한 처벌구조는 실제 사법 현실에서 합리적 적용을 어렵게 하는 장애요인이 된다. 부당이득에 연동한 처벌 조항이 범죄 동기를 제압하는 수단으로 기능할 수 있지만,[14] 과도한 처벌조항으로 인해 오히려 법집행력을 떨어뜨리고, 형벌의 적정성 원칙에도 위반되는 문제가 지적된다.[15]

(2) 법익보호를 위한 형벌의 정당성 문제

증권시장의 공정성 확보라는 자본시장의 기본적 기능을 보호하기 위하여 형법이 어느 정도까지 개입할 수 있는가를 고려할 필요가 있다. 법익 침해 위험의 예방을 위한 추상적 위험범의 개입이 과도할 경우 법적 안정성의 상실이라는 위험을 양산할 수 있다.

일본의 내부자거래 규제에 대한 비판적인 견해는 사기의 고의 입증에 대한 실무적인 어려움을 이유로 추상적 위험범이나 형식범이 사용된다고 지적한다.[16] 특히 이러한 경향은 자본시장법과 같은 행정형벌에서 더욱 두드러지는데, 수범자에게 간접적이고 약한 심리적 강제를 가하는 행정처분보다는 행정상 의무이행을 더욱 확고히 하기 위해 위하력이 강한 형벌을 규정하는 방식이 채택되었다는 것이다. 이로 인한 형벌의 과잉현상을 초래하는 부정적인 요인으로 작용하고 있다고 평가하고 있다.[17]

형법상 공모, 교사, 방조에 해당하더라도 입법 취지상 2차 정보수령자를 1차 정보수령자의 공범으로 처벌할 수 없다고 판시하였다.

13) 대법원 2008.11.27. 선고 2007도6558 판결; 18개 계좌를 이용하여 특정 종목의 통정매매 · 가장매매, 고가매수주문, 종가관여주문 등을 한 사건에서 하급심은 시세조종행위로 유죄 판결하였으나, 원심과 상고심은 저평가 종목의 장기보유를 위한 매수 목적으로서 매매양태상 매매유인목적이 없는 것으로 보아 무죄 판결하였다.

14) 정순섭, "자본시장법상 불공정거래와 보호법익 – 시세조종과 부당이득을 중심으로", 상사판례연구(2012.3.31.), 126면.

15) 최인섭 · 이천현 · 오경식 · 안경옥 · 이경렬, 「한국의 금융범죄 실태와 사회적 대응 방안」, 한국형사정책연구원(2002), 723면; 정순섭, 위의 논문, 121면; 김민석, "자본시장법상 불공정거래에 대한 금전제재에 관한 연구", 성균관대학교 박사학위 논문(2021), 184면 참조.

16) 金尙均, 「インサイダー取引に対する刑事規制についての一考察」, 立命館法学 247号 (1996), <http://www.ritsumei.ac.jp/acd/cg/law/lex/96-3/kin.htm>.

17) 이기세 · 신형석, "행정형벌의 행정질서벌화 경향에 대한 소고 – 행정형벌의 비범죄화 ·

II. 제도도입 경과

1. 제도도입 배경

미국 등 영미법계 국가들은 징벌적 손해배상 제도가 판례를 통해 정립되었고 이를 모태로 하여 행정기관의 민사제재금 제도가 도입되는 과정을 거쳐 왔다. 일본도 위반행위의 정도에 따라 금전적 부담을 부과하는 과징금제도 도입의 필요성이 제기되어,[18] 2004년 불공정거래행위에 대한 과징금제도를 도입하였다.

주요국의 변화와 함께 국내에서 발생한 일련의 사건들은 시장질서 교란행위의 도입 추진을 가속화하였다. 2차 정보수령자의 미공개중요정보 이용 사건인 신동방 사건,[19] ELS 주가조작 사건,[20] 2010년 옵션쇼크 사태[21] 등은 시장에 미치는 영향의 심각성에 비해 기존 불공정거래 규제가 적용되지 않거나, 적용가능 여부에 대한 논란이 제기되었고, 과징금 도입 필요성의 근거가 되는 대표적인 사례로 언급되어 왔다.[22]

비형벌화를 중심으로", 「한국범죄심리연구」 제11권 제3호(2015), 228면; 한편 추상적 위험범에 대한 불명확한 구성요건으로 인해 적극적 양형을 기피하는 등 범죄예방과 재판에 부정적인 요인이 되고 있다고 한다(한석훈, 「비즈니스 범죄와 기업법」, 성균관대학교 출판부(2021), 47면 참조).

18) 金融審議會金融分科會, 「市場機能を中核とする金融システムに向けて」, 金融審議會金融分科會第一部會報告, 2003, 14頁.

19) 대법원 2001.1.25. 선고 2000도90 판결(2차 정보수령자 무죄).

20) ELS의 발생사가 만기일에 해당 기초자산의 주가를 의도적으로 하락시킨 사건. 2009년 4월 SK에너지 주식을 대량 매도해 ELS 조기상환 성취가격을 떨어뜨려 투자자들에게 손실을 안긴 미래에셋을 비롯한 대우증권, 캐나다왕립은행, BNP 파리바 등 4곳의 트레이더에 대해 검찰이 자본시장법 위반 혐의로 기소한 바 있다("ELS 주가조작 증권사 트레이더 첫 무죄 판결", 머니투데이, 2013.4.21.).

21) 한국거래소 보도자료, "옵션만기일 주가지수 급락 등 관련 감리결과 회원사에 대한 제재조치", (2011.2.2.). 참조; 한국거래소 옵션시장 만기일인 2010.11.11일 한국 도이치증권이 풋옵션을 대량으로 매수한 상태에서 장 종료 10분을 남긴 동시호가 때 주식을 대량으로 매도(2조 4,353억원)하는 주문을 수탁처리하여 옵션가격의 기준이 되는 KOSPI200 지수가 급락한 사건. 동 사건으로 인해 회사 내부정보가 아닌 시장정보를 이용하는 경우에 대한 규제 여부에 대한 이슈가 발생한 계기가 되었다. 한국 도이치증권 임원에 대하여 무죄를 선고(대법원 2023.12.21. 선고 2018도20415 판결).

22) 금융위원회, "주가조작 등 불공정거래 근절 종합대책", (2013.4.18.), 10면.

2. 제도 도입 경과

(1) 금융위원회 입법예고안

우리나라도 주요국과 같은 과징금 도입 노력이 없었던 것은 아니다. 2011년 7월 11일 금융위원회는 자본시장법 개정안을 입법예고 하였는데, 3대 불공정거래에 대한 과징금 부과 및 시장질서 교란행위 유형을 별도로 신설하는 법안을 마련한 바 있다. 그러나 이 법안에 대한 금융위원회와 수사기관 간 견해차는 극명했는데, 법무부는 불공정거래는 중요 경제범죄로서 형벌로서 엄정하게 처벌하는 것이 타당하며, 과징금제도가 도입되면 이미 적절히 운영되고 있는 형사처벌 제도마저 형해화할 우려가 있다는 입장이었다.[23]

(2) 시장질서 교란행위 도입

2013년 3월 11일 박근혜 대통령이 취임한 후 첫 번째 국무회의에서 주가조작 조사 및 처벌의 실효성을 제고할 것을 주문하면서 불공정거래 규제체계에 큰 변화가 이루어졌다. 2013년 4월 18일 금융위원회 및 검찰 등 관계기관은 합동으로 "주가조작 등 불공정거래 근절 종합대책"[24]을 발표하였고, 동 대책의 후속 조치로서 시장질서 교란행위가 반영된 자본시장법 개정안을 발의하였다.[25]

동 법안과 관련하여 법무부는 미공개정보 이용행위의 규제요건이 지나치게 포괄적이어서 규율대상이 지나치게 확장될 우려가 있으며, 시세조종행위의 경우 목적성 여부를 제외하고는 객관적 요건이 동일하여 행정처분에 의하여 형사처벌이 배제되는 결과가 초래될 것으로 우려된다는 의견을 밝혔다.[26] 이후 금융위원회와 법무부의 수정의견이 반영되어 2014년 12월 31일 동 법안의 개정이 이루어졌다.

수정된 주요 내용은 다음과 같다. 정보이용형 교란행위의 경우 제174조 미공개정보이용행위의 2차 이상 정보수령자의 규제근거가 마련되고, 직무와 관련하여 정보를 생산하거나 알게 된 자, 해킹 등 부정한 방법으로 정보를 알게 된 자가 규

---

23) 구승모, "자본시장법상 불공정거래 수사 현황 및 개선방안 — 불공정거래행위에 대한 과징금 도입논의와 관련하여", 「자본시장에서의 과징금제도 변화방안 세미나」 발표자료, 국회입법조사처(2012), 71면.

24) 금융위원회, "주가조작 등 불공정거래 근절 종합대책", (2013.4.18.).

25) 김재경 의원 대표발의(2013.6.14).

26) 국회 정무위원회, "자본시장과 금융투자업에 관한 법률 일부개정법률안 심사보고서", (2014.12), 17면.

제 대상에 포함되었다(법 §제178의2①1).

　　시세관여형 교란행위와 관련하여 2011년 입법예고안에서는 예시적 규정을 두고 세부유형은 시행령에 위임하는 방식을 취했는데, 지나친 확장가능성이 높다는 법무부의 의견[27])이 수용되어 허수성 호가, 가장매매, 손익이전·조세회피 목적의 통정매매로 그 요건을 명확히 하여 법률에 반영하였다. 그리고 과징금 부과사건이 기존 불공정거래 금지규정의 위반 혐의가 있다고 인정하는 경우에는 금융위의 검찰 통보의무를 부과함으로써 불공정거래 조사사안이 과징금 부과처리로 집중될 가능성을 차단하였다.

(3) 3대 불공정거래 과징금 제도 도입

　　시장질서 교란행위 규제는 금융위원회의 전면적 과징금 도입에 대한 법무부의 반대로 인해 규제범위가 축소된 합의의 산물이었다. 따라서 불공정거래 전반에 대한 신속한 제재라는 과징금 규제 본연의 취지와는 거리가 있는 입법이었다. 2020년 9월 15일 윤관석 의원은 기존 형사처벌 대상 불공정거래에 대하여 부당이득의 2배 이하의 과징금을 부과하는 자본시장법 개정안을 발의하였다(법 §429의2①). 이 법안은 형사처벌을 위한 엄격한 입증책임과 장기간 소요되는 형사절차에 따른 한계를 극복하기 위해 과징금을 통한 신속한 제재와 부당이득 박탈로 자본시장의 공정한 거래질서를 확립하는 데 목적이 있다. 한편 2020년 6월 16일 박용진 의원이 발의한 자본시장법 개정안은 판례에 의존하던 부당이득 산정방식을 명문화하였다. 이러한 내용으로 2023년 7월 18일 법률이 개정되고 2024년 1월 19일부터 시행되고 있다.

┌─ 제 2 절　외국의 과징금 규제

> **Point**
>
> • 미국과 일본은 형사처벌 대상과 과징금 부과 대상이 동일한 체계이다.
> • 영국은 형사처벌 대상과 과징금 규제대상을 별도로 규정한다.
> • 한국은 일본과 영국의 과징금 체계 양자를 채택하였다.

---

27) 구승모, 앞의 자료, 71면.

I. 미국

1. 민사제재금의 개념

민사제재금(civil penalty)은 사인의 법률·규칙 위반에 대하여 민사적인 방식으로 부과되는 제재금이다. 민사(civil)라는 의미가 나타내듯 민사제재금은 행정기관이 민사소송을 거쳐 법원의 판결을 통하여 제재금을 부과하는 것으로서 형사처벌(criminal penalty)과 대응되는 개념이다. 영미법계 국가들이 민사소송을 통한 행정제재가 보편화된 것은 행정제재 사안을 당사자 간 분쟁으로 보는 당사자주의적 사고가 뿌리 깊게 자리하고 있기 때문이다.[28] 이러한 경향은 SEC 등 행정기관의 제재사안 대부분이 당사자 간 합의로 종결된다는 점에서도 확인할 수 있다.

우리나라의 과징금제도는 위반행위자의 제재와 부당이득 환수목적을 겸유하나, 민사제재금은 제재 목적만 갖는다.[29] 그 이유는 민사제재금의 기원인 징벌적 손해배상(Punitive damages)에서 찾을 수 있다. 영미법계 국가들은 피해자의 민사적 구제수단인 징벌적 손해배상이 판례를 통해 정착했는데, 징벌적 손해배상은 손해액을 훨씬 상회하는 금액을 배상한다는 점에서 위법행위에 대한 억지 목적을 갖는다.[30] 민사제재금은 부당이득 환수 목적의 제도가 아니므로, 별도의 부당이득반환제도(disgorgement)를 통하여 부당이득을 환수한다.

미국에서도 민사제재금의 제재(penalty)적 속성 때문에 형사처분과의 구분에 대한 논란이 없던 것이 아니다. 특히 헌법상 이중처벌금지 원칙 위배에 대해서는 과거 법원의 판단이 엇갈린 바가 있으나, 연방대법원은 민사제재금과 형벌의 병과는 이중제재에 해당하지 않는다고 판시하였고 이 입장은 그대로 유지되고 있다.[31]

2. 민사제재금의 연혁

미국의 민사제재금은 1938년 연방거래위원회법 개정을 통해 처음 도입되었으나, 증권거래법은 상대적으로 늦은 1984년 개정으로 도입되었다. 1980년 Chiarella

---

28) 정인영, "미국 행정법의 금전적 제재(Civil Penalty)", 「행정법연구」 제69호(2022.11), 77면.
29) 연방거래위원회(FTC)의 민사제재금의 성격을 위반행위에 대한 억지책으로 설계된 제도라고 한 판례; United States v. ITT Continental Baking Co., 420 U.S. 223 (1975).
30) 징벌적 손해배상과 관련한 현대적인 판례는 1763년 영국의 허클 판례(Huckle v. Money)가 대표적인데 법원은 재산상 피해를 상회하는 20파운드의 배상판결을 하면서 "억지적 손해배상(exemplary damages)"이라고 판시하였다.
31) Hudson v. US, 522 U.S. 93(1997).

에 대한 연방대법원의 판결을 통하여 신인의무가 있는 자에 대해서만 책임을 인정하여 내부자거래의 규제범위가 사실상 축소되는 문제가 제기되었다. 이에 대응하여 1984년 「내부자거래제재법」(Insider Trading Sanction Act of 1984)을 통한 증권거래법 개정으로 SEC가 법원에 민사소송을 제기하여 부당이득의 3배에 상당하는 민사제재금의 부과가 가능한 체계를 갖추게 되었다.

그런데 미국의 현대법 체계는 당사자주의에 입각한 소송을 통한 규제의 한계점에 봉착하게 되자, 행정기관이 직접 민사제재금 등 행정제재를 부과하여 그 권한을 강화하는 방향으로 발전한다.[32] 1990년에는 「증권집행구제 및 저가주개혁법」(Securities Enforcement Remedies and Penny Stock Reform Act)을 통해 SEC가 증권업자에게 직접 민사제재금을 부과하게 되었다. 2008년 「도드-프랭크법」(Dodd-Frank Rule)은 SEC가 일반인에 대하여 민사소송을 통한 민사제재금의 부과가 가능해지면서 민사제재금 규제를 더욱 확대하였다.

3. 민사제재금 부과 규정

민사제재금의 유형은 SEC가 법원에 민사소송을 제기하여 부과하는 민사제재금과 SEC가 직접 부과하는 민사제재금으로 분류된다. 민사소송을 통한 민사제재금은 누구든지 증권거래법, 규칙(rules or regulations) 또는 SEC의 중지명령을 위반하는 경우(내부자거래는 제외) SEC는 민사제재금을 부과하거나 부당이득 반환을 구하는 소를 제기할 수 있다(증권거래법 §21(d)(3)). 내부자거래에 대한 민사소송을 통한 민사제재금은 별도로 규정하는데, 누구든지 증권거래법 또는 규칙을 위반하여 미공개중요정보를 보유한 상태에서 증권(또는 스왑)을 매매하거나 당해 정보를 전달한 경우 SEC는 민사제재금 부과를 구하는 소를 제기할 수 있다(증권거래법 §21A(a)(1)). 민사소송을 통한 경우 누구든지(any person) 민사제재금의 부과가 가능하므로 부과대상자의 범위에 제한이 없다.

SEC가 직접 부과하는 민사제재금은 증권업자를 대상으로 한다. 1933년 증권법, 1940년 투자회사법, 1940년 투자자문업법, 증권거래법 또는 규칙을 고의로 위반하면 SEC는 직접 민사제재금을 부과할 수 있다(증권거래법 §21B(a)(1)). 이 경우 증권업자의 위반행위는 고의(willfully violated)일 것을 요건으로 한다.

---

32) 미국 행정기관의 민사제재금 제도의 변천과 체계를 설명한 자료로는 정인영, 앞의 논문 참조.

Ⅱ. 일 본

1. 개 관

금융상품거래법은 허위공시(§172의1, §172의2), 풍설의 유포 또는 위계의 사용(§173), 시세조종행위(§174), 회사관계자의 금지행위(§175), 미공개중요정보의 전달 및 거래권장행위(§175의2)에 대하여 형사처분과 별도로 과징금을 부과할 수 있다.

2. 과징금의 법적 성격

일본의 과징금제도는 1977년 「독점금지법」에 처음 도입되었다. 동 과징금제도의 법적 성격에 대한 입법자의 설명에 따르면 "과징금이 경제적 이득 박탈에 머무르는 한 제재가 아니다"라고 하여 과징금제도의 합헌성을 강조하였다.[33] 따라서 과징금제도는 부당이득 환수목적만을 갖는 것으로 한정하고 제재의 성격은 없다고 본다. 이는 과징금과 형벌의 병과에 따른 이중처벌 문제에 대한 비판을 피하기 위한 목적을 갖는 것으로 이해되고 있다.[34] 금융상품거래법상 과징금도 부당이득 박탈이 입법 취지이다.[35]

과거 최고재판소의 판례는 과징금과 같은 행정처분과 형벌의 병과가 이중처벌에 해당하지 않는다고 하였지만,[36] 이후 독점금지법상 과징금이 부당이득액과 일치해야 하는 것은 아니라고 판단하여 부당이득박탈론을 부정하는 입장이다.[37] 2005년에는 독점금지법상 과징금을 부당이득의 2배로 상향하고, 2008년 금융상품거래법상 과징금의 가산·감산 제도가 도입되면서 제재의 성격이 명시적으로 인정된 것으로 평가되고 있다.[38]

일본의 학설은 과징금의 이중처벌 문제보다는 비례의 원칙 문제가 유력하게

---

33) 高木光, "課徴金の制度設計と比例原則－JVC ケンウッド事件を素材とした一考察", 伊藤眞·松尾眞·山本克己·中川丈久·白石忠志編 「石川正先生古稀記念論文集 経済社会と法の役割」, 商事法務(2013), 158 頁.

34) 岩橋健定, 「独禁法上の課徴金」, 「行政判例百選(第6版)」(別冊ジュリスト211号), 有斐閣(2012), 242~243頁.

35) 金融廳, 「金融審議会金融分科会第一部会(第25回) 議事録」, (2005.2.8.).

36) 最大判 昭和 33年 4月 30日 民集12巻6号, 938頁(행정제재의 일종인 추징세의 이중처벌 해당여부에 관한 판례).

37) 最三判 平成 17年 9月 13日 民集 59巻7号, 1950頁.

38) 杉村和俊, "金融規制における課徴金制度の抑止効果と法的課題", 日本銀行金融研究所 金融研究, 2015.7, 156頁, 漆畑貴久, "平成20年金融商品取引法改正における課徴金制度の見直しの意義と問題点", 嘉悦大学研究論集 第52巻第1号, 2008.10, 47頁.

제기되고 있는데, 제재의 수가 복수인 것은 논의의 실익이 없고 제재의 총량이 과잉인 경우가 문제이므로 비례의 원칙에 위배되지 않는 한도 내에서는 입법자의 입법목적을 존중할 필요가 있다는 것이다.[39] 금융상품거래법상 몰수 · 추징이나 벌금이 있는 경우 과징금을 공제(§185의8⑧)하는 것도 비례의 원칙을 고려한 것이다.

3. 과징금제도의 도입 경과

(1) 과징금 제도 도입

1991년 발생한 이른바 증권불상사[40]를 계기로 공정하고 투명한 증권시장의 실현을 기본 목표로 독립된 증권시장 감시기구인 증권거래등감시위원회(이하 "증감위")가 1992년 설치되었다. 증감위는 증권거래법 위반행위에 대한 형사고발 및 행정처분 권고를 수행하였으나, 형사벌의 엄격한 입증요건 충족의 문제 및 기존 형사규제의 사각지대 발생의 문제가 있었다.[41] 따라서 위반행위의 정도에 따라 금전적인 부담을 부과하는 과징금제도의 도입에 대한 필요성이 제기되었다.[42]

그 결과 2004년 증권거래법 개정으로 불공정거래 행위에 대한 과징금 제도가 도입되어 2005년 4월 1일부터 시행하였다. 적용대상 행위는 ⅰ) 허위 공시(유가증권신고서 등 발행공시서류의 허위기재), ⅱ) 풍문의 유포 또는 위계의 사용, ⅲ) 현실거래에 의한 시세조종행위, ⅳ) 내부자거래이다. 부정거래행위의 경우 과징금 대상에서 제외하였는데, 부정거래행위는 포괄조항으로서 위반행위를 유형화하여 경제적 이득의 수준을 정하는 것이 곤란하므로 과징금 부과 대상에서 제외한 것이다.[43] 2005년에는 반기보고서 등 계속공시서류의 허위공시에 대한 과징금 부과를 추가하였다.

---

39) 佐伯仁志, 「制裁論」, 有斐閣(2009), 95, 115, 25頁,
40) 1991년 증권회사에 대한 세무조사 과정에서 증권사의 대규모 손실보전행위, 시세조종행위 등 증권비리로 사회적 문제가 되었고, 이후 손실보전행위에 대한 벌칙조항 신설 및 일임거래의 금지제도가 시행되었다.
41) 北村雅史, 「イギリスにおけるインサイダー取引の規制」, 大証金融商品取引法研究会(2012), 2頁.
42) 金融審議會金融分科會, 「市場機能を中核とする金融システムに向けて」, 金融審議會金融分科會第一部會報告(2003), 14頁.
43) 三井秀範(編), 「過徴金制度と民事賠償責任－條解 證券取引法」, (2005), 43頁.

(2) 과징금 부과금액의 상향 등 개정

2006년 증권거래법, 금융선물거래법, 유가증권에 관한 투자자문업의 규제등에 관한 법률 등이 통합된 금융상품거래법이 제정되었고, 이에 따라 불공정거래 과징금 조항 역시 금융상품거래법에 이관되었다.

2008년 금융상품거래법 개정에서는 과징금 부과 대상을 확대하여 시세조종행위 중 불법 안정조작거래와 가장매매·통정매매를 과징금 부과 대상에 포함하였다. 그리고 위반행위의 실효적인 억제를 위하여 과징금 부과 금액 수준을 상향하였다. 또한, 기존의 불공정거래 과징금 부과는 자기 계산으로 한 위반행위를 대상으로 하였으나, 금융상품거래업자 등이 고객 등의 계산으로 거래를 한 경우에 대해서도 과징금을 부과할 수 있는 규정을 신설하였다. 그리고 위반행위의 반복 등에 대한 과징금액의 가산 또는 감산을 할 수 있는 근거를 마련하였고, 과징금 부과의 제척기간을 기존 3년에서 5년으로 연장하였다.

2012년 개정 금융상품거래법은 금융상품거래업자 등에 해당하지 않는 자가 타인의 계산으로 거래를 하는 경우에도 과징금 부과대상에 포함하였다. 2013년 개정 법률은 내부자거래와 관련하여 정보 전달 또는 거래 권장행위가 새롭게 불공정거래의 유형에 추가되면서 과징금 부과대상이 되었다.

4. 과징금 부과 대상 불공정거래 행위

(1) 풍설의 유포 또는 위계의 사용

누구든지 유가증권의 모집, 매출, 매매 기타 거래 또는 파생상품거래 등을 위하여 또는 유가증권등의 시세변동을 도모할 목적으로 풍설의 유포, 위계의 사용, 폭행 또는 협박을 하여서는 아니된다(금융상품거래법 §158). 그중 풍설의 유포 또는 위계로 유가증권 등의 가격에 영향을 준 자에 대하여 과징금 납부명령을 한다(§173). 폭행 또는 협박행위는 과징금 부과대상이 아닌데, 그 행위 자체로도 형사처벌 구성요건을 충족하므로 과징금 부과대상에서 제외한 것으로 보인다. 금융상품거래법 제173조는 원래 "자기 계산"으로 한 위반행위만 과징금 납부대상이었으나, 2008년 및 2012년 법 개정으로 타인의 계산으로 한 위반행위도 과징금 납부명령 대상에 포함하였다.

(2) 가장매매·통정매매

금융상품거래법은 누구든지 유가증권 또는 파생상품 거래가 성황을 이루고 있다고 타인에게 오해를 유발시킬 목적으로, ⅰ) 권리의 이전을 목적으로 하지 않는 가장매매 또는 ⅱ) 자기의 매수(매도)와 같은 시기에 그와 동일한 가격으로 타인이 당해 금융투자상품을 매도(매수)하는 통정매매, ⅲ) 상기 ⅰ), ⅱ) 행위의 위탁 또는 수탁을 하는 행위를 금지한다(§159①). 동 규정을 위반한 거래의 신청 또는 위탁 등을 한 자에 대하여는 과징금 납부명령을 하도록 규정하고 있다(§174). 이 경우 역시 자기계산뿐 아니라 타인의 계산으로 한 행위도 과징금 부과대상이다.

(3) 현실거래에 의한 시세조종 및 불법 안정·조작거래

누구든지 유가증권 또는 파생상품의 거래를 유인할 목적으로 매매등이 성황을 이루고 있다고 오해하게 하거나 시세를 변동하게 하는 일련의 유가증권 매매등 또는 그 신청, 위탁등이나 수탁등을 하는 것을 금지한다(§159②1). 동 규정을 위반한 자에 대하여 과징금 납부명령을 한다(§174의2).

또한 상장금융상품등의 시세를 고정시키거나 안정시킬 목적의 유가증권매매 등 또는 그 신청, 위탁이나 수탁을 금지하고(§159조③), 이를 위반하는 경우 과징금 부과대상이 된다(§174의3).

(4) 내부자거래

금융상품거래법 제166조(회사관계자의 금지행위)를 위반하여 회사관계자와 정보수령자가 당해 상장회사등의 특정증권등에 관해 자기계산으로 매매, 기타 유상의 양도 또는 양수를 하는 경우에는 과징금 납부대상이 된다(§175). 또한 회사관계자 등이 미공개중요정보를 전달하거나 매매를 권장하는 경우에는 당해 회사관계자 등에 대하여 과징금 부과가 가능하다(§175의2).

Ⅲ. 유 럽

1. 개 관

영국을 포함한 유럽연합 국가들은 불공정거래 처벌대상 행위와 과징금 부과대상 행위를 별도로 규율하는 이원적 체계로 운영한다는 특징이 있다. 영국의 형사처벌 대상행위 규제는 ⅰ) 내부자거래의 경우 1993년 형사사법법(Criminal Justice Act 1993)에서 정하고 있고, ⅱ) 시세조종은 2000년 금융서비스시장법(Financial Services and Markets Act 2000: FSMA) 제397조에서 정한다.

과징금 규제의 경우 FSMA 제정 당시 시장남용행위(market abuse)라는 별도의 요건을 정하여 금전적 제재를 할 수 있도록 근거를 마련하였다. 시장남용행위에 대한 과징금 도입 배경에는 형사벌을 통한 규제가 엄격한 입증요건을 충족해야 하며,[44] 이로 인해 소추 및 유죄 판결이 어렵고,[45] 기존 형사적 규제로 대응하기 어려운 사각지대가 존재한다는 점 등을 고려한 것이다.[46]

시장남용행위에 대해서는 금융행위감독청(Financial Conduct Authority, 이하 'FCA')이 해석을 제시하는 지침(code)을 제정하도록 규정하였고(FSMA §119), 이에 근거하여 FCA는 handbook을 통하여 Market Conduct 관련 규칙(Market Abuse Regulation: MAR)을 정하고 있다. 영국 FSMA의 시장남용행위 조항은 우리 자본시장법 제178조의2의 시장질서 교란행위 모델이 된 규정이기도 하다.

그런데 2016년 유럽연합의 시장남용규칙(Market Abuse Regulation)이 유럽 전역에 시행됨에 따라 시장남용행위에 대한 과징금 규제 근거는 FSMA에서 EU의 시장남용규칙으로 대체되었다. 하지만 영국과 EU의 시장남용행위 규제는 내용상 큰 차이가 있는 것은 아니므로 FCA handbook 등 세부사항의 규율은 그대로 존속하고 있다. 영국이 유럽연합을 탈퇴한 현재도 규제 혼란을 방지하기 위해 EU 시장남용규칙은 당분간 영국에서 효력을 유지하고 있다.

2. 시장남용규칙

유럽연합(EU)의 금융상품 규제 전반은 2014년 기존 지침을 개정한 제2차 금융상품시장지침(Markets in Financial Instruments Directive: MiFID Ⅱ)을 따르고, 불공정거래의 경우 2014년 제정하여 2016년 시행한 시장남용규칙(Market Abuse Regulation: MAR)[47]을 적용한다.

시장남용규칙은 내부자거래 및 시장조작 위반에 대한 행정제재가 가능한데, 자연인에게는 최대 5백만 유로의 과징금을, 법인에 대해서는 1,500만 유로(또는 연매출액의 15%)의 과징금을 부과할 수 있다(MAR §30). 회원국들은 해당 규칙보다 더 높은 수준의 제재가 가능하다.

---

44) Barry Rider, Kern Alexander, Lisa Linklater & Stuart Bazley, Market Abuse and Insider Dealing, Tottel publishing(2009), at.71.

45) 北村雅史, 「イギリスにおけるインサイダー取引の規制」, 大証金融商品取引法研究会(2012.11.30.), 2頁.

46) 하영태, "자본시장법상 불공정거래 규제에 관한 연구", 한양대학교 박사학위 논문(2012), 149면.

47) 296/2014/EU.

불공정거래에 대한 형사처벌 규제는 2014년 제정된 형사처벌지침(Directive on Criminal Sanctions for Market Abuse: CSMAD)[48]에 따른다. 주요 내용으로는 위법성이 높은 내부자거래 및 내부정보 유출행위에 대해 각각 최소 4년, 2년의 징역에 처하고, 법인은 벌금을 부과한다. 이는 형사범죄에 대한 최소한을 정한 것이나, 회원국은 이 지침을 채택하지 않을 수 있다.

금융상품시장지침이나 형사처벌지침(Directive)은 EU 회원국의 국내 법제화에 따라 효력이 발생하는 반면, 시장남용규칙(Regulation)은 회원국에 직접 적용된다는 차이가 있다. 시장남용규칙은 회원국들이 각국의 법률에 따라 관할 당국이 적절한 행정제재 및 기타 행정조치를 취할 수 있는 권한을 갖도록 규정할 것을 요구하는 한편, 이러한 의무로 인해 형사제재와 관할 당국의 감독권한에 대한 침해가 없도록 명확히 하고 있다(MAR §30). 시장남용규칙을 직접 적용하는 이유는 회원국별 상이한 규제로 인하여 여러 회원국에서 활동하는 금융투자업자에게 과도한 법령준수부담이 부과되는 것을 방지할 목적이 있기 때문이다.[49]

한편 형사처벌지침의 경우 유럽연합은 역사적으로 형법 영역은 권한이 없는 것으로 여겨왔는데, 유럽연합 차원의 일괄적인 형벌 규제는 개별 국가의 주권에 대한 간섭이 될 수 있으므로 지침(directive)을 통한 간접규제 방식을 취해왔기 때문이다.[50] 예를 들어 영국의 형사제재는 영국 내 법률인 형사사법법(Criminal Justice Act 1993)에 따라 규제하고, 과징금 부과대상 시장남용행위는 EU의 시장남용규칙에 따라 과징금 규제가 적용된다.[51]

EU의 시장남용규칙에서 정하는 시장남용행위는 크게 세 가지이다. 내부자거래(Insider dealing), 내부정보의 불법공개(Unlawful disclosure of inside information), 시장조작(Market manipulation)이다.

---

48) 57/2014/EU.
49) 오성근, "EU의 제2차 금융상품시장지침(MiFID Ⅱ)과 금융상품시장규정(MiFIR)의 기본 구조 및 주요 내용", 「증권법연구」 제16권 제2호(2015), 243면.
50) MG Faure, C Leger, The Directive on Criminal Sanctions for Market Abuse: A Move Towards Harmonizing Inside Trading Criminal Law at the EU Level?, Brooklyn Journal of Corporate, vol.9 Issue 2, (2015), at 389.
51) 영국의 유럽연합에 탈퇴하였으나, 규제혼란 방지를 위해 현재는 EU의 시장남용규칙이 적용되고 있다. 향후에는 독자적인 입법이 이루어질 것으로 예상된다.

3. 대상 금융투자상품

시장남용행위 규제대상 금융상품(financial instruments)은 ⅰ) 규제시장에서의 거래가 허용되거나 규제시장의 거래를 신청한 금융상품을 대상으로 한다. 그 외에 MTF(Multilateral Trading Facilities, 한국의 대체거래소인 ATS에 해당)에서 거래되거나 거래신청한 금융상품, OTF(Organised Trading Facility, MTF의 일종으로서 주식을 제외한 채권, 파생상품, 구조화상품이나 배출권 등이 거래되는 시장)에 거래되는 금융상품도 포함한다(MAR §2.1). 또한 시장에서 거래되는 배출권은 금융상품이 아니나 시장남용행위 규제대상이다.

4. 내부자거래 규제

(1) 내부자의 범위

규제대상자인 내부자는 아래 지위의 결과로 내부정보를 보유(possess)한 자를 말한다(MAR §8.4).

(a) 발행인(또는 배출권 시장 참여자)의 관리, 경영 또는 감독을 하는 기관의 구성원
(b) 발행인(또는 배출권 시장 참여자)의 지분보유자
(c) 고용, 전문사무나 의무의 이행을 통해 정보에 대한 접근권한을 갖는 것
(d) 범죄행위의 관여

그 외에도 내부정보라는 것을 알고 있거나 알고 있어야 하는 자로서 내부정보를 보유한 모든 자를 포함한다(MAR §8.4 후단). 따라서 정보의 전달이 여러 단계를 거치는 경우라도 그 정보가 내부정보원으로부터 파생된 것임을 인식하고 있다면 모두 금지대상자가 된다. 1차 정보수령자로 제한하는 우리나라의 미공개중요정보 이용행위 규제와 다른 점이다.

(d)항은 내부자로부터 수령하지 않은 절도 등을 통한 정보취득의 경우에 해당한다. 동 조문은 자본시장법 제178조의2제1항제1호 다목이 정하는 '해킹, 절취, 기망, 협박, 그 밖의 부정한 방법으로 정보를 알게 된 자'와 큰 차이가 없다. 만약 내부자가 법인인 경우에는 해당 법인 계좌의 주문에 참여한 자연인에게도 동일하게 내부자거래 규제가 적용된다(MAR §8.5).

(2) 정보의 범위

내부정보는 다음과 같은 종류의 정보를 말한다(MAR §7.1).

a) 발행인 또는 금융상품과 관련하여 직간접적으로 공개되지 않은 정확한 정보로서, 동 정보가 공개될 경우 금융상품의 가격이나 관련 파생금융상품의 가격에 중대한 영향을 미칠 수 있는 정보

b) 일반파생상품(commodity derivatives)과 직간접적으로 관련되거나 관련 현물상품계약과 직접 관련된 정확한 정보이며, 공개될 경우 당해 파생상품이나 관련 현물상품계약에 중대한 영향을 미칠 가능성이 있는 정보. 동 정보는 해당 시장에서 유럽연합 또는 국가의 법률이나 규정, 시장 규정, 계약, 관행에 따라 합리적으로 공개될 것으로 예상되거나 공개되어야 하는 정보를 말한다.

c) 배출권 또는 이에 기초한 상품과 관련하여 직간접적으로 공개되지 않은 정확한 정보로서 동 정보가 공개될 경우 동 상품 또는 파생상품의 가격에 중대한 영향을 미칠 수 있는 정보

d) 고객이 금융상품의 주문 집행 책임자에게 전달한 발행인 또는 금융상품과 관련한 정보 또는 주문과 관련된 정보로서, 공개되는 경우 당해 금융상품, 현물상품계약 또는 관련 파생금융상품의 가격에 중대한 영향을 미칠 수 있는 정보

당해 정보가 일반적으로 입수 가능한지는 시장규칙에 따라 정보가 공개되고 있는지, 정보가 공중 공람에 제공되는 기록으로 게재되고 있는지, 당해 정보가 인터넷이나 출판물에 게재되고 있는지 여부(유료 정보도 포함한다) 등을 종합적으로 고려하여 판단한다(FCA handbook MAR §1.2.12). 증권사의 분석보고서 같은 경우에는 일반적으로 이용 가능한 것으로 본다(FSMA §118C(8)). 따라서 회사관련 정보가 아닌 시장정보도 규제대상 정보에 포함한다.

정확한 정보(information of a precise nature)가 말하는 정확성(precise)의 개념은 존재하거나 존재할 것으로 합리적으로 예상할 수 있는 상황, 또는 발생하거나 발생할 것으로 합리적으로 예상할 수 있는 사건을 나타내는 것으로서, 적격투자상품 또는 관련상품 가격에 대하여 미칠 수 있는 가능한 영향에 대하여 결론을 내리기에 충분할 정도로 구체적일 것을 요구한다(MAR §7.2). 따라서 근거가 없는 소문은 배제되며, 합리적인 투자자라면 투자결정에 활용할 가능성이 있어야 한다.

(3) 대상행위

규제대상이 되는 내부자거래는 내부정보를 보유하고(possess), 그 정보와 관련

된 금융상품을 직간접적으로 또는 제3자를 위하여 취득·처분함으로써 그 정보를 이용(uses that information)하는 것을 말한다(MAR §8.1). 정보의 보유뿐 아니라 이용을 요건으로 하므로, 우리나라의 미공개중요정보 이용행위 요건과 같다.

내부자의 정보전달행위도 금지한다. 보유한 정보를 다른 사람에게 공개하는 것을 금지하되, 고용, 직업 또는 직무의 정상적인 행사로 공개되는 경우는 제외한다(MAR §10.1). 해당 공개행위가 적절한 이행과정에 해당하는지는 당해 공개가 거래소 규칙, FCA 규칙에 따라 이루어졌는지 여부, 고용·직무 등의 적절한 기능을 다 하기 위하여 이루어졌는지 여부 등의 사정을 감안하여 판단한다(FCA handbook MAR1.4.5). 따라서 고용·직무 또는 업무 수행의 적절한 과정에 의하여 이루어진 정보 공개행위는 법적 책임이 면제된다.

정보전달행위 이외에 내부정보 보유자의 추천·유도행위도 금지되는데, 해당 정보에 근거하여 타인이 관련 금융상품의 취득·처분, 주문의 취소·정정을 하도록 추천하거나(recommend), 유도(inducing)하는 행위를 포함한다(MAR §8.2). 그런데 추천·유도를 받아 이용하는 자는 당해 추천·유인이 내부 정보에 근거한다는 것을 알고 있거나 알아야 할 것을 요건으로 한다(MAR §8.3). 따라서 추천·유도를 받은 자가 내부정보임을 모른 상태에서 거래한 경우에는 규제대상에서 제외된다.

5. 시장조작

시장조작(Market manipulation) 금지규정은 우리 자본시장법상 시세관여형 교란행위에 해당하는 것으로서, 시세조종과 부정거래에 해당하는 행위를 금지한다. 동 조항은 기존 형사처벌 규정에서 요구하는 목적성 요건을 제거하여 적용의 포괄성을 부여하고 있다.

첫 번째 유형은 다음과 같은 금융상품, 관련 현물상품계약 또는 배출권 상품의 거래, 주문 또는 기타 행위를 금지한다(MAR §12.1.(a)).

ⅰ) 수요, 공급 또는 가격에 대해 거짓 또는 오해를 주거나 줄 가능성이 있는 행위
ⅱ) 가격을 비정상적이거나 인위적인 수준으로 형성하거나 형성할 가능성이 있는 행위

두 번째 유형은 ⅰ) 부정한 수단 또는 기망이나 계책을 사용하여 금융상품, 관련 현물상품계약 또는 배출권 상품의 가격에 영향을 미치거나 영향을 미칠 가능성이 있는 거래, 주문 또는 기타 행위(MAR §12.1.(b)), ⅱ) 인터넷을 포함한 매체나

기타 수단을 통해 허위 또는 오해를 주거나 줄 수 있는 정보나 풍문을 전파하거나, 금융상품, 관련 현물상품계약 또는 배출권 상품의 가격이 비정상적이거나 인위적인 수준으로 형성하거나 형성할 가능성이 있는 정보나 풍문을 전파하는 행위이다 (MAR §12.1.(c)). 영국의 FSMA §118(8) 역시 유사한 포괄적 금지조항을 두고 있었는데, 이 조항은 자본시장법 제178조의2제2항제4호의 모델이 된 조항으로서 금융상품의 수급 또는 가격에 오해를 유발하는 행위를 규제한다는 점에서 동일하다.[52]

그 외에 i) 직간접적으로 금융상품, 관련 현물상품계약 또는 배출권 상품의 매도·매수 가격의 고정 또는 기타 불공정거래 조건을 발생시킬 수 있는 수급에 관한 지배적 지위를 확보하는 행위(수급조정을 통한 시장지배력 확보를 말함), ii) 시장의 개장 또는 장 종료 시 시가·종가를 포함한 표시된 가격에 기초하여 행동하는 투자자를 오도하는 효과가 있거나 그럴 가능성이 있는 금융상품의 매매(시종가 관여에 해당)를 금지한다(MAR §12.2.(a), (b)).

시장남용규칙은 알고리즘 거래에 대해서도 별도의 규제 근거를 마련하고 있다. 알고리즘 및 고빈도거래 전략과 같은 전자적 수단을 포함한 모든 이용가능한 거래수단에 의한 취소·정정을 포함한 거래시설에서의 주문으로서 MAR §12.1.(a), (b)의 효과가 있는 아래의 주문행위를 금지한다(MAR §12.2.(c)).

i) 거래 장소의 거래시스템의 기능을 방해하거나 지연시키거나 그럴 가능성이 있는 경우
ii) 주문의 과부하 또는 불안정화를 초래하는 주문을 포함하여 타인이 거래시스템에서 진성주문을 식별하기 어렵게 하거나 어렵게 할 가능성 있는 경우[53]
iii) 일정한 추세를 조성하거나 가속화하는 주문을 통해 수급 또는 가격에 대한 허위 또는 오인을 유발하거나 유발할 가능성이 있는 행위

시장남용규칙은 금융상품의 분석 의견과 관련한 이해상충 금지규정도 정하고 있다. 금융상품, 관련 현물상품계약 또는 배출권 상품에 대한 이해충돌을 공개하지 않고 해당 상품 또는 발행인에 대한 의견을 표명하는 행위를 금지한다(MAR §12.2.(d)). 애널리스트의 분석보고서가 이에 해당한다.

---

52) FSMA §118(8) 세 가지 유형에 해당하지 않는 행위로서 적격투자상품의 수요, 공급, 가격 또는 가치에 대하여 기만적이거나 오인할 수 있는 인상을 일반 시장이용자에게 줄 수 있는 행위 또는 당해 투자상품 시장을 왜곡하거나 왜곡할 수 있는 행위로서 일반 시장이용자가 보거나 볼 가능성이 있는 행위를 금지한다.
53) 시세조종 주문유형 중 허수성호가에 해당한다.

제3절 3대 불공정거래 과징금 등 행정제재

제429조의2(불공정거래행위 등에 대한 과징금) ① 금융위원회는 다음 각 호의 어느 하나에 해당하는 자에 대하여 그 위반행위로 얻은 이익(미실현 이익을 포함한다. 이하 이 조에서 같다) 또는 이로 인하여 회피한 손실액의 2배에 상당하는 금액 이하의 과징금을 부과할 수 있다. 다만, 그 위반행위와 관련된 거래로 얻은 이익 또는 이로 인하여 회피한 손실액이 없거나 산정하기 곤란한 경우에는 40억원 이하의 과징금을 부과할 수 있다.

1. 제173조의2제2항을 위반하여 파생상품시장에서의 시세에 영향을 미칠 수 있는 정보를 누설하거나, 장내파생상품 및 그 기초자산의 매매나 그 밖의 거래에 이용하거나, 타인으로 하여금 이용하게 한 자
2. 제174조를 위반하여 미공개중요정보 이용행위를 한 자
3. 제176조를 위반하여 시세조종행위 등을 한 자
4. 제178조를 위반하여 부정거래행위 등을 한 자

I. 개 관

미공개중요정보 이용행위, 시세조종행위, 부정거래행위 및 파생상품시장 정보 이용행위(이하 "3대 불공정거래")는 처벌 또는 과징금 양자의 부과가 가능하다. 동일한 구성요건적 행위에 대하여 두 종류의 제재가 가능하므로, 어떠한 행위가 처벌대상 또는 과징금 부과 대상에 해당하는지 구분하는 것이 필요하다. 금융당국이 수사기관에 고발하기 위해서는 행위의 동기가 고의이면서 법규위반 결과 사회적 물의를 일으킨 사건일 것을 요구한다(조사업무규정 별표 3). 따라서 행위의 악성과 파급효과가 중대한 사건이 형사사건으로 처리된다.

검찰은 불공정거래 사건에 대한 우선적 처분권을 갖는다. 금융위원회는 원칙적으로 검찰로부터 수사결과를 통보받은 후 과징금 부과가 가능하다. 이로 인하여 금융위원회는 과징금 부과를 독립적으로 행사하지 못하는 한계가 있다.

II. 과징금 부과 대상

1. 고의 또는 과실

시장질서 교란행위 또는 3대 불공정거래 과징금의 부과 여부 판단 시 법률상 고의 또는 과실 여부를 묻지 않는다(법 §430①). 시장질서 교란행위는 주관적 목적을 요구하지 않으므로 과실에 따른 행위에 대한 과징금 부과가 가능하다. 그러나 3대 불공정거래는 요건상 중과실 또는 과실에 대해 과징금을 부과하기 어렵다. 예를 들어 미공개중요정보 이용행위의 요건상 미공개중요정보를 매매에 "이용"할 것을 요구하고, 시세조종은 "매매를 유인할 목적"을 요구하므로 고의를 전제로 과징금을 부과할 수밖에 없다.

처벌과 과징금 요건상 차이가 없다면 과징금 규제가 기존 처벌대상을 잠식하는 것으로 볼 수도 있다. 그러나 호가관여율, 부당이득 등 제반 양태의 수준이 상대적으로 낮아 처벌수준에 미치지 못하는 행위는 과징금 제재가 가능하므로 규제대상의 확장성이 없다고 볼 것은 아니다.

2. 형사처분 또는 과징금 구분

금융당국은 불공정거래행위의 동기(고의, 중과실, 과실)와 위반 결과(사회적 물의 야기, 중대, 경미)에 따라 수사기관 고발·통보 또는 과징금 부과 여부를 판단한다(조사업무규정 별표3 §2).

만약 고의로서 위반결과 사회적 물의 야기를 한 경우 수사기관 고발대상이다. 위반결과를 판단할 때는 시장에 미치는 영향, 공정거래질서, 사회·경제 전반에 미치는 파급효과 및 관련 법규를 위반한 정도를 고려한다(조사업무규정 별표3 §2). 실무상으로는 부당이득금액, 행위자의 지위(예: 상장법인 임원), 호가관여율, 주가변동률, 불공정거래 전력 여부에 따라 위반 결과의 경중을 구분한다.

3. 교란행위와의 구분

미공개중요정보 이용행위와 정보이용형 교란행위는 규제대상자와 규제 대상 정보가 구분되므로 양 규제 간 충돌의 문제는 발생하지 않는다. 다만 거짓 계책 등 금지규정(법 §178의2②④)은 제178조 제2항의 위계보다 적용범위가 넓고, 시세조종성 행위의 포괄 규정으로 적용하고 있으므로 시세조종과 부정거래행위 금지규정과의 규제 중첩 문제가 발생할 수밖에 없다.

시세조종과 부정거래 금지규정은 입법취지와 요건, 과징금 부과수준을 고려할 때 거짓 계책 등 금지규정보다 더 엄격하게 판단해야 한다. 이에 관한 법원의 태도도 동일하다.[54] 예를 들어 시세조종의 경우 목적범(예: 매매유인 목적)이므로 시세조종의 목적성을 결여한 행위는 거짓 계책 등 금지규정이 적용되어야 한다. 시세조종의 동기가 명확하지 않거나, 시세조종 호가관여율이나 주가변동률이 낮은 경우에는 시세조종행위 적용을 위한 매매유인 목적이 있다고 보기 어려울 것이다.

Ⅲ. 조사결과의 처리

1. 先수사 後과징금 원칙

원칙적으로 금융위원회는 검찰로부터 과징금 부과 대상자에 대한 수사·처분 결과를 통보받은 후 과징금 부과가 가능하다. 다만 ⅰ) 금융위원회가 혐의를 통보한 후 검찰과 협의가 된 경우, ⅱ) 혐의 통보 후 1년이 경과한 경우에는 수사·처분 결과를 통보받기 전이라도 과징금의 부과가 가능하다.[55] 다만, 1년이 경과하더라도 기소중지와 같이 기소까지 장기간 소요되는 경우에는 과징금 부과가 불가능하다.

---

54) 법원은 시세관여형 교란행위 중 허수성호가 금지규정과 법 제176조 제2항 제1호의 시세조종 금지규정을 구분하면서 가장 중요한 기준은 "매매를 유인할 목적" 여부라고 하면서, 자본시장법 체계와 입법 경위를 비추어 볼 때 형사처벌 대상 여부는 신중하고 엄격하게 판단하여야 한다고 한 바 있다; 서울고등법원 2018.9.6. 선고 2018노488 판결 참조.
55) 시행령 제380조(과징금의 부과절차) ① 금융위원회는 과징금을 부과하는 경우에는 금융위원회가 정하여 고시하는 방법에 따라 그 위반행위의 종별과 해당 과징금의 금액을 명시하여 이를 납부할 것을 서면으로 통지하여야 한다. 이 경우 법 제429조의2제1항에 따른 과징금은 다음 각 호의 경우를 제외하고는 검찰총장에게 미공개중요정보 이용행위등에 대한 수사·처분결과를 확인한 후 통지해야 한다.
   1. 금융위원회가 제376조제1항제11호다목에 따라 검찰총장에게 통보한 후 과징금을 부과하는 것으로 협의한 경우
   2. 금융위원회가 제376조제1항제11호다목에 따라 검찰총장에게 통보한 후 1년이 경과하여도 수사·처분결과를 확인하지 못한 경우. 다만, 다음 각 목의 사유로 검찰총장이 수사·처분결과를 확인한 후 과징금을 부과할 것을 요청하는 경우는 제외한다.
      가. 기소중지 등 수사·처분결과 확인이 지연되는 합리적 사유가 있는 경우
      나. 수사·처분결과를 확인하지 않고 과징금을 부과하는 것이 수사·처분결과와 배치될 우려가 있는 경우

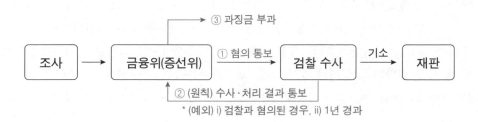

▼ 과징금 부과절차

이 절차는 불공정거래의 효율적 제재와 과징금 처분 집중에 따른 형사처벌의 형해화 방지 목적이 있다. 그러나 이는 처벌과 행정처분의 상호독립성에 부합하지 않고, 신속한 제재를 통해 공정한 거래질서를 확립한다는 과징금 도입 취지[56]와 상충하는 절차이다.

과징금 부과 사안은 시행령 제380조 제1항 제1호에 따라 검찰과 협의를 통해 사안의 경중에 따라 과징금, 형사사건을 구분하여 처리하는 것을 원칙으로 운영하는 것이 과징금 도입 취지에 부합한 현실적인 방안으로 생각된다.

2. 수사자료 제공

제429조의2(불공정거래행위 등에 대한 과징금) ③ 검찰총장은 금융위원회가 제1항에 따라 과징금을 부과하기 위하여 수사 관련 자료를 요구하는 경우에는 필요하다고 인정되는 범위에서 이를 제공할 수 있다.

금융위원회는 과징금을 부과하기 위하여 수사 관련 자료를 요구할 때는 검찰총장이 이를 제공할 수 있다. 이는 금융위원회와 검찰 상호 간 불공정거래 사건 정보공유를 하기 위한 목적으로 2023년 도입하였다.

검찰도 불공정거래 금지규정 위반자를 소추하기 위해 증권선물위원회에 관련 정보를 요구할 수 있다.[57] 이 규정은 시장질서 교란행위 도입에 따른 처벌제도의

---

56) 국회 정무위원회, "자본시장과 금융투자업에 관한 법률 일부개정법률안 심사보고서", (2023.6), 4면.
57) 제178조의3(불공정거래행위 통보 등) ① 증권선물위원회는 제429조 및 제429조의2의 과징금 사건이 제173조의2제2항, 제174조, 제176조 또는 제178조의 위반 혐의가 있다고 인정하는 경우에는 검찰총장에게 이를 통보하여야 한다.
② 증권선물위원회는 검찰총장이 제173조의2제2항, 제174조, 제176조 또는 제178조를

형해화 방지를 위한 목적으로 2014년 반영한 것이다.

3. 금융투자업자에 대한 행정제재

금융투자업자가 3대 불공정거래 금지규정을 위반하면 금융위원회는 금융투자업 인가나 등록을 취소할 수 있고(법 §420①6, 영 §373①19~21), 6개월 이내 업무의 전부 또는 일부의 정지, 신탁계약 그 밖의 계약의 인계명령, 위법행위의 시정명령 또는 중지명령, 조치사실의 공표 또는 게시명령, 기관경고·주의 등의 조치를 할 수 있다(법 §420③). 금융투자업자의 임직원에 대해서는 해임요구, 면직, 정직, 경고 또는 주의 등의 조치를 할 수 있다(법 §422①·②).

구체적으로는 불공정거래로 인하여 고발·통보되는 경우 임원은 문책경고 이상, 직원은 감봉요구 이상의 조치를 병과할 수 있다(조사업무규정 별표3 §4). 임직원에 대한 조치 수준은 주 행위자 여부나 부당이득 수준을 감안하는 것이 일반적이다. 임직원에 대한 조치 시 관리·감독의 책임이 있는 임직원에 대한 조치가 가능하나, 관리·감독에 상당한 주의를 다한 경우에는 감면이 가능하다(법 §422③).

위반한 자를 소추하기 위하여 관련 정보를 요구하는 경우에는 이를 제공할 수 있다.

제 2 장

시장질서 교란행위

제1절 시장질서 교란행위의 의의

I. 의 의

시장질서 교란행위에 관한 자본시장법 개정안의 제안이유서에는 "자본시장의 건전성을 훼손하고 시장질서를 교란하는 신종 사례의 경우 현행 불공정거래 행위의 구성요건에는 해당하지 않아 이를 규제할 수 없는 규제 공백이 발생"하고 있다고 언급하면서, "형사처벌 대상인 불공정거래행위에 비하여 위법성의 정도는 낮으나, 시장질서를 교란하고 시장의 건전성을 훼손하는 행위에 대하여 과징금으로 제재"한다고 설명하고 있다. 동 제안이유서의 설명을 바탕으로 시장질서 교란행위의 개념을 정의한다면 "기존 불공정거래행위보다는 위법성은 낮으나 시장질서를 교란하고 시장의 건전성을 훼손하는 행위로서 과징금 부과대상이 되는 행위"로 정의할 수 있다.

시장질서 교란행위는 크게 미공개정보 이용행위를 규제하는 정보이용형 교란행위(법 §178의2①), 시세에 부당한 영향을 미치는 행위를 규제하는 시세관여형 교란행위(법 §178의2②)로 대별된다. 각 규정은 기존의 3대 불공정거래 금지규정이 규제하지 못한 영역을 보완하는 한편, 위법성이 상대적으로 낮은 불공정거래행위에 대하여 완화된 요건을 적용하여 과징금을 부과함으로써 규제의 신속성을 담보하고 불공정거래행위의 확산을 막는 기능을 수행한다.

시장질서 교란행위 도입 초기에는 규제범위의 협소함과 벌칙 적용 우선원칙으로 인해 실효성의 의문이 있었으며 초기 적용례도 드물었으나, 현재는 제178조의2 제2항 제4호의 포괄적 적용과 더불어 규제영역을 확대하고 있다.

Ⅱ. 입법 보완에 관한 논의

입법론적으로는 시장질서 교란행위 조항의 불완전성을 보완하기 위하여 기존 3대 불공정거래 규제에 포함하거나, 제178조의2 규정을 삭제하자는 견해가 있다.[58] 이 견해는 제178조가 시장질서 교란행위를 포섭할 수 있다는 것을 근거로 한다. 그러나 제178조가 제174조나 제176조의 일반조항으로서 그 범위를 제한적으로 해석해야 한다는 법원이나 학설의 태도를 볼 때 주관적 목적의 입증이 어려운 시세관여형 행위나 기존 불공정거래 규제가 미치지 못하는 행위(2차 정보수령자, 시장정보 이용행위, 손익이전 목적의 통정매매)를 제178조로 규제하는 것은 어렵다. 다만 3대 불공정거래 규정에 포함하여 열거하자는 견해는 법률의 완결성을 위하여 필요하다고 본다.

정보이용형 교란행위, 손익이전·조세회피 목적의 통정매매 금지규정은 3대 불공정거래와 규제대상의 중첩이 없고 실효적으로 작동되므로 존치가 필요하나, 그 외의 시세관여형 교란행위는 시세조종·부정거래행위 규제와 중첩되며, 조사 실무상으로도 적용 법조에 대한 혼선이 있는 것이 사실이다. 제178조의2 제2항 제4호의 거짓 계책 등 금지규정과 허수성호가·가장매매 규정을 삭제하는 대신, 목적성이 없는 시세조종성 행위 금지규정을 신설하여 시세관여도가 낮은 행위(예: 알고리즘 거래)에 대해 과징금을 부과할 경우 규제대상을 명확히 할 수 있다.

---

58) 김건식·정순섭, 「자본시장법」, 박영사(2023), 555면 참조. 이 견해에 따르면 교란행위 불완전성의 근거로 ⅰ) 동일한 보호법익에 대한 다른 제재의 논리가 불충분하고, ⅱ) 부정거래행위가 포괄규정으로서 시장질서 교란행위를 모두 포함할 수 있다는 점, ⅲ) 3대 불공정거래 해당 시 제외 규정(법 §178의2①·② 단서)의 해당 여부의 판단주체의 불명확성을 든다; 이정수, "시장질서 교란행위 규정의 입법론적 재검토", 「증권법연구」, 제24권 제1호(2023), 119면도 동일한 취지이나 제178조의2를 3대 불공정거래 규제에 흡수하는 것이 아닌 제178조와 제178조의2제2항의 포괄규정 중 하나만 존치하자는 견해이다.

제 2 절 정보이용형 교란행위

Ⅰ. 의 의

기존 미공개중요정보 이용행위는 상장법인과 관련된 신분에 있는 자와 상장법인의 중요정보를 규제하는 회사관계 중심의 규제체계이다. 따라서 상장법인의 외부자와 외부정보를 규제할 수 없는 한계가 있다.

정보이용형 교란행위는 EU의 시장남용행위 규제와 같이 정보이용 중심의 규제 모델을 채택하여 기존 규제의 한계를 극복했다는 특징을 갖는다. 구체적으로는 ⅰ) 금융투자상품의 매매에 중대한 영향만 있는 정보이면 되므로 시장정보 등 외부정보의 규제가 가능하고, ⅱ) 해당 정보의 취득 경로를 다양화하였으므로 회사 외부자의 규제가 가능하다.

Ⅱ. 규제대상 금융투자상품

1. 지정금융투자상품

정보이용형 교란행위 금지대상 금융투자상품은 "증권시장에 상장된 증권(제174조 제1항에서 정한 상장예정법인등이 발행한 증권을 포함한다), 장내파생상품 또는 이들을 기초자산으로 하는 파생상품"으로 규정하여 이를 "지정금융투자상품"으로 정의하고 있다(법 §178의2① 본문).

증권시장에 상장된 증권이므로 주식과 같은 지분증권뿐 아니라, 회사채 등 채무증권, 기타 ETF(상장지수펀드증권), ETN(상장지수증권)과 같은 상장법인과 직접 관련이 없는 파생결합증권 등 거래소 시장에 상장된 증권이라면 시장질서 교란행위의 규제대상에 포함된다. 또한 6개월 이내에 상장하는 상장예정법인과 우회상장법인이 발행한 증권도 포함한다.

코스피200 선물 등 거래소 시장에 품목이 상장된 장내파생상품도 규제 대상이다. 또한 상기 열거한 증권 및 장내파생상품을 기초자산으로 하는 '파생상품'도 규제대상에 포함되므로 상장된 증권·장내파생상품을 기초자산으로 하는 장외파생상품도 포함된다.

2. 미공개중요정보 이용행위 대상증권과의 비교

(1) 상장법인의 발행 여부에 따른 차이

미공개중요정보 이용행위 관련 대상 금융투자상품은 제172조(내부자의 단기매매차익 반환)에서 규정하는 "특정증권등"을 준용한다(법 §174① 본문).

제178조의2의 지정금융투자상품은 증권시장에 상장된 모든 증권을 대상으로 한다. 반면 제174조의 특정증권등은 해당 상장법인이 발행한 증권[59] 및 이를 기초자산으로 하는 금융투자상품 등으로 한정한다는 차이가 있다. 대상 증권의 범위를 폭넓게 정하여 동 증권을 이용한 시장정보 이용행위 등을 규제하기 위함이다.

(2) 비상장 파생결합증권 규제의 문제

두 번째 차이점은 제178조의2 제1항은 제174조와 달리 지정금융투자상품의 상장(상장상품을 기초자산으로 하는 파생상품은 예외)을 전제로 하고 있다는 점이다. 따라서 상장된 금융투자상품에 가격이 연동되는 ELS 등 파생결합증권은 규제대상에서 제외된다. 상장상품을 기초자산으로 하는 파생상품은 적용대상에 포함하면서도 파생결합증권이 제외된 것은 입법상 미비인 것으로 생각된다.[60]

향후 미공개중요정보 이용행위 규제와 같이 상장여부에 상관없이 당해 증권과 교환 가능하거나 당해 증권의 가격에 연동되는 ELS 등 비상장 금융투자상품을 포함해야 할 것이다.

III. 규제대상 정보

제178조의2 ① 2. 다음 각 목의 모두에 해당하는 정보
  가. 그 정보가 지정 금융투자상품의 매매등 여부 또는 매매등의 조건에 중대한 영향을 줄 가능성이 있을 것
  나. 그 정보가 투자자들이 알지 못하는 사실에 관한 정보로서 불특정 다수인이 알 수 있도록 공개되기 전일 것

---

59) 상장법인이 발행한 증권 중 채무증권은 제외되며, 전환사채 등 지분증권과 교환 가능한 채무증권은 포함한다.
60) 2013년 처음 발의 당시에는 상장된 금융투자상품의 시장정보에 초점을 맞춰 입안되었으나, 법무부와의 협의 과정에서 미공개중요정보 이용행위 관련 2차 이상의 정보수령자 규제가 반영되었다. 제174조의 규제 대상증권과 균형을 맞출 필요가 있음에도 이러한 반영이 이루어지지 않은 상태로 개정이 된 것이다.

1. 정보의 개념

제178조의2 제1항 제2호의 '정보'는 상장법인의 미공개중요정보뿐 아니라 지정 금융투자상품에 관한 미공개정보를 포함하는 넓은 개념이다. 다만 제174조 위반에 해당하면 제178조의2 조항의 적용이 제외되므로(법 §178의2① 단서), 제174조의 적용이 불가능한 모든 미공개중요정보 · 미공개정보가 규제대상이다. 예를 들어 해킹, 절취, 기망, 협박을 통해 지득한 '정보'는 제174조의 적용이 불가능하므로, 제174조의 미공개중요정보 · 미공개정보 및 외부정보와 같은 미공개정보 모두를 포함한다.

2. 정보의 중대성

사례　**블록딜 정보의 중대성 여부**(2017.9.27. 제17차 증권선물위원회 의결)

Q. 증권사 직원 甲은 같은 회사 트레이더를 통해 A사 주식의 대량매도(블록딜)가 있을 예정이라는 소식을 들었다. 甲은 대량매도가 있기 전에 보유한 A사 주식을 매도하여 손실을 회피했다. 甲의 행위는 정보이용형 교란행위에 해당하는가?

A. 블록딜 정보는 A사의 내부정보는 아니지만 매매등 여부에 중대한 영향을 줄 가능성이 있는 악재성 시장정보에 해당한다. 甲의 매도행위는 정보이용형 교란 행위에 해당한다.

정보가 지정 금융투자상품의 "매매등 여부 또는 매매등의 조건에 중대한 영향을 줄 가능성"이 있어야 한다. 미공개중요정보에 관한 제174조 제1항의 "투자자의 투자판단에 중대한 영향을 미칠 수 있는 정보"와 비교해보면 그 의미의 차이를 명확하게 구분하기 어렵다.

"매매등 여부 또는 매매등의 조건"을 살펴보자. 정보이용형 교란행위는 시장정보 등 외부정보를 규제하는데 주된 목적이 있으므로, 상장법인의 경영 · 재무와 관련이 없는 기관투자자의 주문 정보와 같은 지정 금융투자상품의 가격에 영향을 미칠 수 있는 다양한 정보를 포섭해야 한다. 따라서 시장정보에 적합한 "매매등 여부 또는 매매등의 조건"으로 규정하여 규제의 범위를 폭넓게 적용할 목적을 갖는다.

이 규정의 모델이 된 FSMA §118 역시 내부자거래에 대한 일반규정[61]보다 완화하여 규정하는데,[62] 금융행위감독청(FCA)이 제시한 적용 사례 역시 그 정보가

---

61) FSMA §118C.

62) FSMA §118(4) The third is where the behaviour (not falling within subsection (2) or (3) —

명확성이 떨어지더라도 거래조건에 영향을 줄 가능성이 있으면 적용 가능하다.[63]

3. 외부정보

정보이용형 교란행위 규제 대상은 회사의 업무관련 정보뿐 아니라, 해당 금융투자상품의 매매 등에 중대한 영향을 줄 수 있는 정보를 포괄한다. 금융위원회가 예시를 든 대상 정보는 금융투자상품의 가격에 영향을 줄 수 있는 금리정책, 외환정책, 무역수지 상황 등 경제정책방향과 관련된 정책정보, 기관투자자의 주문정보, 유가증권의 수요와 공급 및 시장사정에 관한 언론정보, 애널리스트의 분석보고서와 같은 시장정보까지 포함한다.[64]

애널리스트 보고서가 기업탐방, 실적발표회 등 공개된 정보를 근거로 작성된 것이라면 규제대상이 되기 어렵다는 견해[65]가 있지만, 공개된 기업정보를 바탕으로 작성한 분석보고서의 분석내용과 평가는 별도의 시장정보에 해당하므로, 분석보고서 내용이 지정금융투자상품의 매매등에 영향을 미칠 수 있는 정보인지 여부로 판단해야 할 것이다.

4. 정보의 미공개성

(1) 정보공개요건

"그 정보가 투자자들이 알지 못하는 사실에 관한 정보로서 불특정 다수인이 알 수 있도록 공개되기 전일 것"을 요한다(법 §178의2①2 나목).

법 제174조의 미공개중요정보 이용행위 금지규정의 경우 시행령에 정보가 일반에 공개되기 위한 주지기간을 설정하고 있다. 그런데 제178조의2 제1항은 정보공개를 위한 주지기간에 대한 근거가 없다. 금융위원회는 정보공개방법에 관하여 "기존 미공개중요정보이용행위의 법정 공개방법 등에 준하는 정도"로 일반 투자자

(a) is based on information which is not generally available to those using the market but which, if available to a regular user of the market, would be, or would be likely to be, regarded by him as relevant when deciding the terms on which transactions in qualifying investments should be effected; "시장이용자가 일반적으로 이용할 수 없지만, 통상의 시장이용자가 이용 가능했다면, 적격 투자건 거래에 영향을 줄 조건을 결정할 때 관련성이 있다고 보거나 그럴 가능성이 있는 정보에 근거한 행위"

63) FCA는 §118 적용의 일례로서 B회사와 고객 간의 계약협상이 순조롭게 진행되지 않는다는 사실을 근거로 주식을 매각한 경우를 들고 있다(FCA handbook (MAR1.5.10).

64) 금융위원회, 「안전한 자본시장 이용법」, (2015.5), 86면, 158면.

65) 조두영, 「증권범죄의 이론과 실무」, 박영사(2018), 453면.

에게 충분히 알려진 경우 정보공개요건을 충족한 것으로 설명하고 있다.[66] 제178조의2 제1항 제1호 가목의 미공개중요정보의 2차 이상 정보수령자에 대해서는 시행령상의 주지기간을 그대로 적용하면 된다. 법원의 입장도 동일하다.[67] 그러나 상장법인의 미공개정보가 아닌 시장정보의 경우 공시나 언론보도 이외에 홈페이지 등 다양한 공개방법이 존재하므로, 시행령상 주지기간을 그대로 적용하기 어렵다.

(2) 문제점

정보이용형 교란행위의 경우 주로 미공개중요정보의 2차 이상 수령자에 대한 과징금 부과사례가 주를 이루고 있어 기타 외부정보 이용관련 적용례가 많지 않다.[68] 정보전달 매체가 다양화된 현실을 고려하면 모든 경우를 규정화하기는 어렵겠지만, 적용가능성이 높은 매체(홈페이지, SNS)의 경우 명확한 기준을 설정하는 것이 필요하다. 그렇지 않으면 정보공개시점에 따라 위반대상 혐의자가 바뀌게 되므로 자의적인 적용의 문제가 발생한다.

(3) 방 안

실제 블록딜 관련 정보이용형 교란행위 과징금 부과 사례의 경우 금융당국은 정보가 공개된 시점을 바로 정보공개시점으로 적용한 바 있고, 이러한 적용을 긍정하는 견해도 있다.[69] 주지기간에 대한 근거가 없으므로 혐의자에게 유리

---

66) 금융위원회, 위의 책, 45면.
67) C사의 기술수출계약 파기 정보를 내부자로부터 전득하여 이용한 사안에서 행위자는 공시 전에 네이버 주식토론방의 "8,000억 불발"이라는 게시물을 통해 불특정 다수인에게 공개되었다고 주장했으나, 법원은 법 제174조와 제178조의2는 동일한 입법 취지를 가지므로 시행령 제201조 제2항에서 규정한 방법에 의해 공개되기 전일 것을 의미한다고 판단하였다(서울행정법원 2018.7.13. 선고 2017구합77398 판결).
68) 시장정보 관련 정보이용형 교란행위 사례는 H사 주식의 블록딜 시장정보 이용 사례가 유일하다(2017.9.27. 제17차 증권선물위원회 의결). 당시 블록딜 매도가 블룸버그 뉴스를 통해 최초로 보도되고(2016.1.7. 16:30), 국내 경제지인 한국경제신문이 2016.1.7. 17:28에 후속보도를 하였다[이상복, "시장질서 교란행위 관련 증권선물위원회의 의결 안건에 대한 검토", 「법과 기업 연구」 제7권 제3호(2017), 152면 참조].
미공개중요정보의 정보공개시점에 관한 시행령 규정(제201조제2항제3호)을 적용할 경우 전국을 보급지역으로 하는 경제지인 한국경제신문 보도시점을 기준으로 6시간(인터넷 신문은 3시간)이 경과된 시점이 공개시점이 적용되어야 한다. 그러나 동 사건은 최초 보도인 블룸버그 뉴스 보도시점(2016.1.7. 16:30)을 정보공개시점으로 하였다. 정보이용형 교란행위의 정보공개시점에 대한 근거가 없으므로, 최초보도시점을 정보공개시점으로 적용한 것으로 보인다. 조치대상자가 블룸버그 보도 이전에 매도행위를 완료한 점도 고려한 것으로 생각된다.
69) 조두영, 「증권범죄의 이론과 실무」, 박영사(2018), 454면.

하게 적용하는 것이 타당할 수도 있으나, 매체 전파력이 낮은 경우에도 동일하게 적용하면 공개시점에 바로 이용할 수 있는 등 혐의자의 악용여지가 높아지고 규제의 형평성도 떨어진다.

예를 들어 증권사 애널리스트의 조사보고서가 증권사 홈페이지에 게시되는 경우를 보자. 미공개중요정보 이용행위의 주지기간의 경우 전국을 보급지역으로 하는 일간신문이 전자간행물로 게재된 경우에는 게재된 때부터 6시간으로 하고 있다(시행령 §201②3). 조사보고서가 홈페이지에 게재된 경우 일간신문보다는 일반투자자에 대한 주지효과가 당연히 떨어지므로, 일간신문의 경우보다 더 긴 주지기간을 설정하는 것이 맞다. 시행령에 따른 주지기간을 준용할 경우 가장 긴 기간[70]을 적용하여 게재된 날부터 1일로 하는 것이 투자자 보호를 위하여 타당할 것이다.[71]

5. 사실인 정보

해당 정보는 "사실에 관한 정보"일 것을 요한다. 따라서 허위의 내용은 적용대상이 아니다. 허위내용의 경우 제178조 제2항 또는 제178조의2 제2항 제4호의 풍문 유포행위 또는 제178조 제1항 제2호의 중요사항의 거짓기재의 적용여부를 판단해야 한다. 미공개중요정보에 관한 제174조의 경우 사실인 정보인지 여부에 대해 명시되어 있지 않지만, 진실한 정보를 규제 대상으로 보는 것이 대체적인 견해이다.[72]

만약 그 정보가 객관적이거나 명확하지 않거나, 일부 허위 또는 과장된 부분이 있는 경우는 어떠한가. 미공개중요정보에 관한 판례는 그 정보가 투자자의 의사결정에 중요한 가치를 갖는 경우에는 "그 정보가 반드시 객관적으로 명확하고 확실할 것까지 필요로 하지 않는다"고 하면서 "일부 허위 또는 과장된 부분이 포함되어 있다 하더라도 그것을 이유로 이 사건 정보의 중요성 자체를 부정할 수 없다"고 보고 있다.[73] 정보이용형 교란행위도 마찬가지로 그 정보가 매매등의

---

70) 시행령 제201조 ② 1. 법령에 따라 금융위원회 또는 거래소에 신고되거나 보고된 서류에 기재되어 있는 정보: 그 내용이 기재되어 있는 서류가 금융위원회 또는 거래소가 정하는 바에 따라 비치된 날부터 1일
71) 만약 동 조사보고서가 당일 일반일간신문 등에 전자간행물 형태로 게재된 경우에는 동 전자간행물에 게재된 시점부터 6시간으로 적용해야 할 것이다.
72) 임재연, 「자본시장과 불공정거래」, 박영사(2021), 298면.
73) 대법원 2010.2.25. 선고 2009도4662 판결.

조건에 영향을 미칠 수 있는 정보를 담고 있다면, 일부 허위 또는 과장된 부분이 있거나 객관적이거나 명확하지 않더라도 본질적인 사실을 훼손하지 않을 경우에는 규제 대상 정보에 포함된다고 보아야 한다.

Ⅳ. 규제대상자

1. 개 관

규제대상자는 ⅰ) 미공개중요정보 또는 미공개정보의 2차 이상 정보수령자, ⅱ) 직무와 관련하여 정보를 생산하거나 알게 된 자, ⅲ) 해킹 등 부정한 방법으로 정보를 알게 된 자, ⅳ) ⅱ)·ⅲ)의 자로부터 나온 정보의 전득자를 말한다(법 §178의2①1).

처음 발의된 법안은 규제대상자의 범위를 별도로 정하지 않고 '누구든지'라는 포괄적인 표현을 사용했으나, 최종법률은 규제대상자를 명확히 하여 반영하였다. 법무부는 법안에 대하여 미공개정보 이용행위에 대한 규제요건을 포괄적이고 추상적으로 규정하여 명확성의 원칙에 반한다는 의견을 제시하였는데, 이러한 의견이 수용되어 요건을 명확히 한 것이다.[74]

2. 미공개중요정보·미공개정보를 받거나 전득한 자

제178조의2 ① 1. 다음 각 목의 어느 하나에 해당하는 자
  가. 제174조 각 항 각 호의 어느 하나에 해당하는 자로부터 나온 미공개중요정보
    또는 미공개정보인 정을 알면서 이를 받거나 전득(轉得)한 자

제178조의2 제1항 가목은 제174조에 따른 미공개중요정보 또는 미공개정보의 2차 이상 정보수령자를 규제하기 위한 규정이다. 제174조에 해당하는 경우는 제외하므로(법 §178의2① 단서), 2차 이상 정보수령자만 규제 대상이다.

규제대상이 되는 정보는 제174조 제1항에 따른 상장법인의 미공개중요정보, 제2항의 공개매수의 실시 또는 중지에 관한 미공개정보, 제3항의 주식등의 대량취득·처분의 실시 또는 중지에 관한 미공개정보이다.

---

74) 국회 정무위원회, "자본시장과 금융투자업에 관한 법률 일부개정법률안 심사보고서", (2014.12), 11면.

3. 직무와 관련하여 정보를 생산하거나 알게 된 자

> 제178조의2 ① 1. 다음 각 목의 어느 하나에 해당하는 자
> 나. 자신의 직무와 관련하여 제2호에 해당하는 정보(이하 이 호에서 "정보"라 한
>   다)를 생산하거나 알게 된 자

　　지정금융투자상품의 매매등의 여부나 매매조건에 영향을 줄 수 있는 정보를
생산하는 자는 어떠한 직무에 해당하든 규제대상이다. 금융위원회가 예시를 든[75]
금리정책, 외환정책 등 정책정보, 기관투자자의 주문정보,[76] 유가증권의 수요와 공
급 및 시장사정에 관한 언론정보가 규제 대상 정보이므로 이를 생산하는 정책담당
자, 증권회사 직원, 기자 등도 직무와 관련하여 정보를 생산한 자로 적용 가능하다.
　　직무와 관련하여 정보를 알게 된 자도 규제대상이다. 종업원이 음식을 나
르는 과정에서 손님들의 대화내용을 듣고 매매를 한 경우와 같이 당해 정보와 직
무관련성 없이 정보를 우연히 엿들은 자는 규제대상이 아니다.[77] 다른 부서 임직
원의 대화를 우연히 들은 경우,[78] 총무과 직원이 사무실에서 다른 부서 직원이 파
기한 문서를 우연히 본 경우[79]와 같이 우연히 알게 된 경우라도 직무관련성이 인
정되면 기존 미공개중요정보 이용 관련 판례를 살펴볼 때 적용이 가능하다.

블록딜 정보 이용 사례(제17차 증권선물위원회 의결, 2017.9.27.)[80]

　　① **사실관계** : 혐의자 W(T홍콩의 대표이사 겸 수석운용역)는 2016. 1. 6. 18:30경
X증권㈜ 주식 블록딜 주간사인 CS홍콩의 V로부터 블록딜 수요예측에 응하는 과정에
서 X증권㈜ 주식 대량매도에 대한 미공개중요 시장정보(생성시점: 2016. 1. 4.)를 지
득하고, 이 정보가 공개(2016. 1. 7. 16:30경)되기 이전인 2016. 1. 7.(9:01:42~
12:04:54) T Trading Fund Inc.(이하 'T펀드')의 계산으로 BNP파리바 홍콩지점 및 메
릴린치인터내셔널 홍콩지점을 통해 X증권㈜ 주식 554,493주를 매도스왑 거래를 통해
KOSPI시장에서 매도한 사실이 있다. 매도금액은 32억 6,929만 원이고, 부당이득금액
은 3억 7,767만원이었다.
　　② **의결내용** : 자본시장과 금융투자업에 관한 법률 제178조의2 제1항 제1호 나목은

---

75) 금융위원회, 「안전한 자본시장 이용법」, (2015.5), 45면.
76) H사 주식의 블록딜 시장정보 이용 사건 참조(2017.9.27. 제17차 증권선물위원회 의결).
77) 금융위원회, 위의 책, 133면.
78) 서울행정법원 2018.6.7. 선고 2017구합79592 판결(정보이용형 교란행위 관련).
79) 서울지방법원 2002.1.23. 선고 2001고단10894 판결.

"자신의 직무와 관련하여 지정 금융투자상품의 매매 등 여부 또는 매매 등 조건에 중대한 영향을 줄 가능성이 있는 미공개 중요정보를 지득한 자는 동 정보를 금융투자상품의 매매에 이용하는 행위를 하여서는 아니된다"고 규정하고, 제429조의2는 동 행위에 대하여 과징금을 부과할 수 있다고 정하고 있다. 증권선물위원회는 혐의자 W에게 과징금 377,600,000원을 부과하였다.

4. 해킹 등으로 정보를 알게 된 자

제178조의2 ① 1. 다음 각 목의 어느 하나에 해당하는 자
다. 해킹, 절취(竊取), 기망(欺罔), 협박, 그 밖의 부정한 방법으로 정보를 알게 된 자

(1) 의 의

해킹, 절취, 기망, 협박, 그 밖의 부정한 방법으로 정보를 알게 된 자가 규제대상이다. 동 규정은 영국 FSMA §118B(d)의 '범죄행위의 결과로 입수한 것'과 유사하다. 제174조의 미공개중요정보 이용행위의 경우 내부자가 직무와 관련하여 정보를 알거나 그 정보를 받는 경우만을 규제하므로 절취 등 불법적인 방법으로 미공개중요정보를 취득한 경우를 규제할 수 없었던 것을 과징금 규제대상으로 포함한 것이다.

다목에서 '정보'로만 규정하고 있으나, 정보의 포괄적 개념상 미공개중요정보·미공개정보를 알게 된 경우도 포함된다고 해석해야 한다.[81] 대상 정보의 명확화를 위하여 "미공개중요정보, 미공개정보 또는 제2호의 정보를 알게 된 자"로 규정하는 것이 바람직하다.

(2) 해 킹

해킹(hacking)은 컴퓨터 네트워크의 보안망에 불법적으로 접근하거나 정보시스템에 유해한 영향을 끼치는 행위를 말한다.[82] 구체적으로는 해커가 특정금융투

---

80) 이상복, "시장질서 교란행위 관련 증권선물위원회의 의결 안건에 대한 검토 – 자신의 직무 관련 정보취득자에 대한 과징금 부과처분을 중심으로 –"「법과 기업 연구」제7권 제3호(2017), 149면 이하 내용을 참고로 작성하였음.
81) 금융위원회는 "해킹·절취 등 부정한 방법으로 미공개중요정보를 취득하여 이용하거나 타인에게 이용하게 한 경우"도 정보이용형 교란행위에 포함하는 것으로 설명하고 있다; 금융위원회 위의 책, 124면.
82) 두산백과사전(http://terms.naver.com).

자상품의 투자결정에 영향을 미칠 수 있는 정보를 취득하여 이를 투자에 이용하거나 타인에게 이용하는 경우가 해당한다.

해킹을 통한 불공정거래 사례로는 미국에서 해커들이 기업 홍보전문업체인 마켓와이어드, 비즈니스 와이어, PR 뉴스와이어 등을 해킹하여 보잉, 포드자동차, 휴렛팩커드 등 주요기업의 실적이나 인수·합병 정보를 취득하여 주식을 거래하고 이익을 취하여 5명을 체포한 사실을 SEC가 발표한 사례가 있다.[83]

(3) 절 취

절취는 형법상 판례에서는 "타인이 점유하고 있는 자기 이외의 자의 소유물을 점유자의 의사에 반하여 그 점유를 배제하고 자기 또는 제3자의 점유로 옮기는 것"을 말한다.[84] 따라서 절취행위는 재물을 절취하여 성립되는 절도죄의 구성요건을 충족한다. 제178조의2 제1항에 절취의 객체를 명시하고 있지는 않지만, 형법 적용에 있어서 배타적으로 이전이 가능한 재물이어야 할 것이므로, 중요정보가 있는 서류를 가져가는 행위 등은 절취에 해당한다.

만약 중요정보가 있는 서류를 복사하여 이를 활용하는 경우는 어떤가. 물건을 배타적으로 이전하거나 피해자의 점유 가능성을 감소시키는 것이 아니므로 형법에서 해석하는 절취로 보기 어렵다.[85] 다만, 제178조의2 제1항 제1호 다목이 "해킹, 절취, 기망, 협박, 그 밖의 부정한 방법으로"라고 하여 포괄적으로 규정하므로, 서류를 복사하여 매매에 이용하는 행위도 다목이 열거하는 행위에 준하는 행위로서 규제대상으로 보는 것이 타당하다. 금융위원회 역시 해킹·절취 등 이외에도 일반적으로 해당 정보에 접근할 권한이 없는 자가 비정상적인 방법으로 정보를 취득하는 등 사회통념상 부정한 방법으로 정보를 알게 된 모든 경우가 규제대상에 포함되는 것으로 해석하고 있다.[86]

(4) 기 망

기망은 타인에게 착오를 일으키게 하는 행위를 말하는 것으로서, 중요정보를 취득할 목적으로 타인을 기망하여 당해 정보를 취득하는 경우가 이에 해당한다.

---

83) 문화일보, "美 M&A정보 빼내 주식거래 해커 무더기 적발", (2015.8.12.) 기사.
84) 대법원 2006.9.28. 선고 2006도2963 판결.
85) 대법원 2002.7.12. 선고 2002도745 판결.
86) 금융위원회, 「안전한 자본시장 이용법」, (2015.5), 47면.

(5) 협 박

협박은 해악을 고지하여 상대방에게 공포심을 일으키게 하는 것을 말한다. 중요정보를 취득할 목적으로 타인을 협박하여 당해 정보를 취득하는 경우가 이에 해당한다.[87]

(6) 형법조항과의 관계

형법은 폭행죄(§260)와 협박죄(§283)를 별도로 규정하고 있다. 이러한 범죄들은 신체의 안전(폭행죄), 개인의 의사결정의 자유(협박죄)를 보호법익으로 하는 반면, 제178조의2 제1항 제1호 다목은 폭행, 협박의 방법으로 정보를 취득하여 이용하는 자에 대한 과징금 부과를 통해 시장을 보호한다는 점에서 그 목적을 달리한다. 따라서 범죄에 대한 형벌권 행사와 별개로 이루어지더라도 문제는 없다고 본다.[88]

5. 정보의 전득자

제178조의2 ① 1. 라. 나목 또는 다목의 어느 하나에 해당하는 자로부터 나온 정보인 정을 알면서 이를 받거나 전득한 자

지정금융투자상품의 매매등의 여부나 매매조건에 영향을 줄 수 있는 정보를 ⅰ) 생산한 자나 ⅱ) 그 정보를 해킹 등 불법적인 방법으로 알게 된 자로부터 정보를 전득한 자를 규제하기 위한 규정이다. 전득한 자는 정보생산자 등으로부터 직접 전해 들은 사람뿐 아니라 그 사람으로부터 순차로 전해들은 사람도 포함한다.[89] 따라서 2차 정보수령자 이상의 다차 정보수령자의 규제가 가능하다.

Ⅴ. 규제대상 행위

1. 미공개정보의 이용

정보를 지정금융투자상품의 매매, 그 밖의 거래에 이용하거나 타인에게 이용하게 하는 행위를 하여서는 아니 된다(법 §178의2① 본문). 제174조 제1항의 조문구성과 차이가 없다.

---

87) 자세한 내용은 부정거래행위 편의 구성요건을 참조.
88) 부정거래행위 편의 제178조 제2항의 폭행 또는 협박에 대한 설명 참조.
89) 서울행정법원 2018.7.12. 선고 2017구합78025 판결.

정보를 매매, 그 밖의 거래에 "이용"해야 하므로, 해당 정보를 이용하여 매매 또는 그 밖의 거래를 한 경우에만 과징금 부과대상이다. 취득한 정보가 거래하게 된 여러 요인 중 하나였다고 하더라도 그 정보의 이용이 한 요인이 된 경우에는 정보이용형 교란행위에 해당한다.[90] "그 밖의 거래"는 유상거래를 의미하는데, 담보설정 등과 같이 소유권의 이전이 없는 경우도 규제대상이다.

2. 미공개정보인 정을 알 것

사례	미공개정보 인식 없이 전달한 경우(증권선물위원회 의결 2016-305호)

Q. 甲은 아들 乙부터 乙이 상장법인 A사의 인수에 참여한다는 이야기를 아내에게서 들었다. 甲은 이 소식을 친구 丙에게 자랑삼아 이야기하였다. 丙은 A사 인수가 호재성 정보라는 것을 알고 공시되기 전에 A사 주식을 미리 사서 차익을 챙겼다. 甲과 丙은 법률위반행위를 한 것인가?

A. 甲은 2차 정보수령자, 丙은 3차 정보수령자에 해당한다. 甲은 미공개정보 여부에 대한 인식이 없이 사실을 전달했으므로 미공개중요정보 이용행위에 해당하지 않는다. 그러나 丙은 미공개정보인 것을 알면서 주식을 매수했으므로 정보이용형 교란행위에 따른 과징금 부과대상이다.

정보수령자의 범위는 '전득한 자'를 포함하므로, 3차, 4차 수령자 이상으로 규제대상의 확장이 가능하다.[91] 다만, 정보의 내용이 변질되거나, 미공개성이 희석된 경우, 또는 대상정보의 광범위한 전파가 이루어진 경우 동 정보를 미공개정보로 볼 수 없고, 정보수령자가 미공개정보임을 인식했다고 보기도 어렵다. 이러한 점을 고려하여 정보수령자가 "미공개중요정보 또는 미공개정보인 정"을 알 것을 요구함으로써, 적어도 정보수령자가 미공개정보라는 것을 인식할 것을 요건으로 하고 있다.

따라서 2차 이상 정보수령자가 미공개정보 여부에 대한 인식이 없이 그 정보를 이용한 경우[92]에는 시장질서 교란행위의 적용이 되지 않는다. 만약 2차 정보수

---

90) 서울중앙지방법원 2007.7.20. 선고 2007고합159 판결(미공개중요정보 이용행위 관련).
91) 베링거잉겔하임의 한미약품에 대한 항암신약 권리 반환(2016.9.30. 공시)과 관련하여 2차 ~5차 정보수령자 14인에 대하여 총 24억원의 과징금 부과가 이루어진 바 있다(금융위원회, "○○약품 시장질서교란행위자 대규모 과징금 부과 조치", 보도자료(2017.5.24.) 참조).
92) 예를 들어 증권회사 직원이 제과회사 내부자로부터 정보를 듣고 '새로 출시될 과자가 큰 히트상품이 될 것'이라는 정보를 고객에게 전달한 경우를 보자. 고객은 미공개정보

령자가 미공개정보 여부에 대한 인식이 없이 정보를 전달하였는데, 그 정보를 전달
받은 3차 정보수령자가 미공개정보임을 알고 거래를 한 경우는 어떠한가. 2차 정
보수령자는 타인에게 이용하게 할 의사가 없었으므로, 정보이용형 교란행위 규제
대상에서 제외된다. 반면 3차 정보수령자는 미공개정보인 정을 알고 거래를 했으
므로 정보이용형 교란행위 규제대상이 된다.[93]

VI. 적용제외 사유

1. 3대 불공정거래 우선적용 원칙

시장질서 교란행위의 적용시 투자자 보호 및 건전한 시장질서를 해할 우려가
없는 행위로서 대통령령으로 정하는 경우 및 그 행위가 제173조의2 제2항, 제174
조 또는 제178조에 해당하는 경우는 그 적용을 제외한다(법 §178의2① 본문). 예를
들어 정보이용형 교란행위가 처벌대상인 미공개중요정보 이용행위에 해당하면 이
를 우선 적용해야 한다. 그렇다면 적용제외 대상 여부는 어떠한 기준으로 판단할
수 있는가. 3대 불공정거래 여부는 금융당국의 3대 불공정거래 과징금 부과처분
또는 법원의 종국 판결을 통해 확정된다. 문제는 시장질서 교란행위에 대한 금융위
원회와 수사기관, 법원의 판단이 다를 경우이다. 이 경우에는 법원의 종국 판결을
기준으로 판단하는 것이 합리적일 것이다.[94] 이를 고려하여 과징금 부과사건에 대
하여 유죄 확정판결이 있는 경우에는 과징금 부과처분의 취소사유에 해당하게 되
며, 직권재심을 통하여 과징금 부과처분을 취소할 수 있도록 정하고 있다(조사업무
규정 §40조4호).

그런데 삼성증권 배당오류 사건으로 과징금 부과 후 동건 부정거래행위 위반
에 대해 기소유예 처분을 받은 자가 제기한 과징금 부과처분 취소소송에서 법원은
사실관계를 근거로 부정거래행위의 구성요건에 해당한다고 판단하면서, "단서규정
에 형사처벌에 관한 별다른 언급이 없음에도 불구하고, 형사처벌을 하는 경우에만

의 정황을 모르는 상태에서 '이번에도 괜찮은 제품이 나오겠구나' 정도로 생각하고 제
과회사 주식을 매수한 경우는 어떤가. 상장회사로부터 나온 미공개정보라는 인식이 없
는 상태에서 거래한 것이므로 정보이용형 교란행위 대상이 되기 어렵다(금융위원회, 「
안전한 자본시장 이용법」, (2015.5), 131면 참조).
93) 증권선물위원회 의결서(안건번호 2016-305호, 2016.12.21.) 참조;
<http://www.fsc.go. kr; 증선위 의결정보>.
94) 김건식·정순섭, 앞의 책, 554면도 법체계상 법원이 판단하는 구조가 옳다는 입장이다.

그 적용을 배제한다는 의미로 해석하는 것은 문언의 통상적인 의미의 범위를 벗어나는 해석"이라고 하면서 과징금 취소 청구를 인용하였다.[95]

이 사건의 경우 불기소처분으로 인해 과징금 부과처분까지 피하는 불합리한 결과를 낳게 되었다. 과잉제재 방지라는 입법 의도를 고려하면, 불공정거래 해당 여부는 유죄 확정판결을 기준으로 판단하는 것이 타당하다. 적용상 문제를 해결하기 위해서는 법문상 "유죄 판결이 확정되었을 때는 그 적용을 제외한다"라고 명확히 하는 것이 필요하다.

2. 기타 예외 사유

정보이용형 교란행위 규제 대상자가 규제대상 정보를 생산하거나 알기 전에 i) 지정금융투자상품의 계약이나 ii) 매매의 청약·주문, iii) 법령에 따른 매매, iv) 우리사주조합을 통한 청약에 따른 권리를 행사하거나 의무를 이행하기 위하여 지정 금융투자상품의 매매, 그 밖의 거래를 하는 경우에는 정보이용형 교란행위 적용을 제외한다(영 §207의2조1호·2호, 자본시장조사 업무규정 §55①). 그 외에 투자자 보호 및 건전한 거래질서를 저해할 우려가 없는 경우로서 금융위원회가 정하여 고시하는 경우에도 적용을 제외한다(영 §207의2조4호).

이렇게 예외를 적용하는 이유는 정보를 받기 전에 계약 등에 의하여 이미 거래가 예정되어 있던 경우에는 그 정보 때문에 거래를 하게 되었다고 보기 어렵기 때문이다.[96]

자본시장조사 업무규정은 "투자자보호 및 건전한 시장질서를 해할 우려가 없는 경우로서 증선위가 의결로써 인정하는 경우"에는 그 적용을 제외함으로써 규제 적용의 유연성을 부여하고 있다.[97]

3. 통보의무

증권선물위원회는 공시위반, 3대 불공정거래 또는 시장질서 교란행위 금지 규

---

95) 서울고등법원 2021.8.18. 선고 2020누62077 판결(대법원 2022.2.11. 선고 2021두50215 판결로 확정)
96) 금융위원회, 「안전한 자본시장 이용법」, (2015.5), 90면.
97) 자본시장조사 업무규정 제55조 ② 시행령 제207조의2제4호에서 "금융위원회가 정하여 고시하는 경우"란 다음 각 호의 어느 하나에 해당하는 경우를 말한다.
　4. 그 밖에 투자자보호 및 건전한 시장질서를 해할 우려가 없는 경우로서 증선위 의결로써 인정하는 경우

정에 따른 과징금 사건이 장내파생상품정보 이용행위, 미공개중요정보 이용행위, 시세조종행위, 부정거래행위 위반 혐의가 있다고 인정하는 경우에는 검찰총장에게 이를 통보해야 한다(법 §제178의3①). 이 규정은 2014년 시장질서 교란행위 도입시 금융위원회와 법무부의 법안 협의를 통해 반영된 것이다. 금융위의 과징금 부과 권한 확보에 따른 기존 불공정거래 행위에 대한 처벌의 형해화를 방지하기 위한 목적을 갖는다.

제 3 절 시세관여형 교란행위

I. 개 관

1. 의 의

시세조종행위 금지규정은 위장매매에 의한 시세조종(법 §176①), 현실거래에 의한 시세조종(동조 제2항), 시세의 고정·안정행위(동조 제3항) 및 연계시세조종행위(동조 제4항)를 금지한다. 그런데 현행 시세조종행위 금지규정은 유인목적 등 목적 요건을 두고 있어 시세조종의 목적이 입증되지 않을 때에는 형사처벌이 곤란하다는 문제를 안고 있다.

이러한 규제 공백을 제거하기 위하여 시세조종행위의 구성요건은 미치지 못하나 공정한 가격형성을 저해하여 시장의 건전성을 훼손할 우려가 있는 행위유형을 시세관여형 교란행위로 신설한 것이다.

구체적인 행위유형으로는 허수성 호가 제출행위(법 §178의2②1), 가장매매(동항 제2호), 손익이전 또는 조세회피 목적의 통정매매(동항 제3호), 그리고 포괄적 조항인 거짓 계책 등 사용행위(동항 제4호)로 구성된다.

2. 규제현황 및 문제점

원래 금융위원회가 입법예고한 시세관여형 교란행위 도입안은 일반투자자의 오판을 유발하는 일체의 가격 왜곡행위를 규제하도록 하였다.[98] 그러나 규제대상

---

98) [자본시장과 금융투자업에 관한 법률 개정안 (2011.7.27. 입법예고)]

범위가 포괄적이라는 법무부의 의견을 반영하여 현행과 같이 허수성 호가나 손익이전·조세회피 목적의 통정매매와 같은 특정 유형으로 한정하여 입법이 이루어졌다.

손익이전·조세회피 목적의 통정매매는 시세변동목적이 없으므로, 사실상 시세변동을 일으키거나 매매성황을 유발하는 매매거래 유형은 허수성호가와 가장매매 규제밖에 없다. 따라서 제176조의 시세조종행위 규제와 같은 다양한 유형의 시세조종성 주문을 규제할 수 없다는 한계가 있고 실제 허수성호가나 가장매매 금지 조항들이 적용된 예도 드물다.

그러나 금융위원회는 2017년 6월 21일 단주 고가매수를 통한 시세관여행위에 대하여 제178조의2 제2항 제4호에 따른 거짓 계책 등 사용행위로 적극적으로 해석함으로써 시세관여형 교란행위 규정이 갖는 한계를 극복하였다. 제178조의2 제2항 제4호는 시세관여행위뿐 아니라 다양한 유형의 불공정거래에 적용 가능한 포괄적 규정으로 영역을 확장하고 있다.

II. 규제대상행위

1. 허수성 호가

제178조의2(시장질서 교란행위의 금지) ② 누구든지 상장증권 또는 장내파생상품에 관한 매매등과 관련하여 다음 각 호의 어느 하나에 해당하는 행위를 하여서는 아니 된다. 다만, 그 행위가 제176조 또는 제178조에 해당하는 경우는 제외한다.

1. 거래 성립 가능성이 희박한 호가를 대량으로 제출하거나 호가를 제출한 후 해당 호가를 반복적으로 정정·취소하여 시세에 부당한 영향을 주거나 줄 우려가 있는 행위

---

(1) 의 의

허수성 호가는 매매의 진정성이 없는 매수호가의 대량 또는 반복적인 정정·취소를 통해 시장참가자에게 강한 매수세가 있는 것으로 오해를 갖게 하여 매매를 유인하는 호가 행위이다. 허수성 호가는 가장 많이 사용되는 시세조종 호가 유형이지만 허수성 호가만을 이용한 경우 시세조종행위의 구성요건을 충족하기는 어려우

제178조의2 ② 1. 상장증권 또는 장내파생상품의 수요·공급 상황이나 그 가격에 대하여 타인에게 잘못된 판단이나 오해를 유발하거나 그 가격을 왜곡하는 행위나 그러한 우려가 있는 행위.

므로 이를 규제할 수 있는 별도 근거를 마련한 것이다.[99] 통상 매수호가를 통한 가격상승을 도모하는 경우가 일반적이다.[100]

(2) 허수성 호가의 요건

1) 호 가

"호가"는 상장금융투자상품의 매매를 체결하기 위하여 회원이 매매의 의사표시를 나타내는 것이다. 매도 · 매수의 의사표시가 서로 합치되어 거래가 성사되는 "매매"와는 구분되는 개념이다. "주문"은 "위탁자가 매매거래를 하기 위한 매도 또는 매수의 의사표시"를 말한다.[101] 다시 말하면 "주문"은 위탁자인 투자자가 내는 것이며, 이러한 주문의 위탁을 받은 회원은 "호가"를 거래소에 제출하여 매매에 이르게 된다. 따라서 주문과 호가는 개념상으로는 구분된다. 예를 들어 시세조종이나 시세관여형 교란행위의 위반행위자가 위탁자라면 위탁자의 주문을 기준으로 판단하는 것이 맞다. 따라서 제178조의2제2항은 사실 허수성 "호가"가 아닌 허수성 "주문"으로 법문을 표현하는 것이 정확하다.[102] 사실 실무나 판례를 보면 호가와 주문을 혼용하여 표기하는 경향이 있다. 한편 조사 · 수사 실무는 위탁자의 주문장이 아닌 회원이 거래소에 제출한 호가장을 기준으로 분석하는데, 시장 수급현황의 파악 및 연계계좌의 시세관여 분석에 용이하기 때문이다.

---

99) 고가매수주문 등 일반적인 시세조종 주문은 체결가능성이 높은 호가를 통해 체결시키므로 매매성황 및 주가상승효과가 뚜렷하나, 허수성호가는 체결가능성이 없는 호가를 제출한다는 점에서 상대적으로 시세조종 입증이 용이하지 않다.

100) 다만 허수 매도호가를 대량 제출한 후 시세가 하락하면 저가에 매수하고, 허수 매도호가를 취소하는 전략도 있으므로 이 경우에는 허수 매도호가의 규제가 이루어진다.

101) 한국거래소 유가증권시장 업무규정 제2조.

102) 이 조항의 모델이 된 한국거래소 시장감시규정상 허수성 호가 금지 규정은 위탁자의 주문이 아닌 회원의 호가를 규제한다. 조문을 계수하면서 이러한 차이를 간과한 것으로 보인다.

▼ 자본시장 매매거래의 일반 흐름도[103]

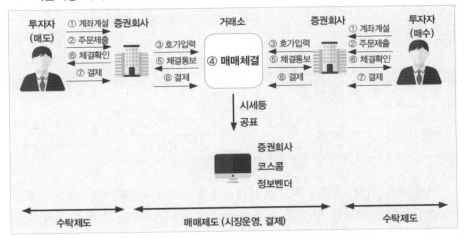

회원이 호가를 제출하는 경우 종목, 수량, 가격, 매도·매수를 구분하여 기재해야 하고, 만일 호가를 취소 또는 정정하는 경우 이 역시 구분하여 기재하여야 한다.[104]

호가를 제출하는 경우 그 호가는 매매거래시간 내에서 거래소가 접수한 때로부터 매매거래가 성립될 때까지 유효하다.[105] 이미 제출한 호가 중 매매거래가 성립되지 아니한 수량의 전부 또는 일부의 취소도 가능하다.[106]

2) 거래의 성립 가능성이 희박한 호가의 대량 제출

주권 등 상장증권의 호가는 제출할 수 있는 가격제한폭이 있는데, 그 폭은 당일의 기준가격을 기준으로 상·하한 각각 30%의 범위에서 호가가 가능하다.[107] 호가정보는 매도·매수별 최우선호가(체결가능성이 높은 호가)의 가격을 포함하여 매도·매수별 10단계의 우선호가의 가격이 시장에 공표된다.

호가정보의 공표는 투자자들에게 매도·매수 호가 상황을 공개함으로써 투자판단의 지표로 활용할 수 있는 장점이 있으나, 악의의 투자자가 공표된 호가범위 내에서 대량의 매수호가를 제출함으로써 이를 보게 된 투자자들의 매매를 유인하게 되는 부작용이 있다. 허수호가 제출을 통해 매매를 유인하고, 주가 상승 후 보유물량 매도를 통한 차익실현이 가능하게 된다.

---

103) 한국거래소, 「주식시장 매매제도의 이해」, (2019), 17면.
104) 유가증권시장 업무규정 시행세칙 제12조.
105) 유가증권시장 업무규정 제12조제1항.
106) 유가증권시장 업무규정 제13조.
107) 유가증권시장 업무규정 제20조.

▼ 거래가능성이 낮은 허수성 호가의 제출 및 취소 사례

매 도	가 격	매 수	
③ 매도주문&체결	10,050원	② 매수세 유입	
	10,000원(직전가)		
	:		
	9,600원	① 10,000주	⇒ ④ 주문취소
	9,550원	① 10,000주	⇒ ④ 주문취소

위의 표는 거래 성립이 희박한 매수호가를 대량으로 제출하고 매수세가 유입되면 보유물량을 매도한 뒤 최초 제출한 매수호가를 취소하는 전형적인 허수성 호가 사례를 설명한 내용이다. ① 행위자가 체결가능성이 낮은 호가가격에 매수 허수성 호가를 제출하고, ② 일반투자자는 대량의 매수호가 물량을 보고 매매가 성황을 이루고 있는 듯한 오해를 갖고 매수호가 제출에 뛰어들게 된다. ③ 행위자는 기존에 보유한 물량에 대한 매도호가를 제출하여 매매체결이 이루어지고, ④ 행위자는 기존에 내놓은 ①의 매수호가를 취소하게 된다.

허수성 호가는 매매유인 효과가 있지만, 허수성 호가만으로 처벌 수준의 매매유인과 시세변동 효과를 갖기는 어렵다. 일반적인 시세조종행위의 경우 고가매수주문, 물량소진주문, 호가공백주문, 시가관여주문, 종가관여주문, 시장가주문 등 다양한 시세조종성 호가가 결합하여 시세변동을 일으키는 것이 일반적이다.

"거래 성립 가능성이 희박한 호가"는 거래소가 공표하는 최우선호가 10단계 이내의 호가로서 최우선호가를 제외한 호가 중에서 매매체결 가능성이 낮은 호가를 말한다. 10단계 밖의 호가는 호가상황이 공개되지 않으므로, 허수호가에서 제외된다. 단지 최우선호가보다 단계가 가깝다고 허수호가에서 제외되는 것은 아니며, 허수성 호가 판단에 있어서 당시 호가상황, 호가수량 등을 고려하여 개별적으로 판단해야 한다.[108]

허수성 호가는 호가를 "대량으로 제출하는" 것이어야 한다. 금융위원회의 「자본시장조사 업무규정」 별표2의 허수성 호가에 대한 과징금 부과시 중요도 판단기준은 위반 기간 중 해당 종목의 시장참여자의 전체 주문 대비 허수호가의 비중이

---

108) 대법원 2008.12.11. 선고 2006도2718 판결 참조.

10% 이상이면 중요도가 높은 것으로 본다.

3) 호가를 제출한 후 반복적으로 정정·취소하는 행위

호가를 제출한 후 해당 호가를 반복적으로 정정·취소하는 행위는 매매의 진정성이 없는 허수성 호가에 해당한다. 호가 제출 후 시세견인이라는 목표를 달성하면 해당 호가를 정정 또는 취소하게 된다. 거래 성립 가능성이 있는 호가를 제출하고 이를 반복적으로 취소하는 행위도 포함한다. 체결가능성이 높은 매수 1호가도 취소·정정이 반복적으로 이루어진다면 매매의 진정성이 없는 허수 호가로 적용이 가능하다.[109] 취소·정정 행위의 판단은 주문횟수 대비 정정·취소 비중을 감안한다.[110] 규제대상이 되는 반복성 정도는 위반기간 중 일평균 100회 이상이면 중요도가 높은 것으로 보고 있다.[111]

> **정정·취소를 반복한 허수성호가 사례**(증권선물위원회 의결 2021 – 제4호, 2021.1.6.)[112]
>
> 일반투자자 甲은 본인의 개별주식 선물 포지션을 유리한 가격에 구축 및 청산함으로써 단기에 높은 시세차익을 얻기 위하여 5개의 주식선물 종목에 대하여 허수성 호가를 제출하고 취소하는 행위를 반복하였다.
> 甲은 2016.3.11.～2018.1.11. 기간 중 A사 선물 201604 등 5개 종목 총 99,418계약을 매매하는 과정에서 총 2,537회에 걸쳐 268,931계약의 허수성 호가를 제출한 후, 해당 호가를 지속·반복적으로 취소하였는데, 시세보다 높은 가격에 매도주문을 제출한 상태에서 매수 1호가를 제출하여 가격상승을 유도하고, 매도물량이 체결되면 매수 1호가를 취소하는 방법을 사용하여 차익을 실현하였다.

4) 시세에 부당한 영향을 주거나 줄 우려가 있는 행위

시세에 부당한 영향을 주거나 줄 우려가 있는 행위이어야 한다(법 §178의2②1). 이 요건은 허수성 호가의 결과 시세에 미치는 영향을 요건으로 한다. 그런데 이 규정은 현실거래의 시세조종(법 §176②1)의 "시세를 변동시키는 매매"보다 완화된 요건을 정하고 있다. 법문상으로는 시세에 영향을 줄 위험성만 있어도 적용할 수 있다. 시세조종에 대한 판례 역시 "시세를 변동시키는 매매"에 대하여 "시장 요인에

---

109) 허수성 호가 과징금 부과사례 : 증권선물위원회 심의·의결(안건번호 2021 – 제4호, 2021.1.6.).
110) 대법원 2008.12.11. 선고 2006도2718 판결.
111) 자본시장조사 업무규정 별표2 과징금 부과기준.
112) http://www.fsc.go.kr(증선위 의결정보 참조).

의하지 아니한 다른 요인으로 인위적으로 변동시킬 가능성이 있는 거래"로 해석하여 실제 시세변동을 요구하지 않는다.[113]

그렇다면 "시세에 부당한 영향을 줄 우려"는 어떻게 판단하는가. 시세조종 관련 판례는 해당 호가에 따른 가격변동, 거래량 변화, 관여율 등을 통해 시세조종 여부를 판단한다.[114] 금융위원회 역시 시세에 부당한 영향을 미치는지는 기존의 시세조종행위에 관한 판단과 유사하게 거래량, 호가의 빈도·규모, 시장상황 및 기타 사정을 종합적으로 고려하여 판단한다고 설명하고 있다.[115]

예를 들어 ⅰ) 허수성 호가의 반복적 제출로(반복성), ⅱ) 시장 전체 주문 대비 허수성 호가가 높은 비중을 차지하고(시장지배력), 동 허수성 호가의 결과 시장 전체의 호가량이나 거래량이 증가하였다면 실제 시세변동이 없다고 하더라도 시세에 부당한 영향을 줄 우려가 있는 행위로 판단할 수 있다.

만약 시세변동률이 높은 경우에는 과징금 부과기준은 상향 적용된다. 과징금 부과기준은 해당 종목의 주가변동폭에서 동일 업종의 주가변동폭을 차감한 주가변동률을 산정하여 이 비율이 100% 이상이면 그 중요도를 높게 보고 있다.[116]

(3) 미국 상품거래법상 허수성호가의 요건

우리나라와 같이 허수성 호가를 별도로 규제하는 사례로는 미국 상품거래법에서 찾을 수 있다. 상품거래법은 2010년 Flash Crash 사건 이후 도드-프랭크법을 통해 파생상품시장에서 허수성호가(spoofing)를 금지하였는데, 단순히 호가 정정·취소 행위만으로 위법성 여부를 판단하지 않는다. 상품거래법상으로는 호가의 정정·취소행위 및 체결 전 취소 의도로 정의하며, 시세에 미치는 영향에 대한 직접적인 언급은 없다.[117] 이러한 구성요건의 불명확성으로 인하여 위헌성에 대한 논란이 있었으나, 상품선물위원회는 허수성호가에 대해 호가 취소 의도, 시장 상황

---

113) 대법원 2007.11.29. 선고 2007도7471 판결(시세조종 입증방법에 관한 판례).
114) 대법원 위의 판결.
115) 금융위원회, 앞의 책, 12면.
116) 자본시장조사 업무규정 별표 2 과징금 부과기준; 이러한 주가변동률은 주가변동의 간접지표이므로, 행위자의 호가로 인한 시세영향도는 호가관여율 등 시세관여 분석을 통한 입증이 필요할 것이다.
117) Commodity Exchange Act §6c(a)(5) (Disruptive practices) It shall be unlawful for any person to engage in any trading, practice, or conduct on or subject to the rules of a registered entity that—
 (C) is, is of the character of, or is commonly known to the trade as, "spoofing" (bidding or offering with the intent to cancel the bid or offer before execution).

및 매매 양태 등을 종합적으로 고려하도록 적용지침을 제시한 바 있다.[118] 허수성
호가 금지규정이 최초로 적용된 Cosia 사건에서도 허수성호가 제출행위뿐 아니라
대량 허수성 호가와 진성호가 간 취소율 차이 등 구체적인 매매양태 및 시장 영향
도를 바탕으로 판단하였다.[119]

(4) 허수성호가 사례

시장조성자의 허수성호가 무혐의(제10차 임시 증권선물위원회 의결, 2022.7.19.)

증권선물위원회는 주식시장 시장조성자인 9개 증권사의 시장질서 교란행위(허수성
호가)에 대해 위법이 아니라고 결정하였음.

증선위 심의 결과 시장조성자의 의무이행에 수반되는 리스크 관리 등을 위해서는
시세변동에 대응한 호가의 정정·취소가 불가피한 측면이 있으며,

국내 주식시장 시장조성자의 호가 정정·취소율(95.68%~99.55%)이 외국에 비해
높은 수준이라고 보기 어렵다고 판단하였음.

아울러, 금융당국이 승인한 제도 아래에서 시장조성자의 특정 행위유형이 교란행위
에 해당할 수 있다는 사전 가이드라인이 없었다는 점도 고려하였음.

증선위는 이러한 측면들을 종합적으로 감안할 때, 해당 시장조성호가 정정·취소가
시세에 부당한 영향을 미친다고 보기 어려워 시장질서 교란행위에 해당하지 않으며,
과징금 부과대상이 아니라고 최종 의결하였음.

1) 시장조성자 제도

한국거래소가 업무규정에 따라 주식시장의 가격발견기능과 유동성을 높이기
위해 운영하는 시장조성자 제도가 있다.[120] 이 제도는 거래소와 투자매매업자 간
맺은 시장조성계약에 따라 대상 종목에 대하여 매수·매도 양방향에 시장조성호가
를 제시하여 투자자의 거래상대방이 되어주는 방식으로 유동성 공급 및 가격발견
기능을 수행한다.

시장조성자의 매도호가는 시장의 최우선 매수호가보다 높게, 매수호가는 시장
의 최우선 매도호가보다 낮게 제출해야 한다(코스닥시장 업무규정 시행세칙 §12의10).
시장조성자의 헤지목적의 주식매도에 대해서는 증권거래세 면제(조세특례제한법 시

---

118) Commodity Futures Trading Commission, "Antidisruptive Practices Authority : Interpretative Guidance and Policy Statement", (2013.5.20.), Commodity Futures Trading Commission, "Interpretive Guidance and Policy Statement on Disruptive Practices", (2013.5.28.).

119) United States v. Coscia, No. 16-3017 (7th Cir. 2017).

120) 코스닥시장 업무규정 제12조의7.

행령 §115), 거래수수료 면제가 적용되고, 공매도 거래와 관련하여 공매도 거래자의 모집 또는 매출에 따른 주식 취득 제한의 예외 적용(법 §제180조의4), 공매도 업틱룰 면제가 적용된다.

거래소의 업무규정에 따른 시장조성자는 거래소-투자매매업자 간 계약에 따른 시장조성업무를 수행하는 자로서 법 제176조 제3항에 따른 시장조성자에 해당하지 않는다. 그러나 시장조성업무는 금융위원회의 승인을 받은 업무규정에 따라 시행되고 있고, 시장 효율화라는 정책적 목적 달성을 위하여 시장조성에 따른 법령상 혜택이 적용된다.

2) 사건의 쟁점

이 사건은 시장조성자의 반복적인 호가 정정·취소가 '시세에 부당한 영향을 주거나 줄 우려가 있는 행위'인지 여부가 쟁점이었다. 시장조성자는 시세 변동시 조성의무 이행을 위하여 매도·매수 양방향의 호가가격의 정정·취소가 반드시 수반될 수밖에 없다. 따라서 높은 호가관여율과 정정·취소율을 보인다. 그러나 이러한 조성호가는 가격발견기능 향상을 통한 시장효율화 목적을 갖는 행위이고 시세를 교란할 목적의 행위가 아니다.[121] 다만 조성호가 범위를 넘어선 공격적 호가를 통해 시세에 영향을 미치거나, 특별한 이유 없이 매수·매도 일방에 호가를 집중시키는 행위는 면책될 수 없다.

3) 허수성호가 규제의 유효성 문제

사실 허수성호가 금지 조항은 2023년까지 2건이 증권선물위원회에 상정되고, 그중 한 건은 무혐의 의결되는 등 규제의 유용성을 보이지 못하고 있다. 특히 제178조의2 제2항 제4호의 거짓 계책 등 금지규정이 2017년 단주매매 과징금 부과 이래 시세관여형 교란행위의 포괄적 규정으로 작동하면서 허수성호가 금지규정은 큰 의미를 갖기 어렵게 되었다. 이러한 상황은 법 제178조의2 제2항 제2호의 가장매매 규제 경우도 동일하다. 허수성호가와 가장매매 규정은 삭제하는 것이 규제의 혼선을 막기 위해서도 바람직하다.

---

121) 이와 관련하여 유동성공급자, 시장조성자가 제출하는 유동성 공급이나 괴리율 조정 목적의 호가와 취소·정정이 반복된 경우라면 허수성 호가로 보기 어렵다는 견해로는, 조두영, 「증권범죄의 이론과 실무」, 박영사(2018), 462면 참조.

2. 가장매매

제178조의2(시장질서 교란행위의 금지) ② 누구든지 상장증권 또는 장내파생상품
에 관한 매매등과 관련하여 다음 각 호의 어느 하나에 해당하는 행위를 하여서는
아니 된다. 다만, 그 행위가 제176조 또는 제178조에 해당하는 경우는 제외한다.
2. 권리의 이전을 목적으로 하지 아니함에도 불구하고 거짓으로 꾸민 매매를 하여
시세에 부당한 영향을 주거나 줄 우려가 있는 행위

사례 **증권사 상금을 목적으로 가장매매를 한 경우[122]**

Q. 甲은 증권사가 개최한 ETF 대회에서 거래량 실적에 따른 상금을 받을 목적
으로 다수 계좌를 활용하여 가장매매했다. 甲은 상금이 목적이었기 때문에 시
세를 변동시키거나 매매를 유인할 목적이 전혀 없었다. 이 경우 시세관여형
교란행위에 해당하는가?

A. 제178조 제2항 제2호의 가장매매 금지규정은 시세조종금지 같은 매매 성황
등 목적이 없어도 적용할 수 있다. 가장매매의 결과로 시세에 영향을 줄 수
있는 행위로서 과징금 부과대상이다.

이 규정은 시세조종행위 중 가장매매 금지규정(법 §176조①3)과 비교 시 "그
매매가 성황을 이루고 있는 듯이 잘못 알게 하거나, 그 밖에 타인에게 그릇된 판단
을 하게 할 목적"이라는 목적성 요건이 없다. 따라서 시세조종의 목적 또는 고의성
이 없는 행위의 규제가 가능하다.[123]

가장매매는 매매의 결과 당해 금융투자상품의 실질적인 소유권의 변경을 수반
하지 않는 동일주체가 매매의 양 당사자가 되는 거래를 말한다. 동일인 명의 계좌
간의 매매뿐 아니라 매도·매수 계좌의 명의는 서로 다르더라도 같은 사람이 사실
상 소유하고 있는 차명계좌인 경우도 가장매매에 해당한다.[124] 따라서 계산주체가

---

122) 금융위원회, "금융위·금감원·거래소·검찰이 함께 시세관여형 시장질서 교란행위
등 주식시장 불공정거래 주요 이슈를 점검했습니다", (2021.3.11.), 보도자료 참조.
123) '여러 트레이더와 알고리즘 트레이딩 프로그램에 의한 다량의 호가제출 과정에서 취소
하지 못한 미체결 호가 등이 신규제출 호가와 교차 체결되어 발생하였으나, 일정한 한
도를 벗어나 시세에 부당한 영향을 미쳤다면 가장매매 규제대상이 될 수 있다'고 예시
하고 있다(금융위원회, 「안전한 자본시장 이용법」, (2015.5), 51면).
124) 대법원 2001.11.27. 선고 2001도3567 판결.

동일하면 계좌주가 다른 계좌라도 가장매매로 본다.

　가장매매는 거래의 결과로 경제적 이익이 발생하지 않는 비경제적 매매이고, 실제 가장매매만으로는 이루어지는 시세조종행위는 일반적이지 않다. 증권사의 ETF 이벤트(거래금액에 많은 고객에게 상금을 지급)에서 가장매매를 통해 상금을 얻은 사건에 대해서 이 규정에 따른 과징금이 부과된 사례가 있다.[125]

3. 손익이전 · 조세회피 목적의 통정매매

> 제178조의2(시장질서 교란행위의 금지) ② 누구든지 상장증권 또는 장내파생상품
> 에 관한 매매등과 관련하여 다음 각 호의 어느 하나에 해당하는 행위를 하여서는
> 아니 된다. 다만, 그 행위가 제176조 또는 제178조에 해당하는 경우는 제외한다.
> 3. 손익이전 또는 조세회피 목적으로 자기가 매매하는 것과 같은 시기에 그와 같
> 은 가격 또는 약정수치로 타인이 그 상장증권 또는 장내파생상품을 매수할 것을
> 사전에 그 자와 서로 짠 후 매매를 하여 시세에 부당한 영향을 주거나 영향을
> 줄 우려가 있는 행위

　이 규정은 시세조종행위 관련 통정매매 규정(법 §176①)과 달리 손익이전 또는 조세회피 목적의 통정매매만을 규제대상으로 한다. 이러한 통정매매는 거래가 적은 종목[126]을 대상으로 시세보다 낮거나 높은 가격으로 거래 상대방에게 매도 · 매수하여 손익을 이전시키거나, 상속 · 증여세 부과를 회피할 목적을 갖는 거래행위이다.[127]

　손익이전 등 통정매매는 유인목적 등 시세조종의 목적이 없이 손익이전 · 조세회피만을 목적으로 하므로 시세조종행위 금지규정의 적용이 불가능하였고, 부정거래행위 금지규정(§178①1)을 적용하였다.[128]

---

125) 금융위원회, "금융위 · 금감원 · 거래소 · 검찰이 함께 시세관여형 시장질서 교란행위 등 주식시장 불공정거래 주요 이슈를 점검했습니다", (2021.3.11.), 보도자료 참조.
126) 투자자의 거래 빈도가 낮은 파생상품의 원월물이 주로 활용된다.
127) 금융위원회는 "증권사 직원이 고객의 위탁계좌를 관리하던 계좌 중 손실이 과다하게 발생하자 그 특정 계좌의 손실을 보전하기 위하여 해당 계좌에서 주식을 시가보다 높은 가격으로 매도주문을 내고 다른 고객의 계좌에서 이를 매수하는 통정매매를 반복적으로 하여 계좌간 손익을 이전시켰다면 이는 타인을 오인케 할 목적이 없는 통정매매이지만 시세에 부당한 영향을 줄 우려가 있는 경우" 시장질서 교란행위에 해당할 수 있다고 보고 있다(금융위원회, 앞의 책, 51면).
128) 금융감독원, "파생상품시장의 불법적인 통정매매를 이용한 불공정행위와 관련된 투자자 유의사항 안내", (2013.8.5.), 보도자료 참조.

이러한 통정매매는 거래참여자가 없는 상품을 주로 이용하고, 매매성황의 목적이 없으므로 일반투자자에게 피해를 줄 가능성은 낮다. 시장에 영향을 미치는 악성은 낮으나 시세에 영향을 줄 우려가 있다는 점을 고려하여 과징금 규제대상에 포함한 것이다.

제176조 제1항의 처벌대상인 통정매매는 매도자(제1호), 매수자(제2호)별로 구분하여 규정하나, 제178조의2의 통정매매는 매도자의 행위를 중심으로 규정한다는 차이가 있다. 통정매매는 상대방을 필요로 하는 대향범의 성격을 갖고 있고, 위반행위 실현을 위한 양방의 기여행위가 필요하다는 점에서 매수자를 제재하지 않을 이유가 없다. 규정의 취지상 매수자 역시 금지대상자로 해석하는 것이 타당하나, 유사규정인 제176조 제1항과의 정합성을 고려하여 입법적인 보완이 필요할 것이다.

사례를 보면 甲은 자녀인 乙(A사의 최대주주) 등에게 A사 주식을 장내매도하면서 최대주주와 특수관계인간 매매에 대한 양도소득세 할증과세를 회피할 목적으로 6회에 걸친 통정매매를 행한 사건이 적발된 바 있다.[129]

4. 풍문의 유포, 거짓계책 등의 행위

제178조의2(시장질서 교란행위의 금지) ② 누구든지 상장증권 또는 장내파생상품에 관한 매매등과 관련하여 다음 각 호의 어느 하나에 해당하는 행위를 하여서는 아니 된다. 다만, 그 행위가 제176조 또는 제178조에 해당하는 경우는 제외한다.

4. 풍문을 유포하거나 거짓으로 계책을 꾸미는 등으로 상장증권 또는 장내파생상품의 수요·공급 상황이나 그 가격에 대하여 타인에게 잘못된 판단이나 오해를 유발하거나 상장증권 또는 장내파생상품의 가격을 왜곡할 우려가 있는 행위

---

(1) 의 의

이 규정은 시장질서 교란행위의 포괄적 규정이다. 기존 시세조종행위나 부정거래행위 금지규정이 미치지 못하는 영역을 규제하는 데 목적이 있다. 이 규정은 제176조의 시세조종행위 관련 시세조작 사실 유포행위, 중요사실에 관한 거짓 표시행위, 그리고 제178조 제2항의 풍문의 유포, 위계 사용행위 금지규정의 목적성 요

---

129) 증권선물위원회 심의·의결(안건번호 2021-제252호, 2022.5.31.); 상장법인 최대주주와 특수관계인간에 당해 상장법인 주식을 매매하는 경우에는 거래일 전후 각각 2개월 평균가액에 30%를 할증하여 양도차익을 산정하게 된다. 이 사건의 경우 피조치자 甲의 사망으로 인하여 불조치하였다.

건을 완화하고 있다.[130] 실제 이 규정을 통하여 거짓으로 계책을 꾸미는 행위에 준하는 거짓 표시행위, 그리고 단주 고가호가를 통한 시세관여행위가 적용된 바 있다.

다만 제178조의 부정거래행위는 모든 금융투자상품을 규제대상으로 하는 반면, 제178조의2 제2항 제4호는 상장금융상품으로 한정되어 있다는 점에서 대상 금융투자상품이 제한적이다.

제178조의2 제2항 제4호 조문 상 "거짓 계책"은 위계의 사전적 의미로서 종전 제178조 제2항의 위계와는 차이가 없으며, "풍문의 유포" 역시 제178조 제2항과 같다. 제178조 제2항은 "폭행 또는 협박"을 규정하나, 제178조의2 제1항 제1호 다목이 "협박, 그 밖의 부정한 방법"을 통한 정보 이용행위를 별도로 규정하므로 이를 제외하면 요건이 되는 행위유형은 큰 차이가 없다.

(2) 풍문의 유포

풍문의 사전적 의미는 '바람처럼 떠도는 소문[131]'으로서 사람들 사이에 전해지는 내용이므로 사실의 진위가 확인되지 않는 것으로 해석된다. 동 표현의 연원이 되는 구 증권거래법 제188조의4 제4항 제1호는 '허위의 사실 기타 풍설'이라고 표현하여 규정 형식상 '풍설(풍문)'을 '거짓 소문'으로 규정하였다.[132] 개정된 자본시장법 제178조 제2항은 "풍문의 유포"라고만 표현하였으므로 풍문은 소문의 거짓여부를 묻지 않는다고 봐야 할 것이고, 합리적 근거가 없는 정보로 보면 된다. 그러나 사실인 내용의 전파행위가 문제가 되기는 어려울 것이므로 실제로는 거짓 내용의 유포가 대상이 된다.[133] 풍문의 '유포' 방법에 대하여 별다른 제한을 두고 있지 않으므로 인터넷, 휴대폰 등 일체의 방법을 포함한다.[134]

---

130) 금융위원회는 "구법은 시세조종행위로 '매매 유인목적의 시세조작 사실 유포행위 및 중요한 사실에 관하여 거짓 또는 오해를 유발하는 표시행위'를 하거나, 부정거래행위로 '매매·시세변동 목적의 풍문유포, 위계의 사용, 폭행 또는 협박'을 하는 경우에 제한하여 처벌하여 왔으나, 개정법은 그 목적을 불문하고 '풍문의 유포, 위계 사용 등으로 상장증권 또는 장내파생상품의 수요·공급 상황이나 그 가격에 대하여 타인에게 잘못된 판단이나 오해를 유발하거나 그 가격을 왜곡할 우려가 있는 행위'를 시장질서 교란행위로 보아 그 범위를 포괄적으로 규정하였다."고 설명하고 있다(금융위원회, 「안전한 자본시장 이용법」, (2015.5), 53면).
131) 국립국어원 표준국어대사전.
132) 임재연, 「자본시장법」, 박영사(2018), 903면.
133) 김정수, 「자본시장법원론」 SFL그룹(2014), 1328면.
134) 풍문 유포의 상세한 내용은 제4편 부정거래행위 중 위계 등의 사용 설명을 참고.

(3) 거짓 계책 등

제178조의2 제2항 제4호의 "거짓으로 계책을 꾸미는 등"의 행위는 위계의 의미를 풀어쓴 것에 불과하므로 제178조 제2항에서 말하는 위계의 의미와 차이가 없다.

위계의 의미는 원래 구 증권거래법부터 사기적 부정거래행위 금지규정으로서 "불특정투자자를 기망하여 일정한 행위를 유인할 목적의 수단, 계획, 기교 등"을 의미하는 것으로 보고 있다.[135] 따라서 이 규정이 시장질서 교란행위에 대한 포괄규정이라는 점은 명확하다.

삼성증권 배당사고에 대한 시장질서 교란행위에 따른 과징금 부과 조치의 경우 허위의 주식을 매도하여 풍문유포ㆍ거짓계책 등에 준하는 수단인 '거짓 표시'를 통해 삼성증권 주가에 대하여 타인에게 잘못된 판단이나 오해를 유발하거나 주가를 왜곡할 우려가 있는 행위로 판단한 바 있다.

이 사건은 "거짓 계책 등"이 예시적 규정임에 주목하여 거짓표시행위를 거짓계책에 준하는 행위로서 동 규정 위반으로 포섭한 것이다.[136] Citadel社의 알고리즘을 이용한 시세관여행위나 1주의 고가매수 주문행위에 대해서도 동일한 근거로 적용한 바 있다.

그렇다면 "거짓 계책 등"은 기망이 요구되는 위계보다 더 포괄적인 개념으로 보아야 한다. 법원 역시 "'풍문 유포'와 '거짓 계책' 등에 준하는 행위는 통상 허용되지 아니하는 방법으로 시장의 건전성을 훼손하는 행위 일반을 의미한다고 봄이 타당하고, 이와 달리 위 행위가 반드시 사전에 계획을 수립하거나 다른 사람을 적극적으로 기망하는 행동일 것 등이 요구된다고 볼 수 없다"고 판단하였다.[137] 이 경우 금융투자상품의 수급ㆍ가격에 오판을 유발하거나 가격을 왜곡할 우려가 있는지 여부만으로 판단할 수밖에 없으므로 그 범위가 너무 확장되는 문제가 있다.

---

135) 대법원 2008.5.15. 선고 2007도1145 판결 등 다수; 岸田雅雄, 「注釈 金融上品取引法」, 金融財政事情研究會, 2009, 2頁.

136) 금융위원회가 허위주식 매도행위는 거짓 계책 등에 준하는 행위로 판단한 것으로 보되, 거짓 계책(위계)의 요건은 충족하지 않은 것으로 판단하였다. 따라서, 형사처벌 대상인 제178조 제2항 규정이 적용되지 않았다. 검찰의 판단은 이와 달랐는데, 실제 주식이 없어 결제할 의사나 능력이 없음에도 이를 숨기고 주문을 내는 방법으로 부정한 방법 또는 위계를 사용한 것으로 판단하였다(서울남부지방검찰청, "삼성증권(주) 우리사주 배당오류 사건 수사결과", 보도자료, (2018.7.9.) 1면; 서울남부지방법원 2019.4.10. 선고 2018고단3255 판결(대법원 2022.3.21. 선고 2020도11566 판결로 확정).

137) 서울행정법원 2020.8.13. 선고 2019구합80428 판결(삼성증권 배당오류 사건 과징금 부과처분 취소의 소에 대한 판결이다).

(4) 수급·가격의 오판 유발 또는 가격 왜곡 우려가 있는 행위

풍문 유포나 거짓 계책의 결과로 ⅰ) 장내 금융투자상품의 수급 상황 또는 가격에 대하여 타인에게 잘못된 판단·오해를 유발하거나, ⅱ) 가격을 왜곡할 우려가 있어야 한다. 수급 등의 오판 유발이나 가격 왜곡우려의 판단은 거래량, 호가등의 동향 등을 종합적으로 고려하여 판단해야 한다. 예를 들어 단주매매의 반복을 통한 거짓 계책 등 행위를 한 경우에는 호가창에 동 호가 및 매매현황이 공개되므로, 일반투자자에게 해당 주식의 거래가 활발하게 이루어지는 것으로 오해를 유발할 수 있다. 또한 단주매매 이전 구간과 비교하여 단주매매 행위 구간에서 시장 전체의 거래량과 호가수량이 증가하고 주가가 대체로 상승하였다면 가격을 왜곡할 우려가 있는 행위로 판단할 수 있다.[138]

(5) 거짓 계책 등의 적용 사례

1) 삼성증권 배당오류사건

삼성증권 직원의 착오입고 주식의 매도행위(증권선물위원회 의결, 2018.7.18)

피조치자는 2018. 4. 6. 본인 명의의 삼성증권 계좌에 발행되지 않은 삼성증권 주식 527,000주가 배당된 것으로 잘못 표시된 것을 인지하고, 자신 소유의 휴대전화 증권거래 프로그램(MTS) 매도 수량란에 보유하고 있지 않은 허위의 주식 수를 입력하고 매도 주문(2회)하여 10,000주를 체결되도록 하였음. 피조치자의 행위는 풍문유포·거짓계책 등에 준하는 수단인 '거짓 표시'를 통해 삼성증권 주가에 대하여 타인에게 잘못된 판단이나 오해를 유발하거나 주가를 왜곡할 우려가 있는 행위로, 자본시장과 금융투자업에 관한 법률 제178조의2 제2항 제4호를 위반한 것으로 인정됨

삼성증권 배당오류 사건은 삼성증권 직원들이 오배당된 주식을 매도한 행위가 거짓계책 등에 준하는 수단인 '거짓 표시' 행위로 보아 금융위원회가 과징금을 부과한 사건이다. 증권선물위원회는 입고 주식을 매도한 삼성증권 직원 13인에 대하여 시장질서 교란행위 위반으로 각각 2,250만원~3,000만원의 과징금을 부과하였다.

금융위원회는 동 사건에 피조치자들의 행위에 고의나 중과실은 없는 것으로 판단하였다. 반면 법원은 같은 사안에 대하여 고의로 부정한 수단을 사용한 것으로 보아 유죄를 선고하였다.

---

138) 서울행정법원 2018.8.2. 선고 2017구합76432 판결 참조(단주매매에 따른 교란행위 과징금부과취소 사건에 대한 판결이다).

이 사건은 조치대상자 13인 중 8인에 대하여 실형이 선고되었고 나머지 5인은 기소유예 처분을 받았는데, 그 5인 중 4인이 과징금 부과처분 취소소송을 제기하여 대법원의 취소 판결이 내려진 바 있다.

2) 고빈도 알고리즘을 이용한 시세관여 사건

Citadel 증권의 알고리즘을 이용한 교란행위(증권선물위원회 의결, 2023.1.26)

Citadel Securities (Hong Kong) Limited는 A증권 서울지점에 개설된 B 명의 증권계좌를 통해 2017.10.18.~2018.5.24. 기간 중 ㈜피앤텔 등 264개 종목을 매매하는 과정에서 알고리즘 매매기법과 DMA 주문을 통해 일반투자자 대비 신속하게 호가·체결 정보를 입수·분석하고 매매주문을 제출할 수 있는 매매시스템을 바탕으로 단기간 내 매수와 매도를 반복하며

IOC조건 주문으로 최우선매도호가 전량을 반복적으로 소진(고가매수물량소진 매수)하여 현재가 또는 호가 상승을 유발하는 한편 호가 공백이 발생한 곳에 지정가 매수주문을 제출(호가공백메우기)하여 신규 최우선매수호가를 생성(호가 상승 유발)하고 반복적으로 취소하거나 일부는 시세 변화에 따라 매수1호가~5호가 부근에 누적적으로 쌓은 후 단계적으로 취소하는 등의 매매주문 또는 이와 동일한 패턴의 반대방향 매매주문을 단시간 내 집중·반복하는 방법으로 단기 주가 변동을 확대하는 등

264개 종목, 총 6,796개 매매구간(지속시간 평균 3분 42초)에 걸쳐 고가물량소진 매수주문, 저가·물량소진 매도주문, 호가공백 메우기 주문 등 합계 169,594회, 304,963,719주(1조 8,401억원 상당)의 시장질서교란주문을 제출하여 해당 주식의 수요·공급 상황이나 가격에 대한 오해를 유발하거나 가격을 왜곡할 우려가 있는 행위를 한 사실이 있음

[부당이득: 산정 불가, 호가관여율(구간 평균): 47.5%, 주가변동률(구간 평균): 1.53%]

① **고빈도 알고리즘 거래** 이 사건은 국내에서 고빈도 알고리즘 거래를 통한 시장질서 교란행위에 대하여 과징금을 부과한 첫 사례이다. 고빈도 알고리즘 거래(High Frequency algorithmic Trading : HFT)는 주문 의사결정이 인적 개입 없이 컴퓨터 알고리즘으로 자동 처리되는 거래방식을 말한다. 2000년대 들어 통신망의 발달과 전자거래가 활성화되면서 소프트웨어가 정하는 규칙에 따른 거래비중이 증가하기 시작하였다. 2014~2019년 기간 미국 주식시장에서 HFT 거래대금 비중은 51%를 차지하고,[139] 한국 유가증권시장의 경우 2020년 기준 HFT의 거래대금 비

---

139) Hong Kong Institute for Monetary and Financial Research, "Algorithmic and High-frequency Trading in Hong Kong's Equity Market(2021.6).

중은 16.4%, 호가건수는 과반(53.5%)를 차지하고 있다. HFT는 초고속-초단기로 빈번한 주문 제출 및 취소가 이루어지고, 주문건수가 과다한 특징을 갖는다.

② **쟁점**　　HFT 시세조종성 주문 양태를 보면 다수 종목을 대상으로 초단기로 일정한 거래양태가 반복되는 경우가 일반적인데, 개별 시세관여 구간에서는 시세조종 수준의 시세관여율을 보이지는 않으나 다수 종목 대상으로 하는 초단기 매매전략을 반복적으로 구사하여 전체 시장의 건전성을 훼손할 우려가 있다.

Citadel 사건의 경우 264종목을 대상으로 3분 내외의 시간 동안 고가매수·물량소진 주문을 통해 호가 상승을 유발하는 모멘텀 촉발 전략(momentum ignition)을 구사하고, 호가 상승에 따라 발생한 호가공백에 호가공백 메우기 주문과 해당 호가 취소를 반복적으로 행함으로써 주가 변동을 유발하는 양태를 보인 바 있다.

이 사건에서 Citadel은 제178조의2제2항제4호에 따른 거짓 계책 등에 해당하기 위해서는 투자자를 기망하기 위한 계획을 사전에 수립하거나 적극적으로 기망하는 구체적인 행위가 있어야 한다고 주장했으나, 증선위는 '풍문 유포', '거짓 계책'은 예시 조항으로서 '통상 허용되지 아니하는 방법으로 시장의 건전성을 훼손하는 행위 일반'을 포함하는 것으로 해석함으로써 이 규정의 포괄적 적용이 가능함을 재확인하였다.140)

③ **평가**　　이 사건은 처음으로 HFT 불공정거래 규제가 적용되었다는 점에서 의의가 있다. 특히 낮은 시세관여율과 매매유인 효과로 인해 시세조종 규제가 어려운 HFT 불공정거래에 대한 시장질서 교란행위 적용을 통해 규제의 사각지대를 보완했다는 점에서 입법 취지에 부합한 사례라고 평가할 수 있다. 참고로 유럽연합의 시장남용규칙(Market Abuse Regulation)의 경우 HFT 거래와 관련하여 허수호가나 모멘텀 촉발행위를 금지하는 근거를 별도로 두고 있다(MAR §12.2.(c)).

한국거래소는 이 사건 이후 HFT 불공정거래 차단을 위해 예방조치 기준을 운영하고 있는데, ⅰ) 시세관여건수 등 반복성, ⅱ) 시세관여비중 등 영향력, 시세변동율 등 시세 영향력을 10분 단위로 적용하여 적출하도록 기준을 제시하고 있다.141) HFT의 시장 영향력이 높아지는 추세를 고려하면 HFT 불공정거래 적발을 위한 연구 및 구체적인 기준 마련을 위한 노력이 필요할 것으로 생각된다.

---

140) 금융위원회, "해외 소재 A증권사의 고빈도 알고리즘 매매 관련 시장질서 교란행위 혐의에 대한 과징금 조치 증선위 의결", (2023.1.26.) 보도자료.
141) 앞의 보도자료.

3) 단주매매 사건

단주매매를 통한 거짓 계책(증권선물위원회 의결)

개인투자자 A씨는 2016.9.12.~10.14. 기간 중 ㈜○○○ 등 4개사 주식을 매수·매도하는 과정에서 14거래일 중 총 84회차에 걸쳐 일정 규모의 수량을 선 매수한 후 평균 2~3분 정도의 짧은 시간 동안 1주의 고가매수주문을 수백회 반복하는 방법으로 시세에 관여한 혐의로 과징금 45,000,000원을 부과함.

여러 가지 정황으로 미루어 볼 때 시세조종 의도가 있었다고 보기는 어려우나, 단기간 여러 종목을 번갈아 가면서 반복적으로 제출한 단주매매로 시세에 부당한 영향을 미쳤으며, 단주매매를 통해 타인에게 잘못한 판단이나 오해를 유발한 것으로 보아 시장질서교란행위(자본시장법 제178조의2 제2항 제4호)를 적용하여 과징금을 부과하였음

이 사건은 전업투자자인 형제 甲, 乙이 3개 계좌를 통해 초단기 단주거래 방식으로 거래하는 과정에서 평균 2분 내지 3분 정도의 짧은 시간 동안 고가의 단주주문을 수백 회 제출하는 방식으로 시세에 관여한 사건이다. 甲, 乙은 테마주를 대상으로 i) 일정 수량의 주식을 선매수하고, ii) 1주 또는 10주의 고가 매수주문을 수십에서 수백 회 반복한 후, iii) 주가가 상승하면 전량 매도하는 방식으로 부당이득을 취득하였다.

이 사건은 시세조종 주문 중의 하나인 고가매수주문을 통해 주가상승을 도모하고, 주가 상승 후 이익을 실현하는 시세조종 전략을 사용하였다. 다만 대상 종목이 테마주로서 관련 루머가 주가에 이미 반영되었고, 단주매매를 통한 시세상승률이 높지 않았기 때문에 시세조종이 아닌 시세관여형 교란행위를 적용한 것으로 생각된다.

이 사건과 관련한 서울행정법원의 판결을 보면 i) 선매수와 단주매매 현황이 HTS에 공개되므로 일반투자자로서는 거래가 활발하게 이루어지는 것으로 오해할 여지가 상당하다는 점, ii) 원고들이 주식을 거래한 시간 동안 각 주식의 거래량이 증가하고, 주가가 대체로 상승했다는 점, iii) 단주매매 특성상 호가관여율은 낮지만, 전체 거래 횟수는 시장 전체 거래 횟수 중 40~50%에 이른다는 점에서 상장증권의 수요·공급 상황이나 그 가격에 대하여 타인에게 잘못된 판단이나 오해를 유발하거나 상장증권의 가격을 왜곡할 우려가 있는 행위에 해당한다고 판단하였다.[142]

구 분		내 용
정보이용형 교란행위	대상상품	상장증권, 장내파생상품 또는 이들을 기초자산으로 하는 파생상품
	대상정보	회사의 미공개중요정보뿐 아니라 매매조건에 중대한 영향을 미치는 외부정보(시장정보, 정책정보)를 포함
	규제대상자	① 상장법인의 미공개중요정보, 미공개정보(공개매수정보, 대량취득처분정보)를 알거나 전득한 자(2차 이상 정보수령자만 해당) ② 직무(예 : 정책담당자, 증권사 직원, 기자 등)와 관련하여 매매조건에 중대한 영향을 미치는 정보를 생산하거나 알게 된 자 ③ 해킹, 절취, 기망, 협박, 그 밖의 방법으로 정보를 알게 된 자 ④ ②, ③의 자로부터 정보를 전득한 자(미공개정보임은 알고 있어야 함)
	적용배제	형사처벌 대상 불공정거래 우선 적용 : 교란행위 적용은 배제되며, 유죄 확정판결 되는 경우 과징금 처분 취소사유에 해당(시세관여형도 동일)
시세관여형 교란행위	허수성호가	거래성립 가능성이 희박한 호가, 호가의 정정ㆍ취소의 반복
	가장매매	매매성황 또는 오판 목적은 요구하지 않음
	통정매매	손익이전 또는 조세회피 목적의 통정매매만 해당
	거짓계책 등	풍문유포, 거짓계책 그 외에 이에 준하는 행위에 포괄적으로 적용 (예: 삼성증권 배당오류 사건, 알고리즘을 이용한 시세관여, 단주매매를 통한 시세관여)

---

142) 서울행정법원 2018.8.2. 선고 2017구합76432 판결 참조.

제 3 장

과징금 부과기준

제 1 절 과징금 부과기준

I. 개 관

불공정거래 과징금 부과기준은 국가별로 차이가 있지만 대체로 부당이득을 과징금 산정을 위한 양정요소로 사용한다. 다만 부당이득과 과징금이 반드시 연동되는 것은 아니고 위반행위의 악질성에 따라 가산 또는 감산하는 것이 일반적이다. 우리나라와 일본은 과징금 부과 시 대체로 외부 주가변동 요인은 반영하지 않은 단순차액방식으로 산정하였다. 과징금 산정에 있어 형사처벌과 동등한 책임주의를 요구할 필요도 없고 신속한 제재라는 과징금 도입 취지를 고려할 때 단순차액방식에 따른 산정은 타당하다. 다만 우리나라는 2023년 법 개정으로 부당이득 산정기준이 법제화되면서 제3의 주가변동 요인을 반영하여 부당이득을 산정하고 있다.

II. 주요국의 과징금 부과기준

1. 미 국

(1) 민사제재금 부과대상

불공정거래행위에 대한 민사제재금의 유형은 SEC가 법원에 민사소송을 제기하여 부과되는 민사제재금과 행정절차를 통해 SEC가 부과하는 민사제재금으로 구분된다. 법원 판결에 따른 민사제재금은 부과대상자의 범위에 제한이 없다. 따라서 일반인과 법인은 SEC가 연방법원에 소송을 제기하여 민사제재금 부과절차를 개시하게 된다. 반면 증권업자의 경우 SEC가 직접 민사제재금을 부과할 권한을 갖는다. SEC의 직접 부과는 고의의 법령 위반 또는 감독해태의 경우로 한정하나(증권거래법 §21B(a)(1)), 법원에 의한 부과는 그 제한이 없다(증권거래법 §21(d)).

(2) 민사제재금 부과기준

법원을 통한 민사제재금(내부자거래 민사제재금은 별도로 정함), SEC가 직접 부과하는 민사제재금 양자 모두 아래 표와 같이 3단계의 수준별로 민사제재금 규모를 정한다. 만약 위반행위로 얻은 부당이득이 법령상 부과한도보다 큰 경우에는 그 이익을 한도로 하여 민사제재금을 부과한다. 다만 내부자거래에 대한 법원의 민사제재금의 경우 3단계의 산정방법이 적용되지 않는 대신 부과금액은 부당이득액의 3배까지 가능하다(증권거래법 §21A(a)(2)).

▼ 민사제재금 산정방법(증권거래법 § 21(d)(3)(B), § 21B(b))

구 분	금액(상한)[143]	부당이득액이 큰 경우
1단계 (단순위법행위)	자연인(5,000달러) 법인(50,000달러)	부당이득액이 더 큰 경우 부당이득액까지 부과 가능
2단계 (사기, 기망, 고의·중과실)	자연인(50,000달러) 법인(250,000달러)	상 동
3단계 (타인에게 상당한 손해)	자연인(100,000달러) 법인(500,000달러)	상 동

법원의 민사제재금 부과시 법원은 위반행위와 관련된 사실과 정황을 감안하여 민사제재금 액수를 정하는 반면,[144] SEC가 부과하는 민사제재금의 경우 공익에 대한 기여의 관점에서 다음의 6가지 사항을 고려해야 한다(증권거래법 §21B(c)).

1. 해당 행위가 불공정거래 금지규정을 위반하는지 여부,
2. 당해 행위로 인한 타인의 손해 정도,
3. 행위자가 해당 행위를 통해 얻은 이익(피해자에 대한 손해 회복조치가 이루어진 경우 이를 고려한다),

---

143) 민사제재금 상한액은 Federal Civil Penalties Inflation Adjustment Act of 1990에 따라 4년마다 조정되고 있다.
144) 증권거래법 §21(d)(3)(B)(ⅰ).

4. 위반행위의 반복성(해당 행위자가 과거 연방증권법, 주증권법 또는 자율규제기관의 규칙 등을 위반한 적이 있는지 여부),
5. 위반행위의 억제 필요성,
6. 기타 필요하다고 인정되는 사유.

SEC가 직접 민사제재금을 부과하는 절차는 독립된 준사법관리인 행정심판관(Administrative Law Judge: ALJ)에 의하여 이루어지는데, 행정심판관은 위반행위자의 자산, 부채, 소득 등 경제적 능력을 고려하여 민사제재금액을 정할 수 있다.[145]

2. 영 국

(1) 민사제재금 부과대상

FCA는 ⅰ) 시장남용행위에 종사하거나 종사했다고 판단되는 경우, ⅱ) 시장남용행위로 이어질 행위를 타인에게 요구 또는 권장하는 행위를 한 경우, 또는 ⅲ) 필요한 행동을 취하지 않은 경우에는 민사제재금을 부과한다(FSMA §123).

(2) 민사제재금 부과기준

민사제재금의 결정 방법 및 절차는 FCA handbook의 결정절차 및 민사제재금 매뉴얼(Decision Procedure and Penalties Manual(DEPP))에서 정한다. FCA의 민사제재금 부과 결정체계는 다음과 같은 원칙을 기반으로 한다(DEPP §6.5.2.).

ⅰ) 이익환수(disgorgement) – 회사나 개인은 어떠한 법규위반으로 이익을 얻어서는 안 된다.
ⅱ) 징계(discipline) – 회사나 개인은 잘못된 행위에 대하여 처벌을 받아야 한다.
ⅲ) 억제(deterrence) – 부과된 과징금은 위반행위를 한 회사나 개인, 여타 회사 또는 개인들이 추가적인 또는 유사한 위반행위를 하지 않도록 억제하여야 한다.

상기 세 가지 원칙에 따라 종합적으로 판단하여 위반행위의 이익 규모나 사건의 중대성, 조사 협력 정도 등을 고려하여 제재금 부과 규모를 결정한다(DEPP §6.5.3~§6.5C.5).[146] 세부적인 제재금의 산정방법은 다음의 5단계의 산정을 거쳐 부과액을 확정하는데(DEPP §6.5C), 부당이득액에 시장에 미치는 영향 등을 고려한 페널티를 가산 또는 감산하여 산정하는 방식을 채택하고 있다.

---

145) 17 CFR §201.630.
146) Ruth Fox · Ben Kingsley, A Practioner's Guide to the UK Financial Services Rulebooks, Sweet & Maxwell 6th ed(2013), at 646.

- 1단계(부당이득 산정): 시장남용행위에 따라 직접 취득한 이익액을 산출한다. 이 경우 거래수수료를 감산하고, 이자는 가산하여 반영한다.
- 2단계(페널티 부과액 산정): 부당이득에 추가하여 직무연관성, 시장에 미치는 영향에 따라 페널티를 중과한다(1~4배).
- 3단계(조정액의 결정): 불공정거래 조사에 대한 협조 정도, 과거의 제재 여부 등을 감안한다.
- 4단계(불공정거래 예방): 향후 추가적인 불공정거래행위 방지 여부 등을 고려한다.
- 5단계(제재금에 대한 합의 여부) : 혐의자가 제재금액에 대하여 동의할 경우 30%를 감액한다.

3. 일 본

(1) 과징금 부과대상

불공정거래와 관련한 금융상품거래법상 과징금 부과기준은 풍문의 유포·위계(§173), 시세조종(§174, §174의2), 안정조작거래 금지 위반(§174의3) 및 내부자거래(§175)에서 규정하고 있다. 금융상품거래법상 과징금 부과제도는 기본적으로 경제적 이익의 박탈이라는 제도 취지에 맞게 위반행위로 얻은 이익 상당액을 과징금으로 부과한다. 그러나 구체적 산정방법을 살펴보면 제3의 주가변동 요인의 고려 없이 단순차액방식으로 산정한다.

과징금 산정의 특례 규정은 감산 규정(금융상품거래법 §185의7⑭)이 있는데, 2008년 금융상품거래법 개정을 통해 반영되었다. 이는 자발적인 준수 체계 구축의 촉진 및 재발 방지를 위하여 상장법인의 자기주식 취득에 따른 내부자거래 등에 대하여 위반사실을 보고하는 경우 과징금액을 감경하는 제도이다.[147]

(2) 과징금 부과기준

1) 산정원칙

과징금 산정은 기본적으로 위반행위 기간 중 매도(매수) 가액에서 위반행위 종료 후 일정기간(내부자거래는 2주, 그 이외는 1개월) 최저가(최고가)의 가액의 차액으로 과징금을 산정한다. 예컨대 시세를 상승견인할 목적의 위계행위의 경우 위반행위 기간 중 매수가액이 1,000만엔이고, 위반행위 종료 후 최고가를 반영한 가액이 1,500만엔일 경우 과징금액은 500만엔으로 산정한다.

다만 위반행위 기간 중 매도(매수) 가액의 산정 시 위반행위 개시시점에 이미

---

147) 자본시장연구원, 「자본시장 불공정거래 관련 과징금 제도 도입시 구체적 운영방안」, 금융감독원 용역보고서(2013), 86면.

주식을 보유한 경우에는 위반행위 개시 전의 가격을 반영하여 산정한다(금융상품거래법 §173⑦ 등). 또한 내부자거래와 관련한 위반행위 기간 중 매도(매수) 가액 산정은 중요사실의 공표 전 6월 이내에 실시된 매도(매수)분만을 반영하여 산정한다. 우리나라의 경우 과징금 산정 시점을 행위시점(예: 정보이용시점)으로 하는 반면 일본은 이러한 고려 없이 공표전 6월로 못 박고 있으므로 산정이 쉽고 명확하다.

2) 입증완화를 위한 제도개선

과거에는 "상승시킨 시세로 매도 등을 한 경우"를 산정에 반영하였으나, 2008년 금융상품거래법 개정을 통하여 실제 이익 실현금액이 아닌 일정기간의 최고가(최저가)를 반영한 가액을 반영한 산정방식을 사용하는 것으로 변경되었다. 이러한 산정 방법은 실제 이익보다는 시세변동에 따른 이익실현 가능성, 그리고 산정방법의 용이성을 고려한 것이다.[148] 이 방식은 미실현이익 산정 시 최고종가를 매도간 주가가격으로 하는 우리의 산정방식과 동일하다.

풍설의 유포 및 위계에 관한 제173조 제1항 역시 과거에는 '위반행위로 인하여 유가증권의 시세를 변동시키고 그 변동된 시세에 의하여 유가증권의 매매를 할 것'을 요건으로 하였으나, 2008년 금융상품거래법 개정을 통하여 위반행위로 인한 시세변동의 입증이 쉽지 않다는 점을 고려하여 '풍설의 유포 또는 위계로 인하여 가격에 영향을 미칠 것'으로 요건을 변경하였다.[149] 신속한 금전적 제재라는 과징금제도 취지상 산정방식과 요건의 단순화는 타당한 것으로 생각된다.

▼ 과징금 산정기준 요약

위반행위 (조항)	산정방식	비　고
풍설의 유포·위계 (§173)	위반행위 기간 중 매도(매수) 가액*과 위반행위 종료 후 1개월간의 최저가(최고가)의 가액의 차액	*위반행위 개시시 기보유주식은 개시전 가격으로 계산
오해유발 목적의 시세조종 (§174)	위반행위 기간 중 매도(매수) 가액*과 위반행위 종료 후 1개월간의 최저가(최고가)의 가액의 차액	

---

148) 千代島道生,「金融商品取引法上の課徵金制度の再構築」, 青山社會科學紀要(2012), 76頁.
149) 證券取金引融等商監視委員會事務局,「金融商品取引法における過徵金事例集－不公正取引編－」, (2016.7), 156頁.

유인목적 시세조종 (§174의2)	위반행위 기간 중 자기계산에서 확정된 손익 + (위반행위 기간 중 매도(매수) 가액*과 위 반행위 종료 후 1개월간의 최저가(최고가)의 가액의 차액)	
내부자거래 (§175)	위반행위에 관한 매도(매수)* 가액－중요사실 공표 후 2주내 최저가(최고가)의 가액	*중요사실의 공표전 6 월 이내에 실시된 것 에 한함

* 자기계산의 매도(매수)를 기준으로 하며, 자기 이외의 자의 계산으로 불공정거래
를 하는 경우에는 수수료, 보상 기타 대가를 기준으로 과징금을 산정한다.

Ⅲ. 과징금 부과기준

제429조의2(불공정거래행위 등에 대한 과징금) ① 금융위원회는 다음 각 호의 어느
하나에 해당하는 자에 대하여 그 위반행위로 얻은 이익(미실현 이익을 포함한다.
이하 이 조에서 같다) 또는 이로 인하여 회피한 손실액의 2배에 상당하는 금액 이
하의 과징금을 부과할 수 있다. 다만, 그 위반행위와 관련된 거래로 얻은 이익 또
는 이로 인하여 회피한 손실액이 없거나 산정하기 곤란한 경우에는 40억원 이하
의 과징금을 부과할 수 있다.
1. 제173조의2제2항을 위반하여 파생상품시장에서의 시세에 영향을 미칠 수 있는
   정보를 누설하거나, 장내파생상품 및 그 기초자산의 매매나 그 밖의 거래에 이
   용하거나, 타인으로 하여금 이용하게 한 자
2. 제174조를 위반하여 미공개중요정보 이용행위를 한 자
3. 제176조를 위반하여 시세조종행위 등을 한 자
4. 제178조를 위반하여 부정거래행위 등을 한 자
④ 금융위원회는 제178조의2를 위반한 자에 대하여 5억원 이하의 과징금을 부과
할 수 있다. 다만, 그 위반행위와 관련된 거래로 얻은 이익 또는 이로 인하여 회
피한 손실액의 1.5배에 해당하는 금액이 5억원을 초과하는 경우에는 그 이익 또는
회피한 손실액의 1.5배에 상당하는 금액 이하의 과징금을 부과할 수 있다.

1. 규 정

(1) 개 관

불공정거래 과징금은 부당이득을 기초로 부과한다. 다만 부당이득을 초과한 배

수의 과징금 부과가 가능한데, 불공정거래 규모나 전력 여부에 따라 가중·감경된다.

3대 불공정거래에 대한 과징금은 부당이득에 연동하되, 부당이득이 없거나 산정이 곤란한 때에만 40억원 이하의 과징금을 부과한다.

한편 시장질서 교란행위 금지규정을 위반한 자는 5억원 이하의 과징금을 부과할 수 있고, 부당이득의 1.5배에 해당하는 금액이 5억원을 초과하면 부당이득의 1.5배 이하의 과징금을 부과할 수 있다.

시장질서 교란행위 과징금액을 이익액의 1.5배로 설정한 것은 2014년 교란행위 입법 당시 벌금 상한이 3배 이하(현재는 5배 이하)였으므로(법 §443), 가벌성이 낮은 시장질서 교란행위에 대해서는 형벌보다 1/2 수준으로 낮추어 규정한 것이다. 그리고 2023년 도입된 3대 불공정거래 과징금은 벌금형 하한과 시장질서 교란행위 과징금 상한의 사이인 2배 이하로 정하였다.

(2) 고의·과실에 따른 과징금 부과

공시위반에 대한 과징금 부과와 달리 3대 불공정거래와 시장질서 교란행위는 과징금 부과요건으로 고의 또는 중과실을 요구하지 않는다(법 §430①). 단순과실에 따른 위반에 대해서도 과징금의 부과가 가능하므로 과징금 부과대상의 폭이 넓다. 한편 제재 양정시 위반행위에 대한 고의 여부에 따라 과징금 부과시 상·하향조정이 가능하다.[150] 다만 3대 불공정거래의 경우 주관적 구성요건요소(예: 미공개중요정보를 거래에 이용, 매매를 유인할 목적)상 고의를 요구하므로, 고의가 없는 행위에 대해 과징금 부과가 가능한지 의문이다.

2. 과징금의 부과 원칙

(1) 산정원칙

시행령은 과징금 부과 시 기본 원칙을 정하고 있다. 기본 원칙은 ⅰ) 부당이득, ⅱ) 미공개정보를 생산하거나 알게 된 경위, ⅲ) 위반행위가 시세 또는 가격에 미치는 영향, ⅳ) 위반행위가 1년 이상 지속되거나 3회 이상 반복적으로 이루어졌는지 여부를 종합적으로 고려하여 판단해야 한다(영 §379②1). 이러한 원칙에 따라 부당이득에 따른 기준금액을 산정하고, 정보의 지득 경위, 횟수, 거래량 등 양태에 따라 과징금액을 가중·감경하는 체계로 되어 있다.

세부적인 과징금 산정방법은 자본시장조사 업무규정 별표 2(과징금 부과기준)에

---

150) 자본시장조사 업무규정 별표2(4. 부과비율의 산정 중 다. 감안사유 판단기준).

서 정한다. 과징금액은 ⅰ) 기준금액(부당이득)을 산정하고, ⅱ) 이 기준금액에 사건의 중요도에 따른 부과비율을 곱하여 기본과징금을 산정한 후 ⅲ) 가중·감경사유가 있는 경우 이를 반영하여 최종적인 과징금액을 산출한다.[151]

(2) 과징금의 면제

부당이득이 2천만원 미만인 경우 과징금을 면제할 수 있다(별표2 §2.나.(7)). 이익이 소규모인 행위에 대해 과징금을 면제하기 위함이다. 다만 부당이득 산출이 곤란하거나, 허수성호가, 가장매매, 거짓계책과 같이 행위의 반복성에 비해 부당이득이 낮은 행위에 대해 과징금을 면제하는 것은 부당하므로 면제대상에서 제외한다(별표2 §2.나.(7) 단서).

(3) 중복사유

3대 불공정거래와 관련하여 동일 또는 동종의 원인사실로 인하여 법 제429조의2제1항 각 호에 해당하는 위반사항이 2회 이상 발생할 때에는 각 위반행위에 대한 과징금을 산정하여 그중에서 가장 큰 금액을 부과한다(별표2 §2.사). 이종의 원인사실로 인하여 법 제429조의2제1항 각 호에 해당하는 위반사항이 2회 이상 발생할 때는 각 위반행위에 대하여 과징금을 부과한다(별표2 §2.아).

시장질서 교란행위와 관련하여 법 제178조의2 제1항부터 제2항 각 호의 위반사항이 2개 이상 발생할 때는 각 위반행위에 대하여 과징금을 부과한다(별표2 §2.자). 다만, 제2항제1호(허수성 호가) 및 제2호(가장매매)가 모두 발생한 경우에는 1개의 위반사항으로 보고 있는데(별표2 §2.자.단서), 이는 단일한 범의하에 이루어진 시세조종에 대하여 포괄일죄를 적용하는 것과 유사하다. 제3호의 통정매매의 경우 시세관여형 교란행위이지만 손익이전·조세회피라는 다른 목적을 가진 행위이기 때문에 별도의 위반사항이 된다.

3. 기준금액의 산정

기준금액은 부당이득으로 한다(별표2 §3.바(1)). 다만 부당이득 산정이 곤란하거나, 부당이득이 없는 경우에는 별도의 기준금액 산정 방법을 정함으로써 기준금액 산출 자체가 안 되는 문제를 보완하고 있다.

1) 3대 불공정거래

규정상 부당이득이 없거나 5천만원 이하면 기준금액은 5천만원으로 한다(별표

---

151) 자본시장조사 업무규정 별표2(2. 통칙).

2 §3.바.(2) 단서). 부당이득이 없거나 소액인 경우에도 일정한 과징금을 부과할 목적이다. 시세조종 결과 손실이 발생한 경우가 이에 해당한다.

부당이득을 산정하기 곤란한 경우에는 20억 원 이내에서 해당 거래금액의 1/20을 기준금액으로 한다(별표2 §3.바.(2)). 산정지표가 없음을 고려하여 행위 규모에 비례한 과징금을 부과하는 방법이다. 그런데 시세조종의 경우 거래금액이 기준금액뿐 아니라 위반행위의 중요도에서 재가중(예: 매매금액 2억원 이상은 중요도 '상')되는 문제가 있다.

2) 시장질서 교란행위

부당이득을 객관적으로 산출하기 곤란하거나, 허수성호가, 가장매매 또는 거짓 계책으로서 부당이득이 3천만원 이하면 기준금액을 3천만원으로 한다(별표2 §3.바(3)). 허수성호가, 가장매매, 거짓계책(예: 단주매매)은 비경제적매매로서 행위의 반복성에 비해 부당이득이 낮은 경우가 일반적이므로, 면제가 되지 않도록 기준금액의 하한선을 설정한 것이다.

4. 부과비율의 산정

기준금액이 산정되면 아래의 표와 같은 중요도 및 감안사유에 따른 부과비율을 곱하여 기본과징금을 산정한다(규정 별표2 §4.가). 3대 불공정거래는 부당이득의 2배까지 과징금의 부과가 가능하므로 과징금 부과비율 상한을 100분의 200으로 설정하고, 시장질서 교란행위의 경우 부당이득의 1.5배까지 부과가 가능하므로 상한이 100분의 150이 된다.

▼ 자본시장조사 업무규정상 3대 불공정거래에 대한 과징금 부과비율

감안사유 \ 위반행위의 중요도	상	중	하
상향조정사유 발생	100분의 200	100분의 150	100분의 125
해당사항 없음	100분의 125	100분의 100	100분의 75
하향조정사유 발생	100분의 100	100분의 75	100분의 50

▼ 자본시장조사 업무규정상 시장질서 교란행위에 대한 과징금 부과비율

감안사유 \ 위반행위의 중요도	상	중	하
상향조정사유 발생	100분의 150	100분의 125	100분의 100
해당사항 없음	100분의 125	100분의 100	100분의 75
하향조정사유 발생	100분의 100	100분의 75	100분의 50

(1) 위반행위의 중요도

위반행위 중요도는 행위의 횟수나 주가변동률 등 객관적 지표에 따라 상·중·하로 구분하여 부당이득에 따른 과징금을 가중하는 지표이다. 각 행위 유형별로 중요도의 판단기준은 다를 수밖에 없으므로 조항에 따라 별도의 중요도 지표를 사용한다(별표2 §4.나.(3)).

3대 불공정거래의 위반행위 중요도는 미공개중요정보 이용행위의 경우 정보를 알게 된 자(상), 정보를 받은 자(중) 여부에 따라 중요도를 구분한다. 시세조종(가장·통정, 현실매매에 의한 시세조종 및 시세고정·안정행위)은 위반횟수, 매매금액, 주가변동률에 따라 중요도의 차등을 둔다. 시세조종 중 시세조작 유포행위, 거짓표시행위와 부정거래행위의 경우 위반 횟수에 따라 중요도에 차등을 둔다.

시장질서 교란행위의 위반행위 중요도의 경우 정보이용형 교란행위는 2차 정보수령자(상), 3차 이상 정보수령자(중) 여부에 따라 중요도를 구분하고, 시세관여형 교란행위는 위반 관련 해당 종목의 위반횟수, 주가변동률 등에 따라 중요도에 차등을 두고 있다. 시세관여형 교란행위 중 거짓계책(법 §178의2②④)은 위반 횟수에 따라 중요도에 차등을 둔다.

(2) 감안사유에 따른 상·하향 조정

1) 상향조정

감안사유에 따른 상하향 조정은 자료제출 협조여부, 전력여부 등을 감안하여 과징금을 상하향하는 것을 말한다(별표2 §4.다).

과징금의 상향조정사유는 ⅰ) 위반행위를 은폐 또는 축소하기 위하여 허위자료를 제출하거나 자료제출을 거부한 사실이 있는 경우, ⅱ) 3대 불공정거래, 시장질서 교란행위 또는 공매도 위반으로 조치를 받은 이후 1년 이내에 동 사유 중 어느 하나의 위반행위를 한 경우, ⅲ) 3개 이상 종목에 관여하여 3대 불공정거래 또

는 시장질서 교란행위를 한 경우, ⅳ) 3대 불공정거래 위반행위자가 그 법인의 임원 또는 최대주주인 경우이다.

2) 하향조정

과징금의 하향조정사유는 ⅰ) 위반행위의 고의가 없는 경우 또는 위반행위를 감독기관이 인지하기 전에 자진 신고하거나, 조사 과정 등에 적극적으로 협조한 경우, ⅱ) 부도발생, 회생절차 개시, 채권금융기관 공동관리 등 기업구조조정 절차를 개시한 경우, 위반행위시의 최대주주 및 경영진이 실질적으로 교체되어 기업회생과정에 있고 과징금 부과로 인하여 소액주주의 피해가 예상되는 경우이다.

5. 과징금의 감경 등

(1) 감경 원칙

제429조의2(불공정거래행위 등에 대한 과징금) ② 금융위원회는 제1항에 따라 과징금을 부과할 때 동일한 위반행위로 제443조제1항 또는 제445조제22호의2에 따라 벌금을 부과받은 경우에는 제1항의 과징금 부과를 취소하거나 벌금에 상당하는 금액(몰수나 추징을 당한 경우 해당 금액을 포함한다)의 전부 또는 일부를 과징금에서 제외할 수 있다.

동일한 위반행위에 대하여 법원, 검찰 기타 다른 행정기관으로부터 형벌, 과태료, 과징금 등의 형태로 제재조치를 이미 받은 경우에는 제재금액 등을 고려하여 이 기준에 따른 과징금을 감면할 수 있다(별표2 §5.(4)).

검찰에 통보된 법 제429조의2에 따른 시장질서 교란행위 과징금 부과사건에 대하여 3대 불공정거래 유죄 확정판결이 있는 경우에는 과징금 부과처분의 취소·변경사유에 해당하게 되며, 직권재심을 통하여 과징금 부과처분을 취소·변경할 수 있다(자본시장조사 업무규정 §40조4호).[152] 반대로 불공정거래 관련 무혐의나 무죄의 확정판결을 받은 경우에는 법 제178조의2의 해당여부를 직권재심할 수 있다(동규정 §40조3호).

위반행위로 인한 투자자의 피해를 배상한 경우에는 그 배상액 범위 내에서 기

---

152) 2023년 자본시장법 개정으로 법 제429조의2에 따른 과징금 부과대상에 3대 불공정거래도 포함되었으나, 조사업무규정 제40조제4호상 미반영으로 인해 3대 불공정거래 과징금 부과후 유죄 확정판결이 있는 경우에도 직권재심 사유에 포함되어 있다. 개정이 필요할 것으로 보인다.

본과징금을 감경한다(조사업무규정 별표 2 §5.(3)). 위반행위의 내용이나 정도에 비추어 과징금이 현저히 과도하다고 판단되는 경우로서 증선위가 인정하는 경우에는 해당 과징금을 감면할 수 있다(별표2 §5.(5)).

(2) 정보전달자에 대한 부과방법

미공개중요정보 이용행위 또는 정보이용형 교란행위 관련 정보전달자에 대해서는 동 정보를 전달받아 이용한 자의 부당이득금액 또는 손실회피금액의 100분의 10에 해당하는 금액과 10억원(파생상품 정보이용행위, 미공개중요정보 이용행위는 20억원) 중 적은 금액을 부과과징금으로 한다. 또한 정보전달자가 동 정보를 직접 이용한 경우 각 행위에 대한 과징금을 각각 산정하여 합산한다(조사업무규정 별표 2 §8). 정보전달자는 직접 해당 정보를 이용한 매매가 없었을 경우 구체적으로 얻은 이익이 없으므로 정보를 이용한 자의 이득금액의 10% 수준의 과징금을 부과한다는 것이다.

6. 과징금 부과 산정 사례

(1) 사건개요

甲은 A사 거래업체 B사 감사로서 A사 주식을 거래한 자로서, 2017.7.10. B사 대표이사 乙(1차 수령자)로 부터 'A사 세무조사 결과 A사가 안 좋아질 것이니까 A사 주식을 정리하는 게 좋겠다'는 얘기를 듣고, 2017.7.10. 甲 계좌(18,183주, 248,320,950원) 및 딸 丙 계좌(900주, 12,417,300원)로 보유 중인 A사 주식을 매도하였다. 甲의 위반 행위로 얻은 이익은 71,620,627원이다.

甲은 미공개중요정보의 제2차 정보수령자로서, A사 주식매도와 관련하여 본건 정보가 A사의 내부자로부터 나온 정보라는 사실을 알고, 이를 이용하여 해당 주식을 매도하여, 자본시장과 금융투자업에 관한 법률 제178조의2 제1항을 위반하였다.[153]

(2) 산정원칙

과징금 산정을 위한 기준금액(위반행위로 얻은 이익)을 산정하고, 이 기준금액에 사건의 중요도에 따른 부과비율을 곱하여 기본과징금을 산정한 후 가중·감경사유가 있는 경우 이를 반영하여 최종적인 과징금액을 산출한다.[154]

---

153) 증권선물위원회 심의·의결서(안건번호 2018-제118호, 2018.4.25.자)의 사건내용 및 과징금 산정내용을 바탕으로 정리하였음(http://www.fsc.go.kr, 증선위 의결정보 참조).
154) 자본시장조사업무규정 별표 2 §2.

(3) 기준금액 산정

기준금액은 부당이득으로 한다.[155] 따라서 甲의 위반행위로 얻은 이익인 71,620,627원이 과징금 부과 기준금액이 된다.

(4) 기본과징금 산정

甲은 2차 정보수령자로서 자본시장조사업무규정 별표 2 §4.나.(3)에 따라 위반행위 중요도 '상'에 해당한다.

▼ 별표 제2호 4.나.(3) 일반기준

구분	중요도	상	중	하
법 제178 조의2 제1항 제1호	가 목	받은 자 (2차 수령자)	전득한 자 (3차 이상 수령자)	-
	나 목	직무와 관련하여 정보를 직접 생산한 자	직무와 관련하여 정보를 알게 된 자	-
	다 목	정보를 알기 위해 부정행위를 한 자	부정행위 과정에서 정보를 알게 된 자	-
	라 목	-	받은 자 (1차 수령자)	전득한 자 (2차 이상 수령자)

'상'에 해당하므로 기준금액 71,620,627원에 아래의 부과비율을 곱하여 기본과징금을 산정하게 된다.

▼ 과징금 부과비율

감안사유 \ 위반행위의 중요도	상	중	하
상향조정사유 발생	100분의 150	100분의 125	100분의 100
해당사항 없음	100분의 125	100분의 100	100분의 75
하향조정사유 발생	100분의 100	100분의 75	100분의 50

甲의 위반행위와 관련하여 甲은 혐의를 인정하여 별표 제2호 4.다.의 하향조정사유에 해당하여 부과비율은 100분의 100이 반영된다.

---

155) 자본시장조사업무규정 별표 2 §3.바.(1).

▼ 별표 제2호 4.다. 감안사유 판단기준

구 분	조 정 기 준
상향 조정 사유	생 략
하향 조정 사유	• 위반행위에 대한 고의가 없는 경우(다만, 법 제180조 위반의 경우에는 제외한다) 또는 위반행위를 감독기관이 인지하기 전에 자진 신고하거나, 조사 과정 등에 적극적으로 협조한 경우 • (이하 생략)

위반행위의 중요도가 '상'이고, 하향조정사유에 해당하여 자본시장조사업무규정 별표 제2호 4.가.(4)에 따라 기준금액의 100분의 100을 과징금으로 부과하게 되므로, 피조치자의 기본과징금은 71,620,627원으로 결정한다.

(5) 과징금의 감경

동일한 위반행위에 대하여 법원, 검찰 기타 다른 행정기관으로부터 형벌, 과태료, 과징금 등의 형태로 제재조치를 이미 받은 경우에는 제재금액 등을 고려하여 이 기준에 따른 과징금을 감면할 수 있다.[156] 이 사건의 경우 과징금 감경 사유는 없다.

(6) 과징금 절사

산정한 과징금 부과액 중 10만원 미만의 금액은 절사하여, 최종적으로 71,600,000원의 과징금을 부과하게 된다.[157]

---

156) 자본시장조사업무규정 별표 2.5.
157) 자본시장조사업무규정 별표 2.6.

제 2 절　협조자에 대한 형벌 · 과징금의 감면

제448조의2(형벌 등의 감면) ① 제173조의2제2항, 제174조, 제176조 또는 제178조를 위반한 자가 수사기관에 자수(증권선물위원회에 자진신고한 경우를 포함한다. 이하 이 조에서 같다)하거나 수사 · 재판절차에서 해당 사건에 관한 다른 사람의 범죄를 규명하는 진술 또는 증언이나, 그 밖의 자료제출행위 또는 범인검거를 위한 제보와 관련하여 자신의 범죄로 처벌되는 경우에는 그 형을 감경 또는 면제할 수 있다.
② 금융위원회는 제1항에 따라 자수하거나 해당 사건에 관한 다른 사람의 범죄를 규명하는 진술 또는 증언이나, 그 밖의 자료제출행위 또는 범인검거를 위한 제보와 관련하여 자신의 위반행위로 제429조의2제1항에 따른 과징금을 부과받은 자에 대하여 그 과징금을 감경 또는 면제할 수 있다.
③ 제2항에 따라 과징금이 감경 또는 면제되는 자의 범위와 감경 또는 면제의 기준 · 정도 등에 관한 세부 사항은 대통령령으로 정한다.

Ⅰ. 개 관

1. 의 의

이 조항은 처벌 대상인 불공정거래 위반자가 자수하거나 수사 · 재판 또는 조사과정에서 진술, 제보 등을 통해 기여하는 경우 형 또는 과징금을 감면해 주는 제도이다. 불공정거래는 다수의 사람이 관련되어 은밀하고 조직적으로 이루어지는 특성이 있으므로 관련자의 조사 · 수사협조는 불공정거래 적발에 크게 기여한다. 이를 감안하여 공범의 진술 등 협조가 있는 경우 제재 감면의 인센티브를 부여함으로써 불공정거래의 적극적인 적발을 촉진하는 데 목적이 있다.[158]

이 제도는 형법상 자수에 따른 형의 감면(§52②) 외에도 타인의 범죄에 대한 자진신고(증권선물위원회 자진신고 포함)에 대해서도 감면 범위를 명시적으로 확장했다는 점에 의의를 찾을 수 있다. 형의 감면 권한은 법원의 재량에 따른 양형판단 사항이지만, 법률상 명시를 통해 자진신고의 동기 부여를 하는 효과가 있다. 유사한 법률로는 「특정범죄신고자 등 보호법」상 특정범죄에 대한 신고자에 대해 형을 감면하는 제도가 있다(§16).

---

158) 국회 정무위원회 "자본시장과 금융투자업에 관한 법률 일부개정법률안 심사보고서", (2023.6), 8면(윤창현 의원 발의 법안 관련).

2. 리니언시·플리바게닝과 비교

이 제도는 취지와 내용상 미국 경쟁법에서 비롯된 리니언시(leniency) 제도와 큰 차이가 없다. 우리 공정거래법은 부당공동행위의 자진신고자 및 조사협조자에 대해 공정거래위원회의 시정조치, 과징금 감면 또는 고발 면제를 허용하고 있다(§44).

이러한 형의 감면제도는 효과적 적발을 위해 자진신고를 조건으로 형을 감면한다는 점에서, 사건처리의 효율성을 높이기 위하여 피고인과 협상을 통해 형을 감면하는 플리바게닝(plea-bargaining)과 구분된다. 플리바게닝은 영미법계 국가에서 인정되는 형사절차로서 피고인의 유죄답변에 대한 교환으로 검찰이 가벼운 구형이나 불기소처분을 하거나 법원이 가벼운 형을 선고하는 처분을 말한다.159) 일본은 2018년 형사소송법 개정으로 사기 등 형사범죄, 독점금지법, 금융상품거래법 위반과 같은 금융 및 경제범죄, 마약 및 총기범죄와 같은 밀행성이 높은 범죄에 대한 증거수집 및 기소 협력에 관한 합의 조항을 신설하였다.160)

II. 요 건

1. 과징금의 감면

(1) 감면 대상자

대상자는 불공정거래행위에 따른 과징금을 부과받은 자로서 자진신고등을 한 자이다(영 §379의2①1). 여기서 불공정거래행위는 제429조의2제1항에 따른 과징금 부과 대상인 파생상품정보 이용행위, 미공개중요정보·미공개정보 이용행위, 시세 조종 또는 부정거래를 말한다.

---

159) 미국 「연방형사소송규칙」(the Federal Rules of Criminal Procedure) 제11조에서 정하는 플리바게닝은 검사의 기소협상과 양형협상 두 가지로 분류된다. 기소협상은 검사가 유죄답변의 대가로 불기소 또는 다른 혐의를 추가하지 않기로 합의하는 것을 말하고 (§(c)(1)(A)), 양형협상은 검사가 유죄의 답변의 대가로 일정한 양형을 권고하겠다는 합의를 말한다(§(c)(1)(B),(C)). 이러한 합의의 수용 여부는 판사의 재량사항이므로 합의를 거절할 수도 있다. 기소협상의 경우 피의자가 다른 사람에 대한 수사에 협조하는 경우 그 대가로 기소협상이 이루어질 수 있다(United States Attorneys' Manual 9-27. 600.A).
160) 특정범죄 사건에 대하여 피의자 또는 피고인이 진실한 진술을 하거나, 다른 사람의 형사사건의 증거를 제공하거나 기타 필요한 협력의 제공을 약속하는 경우 검사는 해당 증거의 중요성, 해당 범죄의 심각성과 관련성 등을 고려하여 불기소 또는 가벼운 구형 등에 동의할 수 있다(형사소송법 §350의2).

자진신고등은 ⅰ) 해당 불공정거래행위에 대하여 수사기관에 자수하거나(증권선물위원회에 자진신고한 경우 포함), 또는 ⅱ) 수사·재판절차(증권선물위원회의 조사·심의·의결절차 포함)에서 해당 사건에 관한 다른 사람의 범죄를 규명하는 진술 또는 증언이나, 그 밖의 자료제출 행위 또는 범인 검거를 위한 제보를 한 경우를 말한다(영 §379의2①가).

형법상 수사기관에 자수한 경우에는 형을 감경하거나 면제할 수 있는데(§52①), 판례상 자수는 범죄가 발각된 후의 자진출두도 포함된다고 해석한다.[161] 법률 원안은 "그 범죄가 발각되기 전에 자수(증권선물위원회에 자진신고한 경우를 포함한다)"라고 규정하였으나, 국회 법제사법위원회 협의 과정에서 범죄 발각 후에도 자진신고를 통하여 증거확보가 가능하다는 점이 지적되어 '범죄 발각 전' 부분을 삭제하였다.[162] 따라서 범죄 발각 전후 언제든 자수나 자진신고한 경우 감면 대상이 된다.

(2) 감면요건

ⅰ) 수사기관·증선위가 정보·증거를 확보하지 못한 상태에서 자진신고등을 하거나, ⅱ) 수사(조사)·재판절차가 끝날 때까지 모두 진술하고 자료를 제출하는 등 성실하게 협조하거나, 또는 ⅲ) 새로운 증거를 제공한 최초의 자인 경우 과징금을 최대 50%까지 감경할 수 있다. 만약 3가지 요건을 모두 충족하는 경우 과징금을 전액 면제하거나 감경할 수 있다(영 §379의2①).

자신의 불공정거래행위 외에 자신이 관련된 다른 불공정거래행위에 대해 세 가지 요건을 모두 충족하는 자진신고등을 하는 경우에도 과징금의 추가 감경 또는 면제가 가능하다(영 §379의2②).

금융위원회는 불공정거래 사건의 검찰 고발·통보 시 형의 감면을 위한 자진신고 내용을 함께 통보해야 한다(영 §379의2④).

(3) 감면의 제외

감경 또는 면제대상자라도 다른 자에게 불공정거래 참여를(또는 중단 못 하도록) 강요하거나, 불공정거래로 형 또는 과징금 부과처분을 받은 자가 5년 이내에 다시 불공정거래를 한 경우 감경 또는 면제하지 않는다(영 379의2③).

---

161) 대법원 1997.3.20. 선고 96도1167 판결.
162) 국회 법제사법위원회, 앞의 보고서, 19면.

2. 형벌의 감면

(1) 검찰의 감면

1) 의의

대검찰청은 법 제448조의2 제1항을 근거로 자본시장 불공정거래행위 형사처벌 감면 지침」(이하 "감면지침")을 제정·시행하였다. 자진신고자가 다른 사람의 범죄 규명에 직접적이고 본질적인 기여하는 경우 검사의 불기소처분이 가능하다. 그런데 법 제448조의2 제1항은 형의 감면만을 규정할 뿐 검사의 불기소처분에 대한 명시적 근거는 없다. 법률상 명확한 위임 근거 없이 제448조의2 제1항을 근거로 감면지침을 제정·시행하는 것이 타당한지는 의문이 있으나, 형사소송법상 검사의 기소편의주의(§ 247)에 입각한 참작 사유를 상세함으로써 공범 등이 이를 믿고 자진신고하는 효과는 있을 것이다.

2) 감면요건

자진신고에 따른 형벌감면 신청을 하는 경우 검사는 공소 제기전 형벌감면을 신청한 사람이 다른 사람의 범죄 규명에 직접적이고 본질적인 기여를 하고, 부당이득을 전부 반환한 경우에는 불기소할 수 있다. 다만 부당이득을 전부 반환하기 어려운 특별한 사정이 있는 경우에는 부당이득을 일정 기간 내에 반환할 것을 조건으로 불기소할 수 있다(감면지침 §22①).

만약 이러한 요건을 충족하지 않는 경우에도 범죄 규명 기여도, 형벌감면 신청 순서 등을 고려하여 100분의 50 범위 안에서 구형의 감경이 가능하다(감면지침 §22②).

(2) 법원의 감면요건

원래 자본시장법 개정안은 형의 감면 범위와 기준에 관한 세부기준을 대통령령에 위임하였다. 그러나 입법 논의과정에서 형벌 등의 감면에 권한은 법원의 양형 판단 사항이므로 법원이 재량으로 판단할 수 있도록 감면에 관한 시행령 위임조항 근거를 삭제한 바 있다.[163]

법원의 양형 참고기준인 증권·금융범죄 양형기준」을 보면 행위자가 "자수 또는 내부비리를 고발"하는 경우 양형 시 특별양형인자 중 특별감경인자로 반영한

---

163) 국회 법제사법위원회, "자본시장과 금융투자업에 관한 법률 일부개정법률안(대안) 검토보고", (2023.6.29.), 20면.

다. 특별양형인자에 대한 평가 결과 감경영역에 해당하는 사건에서 특별감경인자만 2개 이상 존재하거나 특별 감경인자가 특별가중인자보다 2개 이상 많을 경우에는 양형기준에서 권고하는 형량범위 하한을 2분의 1까지 감경한다.

제1절 공매도의 의의

I. 공매도의 개념

공매도는 소유하고 있지 않거나 차입한 상장증권으로 결제하고자 하는 매도를 말한다. 증권시장의 일반적인 투자는 주가 상승을 기대하고 매수하여 주가 상승에 따른 차익을 취하는 방식을 취한다. 반면 공매도는 주가하락이 예상되는 경우 해당 증권을 차입하여 매도한 뒤, 주가가 하락하면 하락된 가격에 주식을 되사서 갚는 방법으로 차익을 실현한다.

사례   **공매도를 통하여 어떻게 수익을 실현하는가?**

주식을 빌려 높은 가격(1만원)에 팔고, 이후 낮은 가격(5천원)에 사서 상환하여 이익을 실현하는 차입공매도 사례를 보자.

① 3.2일 현재가 1만원 주식이 있는데, 회사의 전망이 나빠 주가 하락이 예상되는 경우
   증권금융회사에 주식을 빌려 1만원에 공매도
② 실적 악화 공시로 인해 3.30일 기준 주가가 5천원까지 하락
   5천원에 주식을 사서 증권금융회사에 상환

공매도금액(1만원) − 매수금액(5천원) = 차익(5천원)*
   * 증권금융회사에 지급할 수수료는 제외

공매도의 종류는 소유하지 않은 상장증권의 매도(무차입공매도)와 차입한 상장증권으로 결제하고자 하는 매도(차입공매도)로 분류된다(법 §180①). 공매도는 결제불이행에 따른 시장안정성을 저해할 우려가 있기 때문에 원칙적으로 금지된다. 하지만 차입공매도는 시행령상 예외를 두어 허용하고 있다(위의 사례가 허용되는 차입공매도에 해당한다).

무차입공매도를 금지하는 이유는 결제할 주식이 없는 상태의 매도로 인한 결제불이행 리스크 때문이다. 반면 차입공매도 금지는 수급 불균형으로 인한 주가하락 가속화의 방지에 목적을 두고 있다. 다만 차입공매도는 증권시장에 유동성을 공급하고 투자자의 거래비용을 절감하는 효과가 있으므로 허용하되, 주가하락 가속화 및 불공정거래 가능성 차단을 위하여 공매도 호가 규제(업틱룰), 공매도 잔고 보고 · 공시, 공매도자의 유상증자 참여 제한 등의 제도를 두고 있다.

Tip **＋** **차입공매도의 방법**

- 차입공매도시 증권의 차입 방법은 개인투자자 대상으로 하는 신용대주거래, 기관과 외국인을 대상으로 하는 대차거래가 있다.
- 신용대주거래는 개인투자자가 금융투자업자 또는 증권금융회사가 보유하고 있는 주식을 신용으로 차입하는 거래이다.
- 대차거래는 기관투자자 등이 예탁결제원 및 증권금융회사 등의 중개기관을 통해 거래당사자간 주식을 대여 또는 차입하는 거래를 말한다.

▼ 신용대주거래와 대차거래의 비교

구 분	신용대주거래	대차거래
대상종목	상장주식, ETF, KDR (관리종목 · 투자경고 · 투자위험종목 제외)	상장주식, 상장채권, ETF, KDR
담보비율	120% 이상 (회원별 상이)	105% 이상 (회원별 상이)
이용대상	개인으로 한정	주로 기관, 외국인
상환기한	30~60일 (회원별 상이)	기한제한 없음
근거규정	신용공여 규정 (법 §72, 영 §69, 금투업 §4−21~4−35)	장외거래 규정 (법 §166, 영 §182, 금투업 §5−25~27)

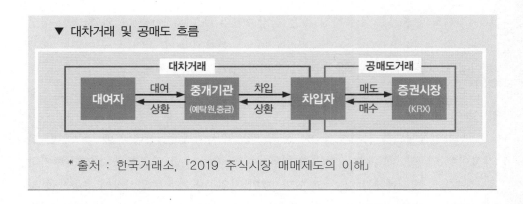

▼ 대차거래 및 공매도 흐름

* 출처 : 한국거래소, 「2019 주식시장 매매제도의 이해」

Ⅱ. 공매도 규제제도의 연혁

1. 거래소 규정에 따른 규제

1962년 증권거래법이 시행된 초기에는 공매도에 대한 직접 규제는 없었다. 당시 공매도 등 결제불이행에 따른 처리 방법은 사적 합의나 행정명령을 통한 일시적 조치 수준에 머물렀다.[164] 1976년 증권거래법 개정으로 상장법인 임직원 또는 주요주주의 무차입공매도 금지근거(§188①)가 신설되었으나, 이는 공매도 규제가 아니라 내부자거래 규제라고 보아야 한다. 당시 공매도의 실질적인 규제는 거래소의 업무규정(現 유가증권시장 업무규정 §17)을 통하여 공매도의 호가를 제한하는 방식으로 이루어졌다.

2008년 9월에는 미국발 금융위기에 대응하여 거래소 업무규정 개정을 통해 공매도 비중이 높은 종목 및 투자자 보호를 위해 필요한 종목에 대한 공매도를 제한할 수 있도록 하였다. 이 규정 시행을 통해 2009년 10월 1일부터 유가증권시장 및 코스닥시장 전체 상장종목에 대한 차입공매도를 일시적으로 금지하였다. 이 조치는 2011년 8월 다시 금지조치가 발동되다가 2013년 11월에 완전히 해제되었다.

2. 법령상 규제

현재와 같은 법령에 따른 규제는 2009년 시행된 자본시장법을 통하여 이루어

---

164) 1962년 증권파동에 따른 결제불이행 사태에 대하여 사적 합의, 1964년 거래소의 공매도 금지조치, 1971년 정부의 대차거래 금지 등 행정명령을 통한 조치 등이 이루어진 바 있다; 상세한 내용은 김정연, "공매도 금지조치의 의의와 개선방안", 「상사법연구」 제39권 제3호(2020), 150면 참조.

졌다. 소유하지 아니한 상장증권의 매도 또는 차입한 상장증권으로 결제하고자 하는 매도를 금지되는 공매도로 정의하고, 차입공매도의 경우 일정한 예외를 두어 허용하도록 하였다.

2012년 6월 시행령 개정을 통해 대량 공매도의 경우 매도자와 순보유잔고 등의 정보를 금융위원회와 한국거래소에 보고하도록 하여 시장충격 가능성이 있는 공매도에 대한 모니터링이 가능하게 하였고, 이후에는 동 정보의 공시를 의무화하였다.

2016년 3월 자본시장법상 금융위원회의 공매도 금지조치 근거가 마련되었다 (법 §180③). 금융위원회는 이를 근거로 2020년 코로나19 확산으로 인한 주가 급락에 따라 2020년 3월 16일부터 전체 상장종목에 대한 공매도를 금지하였다. 이후 2021년 5월 3일부터 코스피200 및 코스닥150 구성종목에 대한 공매도가 재개되었다. 2023년 11월 6일부터는 전체 상장종목에 대한 공매도 금지조치가 이루어졌다.

불법공매도에 대한 처벌을 강화하기 위하여 2020년 12월 9일 자본시장법 개정을 통해 공매도 관련 법령 위반시 과태료 대신 과징금 및 형사처벌 근거를 마련하였다. 또한 유상증자 기간 공매도를 한 자에 대해서는 증자 참여를 제한하고, 공매도 목적의 대차거래 정보는 5년간 보관의무를 부과하였다.

제 2 절 주요국의 공매도 규제

Ⅰ. 미 국

1. 증권거래법 §10a-1

미국은 1938년에 증권거래법 개정으로 10a-1을 신설하여 공매도 규제 근거가 마련되었다. 누구든지 SEC 규칙·규제를 위반하여 증권의 공매도나 역지정가 주문(stop-loss order)을 하는 것을 금지하고 있다(§10a-1).[165]

---

[165] 증권거래법 §10 누구든지 직접 또는 간접적으로 주간 통상, 우편 또는 전국증권거래소 시설의 수단이나 시설을 사용하여 다음과 같은 행위를 하는 것은 불법이다.
(a)(1) 위원회가 공익 또는 투자자 보호를 위해 필요하거나 적절하다고 규정한 규칙 및 규제를 위반하여 정부증권 이외의 증권 매수나 매도와 관련하여 공매도를 하거나

역지정가주문은 본인이 지정한 가격 이상으로 상승하면 매수하고, 지정한 가격 이하로 하락할 때 매도하도록 하는 주문 방식을 말한다. 이는 공매도 금지규정은 아니지만 역지정가주문에 따른 주가 상승 또는 하락 가속화를 방지하는 점에서는 유사한 규제 성격을 갖는다. 일본 금융상품거래법상 공매도 금지규정(§162①)에도 역지정가주문 금지근거가 마련되어 있다. 우리나라는 구 증권거래법상 역지정가주문을 금지한 바 있으나(§111), 1999년 개정으로 폐지되었고, 금융투자업자의 자율에 맡겨진 상태에 있다.

2. Regulation SHO

(1) 의 의

1938년 마련된 SEC Rule 10a-1 규정은 공매도에 관한 업틱룰을 규제하고 있었으나, 2005년 1월 Regulation SHO가 마련되면서 Rule 10a-1 규정은 폐지되었다. Regulation SHO는 공매도의 정의와 표시요건(§242.200 Definition of "short sale" and marking requirements), 업틱룰(§242.201 Circuit breaker), 차입·인도 요건(§242.203 Borrowing and delivery requirements), (§242.204 Close-out requirement)을 규정하고 있다.

(2) 공매도의 정의 및 호가 표시의무

1) 공매도의 정의

공매도(short sale)는 매도인이 소유하지 않은 증권의 매도 또는 매도인이 차입한 증권의 인도를 통해 완결되는 증권의 매도를 말한다(§242.200(a)).[166] 증권을 소유한 것으로 보는 경우는 아래와 같다(§242.200(b)).

i) 본인 또는 대리인이 소유권을 갖고 있거나,
ii) 매수계약을 체결했지만 아직 인도받지 않은 경우,
iii) 해당 증권으로 전환하거나 교환가능한 증권을 소유하고 있고, 전환 또는 교환에 응한 경우,
iv) 증권의 매수 또는 취득 옵션을 행사한 경우,
v) 증권의 청약에 관한 권리 또는 워런트를 행사한 경우,
vi) 증권선물 계약 청산에 따른 증권인도 통지를 받은 경우

역지정가 주문을 사용하는 행위
[166] §242.200 (a) The term short sale shall mean any sale of a security which the seller does not own or any sale which is consummated by the delivery of a security borrowed by, or for the account of, the seller.

그 외에 해당 증권의 순매수포지션을 가진 경우에는 그 범위 내에서 증권을 소유한 것으로 보며(§242.200(c)), 브로커나 딜러의 경우 순매수포지션을 갖고 있지 않더라도 차익거래나 헤지과정에서 생기는 상계 대상인 경우 등 이 규정에서 정하는 요건을 충족하는 경우에도 증권을 소유한 것으로 본다(§242.200(d),(e)).

2) 독립거래단위별 산정

브로커-딜러는 순포지션 산정 시 모든 포지션을 합산해야 하지만, 각기 독립거래단위(independent trading unit)에 해당할 때에는 각 독립거래단위별로 산정해야한다. 독립거래단위가 되기 위해서는 ⅰ) 각 단위를 식별할 수 있고, 거래목적을 특정할 수 있고, 독립된 정체성을 지원할 수 있는 서면 조직계획을 갖고 있을 것, ⅱ) 각 단위의 증권의 매도에 대한 순포지션을 산정할 것, ⅲ) 각 단위의 모든 트레이더는 해당 단위의 특정 거래목표나 전략만을 추구하며, 그 전략을 다른 단위와 조정하지 않을 것, ⅳ) 각각의 트레이더는 오로지 한 단위에만 배정될 것을 요구한다(§242.200(f)). 우리나라도 공매도 순보유잔고 산정시 일정한 요건을 갖춘 법인의 경우 독립거래단위별로 판단할 수 있도록 하고 있다(금융투자업규정 §6-30⑤).

3) 호가표시의무

브로커-딜러는 모든 증권의 매도주문 시 "long", "short" 또는 "short exempt"를 표시할 의무가 있다. "long" 주문은 앞의 (a)~(f)조항에 따라 매도 증권을 소유한 것으로 보는 경우로서 ⅰ) 인도될 증권이 브로커-딜러의 물리적 소유 또는 통제하에 있거나, ⅱ) 결제 전까지 브로커-딜러의 물리적 소유 또는 통제하에 있을 것으로 합리적으로 예상될 수 있을 때 표기한다. 반면 증권을 소유한 상태이나 인도가 지연되는 경우는 "short"으로 표기한다. "short exempt"는 주로 기관이 거래하는 시장조성자 거래, 차익거래 또는 VWAP 주문 등 공매도 업틱룰 면제거래시 표기한다(§242.200(g)).

(3) 업틱룰

1938년 마련된 SEC Rule 10a-1 규정은 상장증권의 공매도를 하는 경우 직전가보다 낮은 가격의 공매도를 금지하는 업틱룰(Uptick rule)을 규정하였다. 업틱룰은 가격하락을 가속화하는 공매도를 차단하는 목적을 갖고 있다. 그러나 이 규정은 2005년 1월 Regulation SHO가 마련되면서 폐지되었는데, SEC의 검토 결과 업틱룰이 시장의 유동성을 감소시키는 데다 주가하락을 예방하는 효과가 없다고 판단했기 때문이다.[167]

그러나 글로벌 금융위기 과정에서 주가 폭락의 요인으로 공매도가 지적되는 등 논란이 제기되자 2010년 2월 24일 변형된 업틱룰(Circuit breaker)을 채택하였다. 이 업틱룰은 장중 가격하락폭이 전일 종가대비 10% 이상인 종목의 경우 당일부터 익일까지 현재 최우선 매수호가(national best bid) 이하 가격의 공매도 주문을 금지한다(§242.201(b)). 직전가가 아닌 최우선 매수호가 이하의 공매도를 금지한다는 점, 가격 하락폭이 큰 종목에 대해서만 일시적으로 적용한다는 점에서 과거 SEC Rule 10a-1과 차이가 있다.

(4) 차입·인도 조건

브로커-딜러는 주문위탁을 받거나 자기매매를 하는 경우 증권이 차입되거나 결제일까지 인도될 수 있다는 합리적인 근거가 없다면 공매도를 할 수 없다. 따라서 차입공매도는 허용되지만, 무차입공매도는 금지된다(§242.203(b)(1)). 그러나 등록 브로커-딜러의 공매도, 시장조성자(market maker)의 공매도, 증권을 소유한 것이 분명한 고객을 대신하여 브로커-딜러가 수행하는 공매도의 경우에는 (b)(1)의 적용이 배제되어 무차입공매도가 가능하다(§242.203(b)(2)). 일정한 사유에 한정되지만 무차입공매도가 허용된다는 점에서 미국의 공매도 규제는 상대적으로 완화되어 있다는 특징을 갖는다.168)

(5) 거래종결의무

등록청산기관(registered clearing agency)의 참여자(브로커-딜러)는 결제일까지 청산결제를 위하여 등록청산기관에 유가증권을 인도해야 하고, 증권 인도에 실패할 경우 참여자는 동일 유가증권을 차입하거나 매입하여 거래를 종결할 의무를 진다(§242.204(a)).

---

167) Securities Exchange Commission, "SEC Votes on Regulation SHO Amendments and Proposals; Also Votes to Eliminate "Tick" Test", (2007.6.13.);<https://www.sec.gov/news/press/2007/2007-114.htm>.

168) 황세운, 「공매도 규제효과 분석 및 정책적 시사점」, 자본시장연구원 연구보고서 (2017.3), 48면; 이러한 규제 차이는 외국인의 공매도 위반이 자주 일어나는 요인 중 하나로 거론되기도 한다. 또한 개인의 경우 주식 보관과 매매주문 수탁이 동일한 증권사에서 이루어지므로 잔고관리의 문제 발생가능성이 낮은 반면, 외국계 금융기관의 경우 외환결제의 편의성 때문에 외국계 금융기관을 증권보관기관으로 정하여 거래를 한다는 특성이 있는데, 이로 인하여 보유물량의 확인에 따른 오류와 규제상 문제점이 발생하기도 한다(저자 注).

II. 일 본

1. 공매도 금지규정

일본은 무차입 공매도와 차입공매도(매도 후 지체 없이 당해 유가증권을 제공할 수 있는 것이 명확하지 않은 경우에 한함) 또는 그 위탁 또는 수탁을 금지한다(금상법 §162 ①1, 영 §26의2).[169] 공매도는 원칙적으로 금지하나 결제가 명확한 차입공매도는 허용한다는 점에서 우리나라와 차이는 없다.

동 규정은 주가 하락·상승을 부추길 수 있는 주문유형인 역지정가주문도 금지한다(법 §162①2).

2. 공매도 확인의무와 공매도 가격제한(Up-tick rule)

시행령은 공매도 주문에 대한 거래소 회원의 확인의무와 공매도 가격제한(업틱룰)에 대한 세부사항을 정하고 있다.

금융상품거래소의 회원 등은 거래소 시장에서 자기매매 또는 위탁받은 유가증권의 매도시 공매도 여부를 확인할 의무가 부과된다(영 §26의3).

금융상품거래소의 회원 등은 거래소 시장에서 자기매매 또는 위탁받은 공매도를 할 때 직전가격 이하의 공매도가 금지된다(영 §26의4①). 이른바 '업틱룰' 규정이다. 다만 2013년부터 미국과 같이 전일 종가보다 10%이상 하락한 종목에 대해서만 업틱룰이 적용되고 있다(영 §26의4①, 영 §12⑥). 공매도의 위탁시 직전가격 이하의 공매도 지시도 금지된다(영 §26의4②).

3. 공매도 잔고보고 및 공표 제도

공매도 잔고 보고 및 공표 제도는 2008년 10월 금융상품거래법 시행령과 「증권 거래 등의 규제에 관한 내각부령」 개정을 통해 반영된 제도이다.[170]

---

169) 제162조(공매도 및 역지정가주문의 금지) ①누구든지 정령이 정하는 바에 위반하여 다음 각 호의 행위를 하여서는 아니 된다.
    1. 유가증권을 보유하지 아니하거나 유가증권을 차입하여(이에 준하는 경우로서 정령이 정하는 경우를 포함한다) 그 매도를 하는 것 또는 당해 매도의 위탁 또는 수탁을 하는 것
    2. 유가증권의 시세가 위탁 당시의 시세보다 등귀하여 자기의 지정가격 이상으로 될 때에 즉시 그 매수를 하거나 유가증권의 시세가 위탁 당시의 시세보다 하락하여 자기의 지정가격 이하로 될 때 즉시 그 매도를 하여야 한다는 뜻의 위탁을 하는 것
170) 이 제도는 원래 2009.3.31.까지 상장유가증권 및 장외매매 유가증권에 대하여 한시적으

시행령은 상장 유가증권 중 대량 공매도로 공정한 가격에 지장을 줄 우려가 있다고 금융청장관이 지정하는 지정유가증권에 대하여 회원 등이 자기와 고객의 공매도 잔고정보를 금융상품거래소에 제공할 의무가 있다(영 §26의5). 또한 금융상품거래소는 동 잔고정보를 공표해야 한다(영 §26의5⑤).

① 발행주식 총수의 0.25% 이상이고 공매도 잔액 매매단위가 50단위 이상이 된 경우와 ② 0.25% 이상이고 공매도 잔액 매매단위가 50단위 이상 변동이 된 경우, ③ 상기 ①, ② 이후 0.25% 미만이 되거나 공매도 잔액 매매단위가 50단위 미만이 되었을 때 제공의무가 부과된다(내각부령 §15의2).

보고 내용은 공매도자의 인적사항(상호, 명칭, 성명, 주소 등), 유가증권 종목, 잔고수량, 공매도 매매단위, 잔고비율, 계산 연월일 등이다(내각부령 §15의3①).

4. 모집·매출 유가증권으로 공매도 결제 금지

2011년 12월 금융상품거래법 시행령 개정을 통하여 공모증자 관련 공매도 규제가 도입되었다. 증자 발표 후 신주 등의 발행가격 결정 사이에 공매도한 경우 당해 증자로 취득한 유가증권으로 공매도 증권의 결제에 사용하는 것이 금지된다(영 §26의6).

▼ 국가별 공매도 제도 비교

국가	무차입 금지	업틱룰	공매도 금지		공매도 호가 표시	공매도 잔고 보고·공시	
			개별종목	시장전체		투자자별	종목별
한국	○	○	○	○	○		○
미국	△*	△**	×	×	○	×	○
일본	○	△**	×	×	○	○	×

  * 시장조성자 등 기관의 무차입 공매도 허용
  ** 주가가 전일 대비 10% 하락한 경우에만 적용

로 적용할 계획이었으나, 현재까지도 제도가 유지·운영되고 있다.

제3절 공매도의 금지

> 제180조(공매도의 제한) ① 누구든지 증권시장(다자간매매체결회사에서의 증권의 매매거래를 포함한다. 이하 이 장에서 같다)에서 상장증권(대통령령으로 정하는 증권에 한한다. 이하 이 장에서 같다)에 대하여 다음 각 호의 어느 하나에 해당하는 매도(이하 "공매도"라 한다)를 하거나 그 위탁 또는 수탁을 하여서는 아니 된다. 다만, 제2호에 해당하는 경우로서(이하 "차입공매도"라 한다) 증권시장의 안정성 및 공정한 가격형성을 위하여 대통령령으로 정하는 방법에 따르는 경우에는 이를 할 수 있다.
> 1. 소유하지 아니한 상장증권의 매도
> 2. 차입한 상장증권으로 결제하고자 하는 매도

I. 금지대상 증권

공매도가 금지되는 증권은 상장증권으로서 지분증권, 주식관련사채(전환사채, 신주인수권부사채, 이익참가부사채, 교환사채), 수익증권, 파생결합증권, 그리고 이들 증권과 관련된 증권예탁증권이다(영 §208①). 따라서 주식관련사채를 제외한 채권이나 파생상품 등은 공매도 금지대상이 아니다.

II. 금지행위

1. 개 관

누구든지 ⅰ) 소유하지 아니한 상장증권의 매도 또는 ⅱ) 차입한 상장증권으로 결제하고자 하는 매도를 하거나 ⅲ) 그 위탁 또는 수탁하는 것을 금지한다(법 §180①). ⅰ)은 무차입공매도를 말하고, ⅱ)는 차입공매도를 말한다. 따라서 자본시장법상 공매도는 무차입공매도와 차입공매도를 포함한다.

금융투자업규정상 공매도는 해당 청약 또는 주문으로 인하여 해당 증권의 순보유잔고[171]가 마이너스가 되거나 마이너스 값이 증가하는 청약 또는 주문이다.[172]

---

171) 순보유잔고의 산정방식은 법 제180조의2에 따른 순보유잔고의 산정방식을 따르면 된다. 순보유잔고 산정방식은 후술하는 제4절의 순보유잔고의 보고를 참조.

순보유잔고를 쉽게 설명하면 매도자가 보유한 증권(차입한 증권을 포함한 매도 가능한 증권 전체)에서 차입한 증권을 차감한 잔고를 말한다. 공매도 여부의 판단은 해당 청약 또는 주문을 내기 직전을 기준으로 판단한다(금융투자업규정 §6-30④ 단서).

예를 들어보자. 현재 주식 잔고가 1,000주인 상황에서 1,100주의 매도호가를 제출한 경우에는 100주가 공매도 위반호가수량이 된다. 자본시장법은 공매도를 '상장증권의 매도'로 규정하나, 법상 공매도의 위탁도 금지하고 있으며, 금융투자업규정상 '청약 또는 주문'까지 공매도로 규정하므로 매매체결에 이르지 않는 호가행위만으로도 구성요건을 충족한다.

2. 무차입공매도

무차입공매도는 매도 당시 매도자가 결제를 위한 증권을 소유하고 있지 않은 상태에서 이루어지는 매도를 말한다(법 § 180①1). 무차입공매도는 매도자가 결제할 증권이 없는 상태에서 매매가 이루어지므로 매수자는 결제일에 증권을 인도받지 못하는 위험에 노출된다. 또한 무차입공매도는 유통주식수를 초과하는 가공의 증권이 유통되는 효과를 갖게 되므로, 가공 증권의 매도가 범람하여 주가하락을 부채질할 수 있다.[173] 무차입공매도는 자본시장의 신뢰와 투명성을 근본적으로 훼손하는 행위이므로 차입공매도보다 더 엄중한 규제가 필요하다.

3. 차입공매도

차입공매도는 매도자가 매도 당시에 차입한 증권으로 결제하는 방식의 매도로서 가장 전형적이고 전통적인 공매도 방식이다(법 § 180①2). 차입방식의 공매도는 증권의 소유권을 차입자에게 이전하여 처분할 수 있는 소비대차(민법 제598조)에 해당하므로, 소유하고 있지 않은 증권을 매도하는 무차입공매도와는 구분된다.

차입공매도 규제는 주가하락 가속화 통한 불공정거래 방지의 취지를 갖는다. 가격이 하락하면 공매도자는 매도가격보다 낮은 가격의 매수포지션을 취하여 이익을 실현할 수 있으므로, 차입공매도 지속을 통한 매수-매도 수급의 불균형으로

---

172) 금융투자업규정 제6-30조(공매도의 제한) ① 이 조에서 "공매도"란 해당 청약 또는 주문으로 인하여 영 제208조의2제3항에 따른 해당 증권의 순보유잔고가 음수(-)의 값을 가지게 되거나 음수의 값을 가진 순보유잔고의 절대값이 증가하게 되는 청약 또는 는 주문을 말한다.

173) Alexis Brown Stokes, In Pursuit of the Naked Short, 5 N.Y.U.J. L. & BUS. 1, 7(2009), at 6.

인해 주가 하락이 가속화하는 불공정거래의 우려가 있기 때문이다.[174] 미국 증권
거래법 10a－1과 일본 금융투자상품거래법 제162조에 공매도 금지와 역지정가주
문 금지규정을 함께 두고 있는 것은 공매도 규제 취지가 주가 하락 가속화의 방지
에 중심을 두고 있다는 점을 보여준다.

차입공매도는 금지대상이지만, 업틱룰 및 호가표시 의무 등 시행령에 따른 차
입공매도를 할 때는 예외적으로 허용한다. 업틱룰(Uptick rule)은 차입공매도에 따
른 주가 하락 가속화를 차단하는 목적을 갖는 대표적인 규제 방법이다. 업틱룰은
공매도 호가 시 직전가격 이하의 가격으로 호가를 금지하는 제도이다. 다만 업틱룰
이 주가하락을 예방하는 효과에 대해서는 부정적 평가가 있고, 미국이나 일본의 경
우 주가가 급락한 종목에 대해서만 업틱룰을 적용하는 변형된 업틱룰 제도를 운영
하기도 한다.

4. 공매도의 위탁 또는 수탁의 금지

공매도의 위탁 또는 수탁 또한 금지된다. 따라서 공매도 주문을 수탁한 금융
투자업자도 규제 대상이다(법 §180①본문). 수탁 증권사에 대한 과징금 부과의 경우
위반행위의 고의 또는 중과실을 요구한다.[175] 예를 들어 수탁 증권사가 차입공매
도 여부를 확인하지 않고 공매도 주문을 수탁하면 중과실에 따른 과징금 부과 대
상이다. 다만 과실의 경우 조치대상에서 제외된다. 형사처벌의 경우 형사법의 원칙
상 고의를 요건으로 하므로 수탁 증권사의 과실이나 무과실에 대해서는 책임을 물
을 수 없다.

---

174) Melissa W. Palombo, Why a Short Sale Price Test Rule is Necessary in Today's
    Markets, 75 BROOK. L. REV. (2010), at 1455.
175) 자본시장조사 업무규정 별표 3 제2호 나목(2).

사례	공매도의 판단 사례

현재 ①1,000주의 잔고가 있는 상태에서 ②1,000주를 차입한 경우를 예로 들어보자.

거래내역	보유잔고 (자산)	차입잔고 (부채)	순보유잔고 (순자산)
①	1,000	0	1,000
② 1,000주 차입	2,000	1,000	1,000
③ 1,000주 매도	1,000	1,000	0
④ 1,000주 매도	0	1,000	△1,000
⑤ 1,000주 매도	0	1,000	△2,000

③의 매도는 기존 ①의 보유잔고 1,000주의 매도로 보아 일반매도에 해당한다.

④의 매도는 순보유잔고가 "0"이 된 상태에서 ②의 차입한 1,000주의 매도로서 차입공매도가 된다. 차입공매도는 업틱룰 등 시행령 및 거래소의 업무규정을 준수한 매도의 경우 위법이 아니다.

⑤의 매도는 보유잔고가 전혀 없는 상태에서 이루어진 매도로서 무차입공매도가 된다.

* ④와 ⑤의 공매도는 호가기준으로 판단하므로, 체결에 이르지 않는 경우에도 공매도 위반이다.

5. 공매도 사례

실제 공매도 위법행위의 양태는 매도가능수량에 대한 착오로 인한 무차입공매도나, 차입공매도에 대한 거래소 업무규정에 따른 호가표시의무, 업틱룰 위반이 주종을 이루고 있다. 매도가능수량 착오에 따른 무차입공매도는 이미 보유한 주식을 매도하였음에도 동 매도수량을 잔고에 반영하지 않아 재차 매도주문을 제출한 경우, 매도대상 종목번호를 혼동한 경우, 주식배당 기산일을 실제 입고일로 착각한 경우, 유상증자에 참여한 주주가 증자대금 납입 후 신주가 상장되어야 매도할 수 있음에도 신주의 상장·입고일을 착오하여 매도주문을 제출하는 경우를 예로 들 수 있다.

그러나 부정거래와 연계된 최초의 공매도 사건인 블록딜 거래정보(주가 하락 정보)를 이용한 무차입공매도 사건,[176] 프라임 브로커의 무차입공매도[177]에 대하여 과징금과 함께 검찰 고발을 병과한 사례도 발생한 바 있다.

▼ 공매도 사례

사유	내용	증선위 의결
잔고관리소홀	주식 대차시스템 화면에 차입희망주식 내역을 입력하려 했으나, 차입결과 메뉴에 입력하여 차입하지 않은 주식이 잔고에 반영되었고, 잔고가 있는 것으로 오인해 주문실행	2018.11.28
	보유주식을 매도하여 주식을 보유하고 있지 않음에도 매도한 주식을 잔고에 반영하지 않아 이를 보유하고 있다고 착오하여 재차 매도주문을 제출	2021.2.24
	증권사내 타부서에 대여한 주식을 잔고에 반영하지 않고 무차입공매도	2023.12.22
신주 상장·입고일 착오	유상증자 참여계좌주가 증자 신주가 상장되기도 전에 상장·입고일을 착오하여 매도	2021.2.24
	주식배당에 따른 신주를 미리 입고처리하여 매도가능 주식으로 오인하고 매도주문을 제출	2022.12.14
	전환사채 전환권 행사로 수령할 주식을 미리 입고 처리하여 매도가능 주식으로 오인하고 매도주문을 제출	2022.12.14
선매도 후매수	고의로 무차입 공매도 주문을 제출하고 매도한 주식을 시간외 대량매매로 매수하여 결제	2021.2.24
차입계약 확정 전 매도	차입계약이 확정되기 전에 매도	2022.2.9
호가표시 위반	차입주식으로 매도주문시 공매도 표시를 해야 하나 시스템 오류로 일반매도로 표시	2022.2.9
업틱룰 위반	시장조성계약이 종료된 종목을 조성종목으로 착오하여 업틱룰을 위반한 호가 제출	2022.2.9
부정거래 연계 공매도	블록딜 거래정보 공개전에 차익실현 목적으로 무차입공매도	2023.12.20

---

176) 금융위원회, "블록딜 거래 과정에서 발생한 불공정거래 행위에 대한 증선위 의결", (2023.12.20.) 보도자료.
177) 금융위원회, "글로벌 IB의 대규모 불법 공매도에 대한 증선위 의결", (2023.12.22.) 보도자료.

무차입공매도 사례를 보면 대체로 인적 오류(human error)로 인한 경우가 주를 이룬다. 유상증자, 주식배당, 전환사채의 전환권 행사에 따른 신주의 입고 전 매도의 경우 입고(상장) 일정의 착오로 인한 것인데, 만약 증자나 배당받은 주식을 상장예정일(D)보다 2일 빠른 D−2에 매도하는 경우 상장일에 결제가 가능하나, 잔고관리시스템상 오입력으로 매도가능일이 도래하지 않은 증자나 주식배당 예정 주식을 매도할 때에는 무차입공매도에 해당한다.

선매도·후매수는 상장증권을 소유하지 않은 상태에서 매도한 후 당일 동일하거나 유사한 수량을 재매수하는 무차입 공매도를 말한다. 착오로 인한 사례를 보면 운용하는 펀드 구성종목을 착각하여 매도한 후 재매수한 경우, 시스템 오류로 매수·매도 주문 순서가 역전되는 경우, 이미 매도한 종목을 착오로 재매도한 경우를 예로 들 수 있다. 고의적인 사례를 보면 외국계 금융사의 트레이더가 보유잔고 확인절차 없이 매도주문을 제출하고 부족한 수량을 매수한 사례, 주가하락에 따른 손실을 보전하기 위해 공매도 후 당일 시간외 대량매매로 매수하여 결제한 사례가 있다.[178]

종목명이나 코드를 오인하여 공매도가 발생하는 경우도 있다. 상장법인 기업명이 유사한 경우 종목명을 착오하여 보유하지 않은 종목을 매도하기도 한다. 코드를 오인하는 예를 보자. 상장법인 A사의 인적분할이 있는 경우이다. 주주는 분할상장되는 2개 법인[A홀딩스(기존법인), A사(신설법인)]의 주식을 분할비율만큼 각각 받게 되는데(A홀딩스 2주, A사 8주), 만약 주주가 A사 8주를 매도할 의도였음에도, 코드변경을 인지하지 못하여 기존코드로 A홀딩스 8주를 매도하는 경우 6주의 무차입공매도에 해당한다.

Ⅲ. 독립거래단위에 따른 공매도 여부 판단

매도자는 해당 청약 또는 주문이 공매도인지 여부를 매도자별로 판단하는 것이 원칙이다(금융투자업규정 §6−30). 따라서 공매도 여부 판단을 위한 순보유잔고의 산정 시 매도자가 법인의 경우 법인을 기준으로 모든 계좌의 거래내역과 잔고를 산정하여 판단해야 한다.

---

178) 증권선물위원회 의결(2021.2.24.).

다만, 매도자가 법인(외국 금융투자업자 또는 금융기관)으로서 일정한 요건을 갖춘 조직을 운영하는 경우에는 조직 내에서 독립적인 의사에 따라 거래하는 단위(독립거래단위)별로 판단할 수 있다.[179] 금융기관은 계좌별로 매매목적과 전략이 상이하고 팀별 이해상충 방지를 위한 내부통제정책에 따라 계좌별 잔고현황을 관리하는 것이 일반적이므로, 이러한 경우에는 독립적 의사로 거래하는 것으로 보아 해당 거래단위별로 공매도 여부를 판단하게 되는 것이다. 독립거래단위로 운영하고자 하는 자는 관련 기준 및 절차를 마련하고, 관련 자료를 보관할 의무가 있다(금융투자업규정 §6-32).[180]

금융투자업규정 제6-30조의 문구를 보면 법인 전체로 판단하는 것을 원칙으로 하되 일정 요건을 충족하는 경우 "독립거래단위별로 판단할 수 있다"고 하여 매도자에게 거래단위 적용의 재량을 부여하고 있다. 이 경우 매도자는 거래단위를 자의적으로 적용하여 규제를 회피할 가능성이 있다. 미국 Regulation SHO는 독립거래단위 요건을 충족하는 경우 "각 독립거래단위의 포지션을 합산해야 한다"고 규정하고 있는데, 독립거래단위 제도의 취지를 살리기 위해서는 미국과 같은 방식으로 조문이 정비될 필요가 있다.

---

179) 제6-30조(공매도의 제한) ⑤ 매도자는 해당 청약 또는 주문이 제1항에 따른 공매도인지 여부를 매도자별로 판단하여야 한다. 다만 매도자가 법인으로서 다음 각호의 요건을 갖춘 조직을 운영하는 경우에는 조직 내에서 독립적인 의사에 따라 거래하는 단위(이하 "독립거래단위"라 한다)별로 판단할 수 있다.
　1. 해당 법인이 법 제12조제2항제1호나목에 따른 외국 금융투자업자 또는 영 제10조제2항제1호부터 제8호까지의 금융기관일 것
　2. 내규 등 문서에 의해 구체적인 매매목적 및 전략을 갖춘 독립적인 조직일 것
　3. 매매시점마다 모든 거래종목의 순보유잔고를 독립거래단위별로 자체적으로 산정할 수 있을 것
　4. 소속 직원들이 하나의 독립거래단위에만 속할 것
　5. 다수의 독립거래단위가 동일한 증권계좌를 이용하지 않을 것
　6. 독립거래단위 운영에 관한 내부관리기준이 마련되어 있을 것
180) 독립거래단위를 운영하고자 하는 자는 ⅰ) 독립거래단위의 설정 요건, ⅱ) 독립거래단위 운영의 독립성 유지를 위한 관리방안, ⅲ) 독립거래단위별 순보유잔고 산출·관리에 관한 업무절차, ⅳ) 독립거래단위간 거래요건을 포함한 기준 및 절차를 마련하고, 관련 자료를 순보유잔고 최초 산정일로부터 5년간 전산자료 형태로 보관해야 한다.

Ⅳ. 공매도로 보지 않는 경우

제180조(공매도의 제한) ② 제1항 본문에 불구하고 다음 각 호의 어느 하나에 해당하는 경우에는 이를 공매도로 보지 아니한다.

1. 증권시장에서 매수계약이 체결된 상장증권을 해당 수량의 범위에서 결제일 전에 매도하는 경우
2. 전환사채 · 교환사채 · 신주인수권부사채 등의 권리 행사, 유 · 무상증자, 주식배당 등으로 취득할 주식을 매도하는 경우로서 결제일까지 그 주식이 상장되어 결제가 가능한 경우
3. 그 밖에 결제를 이행하지 아니할 우려가 없는 경우로서 대통령령으로 정하는 경우

증권시장은 매매거래일로부터 3일째 되는 날(T+2)에 매수대금과 매도증권의 결제가 이루어진다. 따라서 매매거래 당시에는 해당 증권을 소유하고 있지 않지만, 결제일에 소유하게 되는 것이 명백한 경우에는 결제불이행의 위험이 없으므로 공매도로 보지 않고 매도를 허용하고 있는 것이다.

ⅰ) 증권을 매수한 상태에서 결제일 전에 다시 매도하는 경우, ⅱ) 전환사채 등의 권리행사, 증자, 주식배당 등으로 결제일까지 상장되는 경우는 결제일에 해당 증권의 결제가 가능하므로 공매도로 보지 않는다. 예를 들어 주식배당을 받은 주주가 배당주식의 상장예정일(D)보다 2일 빠른 D − 2에 매도하는 경우 상장일에 결제가 가능하므로 공매도로 보지 않는다.

그 외에 투자중개업자 외의 다른 보관기관에 보관하고 있는 경우 등 대통령령으로 정하는 사유에 해당하는 경우에도 공매도로 보지 아니한다.[181]

---

181) 시행령 제208조 ③ 법 제180조제2항제3호에서 "대통령령으로 정하는 경우"란 다음 각 호의 어느 하나에 해당하는 매도로서 결제일까지 결제가 가능한 경우를 말한다.
   1. 매도주문을 위탁받는 투자중개업자 외의 다른 보관기관에 보관하고 있거나, 그 밖의 방법으로 소유하고 있는 사실이 확인된 상장증권의 매도
   2. 상장된 집합투자증권의 추가발행에 따라 받게 될 집합투자증권의 매도
   3. 법 제234조에 따른 상장지수집합투자기구의 집합투자증권의 환매청구에 따라 받게 될 상장증권의 매도
   4. 증권예탁증권에 대한 예탁계약의 해지로 취득할 상장증권의 매도
   5. 대여 중인 상장증권 중 반환이 확정된 증권의 매도
   6. 증권시장 외에서의 매매에 의하여 인도받을 상장증권의 매도
   7. 제1항제1호부터 제4호까지의 증권을 예탁하고 취득할 증권예탁증권의 매도

V. 차입공매도가 허용되는 경우

원칙적으로 차입공매도는 금지 대상이지만 거래소의 업무규정에서 정하는 가격과 시행령이 정하는 방법으로 차입공매도를 할 때는 증권시장의 안정성 및 공정한 가격형성을 저해하지 않는 것으로 보아 허용하고 있다(법 §180① 단서). 따라서 신용대주거래나 대차거래 등의 방법으로 차입한 증권에 대한 공매도는 가능하다. 한편 시행령이나 거래소 업무규정에서 정하지 않은 방법으로 매도를 하는 경우에는 공매도 위반으로 인한 형사처벌 또는 과징금 처분 대상이다. 차입주식의 소유의 인정시점은 매도주문 이전에 해당주식을 차입하거나 차입계약이 확정된 경우에만 소유한 주식으로 인정된다.[182] 차입계약은 공매도 주문 이전에 실제 대여자로부터 종목, 수량 등 조건을 구체적으로 확정하여야 한다. 기관투자자 간에는 메신저를 통하여 차입계약을 확정하는 경우가 일반적인데, 예를 들어 차입계약을 위한 수량 논의과정만을 가지고는 차입계약이 확정되었다고 할 수는 없다.[183]

VI. 거래소 업무규정에 따른 공매도 호가 방법 및 사후 관리

시행령 제208조(공매도의 제한) ② 법 제180조제1항 각 호 외의 부분 단서에서 "대통령령으로 정하는 방법"이란 같은 항 각 호 외의 부분 단서에 따른 공매도(이하 "차입공매도"라 한다)에 대하여 법 제393조제1항에 따른 증권시장업무규정(이하 "증권시장업무규정"이라 한다)에서 정하는 가격으로 다음 각 호의 방법에 따라 하는 것을 말한다.
1. 투자자(거래소의 회원이 아닌 투자매매업자나 투자중개업자를 포함한다. 이하 이 호에서 같다)가 거래소의 회원인 투자중개업자에게 매도주문을 위탁하는 경우
   가. 증권의 매도를 위탁하는 투자자는 그 매도가 공매도인지를 투자중개업자에게 알릴 것. 이 경우 그 투자자가 해당 상장법인의 임직원인 경우에는

---

8. 그 밖에 계약, 약정 또는 권리 행사에 의하여 인도받을 상장증권을 매도하는 경우로서 증권시장업무규정으로 정하는 경우
182) 금융감독원, "공매도 관련 업무처리 가이드라인", (2009.5.6.), 4면.
183) 국제적으로 차입계약은 대차플랫폼, 블룸버그 채팅 등을 통하여 보유종목 탐색 (locate), 잠정계약(hold), 차입확정계약(borrow)의 순으로 이루어진다. 미국, 홍콩 등의 경우 잠정계약 단계에서도 차입으로 인정하나, 우리나라의 경우 차입확정계약만 인정한다.

그 상장법인의 임직원임을 함께 알릴 것

나. 투자중개업자는 투자자로부터 증권의 매도를 위탁받는 경우에는 증권시장 업무규정으로 정하는 방법에 따라 그 매도가 공매도인지와 그 공매도에 따른 결제가 가능한지를 확인할 것

다. 투자중개업자는 공매도에 따른 결제를 이행하지 아니할 염려가 있는 경우에는 공매도의 위탁을 받거나 증권시장(다자간매매체결회사에서의 증권의 매매거래를 포함한다. 이하 이 조 및 제208조의2에서 같다)에 공매도 주문을 하지 아니할 것

라. 투자중개업자는 투자자로부터 공매도를 위탁받은 경우에는 그 매도가 공매도임을 거래소에 알릴 것

2. 거래소의 회원인 투자매매업자나 투자중개업자가 매도에 관한 청약이나 주문을 내는 경우에는 그 매도가 공매도임을 거래소에 알릴 것

1. 호가방법

시행령 제208조 제2항은 거래소의 증권시장업무규정에서 정하는 가격과 방법에 따라 차입공매도를 하도록 요구한다. 이와 관련한 거래소의 업무규정은 공매도 주문에 대한 확인방법 및 절차를 정하고 있다. 회원이 위탁자로부터 매도 주문을 수탁할 때에는 공매도 여부 및 해당 증권의 차입 여부를 확인하여야 한다. 또한 호가시 공매도를 별도로 구분하여 호가를 제출해야 하고, 공매도 규정을 위반하는 주문에 대해서는 수탁을 거부하여야 한다(코스닥시장 업무규정 §9의2).

공매도 호가는 직전가격 이하의 가격으로 호가할 수 없다(코스닥시장 업무규정 §9의3). 이른바 업틱룰(Uptick Rule)인데, 공매도로 인한 가격급락의 가속화를 막기 위한 목적을 가진 장치이다. 다만 가격이 상승하는 경우(직전가격이 그 직전가격보다 높은 경우)에는 예외적으로 직전가격으로 호가가 가능하다.

이러한 확인방법 및 호가방법을 준수하여야 시행령 제208조 제2항 및 거래소의 업무규정이 정하는 요건을 충족하는 차입공매도이므로, 이를 준수하지 않는 경우 위법한 공매도에 해당한다.

예를 들어 행위자가 정상적으로 인도받을 예정인 주식에 대한 차입공매도를 하더라도 해당 매도주문에 차입공매도 호가표시를 하지 않을 때에는 무차입 공매도의 경우와 마찬가지로 위법한 공매도로서 과징금 처분 대상이 된다. 결제 가능한 주식의 매도라 하더라도 업틱룰을 회피하고 낮은 가격의 공매도가 이루어질 수 있

는 등 공매도 규제의 회피가 가능하기 때문이다.

다만 공매도 규제 취지가 결제불이행의 위험 방지가 주목적이라는 점을 고려하면, 결제불이행 문제가 없는 차입공매도 호가표시 위반을 무차입공매도와 동일한 수준의 형사처벌 및 과징금 부과대상으로 취급하는 것이 타당한지는 의문이 있다.

2. 공매도호가의 사후관리

회원은 결제일에 직접 또는 보관기관의 통보내용을 통해 위탁자의 결제부족 여부를 확인한 경우 위탁자로부터 해당 거래관련 차입계약서 등을 제출받아 공매도 법규의 위반여부를 확인하고, 동 기록을 3년 이상 보관·유지하여야 한다(코스닥시장 업무규정 §9의4). 공매도 관련 법규를 위반한 위탁자는 위반일수 및 위반금액에 따라 차입공매도 시 매도증권을 사전납부(40~120일간)해야 한다(코스닥시장 업무규정 §9의4③).

3. 공매도 과열종목 지정 등

거래소는 비정상적으로 공매도가 급증하고 가격이 급락하는 종목에 대해서는 공매도 과열종목으로 지정하고, 해당 종목은 익일 하루 동안 공매도 거래가 금지된다(코스닥시장 업무규정 시행세칙 §8의5②). 이 제도는 비정상적인 공매도 급증과 가격 급락에 대한 투자자의 주의를 환기시키고, 주가 하락의 가속화를 방지하기 위한 목적이 있다.

VII. 공매도 금지조치

> 제180조 ③ 금융위원회는 증권시장의 안정성 및 공정한 가격형성을 저해할 우려가 있는 경우에는 거래소의 요청에 따라 상장증권의 범위, 매매거래의 유형 및 기한 등을 정하여 차입공매도를 제한할 수 있다.

이 규정은 극단적인 시장 급변 등으로 시장 안정성이 저해될 우려가 있는 경우에 상장증권의 전부 또는 일부에 대한 차입공매도를 금지하는 규정이다. 과거에는 금융위원회의 의결을 거치기는 했으나, 거래소의 업무규정에 근거하여 공매도 금지조치가 취해졌다.

자본시장법이 시행되면서 공매도 금지조치 근거는 자본시장법 시행령에 반영되었는데, 증권시장의 안정성 및 공정한 가격형성을 해칠 우려가 있는 경우로서 거래소가 상장증권의 범위, 매매거래의 유형 및 기한 등을 정하여 금융위원회의 승인을 받아 공매도를 제한할 수 있는 근거가 마련되었다(영 §208②). 이후 2016년 3월 개정을 통하여 법률상 공매도 금지조치 근거가 명확하게 반영되었다.

2020년 코로나19 확산으로 인한 주가 급락에 따라 이루어진 2020년 3월 16일 전체 상장종목에 대한 공매도 금지조치는 동 규정을 근거로 이루어진 것이다.

제 4 절 공매도 순보유잔고의 보고 및 공시 등

Ⅰ. 순보유잔고의 보고

> 제180조의2(순보유잔고의 보고) ① 제180조제1항 각 호 외의 부분 단서에 따라 상장증권을 차입공매도한 자(대통령령으로 정하는 거래에 따라 증권을 차입공매도한 자는 제외하며, 이하 이 장에서 "매도자"라 한다)는 해당 증권에 관한 매수, 그 밖의 거래에 따라 보유하게 된 순보유잔고(이하 이 장에서 "순보유잔고"라 한다)가 발행주식 수의 일정 비율을 초과하는 경우에는 매도자의 순보유잔고에 관한 사항과 그 밖에 필요한 사항을 금융위원회와 거래소에 보고하여야 한다.

공매도 순보유잔고 보고제도는 공매도 현황을 정확히 파악하고, 불공정거래 등에 적시에 대응하기 위한 목적으로 금융당국이 정보를 확보하기 위한 제도이다. 2012년 시행령 개정을 통하여 처음 도입되던 것이 법률상 제재 근거를 마련하는 등 규제의 실효성을 제고하기 위하여 2016.3.29. 개정으로 순보유잔고 공시제도 도입과 함께 자본시장법 조항에 반영하였다.[184]

ⅰ) 일별 순보유잔고의 비율이 −0.01% 이상이면서 순보유잔고 평가금액이 1억원 이상이거나, ⅱ) 순보유잔고 비율이 음수인 경우로서 일별 순보유잔고 평가금액이 10억원 이상인 자는[185] 사유발생일로부터 2영업일이 되는 날 장 종료 후 지체

---

184) 세계 주요국도 금융위기 이후 「IOSCO 공매도 규제원칙」에 따라 공매도 보고제도를 도입하였음.

185) 시행령 제208조의2 ④ 다음 각 호의 어느 하나에 해당하는 매도자는 순보유잔고에 관한 사항을 기재한 보고서를 금융위원회와 해당 증권이 상장된 거래소에 제출하여야 한다.

없이 금융위원회와 거래소에 보고서를 제출해야 한다(금융투자업규정 §6-31③).

순보유잔고는 보유총잔고에서 차입총잔고를 차감한 수량을 말한다(영 §208의2③).

II. 순보유잔고의 공시

제180조의3(순보유잔고의 공시) ① 대통령령으로 정하는 상장증권의 종목별 발행 총수 대비 매도자의 해당 증권에 대한 종목별 순보유잔고의 비율이 대통령령으로 정하는 기준에 해당하는 경우 매도자는 매도자에 관한 사항, 순보유잔고에 관한 사항, 그밖에 대통령령으로 정하는 사항을 공시하여야 한다.
② 제1항에 따른 공시에 필요한 절차 및 방법 등의 세부사항은 금융위원회가 정하여 고시한다.

차입공매도를 한 자는 상장증권의 순보유잔고 비율이 -0.5% 이상인 경우에는 사유 발생일로부터 2영업일이 되는 날 장 종료 후 지체 없이 거래소에 공시해야 한다(영 §208의3, 금융투자업감독규정 §6-31의2①).

III. 벌 칙

순보유잔고를 보고하지 않거나 순보유잔고의 보고에 관하여 거짓 기재 또는 표시를 경우, 순보유잔고 공시를 하지 않거나 거짓으로 공시한 경우 1억원 이하의 과태료를 부과하고(법 §449①39의2, 39의4), 순보유잔고 보고 산정자료를 보관하지 않거나 금융위원회의 자료제출 요구에 응하지 않은 경우에는 3천만원 이하의 과태료를 부과한다(법 §449③8의4).

---

1. 해당 증권의 종목별 발행총수(기준시점에 증권시장에 상장되어 있는 수량으로 한정한다)에 대한 일별 순보유잔고의 비율(이하 "순보유잔고 비율"이라 한다)이 음수로서 그 절댓값이 1만분의 1 이상인 자. 다만, 금융위원회가 정하여 고시하는 방법에 따라 산정한 일별 순보유잔고의 평가액이 1억원 미만인 자는 제외한다.
2. 해당 증권의 순보유잔고 비율이 음수인 경우로서 금융위원회가 정하여 고시하는 방법에 따라 산정한 일별 순보유잔고의 평가액이 10억원 이상인 자
⑤ 그 밖에 순보유잔고 보고의 시기, 보고의 절차 및 방법 등에 관하여 필요한 세부사항은 금융위원회가 정하여 고시한다.

Ⅳ. 순보유잔고 보고 및 공시 산정방법

1. 산정방법

순보유잔고 보고는 순보유잔고(보유총잔고−차입총잔고)가 마이너스가 될 때 보고의무가 발생한다. 보유총잔고는 보유하고 있는 증권의 수량(자산)을 의미한다. 보유총잔고는 아래의 수량을 합산한다(영 §208의2③1).

 ⅰ) 명의에 관계없이 자신의 계산으로 소유하고 있는 수량(일임계약 등을 통해 본인은 형식적 매매의사 결정권한만을 보유한 경우는 제외)
 ⅱ) 법률의 규정이나 계약(예: 대차계약)에 따라 타인에게 대여해 주고 있는 수량
 ⅲ) 법률의 규정이나 일임계약 등에 따라 매매의사 결정을 본인(예: 일임·신탁업자)이 하는 경우 그 수량

쉽게 말하면 보유총잔고는 보유하고 있는 증권의 수량(자산)을 의미한다.

보유총잔고

보유총잔고 = 자기계산으로 소유한 수량 + 타인에게 대여한 수량 + 법률·신탁계약·
일임계약에 따라 매매결정을 본인이 하는 경우 그 수량

차입총잔고는 지급해야 할 증권의 수량(부채)을 의미한다.

차입총잔고

차입총잔고 = 증권을 차입하였으나 상환이 완료되지 않은 수량 +
법률·계약에 따라 인도의무가 있는 수량

순보유잔고 보고는 아래의 각각의 경우에 보고의무가 발생한다.

① 상장주식수 대비 순보유잔고 비율이 −0.01% 이상 넘는 경우(단, 순보유잔고 평가액이 −1억원 이상)
② 순보유잔고 평가액이 −10억원 이상일 때(순보유잔고 비율과 무관하게 보고의무 발생)

순보유잔고 비율과 평가금액 산정산식은 다음과 같다.

순보유잔고 비율, 평가금액

① 순보유잔고 비율(%) = 순보유잔고/상장주식수 × 100
② 순보유잔고 평가금액 = 수량 × 종가

---

2. 산정사례

상장주식수 10억주인 A사의 순보유잔고를 계산해보자(편의상 주가는 1만원으로 한다).

1.3일 20만주를 차입하면서 보유총잔고 및 차입총잔고는 각각 20만주 증가하였다.

일 자	구 분	보유 총잔고	차입 총잔고	순보유 잔고	순보유 잔고비율	보고 여부
1.2	기존보유	10만주	0	10	0.01%	X
1.3	차입 20만주	30만주	20만주	10	0.01%	X

1.4일 차입한 주식 중 20만주를 매도하여 보유총잔고는 10만주(30만주−20만주)가 되고, 순보유잔고는 −10만주(10만주−20만주), 순보유잔고 비율은 −0.01%(−10만주/10억주), 순보유잔고 평가액은 −1억원(10만주×1만원)이 되어 보고의무가 발생한다.

일 자	구 분	보유 총잔고	차입 총잔고	순보유 잔고	순보유 잔고비율	보고 여부
1.4	차입공매도 20만주	10만주	20만주	−10만주	−0.01%	O

1.5일 490만주를 차입한 후 익일 차입주식을 매도하여 순보유잔고 비율이 −0.5%가 됐는데, 이 경우에는 공시의무도 발생하게 된다.

일 자	구 분	보유 총잔고	차입 총잔고	순보유 잔고	순보유 잔고비율	보고 여부
1.5	주식차입 490만주	500만주	510만주	-10만주	-0.01%	○
1.6	차입공매도 490만주	10만주	510만주	-500만주	-0.5%	○ (공시대상)

V. 차입공매도를 위한 대차거래정보 보관 등

1. 대차거래의 정의 및 현황

대차거래는 증권을 보유한 대여자가 차입자에게 증권을 대여하고 일정 기간 후 반환할 것을 약정하는 거래로서 소비대차계약에 해당한다.[186] 소유권이 이전되는 대차거래의 성격상 대여자는 차입한 증권을 매도할 수 있으므로, 대차거래를 통해 차입공매도에 활용할 수 있다. 증권대여자는 소유한 증권의 대여를 통해 현금을 조달하거나 대차수수료 수익을 거둘 수 있고, 차입자는 필요한 증권의 조달이 가능하다는 점에서 각자의 필요를 충족할 수 있다. 시장 전체 측면에서는 증권시장에 유동성을 증대시키는 효과가 있다.

국내에서의 대차거래는 기관투자자 등이 예탁결제원 및 증권금융회사 등의 중개기관을 통해 증권을 대여하거나 차입하는 거래로 정의하는 것이 정확하다. 금융투자업자도 증권의 대차거래 중개 업무를 할 수 있지만(영 §43⑤5), 업무인가를 받은 예탁결제원과 증권금융이 대차거래 중개시장을 장악하고 있다.

대차거래의 참여자에 법률상 특별한 제한이 있는 것은 아니지만, 예탁결제원이나 증권금융의 대차거래 요건을 살펴보면 법인세법 시행규칙에 따른 기관투자자, 주권상장법인, 외국 기관투자자 등으로 제한하고 있다.[187]

---

186) 소비대차는 증권 등 물건의 소유권을 차입자에게 이전하는 것이므로(민법 §598), 차입자는 증권의 처분권을 갖는다. 그 대신 차입자는 차입증권의 매도 후 동일종목·동일수량의 증권으로 반환하면 되며, 배당 등 증권에 따른 과실은 대여자에게 보상해야 한다. 반면 임대차(민법 §618)·사용대차(민법 §609)는 차주의 사용·수익권만 있다는 점에서 구분된다.

187) 한국예탁결제원 「증권대차거래의 중개등에 관한 규정」 제9조제1항.

2. 대차거래정보의 보관 및 제출의무

제180조의5(차입공매도를 위한 대차거래정보 보관 등) ① 차입공매도를 목적으로 상
장증권의 대차거래 계약을 체결한 자는 계약체결 일시, 종목 및 수량 등 대통령령으로
정하는 대차거래정보를 대통령령으로 정하는 방법으로 5년간 보관하여야 한다.
② 제1항에 따라 대차거래정보의 보관의무를 지는 자는 금융위원회 및 거래소가
그 자료의 제출을 요구하는 경우 이를 지체 없이 제출하여야 한다.

차입공매도 목적으로 대차거래 계약을 체결한 자는 대차거래정보(계약체결일,
계약상대방, 종목·수량, 결제일, 대차기간 및 수수료율)를 5년간 보관해야 한다(법 §180
의5, 영 §208의5①). 이러한 보관의무는 공매도 금지 위반 여부를 사후적으로 확인하
기 위한 목적을 갖는다.

대차거래정보는 정보통신처리장치를 통해 전자적으로 보관해야 한다(영 §208
의5②1). 금융투자업규정이 허용하는 저장방법은 ⅰ) 전자정보처리장치를 통해 대
차거래 계약체결 즉시 동 정보가 기록·보관되도록 하는 방법,[188] ⅱ) 대차계약
이후 공매도 주문 제출 전에 차입자가 자체 전산설비에 보관하는 방법, 또는 ⅲ)
상기 방법을 활용하기 어려운 경우에는 대차거래를 중개하거나 또는 대여한 금융
투자업자, 예탁결제원, 증권금융을 통해 보관하는 방법이다(금융투자업규정 §6-35).

상기 대차거래정보를 보관하는 자는 금융위원회 및 거래소가 그 자료의 제출
을 요구하는 경우에는 동 자료를 제출할 의무가 있다. 동 자료는 금융당국의 공매
도 조사에 활용된다(법 §426). 예를 들어 주식이 없는 상태에서 매도 후 당일 매수
하는 경우에는 무차입공매도에 해당하나, 거래소 등 조사기관의 초기 분석 단계에
서는 대차거래 정보 등 잔고정보를 알 수 없으므로 반복적인 매도·매수인지 여부
또는 공매도 여부의 판단이 어렵다. 본격적인 심리·조사 단계에서는 계좌주의 대
차거래정보나 금융회사로부터 받는 금융거래정보를 받아 대사함으로써 공매도 여
부의 판단이 가능하게 된다.

대차거래정보 보관 및 제출의무를 위반하는 자는 과태료 부과대상이다(법 §449
①39의5).

---

188) Equilend(해외 주요시장에서 이용되는 대차거래 등 서비스를 제공하는 증권금융 회사)
　　를 통해 대차거래를 하는 경우를 예로 들 수 있다.

제5절 공매도자의 모집 · 매출 참여 제한

제180조의4(공매도 거래자의 모집 또는 매출에 따른 주식 취득 제한) 누구든지 증권시장에 상장된 주식에 대한 모집 또는 매출 계획이 공시된 이후부터 해당 주식의 모집가액 또는 매출가액이 결정되기 전까지 대통령령으로 정하는 기간 동안 모집 또는 매출 대상 주식과 동일한 종목에 대하여 증권시장에서 공매도를 하거나 공매도 주문을 위탁한 경우에는 해당 모집 또는 매출에 따른 주식을 취득하여서는 아니 된다. 다만, 모집가액 또는 매출가액의 공정한 가격형성을 저해하지 아니하는 경우로서 대통령령으로 정하는 경우에는 그러하지 아니하다.

I. 의 의

이 규정은 모집 · 매출 계획 공시 후 신주가격 결정 전 기간 동안 동 주식에 대한 공매도를 통하여 발행가액을 인위적으로 낮추고, 이를 통하여 낮은 가격으로 신주를 배정받는 행위를 규제하는 데 목적이 있다.[189]

유상증자를 하는 경우 신주 발행가격은 「증권의 발행 및 공시 등에 관한 규정」에 따라 청약일 전 과거 제3거래일부터 제5거래일까지의 가중산술평균주가에 이를 할인한 가격으로 산정하도록 하고 있다(§5-18). 만약 발행가격 산정기준일 동안 공매도가 집중될 경우 발행가격이 낮아지고, 유상증자에 참여하여 낮은 가격에 신주를 배정받아 공매도 주식 상환에 활용하는 방식으로 차익을 실현할 수 있게 된다. 이 규정을 적용할 경우 공매도 후 차입주식을 유상증자 등을 통해 상환하는 행위가 차단되는 효과가 발생한다.

---

189) 자본시장과 금융투자업에 관한 법률 개정법률안(법률 제17879호) 개정이유서 참조.

Tip ➕ **유상증자 발행가액 산정 방법**

Q. 유상증자를 할 때 발행가액은 어떻게 산정하는가?

A. 청약일 전 과거 3~5거래일 기간 동안의 평균주가로 산출한다.

- 증권의 발행 및 공시에 관한 규정 제5-18조는 유상증자 시 발행가액 산정방법을 정하고 있다.

- 일반공모증자의 경우 청약일 전 과거 3거래일부터 5거래일까지의 가중산술 평균주가를 기준주가로 하여 30%의 할인율을 적용하여 산정한다.

- 제3자배정증자의 경우 원칙적으로 일반공모와 동일한 기준주가에 10%의 할인율을 적용한다. 다만, 1년간 전매제한조치를 취한 경우에는 증자에 관한 이사회 결의전 주가를 사용하여 산정한다(전매제한조치를 취할 경우 증권신고서 제출이 면제되므로, 실제 이 방식으로 산정하는 경우가 많다).

- 주주배정증자의 경우 발행가액을 자율결정하도록 하나 통상 할인발행되고 있으며, 실권주의 배정 시에는 일반공모증자와 동일한 기준주가에 10~40%의 할인율을 적용한다.

▼ 발행대상별 발행가액 산정방법[190]

구 분		일반공모	제3자 배정		주주 배정
			일 반	전매제한조치	
기준주가	기산일	청약일전 3~5거래일	좌 동	이사회결의일 전일	자율 결정
	산정 방법	가중산술평균주가 (Σ총거래대금/Σ총거래량)	좌 동	①, ② 중 낮은 가격 -① 〔1개월, 1주일, 최근일 가중산술평균주가〕/3 -② 최근일 가중산술 평균주가	
할인율		30% 이내	10% 이내	좌 동	
발행가액		기준주가×(1-할인율)	좌 동	좌 동	

---

190) 국회 정무위원회, '자본시장과 금융투자업에 관한 법률 일부개정법률안 심사보고서', (2020.12), 24면.

Ⅱ. 해외사례

1. 미 국

공매도 거래자에 대한 증권취득을 제한하는 규정은 SEC Rule 105 of Regulations M이다. Rule 105는 공모 대상 증권을 공매도하고 인수인, 브로커나 딜러로부터 공모된 증권을 취득하는 것을 금지한다(§242.150 (a)). 다만 ⅰ) 선의의 취득, ⅱ) 별도의 독립 거래단위를 통한 취득, ⅲ) 뮤추얼펀드의 경우에는 예외를 적용하고 있다(§242.150 (b)).

상술하면, ⅰ) 선의의 취득은 공매도에 상응하는 수량을 마지막 공매도 이후부터 발행가액 결정일 이전까지 매수한 경우이다. ⅱ) 독립 거래단위를 통한 취득은 거래단위별로 의사결정이 독립적으로 이루어는 경우 다른 거래단위의 공모취득은 허용된다. ⅲ) 해당 펀드의 계열 펀드 또는 별도의 펀드가 공매도를 한 경우 해당 펀드의 공모증권 취득이 가능하다.

2. 일 본

금융상품거래법 시행령 제26조의6 규정은 모집·매출 공표 이후 발행가격이 결정될 때까지 기간 동안 공매도를 한 경우 모집·매출로 취득한 유가증권을 공매도 거래의 결제에 사용할 수 없도록 규정하고 있다.[191] 우리 자본시장법 규정의 경우 취득 자체를 금지하고 있으나, 일본은 취득을 허용하지만 이를 공매도 결제에 사용하는 것을 금지한다는 점에서 차이가 있다.

Ⅲ. 요 건

1. 상장된 주식에 대한 모집·매출

규제대상인 금융투자상품은 모집·매출되는 상장주식이다. 모집·매출을 하는 경우(단, 1년간 10억원 이상)에는 발행회사는 금융위원회에 증권신고서 제출의무

---

191) 제26조의6(공매도에 따른 유가 증권의 차입 결제) 누구든지 유가증권의 모집 또는 매출이 행해지는 취지의 공표 이후 당해 유가증권의 발행가격 또는 매출가격이 결정될 때까지의 기간으로 내각부령으로 정하는 기간 동안 당해 유가증권과 동일한 종목에 대해 거래소 금융상품시장에서 공매도 또는 그 위탁이나 위탁의 중개의 신청을 한 경우에는, 해당 모집 또는 매출에 따라 취득한 유가증권에 의해 해당 공매도에 관한 유가증권의 차입(이에 준하는 것으로서 내각부령으로 정하는 것을 포함한다) 결제를 할 수 없다.

가 부과되는데(법 §119), 정보가 부족한 불특정 투자자를 보호하기 위한 목적에서 규제가 이루어지고 있다.

모집은 50명 이상의 자에게 신규로 증권을 발행하여 자금조달하는 행위이다 (법 §9⑦). 증자를 통해 기존 주주에게 배정하거나(주주배정증자), 불특정 다수에게 발행하거나(일반공모증자), 특정된 자들을 대상으로 발행하는 경우(제3자배정증자)가 이에 해당한다.

만약 제3자배정증자를 통해 50인 미만으로 발행하는 경우 모집에서 제외되는 가. 상장주식의 경우 50인 미만으로 발행하더라도, 발행 후 1년 이내에 50인 이상에게 양도될 가능성이 있는 것으로 보아 모집으로 간주한다(간주모집, 영 §11조③, 증권의 발행 및 공시 등에 관한 규정 §2-2①). 다만 예탁원에 예탁하여 1년간 인출 · 매각하지 않기로 계약하는 경우(전매제한조치)에는 모집에서 제외된다.[192]

매출은 50명 이상의 자에게 이미 발행된 증권의 보유자가 다수에게 증권을 매도하여 대금을 취득하는 행위이다(법 §9⑨). 회사가 보유한 자사주를 일반에 매각하는 경우를 예로 들 수 있다.

"상장된 주식에 대한 모집 또는 매출"이므로 신규상장을 위한 IPO 과정에서 공모를 통한 모집 · 매출의 경우는 대상에서 제외된다.

2. 모집 · 매출 공시 이후 발행가액 결정전까지의 공매도

규제 대상기간은 상장주식에 대한 모집 또는 매출 계획이 처음 공시된 날(투자설명서, 증권신고서, 거래소 공시)의 다음 날부터 해당 공시 또는 변경공시에 따른 모집가액 또는 매출가액이 결정되는 날까지 기간이다(영 §208의4①).

동 기간 동안 공매도를 하거나 공매도를 위탁한 경우 모집 · 매출에 따른 주식 취득이 금지된다.

3. 예 외

모집 · 매출 계획 최초 공시 날 다음 날부터 모집 · 매출가액이 결정된 날까지 공매도를 하더라도, 해당 주식의 취득이 가능한 경우에는 모집 · 매출 취득 금지 대상에서 제외한다(시행령 §208의4②).

제외 대상인 공매도 거래는 다음과 같다. ⅰ) 모집 · 매출 계획 최초 공시 날 다

---

192) 전매제한조치를 하는 경우에는 모집에서 제외되어 증권신고서 제출의무가 면제되므로, 전매제한조치를 하는 조건으로 제3자배정증자를 하는 경우가 많다.

음 날부터 모집 · 매출가액이 결정된 날까지 공매도를 하였지만, 전체 공매도 주문수량보다 많은 수량의 주식을 거래소 시장의 매매거래시간에 매수한 경우이다. 이 경우 모집 · 매출이 아니더라도 해당 주식의 취득이 가능한 경우이므로 제외한다.

ⅱ) 거래소 증권시장업무규정에 따른 유동성공급자 및 시장조성자 거래의 경우이다. 동 거래는 증권시장의 유동성공급 및 가격 발견기능의 촉진 목적을 갖는 거래이므로 제외대상이다. ⅲ) 거래소 파생상품시장업무규정에 따른 장내파생상품의 유동성공급자 및 시장조성자가 해당 주식을 공매도하거나 공매도주문을 위탁한 때도 마찬가지이다.

ⅳ) 동일한 법인 내에서 공매도를 하였지만, 동 법인 내 다른 독립거래단위가 모집 · 매출에 따른 주식을 취득한 경우이다(금융투자업규정 §6-34). 동일 법인의 거래라고 하더라도 독립된 의사에 따라 거래하는 단위(독립거래단위)인 경우에는 공매도 포지션을 별도로 볼 수 있으므로(금융투자업규정 §6-30), 이 경우는 금지대상에서 제외한다.

제 6 절   공매도 금지 위반에 대한 과징금 부과

제429조의3(위법한 공매도에 대한 과징금) ① 금융위원회는 제180조를 위반하여 상장증권에 대하여 허용되지 아니하는 방법으로 공매도를 하거나 공매도 주문을 위탁 또는 수탁한 자에 대하여 다음 각 호의 구분에 따른 위반금액을 초과하지 아니하는 범위에서 과징금을 부과할 수 있다.
1. 공매도를 하거나 공매도 주문을 위탁한 경우에는 제180조를 위반한 공매도 주문금액
2. 공매도 주문을 수탁한 경우에는 제180조를 위반한 공매도 주문금액

Ⅰ. 의 의

제180조의 공매도 금지규정을 위반한 공매도를 하거나 그 주문을 위탁 또는 수탁한 자에 대하여 과징금을 부과할 수 있다. 종전에는 공매도 위반에 대하여 1억원 이하의 과태료를 부과하였다(법 §449①39). 그러나 위법한 공매도에 따른 시장에 미치는 악영향에 비해 제재수위가 낮아 경제적 이익을 위해 위반행위를 저지를 유

인이 있다는 점을 고려하여 2021년 1월 5일 법 개정을 통하여 과징금과 형사처벌 근거를 마련하였다. 이에 따라 종전의 과태료 부과규정은 삭제되었다.

금융당국은 위법한 공매도에 대하여 과징금의 부과 및 수사기관 고발 또는 통보의 병과가 가능하다. 그러나 금융위원회는 과징금 부과를 원칙으로 하고, 예외적으로 사안이 중대한 경우에는 수사기관 고발 또는 통보 조치를 하도록 정하고 있다(조사업무규정 별표3). 공매도 사건의 양태를 보면 과실로 인해 발생하는 경우가 일반적이므로, 고의에 의한 공매도가 아닌 한 형사처분으로 이어지기는 어렵다. 참고로 2023년 3월 8일 증권선물위원회는 무차입 공매도를 한 2개 증권사에 대하여 최초로 각각 38.7억원 및 21.8억원의 과징금을 부과하였는데, 2개 증권사 모두 잘 못 입력된 잔고내역을 기초로 매도주문을 낸 사건이다.[193]

II. 과징금의 부과원칙

위법한 공매도를 하거나 공매도 주문을 위탁한 경우 또는 공매도 주문을 수탁한 경우에는 각각 공매도 주문금액이내에서 과징금을 부과한다.[194]

다만 공매도 주문을 수탁한 경우에는 위반행위에 대하여 고의 또는 중과실이 있는 경우에만 과징금의 부과가 가능하다(법 §430①). 매매금액이 아닌 주문금액을 기준으로 과징금을 부과하므로 매매체결이 되지 않은 주문금액까지 합산한다. 주문금액에 따른 과징금 부과는 매매체결에 이르지 않는 주문으로도 시세하락의 영향을 미칠 수 있다는 점에서 부과의 타당성이 인정된다. 제도의 취지상 주문 후 취소된 경우에도 해당 주문금액은 과징금 부과대상에 포함한다. 주문 후 정정주문이 있는 경우에도 양자의 주문이 시세하락의 영향을 미치는 것이므로 둘 다 주문금액으로 각각 산정한다. 이는 시세조종 주문수량과 동일한 산정방식이다. 다만 무차입

---

193) 금융위원회, "공매도 규제 위반행위에 대한 과징금 최초 부과", (2023.3.8.) 보도자료.
194) 시행령 제379조(과징금의 부과기준) ② 금융위원회는 법 제428조제3항, 제429조, 제429조의2 및 제429조의3에 따라 과징금을 부과하는 경우에는 다음 각 호의 기준을 따라야 한다.
　　1. 위반행위가 다음 각 목의 어느 하나에 해당하는 경우에는 해당 각 목의 구분에 따른 기준을 따를 것
　　라. 법 제429조의3제1항에 규정된 위반행위의 경우: 위반 정도에 대해서는 다음의 사항을 종합적으로 고려하여 판단할 것
　　　1) 공매도 주문금액
　　　2) 위반행위가 제2호가목에 해당하는지 여부

공매도의 미체결주문, 취소주문 및 정정주문의 경우 결과적으로는 결제불이행 가능성을 제거한 것이므로 체결된 공매도주문과는 차등하여 감경하는 것이 타당하다고 생각된다.

이처럼 체결금액이 아닌 주문금액을 기준으로 과징금을 산정하므로 시장질서 교란행위 위반의 경우 부당이득액의 최대 1.5배 한도 내에서 부과하는 것과 비교할 때 주문행위만으로도 과징금이 부과된다는 점에서 상당히 높은 금액의 과징금 부과 가능성이 높다. 이는 공매도에 대한 강한 규제 여론이 반영된 것이다.[195]

또한 위반행위가 1년 이상 지속되거나 3회 이상 반복적으로 이루어진 경우에는 법정최고액의 50% 이상을 부과할 수 있도록 하고 있다(영 §379②2가).

만약 불법공매도 위반에 따른 벌금을 부과한 경우에는 금융위원회는 직권재심을 통하여 과징금 부과를 취소하거나, 벌금액에 상당하는 금액의 전부 또는 일부를 과징금에서 제외할 수 있다(법 §429의3③, 조사업무규정 §40.5).

제180조의4 규정에 따른 모집 또는 매출 계획 공시 이후부터 모집·매출 가액 결정전까지 대통령령으로 정하는 기간 동안 공매도 또는 공매도 주문을 위탁한 한 자에 대해서는 부당이득의 1.5배 이하의 금액까지 과징금이 부과된다.

III. 과징금의 산정

1. 기준금액 산정

과징금 기준금액은 법 제180조를 위반한 공매도 주문금액으로 한다(조사업무규정 별표 2.3.사). 따라서 체결이 되지 않은 주문행위가 있는 경우에도 그 금액은 기준금액 산정에 포함한다.

법 제180조에 따른 공매도 위반을 한 자가 종목·일자 등이 다른 복수의 공매도행위를 한 경우에는 각각 과징금을 산정하여 합산하는 것을 원칙으로 한다. 과징금 부과한도 역시 행위별로 각각 법상 한도를 적용한다(조사업무규정 별표2 §2.차). 예를 들어 이틀에 걸쳐 2개 종목의 공매도 위반행위가 이어졌다면, 총 4건(2종목× 2

---

195) 김한정 의원, 이태규 의원, 김병욱 의원안은 부당이득액 기준 부과안이, 홍성국의원안은 주문금액 기준 부과안으로 상정되어 있었다. 불법공매도 행위가 주식시장의 공정성에 악영향을 미쳐 국가경제에 야기하는 폐해가 클 수 있다는 점을 고려하여 주문금액 기준 부과안이 입법정책적으로 결정된 것으로 보인다(국회정무위원회, '자본시장과 금융투자업에 관한 법률 일부개정법률안 심사보고서, (2020.12), 49면 참조).

일)의 공매도 위반에 대한 과징금을 각각 산정한다. 동일한 행위자가 동일한 사유로 공매도를 한 경우에도 마찬가지이다. 이러한 산정 방식은 금융위원회가 공매도 주체·사유가 동일하더라도 종목·일자 등을 엄격히 구분하여 위법한 공매도에 대한 과태료를 각각 합산·부과하는 원칙을 적용한 이후로 현재까지 유지되고 있다.[196]

실제로 증권선물위원회는 골드만삭스인터내셔널의 상장주식 96종목에 대한 2018.5.30.~5.31 이틀 기간 중 공매도 위반과 관련하여 각 종목 및 일자를 구분하여 총 156건 각각에 과태료를 부과 및 합산하여 총 74억 8,800만원의 과태료를 부과한 바 있다.[197]

2. 기본과징금의 산정

기본과징금은 상기 기준금액에 아래의 부과비율을 곱하여 산정한다(조사업무규정 별표 2 §3.바).

▼ 과징금 부과비율

감안사유 \ 위반행위의 중요도	상	중	하
상향조정사유 발생	100분의 100	100분의 60	100분의 40
해당사항 없음	100분의 60	100분의 40	100분의 30
하향조정사유 발생	100분의 40	100분의 30	100분의 20

위반행위의 중요도 판단은 공매도 주문금액이 해당종목 전체 일거래금액에서 차지하는 비율 또는 부당이득액을 기준으로 판단한다(조사업무규정 별표 2 §4.나(4)). 부당이득액은 매도금액(매도단가×수량)에서 차입주식의 상환을 위해 매수한 금액 (매수단가×수량)을 차감하여 산정한다(영 별표 20의2 §2.바).

---

196) 금융위원회, "공매도 제도 개선 및 제재 강화방안", (2017.8.23.).
197) 이 사건은 골드만삭스인터내셔널 차입 담당자가 보관기관(대여기관)에 차입결과 주식 내역을 잘못 입력기재하여 잔고가 있는 것으로 오인하고 무차입 공매도를 한 사건이다. 이로 인하여 실제로 106만주에 대한 결제불이행이 발생한 바 있다. 이 사건은 사안의 중대성으로 인하여 사상 최대금액의 과태료가 부과되었는데, 금융위원회의 건별 과태료 부과 원칙에 따라 일자와 종목을 달리하는 경우 각각을 1건으로 보아 총 156건에 대하여 과태료를 합산 부과하였다; 금융위원회, "공매도 제한 위반행위 등에 대한 조치", (2018.11.28.자).

▼ 중요도 판단기준

구분 \ 중요도	상	중	하
법 제180조[*]	공매도 주문금액이 해당 종목일 거래금액의 10% 이상	공매도 주문금액이 해당 종목일 거래금액의 10% 미만 1% 이상	공매도 주문금액이 해당 종목일 거래금액의 1% 미만
	위반행위로 얻은 이익 또는 회피한 손실액이 5억원 이상	위반행위로 얻은 이익 또는 회피한 손실액이 0원 이상 5억원 미만	위반행위로 얻은 이익 또는 회피한 손실액이 0원 미만

* 두 가지 판단항목을 각각 고려하여 그중에서 가장 중한 등급을 적용

감안사유의 경우 상향조정사유는 시장질서 교란행위에 대한 과징금 부과시 감안사유와 차이가 없으나, 하향조정사유의 경우 위반행위가 과실에 의한 경우를 추가하여 공매도 위반이 과실인 경우 감경이 가능하다는 특징이 있다(조사업무규정 별표 2 §4.다).

3. 과징금의 감면

위반행위로 인한 투자자의 피해를 배상한 경우에는 그 배상액 범위 내에서 기본과징금을 감경한다(별표 2 §5.(3)). 또한, 동일한 위반행위에 대하여 법원, 검찰 기타 다른 행정기관으로부터 형벌, 과태료, 과징금 등의 형태로 제재조치를 이미 받은 경우에는 제재금액 등을 고려하여 이 기준에 따른 과징금을 감면할 수 있다(별표 2 §5.(4)).

위반행위의 내용이나 정도에 비추어 과징금이 현저히 과도하다고 판단되는 경우로서 증선위가 인정하는 경우에는 해당 과징금을 감면할 수 있다(별표 2 §5.(5)).

4. 최저부과액

최종 위반 시로부터 2년 이내에 제429조의3에서 규정하는 동일한 공매도 위반 과징금 처분횟수가 3회 이상 발생한 경우에는 법정최고액의 100분의50 이상의 과징금을 부과한다(별표 2 §6).

Summary 공매도 규제 제도 현황

목 적	규제수단		주요내용	근 거
결제불이행 위험 방지	무차입공매도 금지		결제 증권을 소유하지 않고 매도	법 §180①
	차입공매도		− 차입한 증권 매도 − 업틱룰·호가표시 준수 시 허용	법 §180②
시장불안 방지를 위한 시장조치	호가가격 제한 (Uptick Rule)		직전가 이하의 가격으로 호가 금지	코스닥 업무규정 §9의2
	차입 공매도 금지	개별종목 (과열종목 지정)	주가 및 공매도 비중 등 급변종목에 대해 익일 하루 동안 금지	코스닥 업무규정 §9의2
		시장전체 (한시적 조치)	시장 안정성과 공정한 가격형성 저 해 우려 시 거래소가 금융위에 요청	법 §180③
불공정거래 방지를 위한 거래 투명화	공매도 호가 표시		거래소에 주문 시 공매도 주문임을 별도 표시	시행령 §208
	투자자별 공매도 잔고 보고		|순보유잔고/총상장주식| ≥ 0.01% 일 경우, 금융위와 거래소에 보고	법 §180의2
	투자자별 공매도 잔고 공시		|순보유잔고/총상장주식| ≥ 0.5% 일 경우, 거래소 통해 공시	법 §180의3
	공매도자의 모집·매출 참여 제한		위반시 과징금 부과	법 §180의4

제6편

불공정거래에 대한 형사책임

제 1 장
총 론

제1절 의 의

　자본시장법상 불공정거래행위에 대한 제재수단은 크게 형사처벌과 행정제재인 과징금제도로 나뉜다. 그중 미공개중요정보 이용행위(법 §174), 시세조종행위(법 §176), 부정거래행위(법 §178) 및 공매도 금지위반(법 §180)에 대해서는 1년 이상의 유기징역 또는 부당이득액의 3배 이상 5배 이하의 벌금을 부과한다(법 §443). 또한 징역형에 처할 때는 벌금과 몰수·추징이 필요적으로 병과된다(법 §447, 447의2).

　시장질서 교란행위 및 3대 불공정거래에 대한 과징금 부과제도가 도입되었으나, 지금까지는 불공정거래행위에 대한 형사처벌이 주된 제재수단으로 사용되고 있다. 특히 주가조작행위의 엄단 필요성에 대한 여론과 정부와 국회의 입법적 결단에 따라 형사처벌 조항의 수위는 계속 상향됐다.

제2절 연 혁

　1962년 1월 구 증권거래법 제정당시에는 시세조종행위(§91)에 대하여 3년 이하의 징역 또는 2백만환 이하의 벌금 부과근거가 처음 마련되었다(§129). 또한 시세조종행위에 대하여 징역과 벌금을 병과할 수 있도록 하였다(§134).

　현행과 같이 벌금이 부당이득에 연동하는 구조는 1991년 12월 개정된 구 증권거래법부터 도입되었는데, 부당이득이 2천만원을 초과하는 경우 부당이득액의 3

배까지 벌금이 부과되도록 하였다.[1] 이후 코스닥시장에 만연한 불공정거래행위에 대한 엄단 여론과 2013년 정부합동으로 발표한 「주가조작근절 종합대책」 발표에 힘입어 불공정거래행위에 대한 처벌 수위는 상당한 수준으로 상향되기 시작했다. 2013년 5월 자본시장법 개정으로 처음으로 벌금 하한선이 부당이득의 1배 이상으로 정해졌고, 2017년 4월 개정을 통하여 벌금 하한선이 부당이득의 2배 이상으로 상향되면서 벌금의 상한선도 5배로 상향되었고, 2018년 3월 개정으로 벌금 하한선이 부당이득의 3배 이상으로 상향되었다. 현행 규정은 부당이득의 3배 이상 5배 이하의 벌금 부과가 가능하고(법 §443①), 부당이득 규모에 따라 징역기간이 가중되도록 하고 있다(법 §443②).

2014년 12월 개정으로 벌금의 부과도 선택적인 것이 아니라 필요적 병과사항으로 하고(법 §447), 불공정거래행위를 통해 취득한 재산의 필요적 몰수·추징 규정근거도 마련되었는데(법 §447의2), 확정판결 전에 몰수·추징보전을 통해 부당이득의 동결이 가능하다.

또한 2021년 1월 5일 법 개정을 통하여 위법한 공매도행위에 대한 과징금 부과규정과 함께 형사처벌 근거가 마련되었다. 제180조를 위반한 공매도를 하거나 위탁 또는 수탁한 자는 1년 이상의 유기징역 또는 부당이득의 3배∼5배 이하의 벌금에 처한다.

제3절 형사처벌 제도의 문제점

주요국의 형사처벌 조항은 부당이득에 연동되지 않고 그 금액 상한도 낮은 편이어서 한국의 불공정거래 벌금 제도와 차이를 보인다. 미국이나 일본은 벌금 부과 시 부당이득이 연계되는 요건은 없다(1934년 증권거래법 §32, 금융상품거래법 §197의2). 한편 주요국의 불공정거래행위 관련 과징금 제도는 대체로 부당이득을 기준금액으로 하여 가중·감경하는 체계를 갖고 있다.[2] 미국, 일본의 불공정거래 형벌제도는

---

1) 증권거래법 제208조 (벌칙) 다음 각호의 1에 해당하는 자는 3년 이하의 징역 또는 2천만원 이하의 벌금에 처한다. 다만, 제6호의 경우 그 위반행위로 얻은 이익 또는 회피한 손실액의 3배에 해당하는 금액이 2천만원을 초과하는 때에는 그 이익 또는 회피손실액의 3배에 상당하는 금액이하의 벌금에 처한다.(이하 생략)
2) 증권법학회, "자본시장법상 불공정거래에 따른 부당이득의 산정에 관한 연구", 대검찰

부당이득 환수기능이 없으며, 부당이득반환제도(미국) 또는 과징금제도(일본)가 그 기능을 수행한다.

　　반면 우리나라는 형벌(벌금, 몰수·추징) 및 과징금 양자가 부당이득 환수기능을 갖는다. 형벌의 경우 필요적 몰수·추징에 벌금을 부과할 수 있으므로 이중으로 이득을 박탈하게 되어 책임주의 원칙이나 과잉금지 원칙에 위배될 수 있다는 지적이 있다.[3] 그 뿐만 아니라 불공정거래 과징금도 부당이득 환수 요소를 갖고 있어 같은 목적으로 몰수·추징, 벌금 및 과징금이 부과되면 최대 8배까지 금전적 제재가 이루어진다는 문제점이 제기된다(벌금: 5배, 과징금 2배, 몰수·추징 1배).[4]

▼ 국가별 불공정거래 벌칙·과징금 현황

구 분	한 국	미 국	영 국	일 본
형사별	• 부당이득에 따라 최대 무기징역 • 부당이익의 3~5배 벌금	• 20년이하 구금 • 5백만달러 이하 벌금(기업: 25백만달러 이하)	• 7년이하 자유형 • 벌금제한 없음[5]	• 10년이하 징역 • 1천만엔 이하 벌금(법인은 7억엔 이하)[6]
과징금	• 최대 부당이익의 2배 이하	• 법정한도와 부당이득 중 큰 금액[7]	• 부당이득+가중 또는 감경	• 부당이득+가중 또는 감경

　　한편 법원은 위반행위와 부당이득 간 인과관계의 증명을 엄격히 요구하고, 검사가 이를 입증하지 못하는 경우 부당이득 불상으로 판결을 선고하며 책임주의 원칙을 강하게 요구하는 경향을 보인다.[8] 이에 따른 집행력 문제를 해결하기 위해 주요국과 같이 부당이득을 구성요건에서 배제하자는 견해가 있다.[9] 부당이득의 개념을 "위반행위로 얻은 이익"이 아닌, "위반행위와 관련된 기간의 총수입"으로 변

　　청 학술연구용역 보고서(2016.4), 78면.
3) 이천현, "벌금형의 규정방식에 관한 고찰", 「형사정책연구」 제18권 제3호(2007), 483면.
4) 국회 법제사법위원회, "자본시장과 금융투자업에 관한 법률 일부개정법률안(대안) 검토 보고", (2023), 11면.
5) 정식기소 기준임.
6) 내부자거래는 5년이하 징역 또는 500만엔이하 벌금(법인은 5억엔 이하).
7) 법원에 의한 민사제재금 부과기준.
8) 대법원 2009.7.9. 선고 2009도1374 판결, 대법원 2011.7.28. 선고 2008도5399 판결 등.
9) 증권법학회, 자본시장법상 불공정거래에 따른 부당이득의 산정에 관한 연구, 대검찰청 학술연구용역 최종보고서, (2016.4), 130~132면.

경하여 불공정거래와 부당이득간 인과관계 증명을 완화하는 한편, 과다계상의 문제를 완화하기 위하여 5배까지 부과 가능한 벌금 상한선을 낮출 필요가 있다.

이 경우 총수입 산정은 일본의 단순차액방식과 같이 단순화하여 총수입 산정의 용이성을 제고하는 한편, 총수입은 위반행위 규모, 피해규모 등 다양한 양형요소 중 하나로 반영함으로써 부당이득 환수목적에서 탈피하여 처벌 제도의 본연의 목적으로 재정립해야 한다. 이를 통해 부당이득 입증의 부담도 완화할 수 있다.[10]

---

10) 같은 취지의 견해로서 지나치게 높은 법정형이 증명의 정도를 높인다는 점과 과징금의 제재를 통한 보완이 가능하다는 점을 고려하여 부당이득에 연동한 처벌규정을 폐지하는 것이 부당이득 증명에 대한 복잡한 논의를 해결할 수 있다는 견해가 있다; 김민석, "자본시장법상 불공정거래에 대한 금전제재에 관한 연구", 성균관대학교 박사학위 논문(2021), 188면.

제 2 장

처 벌 조 항

제 1 절 벌 칙

제443조(벌칙) ① 다음 각 호의 어느 하나에 해당하는 자는 1년 이상의 유기징역 또는 그 위반행위로 얻은 이익 또는 회피한 손실액의 3배 이상 5배 이하에 상당하는 벌금에 처한다. 다만, 그 위반행위로 얻은 이익 또는 회피한 손실액이 없거나 산정하기 곤란한 경우 또는 그 위반행위로 얻은 이익 또는 회피한 손실액의 5배에 해당하는 금액이 5억원 이하인 경우에는 벌금의 상한액을 5억원으로 한다.

처벌대상 행위는 미공개중요정보 이용행위(법 §174), 시세조종행위(§176), 부정거래행위(§178) 및 공매도 행위(§180)이다. 공매도는 과거 과태료 부과대상이었으나, 2021년 1월 개정으로 과징금 부과로 바뀌면서 함께 처벌 근거도 마련하였다.

부당이득액의 3배 이상 5배 이하의 벌금에 처하도록 규정하고 있으므로, 부당이득액이 확인되는 경우 반드시 벌금이 부과된다. 다만 부당이득이 없거나 산정이 불가능한 경우에는 벌금의 상한을 5억원으로 한다.

파생상품시장 정보이용행위(법 §173의2②)의 경우 3년 이하의 징역 또는 1억원 이하의 벌금에 처한다(§445조 22의2호).

제 2 절 징역과 벌금의 병과

> **제447조(징역과 벌금의 병과)** ① 제443조제1항(제10호는 제외한다) 및 제2항에 따라 징역에 처하는 경우에는 같은 조 제1항에 따른 벌금을 병과한다.
> ② 제443조제1항제10호 및 제444조부터 제446조까지의 규정에 해당하는 죄를 범한 자에게는 징역과 벌금을 병과할 수 있다.

불공정거래행위에 따른 징역형이 선고될 경우 필요적으로 벌금을 병과한다(법 §447①). 반면 자본시장법상 다른 위법행위의 경우 징역형 부과시 임의적으로 벌금을 병과하고 있다(법 §447②).

징역형에 따른 벌금의 필요적 병과는 징역형만 있는 경우 집행유예 등으로 처벌이 미약해지는 문제를 해소하고, 벌금제도를 통해 불공정거래행위에 따른 부당이득을 환수한다는 정책적 목적이 있다.[11]

헌법재판소 역시 이 규정에 따른 벌금형의 필요적 병과에 대하여 부정거래행위 근절을 위한 입법적 결단으로서 합리적인 이유가 있고, 형벌과 책임 간의 비례원칙에 위배되지 않는다고 보아 합헌으로 판단한 바 있다.

동 규정과 같이 필요적 벌금 병과규정을 두고 있는 규정은 「보건범죄단속에 관한 특별조치법」상 무면허의료업자에 대한 처벌(§5), 「특정범죄 가중처벌 등에 관한 법률」상 뇌물죄의 가중처벌(§2②)이 있다.

벌금형 필요적 병과의 합헌(헌법재판소 2020.12.23. 2018헌바230 결정)

심판대상조항은 범죄 수익을 초월하는 재산형을 필요적으로 병과하여 범죄수익을 통한 경제적 혜택을 일절 누릴 수 없게 하고, 나아가 더 큰 경제적 손실까지 입을 수 있다는 경고를 통해 범죄를 근절하기 위한 것으로 여기에는 합리적 이유가 있다.

---

11) 금융위원회, "주가조작 등 불공정거래 근절 종합대책", (2013.4.18.) 참조.

제 3 절   징역형의 가중

제443조(벌칙) ② 제1항 각 호(제10호는 제외한다)의 위반행위로 얻은 이익 또는 회피한 손실액이 5억원 이상인 경우에는 제1항의 징역을 다음 각 호의 구분에 따라 가중한다.
   1. 이익 또는 회피한 손실액이 50억원 이상인 경우에는 무기 또는 5년 이상의 징역
   2. 이익 또는 회피한 손실액이 5억원 이상 50억원 미만인 경우에는 3년 이상의 유기징역
   ③ 제1항 또는 제2항에 따라 징역에 처하는 경우에는 10년 이하의 자격정지를 병과(竝科)할 수 있다.

불공정거래에 따른 징역형은 부당이득액에 따라 가중된다. 부당이득액이 5억원 이상인 경우에는 최소 3년 이상의 유기징역에 처한다. 이득액에 따른 징역형을 가중하는 법률로는 「특정범죄 가중처벌 등에 관한 법률」상 수뢰액에 따라 징역형을 가중처벌하는 규정이 있다(§2①). 다만 공매도의 경우 부당이득에 따른 징역형의 가중처벌 조항은 적용하지 아니한다.

또한 불공정거래행위 위반으로 징역형에 처하는 경우에는 10년 이하의 자격정지를 병과할 수 있다.

제 4 절   필요적 몰수 · 추징

제447조의2(몰수 · 추징) 제443조제1항 각 호(제10호는 제외한다)의 어느 하나에 해당하는 자가 해당 행위를 하여 취득한 재산은 몰수하며, 몰수할 수 없는 경우에는 그 가액을 추징한다.

몰수는 범죄의 반복을 막거나 범죄로부터 이득을 얻지 못하게 할 목적으로 범행과 관련된 재산을 박탈하여 국고에 귀속시키는 형벌을 말한다(형법 §41). 추징은 몰수에 갈음하여 몰수할 물건 가액의 납부를 강제하는 처분에 해당한다(형법 §48).

몰수·추징은 위법행위에 따른 부당이득을 박탈함으로써 범인이 범죄로 인한 부당이득을 취득하지 못하게 하려는 목적이 있다.

2014년 자본시장법 개정에 따라 불공정거래행위에 따라 취득한 재산 또는 그 가액은 필요적으로 몰수·추징한다. 필요적 몰수·추징을 하는 예로는 형법상 뇌물에 대한 몰수·추징(§134), 관세법상 몰수·추징 규정이 있다(§282).

몰수·추징 대상이 되는 '해당 행위를 하여 취득한 재산'은 법 제443조에 따른 '위반행위로 얻은 이익(=부당이득)'과 동일한 의미로 본다. 따라서 몰수·추징의 대상이 되는 재산 위반행위로 인한 발생 위험과 인과관계가 있는 이익으로 한정된다.[12]

몰수·추징은 법원의 판결을 통해 이루어지나, 불공정거래에 따른 범죄수익의 가장·은닉행위가 있는 경우 「범죄수익은닉의 규제 및 처벌 등에 관한 법률」의 적용 대상이 되며(§2), 동 법 제12조(마약류 불법거래 방지에 관한 특례법 준용)에 따라 법원의 판결 선고 또는 검찰의 기소 이전에 몰수·추징의 보전조치가 가능하다.

제 5 절   양벌규정

제448조(양벌규정) 법인(단체를 포함한다. 이하 이 조에서 같다)의 대표자나 법인 또는 개인의 대리인, 사용인, 그 밖의 종업원이 그 법인 또는 개인의 업무에 관하여 제443조부터 제446조까지의 어느 하나에 해당하는 위반행위를 하면 그 행위자를 벌하는 외에 그 법인 또는 개인에게도 해당 조문의 벌금형을 과(科)한다. 다만, 법인 또는 개인이 그 위반행위를 방지하기 위하여 해당 업무에 관하여 상당한 주의와 감독을 게을리하지 아니한 경우에는 그러하지 아니하다.

법인은 행위능력이 없어 범죄 구성요건의 행위주체가 될 수 없고 행위자인 자연인이 형사책임을 지며, 다만 입법목적 실현을 위하여 법인을 처벌한다는 것이 판례의 태도이다.[13] 따라서 법인의 업무에 관하여 미공개중요정보 이용행위를 한 경우 범죄주체인 임직원 또는 대리인의 형사책임이 문제가 된다.

구 증권거래법은 "법인의 대리인·사용인 기타 종업원이 그 법인의 업무에 관

---

12) 서울남부지방검찰청, "자본시장법 벌칙해설", (2019), 523면.
13) 대법원 1984.10.10. 선고 82도2595 판결.

하여 제208조의 위반행위를 한 때에는 그 법인에 대하여도 해당 조의 벌금형을 과한다"고 규정하고 있었다(§215). 그러나 이 조항에 대하여 헌법재판소는 구 증권거래법의 양벌규정이 종업원의 범죄에 대한 법인의 책임 유무를 묻지 않고 형벌을 부과하는 것은 책임주의원칙에 위배된다고 하여 위헌 결정을 내렸다.[14]

현행 자본시장법은 법인의 대표자나 대리인, 사용인, 그 밖의 종업원이 그 법인 또는 개인의 업무에 관하여 불공정거래 금지규정의 위반행위를 하면 그 행위자뿐 아니라, 그 법인도 해당 조문의 벌금형을 과하도록 양벌규정을 정하고 있다(법 §448). 다만, 당해 법인이 그 위반행위를 방지하기 위하여 해당 업무에 관하여 상당한 주의와 감독을 게을리하지 아니한 경우에는 적용하지 않도록 규정함으로써 양벌규정에 따른 위헌문제를 해소하였다(§448 단서).

법인에 대하여 벌금을 부과할 경우 그 상한은 그 법인이 얻은 이익 또는 회피한 손실액을 기준으로 상한이 정해지며, 그 외에 대표가 개인적으로 얻은 이익은 포함하지 않는다.[15]

법인이 존속하지 아니하게 되었을 때는 공소기각 결정의 사유가 된다(형사소송법 §328). 만약 법인이 다른 법인에 흡수합병될 때는 어떠한가. 피흡수합병회사의 권리의무는 사법상의 관계나 공법상의 관계를 불문하고 존속회사에 포괄승계되는 것이 원칙이나,[16] 형사책임의 경우 그 성질상 승계를 허용하지 않으며[17] 공소기각의 사유가 된다.

---

14) 헌법재판소 2011.4.28. 2010헌가66 결정, 임재연, 「자본시장과 불공정거래」, 박영사 (2021), 656면.
15) 대법원 2003.12.12. 선고 2001도606 판결.
16) 대법원 1994.10.25. 선고 93누21231 판결.
17) [대법원 2007.8.23. 선고 2005도4471 판결] 양벌규정에 의한 법인의 처벌은 어디까지나 형벌의 일종으로서 행정적 제재처분이나 민사상 불법행위책임과는 성격을 달리하는 점, 형사소송법 제328조가 '피고인인 법인이 존속하지 아니하게 되었을 때'를 공소기각 결정의 사유로 규정하고 있는 것은 형사책임이 승계되지 않음을 전제로 한 것이라고 볼 수 있는 점 등에 비추어 보면, 합병으로 인하여 소멸한 법인이 그 종업원 등의 위법행위에 대해 양벌규정에 따라 부담하던 형사책임은 그 성질상 이전을 허용하지 않는 것으로서 합병으로 인하여 존속하는 법인에 승계되지 않는다.

제 1 절   불공정거래의 공범

I. 의 의

자본시장법상 불공정거래에 따른 형벌은 부당이득을 범죄구성요건의 일부로 삼아 그 가액에 따라 형벌을 가중한다(법 §443). 또한 공범의 이익은 공범 전체가 취득한 이익을 합산하여 이를 기초로 형벌을 부과하므로,[18] 공범에 해당하는지 여부 또는 정범 여부에 따라 처벌수준에 큰 영향을 미친다.

불공정거래행위는 하나의 범죄를 한 사람이 단독으로 실행하는 경우도 있지만(단독정범), 시세조종행위나 부정거래행위의 경우 여러 사람이 범죄를 실행하는 경우가 일반적이다. 형법 총론상 공범 규정은 여러 사람이 범죄를 실행하는 형태에 대해 공동정범, 교사범, 종범 등으로 구분하고 있다(형법 §30~§34). 이러한 공범은 임의적 공범이라고도 불리는데 원래부터 1인이 범할 수 있는 범죄로서 여러 명이 협력하여 범할 수도 있기 때문이다. 예를 들어 살인죄, 절도죄나 자본시장법상 시세조종, 부정거래행위는 1인 또는 다수가 협력하여 범할 수 있는 임의적 공범에 해당한다.

반면 반드시 두 사람 이상의 공동 행위가 있어야 성립하는 범죄를 필요적 공범이라고 한다. 형법상 증뢰죄와 수뢰죄, 자본시장법상 타인에게 미공개중요정보를 이용하도록 제공한 자에 대한 처벌이 이에 해당한다.

---

18) 대법원 2011.4.28. 선고 2010도7622 판결, 대법원 2011.7.14. 선고 2011도3180 판결.

Ⅱ. 공동정범

1. 공동정범

공동정범은 2인 이상이 공동으로 범죄를 실행하는 범죄를 말한다. 공동정범에 대하여는 각자를 그 죄의 정범으로 처벌한다(형법 §30). 공동정범이 성립되기 위해서는 주관적 요소로 2인 이상이 실행행위를 공동으로 한다는 공동실행의 의사('공동가공의 의사'라고도 한다)가 있어야 하고, 객관적 요소로 공동의 실행행위가 존재하여야 한다.

2. 공모공동정범

2인 이상의 자가 공모하여 공모자 가운데 일부가 공모에 따라 범죄를 실행하였을 때 직접 구성요건적 실행행위를 분담하지 아니한 공모자에게도 공동정범이 성립한다. 이를 공모공동정범이라 한다. 만약 범죄에 대한 본질적 기여를 통한 기능적 행위가 존재하는 것으로 인정된다면 공동정범에 해당한다.

예를 들어 행위자가 직접 시세조종행위를 하지 않은 경우라도 자기 명의의 증권계좌와 자금을 교부하였을 뿐 아니라 적극적으로 투자자 등을 유치·관리한 경우,[19] 시세조종 전문가를 소개한 경우, 물량통제를 위하여 계좌 비밀번호를 알려준 경우[20])에도 공동정범이 성립한다.

계좌·자금공급 및 투자유치를 한 경우(대법원 2003.12.12. 선고 2001도606 판결)

위 피고인들은 공소외인등이 시세조종의 방법으로 주가조작을 하는 데 사용하도록 자신 및 지인들의 증권계좌와 자금을 교부하였을 뿐만 아니라, 적극적으로 투자자들을 유치하여 관리함으로써 그들 명의의 증권계좌와 자금이 공소외인등의 주가조작 범행에 사용되도록 한 사실을 알 수 있으므로, 위 피고인들이 미필적으로나마 공소외인등의 주가조작 범행을 인식하면서 그 범행에 공동가공하려는 의사를 가지고 투자자 유치 등의 행위를 분담함으로써 기능적 행위지배를 통한 범죄실행에 나아갔다고 할 것이다.

원심이 같은 취지에서 피고인들이 공소외인등과 공모하여 이 사건 주가조작 범행을 저질렀다는 공소사실을 유죄로 인정한 것은 정당하고, 거기에 상고이유로 주장하는 바와 같은 공모나 범의, 공모공동정범의 성립에 관한 법리오해나 채증법칙 위반 등의 위법이 없다.

---

19) 대법원 2009.2.12. 선고 2008도6551 판결.
20) 서울중앙지방법원 2004.4.29. 선고 2004고합114 판결.

3. 공모의 증명방법

행위자들의 공모여부는 주관적 의사의 영역이므로 행위자들의 진술이 없으면
이를 입증하기 어렵다. 판례는 시세조종행위와 관련성이 있는 간접 사실을 증명하
는 방법에 따라 이를 입증할 수 있다고 보고 있다.[21]

시세조종 공모 여부의 입증방법(대법원 2003.12.12. 선고 2001도606 판결)

공모공동정범에 있어서 공모나 모의는 범죄사실을 구성하는 것으로서 이를 인정하
기 위하여는 엄격한 증명이 요구되지만, 피고인이 그 실행행위에 직접 관여한 사실을
인정하면서도 공모의 점과 함께 범의를 부인하는 경우에는, 이러한 주관적 요소로 되
는 사실은 사물의 성질상 범의와 상당한 관련성이 있는 간접 사실을 증명하는 방법에
의하여 이를 입증할 수밖에 없고, 무엇이 상당한 관련성이 있는 간접 사실에 해당할
것인가는 정상적인 경험칙에 바탕을 두고 치밀한 관찰력이나 분석력에 의하여 사실의
연결상태를 합리적으로 판단하는 방법에 의하여야 한다.

III. 종범(방조범)

종범은 타인의 범죄를 방조한 자를 말한다. 방조는 타인의 범죄를 도와주는
일체의 행위를 말한다. 공동정범과 비교할 때 공동의 실행의사와 공동 실행행위의
분담을 요구하지 않는다는 점에서 차이가 있다.[22] 종범의 형은 정범의 형보다 감
경한다(형법 §32). 종범의 사례를 보면 사채업자가 시세조종 세력에게 자금을 대출
해준 경우,[23] 증권계좌를 제공해 준 경우[24]가 있다.

---

21) 대법원 2003.12.12. 선고 2001도606 판결.
22) 공동정범은 공동의 의사로 특정한 범죄행위를 하기 위하여 일체가 되어 서로 다른 사람
　　의 행위를 이용하여 자기의 의사를 실행에 옮기는 것을 내용으로 한다는 점에서 종범과
　　구분이 된다(행위지배설, 대법원 2006.3.9. 선고 2004도206 판결).
23) 서울지방법원 2003.4.10. 선고 2002고합1086 판결.
24) 대법원 2007.3.30. 선고 2007도877 판결.

증권계좌를 제공한 경우(대법원 2007.3.30. 선고 2007도877 판결)

피고인 甲이 피고인 乙의 시세조종 사실을 알면서 6억원이 입금되어 있는 丙, 丁 명의의 증권계좌를 피고인 乙에게 전달하여 주고 피고인 甲이 위 증권계좌를 시세 조종에 이용한 사실은 인정된다. 그러나 나아가 피고인 甲이 피고인 乙과 구체적 범행 방법에 대하여 공모하였다거나 피고인 乙의 구체적인 지시에 따라 시세조종 주문을 제출하는 등 구체적인 실행행위를 분담하였다는 점을 인정할 아무런 증거가 없고, 피고인 乙과 사이에 시세조종을 통한 이득액을 분배받기로 약정하였다고 볼 자료도 없는 이상, 피고인 甲의 위와 같은 증권계좌 전달행위는 피고인 乙의 범행을 인식하면서 그 실행행위를 용이하게 하는 방조행위에 불과하고 이를 피고인 乙과 일체가 되어 피고인 乙의 행위를 이용하여 자신의 시세조종 의사를 실행에 옮긴 것이라고 평가할 수는 없다고 할 것이다. 그렇다면 피고인 甲에게 공동가공의 의사가 있었다거나 공동 가공의 의사에 기한 기능적 행위지배를 통한 범죄의 실행행위가 있었다고 보기 어려 우므로 공소사실에 포함되어 있는 증권거래법 위반 방조죄가 유죄로 인정된다.

IV. 필요적 공범(대향범)

1. 의 의

위에서 설명한 공동정범, 종범은 1인 또는 2인 이상의 공동행위로도 범죄가 성립하는 임의적 공범에 해당하나, 반드시 2인 이상의 공동 행위가 있어야 성립하는 범죄가 있는데 이를 필요적 공범이라고 한다. 형법이 정하는 필요적 공범은 ⅰ) 내란죄와 같이 행위의 목적이 동일한 경우에 성립하는 집합범, ⅱ) 수뢰죄·증뢰죄, 공무상비밀누설죄, 미공개중요정보 이용행위와 같이 상대방을 필요로 하는 범죄로서 서로 반대되는 방향의 의사가 합치됨으로써 성립하는 대향범이 있다. 수뢰죄와 증뢰죄는 각각의 범죄에 대해 처벌하는데 이를 쌍방적 대향범이라고 한다. 반면 공무상비밀누설죄의 누설자는 처벌하나 상대방인 비밀취득자는 처벌하지 아니하고, 자본시장법 제174조의 정보제공자(1차 정보수령자)는 처벌하나 2차 정보수령자는 처벌하지 않는데 이렇게 대향자 일방의 행위만 처벌하는 범죄를 편면적 대향범이라고 부른다.

2. 편면적 대향범의 문제

앞에서 설명한 공동정범, 종범과 같은 임의적 공범의 경우 형법총칙상 처벌 규정을 두고 있으나, 필요적 공범에 대해서는 형법 각칙 또는 자본시장법과 같은 개별 법률상 별도의 처벌규정을 두고 있다. 쌍방적 대향범의 경우 각자에게 적용될 형벌을 별도 규정하고 있고 형법 총칙의 특별법으로 보아 우선 적용될 수 있다는 것에 대해 별다른 이견은 없다. 그런데 예를 들어 미공개중요정보 이용행위와 같은 편면적 대향범의 경우 양자가 서로 공모, 교사할 때 불벌 대향자를 형법 총론상 임의적 공범으로 양자를 처벌할 수 있는지 문제가 된다.

불벌설은 대향자 일방에 대해서만 처벌 규정을 별도로 정하고 있다는 점에서 입법자의 의도를 존중해야 하며 형법 총칙상 공범 조항을 적용할 수 없다는 견해로서 통설[25] 및 판례의 일관된 태도이다.[26] 처벌설은 불벌 대향자가 구성요건 실현에 통상 수반되는 정도를 초과하여 적극적인 조력자로서 타방의 구성요건 실현에 가공한 경우에는 공범으로 처벌되어야 한다고 본다.[27]

미공개중요정보 이용행위의 정보제공자와 정보수령자에 대한 판례는 일반적으로 불벌설에 입각하여 형법 총칙상 임의적 공범 규정을 적용할 수 없다고 보고 있다.

3. 정보제공자와 정보수령자의 공범 해당 여부

(1) 임의적 공범을 인정하지 않은 경우

불벌설에 따른 판례를 보자. 신문기자인 형으로부터 상장회사의 호재성 정보를 들은 2차 정보수령자인 동생이 이를 거래에 이용한 사건에서 대법원은 2차 정보수령자 이후를 처벌범위에 넣지 않은 것은 처벌범위가 불명확하게 되거나 법적 안정성을 해치는 것을 막기 위한 것이라고 하면서 형법상 공모, 교사, 방조에 해당하더라도 입법 취지상 2차 정보수령자를 1차 정보수령자의 공범으로 처벌할 수 없다고 판시하였다.[28]

---

25) 박상기, 「형법총론」(2009), 377면; 신동운, 「형법총론」, (2008), 699면; 오영근, 「형법총론」, 박영사(2009), 549면, 이재상, 「형법총론」, 박영사(2011), 321면; 이정원, 「형법총론」, (2004), 336면; 임웅, 「형법총론」(2010), 395면.

26) 불벌 대향자의 형법 총칙 적용을 부정한 판례 : 대법원 2011.4.28. 선고 2009도3642 판결(공무상기밀누설죄의 누설 받은 자), 대법원 2014.1.16. 선고 2013도6969 판결(변호사법 제111조제1항의 금품향응을 제공한 자), 대법원 2011.10.13. 선고 2011도6287 판결(의료법상 위법한 처방전을 받은 자).

27) 김일수, 서보학, 「새로 쓴 형법총론」, 박영사(2006), 637면; 배종대, 「형법총론」, 홍문사(2013), 563면

28) 대법원 2002.1.25. 선고 2000도90 판결.

(2) 임의적 공범을 인정한 경우

2차 정보수령자가 1차 정보수령자에게 정보를 이용하여 매매수익을 분배하자고 제안하여 범행을 공모한 뒤 주식을 매매한 사건에서는 "1차 정보수령자가 1차로 정보를 받은 단계에서 그 정보를 거래에 바로 이용하는 행위에 2차 정보수령자가 공동 가담하였다면 그 2차 정보수령자를 1차 정보수령자의 공범으로 처벌할 수 있다"고 하여 정보제공자와 정보수령자간 공범관계를 인정하였다.[29]

이 사건의 경우 앞의 판례와 달리 1차 정보를 받은 단계에서 2차 정보수령자가 바로 공동 가담하여 범행을 공모하고 매수자금 제공 및 매매차익을 취득하는 등 미공개중요정보 이용행위에 기능적으로 가담했다는 점이 인정된 것이다.[30] 불벌 대향자는 행위자성의 결여가 불벌의 근거가 되는데, 단순한 정보제공 및 수령관계를 넘어서는 기능적 가담행위까지 형법총칙 적용을 배제할 이유는 없다고 본다. 다만 단순한 미공개중요정보의 제공 및 정보수령자의 관계에서는 임의적 공범관계가 인정되지 않는다는 기존의 판례는 유효하다.

제 2 절   불공정거래의 죄수

Ⅰ. 의 의

형사 처벌조항의 구성요건은 행위자가 한 개의 행위로 하나의 구성요건을 실행했을 때를 전제로 적용된다. 그런데 예를 들어 행위자가 다수의 시세조종행위를 하여 같은 구성요건을 여러 번 충족하였거나, 시세조종행위와 부정거래행위의 구성요건 양자를 충족하는 경우 그 행위가 일죄인가 수죄인가를 결정하는 것은 형법 일반조항이나 해석을 통하여 해결해야 한다.

죄수론은 위 같은 경우 범죄의 수가 한 개인가 수개인가를 규명하는 이론을 말하는데, 죄수에 따라 범죄의 처단형이나 선고형이 달라진다. 불공정거래는 시세조종이 반복되거나, 부정거래행위와 공시위반 시세조종이 결합되는 경우가 일반적이다.

---

29) 대법원 2009.12.10. 선고 2008도6953 판결.
30) 김영기, "자본시장 불공정거래의 형사책임과 규제에 관한 연구", 연세대학교 박사학위
    논문(2017), 169면.

이 행위들이 하나의 범죄로 보아야 하는지 복수의 범죄가 성립하는지를 살펴본다.

II. 일죄가 되는 경우

1. 한 개의 행위로 수개의 구성요건에 해당하는 경우(법조경합)

죄수에는 일죄와 수죄가 있다. 일죄는 하나의 범죄가 성립된 경우를 말하는데, 일죄에는 단순일죄와 포괄일죄가 있다.

단순일죄는 1개의 행위로 1개의 구성요건이 충족되는 경우이다. 그런데 단순일죄에는 1개의 행위가 수개의 범죄 구성요건에 해당하는 경우가 있다.[31] 이 경우에는 이중평가금지원칙에 의하여 실질적으로 1개의 구성요건을 충족하고 1개의 죄만을 구성하는데 이를 법조경합이라고 한다. 법조경합은 한 개의 죄만 성립하므로 다른 죄는 양형에 반영하지 않는다.

불공정거래에서 법조경합은 포괄규정인 제178조 제1항 제1호와 여타 규정인 미공개정보이용행위(§174), 시세조종행위(§176)와의 관계가 문제가 된다.

(1) 특별관계설

제178조 제1항 제1호와 미공개중요정보 이용행위·시세조종은 각각 법조경합의 일반·특별관계로 규정으로 보는 견해이다. 제178조 제1항 제1호는 불공정거래의 일반조항으로서 특별조항인 여타 불공정거래 금지규정이 우선하여 적용된다고 한다. 다수설[32] 및 판례이다.[33]

특별관계가 인정되기 위해서는 특별형벌법규의 구성요건이 일반형벌법규의 구성요건을 충족하고 침해법익을 같이할 것을 요구한다. 미공개중요정보 이용행위

---

31) 예를 들어 존속을 살해한 경우 존속살해죄와 살인죄의 구성요건을 모두 충족하지만, 존속살해죄가 적용된다.

32) 임재연, 「자본시장과 불공정거래」, 박영사(2021), 428면, 증권법학회, 한국증권법학회, 「자본시장법 주석서(Ⅰ)」, (2015), 1157면; 김건식·정순섭, 「자본시장법」, 박영사(2023), 521면; 정순섭, "자본시장 불공정거래행위에 대한 규제 시스템과 개선과제", 「자본시장 불공정거래행위에 대한 효율적 규제방안 모색을 위한 심포지엄」자료, 법무부(2010), 20면; 최승재, "자본시장법 제178조 제1항 제1호에 관한 연구", 한국금융법학회 2009 하계 학술대회 발표자료(2009.8.29.), 19면; 박임출, "자본시장법 제178조의 '부정거래'에 관한 연구", 「증권법연구」 제14권 제2호 (2013), 369면; '보충규정설'이라고 설명한 경우가 많으나, 법조경합에서 분류하고 있는 특별관계, 보충관계, 흡수관계 중 특별관계로 본 견해이므로 '특별관계설'로 명명하는 것이 정확하다고 본다(저자 注).

33) 대법원 2011.10.27. 선고 2011도8109 판결.

와 시세조종행위 금지규정이 포괄규정인 부정거래행위의 구성요건을 충족하고, 동일한 보호법익을 갖고 있으므로 특별관계로 보는 데 문제가 없다. 죄형법정주의의 명확성 원칙과의 조화 측면에서도 구체화된 여타 불공정거래 금지규정을 우선 적용해야 할 것이며,[34] 부정거래 도입 취지에도 부합한다. 불공정거래 심리, 조사 및 수사 실무상으로도 미공개중요정보 이용행위나 시세조종행위가 명백한 사안의 경우 부정거래행위를 적용하지 않는다.

> **1개의 행위에 대하여 시세조종행위와 부정거래행위의 법조경합관계(특별관계)로 본 판결**(서울고등법원 2011.6.9. 선고 2010노3160 판결)
>
> 자본시장법 제178조 제1항 제1호는 제176조에 열거된 시세조종행위와는 다르게 규제대상이 금융투자상품이므로 상장증권이나 장내파생상품으로 제한되지 않고, 거래장소도 거래소 시장으로 제한되지 않으며, 매매 이외의 다양한 유형의 거래까지 규제대상으로 하고 있는 점, 위 각 죄의 보호법익은 모두 주식 등 거래의 공정성 및 유통의 원활성 확보라는 사회적 법익인 점 등을 고려하면 위 각 죄는 법조경합관계(특별관계)에 있다고 봄이 옳다.

(2) 독립관계설

제178조 제1항 제1호를 여타 규정과 병렬적으로 적용할 수 있는 독립적 규정으로 보는 견해는 시세조종, 미공개중요정보 이용행위 규정을 우선 적용해야 하는 것은 아니며, 제178조 제1항 제1호를 우선 적용할 수 있다고 한다.[35]

2. 수개의 행위가 하나의 구성요건에 해당하는 경우(포괄일죄)

포괄일죄는 수개의 행위가 포괄적으로 한 개의 구성요건에 해당하여 일죄만 구성하는 것을 말한다. 구성요건에 해당하는 수개의 행위가 동종의 행위로서 그 구

---

34) [서울고등법원 2011.6.9. 선고 2010노3160 판결] 따라서 자본시장법 제178조 제1항 제1호를 적용함에 있어서는, 자본시장에서의 금융혁신과 공정한 경쟁을 촉진하고 투자자를 보호하며 금융투자업을 건전하게 육성함으로써 자본시장의 공정성·신뢰성 및 효율성을 높여 국민경제의 발전에 이바지한다는 자본시장법의 목적(자본시장법 제1조)에 유념하면서, 같은 항 제2호, 제3호 및 같은 조 제2항을 통하여 보다 구체화된 부정거래행위의 내용, 그 밖에 당해 행위의 불법성 정도가 다른 규정을 통하여 처벌하더라도 자본시장법의 목적 달성에 지장을 초래하지 않는지 등을 종합적으로 고려하여 죄형법정주의와 최대한 조화를 이룰 수 있도록 신중을 기함이 옳다.

35) 안수현, "자본시장법 시행 이후 불공정거래 규제 변화와 과제", 「BFL」(서울대 금융법센터) 제40호, (2010.3.), 83면.

성요건을 같이한다. 분류상 결합범, 계속범, 접속범, 연속범으로 나뉜다.36) 포괄일
죄는 한 개의 죄만 성립하며, 그중 가장 중한 죄로 처벌한다. 불공정거래에는 ⅰ)
시세조종과 부정거래가 반복된 경우, ⅱ) 시세조종행위가 장기간 반복되는 경우에
포괄일죄 적용 여부가 문제가 된다.

(1) 시세조종과 부정거래행위가 반복된 경우

부정거래행위 사건의 경우 상당수가 여러 불공정거래행위가 반복적으로 결합
되어 발생한다. 예를 들어 무자본 M&A 세력이 타인자본으로 경영권을 차지한 후
시세조종행위와 허위사실 유포 등을 통해 주가를 부양하고, 보유물량을 매도하여
차익을 실현한 경우에 어떤 규정을 적용할 수 있는가?

대법원 판례는 시세조종행위와 부정거래행위가 단일하고 계속된 범의 아래 일
정기간 계속하여 반복된 경우 양 금지규정 위반의 포괄일죄가 성립한다고 보고 있
다. 무자본 M&A를 통한 차익실현이라는 단일하고 계속된 범의 하에 일정기간 계
속하여 여러 종류의 불공정거래행위를 하였다면 포괄일죄가 성립한다.

시세조종과 부정거래가 반복된 경우(대법원 2011.10.27. 선고 2011도8109 판결)

시세조종행위와 부정거래행위 등의 금지를 규정하고 있는 자본시장과 금융투자업
에 관한 법률(이하 '자본시장법'이라고 한다)제176조와 제178조의 보호법익은 주식 등
거래의 공정성 및 유통의 원활성 확보라는 사회적 법익이고 주식의 소유자 등 개개인
의 재산적 법익은 직접적인 보호법익이 아니므로, 주식시세조종 등의 목적으로 자본
시장법 제176조와 제178조에 해당하는 수개의 행위를 단일하고 계속된 범의 아래 일
정기간 계속하여 반복한 경우, 자본시장법 제176조와 제178조 소정의 시세조종행위
및 부정거래행위 금지 위반의 포괄일죄가 성립한다.

(2) 시세조종이 반복된 경우

다수 종목의 시세조종행위를 하거나, 가장매매ㆍ통정매매ㆍ현실거래에 의한
시세조종이 혼합된 시세조종행위의 경우에 시세조종 목적으로 수개의 행위를

---

36) 결합범(수개의 구성요건에 해당하는 범죄행위가 결합하여 1개의 범죄를 구성하는 경우로서
예를 들어 강도죄는 폭행, 협박, 절도의 결합범임), 계속범(구성요건을 충족한 상태가 계속
되는 범죄로서 예를 들어 감금죄, 직무유기죄), 접속범(동일한 법익의 수개의 구성요건 행
위가 시간, 공간적으로 불가분하게 접속하여 행하여지는 것), 연속범(연속된 수개의 행위가
동종의 범죄에 해당하나, 밀접한 시간ㆍ장소적 접속을 요구하지 않는 것)으로 나뉜다.

단일하고 계속된 범의 아래 일정 기간 계속 반복한 경우에는 포괄일죄가 성립한다.[37] 판례는 단일하고 계속된 범의 하에 일정기간 계속한 다수 종목의 시세조종에 대해서도 포괄일죄가 성립된다고 보고 있다.[38]

(3) 포괄일죄에 따른 처벌

포괄일죄를 적용할 경우 불공정거래의 법정형이 동일하므로 적용 법조에 따른 차이는 발생하지 않는다. 다만 여러 불공정거래행위에 대하여 포괄일죄가 적용된다면 모든 행위에서 발생하는 부당이득을 합산하여 형벌이 부과된다. 자본시장법상 불공정거래 처벌조항은 부당이득의 3배에서 5배까지 벌금이 부과되고, 징역형 역시 부당이익 수준에 연동된다(법 §443① · ②). 예를 들어 무자본 M&A 사건에서 시세조종과 부정거래의 부당이득이 각각 2억원, 3억원이라면, 부당이득의 최대 5배까지의 벌금부과가 가능하므로 최대 25억원의 벌금 부과가 되고, 부당이득이 5억원 이상인 경우에는 3년 이상의 유기징역에 처할 수 있다.

Ⅲ. 수죄가 되는 경우

1. 다른 범의로 별개로 이루어진 경우(실체적 경합)

(1) 시세조종이 반복적으로 이루어진 경우

실체적 경합범은 수개의 행위로 수개의 죄를 범한 경우로서 그 행위가 수개로 평가되는 범죄를 말한다. 수개의 죄는 모두 판결이 확정되지 않았어야 한다. 그 행위가 다른 범의로 별개로 이루어진 경우에는 각 행위는 포괄일죄가 아닌 실체적 경합범의 관계로 본다.

여러 시세조종이 별도로 이루어진 경우(서울지방법원 2002.10.30. 선고 2002노2509 판결)

증권거래법 제188조의4의 각 항과 각 호에서 정하고 있는 불공정거래행위에 해당하는 수 개의 행위를 단일하고 계속된 범의 하에서 일정기간 계속하여 반복하여 행하여 그 각 행위가 포괄하여 일죄를 이루는 경우, 그 시세조종행위로 얻은 이익은 그 기간 동안 행하여진 모든 거래를 통하여 산정을 하여야 할 것이고, 어느 기간 동안에 단

---

37) 대법원 2011.1.13. 선고 2010도9927 판결.
38) 대법원 2002.6.14. 선고 2002도1256 판결.

일한 범의 하에서 시세조종행위를 한 후 그와 다른 범의 하에서 별도의 시세조종행위를 행하여 각 범행이 경합범의 관계에 있는 경우, 시세조종행위로 얻은 이익은 각 범행별로 따로 산정을 하여야 할 것이다.

(2) 불공정거래행위와 공시위반 등이 이루어진 경우

무자본 M&A 과정 중 자금원천을 은폐하기 위해 타인자본이 아닌 자기자금으로 대량보유보고를 하는 경우 제178조 제1항 제2호에 따른 허위표시에 의한 부정거래행위와 제147조의 대량보유보고 위반행위가 성립한다. 대량보유보고에 대한 규제는 대량주식 매집에 대한 대책을 강구하는 취지를 갖고 있어 불공정거래행위 규제와 다른 보호법익을 갖고 있으므로 실체적 경합범으로 처벌된다.39)

2. 불공정거래의 경합범 처벌에 대한 논의

여러 시세조종이 다른 범의로 별개로 이루어진 것이라면 실체적 경합범으로 보아 가장 중한 죄에서 정한 형의 장기 또는 다액에 2분의 1까지 가중하되, 각 죄에서 정한 형의 장기 또는 다액을 합산한 형기 또는 액수를 초과할 수 없다(형법 §38①2).40)

반면 포괄일죄는 법정형과 처단형이 동일해 불법성이 강한 범죄자를 우대하는 결과가 된다는 비판이 있고,41) 불공정거래 개별행위마다 경합범으로 처벌함이 이론적으로나 형사정책적으로 타당하다는 견해가 있다.42)

부정거래행위나 시세조종의 양태의 특성과 사회적 보호법익을 고려하면 단일한 범의로 지속된 경우에는 포괄일죄를 적용하는 것이 타당하다고 본다. 한편 불공정거래 처벌조항은 부당이득에 연동하여 형량이 가중되도록 하여 강력한 처벌을 강구한다는 특징을 주목할 필요가 있다. 포괄일죄를 적용할 경우 모든 불공정거래행위의 부당이득이 합산되어 형량에 반영되므로 포괄일죄로 인해 반드시 가혹한 양형의 회피가 이루어질 것으로 생각되지 않는다.

---

39) 서울중앙지방법원 2009.1.22. 선고 2008고합569 판결; 서울남부지방법원, 「불공정거래 벌칙해설」, (2019), 190면.
40) 각 범죄의 형을 병과할 경우 누진적 효과로 인해 발생하는 가혹한 형벌을 방지하기 위한 목적을 갖고 있다.
41) 김영기, 앞의 논문, 175면.
42) 박상기, "포괄일죄와 연속범 및 공동정범 – 주식시세조종행위(대법원 2011.1.13. 선고 2010도9927 판결)를 중심으로–" 저스티스 통권 제129호, 한국법학원(2010), 343면.

3. 부정거래행위 규정간의 관계(상상적 경합)

상상적 경합은 한 개의 행위가 수개의 죄에 해당하는 경우를 말한다.[43] 상상적 경합은 한 개의 행위가 수개의 죄가 된다는 점에서 1개의 행위로 1개의 죄를 범하는 법조경합, 수개의 행위로 하나의 죄를 범하는 포괄일죄, 수개의 행위로 수개의 죄를 범하는 실체적 경합과 구분된다. 상상적 경합은 단일한 행위에 하나의 형으로 처벌하되 가장 중한 형으로 처벌한다(형법 §40).

원래 제178조 제2항의 위계 금지규정은 구 증권거래법 제188조의4 제4항 제1호의 위계 금지규정을 계수한 규정으로서 포괄적 요건을 갖고 있어 제1항 제1호의 "부정한 수단, 계획 또는 기교를 사용하는 행위"와 성격이 유사하다. 구 증권거래법상 위계금지 규정에 대하여 대법원은 "거래상대방이나 불특정 투자자를 기망하여 일정한 행위를 유인할 목적의 수단·계획·기교 등"이라고 해석한 바 있다.[44]

대체적인 견해는 양 규정이 명확히 구분된다고 본다. 제178조 제1항의 '부정한 수단·계획·기교'는 위계의 목적요건과 기망이라는 행위요소를 포함하고 있지 않다는 점에서 명확히 구분되고, 그렇게 해석하는 것이 위계금지규정을 그대로 두면서 제178조 제1항 제1호를 추가로 도입한 입법의도에 부합한다고 한다.[45]

금융당국과 검찰은 '위계'의 적용사건에 '부정한 수단'을 상상적 경합범으로 고발 및 기소하고 있는데,[46] 대법원은 외국인 투자자가 유상증자에 참여하는 외관을 형성하여 투자자들에게 잘못된 판단을 한 사건들에서 제178조 제1항 제1호 및 제2항의 위반에 해당한다고 판시한 바 있다.[47] 판례는 위계가 "거래상대방이나 불특정 투자자를 기망하여 일정한 행위를 유인할 목적의 수단, 계획, 기교 등"을 의미한다고 함으로써, 제178조 제1항 제1호가 동조 제2항을 포괄하는 규정임을 인정하고 있다.[48]

---

43) 예를 들어 사람을 살해한 경우에는 살인죄와 상해죄의 구성요건을 충족한다.

44) 대법원 2008.5.15. 선고 2007도11145 판결.

45) 정순섭, "자본시장 불공정거래행위에 대한 규제 시스템과 개선과제", 「자본시장 불공정거래행위에 대한 효율적 규제방안 모색을 위한 심포지엄」자료, 법무부(2010), 16면; 최승재, "자본시장법 제178조 제1항 제1호에 대한 연구", 금융법연구, 제6권 제2호(2009), 19면.

46) 김영기, "자본시장 불공정행위의 죄수와 부당이득 산정", 형사판례연구 23 (2015.6), 148면.

47) 대법원 2011.7.14. 선고 2011도3180 판결, 대법원 2011.10.27. 선고 2011도8109 판결, 서울고등법원 2011.6.9. 선고 2010노3160 판결(대법원 2011.10.27. 선고 2011도8109 판결의 원심판결로서 대법원은 동 판결내용을 인정).

부정한 수단과 풍문 유포의 상상적 경합으로 판단한 판결(서울중앙지방법원 2012. 6.25. 선고 2012고단2326 판결)

피고인은 ... 객관적으로 확인되지 아니한 호재성 기사를 통해 풍문, 허위 및 과장 사실을 유포하여 일반투자자들의 매수세를 유인하고, 정보생성과 유포 등에 있어 우월적 지위를 이용하여 기사를 작성, 보도하고 이를 주식매매에 이용하는 부정한 기교를 사용하여 F 주식 1,442,141주를 매수한 다음 이를 전량 매도함으로써 주식매매와 관련하여 부정한 기교를 사용하고, 주식매매를 할 목적으로 풍문을 유포하였다.

---

48) [대법원 2011.10.27. 선고 2011도 8109 판결] 구 증권거래법 제188조의4 제4항 제1호는 유가증권의 매매 기타 거래와 관련하여 부당한 이득을 얻기 위하여 고의로 허위의 시세 또는 허위의 사실 기타 풍설을 유포하거나 위계를 쓰는 행위를 금지하고 있다. 여기서 '위계'는 거래 상대방이나 불특정 투자자를 기망하여 일정한 행위를 유인할 목적의 수단, 계획, 기교 등을 말하는 것이고, '기망'은 객관적 사실과 다른 내용의 허위사실을 내세우는 등의 방법으로 타인을 속이는 것을 의미한다(대법원 2010.12.9. 선고 2009도 6411 판결 등 참조). 이러한 법리는 자본시장법 제178조 제2항에 규정된 '위계'를 해석함에 있어서도 동일하게 적용된다.

제 4 장
부당이득의 산정

제 1 절 부당이득의 의의

Ⅰ. 의 의

제442조의2(위반행위로 얻은 이익의 산정) 제429조의2 및 제429조의3에 따른 위반행위와 관련된 거래로 얻은 이익 또는 이로 인하여 회피한 손실액 및 제443조에 따른 위반행위로 얻은 이익 또는 회피한 손실액은 그 위반행위를 통하여 이루어진 거래로 발생한 총수입에서 그 거래를 위한 총비용을 공제한 차액을 말한다. 이 경우 각 위반행위의 유형별 구체적인 산정방식은 대통령령으로 정한다.

불공정거래 처벌조항에서 정의하는 부당이득은 "위반행위로 얻은 이익"을 말한다(법 §443). 부당이득은 형사처벌의 구성요건요소로서 그 규모에 따라 징역형 및 벌금이 가중된다. 법원은 부당이득을 산정함에 있어서 형벌이 그 책임에 비례해야 한다는 책임주의 원칙에 따라 위반행위로 인한 발생위험과 인과관계가 인정될 것을 요구한다. 따라서 검사는 위반행위와 무관한 제3의 주가변동요인을 분리하여 부당이득을 입증할 책임을 진다.

부당이득이 형사처벌의 구성요건요소가 되며 과징금 부과금액의 산정기준이 되고 있음에도 불구하고, 부당이득에 대한 명확한 개념 및 구체적인 산정방법은 법령상 명시되지 않았다. 따라서 법원의 과거 판례에 의존하여 산정할 수밖에 없었다. 특히 제3의 주가변동요인에 대한 명시적인 산정방법이 없다보니 부당이득 불상으로 처벌수준이 낮은 판결이 나오게 됨에 따라 처벌제도의 유효성 문제가 제기되었다.

2023년 자본시장법 개정으로 부당이득 산정근거가 마련되고, 유형별 세부 산정방법은 시행령에 명시하였다. 이 법의 시행에 따라 불공정거래 벌칙과 과징금 부과시 시행령이 정하는 방법에 따라 부당이득을 산정해야 한다.

II. 부당이득 산정방식의 변화

1. 부당이득 산정방법 입법 이전

과거 법원은 부당이득 산정에 있어서 거래로 얻은 총수입에서 총비용을 공제한 차액을 산정하는 '단순차액방식'의 입장에 있었고,[49] 금융당국 역시 현재까지 단순차액방식에 따라 부당이득을 산정하였다.

외부요인이 없는 단순 명확한 사건의 경우 현재도 단순차액방식이 적용되지만, 법원은 위반행위와 관계없는 시장 요인에 의한 주가변동분은 제거하도록 하여, 위반행위와 부당이득 간 인과관계에 대한 엄격한 증명을 요구하였다.[50]

위반행위와 부당이득간 인과관계를 요구한 판례(대법원 2009.7.9. 선고 2009도1374 판결)

구 증권거래법(2007. 8. 3. 법률 제8635호로 공포되어 2009. 2. 4. 시행된 자본시장과 금융투자업에 관한 법률 부칙 제2조로 폐지) 제207조의2와 제214조에서 정한 '위반행위로 얻은 이익'이란 그 위반행위와 관련된 거래로 인한 이익을 말하는 것으로서 위반행위로 인하여 발생한 위험과 인과관계가 인정되는 것을 의미한다. 통상적인 경우에는 위반행위와 관련된 거래로 인한 총수입에서 그 거래를 위한 총비용을 공제한 차액을 산정하는 방법으로 인과관계가 인정되는 이익을 산출할 수 있겠지만, 구체적인 사안에서 위반행위로 얻은 이익의 가액을 위와 같은 방법으로 인정하는 것이 부당하다고 볼 만한 사정이 있는 경우에는, 사기적 부정거래행위를 근절하려는 위 법 제207조의2와 제214조의 입법 취지와 형사법의 대원칙인 책임주의를 염두에 두고 위반행위의 동기, 경위, 태양, 기간, 제3자의 개입 여부, 증권시장 상황 및 그 밖에 주가에 중대한 영향을 미칠 수 있는 제반 요소들을 전체적·종합적으로 고려하여 인과관계가 인정되는 이익을 산정해야 하며, 그에 관한 입증책임은 검사가 부담한다.[51]

---

49) 대법원 2002.6.14. 선고 2002도1256 판결.
50) 대법원 2009.7.9. 선고 2009도1374 판결, 대법원 2010.12.9. 선고 2009도6411 판결, 대법원 2011.10.27. 선고 2011도8109 판결, 헌법재판소 2011.2.24. 2009헌바29 결정.

2. 부당이득 산정방법의 입법

2020년 6월 16일 박용진 의원이 발의한 자본시장법 개정안은 불공정거래 처벌 및 과징금 부과의 기준이 되는 부당이득 산정방식을 정하였다. 산정 원칙은 위반행위를 통하여 이루어진 거래로 발생한 총수입에서 그 거래를 위한 총비용을 공제한 차액으로 하고 유형별 세부 산정방식은 시행령에 정하도록 하였다(안 §442의2①). 그리고 위반행위자가 제3자의 개입, 그 밖의 외부적 요인에 따른 가격변동분에 대해서 소명하는 경우에 이를 부당이득에 반영하도록 하였다(안 §442의2②). 그런데 입법과정에서 위반행위자에게 외부요인에 따른 가격변동분을 소명하도록 하는 것은 입증책임의 전환이 될 수 있다는 문제점이 지적되어 해당 조항은 삭제하고 2023년 7월 개정하였다.

시행령은 부당이득의 세부 산정기준을 마련하였다(영 별표 20의2). 기본 산정방식은 단순차액산정방식을 채택하고, 단순차액방식이 적절하지 않은 특유한 유형은 법원의 판례를 기초로 산정방식을 정하였다. 특히 문제가 되는 외부요인에 의한 시세변동이 있는 경우 그 영향력에 따라 계량적(예: 3분의 1만 반영)으로 반영하도록 하여 단순화했다는 특징이 있다. 정확한 산정방법은 아니나 외부요인에 의한 주가상승분을 정확히 반영하는 것은 사실상 불가능하다는 점을 고려한 현실적인 대안이다.

침해범이 아닌 시장의 공정성이라는 사회적 법익을 침해하는 위험범에 대해 법정형을 부당이득과 연결하는 방식은 타당하지 않다. 침해의 결과인 부당이득을 산정하는 것보다는 시장의 공정성을 저해하는 거래금액 전체를 기준으로 처단형을 정하는 것이 위험범에 대한 올바른 처벌이라고 본다. 구체적으로는 제3의 요인에 대한 반영 없이 위반행위와 '관련된' 거래 전체를 단순차액방식으로 산정하고, 이를 양형요소로 반영하는 방식으로 개선하는 것이 필요하다. 시세조종의 경우 시세조종 주문 자체가 시장의 공정성을 저해하므로, 주문금액을 기준으로 양형에 반영하는 것이 바람직하다. 이렇게 할 경우 위반행위와 부당이득간 인과관계의 증명 문제를 해소하고 명확하게 구성요건을 확정할 수 있다.

---

51) H&T사 대표이사가 우즈베키스탄 규사광산 개발사업 추진현황과 전망에 관한 실제와 다른 내용을 반복적으로 언론에 보도한 행위에 대하여 사기적 부정거래행위를 인정하면서도, 허위사실유포 및 허위표시문서 이용행위와 부당이득간 인과관계가 분명하지 않다고 하여 파기환송한 판례이다.

제 2 절 부당이득 산정방식

I. 부당이득 산정원칙

1. 일반기준

부당이득은 실현이익, 미실현이익, 회피손실액을 합산하여 산정한다(영 별표20의2 §1.가).

부당이득 산식

부당이득 = 실현이익 + 미실현이익 + 회피손실액

---

(1) 실현이익

실현이익은 위반행위 개시시점부터 위반행위 효과가 직접 반영되는 기간의 종료 시점까지의 구체적 거래로 인하여 이미 발생한 이익을 말한다. 예를 들어 정보공개 이후 상승세에 있던 최종가격의 흐름이 멈춘 날의 최종가격(또는 최초로 하락세로 돌아서는 날 전일 최종가격)을 '정보의 공개로 인한 효과가 주가에 전부 반영된 시점의 주가'로 볼 수 있다.[52] 이를 '최초형성최고종가'라고 한다(동 별표 §2.가.1)). 최초형성최고종가까지 거래하여 얻은 이익은 미공개중요정보이용행위와 인과관계가 인정되는 이익으로 본다.[53]

(2) 미실현이익과 회피손실액

미실현이익은 위반행위 종료 시점 당시 보유 중인 금융투자상품의 평가이익을 말한다. 예를 들어 미공개중요정보(호재성)의 경우 정보공개 후 최초형성최고종가일의 미처분 잔량의 평가이익(동 별표 §2.나.2)), 시세조종의 경우 시세조종행위 종료일의 미처분 잔량의 평가이익이 미실현이익이 된다(동 별표 §2.다.1).나)).

회피손실은 최초형성최저종가일까지 위반행위를 통하여 이루어진 거래로 회피한 손실액을 말한다(동 별표 §2.나.3)). 악재성 미공개중요정보를 이용하여 주가 하락 전 매도하는 경우에 산정한다.

---

52) 대법원 2021.9.30. 선고 2021도1143 판결.
53) 서울중앙지방법원 2011.4.7. 선고 2010고합775 판결.

2. 기 타

(1) 위반행위의 동기, 목적이 되는 거래 등으로 얻은 이익

"위반행위의 동기 또는 목적이 되는 거래 등으로 얻은 이익"이 있는 경우 부당이득에 포함한다(동 별표 §1.나). "위반행위의 동기 또는 목적"은 불공정거래를 하게 된 계기를 말한다. 예를 들어 유리한 합병비율 산정을 위해 부정거래를 할 경우 '유리한 합병비율 산정'은 위반행위의 동기 또는 목적에 해당한다. 그리고 합병거래에서 지분율 변경을 통해 얻은 이익은 부당이득에 해당한다. "거래 등"으로 포괄하였으므로 금융투자상품의 거래 외의 방법으로 얻은 이익이 포함된다. 구체적으로는 아래의 거래 등의 이익이 이에 해당한다(조사업무규정 별표 4).

1) 금융투자상품을 매매하는 과정에서 발생한 판매수수료, 인수대금, 운용보수 등 해당 매매로 발생한 이익
2) 위반행위를 통해 파생상품, 공매도 상품 등 다른 금융상품에서 발생한 이익
3) 유리한 합병비율 산정을 위한 위반행위를 한 경우 그 합병거래에서 지분율 변경을 통해 얻은 이익
4) 추가담보납부를 방어하기 위하여 위반행위를 한 경우 위반행위를 통해 얻은 금융비용 절감액의 이익
5) 매수청구권 가격을 상승 또는 하락 방어하거나 하락시키기 위해 위반행위를 한 경우 매수청구권 상승 또는 하락 방어, 하락으로 인한 이익
6) 분식 재무제표를 사용하여 유리한 합병가액 평가를 받는 경우 그 이익
7) 위반행위자가 위반행위에 대한 보상으로 취득한 수수료, 채무면제 등의 이익
8) 그 외 위반행위의 동기, 목적이 되는 거래 중에서 1)~7)과 유사한 구조의 거래는 1)~7)의 부당이득액 산정방식을 준용할 수 있다.

판례상 부당이득은 유가증권의 처분에 따른 경제적 이익뿐 아니라, 기업의 경영권 획득, 지배권 확보와 같은 무형적 이익도 포함한다.[54] 다만 자본시장법상 부당이득 산정은 유형적 이익을 대상으로 하므로 무형적 이익의 산정은 어려울 것이다.

(2) 기 타

법인의 대표자나 법인·개인의 대리인·사용인·그 밖의 종업원이 그 법인·개인의 업무에 관하여 형사처벌 대상 불공정거래를 한 경우 그 법인·개인의 이익도 부당이득에 포함한다(영 별표 20의2 §1.다). 예를 들어 대표자의 부당이득 산정 시 법인에 귀속된 부당이득도 합산하여 산정한다.

---

54) 대법원 2002.7.22. 선고 2002도1696 판결, 대법원 2012.6.28. 선고 2012도3782 판결.

II. 외부요인 결합된 경우 산정방법

1. 개 관

판례상 외부요인은 자신의 행위와 인과관계가 없는 정상적인 주가변동요인이나 행위자와 무관한 제3자가 야기한 주가변동요인을 말한다.[55] 시행령은 판례를 기초로 "위반행위자와 무관한 제3자의 개입 또는 이에 준하는 사실·행위로 인한 시세 변동이 결합되어 위반행위로 인한 시세 변동분을 확정하기 어려운 경우"로 정의하여 그 범위를 명확히 했다(동 별표 §1.바).

거래상대방과 손해액 특정이 용이한 사기죄 등과 달리 불공정거래는 외부요인을 반영하여 부당이득을 정확히 산정하는 것은 사실상 불가능에 가깝다. 이러한 문제를 감안하여 시행령은 외부요인에 의한 시세변동의 영향력에 따라 부당이득을 3분의 1, 2분의 1 또는 3분의 2만 반영하여 산정을 단순화하였다. 다만 시세변동의 영향력은 개별적인 판단을 요한다.

형벌은 국가형벌권 행사를 통한 사후 응보가 본원적 목적이므로 부당이득 산정방법을 명확화하여 형벌제도의 유효성을 높이는 것이 중요하다. 단순화한 산정방식은 부당이득을 무결하게 산정할 수 없으나 외부요인을 일정 비율 반영한다는 점에서 의의를 찾을 수 있다.

2. 산정방법

외부요인으로 인한 시세변동이 결합되어 위반행위로 인한 시세 변동분을 확정하기 어려운 경우에는 다음과 같이 부당이득을 산정한다(동 별표 §1.바).

1) 외부요인에 의한 금융투자상품의 시세 변동이 위반행위로 인한 금융투자상품의 시세 변동을 완전히 상쇄하였다고 인정되는 경우에는 외부요인이 발생하기 직전까지의 시점을 기준으로 부당이득액을 산정한다.
2) 외부요인에 의한 금융투자상품의 시세 변동이 위반행위로 인한 금융투자상품의 시세 변동을 초과하였다고 인정되는 경우에는 외부요인이 발생한 이후의 시세 변동분은 3분의 1을 반영하여 부당이득액을 산정한다.
3) 외부요인에 의한 금융투자상품의 시세 변동이 위반행위로 인한 금융투자상품의 시세 변동에 준한다고 인정되는 경우에는 외부요인이 발생한 이후의 시세 변동분은 2분의 1을 반영하여 부당이득액을 산정한다.

---

55) 헌법재판소 2011.2.24. 2009헌바29 결정.

4) 외부요인에 의한 금융투자상품의 시세 변동이 위반행위로 인한 금융투자상품의 시세변동에 준하는 정도에 미치지 않는다고 인정되는 경우에는 외부요인이 발생한 이후의 시세 변동분 전부를 반영하여 부당이득액을 산정한다. 다만, 금융위원회가 정하여 고시하는 특별한 사정이 인정되는 경우 외부요인이 발생한 이후의 시세 변동분은 3분의 2를 반영하여 부당이득액을 산정한다.

3. 외부요인 반영 제외사유

외부요인이 사회통념상 예견 가능하거나 위반행위자가 해당 외부요인을 위반 행위에 이용하였다고 인정된 경우에는 반영하지 않는다(동 별표 §1.바 단서). 판례는 인과관계가 인정되기 위하여 반드시 위반행위가 이익 발생의 유일한 원인이거나 직접적인 원인이어야만 하는 것은 아니고, 다른 원인이 이익 발생의 원인이 되었다고 하더라도 통상 예견할 수 있는 것에 지나지 않는다면 위반행위와 이익 사이의 인과관계를 인정한다.[56]

금융투자상품의 권리락 · 배당락 · 주가지수 변동 등에 의한 시세 변동의 경우도 반영하지 않는다(동 별표 §1.바 단서). 자본시장은 업종 시황, 국내외 경제 상황 등 다양한 변수가 주가에 영향을 미치는데, 이를 모두 반영하여 부당이득을 산정하는 것은 불가능하다는 점을 고려한 것이다.

제3절 불공정거래 유형별 부당이득 산정방식

Ⅰ. 미공개중요정보 이용행위

1. 실현이익

실현이익 산식

실현이익 = (매도단가 − 매수단가) × 매매일치수량 − 거래비용

---

56) 대법원 2017.5.17. 선고 2017도1616 판결; 합병결정 공시라는 미공개중요정보와 관련하여 합병비율 및 가액 정보를 알지 못했다는 피고인의 주장과 관련하여 대법원은 합병비율 및 가액은 합병에 반드시 수반되는 절차이고, 통상적으로 예견할 수 있는 범위를 벗어나지 않은 것으로 보아 합병비율로 인한 이익을 따로 산정하여 부당이득에 제외할 필요가 없다고 판시하였다.

(1) 실현이익

실현이익은 호재성 미공개중요정보 이용행위 개시 시점부터 정보공개 후 최초형성최고종가일까지의 기간 중 실제 거래로 발생한 이익을 대상으로 산정한다(동 별표 §2.나.1)).[57] 이 기간 중 매도단가와 매수단가의 차액에 매매일치수량을 곱하여 실현이익을 산출한다.

(2) 최초형성최고종가

최초형성최고종가까지 거래하여 얻은 이익을 대상으로 한 것은 정보의 공개로 인한 효과가 주가에 전부 반영된 시점의 주가가 미공개중요정보이용행위와 인과관계가 인정되는 이익으로 볼 수 있기 때문이다.[58]

최초형성최고종가는 예를 들어 정보공개 후 주가가 지속적으로 상승하여 최고종가를 기록한 후 그다음 날 종가가 하락하였다면 하락 직전일의 종가가 최고종가가 된다. 만약 하락 후 익일 재상승한 경우에는 그 재상승은 당해 정보의 공개와 관련이 없는 것으로 보아 반영대상이 아니다.

(3) 매매일치수량

매매일치수량은 매수수량과 매도수량 중 작은 수량을 말한다(동 별표 비고 §6)). 실무상 매매일치수량은 매수의 경우 정보생성시점(정보지득시점이 확인되면 그 시점. 이하 같음)부터 정보공개시점 전까지 매수한 수량, 매도의 경우 정보생성시점부터 정보공개 이후 최초 형성 최고 종가일까지 매도된 수량 중 적은 수량을 매매일치수량으로 산정한다.[59]

(4) 매도 · 매수단가

매도단가와 매수단가는 가중평균단가(예: 매수단가 = 총매수금액/총매수수량)를 사용한다.

(5) 거래비용

거래비용은 위반행위와 관련된 거래를 위해 지출한 매매수수료, 증권거래세, 농어촌특별세 및 그 밖의 비용을 말한다(동 별표 비고 §7). 다만 양도소득세, 이자비용, 미실현이익 관련 제반 비용 등은 제외한다. 단기매매차익반환의 양도소득세 공제와 관련한 판례에 따르면 양도소득세는 양도차익에 과세하는 직접세로서 모든

---

57) 대법원 2018.10.12. 선고 2018도8438 판결, 대법원 2021.9.30. 선고 2021도1143 판결.
58) 서울중앙지방법원 2011.4.7. 선고 2010고합775 판결.
59) 정보공개전 매도수량도 포함된다는 점에 유의할 필요가 있다.

주식 등의 거래에서 필연적으로 발생하는 거래비용으로 볼 수 없다는 점에서 거래비용에 포함하지 않는다고 판시하였다.[60]

(6) 입출고시 반영 방법

만약 주식이 계좌에 입고 또는 출고된 경우에는 어떻게 반영하는가. 실무상으로는 관련 매매계약서와 자금 거래내역을 통해 실제 매매가격을 적용한다. 취득·처분가격의 확인이 어려운 경우에는 입고시엔 입고전일 종가를, 출고시엔 출고일 종가를 사용한다. 이러한 산정방식은 다른 유형의 불공정거래행위의 부당이득 산정에도 동일하게 적용된다.

2. 미실현이익

사례 **미실현이익 산정기준**(대법원 2021.9.30. 선고 2021도1143 판결)

Q. A사의 유상증자 참여자인 甲은 동 유상증자 공시전에 A사 주식 59,000주를 매수하였는데, 공시 후 주가는 급상승하여 18.2.21 최고종가인 12,000원을 기록한 후 상승세를 멈췄고, 甲은 18.3.7 이후 동 주식을 분할매도하여 5,700만원의 차익이 발생했다. 이 경우 A의 부당이득은 얼마인가?

① 실제 매도하여 발생한 실현이익인 5,700만원이다.

② 최고종가인 18.2.21 당시의 미실현이익인 21,600만원이다.

A. 정답 ② : 정보공개 효과가 주가에 반영된 시점의 보유주식의 평가이익으로 산정한다. 그 시점 이후에 실제 매도된 경우에도 마찬가지이다.

미실현이익 산식

미실현이익 = (최초형성 최고종가 - 매수단가) × 보유수량 - 거래비용

미실현이익은 정보의 최초형성최고종가일까지 처분하지 않은 주식의 평가이익을 말한다.[61] 최초형성최고종가를 매도단가로 보아 동 매도단가에 매수단가를 차감하고 보유수량을 곱하여 산정한다(동 별표 §2.나.2)).

---

60) 대법원 2016.3.24. 선고 2013다210374 판결.
61) 대법원 2018.10.12. 선고 2018도8438 판결, 대법원 2021.9.30. 선고 2021도1143 판결.

매도단가로 최초형성최고종가를 사용하는 것은 호재성 정보가 공개되어 주가에 반영된다는 인과관계 측면에서 보면 최고종가를 사용하는 것이 합리적이기 때문이다.[62) 판례는 정보공개 후 최고종가를 '정보공개로 인한 효과가 주가에 전부 반영된 시점의 주가'로 보아 최고종가를 통한 미실현이익 산정을 인정한 바 있다.

미실현이익의 산정(대법원 2021.9.30. 선고 2021도1143 판결)

'미실현이익'은 정보의 공개로 인한 효과가 주가에 전부 반영된 시점의 주가와 실제 매수단가의 차액에 그 당시 보유 중인 미공개중요정보 이용행위 대상 주식의 수를 곱하여 계산한 금액으로 산정한다. 이는 정보의 공개로 인한 효과가 주가에 모두 반영된 시점 당시 보유 중인 미공개중요정보 이용행위 대상 주식이 그 시점 이후에 실제 매도된 경우에도 마찬가지로 적용된다. 여기서 '정보 공개로 인한 효과가 주가에 전부 반영된 시점의 주가'는 그 정보 공개 이후 주가와 거래량의 변동 추세, 그러한 변동 추세가 지속된 기간 등의 여러 사정을 종합하여 객관적으로 엄격하고 신중하게 결정되어야 한다. 통상적으로는 호재성 정보가 공개된 이후 상승세에 있던 주가 흐름이 멈추거나 하락세로 돌아서는 시점의 주가를 '정보의 공개로 인한 효과가 주가에 전부 반영된 시점의 주가'로 볼 수 있다.

잔여수량은 정보공개 후 최초형성최고종가일까지 처분하지 않은 잔량을 사용한다.[63) 따라서 최고종가일 이후에 실제 매도가 있더라도 최고종가를 사용하여 미실현이익에 반영한다.[64) 이는 행위자가 계속 증권을 보유하는 경우 해당 정보와 관련된 주가반영시점까지 주식을 처분할 수 있었을 것으로 보기 때문이다.

---

62) 김민정, "부당이득 산정기준 법제화 방안에 관한 연구", 한국증권법학회 공동학술대회 발표자료(2019.7.19.), 19면.
63) [서울고등법원 2014.7.24. 선고 2014노1034 판결] 당해 정보 공개로 인한 효과가 주가에 직접 반영되는 기간 중 위반자의 주식처분행위가 있었다면 그 처분행위시를 기준으로, 위 기간 중 위반자의 주식처분행위가 없었다면 그 기간의 종기를 기준으로 하여 그 때까지 미공개정보를 이용한 구체적 거래로 인하여 발생한 이익(실현이익)과 미공개정보를 이용하여 매수하였다가 처분하지 않고 당시 보유 중인 대상 주식의 평가이익을 포함하여 산정함이 타당하다.
64) 대법원 2021.9.30. 선고 2021도1143 판결. 반면 피고인의 이익실현행위에 충실하게 최종 처분행위시의 주가를 사용한 판례도 있다(대법원 2006.5.12. 선고 2004도491 판결 참고).

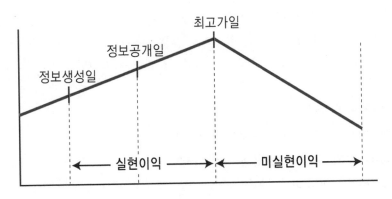

▼ 매도시점별 부당이득 산정구간

3. 악재성 정보의 손실회피액

┤ **손실회피액 산식** ├

손실회피액 = (정보공개전 매도증권의 매도단가 – 정보공개후 최초로 형성된 최저종가)
× 매도수량 – 거래비용

손실회피액은 당해 위반행위로 인하여 행위자가 회피하게 된 손해액을 말한다. 손실회피액은 악재성 정보 공개전 처분액에서 정보공개후 최초형성최저종가를 차감하여 산정한다(동 별표 §2.나.3)).[65] 손실회피액은 악재성 미공개중요정보 이용행위에서 산정한다. 가격하락이 되는 악재성 정보 공개 전에 증권을 매도함으로써 정보 공개 후 주가 하락에 따른 손실을 회피할 수 있게 되므로, 그 손실회피액을 부당이득으로 보아 산정하게 되는 것이다.

만약 최초형성최저종가일 전에 매매거래가 정지된 경우에는 매매거래정지일의 종가의 70%에 해당하는 금액을 최초형성최저종가로 사용하고, 매매거래정지로 상장폐지가 된 경우에는 최초형성최저종가는 0원으로 한다. 매매거래정지가 된 경우 정보공개로 인한 효과가 감쇄하여 거래재개시 주가하락이 완화되거나 상승하는 것이 일반적이다. 정보이용의사가 있음에도 매매거래정지라는 외부요인으로 인해 낮은 처벌을 받을 가능성을 차단하기 위한 목적이다.

---

65) 최초 형성 최저가일 종가로 산정한 손실회피액을 인정한 판결 : 서울중앙지방법원 2007.5.30. 선고 2007노346 판결, 서울남부지방법원 2017.11.9. 선고 2017노1100 판결.

4. 부당이득 산정 사례

A회사 임원 甲은 내부정보를 이용해 주식을 매수하고, 정보공개 후 일부 주식을 매도했다. 아래 매매내역을 보고 부당이득을 산출해보자. 동 사례를 파악하면 시세조종이나 부정거래의 산정도 무리 없이 가능하다.

▼ 내부자의 매매내역

① (21.8.2) 주당 10,000원에 100주 매수

② (21.8.3) 주당 9,000원에 50주 매수

③ (21.8.4. 10:00) 100억원 규모 단일판매계약 공시(호재)*

　* 정보공개시점은 시행령상 주지기간(§ 201②2)에 따라 공시 후 3시간 뒤인 13:00

④ (21.8.4. 11:00) 12,000원에 50주 매수

⑤ (21.8.4 14:00) 14,000원에 30주 매도

⑥ (21.8.4 15:00) 15,000원에 20주 매도(종가 14,500원)

⑦ (21.8.5 13:00) 16,000원 최고가 기록(종가 15,000원)

　－ 미처분 잔량 : 150주

⑧ (21.8.6 12:00) 14,000원에 50주 매도(종가 13,000원)

　－ 미처분 잔량 : 100주

---

1) 실현이익

매수단가 : 10,250원 = (10,000원×100주+9,000원×50주+12,000원×50주)/200주

①, ②, ④ 매수수량 200주를 가중평균하여 산출한다. 유의할 점은 공시 후 3시간 이내에 매수한 ④도 정보공개전 매수수량에 포함된다는 점이다.

매도단가 : 14,400원 = (14,000원×30주+15,000원×20주)/50주

⑤, ⑥ 매도수량 50주를 가중평균하여 산출한다. 매도단가는 최고종가일까지의 매도수량만을 반영한다.

실현이익 : 207,500원 = (14,400원 - 10,250원) × 50주

2) 미실현이익

매도 간주가격 : 정보공개 후 최초형성 최고종가인 ⑦의 15,000원을 사용한다.

매수단가 : 10,250원

보유수량 : 최초형성 최고종가일까지 보유수량인 150주를 사용한다. 유의할 점은 최고종가일 이후 ⑧ 매도분 역시 보유수량에 포함된다는 점이다.

미실현이익 : 712,500원 = (15,000원 - 10,250원) × 150주

3) 부당이득

920,000원(부당이득)＝207,500원(실현이익)＋712,500원(미실현이익)

* 수수료, 증권거래세 등 제비용은 미포함

5. 외부요인이 개입된 경우

외부요인에 의한 시세변동이 위반행위로 인한 시세변동을 완전히 상쇄하였다고 인정되는 경우 제3의 요인이 발생하기 직전까지 시점을 기준으로 부당이득액을 산정한다(동 별표 §1.바.1)).

기존 판례를 살펴보자. 호재성 미공개정보 공개후 다른 호재성 언론기사가 발표되어 추가 상승한 경우 언론기사 발표일 전일 종가까지만 반영하고 추가 상승분은 반영하지 않았다. 이 사건은 언론기사 발표일 전일 종가를 미실현이익의 매도가격으로 사용하였다.[66]

하지만 같은 시기에 악재성 정보가 공개된 경우에는 위와 같은 방식의 부당이득 산정이 어렵다. 대선 테마주인 회사의 장 종료 후 적자공시가 있고 다음날 대선 후보 관련 악재성 보도가 있던 사안에서 이에 대한 하락분을 분리 · 제외하지 않아 이익을 산정할 수 없는 경우에 해당한다고 판시한 바 있다. 다만 같은 시기에 정보가 공개되더라도 외부요인에 의한 시세변동이 위반행위로 인한 시세변동에 못미친

---

66) 서울중앙지방법원 2007.7.20. 선고 2007고합159 판결(대법원 2010.5.13. 선고 2007도9769 판결로 확정); 대법원 2015.2.12. 선고 2014도10191 판결도 신규사업진출 진출 발표 후 피인수 공시가 있던 사안에서 피인수 공시 전 종가를 기준으로 부당이득을 산정.

다고 인정되는 경우에는 시세변동분 전부를 부당이득액으로 산정할 수 있다(동 별표 §1.바.4)).[67]

II. 시세조종행위

1. 시세를 상승시킨 경우

(1) 실현이익

실현이익 산식

실현이익 = (시세조종기간 중 매도단가 – 매수단가) × 매매일치수량 – 거래비용

---

1) 시세조종 기간

시세조종행위의 부당이득은 시세조종 기간(시세조종행위 개시일부터 종료일까지) 중 매수·매도한 수량을 대상으로 산정한다(동 별표 §2.다.1).가)). 판례도 동일하다.[68] 시세조종기간은 매집기에서 주가상승기, 매도기에 이르는 일련의 기간 전체를 말하고, 주가상승기에서 매도기에 이르는 이익실현기간만을 이르는 것은 아니다.[69] 시세조종기간을 정할 때에는 해당 주식의 가격 및 거래량의 동향, 전후의 거래상황, 거래의 경제적 합리성과 공정성, 시장관여율의 정도, 지속적인 종가관리 등 거래의 동기와 태양을 종합적으로 고려해야 한다.[70]

2) 시세조종기간 시점

시세조종기간의 시점은 시세관여행위의 최초의 거래시점으로 한다. 다만 시세조종을 예정하고 사전매집한 주식은 실제 매수가격 및 수량으로 매수단가에 반영한다(동 별표 §2.다.1).가).(1)).[71]

---

67) 서울중앙지방법원 2014.8.29. 선고 2013고합1066판결.
68) 대법원 2002.6.14. 선고 2002도1256 판결.
69) 서울중앙지방법원 2006.1.12. 선고 2005고합420 판결.
70) 서울고등법원 2014.6.19. 선고 2012노4058 판결. 원심은 피고인들이 10%의 시장지배력을 유지한 2008.8.28.경을 시세조종기간의 종기로 보았으나, 항소심은 시장지배력 개념만으로 시세조종기간을 단정할 수 없고, 고가매수주문이 2008.9.19.까지 계속된 점, 2008.8.28.~9.17까지 상당한 주식을 단기간에 처분하여 주식의 시세 및 거래량이 인위적으로 변동될 가능성이 있다는 점 등을 근거로 원심을 배척하였다(서울남부지방법원, 「자본시장법 벌칙해설」, (2019), 197면 참조).

시세조종행위와 무관하게 보유한 주식은 시세조종기간 시점 전일 종가로 매수단가에 반영한다(동 별표 §2.다.1).가).(2)).

3) 시세조종기간 종기

시세관여행위의 마지막 거래시점을 종기로 한다. 만약 시세조종행위 종료일부터 비교적 단기간내에 매도가 이루어진 경우에는 이를 반영해야 하는가. 판례는 시세조종행위와 이익실현행위간 시간적 계속성과 상호연관성이 있는 경우 그 매도는 실현이익으로 반영한다.[72] 시행령상 이에 관한 명시적 근거는 없으나 구성요건적 행위가 유지된다는 점에서 이와 같은 적용은 타당하다. 시간적 계속성이 단절된 경우에는 아래에서 설명하는 미실현이익으로 산정해야 할 것이다.

(2) 미실현이익

미실현이익 산식

미실현이익 = (시세조종기간 종료일 종가 − 매수단가) × 보유수량 − 거래비용

미실현이익은 시세조종기간 종료일까지 보유수량을 대상으로 산출한다. 시세조종기간 종료일 종가를 매도단가로 하고 매수단가를 차감하여 산정한다(동 별표 §2.다.1)나)). 시세조종 종료일 종가를 매도단가로 하는 것은 시세조종행위를 통하여 인위적으로 주가를 끌어올린 후 주식을 처분하지 아니하고 계속 보유하는 등의 사정으로 현실적인 이익실현이 이루어지지 않는 경우 시세조종행위가 종료되었을 때의 주가로 주식을 처분할 수 있었다고 보아 시세조종행위 종료일 종가를 사용하는 것이다.[73]

2. 시세하락을 방어한 경우

시세하락을 방어한 시세조종의 경우 실현이익과 미실현이익의 산정 시 시세조종기간 중 최저종가의 70%에 해당하는 금액을 매수단가로 사용한다(동 별표 §2.다.2)). 시세하락을 방어한 경우 방어 전후의 가격차이를 확인할 수 없으므로, 최저종가에서 1회 하한가분인 30%를 차감한 가격을 방어 이전의 가격으로 보아 매수

---

71) 대법원 2005.4.15. 선고 2005도632 판결, 서울중앙지방법원 2006.1.13. 선고 2005고합 238 판결.
72) 서울고등법원 2010.6.18. 선고 2010노514 판결.
73) 서울고등법원 2010.6.18. 선고 2010노514 판결.

단가로 사용하는 것이다.

산식

실현이익 = (시세조종기간 중 매도단가 − 시세조종기간 중 최저종가의 70% 가격) ×
매매일치수량 − 거래비용

미실현이익 = (시세조종기간 종료일 종가 − 시세조종기간 중 최저종가의 70% 가격) ×
보유수량 − 거래비용

---

3. 시세를 하락시킨 경우

시세를 하락시킨 시세조종의 경우 시세조종 자체로 발생한 부당이득은 없을 것이므로, 위반행위의 동기·목적이 되는 거래 등으로 얻은 이익의 산정방법을 준용한다(영 별표20의2 §2.다.3). 유리한 합병비율 산정을 위해 시세를 하락시킨 경우를 예로 들 수 있다.

4. 시세조종행위의 동기 또는 목적이 되는 거래

(1) 추가담보납부를 방어하기 위한 시세조종

추가담보납부를 방어하기 위하여 시세조종을 한 경우에는 시세조종이 없었을 경우의 정상담보비율을 기준으로 계약조건에 따라 계산한 금융비용 절감액이 부당이득이 된다(조사업무규정 별표 4 §2.4)). 여기서 정상담보비율은 위반행위 개시 후부터 종료시점까지 기간 중 최저종가의 70%를 기준으로 계산한 비율을 말한다.

(2) 매수청구권 가격 상승·하락을 위한 시세조종

기준주가 조작을 통해 매수청구권 가격을 하락시키기 위한 경우 매수청구권으로 인한 부당이득의 산정방법은 다음과 같다(조사업무규정 별표4 §2.5)).

부당이득 = (정상 매수청구권 가격* − 실제 매수청구권 가격) × 매수청구권 행사 수량

* 정상매수청구권 가격 : 위반행위가 개시된 시점의 전일 종가(시세를 상승시키거나 하락을 유도한 경우) 또는 위반행위 기간의 최저종가의 70%에 해당하는 금액(시세하락을 방어한 경우)을 기준으로 계약조건에 따라 재계산한 매수청구권 가격을 말한다.

(3) 유리한 합병비율을 위한 시세조종

유리한 합병비율 산정을 위한 시세조종을 한 경우 그 합병거래에서 지분율 변경을 통해 얻은 이익의 산정방법은 아래와 같다(조사업무규정 별표4 §2.3)).

부당이득 = (실제 합병가액에 따른 지분율 – 정상 합병가액에 따른 지분율*)
　　　　　× 합병법인의 상장초일 시가총액

*정상 합병가액에 따른 지분율 : 위반행위가 개시된 시점의 전일 종가(시세를 상승 또는 하락 유도의 경우) 또는 위반행위 기간 중의 최저종가의 70% 금액(시세하락 방어)을 기준으로 계약조건에 따라 재계산한 지분율을 말함

이러한 산정방식은 외환카드 부정거래행위 사건을 근거로 한다. 외환은행이 합병대상인 외환카드의 감자계획을 발표하여 외환카드 주가를 하락시킨 사안에서 법원은 외환은행의 최대주주인 론스타펀드의 2003년 11월 28일 실제 합병결의를 하여 보유하게 된 지분율 50.53%와 현실적으로 합병결의가 가능했던 시점인 2003년 11월 24일 시점의 지분율 50.31% 간 차이인 0.22%만큼의 가액을 부당이득으로 판단하였다.[74]

5. 외부요인이 개입된 경우

시세조종행위 기간 중 다른 주가변동요인이 결합된 경우 그 요인을 배제한 부당이득의 산정은 용이하지 않다. 시세조종행위는 비교적 장기간이고 그 기간 동안 시세조종행위에 따른 주가변동과 인과관계가 없는 다양한 주가변동요인을 배제하기가 쉽지 않기 때문이다. 시세조종사건 중 상당수는 유죄로 인정하면서도 시세조종행위와 무관한 요인으로 인한 이익액이 분리되지 않아 부당이득액이 불상처리되는 경우가 많았다.[75]

시세조종기간 중 대선테마주로 주가에 영향을 미친 사안에서 대상종목이 대선테마주, 신공항테마주 등으로 분류되어 주가가 상승하여 주가변동이 오로지 시세조종에 의하여 이루어졌다고 보기 어려워 매매차익 중 시세조종행위로 인한 인과관계가 인정되는 부분만을 분리할 수 없으므로 금액불상의 부당이득을 취한 것으

---

74) 대법원 2011.3.10. 선고 2008도6335 판결.
75) 서울남부지방법원 2014.10.2. 선고 2014고단1821 판결, 서울북부지방법원 2014.9.26. 선고 2011고합204 판결, 서울중앙지방법원 2015.5.29. 선고 2014고합329 판결도 동일한 취지.

로 판시한 바 있다.[76] 그러나 시행령상 외부요인에 의한 시세변동의 영향력에 따라 그 변동분은 일정비율만 반영하거나 반영하지 않을 수 있으므로(영 별표 20의2 §1.바), 부당이득 불상의 사례는 줄어들 것으로 보인다.

그 외에 판례를 보면 합병시 주식매수선택권 행사규모 축소를 위한 시세조종의 경우 실제 매수청구권의 행사규모가 얼마가 될지는 확정된 것이 아닌 점 등을 이유로 부당이득액에 대해 입증이 없다고 판단하였다.[77] 유상증자의 성공 또는 발행가액을 높이기 위한 시세조종 사안에서는 '일반투자자들의 유상증자 대금 전액'을 사기적 부정거래행위와 인과관계가 인정되는 이익으로 판단하였다.[78]

III. 부정거래행위

1. 실현이익

발행거래나 유통거래에서 부정거래행위를 한 경우에는 위반행위 유형에 따라 구분하여 산정한다. 증권을 모집·사모·매출하는 방법으로 이루어진 경우에는 투자자로부터 받은 모집금액·판매금액·매출액 전액을 부당이득으로 한다(동 별표 §2.라.1)). 비상장주식 상장을 미끼로 유상증자 주식 자금을 모집하는 경우를 예로 들 수 있다.

그 외의 금융투자상품의 매매, 그 밖의 거래를 한 경우에는 미공개중요정보 이용행위나 시세조종의 부당이득 산정방식을 준용한다(동 별표 §2.라.2)). 예를 들어 비상장주식에 대한 시세조종의 경우 시세조종행위의 산정방법을 사용한다.

부정거래행위 전 보유주식은 최초 부정거래행위 전일 종가, 부정거래행위와 직접 관련성이 있는 주식은 실제 매수단가를 적용한다. 비상장증권 또는 장외파생상품인 경우의 매수단가는 부정거래 직전에 정상적 거래사례가 확인되는 경우 해당 거래사례의 거래단가를 사용하고, 거래사례가 확인되지 않는 경우 액면금액 또는 「상속세 및 증여세법」에 따른 평가금액 중 높은 금액을 매수단가로 사용한다(동 별표 §2.라.3))

---

76) 서울남부지방법원 2014.10.2. 선고 2014고단1821 판결.
77) 서울고등법원 2011.6.9. 선고 2010노3160 판결(김민정, "부당이득 산정기준 법제화 방안에 관한 연구", 한국증권법학회 공동학술대회 발표자료(2019.7.19.), 35면 내용을 바탕으로 정리한 것임).
78) 대법원 2017.1.12. 선고 2016도16351 판결(원심 서울고등법원 2016.9.23. 선고 2016노1223 판결).

2. 미실현이익

미실현이익 역시 미공개중요정보 이용행위 또는 시세조종행위의 산정방법을 준용한다(동 별표 §2.라.2)). 따라서 사안에 따라 달리 적용할 수 있다.

3. 위반행위의 동기, 목적이 되는 거래 등으로 얻은 이익

분식 재무제표를 사용하여 유리한 합병가액 평가를 받는 경우 부당이득 산식은 아래와 같다(조사업무규정 별표 4 §2.6)).

부당이득 = (실제 합병가액에 따른 지분율 − 정상 합병가액에 따른 지분율[*])

× 합병법인의 상장 초일 시가총액

* 정상 합병가액에 따른 지분율 : 분식이 제거된 재무제표를 기준으로 계약조건에 따라 합병비율을 재산정하여 계산

Ⅳ. 시장질서 교란행위

1. 정보이용형 교란행위

제178조의2 제1항의 위반행위에 대해서는 미공개중요정보이용행위에 따른 산정방식을 준용한다(영 별표20의2 §2.마.1)).

2. 시세관여형 교란행위

제178조의2 제2항의 위반행위에 대해서는 시세조종행위 또는 부정거래행위에 따른 산정방식을 준용한다(동 별표 §2.마.2)).

Ⅴ. 공매도

1. 실현이익

실현이익 산식

실현이익 = (공매도단가 − 취득단가) × 매매일치수량 − 거래비용

실현이익은 공매도 주문 시점부터 결제일 이후 최초형성최저종가일까지의 기간 중 실제 거래로 이미 발생한 이익을 대상으로 한다(동 별표 §2.바.1)). 이 기간 중 공매도단가와 취득단가의 차액에 매매일치수량을 곱하여 실현이익을 산출한다. 이 경우 취득은 차입을 통한 취득은 제외한다. 만약 장외에서 상장증권을 취득한 경우에는 해당 취득일 거래소 시장에서의 종가를 취득단가로 사용한다(동 별표 비고 §4 단서).

2. 미실현이익

미실현이익 산식

미실현이익 = (공매도단가 − 최초형성최저종가) × 보유수량 − 거래비용

미실현이익은 공매도 주문 시점부터 결제일 이후 최초형성최저종가일까지 기간 중 취득하지 않은 상장증권의 평가이익을 말한다. 최초형성최저종가를 취득단가로 간주하여 공매도단가와 취득단가의 차액에 보유수량(공매도수량에서 최초형성최저종가일까지의 매수수량을 뺀 수량)을 곱하여 산정한다(동 별표 §2.바.2)).

VI. 공범의 이익 산정 등

1. 공범의 이익 산정

수인이 공동으로 위반행위에 가담한 경우 각 공범에게 발생한 이득액 전체를 합산하여 부당이득액으로 한다[79] 따라서 공범의 이득을 합산하여 각 공범의 부당이득액을 적용한다. 다만 범행에 가담하지 않은 제3자에게 귀속되는 이익은 포함하지 아니한다.[80]

2. 승계적 공동정범

승계적 공동정범은 어떤 자가 이미 범죄 실행의 일부에 착수한 후에 다른 자가 공동의사하여 실행의 다른 부분에 가담하는 것을 말한다. 승계적 공동정범의 경

---

79) 대법원 2011.4.28. 선고 2010도7622 판결, 대법원 2011.7.14. 선고 2011도3180 판결.
80) 대법원 2011.7.14. 선고 2011도3180 판결.

우 가담 당시 이미 이루어진 종전의 범행을 알았다고 하더라도 가담 이후의 범행
에 대해서만 공동정범으로서의 책임을 지므로, 가담 이후 발생한 부당이득에 대해
서만 책임을 진다.[81]

3. 포괄일죄에서의 공범

행위자가 포괄일죄 관계에 있는 범행의 일부를 실행한 후 공범관계에서 이탈
하였으나 다른 공범자에 의하여 나머지 범행이 이루어진 경우에는 행위자가 관여
하지 않은 부분에 대해서도 공범의 책임을 부담한다.[82]

4. 범행에 가담하지 않은 제3자의 이익

부당이득은 위반행위로 인하여 행위자가 얻은 이익을 의미하므로, 범행에 가
담하지 않은 제3자에게 귀속하는 이익은 포함하지 않는다.[83]

대법원은 피고인과 명의인들의 자금이 혼재되어 있는 타인 명의의 증권계좌를
이용한 시세조종행위의 이익의 경우 피고인의 귀속부분은 특정할 수 없어 무죄로
판단한 바 있다.[84]

---

81) 대법원 2005.1.28. 선고 2004도6805 판결.
82) 대법원 2002.8.27. 선고 2001도513 판결.
83) 서울남부지방검찰청, 「자본시장법 벌칙해설」, (2019), 202면.
84) 대법원 2011.2.24. 선고 2010도7404 판결.

부당이득 산정방법

구 분		내 용
산정원칙	부당이득	실현이익 + 미실현이익 + 회피손실액 − 거래비용
	거래비용	수수료 + 거래세 등 제반비용(양도소득세는 제외)
외부요인 결합시 산정	상쇄한 경우	외부요인 발생 직전까지의 부당이득만 산정
	초과한 경우	외부요인 발생 후 시세변동분은 3분의 1만 반영
	준한 경우	외부요인 발생 후 시세변동분은 2분의 1만 반영
	미치지 못한 경우	외부요인 반영하지 않음(특별한 사정이 인정되는 경우 외부요인 발생 후 시세변동분은 3분의 2만 반영)
미공개정보	실현이익	(매도단가 − 매수단가) × 매매일치수량
	미실현이익	(정보공개 후 최초형성최고종가 − 매수단가) × 보유수량
	손실회피액	(정보공개 전 매도증권의 매도단가 − 정보공개후 최초형성최저종가) × 매도수량
시세조종	실현이익	(시세조종기간 중 매도단가 − 매수단가) × 매매일치수량
	미실현이익	(시세조종기간 종료일 종가 − 매수단가) × 잔여수량
부정거래	실현이익	미공개 또는 시세조종 산정방법 준용
	미실현이익	(예 : 비상장주식 시세조종은 시세조종 산정을 준용)
시장질서 교란행위	정보이용형	미공개중요정보 이용행위 산정방식 준용
	시세관여형	시세조종 또는 부정거래 산정방식 준용
공매도	실현이익	(공매도단가 − 취득단가) × 매매일치수량
	미실현이익	(공매도단가 − 최초형성최저종가) × 보유수량

제 7 편

불공정거래 조사 · 수사 체계

제 1 장

불공정거래 조사

제 1 절   불공정거래 조사의 의의

Ⅰ. 의 의

　불공정거래 조사는 자본시장법상 불공정거래행위에 대하여 형사상 조치 또는 행정조치를 할 목적으로 금융위원회(증권선물위원회) 또는 금융감독원이 조사권한을 행사하여 위법사실을 확인하는 행정조사 업무를 말한다.

　자본시장 운영기관인 한국거래소의 이상거래 심리는 행정조사는 아니나 불공정거래 사건의 형사·행정처분을 목적으로 수행한다는 점에서 광의의 불공정거래 조사에 포함할 수 있다. 수사기관(검찰)의 불공정거래 사건 수사의 경우 형사사법권의 작용을 위하여 행하는 제반행위 중 조사가 필요한 신문·증거조사는 사법조사에 포함할 수 있다.[1]

Ⅱ. 조사기관 현황

1. 금융위원회

(1) 금융위원회

1) 조직 성격

　금융위원회는 정부조직법에 따라 설치된 합의제 중앙행정기관이다(정부조직법 §2, §5). 금융위원회는 국무총리 소속으로 금융정책, 외국환업무취급기관의 건전성

---

1) 김용주, "행정조사와 특별사법경찰관리의 수사의 경계획정", 「경찰학연구」 제14권 제4호(2014), 92면.

감독 및 금융감독에 관한 업무를 수행한다(금융위원회의 설치 등에 관한 법률 §3, 이하 "금융위원회법").

금융위원회는 그 권한에 속하는 업무를 독립적으로 수행하고(금융위원회법 §3 ②), 위원의 임기는 3년으로 보장되며, 임명직 위원은 정당가입과 정치운동 관여를 금지하고 있다(금융위원회법 §7). 금융위원회의 독립성 보장과 초당파적 조직운영 체계를 볼 때 미국 증권거래위원회와 같은 독립규제위원회의 성격을 갖는다.

2) 연 혁

금융위원회의 전신인 금융감독위원회는 ⅰ) 금융감독 관련 규정의 제·개정, ⅱ) 금융기관의 인·허가, ⅲ) 금융기관의 검사·제재 관련 주요사항 및 ⅳ) 증권·선물시장의 관리 감독 및 감시 등에 관한 주요사항 등의 심의·의결 권한을 보유한 합의제 행정기관이었다(금융감독기구의 설치 등에 관한 법률 §18, 이하 "금설법").

그 중 조사·검사·제재 등 주요 금융감독업무는 금융감독원이 수행하고, 금융감독과 관련한 법령 제·개정권은 재정경제원이 보유하고 있었으므로 금융감독위원회의 권한은 제한적일 수밖에 없었다. 금융감독위원회의 설립 당시 사무국의 일반직 정원은 총 11명에 불과했으므로,[2] 금융감독위원회의 업무를 위임받은 무자본특수법인인 금융감독원이 사실상 금융감독 제반실무를 수행하는 구조였다. 이렇게 권한이 다층적으로 분산된 것은 IMF 구제금융사태를 계기로 재정경제원의 권한 집중으로 인한 관치금융의 폐해를 해소하기 위한 목적이었다.[3]

금설법 제정 당시에도 금융감독 권한과 금융정책 권한의 분리 등 다층적 감독구조로 인한 비효율성의 문제가 제기되었고,[4] 이러한 반성적 고려로 2008년 금융정책업무를 통합하여 관리하는 금융위원회의 출범이 이루어지는 한편 금융위원장의 금융감독원장 겸임을 폐지하여 금융감독정책과 감독실무를 분리하는 체계를 구축하였다.

3) 조 직

금융위원회는 대통령이 임명하는 위원장, 부위원장을 포함한 9명의 위원으로 구성한다(금융위원회법 §4). 위원장·부위원장과 임명직 위원의 임기는 3년으로 하여 한 차례만 연임할 수 있다(금융위원회법 §6①).

---

2) 금융감독위원회 조직운영규칙 별표, (1998.4.1.).
3) 국회 재정경제위원회, "금융감독기구의 설치 등에 관한 법률안 심사보고서", (1997.12), 9면.
4) 국회 재정경제위원회, 위의 보고서, 9면.

금융위원회는 그 업무 중 자본시장의 관리 · 감독 및 감시 등의 업무를 수행하는데(금융위원회법 §17조4호), 이에 따라 자본시장 불공정거래 조사 및 조사 정책업무를 수행한다.

금융위원회 내에는 위원회 사무를 처리하는 실무조직인 사무처가 있는데, 사무처 내에 행정인사과, 금융소비자국, 금융정책국, 금융산업국 및 자본시장국이 있다(금융위원회와 그 소속기관 직제 §7). 자본시장국내 자본시장조사총괄과 및 자본시장조사과는 자본시장 조사업무를 담당하고, 자본시장 조사에 관한 정책의 수립은 자본시장국내 공정시장과가 담당한다(금융위원회와 그 소속기관 직제 시행규칙 §10의2).

(2) 증권선물위원회

증권선물위원회는 금융위원회의 업무 중 자본시장 불공정거래 조사, 자본시장의 관리 · 감독 및 감시 등과 관련된 주요 사항에 대한 사전심의 등을 수행하는 금융위원회 내 위원회 조직이다.[5] 증권선물위원회를 별도로 설치한 것은 자본시장 규제와 금융기관 규제가 그 내용이나 성격이 다르다는 특성을 고려한 것이다.[6]

증권선물위원회는 위원장(금융위원회 부위원장)을 포함한 5명의 위원으로 구성된다. 증권선물위원회 위원의 임기는 금융위원회 위원과 마찬가지로 3년이며, 한차례만 연임할 수 있다(금융위원회법 §20⑤). 불공정거래 조사사건에 따른 고발 · 통보, 과징금 등 행정조치는 증권선물위원회 의결을 통하여 확정된다. 회의는 3명 이상의 찬성으로 의결한다(금융위원회법 §21②).

그 외에 증권선물위원회는 증권의 발행 및 유통(법 제3편) 관련 조사 · 조치권한을 금융위원회로부터 위임받아 업무를 수행한다(법 §438, 영 §387①). 다만 법 제3편 관련 부과금액이 5억원을 초과하는 과징금 부과건, 1개월 이상의 업무 전부 정지, 지점 그 밖의 영업소의 폐쇄 조치는 증권선물위원회를 거쳐 금융위원회의 최종의결을 받아야 한다(영 §387①2).

---

5) 금융위원회 설치 등에 관한 법률 제19조(증권선물위원회의 설치) 이 법 또는 다른 법령에 따라 다음 각 호의 업무를 수행하기 위하여 금융위원회에 증권선물위원회를 둔다.
　1. 자본시장의 불공정거래 조사
　2. 기업회계의 기준 및 회계감리에 관한 업무
　3. 금융위원회 소관 사무 중 자본시장의 관리 · 감독 및 감시 등과 관련된 주요 사항에 대한 사전 심의
　4. 자본시장의 관리 · 감독 및 감시 등을 위하여 금융위원회로부터 위임받은 업무
　5. 그 밖에 다른 법령에서 증권선물위원회에 부여된 업무
6) 국회 재정경제위원회, 앞의 보고서, 14면.

(3) 자본시장조사과

금융위원회의 불공정거래 직접 조사업무는 2013년 「주가조작 등 불공정거래 근절 종합대책」에 따라 설치된 자본시장조사단의 출범으로 시작되었다. 이후 2022년 12월 27일 직제 개편을 통해 자본시장국내 2개 과로 구성된 조직으로 변경되었다.

조사부서는 자본시장조사총괄과 및 자본시장조사과로 구성되어 있다. 자본시장조사총괄과는 불공정거래 조사의 기획·총괄 및 조정, 사건의 분류, 특별사법경찰 업무 및 대외협력 업무를 담당한다. 사건의 분류 시 신속한 강제수사가 필요하거나 사회적 물의 야기로 신속한 처벌이 필요한 긴급·중대 사건은 신속처리절차 (Fast Track)로 검찰에 고발조치한다.[7] 자본시장조사총괄과에 파견된 검사(조사기획관, 조사담당관)는 증선위 내 불공정거래조사·심리기관협의회 및 자본시장조사심의위원회에 참여한다.

자본시장조사과는 자본시장 불공정거래에 대한 조사 및 조치 업무를 담당하며, 총 5개 팀에 금융위원회 공무원과 검찰수사관, 금융감독원 및 한국거래소 등 파견직원으로 구성되어 있다. 자본시장조사과·자본시장조사총괄과는 소속 조사공무원[8]을 통한 압수·수색 등 강제조사권을 보유하고 있다(자본시장법 §427). 이와 함께 자본시장 특별사법경찰팀도 운영한다.

2. 금융감독원

(1) 조직 성격

금융감독원은 금융위원회나 증권선물위원회의 지도·감독을 받아 금융기관에 대한 검사·감독업무 등을 수행하는 무자본 특수법인이다(금융위원회법 §24). 금융감독원의 설치 목적은 IMF 구제금융사태를 계기로 행정기관인 재정경제원의 영향을 받지 않고 중립적이고 통합적인 감독업무를 수행하기 위하여 독립적인 공법인을 설치한 것으로 정책적인 고려의 결과이다.[9]

금융감독원은 비정부조직의 행정규제권한으로 인하여 조직의 성격 및 권한과 관련한 견해의 대립이 있다. 규제권한 행사에 부정적인 견해는 헌법 제66조 제4항,

---

7) 금융위원회, "자본시장조사단 출범 및 불공정거래 근절 종합대책 추진실적", (2013. 9.16.) 보도자료.
8) 시행령 제378조(조사공무원) 법 제427조제1항에서 "대통령령으로 정하는 자"란 금융위원회 소속 공무원 중에서 증권선물위원회 위원장의 제청에 의하여 검찰총장이 지명하는 자를 말한다.
9) 금융감독원, 「2107년 연차보고서」,(2018), 12면.

제96조 및 정부조직법을 근거로 행정부로부터 독립된 기관에 금융감독이라는 공권력적 행정권한을 부여하는 것은 위헌의 소지가 있고, 위탁을 받는 경우에도 조사 · 검사 · 검정 · 관리업무 등 국민의 권리 · 의무와 직접 관계되지 않는 사무로 한정해야 한다고 한다.[10] 대체적인 견해는 규제권한 행사를 찬성하는데 국회가 제정한 법률에 의하여 설치되고 권한의 근거가 마련된다면 금융감독원의 권한 행사는 헌법에 위반되지 않고,[11] 국가사무를 분권받은 지방자치단체나 영조물법인도 행정청에 당연히 해당한다고 한다.[12]

헌법 제66조 제4항이 말하는 정부가 정부조직법상 국가행정기관만을 의미한다고 할 수 없고,[13] 행정권에 대한 위임 · 위탁을 금지하라는 의미는 아니라고 보면 입법자의 결단에 따라 법률로써 별도의 기관에 행정권을 부여하거나 위임 · 위탁하는 것이 위헌이라고 보기 어렵다.[14]

(2) 금융위원회의 금융감독원에 대한 지도 · 감독권

금융감독원은 법률상 금융위원회나 증권선물위원회의 지도 · 감독을 받는 조직임을 명확히 하고 있다(금융위원회법 §24). 금융위원회는 금융위원회법 또는 다른 법령에 따라 금융감독원의 업무 · 운영 · 관리에 대한 지도와 감독을 하며, ⅰ) 금융감독원의 정관 변경에 대한 승인, ⅱ) 예산 및 결산 승인, ⅲ) 그 밖에 금융감독원을 지도 · 감독하기 위하여 필요한 사항을 심의 · 의결한다(금융위원회법 §18).

(3) 불공정거래 조사 업무

금융감독원은 자본시장법 제438조 제4항에 따라 증권선물위원회로부터 불공정거래 조사업무를 위탁받아 조사업무를 수행하고 있다. 금융감독원의 조사부서는

---

10) 최동준, "금융감독체계에 관한 연구 : 문제점과 개선방안을 중심으로", 고려대학교 박사학위논문(2007), 99면.
11) 김대식 · 김용재 · 윤석헌, "금융감독기구 지배구조의 재설계", 한국금융공학회 정기학술대회(2005), 14면, 고동원, "금융감독 행정의 현황과 문제", 「금융법연구」 제1권 제2호(2004.12), 31면, 김성수, "금융감독기관의 제재조치와 권리구제", 「행정법연구」 제20호(2008), 24면; 이원우, "변화하는 금융환경 하에서 금융감독체계 개선을 위한 법적 과제", 「공법연구」 제33집 제2호(2005.2), 56면; 강현호, "금융감독원의 규제권한행사에 대한 법적 고찰", 「토지공법연구」 제64집(2014.2), 327면.
12) 이광윤, "공법인과 행정처분의 기준", 「토지공법연구」 제18집(2003.6), 214면.
13) 헌법 제66조 ④ 행정권은 대통령을 수반으로 하는 정부에 속한다.
14) 우리와 행정법 체계가 유사한 독일의 금융감독청(Bafin)은 독일 기본법(헌법)에 따른 연방상급행정청이 아닌 별도의 연방금융감독청법(FinDAG)에 따라 설치된 공법상 법인이다. 금융감독청은 임의조사권한뿐 아니라 압수 · 수색과 같은 강제조사권한도 보유하고 있다(독일증권거래법 §6⑫).

조사1국, 조사2국 및 조사3국의 3개 부서로 구성된다.

2019년에는 금융감독원 본원내에 자본시장 특별사법경찰이 신설되었다. 특별사법경찰은 증권선물위원회 위원장이 고발·통보하거나 Fast—Track 사건으로 선정하여 검찰청에 이첩한 자본시장 불공정거래 사건 중 서울남부지방검찰청이 지휘한 사건의 처리를 담당하고 있다. 자본시장 특별사법경찰 조직은 수사지원업무를 담당하는 수사1팀과 수사업무를 담당하는 수사2팀에 신속수사반 및 디지털포렌식반(총 2팀·2반)으로 조직되어 있다.

제 2 절   외국의 불공정거래 조사 현황

I. 미 국

1. 증권거래위원회

미국 증권거래위원회(Securities and Exchange Commission : SEC)는 1934년 증권거래법(Securities and Exchange Act of 1934)[15]에 따라 설립된 기관으로서, 증권산업과 관련한 법령 제정, 감독을 수행하는 연방 정부기관이다. SEC는 독립규제위원회(independent regulatory commission)로서 대통령의 계층적 감독을 벗어나고, 규칙제정권과 증권관련 법률 위반자에 대한 민사제재금 등 제재권한을 행사하는 준사법적 권한을 갖는 기관이다.[16] 판례 역시 연방행정기구의 준사법적, 준입법적 권한은 헌법에 합치된다고 보고 있다.[17]

대통령이 위원의 선임 또는 해임권한을 갖고 있으나, 당파성 배제를 위하여 위원의 3인 이상은 동일 정당 소속이어서는 아니된다(증권거래법 §4(a)). 또한 독자적인 재결권한(§23(a)(1))과 소송수행 권한을 갖는다(§27). SEC가 갖는 조직과 권한의 특성은 규제가 분산된 연방제 구조에서 초당적인 전국적 규제의 필요성에 따른 결과이다.[18]

---

15) 15 U.S.C. §78d.
16) 홍준현·조진래, "주요제국의 행정제도 동향조사—미국의 연방정부조직", 한국행정연구원 「KIPA 연구보고」 97—14—1(1997), 180면; 이광윤, "독립행정청의 법적 성격—금융감독위원회를 중심으로—", 「행정법연구」(2003), 196면.
17) Humphrey's Executor v. United States., 295 U.S. 602(1935).

SEC는 재량으로 증권관련 법령, 규칙 등의 위반 여부 판단을 위한 조사 권한을 보유한다(§21(a)(1)). SEC의 조사권한은 준사법절차(quasi-judicial proceeding)의 성격을 갖고 있으며,[19] 직권주의, 비공개주의의 운영 측면에서 대배심(grand jury)의 조사권한과 유사하다.[20]

2. 조사절차

불공정거래 조사, 집행, 소제기 업무는 SEC 사무국에 소속된 조사집행국(Enforcement Office)이 담당한다. 대부분의 불공정거래 사건은 SEC의 행정제재로 처리하나, 형사처벌이 필요한 사건은 수사 및 기소권한을 갖는 법무부로 이관하여 처리한다.[21]

조사절차는 불공정거래의 단서가 포착되면 사전조사업무인 예비조사(Matters Under Inquiry)를 실시하는데, 예비조사는 비공식·비공개가 원칙이므로 조사대상자의 소환 및 진술을 강제할 수 없다.

정식조사(Investigation)는 SEC의 정식조사명령(Formal Order of Investigation)을 통하여 개시하는데, 예비조사를 정식조사로 전환하거나, 또는 바로 정식조사를 개시하게 된다. 정식조사에서는 조사담당직원이 혐의자에 대한 조사권한을 행사할 수 있는데, 소환장의 발부 및 필요한 문서제출의 요구가 가능하다(증권법 §19(b), 증권거래법 §21(b)).

조사 담당자가 제재를 권고하면 대상자에게 위반사항과 반론 절차에 대해 사전 고지하고. 대상자는 혐의를 반박하는 서면을 제출하는 기회를 제공하는데 이러한 절차를 Wells 절차라고 한다(17 CFR §202.5(c)). 통상 대부분의 사건에서 Wells 절차를 통해 SEC와 대상자 간 화해가 이루어진다.

Wells 절차를 거쳐 정식조사가 완료되면 집행조치안을 담은 집행조치안 권고(Enforcement Recommendations)를 위원회에 제출하고, SEC는 이를 비공개회의에서 심의·의결한다. 화해가 이루어질 때는 화해권고 역시 심의·의결 대상에 포함된다(17 CFR §201.240(c)7).

18) 황의관, "미국의 독립규제행정청 개념 및 법적위상에 관한 연구", 「토지공법연구」 제65집(2014. 5.), 259면.

19) Lewis B. Merrifield, Investigations by the Securities and Exchange Commission, The Business Lawyer, Vol. 32, No.4, (July 1977), at 1593.

20) Woolley v. United States, 97 F.2d 258, 262 (9th Cir 1938).

21) Securities Exchange Commission, How Investigations Work(https://www.sec.gov/News/Article/Detail/Article/1356125787012).

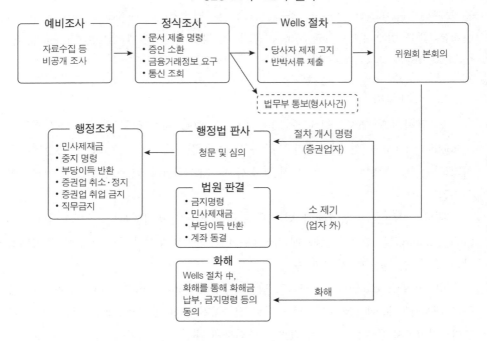

▼ SEC 조사 · 조치 절차

3. 조사권한

(1) 진술요구권 및 문서제출명령

SEC 조사는 비공개조사를 원칙으로 하므로 우리나라의 압수 · 수색과 같은 권한은 없으나, 통신사실조회과 같은 준사법적 권한을 갖는다. SEC는 재량으로 증권거래법, 전국증권거래소의 규칙 또는 증권업협회의 규정 위반 여부를 판단할 필요가 있는 경우에 조사를 할 수 있으며, 관련자에게 조사와 관련한 모든 사실과 상황에 대하여 서면 진술서 제출을 요구 또는 허용한다(증권거래법 §21(a)(1)). SEC는 조사를 위하여 소환장(subpoena) 발부를 통해 증인 소환, 출석요구를 할 수 있으며, 장부, 서류, 서신, 메모 또는 기타 기록의 작성을 요구할 수 있다(§21(b)). 상기 요구에 불응하는 경우 법원의 명령을 통하여 강제할 수 있다.

(2) 금융거래정보요구권

금융거래정보 수집은 「금융거래비밀보호법」(Right to Financial Privacy Act of 1978)에 따른다. SEC는 고객의 동의, 법원소환장(summons), 행정소환장(administrative subpoena),

수색영장(search warrant) 또는 서면요구서 등을 통하여 금융기록을 수집할 수 있다.[22] 행정소환장의 경우 당사자 통지의무가 적용되므로, 기밀유지를 위하여 실무상 대배심 소환장을 주로 활용하는 것으로 알려져 있다.[23]

(3) 통신사실조회

통신사실의 조사는 「전자통신보호법」(Electronic Communications Privacy Act of 1986) 조항[24]에 따른다. 소환장의 발부를 통하여 통신사업자에게 요청하여 통화·이메일 기록(성명, 주소, 네트워크 주소를 포함한 ID, 전화·기기번호, 전화 연결기록, 통화시간 등)을 받을 수 있다(SEC Enforcement Manual §3.2.6). 통신내용(예 : 이메일 내용)은 영장에 의해서만 수집할 수 있다.[25]

(4) 조사자료의 증거능력

조사자료의 증거능력에 관한 일반적인 규정은 없다. 다만 금융거래정보에 대해서는 자료제공의 근거가 있다. SEC는 「금융거래비밀보호법」(Right to Financial Privacy Act) 제1112조에 따라 금융기록이나 그 안에 수록된 정보를 정부기관에 제공할 수 있고, 관련 행정, 민사, 형사소송이나 조사에서 사용할 수 있다(증권거래법 §21(h)(9)(A), 금융거래비밀보호법 §1112). 따라서 SEC가 검찰에 제공한 금융거래정보 및 관련 정보는 형사소송의 증거로 사용할 수 있다.

4. 피조사자의 권리보호

조사절차는 대배심 절차의 경우와 같이 비공개로 진행된다는 특징이 있다. SEC 조사규정(Rules relating to investigations)[26]은 모든 공식적인 조사절차에 대해 비공개를 원칙으로 하고 있다(§203.5). 증인의 보호를 위한 변호사의 조력권은 인정된다(§203.7(b)). 또한 진술과 관련하여 증인은 수정헌법 제5조에 따라 불리한 진술을 강요받지 않을 권리인 자기부죄거부의 특권(privilege against self-incrimination)이 있다. 증인은 그 조사기록에 대해 반대심문(cross-examination), 반박진술(rebuttal testimony) 등 자신을 변호할 권리를 갖는다(§203.7(d)).

SEC의 조사권한은 피조사자에 대하여 소환장 발부를 통해 조사를 수행하며,

---

22) 12 U.S.C. §3412.
23) 이창수, "미국에서의 계좌추적", 「형사법의 신동향」 제15호(2008), 96면.
24) 18 U.S.C. §2703(c)(2),(3).
25) 18 U.S.C. §2703(a).
26) 17 C.F.R. §§203.1~203.8.

이를 이행하지 않을 경우 소송을 통하여 법원의 명령으로 강제하거나 벌칙의 부과가 가능하다(증권거래법 §21(c)). 이러한 강제성으로 인해 SEC 업무규정(Rules of Practice)[27]이나 행정절차법(Administrative Procedure Act)[28]보다는 낮은 수준의 절차적 보호를 한다는 평가를 받고 있다.[29]

5. 조사결과의 처리

(1) 조치권한의 특징

미국·영국과 같은 영미법계 국가들의 행정규제는 당사자 간 민사상 분쟁으로 보는 당사자주의적 색채가 강하다. 역사적으로 보면 중세 교황권이 미치지 않았던 영국은 교황권에서 비롯한 유럽 대륙의 직권주의를 따를 필요가 없었기 때문에 대륙법과 영미법의 행정·사법체계상 접근방식의 차이가 존재하는 것이다. 이러한 특성으로 인해 미국·영국의 행정기관들은 일방의 당사자로서 소송을 통해 민사제재금이나 금지명령을 과하는 체계를 갖고 있다. 그러나 미국의 현대법체계는 당사자주의가 갖는 규제의 한계점에 봉착하게 되자 행정기관이 직접 민사제재금 등 행정제재를 부과함으로써 그 권한을 강화하는 방향으로 발전하게 되었다.[30]

(2) 조치권한의 종류

SEC 조치권한의 특징은 SEC가 민사제재금, 부당이득반환 및 금지명령 등 다양한 제재수단을 보유하고 있다는 점과 형사절차보다는 화해 등 행정절차를 이용하는 비율이 높다는 점이다. 형사절차보다는 행정제재절차가 피조사자의 협조 유인이 많고 SEC도 절차적 부담을 경감하기 때문이다.

불공정거래의 제재는 크게 ⅰ) SEC가 대상자의 제한 없이 연방지방법원에 민사소송을 제기하여 민사제재금, 부당이득반환(disgorgement), 금지명령(injunction)을 요구하는 민사적 제재와 ⅱ) 증권업자를 대상으로 SEC의 행정법판사(Administrative Law Judge: ALJ)[31]의 청문·심의를 거쳐 SEC가 직접 부과하는 민사제재금, 중지명령, 증권

---

27) 5 U.S.C. §§ 551.
28) 17 C.F.R §§ 201.1~201.27.
29) Lewis B. Merrifield, Investigations by the Securities and Exchange Commission, The Business Lawyer, Vol. 32, No.4(July 1977). at 1593.
30) 미국 행정기관의 민사제재금 제도의 변천과 체계를 설명한 자료로는 정인영, "미국 행정법의 금전적 제재(Civil Penalty)", 「행정법연구」 제69호(2022.11) 참조.
31) 미국의 주요 연방행정기구는 행정법판사 제도를 운영하고 있는데 행정당국 규제의 전문성을 제고하기 위한 목적이 있다. 행정법판사의 법적 지위에 대해서는 1946년 행정절차

업의 허가취소, 임직원 직무금지 등의 행정제재, 그리고 iii) SEC가 형사처벌 대상에 대하여 법무부에 이첩하여 법원의 판결을 통해 형벌을 내리는 형사적 제재로 대별된다.

　　SEC의 제재절차가 민사소송(대상 : 누구나)과 행정제재(대상: 증권업자)로 분화된 이유는 조치권한의 확대를 위한 제도 도입 연혁과 관계가 있다. 원래 SEC는 초기 증권업자에 대한 거래정지권(20일)만 보유했으나, 소송을 통한 민사제재금 제도 도입(1984년 내부자거래제재법), 증권업자에 대한 직접 민사제재금 부과 등 행정제재의 도입(1990년 증권규제의 집행 구제 및 소액증권 개혁법)을 거치면서 조치권한이 확대되었기 때문이다. 다만 SEC의 직접 행정제재가 증권업자로 한정된 것은 SEC 자체 행정절차에만 의존할 가능성을 차단하기 위한 정책적 목적이 있다.

▼ SEC의 행정제재 종류 요약

구　분	모두*	상장법인	증권업자 임직원
견　책			○
중지명령		○	○
금지명령	○		
증권업 인가취소 · 정지			○
증권업계 취업금지			○
증권신고서 효력정지		○	
민사제재금 부과	○	○	○
부당이득반환	○		○
이사임원 직무 금지		○	○

* 법원의 민사소송은 누구든지(any person) 증권법규를 위반한 경우 제기 가능

(3) 민사제재금의 부과

　　SEC, 연방거래위원회(FTC)를 비롯한 연방행정기구 상당수는 민사제재금 제도를 운영한다. 민사제재금은 행정기관이 자체 행정절차나 법원의 민사소송을 통해 금전을 징수하는 제재금이다.

　　민사제재금의 유형은 SEC가 법원에 민사소송을 제기하여 부과되는 민사제재금과 행정절차를 통해 SEC에 의하여 부과되는 민사제재금으로 구분된다.[32]

　　법 제정 시 이슈가 촉발되었는데, 판례를 통해 행정법판사는 행정기구의 피고용인이 아닌 헌법상 사법권한을 행사하는 지위가 있음을 확인하였다(Lucia v. SEC).

[32] 민사제재금 제도의 상세한 내용은 제5편 참조.

(4) 금지명령 · 중지명령

1) 금지명령

금지명령(injunction)은 누구든지 증권거래법 또는 하위규칙을 위반했거나 위반하려고 하는 경우 SEC가 연방지방법원에 해당 행위를 금지할 것을 청구하는 권한이다(증권거래법 §21(d)). 처분의 내용이나 절차상 우리나라의 가처분신청과 유사하다. 요건상 누구든지(any person) 조치 대상이 되고 위반행위의 시도, 진행 중이거나 종료된 경우에도 금지명령의 청구가 가능하다. 금지명령은 일시금지명령 및 영구금지명령으로 분류된다. SEC가 2023년 바이낸스의 자산 은닉 · 유용을 막기 위해 연방지방법원에 자산동결을 위한 금지명령을 청구할 때 이 규정을 적용한 바 있다.[33]

2) 중지명령

중지명령(cease-and-desist order)은 누구든지 증권거래법 또는 하위규칙에 따른 위반행위가 진행 중이거나 시도되는 경우 SEC가 직접 취하는 조치(증권거래법 §21C)로서 우리 자본시장법상 금융위원회의 행정명령인 긴급조치권(법 §416)에 해당한다. 중지명령제도는 1990년 「증권집행구제 및 저가주개혁법」(Securities Enforcement Remedies and Penny Stock Reform Act)을 통해 증권업자에 대한 직접 민사제재금 부과 권한이 부여되면서 함께 도입된 제도이다.

▼ 중지명령 · 금지명령 차이

구 분	결정주체	명령가능 시기
중지명령	SEC	위반행위 시도, 진행 중
금지명령	법원 * SEC가 금지명령을 법원에 청구	위반행위 시도, 진행 중, 종료 후

(5) 부당이득반환

부당이득반환 제도(disgorgement)는 증권거래법 또는 하위규칙, 중지명령을 위반한 자가 위반 결과로 얻은 부당이득에 대해 SEC가 법원에 당해 부당이득의 반환을 청구하는 권한을 말한다(증권거래법 §21(d)(3)). 부당이득반환 제도는 영미법 체

---

33) SEC Civil Action No. 1:23-01599(2023.6.6.).

계의 형평법(Equity Law)상 특징적인 구제수단의 하나이다.[34] 부당이득반환은 부당이득 범위내에서 이루어지는 원상회복 조치로서 제재의 성격을 갖는 민사제재금과 구별된다. 원상회복 조치의 성격상 피해자에 대한 배상이 이루어진 경우 그 금액은 부당이득반환대상에서 제외된다.[35]

원래 SEC의 부당이득반환 권한은 명시적 근거 없이 판례를 통해 인정된 권한으로 Texas Gulf Sulpher 사건을 통해 법원에서 처음 인정되었으나, 판례상 제기된 부당이득반환의 징벌적 성격에 대한 논란을 해소하기 위하여 2021년 증권거래법 개정으로 그 근거를 명확화하였다.[36] 부당이득반환 제도는 범죄로 인한 부당이득을 취득하지 못하게 하는 우리의 몰수·추징 제도와 유사하나, 반환금액이 국고에 귀속되지 않고 투자자 피해에 사용되는 원상회복 조치라는 점에서 법적 성격이 다르다.

2010년 사베인–옥슬리법을 통하여 부당이득반환금액과 민사제재금이 Fair Fund에 적립되는 근거가 마련되었는데(증권거래법 §21F), 동 기금은 SEC의 분배계획을 통해 법원에 이의를 제기한 투자자나 법원이 지명한 투자자에게 지급된다.[37]

(6) 수사기관 이첩

SEC는 형사사건에 대한 기소권한이 없으므로 형사사건에 대해서는 법무부에 이첩하는 한편, 조사 및 법 집행 시 형사당국과 협력하고 있다(SEC Enforcement Manual §5.2.). SEC 조사 담당자는 상위책임자의 승인을 받아 조사결과를 법무부에 이첩하는데, 이첩 여부의 결정 시 위반행위의 죄질, 상습성, 형사당국의 관여가 투자자 보호에 더 큰 의미가 있는지를 고려해야 한다(SEC Enforcement Manual §5.6.1). SEC는 우리 금융당국과 같은 수사기관 통보사건에 대한 심의·의결 절차를 거치지 않는데 이는 일본 금융청도 마찬가지이다.

법무부는 SEC의 조사결과를 이첩받거나 법무부의 자체 인지를 통해 수사를 하여 기소 여부를 결정한다. 위반자에 대하여는 20년 이하의 징역 또는 개인은 5백만 달러, 법인은 25백만 달러 이하의 벌금에 처할 수 있다(증권법 §24, 증권거래법 §32).

---

34) 중세 봉건제 시기의 영국은 중앙집권왕정의 통치를 위하여 보통법을 제정하면서도 경직된 보통법으로 인한 문제점을 보완하기 위하여 형평법 법원(Court of chancery) 제도를 운영하였다. 형평법 법원은 보통법상 손해배상 판결보다는 금지명령이나 부당이득반환과 같은 형평법상 구제(equitable remedy) 판결을 주로 내렸다는 특징이 있다.

35) SEC v. Penn Cent. Co., 425 F. Supp. 593(E.D. Pa. 1976).

36) SEC의 부당이득반환제도의 취지와 연혁에 대하여는 김민석, "자본시장 불공정거래에 대한 금전제재의 법적 쟁점", 「증권법연구」 제19권 제1호(2022) 참조.

37) 17 C.F.R. §201.1100~1106.

(7) 행정상 화해 제도

조사대상자의 요청으로 SEC와 화해를 하는 화해제도(settlement)가 있다(17 CFR §201.240). 조사대상자는 제재절차가 개시될 수 있거나 개시예정일을 통보받은 경우 또는 이미 개시된 경우에도 화해 제안을 할 수 있는데, 이 경우 SEC는 청문 담당관을 선정하여 제안내용을 청취한 후 합의안을 SEC 위원회에 상정하여 최종 결정한다. SEC가 화해담당자의 권고안을 수락하는 경우에는 조사대상자는 SEC에 화해금 납부, 금지명령 등에 동의하고 SEC의 제재절차는 종결하게 된다.[38]

화해제도는 행정제재나 형사제재절차로 인한 규제자원의 소모를 방지한다는 점과 피해자 구제에 유리하다는 점에서 유용하게 활용되고 있는데,[39] 실제 높은 화해율(90% 내외)을 보인다.[40] 다만 화해제도는 행정기관의 강도 높은 조사로 인해 당사자에게 사실상 강요된 합의를 끌어낸다는 우려와 함께, 혐의를 시인하지 않은 상태에서의 합의 종결로 인하여 제3자의 구제기회를 상실할 수 있다는 부작용도 있다.

우리나라의 공정거래법상 유사 제도를 보면 혐의 기업이 자진 시정·피해구제 방안을 제안하고, 공정거래위원회가 그 방안의 타당성을 인정하면 법 위반 여부를 묻지 않고 사건을 종결하는 동의의결제가 있다(§89). 금융위원회의 경우 공정거래위원회와 같은 전속고발권이 없고, 3대 불공정거래 사건은 先수사·後과징금이 원칙이므로 형사처분을 배제하는 행정조치가 현실적으로 곤란하다. 미국과 같은 화해제도가 도입되기 위해서는 독립적인 행정조치가 가능하도록 규제체계를 변경해야 한다.

II. 영 국

1. 금융행위감독청

영국 금융행위감독청(Financial Conduct Authority, 이하 "FCA")은 「금융서비스법」(Financial Services Act 2012)에 따라 설립된 공공기관이다. 영국은 「금융서비스시장

---

38) 법원의 민사소송을 통한 제재건의 경우 법원의 동의심판(consent decree)을 통하여 화해 승인을 받아야 한다.

39) 2018년 일론 머스크가 테슬라를 1주 당 420불에 매수하여 비상장 회사로 전환하겠다는 허위 내용의 트윗을 남긴 사건과 관련하여 SEC의 제재에 봉착하자 일론 머스크는 2천만 달러의 제재금과 3년간 테슬라 대표로 활동하지 않겠다는 내용의 화해 협약을 SEC와 체결하고 법원이 이를 승인한 바 있다.

40) 최자유, "증권 불공정거래에 대한 화해 제도 도입에 관한 고찰", 「저스티스」 제189호 (2022.4), 257면.

법」(Financial Service and Markets Act 2000)에 따라 증권규제기구인 SIB와 영란은행의 은행감독권, 재무부의 보험감독권을 통합하여 금융서비스감독청(Financial Services Authority, FSA)을 설치하였다. 이는 다수 감독기관으로 인한 규제 비효율을 제거하기 위한 목적이 있었으나, 2008년 금융위기 동안 은행 규제의 실패로 인해 건전성 규제를 강화하는 방향으로 금융감독체계가 변화하게 된다. 영업행위 규제, 건전성 규제와 금융정책 기능을 분리하는 이른바 쌍봉형(Twin Peaks) 체계를 채택하여 영란은행 내 건전성 규제기구(Prudential Regulation Authority) 및 금융정책위원회(Financial Policy Committee)를 설치하고, 소비자보호 및 금융회사의 영업행위를 감독하는 FCA를 설립하게 되었다. 따라서 영국의 금융기관은 영업행위 규제와 건전성 규제를 별도의 기관으로부터 받고 있다.[41] FCA는 비정부기구로서 금융회사로부터 받는 감독수수료를 재원으로 하여 운영된다.

2. 조사절차

FCA의 불공정거래 조사 업무는 제재 및 시장감시국(Enforcement and Market Oversight Division)에서 담당한다. 조사절차는 크게 ⅰ) 조사관의 임명 및 조사범위의 논의, ⅱ) 조사실시, ⅲ) 예비조사결과의 사전통보, ⅳ) 조기해결절차, ⅴ) 규제결정위원회의 심의 후 ⅵ) 제재 순서로 진행한다.

FCA는 불공정거래 사건 착수 시 담당 조사관을 임명하고 필요한 경우 조사대상자에게 조사관 임명통지서(Notice of Appointment of investigators)를 송부한다(FSMA §170(2)). 조사관은 조사 개시 전 조사대상자와 조사범위 논의(Scoping discussion)를 진행하는데 조사범위 및 일정을 명확하게 설명하기 위한 절차이다.

조사에 착수하면 조사관은 출석요구권, 문서제출요구 권한을 행사하며, 압수·수색 및 통신사실조회권한과 같은 강제조사권한도 행사할 수 있다. 조사관은 조사가 완료되면 예비조사결과보고서(Preliminary Findings)를 작성하여 그 요약내용을 조사대상자에게 통보하고, 대상자에게 조사결과에 대한 서면 답변을 제출할 기회를 부여한다. 이 과정에서 조사대상자는 FCA와 사건에 대한 조기해결 절차를 진행할 수 있다. 만약 조기해결절차의 합의가 이루어지지 않는 경우 조사결과는 규제결정위원회의 심의를 거쳐 제재결정이 이루어진다.

---

41) 영국의 금융감독체계의 연혁을 설명한 자료로는 노철우, "우리나라 금융감독체계의 개편 논의와 방안 - 최근 영국의 금융개혁방안 및 우리나라에서의 개편 논의를 중심으로 -", 「금융법연구」제9권 제2호(2012), 181~191면 참조.

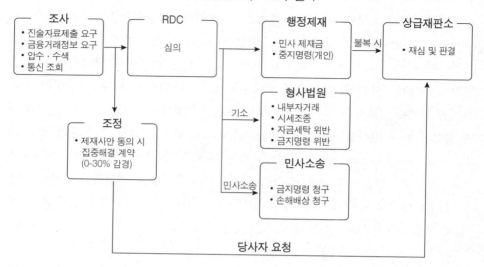

▼ FCA 조사 · 조치 절차

3. 조사권한

FCA는 비정부기구이지만 다른 나라와 비교할 때 강력한 조사수단을 보유하고 있다. FCA 조사관은 조사대상자 및 관련자에 대한 문답 및 정보제공요구권을 갖는다 (FSMA §171~173). 또한 법원의 영장에 따른 압수 · 수색을 통한 강제조사권이 있다 (FSMA §176). 다만 영장의 집행은 「형사증거법」상 경찰의 전속권한이므로,[42] FCA 조사원은 경찰의 동행 및 감독 하에 압수 · 수색이 가능하다. FCA는 「수사권법」 (Investigatory Powers Act 2016)에 따라 FCA 상위공무원의 승인을 받아 통신사업자로부터 통신자료(communication data)를 취득할 수 있다(§61).

4. 조사결과의 처리

(1) 규제결정위원회

FCA는 예비조사결과보고서 작성 후 조사대상자의 의견 등을 반영하여 정식 조사보고서를 작성하여 규제결정위원회(Regulatory Decisions Committee, 이하 "RDC")에 제출하고 RDC의 심의를 거쳐 조치가 확정된다. RDC는 FCA에 소속된 위원회 조직이나, FCA의 조사업무와 분리된 조사결과의 조치를 위한 최종 의사결정기구이다.

---

42) Police and Criminal Evidence Act 1984 §16.

RDC는 대상자에게 경고통지(Warning Notice)를 보내고 서면 또는 구두진술의 기회를 부여한다. 심의가 종결되면 RDC는 결정통지서(Decision Notice)를 조치대상자에게 송부하는데, 조치대상자는 해당 결정을 수용하거나 상급재판소(Upper Tribunal)에 제소할 수 있다. 만약 결정통지가 제소기간의 경과 또는 상급재판소의 판결로 확정될 경우 RDC는 최종통지(Final notice)를 대상자에게 송부함으로써 절차가 종료된다.

(2) 조치권한

FCA의 조치는 크게 FCA의 민사제재금과 중지명령과 같은 자체 행정제재, 민사소송을 통한 금지명령 또는 손해배상 청구, 그리고 형사처벌 대상행위에 대한 FCA의 기소 절차로 대별된다. 조치체계는 미국과 유사하나 FCA가 기소권을 갖는다는 차이가 있다.

FCA는 시장남용행위(market abuse)에 대하여 직접 민사제재금을 부과할 수 있고(FSMA §123), 시장남용행위에 대해 법원을 통하여 금지명령(FSMA §381) 또는 손해배상을 법원에 청구할 수 있다(FSMA §382, 383). 행위자(개인)의 시장남용행위의 경우 FCA가 직접 거래행위나 투자회사의 직책에 대한 일시 중지 등의 중지명령을 내릴 수 있다(FSMA §123A).

FCA는 형사처벌 대상인 불공정거래에 대한 기소권한을 갖는다(FSMA §401, 402). 영국은 원래 사인소추주의 국가였으나 소추권한이 경찰을 거쳐 검찰로 이전한 역사를 갖고 있다. 따라서 FCA의 기소권은 영국의 전통적인 법제상 특징으로 인한 것이다. FCA는 불공정거래에 대한 행정제재 또는 기소권 양자를 갖고 있으므로 형사기소 여부 결정을 위한 일반원칙(Enforcement Guide §12.3.2)을 정하여 기소 대상행위의 판단기준을 설정하고 있다. 이 기준은 위반행위의 중대성, 피해자의 유무, 손해의 범위, 시장의 영향 등 13가지 판단요소에 따라 기소대상 여부를 판단한다.

(3) 조기해결절차

조사결과를 통보받은 조사대상자는 FCA와의 합의를 통해 사건의 조기해결(Early resolution)에 이를 수 있다(FCA Handbook §DEPP 5.1). 조사대상자는 사실관계, 책임 및 제재에 대한 동의 수준에 따라 최고 30%까지 제재의 감경을 받을 수 있다. 조사대상자가 일부 내용만 동의할 때는 FCA 내 이사와 부서장 풀에서 선발된 합의결정권자(The Settlement Decision Maker)와의 집중해결계약을 체결하게 되는데 집중해결계약의 체결 여부는 FCA의 재량사항이다. 조사대상자는 조기해결절차 과정에서 집중해결계약을 체결하지 않고 RDC를 통해 문제를 제기하거나 RDC를 거치지 않고 바로 상급재판소의 회부를 요구할 수 있다. 90% 이상의 대부분 사건은 조기해결절차를 통해 종결된다.

▼ 조기해결 옵션

구분	동의	제재감경
1	사실관계, 책임 및 제재 모두에 동의	30%
2	사실관계, 책임에 동의	30%
3	사실관계에만 동의	RDC재량으로 15~30%
4	일부 논쟁이 있는 이슈를 제외하고 동의	RDC재량으로 0~30%
5	RDC를 통해 모든 문제에 문제 제기	–
6	상급재판소에 바로 회부	–

* 2~4는 집중해결계약을 통해 처리(체결여부는 FCA 재량사항)

III. 일 본

1. 금융청(증권거래등감시위원회)

「금융상품거래법」(이하 "금상법")상 불공정거래의 조사업무는 정부기관인 금융청 내부의 독립 위원회인 증권거래등감시위원회(이하 "증감위") 및 사무국에서 수행한다. 법률상 금융상품거래업자등의 검사권한은 내각총리대신에게 있으나(금상법 §56의2①), 그 권한은 금융청장관에게 위임되고(§194의7①), 금융청장관은 다시 증감위에 위임하는 체계로 되어 있다(§194의7②).

「금융청설치법」상 증감위의 위원장 및 위원은 독립하여 그 직권을 행하고(§9), 위원장 및 위원은 양 의회의 동의를 얻어 총리가 임명하도록 하며(§12), 재임 중 의사에 반하여 해임될 수 없도록 하는 등(§14) 독립적으로 업무를 수행하도록 규정하고 있다.

증감위는 시장분석, 금융투자업자의 검사, 불공정거래 · 공시 조사 및 법령 위반행위에 대한 금지 · 중지명령 청구 업무 등을 수행한다. 증감위는 외견상 우리의 증권선물위원회와 유사해 보이나 실제로는 조사집행기구로서 기능을 하고 심의 · 의결권한은 금융청이 수행하는 구조로 분리되어 있다. 증감위 사무국은 7개 과로 조직되어 있는데, 증감위 사무국 내 불공정거래 조사는 조치대상에 따라 각각의 부서에서 운영한다. 형사처벌 대상이 되는 범칙사건의 조사는 특별조사과가 수행하고, 과징금 사건은 거래조사과가 담당한다.[43]

▼ 증감위 사무국 조직 및 업무

구분	주요업무
총무과	사무국의 총괄조정
시장분석심사과	투자자 제보 접수, 자본시장 정보 수집·분석업무
증권검사과	금융상품거래업자의 업무와 재산상태의 검사 및 처분권고
거래조사과	불공정거래 조사 및 과징금 납부명령 권고
국제거래조사과	국제사안의 불공정거래 조사
공시검사과	유가증권보고서 등 공시서류 보고 및 검사
특별조사과	불공정행위 실태 조사 및 형사사건 형사소추 요구

2. 범칙사건의 조사

(1) 범칙사건 조사의 의의

1) 의 의

범칙사건의 조사는 행정청이 관할 법률에 관한 위반 사건을 형사법적으로 처리하는 것을 목적으로 하는 조사로서, 법원의 허가를 통한 강제조사가 가능한 조사권한으로 정의된다.[44] 이는 우리 자본시장법상 조사공무원의 증권범죄조사의 개념과 동일한데, 우리의 조사공무원 제도가 일본 구증권거래법상 범칙사건 조사권한을 계수했기 때문이다.

범칙사건은 유가증권신고서·유가증권보고서·공개매수신고서 등의 미제출, 이러한 서류의 중요한 허위기재, 면허·인가의 조건위반, 유가증권거래에 관한 불공정거래·풍설의 유포, 시세조종, 내부자거래, 손실보전, 임원·주요주주의 공매 등으로서 형사처벌 대상이 되는 사건을 말한다(금융상품거래법 시행령 §45).

범칙사건의 조사절차는 증감위 사무국 내 시장분석심사과가 불공정거래 혐의에 대한 모니터링·심사를 거치게 되고, 그 결과를 범칙사건 조사부서인 특별조사과에 할당하게 된다.[45]

---

43) 証券取引等監視委員会, 「証券取引等監視委員会の取組み」, (2018), 5頁,
   <https://www. fsa.go.jp/sesc/aboutsesc/pamphlet.pdf>.
44) 佐藤英明, 「犯則調査權限導入に關する若干の論点整理」, (2004), 47頁.

범칙조사 권한의 경우 금융상품거래법 제9장에 형사소송법에 준하는 수준의 조문을 구성하여 부당한 권리침해를 방지하는 한편, 행정처분절차에서도 대심제 등 당사자주의에 입각한 제도운영을 하는 등 조직구조 및 절차 측면에서 준사법적 체계를 갖추고 있다.[46]

금융상품거래법(舊 증권거래법)에 범칙사건 조사절차가 최초로 도입된 것은 1992년으로 그 역사가 오래된 것은 아니다. 독점금지법상 범칙사건 조사절차 역시 2006년에 도입되었다. 다만, 범칙조사의 연원이 되는 국세범칙 조사의 경우 메이지 시대에 도입되었다는 점을 고려하면 일본의 범칙조사 제도 자체는 오래된 역사를 가지고 있다.

2) 범칙조사의 법적 성질

범칙조사의 법적 성질에 관한 학설과 판례의 입장을 정리하면 법률상 행정조사에 해당하나, 형사절차에 준하는 절차가 필요하다는 것으로 요약된다. 범칙조사의 법적 성질과 관련한 학설과 판례는 행정절차에 해당하는 것으로 본다.[47] 다만, 학설은 범칙조사는 범칙사실 존재 여부와 그 내용을 밝히는 목적으로 하는 절차로서 범칙 사실이 확인된 경우 고발·통보 처분이 이루어지므로 실질적으로 형사절차에 준하는 절차로 본다.[48]

판례에 따르면 국세 범칙단속법상 질문 조사절차는 형사상 책임을 추궁당할 우려가 있는 사항에 대하여 진술을 요구하는 것으로서, 실질적 형사책임 추궁을 위한 자료취득 수집으로 헌법상 진술거부권 보장의 적용을 받는 것으로 해석하였다.[49] 국세범칙 등에 대하여 행정기관이 범칙조사를 하는 이유로는 증거의 수집과 가치판단에 관한 특별한 경험과 지식의 필요성, 사건의 발생건수를 감안하여 형사절차 따른 수사기관의 부담 등을 고려할 때 필요성이 인정된다고 한다.

---

45) 일본 증권거래등감시위원회 홈페이지, (2018.12.30.);
   < https://www.fsa.go.jp/sesc/aboutsesc/about_work.htm >.
46) 金融庁, "参考資料", 法制 WG19-1-②, 2007.10.12, 6頁.
47) 藤木英雄, 土本武司, 松本時夫, 「新版刑事訴訟法入門」, 1993, 57頁; 국세범칙 조사절차에 관한 판례에 따르면 범칙조사는 일종의 행정절차로서 형사절차에 해당하지 않으므로, 세무관리의 압류처분에 대한 이의 제기는 행정사건소송법상 규정된 소송에 따르고, 형사소송법 제430조의 준항고규정을 준용하지 않는다; 最高裁 昭和 44年 12月 3日 決定.
48) 金子宏「租税法 第10版」, (2005), 831頁.
49) 最高裁 昭和 59年3月27日 判決 (刑集38卷5号 2037頁 税資142号1456頁).

(2) 조사권한

1) 임의조사권한

특별조사과의 범칙조사 권한은 법원의 허가장이 필요하지 않은 임의조사권한과 법원의 허가장에 의한 강제조사권한으로 구분된다.

임의조사권한은 혐의자 및 참고인에 대한 출두요구·질문 권한, 혐의자 및 참고인의 물건의 검사·영치권한이 있다(금상법 §210①).[50] 금융거래정보 취득의 경우 우리나라의 금융실명법과 같은 규제가 없고, 금상법상 사실조회 규정에 근거하여 금융기관으로부터 금융거래정보를 취득한다(금상법 §210②).[51] 이러한 취득 방식은 형사소송법에 따른 수사의 경우도 마찬가지이다(§197②). 금상법과 형사소송법상 금융거래정보 취득과 관련한 개인정보 취급사업자의 의무 충돌에 대하여도 개인정보보호법의 예외 적용을 받는다.[52]

2) 강제조사권한

법원의 허가장에 의한 조사권한은 임검, 수색 및 압류권한(금상법 §211①), 통신기록의 압류 권한(§211의2①)을 행사할 수 있다. 금상법은 형사소송법에 준하는 수준의 세부적인 절차요건을 정하고 있다. 야간 집행의 제한(§212), 허가장의 제시(§213), 잠금장치 해제 등의 처분(§215), 처분 중 출입금지(§216), 책임자 등의 입회의무(§217), 경찰관의 원조(§218), 조서의 작성(§219), 영치·압류 목록의 작성(§220), 영치·압류 목록의 반환(§222) 등이다.

---

50) 금융상품거래법 제210조(질문, 검사 또는 영치 등) ① 증권거래등감시위원회의 직원은 범칙 사건을 조사하기 위하여 필요한 때에는 범칙 혐의자 또는 참고인(이하 범칙 혐의자 등)에 대하여 출두를 요구하고, 범칙 혐의자 등에 대하여 질문하고, 범칙 혐의자 등이 소지 혹은 유류한 물건을 검사하거나 범칙 혐의자 등이 임의로 제출하거나 유류한 물건을 영치할 수 있다.

51) 금융상품거래법 제210조 ② 위원회 직원은 범칙 사건의 조사에 있어서는 공무소 또는 공사 단체에 조회하여 필요한 사항의 보고를 요구할 수 있다.

52) 個人情報保護委員會,「個人情報の保護に關する法律についてのガイドライン (通則編)」, 2018. 12, 29頁; 個人情報保護委員,「個人情報の保護に關する法律についてのガイドライン 及び 個人データの漏えい等の事案が發生した場合等の大應についてに關するQ&A」, 2018. 7, 17頁; 안현수, "금융실명법상 행정기관 등의 금융거래정보요구권 행사에 관한 소고",「은행법연구」제12권 제1호(2019), 181면.

▼ 증감위의 조사 · 조치절차

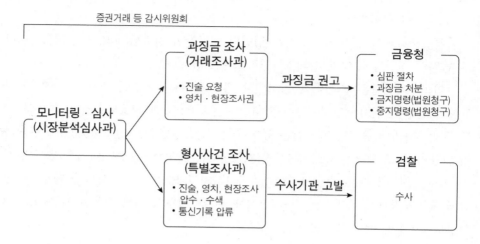

(3) 조사자료의 증거능력

일본 금상법과 유사한 강제조사 규정을 운영하는 사례는 관세법, 독점금지법, 국세통칙법에 따른 범칙사건의 조사의 경우를 예로 들 수 있다. 금상법, 국세통칙법 등의 공통점은 범칙사건의 결과로 취득한 영치물이나 압류물건은 수사기관 고발과 함께 수사기관에 인계되며, 동 영치물 · 압류물건은 형사소송법에 따른 압수물건으로 인정된다는 점이다(금상법 §226, 국세통칙법 §159).

판결례는 범칙조사를 위한 압류 과정에서 작성한 조서에 대해서도 형사소송법에 따른 조서53)와 동일한 성질을 갖는 것으로 보아 증거능력을 인정하고 있다.54)

---

53) 일본 형사소송법 제321조 ③ 검찰관, 검찰사무관 또는 사법경찰직원의 검증 결과를 기재한 서면은 그 진술자가 공판 기일에서 증인으로 심문을 받고 진정으로 작성된 것임을 진술한 때에는 제1항의 규정에 불구하고 이를 증거로 할 수 있다.

54) 세관직원의 압류조서의 증거능력과 관련하여 판결은 관세법상 범칙사건의 조사를 위하여 혐의자에게 질문하거나 소지 물건 등을 검사할 수 있으며, 허가장에 의해 임검, 수색 · 압류를 하는 경우 조서를 작성하도록 되어 있는 등(관세법 제11장 제1절) 검찰 또는 사법경찰의 범죄 수사와 유사한 성질을 갖는 것으로 보았다. 따라서 세관직원이 범칙사건의 조사에서 작성한 서면 역시 검증결과를 기재한 서면과 성질이 동일하다고 인정되는 한 형사소송법 제321조 제3항 소정의 서면에 포함되는 것으로 판단하였다(東京高等裁判所, 平成25(う)1464 判決).

(4) 피조사자의 권리보호

범칙조사시 진술거부권에 대한 규정상 명확한 근거는 없으나, 학설은 질문조사권의 목적, 성질 등을 고려하면 진술거부권을 인정하는 것이 타당하다고 보는 견해가 있다.[55] 판례 역시 국세 범칙단속법상 질문 조사절차는 형사상 책임을 추궁당할 우려가 있는 사항에 대하여 진술을 요구하는 것으로서, 실질적 형사책임 추궁을 위한 자료취득 수집으로 헌법상 진술거부권 보장의 적용을 받는 것으로 판단하였다.[56]

형사사건을 처리하는 범칙조사와 행정처분 목적의 조사는 그 증거를 상호 교차하여 사용할 수 없다는 견해가 우세하다. 판례에 따르면 범칙조사는 수사기관 고발·통보를 위하여 범칙행위에 대한 증거 수집·발견을 목적으로 하므로 형사절차에 가까운 성격을 갖고 있으므로, 행정처분을 목적으로 하는 조사에서 범칙사건의 조사수단을 행사해서는 안 된다고 한다.[57]

조사공무원의 심문권한과 여타 행정조사 목적으로 수행하는 일반 직원의 질문권한은 엄격하게 구분하여야 하고, 특히 범칙조사 목적의 경우 질문의 상대방에게 그 사실을 고지하는 등 절차적 정당성을 강하게 요구한다.[58] 따라서 범칙조사의 의도가 있음에도 행정조사 목적의 질문검사권에 의해 수집된 자료의 경우 불법 수집증거로서 증거능력을 부정하는 것이 타당하다고 보고 있다.[59] 반면 행정조사로 얻은 자료나 조사결과를 범칙사건의 단서로 이용하는 것은 허용된다.[60] 일본 공정거래위원회의 경우 행정조사를 단서로 범칙단서로 이행하려는 경우 범칙조사규칙 제4조에 따라 위원회에 보고를 하는 경우에 허용한다. 이러한 절차상 정당성 문제로 인해 일본 공정거래위원회나 증감위의 경우 범칙조사부문과 행정조사부문의 절차와 권한을 엄격하게 분리하는 것이다.

(5) 조사결과의 처리

범칙조사 결과 범칙의 심증을 얻은 경우에는 고발하고, 영치물건 또는 압수물건이 있는 때에는 이를 영치목록 또는 압수목록과 함께 인계하여야 한다(금융상품거래법 §226①). 동 영치물건 및 압수물건이 인계된 때에는 당해 물건은 형사소송법상에 따른 압수물건으로 본다(금융상품거래법 §226③).

---

55) 龍岡資晃,「最高裁判所 判例解説刑事編昭和59年度」, 1984, 243頁.
56) 最高裁 昭和 59年 3月27日 判決(刑集38卷5号 2037頁 税資142号1456頁).
57) 最高裁 平成 16年1月20日決定(判例時報 1849号133頁).
58) 税務大学校,「国税犯 則取締法 (基礎編) 平成17年度版」, 21頁.
59) 金子宏監修,「租税法辞典」, (2001), 565頁.
60) 最日判, 1998. 3. 31. 判例 667号, 92頁.

범칙사건의 처리의 경우 증감위-검찰간 협의체인 「고발문제협의회」를 운영하고 있다. 과거 고발문제협의회는 검찰의 기소방침이 굳어진 경우에 협의가 이루어졌으나, 2016년 도시바의 300억엔 규모의 분식사건의 경우 상반된 처리결과를 보여주었다. 검찰은 동 사건에 대하여 위법성이 명확하지 않다는 입장이었으나, 증감위는 고발문제협의회의 논의결과와 상관없이 검찰에 동 사건을 고발한 바 있다.[61]

3. 과징금 사건의 조사

(1) 의 의

과징금 사건의 조사는 과징금 부과 대상이 되는 풍설의 유포·위계, 시세조종, 내부자거래 등 불공정거래에 대하여 금융상품거래법 제177조의 조사권한에 따라 조사를 하는 것을 말한다(금융상품거래법 §177, 거래조사에 관한 기본 지침 §Ⅰ.1).

과징금 사건의 조사절차는 증감위 사무국 내 시장분석심사과가 불공정거래 혐의에 대한 모니터링·심사를 거쳐, 과징금 사건 조사부서인 거래조사과에 할당한다.

(2) 조사권한

과징금 조사권한은 범칙조사권한과 달리 임의조사권한으로 제한된다. ⅰ) 사건관계인 또는 참고인에 대한 출석요구 및 진술요구권, 의견 또는 보고요구권, ⅱ) 사건관계인에 대한 장부, 서류 그 밖의 물건의 제출 명령 또는 제출물건의 유치권, ⅲ) 사건관계인의 영업소 및 그 밖의 장소의 출입을 통한 장부서류 및 그 밖의 물건의 검사권한, ⅳ) 공무소 또는 공사단체에 대한 보고요구권이 있다(금융상품거래법 §177).

(3) 피조사자의 권리보호

과징금 조사권한은 범칙조사와 달리 모두 임의조사권한이므로 피조사자의 권리침해가 발생하지 않도록 할 필요가 있다. 증권거래등감시위원회는 「거래조사에 관한 기본지침」을 정하고 과징금 조사 시 필요한 절차 요건을 정하고 있다. 동 지침은 ⅰ) 조사관의 자세, ⅱ) 현장조사 시 절차 및 유의사항, ⅲ) 문답조사 시 절차 및 유의사항, ⅳ) 과징금 권고의 공표, ⅴ) 조사정보의 관리 등을 담고 있다.

현장조사 시에는 조사관은 증표를 제시하고, 검사 대상 물건 또는 장소의 소유자나 관리자의 동의를 얻어 검사권한을 행사하여야 한다. 또한 대상자료를 열람

---

61) 産経新聞, "歴代3社長の「粉飾」3年分300億円　監視委, 年明けに検察当局へ告発協議要請", (2016.12.23.);
　　＜http://www.sankei.com/premium/news/161223/ prm 1612230022-n2.html＞.

할 때는 관리자 등을 입회하게 하고, 대상 법인 등의 업무시간 내에 실시하는 것을 원칙으로 한다. 자료를 임차할 때는 차용증을 교부하고, 조기에 반환하도록 노력해야 한다(거래조사에 관한 기본 지침 §Ⅱ. 거래 조사의 실시 절차 등).

문답조사는 피조사자의 동의를 얻은 후에 실시하고, 법령 위반이 의심되는 사항에 대해서는 피조사자에 대하여 충분한 설명을 요구하고, 피조사자의 의견 또는 주장에 대해서도 충분히 청취하여야 한다. 문답조사에서 알게 된 내용은 비밀엄수 의무가 있다. 조서를 작성한 경우에는 읽어주거나 열람하게 하고, 진술인이 수정을 요청할 때는 필요한 수정을 한 후 다시 진술인에게 내용의 확인을 요구하도록 하고 있다.

(4) 조사결과의 처리

1) 개 관

과징금 부과는 범칙사건의 고발과 달리 행정청의 종국처분에 해당하므로 별도의 심판절차를 법령으로 정하고 있다.

불공정거래에 대한 과징금 부과절차는 크게 ⅰ) 증권거래등감시위원회의 조사 및 권고, ⅱ) 금융청장관의 심판개시 결정, ⅲ) 심판절차, ⅳ) 심판관의 결정안 제출, 그리고 ⅴ) 금융청장관의 처분결정으로 구분된다.

증감위는 조사결과에 대하여 금융청장에게 제재를 권고하는 방식을 취하는데(금융청설치법 §20①), 조사기관(증권거래등감시위원회)과 조치기관(금융청)을 분리 운영하여 과징금 조치의 객관성을 확보한다는 특징이 있다.

심판관은 금융청장에게 결정안을 제출하여 과징금의 처분을 권고하고, 금융청장은 결정안에 근거하여 과징금 납부명령 결정을 한다(금상법 §185의7⑰).

심판절차 진행 시 당사자의 의견청취나 증거조사 결정이 가능하며, 심판절차는 공개가 원칙으로 방청도 가능하다.

2) 심판절차 개시

조사결과 위반사실이 인정되는 경우에 증감위는 금융청장관에게 권고하고(금융청설치법 §20①), 과징금 사안에 해당하는 사실이 있다고 인정되는 경우에는 내각 총리대신(금융청 장관에게 위임)이 심판개시 결정을 내려야 한다(금융상품거래법 §178). 감독관청에 재량권을 부여하면 개별 사안의 심리에 시간이 걸리므로 규제의 기동성이 떨어지기 때문에,[62] 금융청장관의 심판개시의 재량권을 부인하는 운용으로 과징금 부과안건이 증가하는 구조를 갖고 있다.[63]

금융청장관의 개시결정은 위반사실 및 과징금액 등을 기재한 심판절차개시결정서의 등본을 피심인에게 송달함으로써 효력이 발생하고(금상법 §179③) 이를 통해 심판절차가 시작된다.

심판절차가 개시되면 금융청장관은 합의제로 운영되는 3인의 심판관을 지명한다(금상법 §180②, 경미한 사항은 1인 심판관으로 진행). 심판관은 독립성 유지를 위하여 금융청의 내부 국에 속하지 않는 자로서 검사, 변호사의 자격을 가진 자를 포함한다(금융청설치법 §25, 과징금부령 §6②).

심판개시결정서를 송달받은 피심인은 답변서를 제출하여야 하는데, 위반사실 및 과징금액을 인정하는 취지의 답변서를 제출하는 경우 기일의 심리 없이 심판절차개시결정서의 위반사실에 근거하여 금융청장관의 처분결정이 내려진다.

3) 심리방법

금융청의 심판은 원칙적으로 피심인과 심판관이 참석하며, 심판관은 피심인에 대한 의견진술 요구, 심문실시 및 참고인 심문 등을 통해 심리한다(금상법 §184②, §185). 금융청장관이 지명하는 지정직원(증감위 직원으로 구성)은 증거의 신청 등의 입증행위를 할 수 있고(금상법 §181③, ④), 참고인에 대한 질문을 할 수 있다(금융상품거래법 제6장의2의 규정에 의한 과징금에 관한 내각부령 §42). 기일에 피심인은 의견진술 및 증거서류·증거물의 제출을 할 수 있고(금상법 §184①, 제185의3①), 참고인에 대한 질문도 허용하는 등 재판과 유사한 대심구조로 운영된다.[64]

4) 처분결정 및 후속조치

심판절차가 종결되면 심판관은 결정안을 작성하여 이를 금융청장관에게 제출하고(금상법 §185의6), 금융청장관은 피심인에 대한 처분결정을 한다(금상법 제185의7⑱).

과징금 부과권고시 원칙적으로 보도자료를 배포하고, 권고 내용을 홈페이지에 공표한다(거래조사에 관한 기본지침 Ⅳ).

---

62) 瀬谷ゆり子, 「金融商品取引規制のエンフォースメント―課徴金制度の役割―」, 桃山法学 第15号(2010), 2512頁.

63) 木目田裕·尾崎恒康, 「エンフォースメント―刑事罰と課徴金」, 商事法務 1846号(2008), 33頁.

64) 松尾直彦, 「金融商品取引法〔第3版〕」, 商事法務(2014), 650頁.

4. 범칙사건과 과징금사건의 분류·처리 현황

(1) 범칙사건과 과징금사건의 분류기준

증감위는 불공정거래 조사 초동단계에서 시장분석심사과가 불법성과 시장영향도에 따라 특별조사과, 거래조사과에 할당한다. 구체적인 범칙·과징금 사건 분류기준은 없다. 다만 형사처벌 부과 수준에 이르지 않는 정도의 위반행위에 대하여 과징금을 부과하며,[65] 행위의 악성에 따라 형사·과징금 사건 처리 부서를 구분하는 분류체계로 운영하고 있다.[66]

계량적으로는 부당이득을 기준으로 형사고발 또는 과징금 부과대상으로 하는 것으로 알려져 있으나, 2013년 시세조종행위에 대하여 40억엔의 과징금을 부과한 사례를 볼 때 부당이득이 절대적 기준이 아닌 것으로 보인다. 고액사건과 함께 수십만엔 수준의 낮은 금액의 과징금 부과도 이루어지고 있어서 과징금 부과대상 사건의 범위가 상당히 넓은 편이다.

(2) 처리 실적

범칙사건과 과징금 사건의 처리실적을 보면 금융청의 불공정거래 규제 정책방향이 행정제재 중심으로 운영되는 것을 알 수 있다. 수사기관 고발은 한 자릿수에 머물고 있으며, 최근 5년간 과징금 부과건수가 고발건수 대비 5배에 이른다.

▼ 과징금부과-형사고발건수 비교[67]

연 도	2018	2019	2020	2021	2022	총 계
과징금	43	35	27	17	17	139
고 발	8	3	2	8	7	28

(3) 과징금 제도 활성화의 원인 분석

1) 조사부서 운영체계 개편

일본의 과징금 조사 활성화는 증권거래등감시위원회-검찰 간 역학관계의 변화와 깊은 관계가 있다. 과거에는 파견검사가 감시위원회에 들어오는 정보를 대상

---

65) 小林章子, 「開示書類の虚偽記載等と金融商品取引法 ①課徴金·刑事罰」, 大和総研, (2016.3.25), 5頁.
66) 神崎克郎·志谷匡史·川口恭弘, 「金融商品取引法」, 靑林書院(2012), 588頁.
67) 証券取引等監視委員会, 「証券取引等監視委員会の活動状況」, (2023).

으로 형사고발 가능성이 있는 사건을 우선 선정하고, 특별조사과가 조사하는 체계로 운영되었다. 형사사건 중심의 운영으로 인해 행정조치 사건을 조사하는 거래조사과 업무는 상대적으로 소외를 받을 수밖에 없었다.[68)]

2006년 무라카미 펀드 사건에서 파견검사가 증감위 특별조사과를 거치지 않고 직접 검찰 특수부와 사건을 절충하는 사건이 발생한 이후 조직 운영에 큰 변화가 이루어졌다. 기존의 특별조사과에 집중된 정보를 초동단계에서 시장분석심사과가 불법성과 시장영향도에 따라 특별조사과, 거래조사과 등에 할당하게 되었다. 각 과에서 조사 중 다른 과에서 조사하는 것이 타당하다고 판단하는 경우에는 조사사안을 이관할 수도 있다. 증감위 사무국 인원의 3분의 1을 차지했던 특별조사과의 불균형한 인력구조도 개편하였다.[69)]

2) 행정규제의 독립성

증감위는 상당수 사건을 과징금 사건으로 분류하는 한편, 검찰과의 관계에서도 적극적인 태도를 보인다. 형사사건은 보충성의 원칙에 따라 최소한으로 적용하고, 과징금 부과를 통해 불공정거래 규제목적을 달성한다는 금융청의 과징금제도 도입 취지에 충실한 것으로 볼 수 있다.[70)] 그 결과 불공정거래 과징금제도가 도입된 2005년 첫해에는 검찰 고발건수가 많았으나 2006년부터는 과징금 부과건수가 역전하면서 현재 과징금 건수가 압도적으로 많다.

일본이 상당수 사건을 과징금 사건으로 분류하는 것은 규제기관 간 상호 간섭 없이 독립적인 제재권한을 사용하는 것을 존중하는 경향과도 관계가 있다.[71)]

또한 부정거래행위에 관한 금상법 제157조 제1호의 적용에 있어 조문의 포괄성으로 인해 벌칙 적용에 소극적인 점,[72)] 이로 인하여 검찰은 판례가 축적된 내부자거래나 시세조종 중에서 증거가 명확한 사건을 선호하는 경향[73)]은 입증의무가

---

68) 村山 治, "「検察支配」からの解放で監視委が活性化", 朝日新聞 法と経済, (2010.7.21); <http://judiciary.asahi.com/fukabori/2010071800006.html>.

69) 村山 治, "行政調査をフル活用´ そして市場との「対話」を重視", 朝日新聞 法と経済, (2010.7.21.); <http://judiciary.asahi.com/fukabori/2010071900006.html>.

70) 金融庁, 「証券取引法上の課徴金制度について」, (2006), 5頁.

71) 일본거래소 자율규제법인(JPX-R)의 경우도 거래참가자의 금상법상 불공정거래 위반행위에 대하여 제재금을 부과하고 있다; 일본거래소 처분실시상황<https://www.jpx.co.jp/rules-participants/participants/actions/index.html>; 모건스탠리 MUFG증권의 시세조종행위에 대하여 금상법 제159조제2항제1호 위반으로 8,000만엔의 제재금을 부과('17.7.19)하는 등 금상법 위반에 대하여 다수의 조치를 취하였음.

72) 近藤光男, 吉原和志, 黒沼悦郎, 「金融商品取引法入門」, 商事法務(2009), 336頁.

완화된 과징금 규제의 활성화에 기여한 측면이 있다.

▼ 국가별 조사 · 조치권한 비교

권한	금융위	FSA(일)	SEC(미국)	FCA(영)
진술요청권	O	O	O	O
자료제출요구권	O	O	O	O
영치, 현장조사	O	O	X*	X
금융거래정보요구권	O	O	O	O
압수 · 수색 권한	O	O	X	O
통신사실조회권	X	O	O	O
과징금(민사제재금)	O	O	O	O
부당이득반환	X	X	O	O
중지 · 금지명령	X	O	O	O
기소권	X	X	X	O

*SEC는 비공개조사 원칙이므로 현장조사는 하지 않고 제출명령권으로 자료 취득

제 3 절 금융위원회 · 금융감독원의 조사절차

Ⅰ. 조사절차 개관

1. 개 관

일반적인 불공정거래 사건 처리 절차는 초동조사기관인 한국거래소가 이상거래 심리결과를 금융위원회에 통보하고, 금융위원회 또는 금융감독원의 조사를 거친다. 조사결과는 금융위원회의 심의기구인 자본시장조사심의위원회의 심의를 거쳐 증권선물위원회의 의결을 통하여 과징금 부과 또는 수사기관 고발 · 통보를 하고, 수사기관인 검찰의 수사와 기소, 마지막으로 법원의 판결 순서로 진행된다.

2. 조사 · 처리절차의 변화

불공정거래 조사절차는 2013년 금융위원회 등 정부합동으로 발표한 「주가조작

---

73) 村山 治, 前揭記事.

등 불공정거래 근절 종합대책」에 따라 그 절차가 다양화되었다. 금융위원회, 금융감독원, 한국거래소 등 협의체인 조사·심리기관협의회를 통하여 사건을 분류하고, 사건별 별도의 트랙을 통하여 처리한다. 금융위원회 내 조사전담부서(자본시장조사단)가 신설되면서, 조사공무원의 압수·수색 등을 통한 강제조사를 담당하고 있다(자본시장법 §427). 검찰의 조기개입이 필요한 긴급·중대 사건의 경우 조사 및 증권선물위원회의 의결절차를 생략하고 수사기관에 통보하는 Fast-track 제도도 신설하였다.74)

이러한 조사체계의 변화는 금융감독원의 임의조사 권한에 따른 증거수집의 한계를 극복하고, 긴급·중대사건의 신속처리를 통한 효율성 제고에 목적을 둔다.

▼ 불공정거래 조사절차

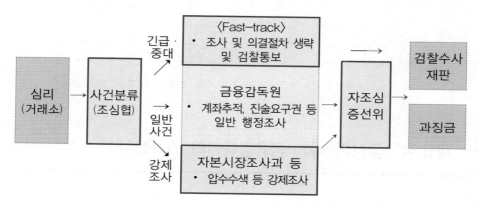

* 굵은 박스는 금융위원회의 업무에 해당

II. 사건의 배정

1. 조사의 착수 사유

금융위원회 또는 금융감독원은 다음 중 어느 하나에 해당하는 경우 조사를 실시할 수 있다(자본시장조사 업무규정 §6①).

1. 금융위 및 금융감독원(이하 "감독원"이라 한다)의 업무와 관련하여 위법행위의 혐의사실을 발견한 경우
2. 한국거래소(이하 "거래소"라 한다)로부터 위법행위의 혐의사실을 이첩받은 경우

---

74) 금융위원회 등 정부합동, "주가조작 등 불공정거래 근절 종합 대책", (2013.4.18.), 7면.

3. 각 급 검찰청의 장으로부터 위법행위에 대한 조사를 요청받거나 그 밖의 행정기관
   으로부터 위법행위의 혐의사실을 통보 받은 경우
4. 위법행위에 관한 제보를 받거나 조사를 의뢰하는 민원을 접수한 경우
5. 기타 공익 또는 투자자보호를 위하여 조사의 필요성이 있다고 인정하는 경우

① 자체 인지   금융위원회·금융감독원이 업무상 취득한 정보사항이나 감시·분석을 통하여 불공정거래 혐의를 인지하는 경우에 조사를 실시할 수 있다.

② 한국거래소 통보   한국거래소는 이상거래의 심리결과 불공정거래 혐의를 확인하는 경우 심리결과보고서를 작성하여 금융위원회(금융감독원)에 통보한다. 한국거래소는 연간 100건 내외의 심리결과를 금융위원회에 통보하고 있으며, 주된 불공정거래 조사 사유가 되고 있다.

③ 조사요청   검찰청에서 불공정거래 조사의뢰를 하는 경우, 국세청·금융거래정보분석원에서 혐의사실을 통보받는 경우에도 조사에 착수할 수 있다.

④ 기타   민원·제보가 있는 경우, 사회적 이슈사건에 대한 기획조사(예 : 테마주)를 착수하는 경우가 있다.

2. 사건의 분류

금융위원회 자본시장조사총괄과는 한국거래소에서 통보한 사건을 분류하여 금융위원회 자본시장조사과 및 금융감독원에 배당한다.

사건 분류 및 배정의 원칙을 보면 종전에는 중요사건은 금융위원회, 일반사건은 금융감독원에 배정하였으나, 현재는 사건의 성격, 범죄유형 및 각 기관의 권한과 장점을 고려하여 금융위원회와 금융감독원의 협의를 거쳐 배정한다.[75] 금융위원회는 강제조사권을 통한 미공개중요정보 이용행위의 정보전달 경로 등 증거확보의 장점이 있고, 금융감독원은 조사시스템을 활용한 시세조종 조사에 우위를 가지므로 기관 간 장점을 고려한 배정이 될 것으로 보인다.

일반적인 조사 처리 절차는 자본시장조사심의위원회의 심의 및 증권선물위원회의 의결을 거쳐 고발·통보 등의 조치를 하나, 신속한 강제수사 및 공소시효 정지가 필요하거나 사회적 물의 야기로 신속한 처벌이 필요한 긴급·중대 사건은 증권선물위원장의 긴급조치권(조사업무규정 §19②)을 활용하여 심의절차를 생략하고 수사기관에 바로 통보한다(Fast Track 절차).

---

75) 정부합동, "자본시장 불공정거래 대응체계 개선방안", (2023.9.21.), 16면.

3. 예비조사

예비조사는 본조사의 실시 또는 자체종결 여부를 판단하기 위하여 실시하는 금융감독원의 사전조사 절차이다(조사업무규정 시행세칙 §8의2①).

예비조사의 경우 금융투자업자, 거래소 등에 대한 자료제출 요구, 금융거래정보 요구, 기타 당사자에 대한 협조요청의 방법으로 조사를 실시한다. 예비조사는 사전 조사로서 임의조사의 성격을 갖고 있으므로, 최소한의 범위에서 자료징구를 하여야 한다(§8의2②). 미국 SEC도 불공정거래의 단서가 포착되면 예비조사(matters under inquiry)를 실시하는데, 예비조사는 비공식 · 비공개가 원칙이므로 조사대상자의 소환 및 진술을 강제할 수 없다.

Ⅲ. 조사의 실시

사건에 대한 예비조사 또는 사전 분석을 통하여 조사필요성이 있다고 인정되는 경우에는 조사대상 사건으로 수리한다(조사업무규정 시행세칙 §4①). 수리된 사건은 각 부서의 업무분장에 따라 해당 부서에 배당한다(동 시행세칙 §6①).

조사원이 조사를 실시하는 경우에는 금융위원회가 발부한 조사명령서에 의하여야 한다(조사업무규정 §7, 별지 제2호 서식).

예비조사 또는 사전분석을 통하여 혐의내용이 경미하거나, 제보내용이 조사단서로서 가치가 없는 등 조사의 필요성이 없다고 판단될 때는 조사를 실시하지 않을 수 있다. 또한 조사를 실시한 경우라도 검찰이 수사를 개시하거나 금융위원회와 금융감독원이 중복하여 조사에 착수한 경우에는 추가적인 조사를 중단하고 자체종결처리가 가능하다(조사업무규정 §6②).

중대 사건 중 현장조사 및 압수 · 수색 등 강제조사가 필요한 경우에는 금융위 조사공무원과 금감원 직원이 함께 조사하는 공동조사가 가능하다. 금융감독원장이 공동조사를 요청하는 경우 조사심리기관협의회의 협의를 거쳐 증권선물위원장이 공동조사 대상으로 선정하여 조사를 실시한다(조사업무규정 §45). 공동조사는 금융감독원의 행정조사 목적을 달성하기 위하여 금융위원회가 공동조사의 형태로 침익적 성격이 있는 조사권한을 행사하는 취지이다.

제 4 절 　불공정거래 조사권한

Ⅰ. 개　관

1. 임의조사권한

불공정거래 조사권한은 금융거래정보요구권, 진술 등 임의조사권한과 금융위원회 조사공무원의 압수·수색, 심문 등 강제조사권한으로 대별된다.

금융거래정보요구권(자금추적)은 「금융실명거래 및 비밀보장에 관한 법률」(이하 "금융실명법")에 따라 금융회사로부터 제출받은 금융거래정보를 바탕으로 자금추적을 통하여 혐의를 입증하는 것으로서 금융범죄 조사의 중심이 되는 조사수단이다.

금융감독기관의 출석요구를 통한 피조사자의 진술은 피조사자의 행위와 관련한 정보 및 사실관계를 당사자의 진술을 통해 파악하는 데 목적이 있다. 진술의 결과는 피조사자가 직접 작성한 진술서 또는 조사자가 작성한 문답서 형태로 관리된다.

법률에 따른 조사수단은 아니지만 기업공시정보, 뉴스는 불공정거래행위 기간 동안 공개된 일련의 기업의 중요정보와 불공정거래행위간의 인과관계를 분석하는 데 활용한다.

2. 강제조사권한

금융위원회는 조사공무원의 압수·수색 등 강제조사권을 보유하고 있는데(자본시장법 §247), 휴대폰, PC, 장부 등의 압수·수색을 통하여 사건과 관련한 증거를 확보하는 기능을 한다. 불공정거래 조사에 있어서 압수·수색 권한은 혐의자의 위법혐의를 확인하는 데 중요한 수단이 된다.

자금추적은 이상거래내역의 분석과 함께 혐의군의 자금거래내역과 위탁계좌 기본정보의 성명, 주소, 연락처를 바탕으로 그 연계성을 확인하는 작업으로서 위법행위의 고의성을 명확히 하는 데 제약이 있고, 혐의자의 진술은 그 내용이 허위인 경우 실체적 진실을 확인할 수 없다. 반면 압수·수색은 문서나 다이어리 메모 등을 통하여 비공개된 의사결정과정이나 범행 모의내용의 확인이 가능하다.

특히 최근 들어 스마트폰 등 휴대폰이 주요한 통신수단이 됨에 따라 통화기록, 문자메시지, SNS 기록, 저장된 통화녹취내용, 사진 등을 통하여 혐의군의 범행 모의·실행 과정을 명백히 확인할 수 있어 행정조사뿐 아니라 수사과정에서도 핵심적인 증거확보 수단의 기능을 하고 있다.

3. 기관 간 조사권한의 차이

조사권한은 기관별 법적 성격과 위임범위 등에 따라 차이가 있다. 금융위원회, 금융감독원 및 한국거래소는 불공정거래의 조사나 이상거래의 심리시 금융기관에 대하여 금융거래정보요구권을 행사할 수 있다(금융실명법 §4①4 · 7). 금융위원회는 위반혐의자의 심문권, 장부 · 서류 등의 영치권한, 현장조사권과 함께 영장을 통한 압수 · 수색 등 강제조사권을 수행할 수 있다(법 §427). 금융감독원은 금융위원회와 동일하게 금융거래정보요구권, 출석요구, 진술서 제출요구 및 장부 · 서류 기타 물건의 제출요구권은 보유하고 있으나(법 §426②), 강제조사 성격이 있는 영치권, 현장조사권 및 압수 · 수색권한은 금융위원회의 위탁업무 범위에 포함되어 있지 않다.

구 증권거래법 당시 금융감독원은 불공정거래 조사권한을 포괄적으로 위임받아 업무를 수행하였고(구 증권거래법 시행령 § 90의2제3호, 구 증권 · 선물조사업무규정 제20조①), 2002년 증권거래법 개정을 통해 현장조사권과 영치권을 행사할 수 있었다. 그러나 2009년 2월 자본시장법이 시행되면서 금융감독원의 조사권한에 대한 포괄 위탁이 시행령 별표에 열거된 조사수단으로 한정하여 개별 위탁되는 형태로 변경되면서 금융감독원의 현장조사와 영치권한은 제외되었다.

▼ 거래소 · 금융위 · 금감원 · 수사기관의 조사권한 비교[76)]

권 한	거래소	금융위	금감원	수사기관
진술요청권	△*[77)]	O	O	O
심문권	X	O	X	O
압수 · 수색 권한	X	O**[78)]	X	O
영치, 사무소 출입조사	△*	O	X	–
금융거래정보요구권	O	O	O	△***[79)]
출국금지요청권	X	X	X	O
통신사실조회권	X	X	X	O
증거보전신청권	X	X	X	O

---

76) 국회 법제사법위원회, "사법경찰관리의 직무를 수행할 자와 그 직무범위에 관한 법률 일부개정법률안 검토보고", (2018.9.), 7면.

II. 금융거래정보요구권

1. 금융거래정보요구권의 의의

(1) 금융거래정보요구권

1) 개인정보자기결정권

금융거래의 비밀보장은 헌법상 사생활 비밀과 자유(§17)에서 도출된 개인정보자기결정권을 근거로 한다. 개인정보자기결정권은 자신에 관한 정보가 언제 누구에게 어느 범위까지 알려지고 또 이용되도록 할 것인지를 그 정보주체가 스스로 결정할 수 있는 권리를 말한다.[80] 헌법재판소는 금융거래정보가 개인의 사생활을 나타낼 수 있는 중요한 개인정보에 해당한다고 보고 있다.[81]

다만 이러한 권리는 국가안전보장·질서유지 또는 공공복리를 위하여 필요한 때에만 법률로써 제한할 수 있다(헌법 §37②). 금융거래정보가 개인의 사생활에 관련되었다고 하더라도 법적 분쟁 해결에 필요한 경우, 범죄와 관련된 자금세탁 방지 및 정치부패·정경유착 감시에 필요한 경우 등 공익적 요청이 더 큰 때에는 금융거래정보에 대한 공개가 불가피한 것이다.

2) 금융실명법상 금융거래정보요구권

금융실명거래 및 비밀보장에 관한 법률(이하 "금융실명법")은 비실명거래의 금지를 통해 범죄수익 은닉, 정경유착 등 부정부패를 근절하고 조세정의를 실현하는 데 우선적인 목적을 두고 있다.[82] 이러한 목적 달성을 위하여 거래자의 실지명의로 금융거래를 하도록 규정하는 한편(금융실명법 §3①), 계좌 명의인의 정보 보호를 위하여 금융거래정보를 타인에게 제공하거나 누설하는 것을 금지한다(동법 §4①).

---

77) 거래소는 심리와 관련한 진술요청권, 현장조사요청권이 있으나 실제 활용하지 않는다.
78) 금융위원회의 압수·수색 권한의 행사를 위해서는 관할 검찰청에 신청하여 검찰의 청구로 법원이 발부한 영장에 의하여 집행이 가능함.
79) 계좌추적시 영장에 금융거래정보제공 요청서 첨부 필요.
80) 헌법재판소 2005.5.26. 99헌마513등 결정.
81) [헌법재판소 2022.2.24. 2020헌가5 전원재판부 결정] 금융기관이 거래행위 과정에서 불가피하게 취득하게 되는 고객에 대한 정보는 개인의 사생활을 나타낼 수 있는 중요한 개인정보에 해당된다. 특히 금융실명제의 실시, 정보기술의 발달 및 신용카드를 통한 결제 확대로 인하여 현대사회에서 개인의 금융거래정보는 한 개인의 모든 행위를 추적 가능하게 할 수 있는 자료가 된다.
82) 김자봉, "금융실명제 시행20년의 성과와 향후 과제", 한국금융연구원 KIF정책보고서 제1호(2016), 1면.

금융거래정보요구권은 이러한 금융거래 비밀보장 원칙의 예외로서 공공기관 등이 소관업무의 수행을 위하여 금융회사에 금융거래정보의 제공을 요구할 수 있는 권리를 말한다. 금융기관은 원칙적으로는 명의인의 요구나 동의 없이 거래정보를 타인에게 제공하여서는 아니 되나, 금융실명법은 금융거래정보요구권을 요구할 수 있는 기관들을 열거하여 그 사용목적에 필요한 범위 내에서 거래정보등을 제공하거나 요구할 수 있도록 예외를 허용한다(금융실명법 §4①).

금융거래정보요구권은 1993년 최초 시행된 「금융실명거래 및 비밀보장에 관한 대통령 긴급명령」에 도입된 것이 금융실명법 제정을 통해서도 반영된 것인데, 금융실명법의 입법을 통하여 국회의 국정조사의 경우에도 추가로 예외를 인정하였고, 법관의 영장에 의한 경우 범죄수사상 편의를 위하여 금융회사의 특정점포가 아닌 본점에서 일괄조회가 가능하도록 법률에 명시하였다.[83]

(2) 불공정거래 조사에서 금융거래정보요구권의 기능

금융거래정보요구권은 불공정거래 조사에서 가장 중요한 조사수단이다. 계좌주의 실체 파악 및 계좌간 거래내역을 통한 연계성 확인이 가능하고, 거래내역을 통하여 처벌대상이 되는 불공정거래 여부 확인이나 부당이득의 산출이 가능하기 때문이다.

이러한 금융거래정보요구권을 활용하는 '자금추적'은 범죄혐의 관련 금융거래 내역을 추적하는 업무라는 의미로 통용되고 있다. 자금추적은 수사기관 또는 조사기관이 금융거래정보요구권을 활용하여 혐의자의 금융거래정보를 분석하고, 범죄와 관련한 자금의 이동 경로, 불공정거래행위 및 부당이득을 특정하여 범죄의 혐의를 입증하기 위한 수사 또는 조사절차이다. 매매장이나 원장 데이터에 기재된 IP 주소, MAC 주소, 이메일 등 개인정보를 통한 연계성 확인 작업은 금융거래정보에 부가된 개인정보를 바탕으로 자금추적에 활용한다는 점에서 광의의 자금추적 범위에 포함된다.

(3) 다른 법률과의 관계

금융거래정보는 계좌주의 개인정보가 담겨 있으므로 동 정보를 규제하는 금융실명법과 개인정보보호법, 신용정보법간의 관계가 문제가 된다. 개인정보보호법과 신용정보법은 다른 법률에 특별한 규정이 있는 경우에는 다른 법률이 우선하고(개

---

83) 국회 재정경제위원회, "금융실명거래 및 비밀보장에 관한 법률안 심사보고서", (1997. 12), 8면.

인정보보호법 §6①, 신용정보법 §3의2①), 금융실명법과 다른 법률이 서로 일치하지 않는 경우 금융실명법을 따른다(금융실명법 §9①). 따라서 금융실명법이 다른 법률의 특별법 위치에 있다.

예를 들어 예·적금 정보, 개인정보와 대출정보가 함께 담긴 계좌주의 정보를 제3자에게 제공하는 경우 어느 법을 적용해야 하는가. 예·적금 정보는 거래상대방의 신용을 판단할 때 필요한 정보로서 신용정보에 해당하나(신용정보법 §2조1호), 금융거래의 내용에 대한 정보에도 해당하므로 특별법인 금융실명법의 우선 적용을 받는다. 인적사항은 개인정보에 해당하나, 금융실명법 시행령 제6조에서 정하는 금융거래에 관한 기록 및 그 기록으로부터 알게 된 것으로서 거래정보등에 해당한다.[84] 따라서 금융실명법의 적용을 받는다. 다만 대출 정보는 개인신용정보에 해당하므로 신용정보법에 따른 계좌주의 동의를 받아야 한다.[85]

2. 금융거래정보요구권의 행사방법 및 범위

(1) 금융거래정보요구권자

금융거래정보요구권자는 ⅰ) 금융실명법 제4조 제1항에서 직접 열거하는 경우, ⅱ) 개별 법률에 따라 금융거래정보요구권이 허용되는 경우로 대별된다.

금융실명법은 명의인의 서면상 요구나 동의를 받은 경우에는 해당 금융거래정보를 타인에게 제공할 수 있다(법 §4① 본문). 명의인은 정보주체로서 해당 정보의 이용을 결정할 수 있는 권리자라는 점에서 헌법상 도출되는 기본권인 개인정보자기결정권을 법률에 명확히 한 것이다. 그 이외의 금융거래정보요구권은 명의인의 동의 여부와 상관없이 이루어지는 것이므로 개인정보자기결정권의 제한에 해당하나, 공익적 목적을 위해 법률에 예외를 정하였다.

금융실명법 제4조 제1항 각호에 따라 금융거래정보요구권이 허용된 기관은 법원(제출명령, 영장), 국회(국정조사), 국세청 등 과세관련 기관(조세 관련 조사 등), 금융위원회·금융감독원·예금보험공사(금융회사에 대한 감독·검사 등), 거래소(이상거래 심리·감리) 등이다. 이러한 행정기관·공공기관의 경우 자본시장법, 국세징수법 등 법률에 따른 위법행위 조사 목적으로 금융거래정보요구권을 행사한다.

---

84) 금융위원회, "금융거래정보 제공 가능여부 관련 질의", 금융위원회 법령해석(일련번호 100178); <http://www.fsc.go.kr>.
85) 금융위원회, "개인신용정보가 포함된 금융거래정보의 제공시 필요한 동의에 관하여", 금융위원회 법령해석(일련번호 180357).

검찰 등 수사기관은 직접 금융거래정보요구권을 행사할 수 있는 권한이 없고, 법원의 영장을 발부받아야만 금융회사에 거래정보를 제공받을 수 있다. 다만, 다른 행정·공공기관의 조사권한과 비교할 때 수사대상이 형사처벌이 가능한 모든 범죄를 포괄하므로 거래정보의 활용범위가 상대적으로 넓다.

금융실명법이 아닌 개별 법률에 따라 정보제공이 가능한 경우는 감사원법 제27조 제2항에 따라 감사원이 요구하는 경우, 정치자금법 제52조 제2항에 따라 각급선거관리위원회가 요구하는 경우 등 총 19개 법률에서 공공기관 등에 대하여 금융거래정보요구권을 허용하고 있다.[86]

(2) 행사방법

금융거래정보등의 제공을 요구하는 자는 금융위원회가 정하는 표준양식(금융거래정보의 제공요구서)에 따라 금융회사등의 특정 점포에 요구해야 한다(금융실명법 §4②). 금융거래정보 제공요구서는 명의인의 인적사항, 대상 거래기간, 요구의 법적근거, 사용목적, 요구하는 거래정보등의 내용 및 제출시한을 기재한다.[87] 정보제공요구는 특정점포에 요구해야 하므로, 개별 점포에 요구해야 하는 반면, 법원의 제출명령 또는 영장에 의한 경우 등에는 거래정보등을 보관 또는 관리하는 부서(예: 은행 본점)에 요구할 수 있으므로(§4② 단서) 해당 금융기관에 일괄조회가 가능하다는 편의성이 있다.

(3) 금융거래정보의 범위

대상이 되는 거래정보등의 범위는 '특정인의 금융거래사실과 금융회사등이 보유하고 있는 금융거래에 관한 기록의 원본·사본 및 그 기록으로부터 알게 된 것'으로 정하고 있다(금융실명법 시행령 §6).

제공되는 거래정보는 예금주의 계좌개설 자료 및 입출금 자료로서 대상자의 직전·직후에 연결된 계좌로 한정한다.[88] 아래의 표 내용을 살펴보면 조회대상자 「갑」에 대한 「을」의 입금 사실 및 「병」계좌로의 출금 사실(성명, 계좌번호, 금액)은 제공되나, 「을」, 「병」의 금융거래내역을 추가로 제공받기 위해서는 별도의 정보요구절차가 필요하다.

---

86) 전국은행연합회, 「금융실명거래 업무해설」, (2016), 45면.
87) 「금융실명거래 및 비밀보장에 관한 법률에서 위임한 서식관련 규정」 별지 제3호 서식.
88) 전국은행연합회, 위의 책, 49면.

▼ 금융거래정보 범위

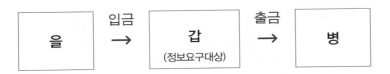

(4) 금융거래정보의 구체적인 내용

1) 계좌기본정보

계좌주가 계좌개설시 작성하는 계좌기본정보(CIF : Customer's Information File)
는 계좌주의 계좌번호, 주민등록번호, 계좌개설일, 주소, 이메일 주소 및 전화번호
등이 담겨 있다. 금융당국은 금융거래정보 요구 시 명의인의 인적사항을 요구할 수
있다.[89]

계좌기본정보상 개인정보는 성명, 주민등록번호, 전화번호, 주소 등의 동일 내
지 유사성의 확인을 통해 혐의계좌간 연계성이나 회사 관련 여부를 파악하는데 활
용한다.

2) 금융거래 원장 정보

금융거래 원장 정보는 계좌주의 금융투자상품 거래내역(거래종목, 거래일자, 수
량, 금액 등) 및 입출금, 입출고 거래내역 등을 말한다. 원장 정보는 거래행위를 통
한 불공정거래 여부의 판별, 입출금 등을 통한 자금흐름과 불공정거래 연계군
을 확인할 수 있는 자금추적에 필요한 중요한 자료이다.

금융투자업자가 보유한 원장정보는 유가증권잔고, 신용거래잔고, 고객계좌부,
수표입출금, 이체입출금, 대체입출금, 현금입출금, 유가증권 입출고 내역 등이다.

3) IP · MAC 주소

① IP · MAC 주소의 개념   인터넷과 모바일을 통한 거래가 일반화되는 등
거래가 손쉬워짐에 따라 불공정거래 참여 계좌 역시 증가하고 있다. 이러한 거래환
경에서 계좌간 연계성의 확인은 불공정거래 조사 · 수사에서 중요한 수단이다. 특

---

89) 금융실명법 제4조 ② … 거래정보 등의 제공을 요구하는 자는 다음 각 호의 사항이 포함
된 금융위원회가 정하는 표준양식에 의하여 금융회사등의 특정 점포에 이를 요구하여
야 한다.
　　1. 명의인의 인적사항

히 시세조종은 다수의 차명계좌를 활용하는 것이 일반적인데, 계좌기본정보상 인적 정보만으로는 불공정거래 계좌간 연계성을 확인하는 데 한계가 있다.

IP주소와 MAC주소는 기존의 연계성 확인방법의 한계를 극복하는 수단이다. IP주소는 인터넷을 연결하는 네트워크 주소를 말한다.[90] 다만 유동 IP주소의 경우 접속할 때마다 주소가 바뀔 수 있고, IP주소의 변조가 용이하다는 문제가 있다. 반면 MAC주소는 컴퓨터 자체에 부여되는 주소이므로 IP주소가 갖는 문제점을 보완한다.[91]

② 수집근거 및 방법   행정안전부와 법원은 IP·MAC 주소가 다른 정보와 결합하여 개인을 알아볼 수 있는 개인정보에 해당한다고 본다.[92] 따라서 「개인정보보호법」에 따른 개인정보의 수집·이용이 요구된다. 「개인정보보호법」은 '법령상 의무준수' 또는 '법령 등에서 정하는 소관업무'를 수행하기 위한 목적의 개인정보를 수집·이용을 허용한다(§15①2·3). 이를 근거로 자본시장법상 불공정거래 조사 또는 심리권한을 부여받은 금융위원회, 금융감독원 또는 한국거래소는 IP·MAC 주소를 수집·이용할 수 있다.

한국거래소의 회원은 호가를 제출할 때 종목코드, 호가수량 및 가격 외에도 IP 및 MAC 주소를 입력해야 한다(코스닥시장 업무규정 시행세칙 §7①24). 동 정보는 한국거래소가 보유한 매매장·호가장에 기록되므로, 심리·조사 및 수사 과정에서 동 자료를 통해 계좌주간 연계성을 확인한다.

③ IP·MAC주소의 활용   IP주소, MAC주소는 동일한 주소를 사용하는 계좌를 확인하여 위법행위 연계계좌군을 파악하는 데 사용한다. 예를 들어 계좌 A, B, C는 별개의 계좌이지만, 동일한 IP·MAC 주소를 통한 매매거래 내역이 확인 될 경우, 동일한 계산주체가 동일한 사무실(IP) 또는 PC(MAC)에서 3개 계좌를 활용하여 시세조종 등 불공정거래행위를 한 것으로 추정할 수 있다.[93]

---

90) IP주소(Internet Protocol address) : 인터넷을 연결하는 호스트를 구분하기 위하여 사용하는 네트워크 주소체계를 말한다. 인터넷에 연결하려면 IP주소를 할당받아야 한다.
91) MAC주소(Media Access Control address) : 컴퓨터 네트워크상에서 각각의 기기를 구분하기 위하여 사용되는 주소로서 기기자체에 부여되므로 기기를 변경하지 않는 한 주소가 변경되지 않는 특성이 있다는 점에서 IP주소와 차이가 있다.
92) 행정안전부, '개인정보보호지침'(2013.3.25.); 법원은 MAC 주소와 유사성이 있는 USIM 일련번호와 국제단말기 인증번호(IMEI)를 개인정보에 해당한다고 판단하였다(서울중앙지방법원 2011.2.23. 선고 2010고단5343 판결).
93) 안현수, "금융실명법상 행정기관 등의 금융거래정보요구권 행사에 관한 소고", 「은행법연구」, 제12권제1호(2019.5), 176면 참조.

3. 외국의 금융거래정보요구권

(1) 미 국

1) 판례의 태도

미국 수정헌법 제4조는 불리한 압수·수색에 대하여 신체, 주거, 서류, 물건의 안전을 확보할 국민의 권리는 침해되어서는 안 된다고 하면서, 선서나 확약에 의하여 상당하다고 인정되는 이유가 있어 특별히 수색할 장소와 압수할 물건, 체포·구속할 사람을 특정한 경우에만 영장을 발부하도록 규정하고 있다. 결국 금융거래정보가 수정헌법에 따라 보호해야 할 개인의 권리인지 여부에 따라 영장주의 원칙의 적용 여부가 결정된다.

과거 미국의 판례는 고객의 입출금 기록은 재산권(property right)에 관한 정보로서 검사의 은행계좌 조사와 관련하여 은행은 법원의 명령에 의하지 않으면 은행은 이를 제공할 수 없는 묵시적 의무(implied obligation)가 있다고 보았다.[94]

그러나 1976년 Miller 사건[95]의 판결에서 원본수표 및 예금전표는 기밀이 아니므로 그 내용에 정당한 사생활정보의 기대(expectation of privacy)가 없으며, 수정헌법 제4조는 제3자에게 공개된 정보를 정부기관에 전달하는 것을 금지하지 않는다고 보았다. 또한 은행비밀법에 따른 은행기록의 접근은 기존의 법적 절차(existing legal process)에 의해 통제되며, 예금자의 은행기록을 얻기 위해 소환장을 사용할 경우 압수수색 영장이 요구되는 것과 같은 더 큰 사법절차가 반드시 필요한 것은 아니라고 판시하였다.[96]

Miller 사건의 판결을 요약하면 금융기관의 금융거래정보는 계좌명의인이 제3자에 대하여 자발적으로 제공한 정보로서 제3자 소유의 문서이므로 계좌명의인의 소유를 인정할 수 없어 헌법상 권리침해를 다툴 당사자 적격이 없다는 것으로 정리된다.

Miller 판결은 프라이버시에 대한 개념이 후퇴된 것으로서 금융기관-고객과의 관계에서 엄청난 양의 개인 정보를 유지·관리하고 검색할 수 있는 현대 기술 사회의 문제를 망각했다는 비판을 받기도 했다.[97]

---

94) Brex v. Smith, 146A. 34(N.J. Ct. of Ch. 1929).
95) Miller 사건의 판결은 세금 탈루 사건과 관련하여 연방수사관의 대배심 소환장에 따라 은행이 계좌명의인에게 알리지 않고 은행비밀법에 따라 수표, 입금전표 및 마이크로필름을 제공한 사안에서 피고인이 해당 금융거래정보가 위법하게 수집된 것이라고 주장한 사건이다.
96) U.S. v. Miller, 425 U.S. 435(1976).

2) 금융거래비밀보호법에 따른 금융거래정보요구권

전술한 Miller 판례의 비판에 대한 대응으로 수사기관의 계좌추적 절차를 규정하는 금융거래비밀보호법(Right to Financial Privacy Act of 1978)이 제정되었다. 동법은 연방정부 당국이 고객의 금융기록 정보를 금융기관으로부터 얻기 위해 따라야 하는 구체적인 절차를 정하고 있다.

금융거래비밀보호법에 따르면 정부기관은 대배심 절차를 제외하고는 금융기관의 금융거래정보에 접근할 수 없다는 원칙을 규정하고, 그 예외로서 당사자의 동의, 법원소환장(summons), 행정소환장(administrative subpoena), 수색영장(search warrant), 또는 공식 서면요청에 의해서만 취득하도록 규정하고 있다.98) 또한 대배심 소환장에 따라 금융거래정보를 취득하는 경우 계좌명의인에 대한 통지의무를 적용하지 않는다.99) 금융거래비밀보호법은 금융거래정보 취득에 있어서 몇 가지 취득절차를 열거하였지만, 실무적으로는 기밀유지 문제로 인해 대부분 사건에서 행정소환장보다는 대배심 소환장을 통하여 금융거래정보를 취득한다고 한다.100)

(2) 일 본

일본의 금융거래정보요구와 관련된 법률은 「범죄에 의한 수익의 이전방지에 관한 법률」(이하 "범죄수익이전방지법)이다.101) 범죄수익이전방지법은 우리나라의 금융거래정보분석원이 소관하는 「특정 금융거래정보의 보고 및 이용 등에 관한 법률」

---

97) 비판내용을 정리하면 컴퓨터 등 매체의 발달 등 개인의 사생활 보호가 미치지 않는 영역이 확장됨에 따라 국가기관이 그 영역에 개입할 가능성이 높아졌고, 개인의 사생활에 대한 헌법적 보호의 범위에 대한 사법적 해석은 이러한 변화로 인한 위험성에 보조를 맞출 필요성이 있음에도 이러한 문제를 간과했다는 것이다; Stephen E. Henderson, Beyond the (Current) Fourth Amendment: Protecting Third−Party Information, Third Parties, and the Rest of Us Too, Pepperdine Law Review, vol.34, Issue.4, (2007) at 988; Burrows v. Superior Court, 529 P.2d 590(Cal. 1974), Richard Alexander and Roberta K. Spurgeon, Privacy, Banking Records and The Supreme Court; A Before and After look at Miller, Southwestern University Law Review, Volume 10, 1978. at 14.

98) 12 U.S.C. §3412.

99) 12 U.S.C. §3413(i).

100) 이창수, "미국에서의 계좌추적", 「형사법의 신동향」, vol.15(2008), 96면.

101) 국가 공안에 관한 경찰업무 담당기관이며 금융청의 금융거래정보 분석업무를 이관 받아 자금세탁방지 업무를 총괄하는 국가공안위원회는 검찰, 국세청, 공정거래위원회 및 증권거래등감시위원회에 의심거래 관련 정보를 제공하고, 검사 등은 국가공안위원회에 혐의거래정보의 기록의 열람·등사 또는 사본의 송부를 요구할 수 있다(범죄수익이전방지법 제13조). 또한 행정청은 동법의 시행에 필요한 한도에서 특정사업자(은행, 보험회사, 증권회사 등)에게 그 업무에 관하여 보고 또는 자료의 제출을 직접 요구할 수 있다(제15조).

에 가깝고, 우리나라의 금융실명법 같은 법률이 없다. 일본의 수사기관은 형사소송법을 근거로 금융기관으로부터 금융거래정보를 받는다.

형사소송법 제197조 제2항은 "수사에 있어서는 공무소 또는 공사 단체에 조회하여 필요한 사항의 보고를 요구할 수 있다"고 규정한다. 또한 필요한 경우 동 정보의 제공에 관한 사항을 누설하지 않도록 요구할 수 있으므로(형사소송법 §197⑤), 정보제공에 따른 당사자의 동의나 제공사실 회신을 할 필요도 없다. 이 경우 개인정보보호법 제16조 제1항에 따른 본인개인정보 취급사업자의 의무와 충돌할 수 있으나, "법령에 근거하는 경우"를 예외로 하고 있고(개인정보보호법 §16조③1), 형사소송법 제197조 제2항에 따른 수사관계사항 조회에 해당하는 경우를 예외로 본다.[102]

증권거래등감시위원회의 금융거래정보 취득절차도 동일하다. 금융상품거래법 제210조는 "위원회 직원은 범칙사건의 조사에 있어 관공서 또는 공사단체에 조회하여 필요한 사항의 보고를 요구할 수 있다"고 규정하고, 이 역시 개인정보보호법 적용의 예외대상에 포함되는 것으로 해석하고 있다.[103]

(3) 한국과의 비교

한국은 공공기관에게 금융거래정보요구권을 허용하는 반면 수사기관의 경우 영장을 요구하는 것은 수사과정의 권리 침해가능성을 고려한 것이다.[104] 한편 주요국의 수사기관 금융거래정보취득의 경우 영장주의를 강제하지 않는다. 미국은 영장, 소환장 등 다양한 경로를 통하는 것을 허용하고, 일본은 임의수사방식을 통한 취득을 허용한다. 미국의 대배심 소환장은 금융거래정보 취득의 필요성에 대하여 대배심에 대한 설명의무가 있다는 점을 고려하면 우리나라 수사기관의 영장을 통한 거래정보 취득과정과 비교할 때 간극이 크다고 보기 어렵다.[105]

---

102) 個人情報保護委員會, 「個人情報の保護に關する法律についてのガイドライン (通則編)」, (2018.12), 29頁.

103) 個人情報保護委員, 「個人情報の保護に關する法律についてのガイドライン 及び 個人デ―タの漏えい等の事案が發生した場合等の大應についてに關するQ&A」, (2018.7), 17頁.

104) 김재윤, "금융거래정보요구 영장청구에 관한 개선방안", 「법학논총」 제34편 제3호, (2014.12), 83면.

105) 우리나라의 경우 5년간(2013~2017년) 검사가 청구한 계좌추적영장의 기각률이 2.8%에 불과하여 영장제도 자체가 거래정보취득에 큰 장애가 된다고 보기 어렵다; 이춘석, "사법경찰보다 검사 영장 기각률 높아", 국회의원 보도자료(2018.10.12.).

Ⅲ. 진 술

제426조(보고 및 조사) ② 금융위원회는 제1항에 따른 조사를 위하여 위반행위의 혐의가 있는 자, 그 밖의 관계자에게 다음 각 호의 사항을 요구할 수 있다.

1. 조사사항에 관한 사실과 상황에 대한 진술서의 제출
2. 조사사항에 관한 진술을 위한 출석

---

1. 진술의 의의

(1) 의 의

금융위원회와 금융감독원은 혐의자 또는 관계자에 대하여 조사사항에 대한 진술서의 제출 또는 진술을 위한 출석요구권을 갖는다. 진술을 취득하는 방식은 조사원이 관계자의 진술을 청취하여 작성하는 문답서, 혐의자 또는 관계자가 직접 서면으로 작성하는 진술서로 나뉜다(조사업무규정 §10, §17).

(2) 진술요구권의 임의조사권한 여부

1) 형사소송법상 출석요구권의 법적 성질

형사소송법은 검사 또는 사법경찰관이 수사에 필요한 때에는 피의자 또는 피의자가 아닌 자(참고인)의 출석을 요구하여 진술을 들을 수 있도록 규정한다(§200, §221). 이러한 출석요구권의 성질에 대하여는 견해가 나뉜다. 피의자가 출석의무를 진다는 견해(의무부과처분설)에 따르면 제199조 제1항의 임의수사 규정이 있음에도 출석요구에 대한 별도의 규정을 둔 것은 제199조 제1항 단서(강제처분은 이 법률에 특별한 규정이 있는 경우에 한하며)에 따라 의무부담처분인 출석요구 규정이 필요한 것이라고 한다.[106] 다수설은 출석요구는 임의처분이며 수사기관의 출석요구에 대하여 피의자는 출석을 거부할 수 있고, 출석한 후에도 언제든 퇴거할 수 있다고 한다. 참고인 출석요구의 경우도 동일하게 적용된다(임의처분설).[107]

2) 진술불응에 따른 처벌

자본시장법 제426조 제2항의 출석요구의 경우 혐의자뿐 아니라 그 밖의 관계

---

106) 이완규, "피의자신문의 성질과 수인의무", 「형사판례연구」 제22호, (2014), 371면.
107) 배종대 외 3인, 「신형사소송법」, 박영사(2013), 79면; 신동운, 「간추린 형사소송법」, 박영사(2002), 233면; 이재상, 조균석, 「형사소송법」, 박영사(2016), 236면.

자(참고인)에 대해서도 진술서의 제출, 진술을 위한 출석, 장부·서류, 그 밖의 물건의 제출에 불응한 경우 3년이하의 징역 또는 1억원 이하의 벌금에 처하는 형사처벌이 가능하다(법 §445조48호).

출석요구서, 진술서제출요구서 및 자료제출요구서상[108] 불응 시 처벌조항을 안내하여 혐의자나 참고인의 출석 또는 자료제출 등을 사실상 강제하는 효과가 있지만, 실제 이 규정을 통한 처벌 사례는 드물다.[109] 임의조사의 한계를 극복하기 위한 취지로 이해되나, 출석 등 불응에 대해 처벌을 하는 것은 비례의 원칙을 위배하는 것으로 보인다. 2023년 제정된 가상자산법(§22①8)의 예와 같이 출석 등 불응에 과태료를 부과하고, 참고인의 경우 진술의 임의성 확보를 위하여 부과대상에서 제외하는 것이 바람직하다.[110]

(3) 문답서의 증거능력에 관한 판결

금융감독원은 자본시장법 제426조 제2항에 따라 혐의자 또는 관계자에게 조사사항에 대한 진술을 위한 출석요구권을 갖고 있다. 그러나 행정기관이 아닌 금융감독원이 행정조사권한을 갖는다는 것과 그 조사권한이 형사처분을 목적으로 이루어진다는 특성으로 인하여, 금융감독원 조사역이 작성한 문답서의 증거능력에 대하여 두 개의 상반된 판결이 나온 바 있다.

2건의 판결에서 금융감독원 조사역의 문답서의 증거능력 유무를 판가름하는 요점은 '심문권한'의 유무에 관한 것이었다. 첫 번째 판례는 심문권한은 수사기관이나 일종의 특별사법경찰관리인 금융위원회 조사공무원의 권한으로 보아 수사기관이 아닌 금융감독원 조사역의 '심문행위'에 따른 문답서·녹취록의 증거능력을 부정하였다.[111]

반면, 두 번째 판례는 '심문'의 사전적 의미나 각종 법령상 심문권한의 용례를 볼 때 심문을 수사행위로 볼 수 없으므로, 자본시장법 제426조에 따른 출석을 통하여 심문(진술)한 문답서의 증거능력을 인정하였다.[112]

---

108) 자본시장조사 업무규정 별지 제3호, 제4-1호, 제5-1호 서식.
109) 피조사자가 금융위원회로부터 2회에 걸쳐 출석요구 서면을 받았음에도 불응한 사안에서 제445조제48호에 따른 출석 요구 불응에 따른 위반을 인정한 바 있다; 수원지방법원 성남지원 2013.6.17. 고약 3400 약식명령.
110) SEC의 경우 증언이나 문서작성을 위한 소환장에 대한 불응시 소환장의 집행이 불가능하며, SEC가 연방지방법원에 소환장 집행 명령을 청구해야만 집행이 가능하다(17 C.F.R. 200-30-4(a)(10)).
111) 서울중앙지방법원 2011.1.28. 선고 2010고합11 판결.

심문의 사전적 의미가 "사법경찰관·판사·검사 그 밖의 국가기관이 어떤 사건에 대하여 피고인·피의자·증인 등에 구두로 캐어물어 사실을 조사하다"는 의미를 갖고 있으며,[113] 용례를 보면 근로감독관의 심문권(근로기준법 §102), 조세범칙행위 혐의자에 대한 심문권(조세범 처벌절차법 §8) 등 수사기관이 아닌 국가기관의 심문을 허용하는 것을 볼 때 심문행위를 수사행위로 한정할 이유는 없다.[114] 다만 형사사건 조사는 궁극적으로 수사기관에 형사소추를 요구할 목적을 갖고 있으므로, 진술의 임의성 등 적법절차가 수반되어야 증거능력을 인정받을 수 있다.

2. 진술서의 제출 요구

제426조(보고 및 조사) ② 금융위원회는 제1항에 따른 조사를 위하여 위반행위의 혐의가 있는 자, 그 밖의 관계자에게 다음 각 호의 사항을 요구할 수 있다.
  1. 조사사항에 관한 사실과 상황에 대한 진술서의 제출

금융위원회(금융감독원)는 관계인(참고인)에 대하여 서면 진술서 제출을 요구할 수 있다. 조사 담당자는 금융위원회(증권선물위원회) 명의의 진술서제출요구서 및 질의내용이 담긴 질문답변서를 우편으로 송부한다. 관계자는 답변서를 작성하여 서명 또는 날인하여 진술서제출요구서에 기재된 회신날짜까지 송부하여야 한다.[115]

진술자의 자필이거나 서명 또는 날인이 있는 진술서는 공판정에서 작성자가 본인의 진술임을 인정하는 경우(진정성립)에는 증거로 사용할 수 있다(형사소송법 §313①).

---

112) 서울중앙지방법원 2013.12.5. 선고 2013고단3067 판결.
113) 김웅모, "고발·심문·진술 자동사 낱말밭 연구", 우암어문논집 제10호(2000), 10면.
114) 안현수, "자본시장법상 불공정거래 조사권한의 법적 성질에 관한 연구", 「법조」, 제68권 제4호(2019.8), 102면.
115) 조사업무규정 제10조(진술서 제출요구) ① 조사원이 법 제426조제2항제1호의 규정에 따라 관계자에 대하여 조사사항에 관한 사실과 상황에 대한 진술서의 제출을 요구할 때에는 금융위가 발부한 진술서제출요구서(별지 제4-1호, 제4-2호 서식)에 의하여야 한다. 다만, 당해 관계자가 출석진술하거나 조사원이 진술을 직접 청취하여 진술서 등 조사서류를 작성하는 경우에는 그러하지 아니하다.
    ② 제9조제2항 및 제3항의 규정은 제1항의 규정에 의한 진술서제출요구에 이를 준용한다.

3. 진술을 위한 출석 요구

금융위원회(금융감독원)는 혐의자나 관계자에 대하여 진술을 위한 출석을 요구할 수 있다. 조사 담당자는 금융위원회(증권선물위원회)의 명의로 출석요구서에 출석일자 및 조사담당자의 연락처를 기재하여 이메일 또는 우편으로 송부한다(조사업무규정 §9).

혐의자 또는 관계자의 진술을 위한 출석 시 변호사의 입회가 가능하다(조사업무규정 제17의4①). 과거에는 금융감독원은 고발·통보 사건의 조사는 증거인멸의 이유로 변호사 입회와 확인서 등의 열람을 허용하지 않았으나, 국민 권익 보호를 위하여 2019년 자본시장조사 업무규정 개정을 통해 허용하고 있다.

4. 진술거부권

금융위원회(금융감독원)에서 문답서를 작성하는 경우 진술의 임의성 확보를 위하여 진술의 강요를 금지한다(조사업무규정 §17②). 헌법 제12조 제2항은 '형사상 자기에게 불리한 진술을 강요당하지 아니한다'고 규정하고 있는데, 이러한 진술거부권의 보장을 행정조사의 경우에도 명확히 한 것이다.

진술인에 대한 일체의 진술 강요를 금지하는 규정이므로, 진술인은 일체의 진술을 하지 않거나 개개의 진술을 하지 않는 방식으로 진술거부권을 행사할 수 있다.

형사상 진술이 아닌 과징금 등 행정조치와 관련한 진술의 경우는 어떠한가. 행정절차도 그 진술이 형사상 불리한 경우에 한하여 진술거부권의 행사는 보장된다.[116] 조사업무규정 제17조 제2항은 형사처벌 규정 또는 행정조치 규정 위반 여부를 묻지 않고 진술의 강요를 금지하므로, 과징금 등 행정조치를 대상으로 하는 문답의 경우도 진술거부권이 보장된다.

---

116) [헌법재판소 1990.8.27. 89헌바118 결정] 진술거부권은 형사절차에서만 보장되는 것은 아니고 행정절차이거나 국회에서의 질문 등 어디에서나 그 진술이 자기에게 형사상 불리한 경우에는 묵비권을 가지고 이를 강요받지 아니할 국민의 기본권으로 보장된다. 따라서 현재 형사피의자나 피고인으로서 수사 및 공판절차에 계속 중인 자 뿐만 아니라 교통사고를 일으킨 차량의 운전자 등과 같이 장차 형사피의자나 피고인이 될 가능성이 있는 자에게도 그 진술내용이 자기의 형사책임에 관련되는 것일 때에는 그 진술을 강요받지 않을 자기부죄거부의 권리가 보장되는 것이다.

IV. 장부 · 서류, 그 밖의 물건의 제출

제426조(보고 및 조사) ② 금융위원회는 제1항에 따른 조사를 위하여 위반행위의 혐의가 있는 자, 그 밖의 관계자에게 다음 각 호의 사항을 요구할 수 있다.

3. 조사에 필요한 장부 · 서류, 그 밖의 물건의 제출

금융위원회 · 금융감독원은 불공정거래 금지규정[117]의 위반사항에 대한 조사를 위하여 혐의자 또는 관계자에게 장부 · 서류, 그 밖의 물건의 제출을 요구할 수 있다.

자료제출의 요구를 위해서는 금융위원회 명의의 자료제출요구서를 발부하여 요구할 수 있다(조사업무규정 §11①). 금융회사를 대상으로 금융거래정보를 요구하는 경우에는 금융실명법에 따른 금융거래정보요구서를 발부하여 요구하여야 한다.

V. 영 치

제426조(보고 및 조사) ③ 금융위원회는 제1항에 따른 조사를 함에 있어서 제172조부터 제174조까지, 제176조, 제178조, 제178조의2, 제180조 및 제180조의2부터 제180조의5까지의 규정을 위반한 사항의 조사에 필요하다고 인정되는 경우에는 다음 각 호의 조치를 할 수 있다.

1. 제2항제3호에 따라 제출된 장부 · 서류, 그 밖의 물건의 영치

금융위원회는 불공정거래 조사와 관련하여 제출된 장부 · 서류, 그 밖의 물건에 대하여 영치할 수 있다(법 §426③1). 영치는 임의로 제출한 물건을 영장 없이 그 점유를 취득하는 처분이다. 영치가 이루어지면 그 점유가 계속되고, 제출자가 임의로 가져갈 수 없다는 점에서 강제처분으로 보는 것이 통설이다.[118]

조사원이 영치할 경우 관계자, 소유자 · 소지자, 보관자 또는 제출인을 입회인으로 참여시켜야 하며, 영치조서 및 영치목록의 교부, 영치물의 환부 등을 규정하여 절차의 공정성을 확보하고 있다(자본시장조사 업무규정 §12).

---

117) 법 제172조부터 제174조까지, 제176조, 제178조, 제178조의2, 제180조 및 제180조의2부터 제180조의5.
118) 노명선 · 이완규, 「형사소송법」, 성균관대학교 출판부(2017), 262면.

자본시장법은 제426조의 일반조사 조항, 제427조의 조사공무원의 강제조사권 조항 각각에 영치권한을 규정하였는데, 이 권한은 금융위원회만 행사할 수 있고, 금융감독원에 대하여는 이 권한을 위탁하지 않았으므로 금융감독원은 행사권한이 없다(영 별표 20). 영치권과 현장조사권은 피조사자의 사적자치가 직접적으로 제한되는 침익적 조치라는 점을 고려하여, 자본시장법 체계에 들어서면서 국가기관이 아닌 금융감독원에 대해서는 동 권한을 부여하지 않게 된 것이다.[119]

VI. 현장조사권

제426조(보고 및 조사) ③ 2. 관계자의 사무소 또는 사업장에 대한 출입을 통한 업무 · 장부 · 서류, 그 밖의 물건의 조사

금융위원회는 관계자의 사무소 또는 사업장의 출입을 통하여 업무 · 장부 · 서류 그 밖의 물건의 조사를 할 수 있다(법 §426③2). 현장조사는 조사 대상이 되는 사무소 등을 직접 방문하여 서류 등을 조사하고 자료제출 요구 및 영치 등을 행하는 조사방식을 말한다.

현장조사권은 영장 없이 허용되는 임의조사권한이며, 이에 불응하는 경우 취해지는 벌칙은 없다. 따라서 해당 사무소 책임자의 동의가 없을 경우 현장조사는 허용되지 않는다고 보아야 한다.

현장조사가 이루어질 경우 서류 · 물건 등의 제출 요구, 영치 등이 수반되며, 현장조사 과정에서 조사범위나 징구자료의 범위가 확대될 가능성이 높은 침익적 성격을 갖고 있다. 이러한 점에서 현장조사권은 형사절차에 준하는 적법절차가 준수될 필요가 있다. 하지만 현행 규정상 조사원이 조사명령서와 증표를 제시하는 것(조사업무규정 §13) 이외에는 별다른 업무처리 절차를 정하지 않고 있다. 조사목적에 대한 설

---

119) 금융감독원 직원에게 사법경찰의 지위를 부여하여 강제수사를 포함한 수사업무를 허용하였다는 점을 고려하면, 금융감독원에 대한 영치와 현장조사권한 부여가 과도한 권한 위탁이라고 보기는 어려운 측면이 있다. 결국 사건의 시급성, 증거인멸 가능성, 중대성 등 영치 · 현장조사의 필요성이 인정되고, 그 권한 행사에 대하여 금융위원회의 적절한 통제가 이루어진다면 허용될 여지가 있다고 생각된다. 특별사법경찰의 강제수사권한의 경우 그 필요성에 대하여 법원의 판단을 통하여 이루어지고, 검사의 수사지휘를 통하여 통제된다.

명의무, 조사범위의 명확화, 당사자의 동의 등의 절차를 명시할 필요가 있다.[120]

VII. 조사공무원의 강제조사권

1. 의 의

금융위원회 조사공무원의 강제조사권은 제426조에 따른 임의조사권에 대응되는 조사권한으로서, 제427조에 따른 강제처분인 압수·수색·영치 권한 등을 말한다. 강제조사권은 임의조사가 갖는 증거확보의 한계를 극복하기 위하여 구 증권거래법 개정(2002.1.26)을 통하여 도입되었다.

증권선물위원회는 내부자의 단기매매차익 반환(법 §172), 임원 등의 특정증권 등 소유상황 보고(§173), 미공개중요정보 이용행위(§174), 시세조종행위(§176), 부정거래행위(§178), 시장질서 교란행위(§178의2),[121] 공매도(§180), 공매도 순보유잔고 보고·공시(§180의2·3) 규정을 위반한 행위를 조사하기 위하여 필요한 경우 조사공무원에게 혐의자를 심문하거나 압수·수색하게 할 수 있다(법 §427①). 우리나라는 미국, 영국, 일본과 달리 금융당국에게 통신사실조회 권한을 부여하지 않고 있는데,[122] 통신사실 보유기간 내 증거확보의 필요성, 통신기기 보안성 강화로 인하여 IP·MAC 주소와 같은 식별정보의 수집이 어려워지고 있는 현실을 감안하면 조사공무원에게 통신사실조회 권한을 부여할 필요가 있다.

---

120) 공정거래법상 현장조사권의 경우 현장진입 저지, 지연에 대하여 형사처벌을 규정(66조 제1항제11호)하는 것은 원칙적 강제처분화 하는 것으로 임의조사의 한계를 벗어난다고 보는 한편, 동의의 임의성이 보장되기 위하여 현장조사의 필요성, 조사 불응시 수반되는 처분의 내용을 밝히고, 신분증을 제시한 후 당사자의 동의를 받아 현장에 출입해야 하며, 변호사 조력권을 보장할 필요가 있다는 견해가 있다; 강수진, "공정거래위원회의 조사권 행사와 형사절차상 원칙과의 관계", 「형사법의 신동향」 제37호(2012.12), 16면.

121) 시장질서 교란행위 조사시 강제조사권을 활용할 수 있는지에 관하여는 영장에 의한 압수·수색은 허용되지 않는다는 의견이 있다(성희활, "2014년 개정 자본시장법상 시장질서 교란행위 규제 도입의 함의와 전망", 「증권법연구」 제16권 제1호(2015), 166면). 2016년 3월 29일 자본시장법 개정을 통하여 시장질서 교란행위 조사의 경우도 조사공무원의 압수·수색 및 심문권이 포함되었으나, 과징금 부과사건에 대하여 영장을 발부받을 가능성은 낮다고 보면 활용 가능성은 낮아 보인다.

122) 수사기관의 경우 수사 목적으로 법원의 허가를 받아 통신사업자에게 통신사실 자료를 요청할 수 있다(통신비밀보호법 §13).

2. 조사공무원의 증권범죄조사

조사공무원은 금융위원회 공무원 중에서 증권선물위원회 위원장의 제청에 의하여 검찰총장의 지명을 통하여 선임한다(영 §378). 조사공무원은 불공정거래 조사와 관련하여 혐의자의 심문, 압수·수색, 또는 영치 권한을 갖는다.

조사공무원의 강제조사는 "증권범죄조사"로 규정하여(단기매매차익 반환 및 불공정거래 조사·신고 등에 관한 규정 §2), 여타 일반조사와 구분하고 있다.

불공정거래조사·심리기관협의회의 결정이 있거나, 시장에 미치는 영향이 크거나 거래질서를 현저히 우려가 있는 경우에는 증권범죄조사 대상으로 선정할 수 있다(동 규정 §10). 또한 일반조사 진행 중 압수·수색이 불가피한 경우 등 사유가 있는 경우 증권범죄조사로 전환할 수 있다(동 규정§11).

조사공무원의 압수·수색에는 법원의 압수·수색 영장이 있어야 한다(동 규정 §15). 조사공무원이 증권범죄조사에 착수한 때에는 증권범죄혐의자 또는 관계자에 대한 심문권(동 규정 §21), 문답서의 작성의무(동 규정 §22), 대리인의 조사과정 참여 권한이 있다(동 규정 §22의2).

증선위원장은 압수·수색으로 증빙물건의 확보 등 목적달성이 인정되는 경우 일반조사로 전환할 수 있고, 증권범죄조사가 종료된 때에는 그 결과를 지체 없이 증선위원장에게 보고해야 한다(동 규정 §24, §25).

증권범죄사건을 고발·통보 등을 하는 경우 압수물건을 담당검사에게 목록과 함께 인계해야 한다(동 규정 §27).

제5절 조사결과의 처리

Ⅰ. 의 의

조사결과 불공정거래 혐의가 발견된 경우에는 혐의자에 대하여 수사기관 고발·통보 또는 경고·주의, 과징금 등의 조치를 할 수 있다(영 §376①). 형사사건은 수사기관의 수사를 통하여 기소되므로, 수사기관 고발·통보를 통하여 처리한다. 불공정거래의 조사결과는 안건으로 부의하여 심의기구인 자본시장조사심의위원회의 심의 및 증권선물위원회의 의결을 통하여 처리결과가 결정된다.

II. 불공정거래 사건 조치의 종류

1. 수사기관 고발·통보

조사결과 발견된 위법행위로서 형사벌칙의 대상이 되는 행위에 대해서는 혐의자를 수사기관에 고발 또는 통보한다(조사업무규정 §24). 고발 또는 통보사건의 구분은 사건의 중대성과 증거의 확보 여부에 따라 결정된다. 금융당국은 시장에 미치는 영향, 사회적 파급효과 그리고 법규 위반정도가 큰 사건은 고발하고, 영향도가 낮거나 증거가 불충분한 경우에는 통보한다(조사업무규정 별표 3).

고발은 고소권자·범인 이외의 제3자가 수사기관에 대하여 범죄사실을 신고하여 범인의 처벌을 희망하는 의사표시를 말한다. 형사소송법은 누구든지 범죄가 있다고 사료하는 때에는 고발할 수 있다(§234①). 고발하는 경우 일정한 법률상 효과가 발생하는데, 수사기관은 고발사건의 수사를 개시하여야 하고 3월 이내에 수사를 완료하여 공소제기 여부를 결정하여야 한다(§257). 수사기관 통보는 형사소송법상 '수사 의뢰'와 동일한 의미인데 검찰은 다른 기관으로부터 수사를 의뢰받은 경우 '조사사건'으로 접수하여 수리하고 범죄혐의가 확인되는 경우 입건하여 수사를 개시한다(검찰사건사무규칙 §228①5). 결론적으로 통보사건의 경우 수사기관이 반드시 수사를 개시해야 할 의무가 없다는 점에서 고발과 차이가 있다.

금융위원회의 고발·통보행위는 사직 당국에 대하여 형벌권 행사를 요구하는 행정기관 상호 간의 행위로서 행정처분에 해당하지 않는다.[123] 고발·통보는 제재 대상자의 형사처벌이라는 불이익 가능성을 높이는 것은 될 수 있으나 그 자체로 불이익 처분이 될 수는 없다. 또한 형사처벌이라는 종국결정을 위하여 사실관계를 정리하여 위법사항을 수사기관에 알리는 행위라는 점에서 종국적인 절차에 해당하지도 않는다.

이러한 고발·통보의 성격을 고려하면 반드시 증권선물위원회의 의결이 필요한지 의문이 든다. 고발·통보안건은 의결로서 철회할 가능성이 낮고, 적용 법조나 논리의 명확화 정도의 논의를 위해서라면 자본시장조사심의위원회의 심의 후 증권선물위원장의 결정으로도 충분할 것이다.[124] 향후 수사를 위한 기밀성 유지와 처리의 신속성 제고에도 도움이 된다.

---

123) 대법원 1995.5.12 선고 94누13794 판결(공정거래위원회의 수사기관 고발·통보의 성격 관련).
124) 금융위원회의 강제조사권을 통한 조사사건의 경우 조사종결 후 수사기관 사건송치가 바로 이루어져야 함에도, 증권선물위원회의 의결절차를 거치는 것은 적법절차 위반의 소지가 있다는 견해가 있다; 조두영, 「증권범죄의 이론과 실무」, 박영사(2018), 20면.

2. 과징금 부과

3대 불공정거래(고발·통보사건은 제외), 시장질서 교란행위 위반, 위법한 공매도, 주식등의 대량보유보고 위반, 공시위반의 경우 원칙적으로 과징금 부과대상이다(조사업무규정 §25). 공매도, 공시위반은 필요시 고발 또는 수사기관 통보 조치를 병과한다.

3. 단기매매차익 발생사실의 통보

조사결과 단기매매차익을 반환해야 하는 매매를 한 사실을 알게 된 경우에는 금융위원회는 해당 법인에게 이를 통보해야 한다(조사업무규정 §28).

4. 금융투자업자 등에 대한 조치 및 경미 조치

금융위원회는 조사결과 불공정거래행위 등 위법행위를 한 자가 금융투자업자 등(금융투자업관계기관과 거래소를 포함) 또는 그 임직원인 경우에는 허가 취소, 고발·통보 등 시행령 제376조 제1항 각 호의 조치를 할 수 있다(조사업무규정 §29①).

또한 경미한 위법행위에 대해서는 경고·주의 또는 정정명령 그 밖의 필요한 조치를 할 수 있다(조사업무규정 §29②).

5. 고발·통보 등 조치 판단기준

수사기관 고발·통보 등 조치의 판단기준은 위법행위의 동기(고의·중과실·과실)와 법규위반의 결과(사회적 물의야기·중대·경미)에 따라 조치 수준이 결정된다(자본시장조사 업무규정 별표 3 증권·선물조사결과 조치기준). 고발의 경우 위법행위의 동기가 「고의」로서 위반의 결과가 「사회적 물의 야기」에 해당하는 경우에 적용한다. 예를 들어 불공정거래 행위자가 상장회사 대표이사이거나, 시세조종행위의 부당이득이 상당한 수준인 경우 시장에 미치는 영향, 사회·경제적 파급효과 또는 법규위반 정도가 높은 경우로서 사회적 물의 야기에 해당하므로 고발 대상이다. 반면 부당이득 규모가 상대적으로 낮은 경우에는 시장에 미치는 영향이나 위반 정도가 상대적으로 낮아 법규위반의 결과 「중대」로 보아 통보 처리한다.

▼ 3대 불공정거래의 판단기준

결 과 \ 동 기	고 의	중과실	과 실
사회적 물의 야기	A	C	C
중 대	B	C	C
경 미	C	C	C

▼ 주식등의 대량보유보고의무 위반의 경우 판단기준

결 과 \ 동 기	고 의		과실(중과실)	
	조사적발*	자진보고**	조사적발*	자진보고**
사회적 물의 야기	A	B	C	C
중 대	B	C	C	C
경 미	D	D	D	E

* 지분보고를 하지 않은 상태에서 조사과정을 통해 보고의무위반이 밝혀진 경우를 말한다.
** 지분보고를 하였으나 지연보고 등 보고의무를 위반한 경우를 말한다.

▼ 위법한 공매도 행위에 대한 판단기준

결 과 \ 동 기	고 의	중과실	과 실*
사회적 물의 야기	A	C	C
중 대	B	C	C
경 미	C	C	C

* 공매도 주문을 수탁한 경우에는 제외한다.

상기 판단기준에 따라 아래의 조치기준을 적용한다. 3대 불공정거래의 경우 중과실 또는 과실에 대해 과징금 부과가 가능하나, 구성요건상 고의를 요구하므로 중과실·과실에 의한 과징금 부과는 현실적으로 어려울 것으로 보인다.

한편 위법행위가 있었다는 상당한 혐의는 있으나 증거가 불충분하여 수사기관의 수사가 필요하다고 판단될 때는 수사기관 통보 조치할 수 있다. 예를 들어 미공개중요정보 이용행위와 관련하여 정보전달 경로가 불명확한 경우에는 통보 조치한다. 또한 불공정거래 등의 위법행위가 경미 또는 단순한 법규위반에 해당하나 그 행위자가 횡령·배임행위 등과 관련된 경우에도 수사기관통보 조치할 수 있다(조사업무규정 별표 3 §9).

한편 행위자가 중대한 위법행위로 고발(또는 수사기관통보)되는 경우 그 행위자의 다른 위법행위에 대하여도 동일한 조치를 할 수 있다(조사업무규정 별표 3 §9).

▼ 조치기준

판단결과		조치기준
A	고 발	다만 공시위반의 경우는 이 기준 5.에서 규정하는 바에 따라 C(과징금) 또는 증권발행제한 등의 조치를 원칙적으로 부과하되, 예외적으로 A(고발) 또는 B(수사기관 통보) 조치를 병과. 또한 주식등의 대량보유등의 보고위반, 미공개정보·미공개중요정보 이용행위, 시세조종행위, 부정거래행위 및 위법한 공매도 행위에 대해서는 C(과징금) 조치를 원칙적으로 부과하되(다만, 미공개정보·미공개중요정보이용행위 중 정보를 전달한 경우에는 C(과징금) 또는 D(경고)조치를 원칙적으로 부과), 필요시 A(고발) 또는 B(수사기관 통보) 조치를 병과
B	수사기관 통보	
C		과징금
D		경 고
E		주 의
비 고		① 시세조종행위, 미공개정보 이용행위, 부정거래행위 및 위법한 공매도 행위로 조치를 받은 자가 5년 이내에 동일 또는 유사한 위법행위를 한 경우에는 가중조치할 수 있다. 다만, 시세조종, 미공개정보이용, 부정거래행위 및 위법한 공매도 행위 간에도 유사한 위법행위로 본다. ② 조치대상이 되는 서로 다른 위법행위가 둘 이상 경합하는 경우에는 가중조치할 수 있다. ③·④ (생 략) ⑤ 동일·동종 또는 이종의 원인 사실로 3개 유형 이상의 위반행위를 하였거나 3개 이상의 종목에 관여하여 위반행위를 한 경우에는 가중조치할 수 있다.

Ⅲ. 처리절차

1. 심의·의결 절차

(1) 자본시장조사심의위원회의 심의

자본시장조사심의위원회(이하 "자조심")는 불공정거래 사건에 대한 조사결과 처리안을 심의하는 외부 전문가 등으로 구성된 증권선물위원회 내 자문기구이다

(조사업무규정 §21①). 자조심은 비록 자문기구이나 불공정거래 사건에 식견이 있는 전문가 및 파견검사 등이 참여하여 사건에 대한 심도 깊은 논의가 이루어진다는 점에서 사건 처리방향에 미치는 영향이 크다.

자조심은 아래와 같이 당연직 위원 4인과 위촉직 5인으로 구성된다(규정 §22①).

1. 증선위 상임위원
2. 금융위 자본시장국장 또는 금융위 자본시장 조사 업무를 담당하는 공무원 중에서 금융위위원장이 지명하는 자 1명
3. 금융위 자본시장조사담당관
4. 감독원 공시 · 조사 담당 부원장보
5. 금융관련법령에 전문지식이 있거나 증권 · 선물에 관한 학식과 경험이 있는 변호사, 교수 등 전문가중에서 증선위위원장이 위촉하는 자 5인

자조심은 금융위원회 또는 금융감독원이 상정한 조사안건에 대하여 안건 담당 팀장이 보고하고, 동 안건에 대하여 위원과 담당 팀장이 질의 · 답변하는 방식으로 진행한다(규정 §23⑤). 피심인은 심의위원회에 출석하여 의견진술할 수 있다.

(2) 증권선물위원회의 의결

증권선물위원회는 자본시장의 불공정거래 조사업무를 수행할 권한이 있고(금융위원회법 §19), 조사 결과에 대한 심의 권한(법 §439) 및 조치권한(법 §426⑤)을 갖는다. 그 외에 금융위원회로부터 발행 · 공시 관련 조사권한 및 조치권한을 위임받고 있다(법 §438, 영 §387①1).[125]

불공정거래 조치 권한 중 수사기관 고발 · 통보 기타 행정조치는 증권선물위원회가 의결할 수 있으나, 발행 · 공시위반 등과 관련한 부과금액이 5억원을 초과하는 과징금 사건은 금융위원회의 의결을 거쳐야 한다(영 §387).

증권선물위원회의 회의는 3명 이상의 찬성으로 의결한다(금융위원회법 §21②).

---

125) 제387조(권한의 위임 또는 위탁) ① 금융위원회는 법 제438조제2항에 따라 다음 각 호의 권한을 증권선물위원회에 위임한다.
　　1. 법 제3편을 위반한 행위에 대한 조사 권한
　　2. 제1호의 위반행위에 대한 법 또는 이 영에 의한 조치 권한. 다만, 다음 각 목에 해당하는 조치는 제외한다.
　　　가. 부과금액이 5억원을 초과하는 과징금의 부과
　　　나. 1개월 이상의 업무의 전부 정지
　　　다. 지점, 그 밖의 영업소의 폐쇄
　　3. 법 제429조의2 및 제429조의3에 따른 과징금의 부과

2. 사전통지

(1) 의 의

행정청은 당사자에게 의무를 부과하거나 권익을 제한하는 처분을 하는 경우에는 당사자등에게 통지하여야 할 의무가 있다(행정절차법 §21). 사전통지는 조치대상자에게 예정된 불이익처분에 대하여 이를 방어할 수 있도록 준비기간을 부여하기 위한 것이다. 이 절차를 지키지 않고 이루어진 처분은 위법한 처분이다.

(2) 사전통지 절차

금융위원회는 조치예정일 10일 전까지 당사자등에게 조치의 제목, 당사자 성명, 조치 내용, 법적 근거, 의견제출기한 등을 기재한 사전통지서를 통지하여야 한다(조사업무규정 §36①).

과거에는 사전통지서에 조치의 법적 근거 및 사실관계, 기본제재 수준만 간략하게 기술하였으나, 조치대상자의 방어권 보장을 위하여 고의성 등 위법동기 판단의 근거를 구체적으로 기재하고, 제재의 가중·감경 사유가 있는 경우 그 사유를 포함하여 기재하는 한편, 조치근거로 활용된 증거자료 목록도 명시[126]하도록 하고 있다.[127]

(3) 사전통지의 예외

조치내용이 ⅰ) 수사기관의 고발·통보사항인 경우, ⅱ) 공공의 안전 또는 복리를 위하여 긴급히 조치할 필요가 있는 경우, ⅲ) 조치의 성질상 의견청취가 현저히 곤란하거나 명백히 불필요하다고 인정될 만한 상당한 이유가 있는 경우에는 사전통지를 하지 않을 수 있다(조사업무규정 §36②).

수사기관의 고발·통보사항에 대한 사전통지 여부는 금융위원회·금융감독원의 재량사항이다.[128] 행정기관의 고발은 사직 당국에 대하여 형벌권 행사를 요구하는 행정기관 상호 간의 행위에 불과하고 종국적 행정처분에 해당하지 않기 때문이다.[129]

---

126) 검찰에 고발·통보하는 건은 증거인멸 우려 등을 감안하여 증거목록 명시 대상에서 제외하고 있다.
127) 금융위원회, "자본시장 제재 절차 개선방안", (2018.2.1.), 6면.
128) 통상 고발·통보사건의 경우에도 방어권 보장을 위하여 사전통지 및 의견제출을 허용하고 있다.
129) [대법원 1995.5.12. 선고 94누13794 판결] 공정거래위원회의 고발조치는 사직 당국에 대하여 형벌권 행사를 요구하는 행정기관 상호간의 행위에 불과하여 항고소송의 대상이 되는 행정처분이라 할 수 없으며, 더욱이 원고들을 고발하기로 하는 피고의 의결은

ⅱ), ⅲ)은 행정절차법상 사전통지 예외사유(§21)와 동일한 내용이다. ⅱ)의 긴급히 조치할 필요가 있는 경우는 증선위 의결을 생략하고 Fast-track을 통하여 수사기관에 위반혐의를 통보하는 경우를 말한다.

3. 의견제출

(1) 의견제출 방법

의견제출 방법은 서면·구술 또는 이메일 등 정보통신망을 이용하여 제출할 수 있다.[130] 또한 주장을 입증할 증거자료를 함께 제출할 수 있다.[131] 의견서의 양식은 특별히 제한을 두지 않는다.[132]

자본시장조사심의위원회 또는 증권선물위원회에 직접 출석하여 의견을 진술하는 것도 허용하며, 이 경우 사전통지서에 기재된 담당자에게 그 사실을 미리 알려주어야 한다.[133] 출석 진술시 조치대상자뿐 아니라 변호인의 동반 출석 및 의견진술도 허용한다.[134]

(2) 출석진술 방법

1) 일반사건 진술

자본시장조사심의위원회나 증권선물위원회에서의 심의 진행절차는 ⅰ) 조사자의 안건설명, ⅱ) 진술인 입장 및 모두 의견진술, ⅲ) 진술인-위원 간 질의응답, ⅳ) 진술인 퇴장 후 위원들의 합의·결론의 절차로 진행된다.

이러한 진행방식은 조사자가 확보한 증거의 유출을 방지하고, 심의절차의 신속성을 제고할 수 있다. 하지만 조치대상자의 대등한 공격·방어에 한계가 있으므로 방어권 행사에 불리한 진술방식이다.

하지만 금융위원회의 불공정거래 관련 고발·통보 사건의 경우 수사기밀 보

행정청 내부의 의사결정에 불과할 뿐 최종적인 처분은 아닌 것이므로 이 역시 항고소송의 대상이 되는 행정처분이 되지 못한다고 할 것이다.
130) 간혹 발송한 자료가 누락되어 의견제출기관에 접수되지 않는 경우가 있으므로, 담당자와 유선통화를 통하여 확인할 필요가 있다.
131) 자본시장조사 업무규정 별표 제13호 서식.
132) 법원에 제출하는 준비서면과 같이 사실관계와 반박내용을 기술하는 경우가 많으나, PPT 양식도 가능하다.
133) 출석 진술을 하는 경우 사전에 별도 서면자료를 제출하는 것도 가능하다.
134) 출석 진술시 통상 금융위원회·금융감독원 담당자와 출석대상자를 사전에 조율할 수 있다. 해당 사건과 관련성이 낮거나, 출석자 수가 많은 경우에는 원활한 회의 진행을 위하여 대상자를 제한할 수도 있음을 유의할 필요가 있다.

호의 실익을 고려할 때, 조사자와 조치대상자에게 동일한 방어권을 보장할 필요는 없다. 다만 과징금 등 행정처분의 경우 증권선물위원회 의결이 종국처분이므로, 장기적으로는 공정거래위원회의 대심제와 같이 조치대상자에게 공정한 방어권 행사를 보장해야 할 것이다.

2) 중요사건에 대한 대심제

대심제는 심의 시 조치대상자와 조사자가 함께 참석하여 사실관계, 법률 적용 등에 대해 상호 공방하는 심의방식을 말한다.[135]

공정거래위원회의 경우 조치대상자가 사실관계 등을 다투는 경우나 전원회의 안건의 경우 등에는 주심위원 등, 심사관, 피심인 등이 모두 참석하여 의견청취를 하는 대심제를 채택하고 있다(공정거래위원회 회의의 운영 및 사건절차 등에 관한 규칙 §30의2, 제30의3, 제30의5).

금융위원회는 국민적 관심도가 높거나 과징금 규모가 큰 건(예 : 100억원)에 대하여 대심제를 우선적으로 시행하고 있다.[136] 다만 수사기관 고발·통보 사건의 경우 핵심증거 노출 등 후속 검찰수사에 악영향을 미칠 우려가 있으므로 대심제의 적용은 어려울 것이다.

4. 조사자료의 열람·복사권

조사기관의 사전통지를 받은 관계자는 본인의 진술서, 문답서, 제출서류에 대한 열람·복사를 조사기관에 신청할 수 있다(조사업무규정 §17의2).

다만, 제재대상이 법인인 경우에는 해당 임직원에게 문답서 등의 복사를 지시하는 등 악용의 우려가 있으므로, 열람만 허용하고 있다. 한편 고발·통보 사건의 경우에는 열람·복사를 제한하고 있다.

5. 이의신청

조치를 받은 당사자등은 조치를 고지 받은 날로부터 30일 이내에 금융위에 이의신청을 할 수 있다(자본시장조사 업무규정 §39). 금융위는 이의신청을 접수한 날부

---

135) 자본시장조사심의위원회나 증권선물위원회에서 하는 대심제는 실제 조사자와 피심인이 함께 출석하는 방식이나, 상호 공방을 하는 방식이 아닌 양 당사자간 각각의 진술을 위원이 청취하는 방식으로 진행하고 있다.

136) 금융위원회, "자본시장 제재 절차 개선방안", (2018.1.18.), 8면; 과거 2017년 대우조선해양 및 2018년 삼성바이오 분식회계와 관련한 금융위원회 감리위원회에서 대심제를 시행한 바 있다.

터 60일 이내에 결정하여야 한다.[137]

이의신청에 대한 검토는 원안 검토부서가 아닌 다른 부서에서 검토가 이루어진다.[138]

6. 행정심판·행정소송

금융위원회의 처분에 불복할 경우에는 처분이 있음을 알게 된 날부터 90일 이내에 금융위원회 또는 중앙행정심판위원회에 행정심판을 청구할 수 있다.[139] 행정심판의 대상은 행정청의 처분 또는 부작위가 그 대상이 되므로, 금융위원회의 주의·경고, 과징금 등 행정처분이 청구 대상이 된다. 형벌권 행사를 요구하는 행정기관 상호 간의 행위인 수사기관 고발·통보의 경우 행정처분에 해당하지 않으므로,[140] 행정심판 대상에서 제외된다.

행정심판과 별도로 법원에 행정처분의 취소를 구하는 행정소송을 제기할 수 있다. 소송은 행정심판을 거치지 않고 제기할 수 있으며(행정소송법 §18①), 행정심판청구가 있은 날로부터 60일이 지나도 재결이 없는 등 행정심판법에서 정하는 사유가 있는 경우에는 행정심판의 재결을 거치지 아니하고 소송을 제기할 수 있다(동법 §18②).

---

137) 부득이한 사정으로 그 기간내에 결정할 수 없을 경우에는 30일의 범위안에서 그 기간을 연장을 할 수 있으며, 이 경우에는 연장사유, 처리예정 기한 등을 문서로 통지하여야 한다.
138) 금융감독원 「조직관리규정」 제78조~80조.
139) 행정심판법 제27조제1항.
140) 대법원 1995.5.12. 선고 94누13794 판결 참조.

제 2 장
불공정거래 수사

제 1 절 불공정거래 수사체계

I. 개 관

수사기관은 금융위원회의 고발·통보 사건 또는 자체 인지사건에 대하여 공소제기 여부를 결정하기 위하여 범인을 발견·확보하고 증거를 수집·보전하는 활동을 한다. 이를 불공정거래의 수사로 정의할 수 있다.

불공정거래의 수사는 검찰이 중심축을 차지하고 있다. 금융위원회의 고발·통보사건은 검찰에 통보하여 수사가 이루어진다. 2013년 3월 정부합동의 "주가조작 등 불공정거래 근절 종합대책"이 발표되면서 검찰 중심의 수사체계는 더 강화되었는데, 긴급사건에 대하여 검찰에 통보하는 Fast-Track 제도가 시행되고, 증권범죄 합동수사단이 설치되어 유관기관간 수사협력체계가 구축되었다.

2021년 검경수사권 조정의 시행에 따라 경찰은 증권범죄를 포함한 형사사건의 1차 수사권을 보유하고 있지만, 검찰은 현재도 자본시장법상 증권범죄를 포함한 경제범죄의 1차 수사권을 갖고 있다.

한편 2019년부터는 금융감독원 본원 내에 2팀으로 구성된 자본시장특별사법경찰실이 신설되었고, 2022년에는 금융위원회 자본시장조사총괄과내에 특별사법경찰팀이 신설되어 운영되고 있다. 특별사법경찰은 자본시장 조사의 전문성을 가진 금융당국에 수사권한을 부여하여 수사의 효율성을 제고할 목적을 갖는다.

II. 불공정거래 수사기관

1. 금융 · 증권범죄 합동수사부

2013년 주가조작 근절 종합대책에 따라 2013년 서울중앙지방검찰청에 증권범 죄합동수사단(이하 "수사단")이 설치되었다. 2014년 2월 수사단은 금융범죄 중점검 찰청인 서울남부지방검찰청으로 이전하였다.

2020년 수사단은 해체되어 서울남부지방검찰청 금조 1 · 2부에 흡수되어 운영 되어오다 2021년 9월 1일 금융 · 증권범죄수사협력단으로 부활하였다. 금융 · 증권범 죄수사협력단은 검사실에서 이루어지는 직접 수사가 아닌 수사관으로 구성된 수사팀 의 수사가 이루어지고, 그 과정에서 검사는 수사지휘 및 기소 · 공소유지만 하는 분 업화된 체계로 운영되었지만, 수사의 신속성과 효율성이 떨어진다는 한계가 있었다.

2022년 5월 18일 검찰은 협력단의 체제를 개편하여 금융 · 증권범죄 합동수사 단으로 합동수사체계가 부활하였다. 수사단은 단장을 포함한 7명의 검사와 수사관 등 검찰직원 29명, 금융위원회, 금융감독원, 한국거래소 등 유관기관 파견직원 12 명을 포함한 총 48명의 인원으로 구성되었다.[141] 수사단은 과거 수사단 체계와 같 이 검사실에 수사관 및 파견직원을 배치하여 검사의 직접수사 및 유관기관과의 합 동수사 체계로 운영된다. 2023년 5월 23일 수사단은 검찰 정식 직제에 포함되면서 금융 · 증권범죄 합동수사부로 명칭을 변경하였다.

2. 금융위원회 · 금융감독원 특별사법경찰

(1) 의 의

특별사법경찰관리 제도는 행정공무원 등에 대하여 사법경찰 업무를 수행하도 록 수사권한을 부여하는 제도이다.[142] 이 제도는 행정부처별 기능의 전문화에 따 라 전문성이 부족한 일반사법경찰관리보다는 전문지식이 능통한 행정공무원에게 사법경찰 권한을 부여하여 수사의 효율성을 도모하는 데 목적이 있다.

현행 「사법경찰관리의 직무를 수행할 자와 그 직무범위에 관한 법률(이하 "사 법경찰직무법")」은 금융위원장의 제청에 의하여 관할 검찰청 검사장이 지명한 금융 위원회 공무원(사법경찰직무법 §5조49호), 금융위원장 추천에 의하여 관할 검찰청검

---

141) 서울남부지방검찰청, "금융 · 증권범죄 합동수사단 출범", (2022.5.18.) 보도자료.
142) 형사소송법 제197조(특별사법경찰관리) 삼림, 해사, 전매, 세무, 군수사기관 기타 특별한 사항에 관하여 사법경찰관리의 직무를 수행할 자와 그 직무의 범위는 법률로 정한다.

사장이 지명한 금융감독원 직원(사법경찰직무법 §7의3)에 대하여 사법경찰관리의 직무를 수행하도록 규정하고 있다.

금융당국 직원에게 사법경찰권을 부여할 경우 거래분석 등 전문성과 함께 강제수사권을 활용할 수 있으므로, 수사결과의 품질과 효율성을 높일 수 있다. 또한 증권선물위원회 등 별도의 처리절차 없이 사건을 바로 검찰에 송치할 수 있으므로 처리의 신속성이 제고된다. 송치된 압수물 등 증거물은 증거능력이 그대로 인정된다는 장점도 있다.

다만 특별사법경찰관은 검찰에 대한 각종 보고의무 등 수사기관과 동일한 집무집행의무를 지게 되며, 검사의 수사지휘를 받아야 한다.[143] 또한 기존 조사업무와의 정보교류가 차단되고, 영장을 통해서만 금융거래정보를 취득해야 한다는 단점이 있다.

(2) 경과

2013년 주가조작 등 불공정거래 종합대책의 후속 조치로서 2015년 사법경찰직무법상 금융위원회 · 금융감독원 직원의 특사경 지명 근거가 마련되었다. 그러나 이 규정에 따른 특사경 지명 사례가 없음에 따라 금융감독원에 강제수사권을 부여하기 위한 목적으로 금융위원장뿐 아니라 금융감독원 원장도 특사경 추천권을 부여하는 사법경찰직무법 개정안이 2018년 발의되었다.[144]

동 법안에 대하여 법무부와 금융감독원은 찬성 입장이었으나, 금융위원회는 현재 조사공무원 제도를 운영하고 있고, 긴급 · 중대사건에 대한 Fast-Track 제도를 운영하고 있으므로 특사경 활용 실익이 크지 않다는 입장이었다. 또한 비공무원 신분인 금융감독원 직원에 대하여 사법경찰권을 부여하는 것이 적절한가에 대한 부분이 지적되기도 했다.[145]

이후 관계기관 간 합의를 거쳐 법률 개정 없이 금융위원장 추천으로 금융감독원 직원에 대한 특사경 지명을 통해 2019년 7월 18일 금융감독원 자본시장 특별사

---

143) 검경 수사권 조정 과정에서 2020년 형사소송법 개정으로 검사의 사법경찰관리에 대한 수사지휘권이 폐지되었으나, 특별사법경찰관리와 검찰청 직원인 사법경찰관리에 대해서는 검사의 수사지휘권이 그대로 유지되고 있다(특별사법경찰관리에 대한 검사의 수사지휘 및 특별사법경찰관리의 수사준칙에 관한 규칙 §2③).

144) 사법경찰관리의 직무를 수행할 자와 그 직무범위에 관한 법률 일부개정법률안(박용진 의원 등 10인, 2018.3.22.).

145) 전상수, "사법경찰관리의 직무를 수행할 자와 그 직무범위에 관한 법률 일부개정법률안 검토보고", 국회 법제사법위원회(2018.9), 6~9면.

법경찰이 출범하였다.146) 금융위원회 – 법무부 간 합의 당시 2년간 특사경을 운영한 후 그 성과를 점검하고 보완방안을 검토하기로 하였는데, 2021년 관계기관 간 논의를 통해 특사경 규모를 확대하기로 하고, 2022년 3월 31일 금융위원회 내에도 자본시장특사경을 설치하였다.147)

사실 추진경과를 살펴보면 금융감독원의 조사권한 확대요구 및 검찰의 수사 강화라는 이해관계가 부합한 상태에서 기관 간 권한 확보 경쟁의 결과로 금융당국 내 특사경 규모가 확대되었다. 형사사건의 집중으로 과징금 등 행정규제와의 불균형이 심화할 우려가 있다. 행정조사 강화를 위해서는 특사경의 확대보다는 금융감독원 직원에 대한 조사공무원 지명으로 방향을 전환할 필요가 있다.148) 권한 남용의 통제는 특사경 수사심의위원회와 유사한 행정적 통제장치를 갖추는 것으로 해결할 수 있다.

(3) 자본시장특별사법경찰 현황 및 업무

1) 현황 및 수사범위

금융위원회는 자본시장조사총괄과 내에 1팀 7명으로 구성된 특별사법경찰팀을 설치하여 운영하고 있다. 금융감독원의 경우 자본시장 담당 부원장 직속으로 2팀 15명으로 구성된 자본시장 특별사법경찰실을 운영한다.

자본시장특별사법경찰의 직무 범위는 자본시장법에 규정된 범죄에 대한 수사를 대상으로 한다(사법경찰직무법 §6 · 7, 자본시장특별사법경찰 집무규칙 §10, 금융감독원 특별사법경찰관리 집무규칙 §2).

구체적인 수사범위를 살펴보면, 특사경은 증권선물위원회 위원장이 고발 · 통보하거나, Fast – Track 사건으로 선정하여 검찰청에 이첩한 자본시장 불공정거래 사건 중 서울남부지방검찰청의 지휘를 거쳐 특사경에 배정된 사건을 우선적으로 수사한다.149) 패스트트랙 사건의 경우 사건의 중대성 · 시급성을 감안하여 금융당국의 조사가 완료되지 않은 상태에서 통보된다. 이러한 수사범위 설정은 검찰과 금융사건 조사기법에 특화된 금융감독 기관 간 협업이 필요하다는 점을 고려한 것이다.

또한 ⅰ) 한국거래소의 심리결과 통보에 따른 조사 또는 금융위원회 · 금융감독원 공동조사를 통해 일정수준 조사가 이루어진 사건 중 수사전환 필요성이 인정

---

146) 금융위원회, "자본시장 불공정거래 특별사법경찰 출범", (2019.7.18.), 보도자료.
147) 금융위원회, "금융위 자본시장특사경 출범", (2022.3.30.), 보도자료.
148) 안현수, 앞의 논문, 111면.
149) 금융위원회, 위의 보도자료, 「자본시장 특별사법경찰 집무규칙」 제27조.

된 사건, ⅱ) 금융위 특사경이 범죄혐의를 인지한 사건은 금융위원회 내 수사심의위원회의 심의를 거쳐 수사를 개시할 수 있다.[150] 금융감독원 특사경은 자체 인지사건의 수사가 제한된다는 점에서 금융위원회 특사경과 차이가 있다.

▼ 자본시장 특사경 수사대상 및 절차[151]

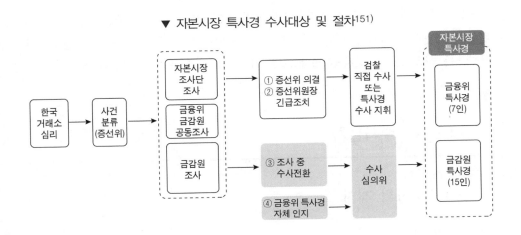

2) 수사권한

금융당국은 자본시장법 제426조에 따른 조사권한과 금융실명법상 금융거래정보요구권을 활용하여 자본시장법상 불공정거래행위에 대한 과징금 부과 내지 수사기관 고발·통보 업무를 수행한다. 반면 특사경은 자본시장법 위반 범죄에 대하여 형사소송법에 따라 검사의 지휘를 받게 되며, 체포, 압수·수색 권한, 출국금지요청권, 통신사실조회권 등 수사권한을 보유한다.

3) 조사·수사업무의 구분

특사경은 행정공무원과 사법경찰관의 이중적 지위를 가지나, 특사경이 범죄수사를 할 때는 형사소송법 등 형사 관련 법령에 따른 절차를 따라야 한다. 특사경이 설치된 행정기관은 행정조사의 경우 일반 행정공무원이 수행하고, 형사사건은 특별사법경찰이 수행하는 분업체계를 구성한다.[152]

---

150) 「자본시장 특별사법경찰 집무규칙」 제27조, 제28조.
151) 금융위원회, 앞의 보도자료.
152) 광역자치단체 특별사법경찰의 경우 업무분장과 부서를 일반행정부서와 분리하여 운영한다. 서울특별시의 경우 행정국 소속의 민생사법경찰과로 운영하고, 각 팀별로 식품안전수사, 보건의약수사, 환경보전수사업무 등을 수행한다.

그런데 불공정거래 조사·수사는 처리결과의 차이(조사: 수사기관 고발·통보, 수사: 기소)가 있을 뿐 형사처벌 대상사건의 적발이라는 동일한 목적을 갖고 있다. 불공정거래 행정조사와 수사행위 간 대상사건이 동일한 상태에서 업무구분 없이 그 권한행사가 이루어진다면, 조사·수사의 절차적 정당성이 부정되고 재판과정에서 증거능력 문제가 야기될 수 있다. 따라서 특사경 전담부서의 수사업무와 조사부서의 조사업무가 혼재되거나 부당한 정보교류가 되지 않도록 업무, 조직을 분리·운영하도록 하고 있다(자본시장특별사법경찰 집무규칙, 이하 이 절에서 "규칙" §6).

제2절 수사절차

I. 수사의 개시

1. 의의

검사나 사법경찰관리는 범죄의 혐의가 있다고 판단하는 때에는 범인, 범죄사실과 증거를 수사한다(형사소송법 §196, 197). 따라서 수사는 수사기관의 혐의에 대한 주관적 판단에 따라 개시된다.

수사의 개시는 고소·고발·자수가 있는 때 즉시 개시하기도 하고(동법 §257), 고소·고발·자수 이외의 경우 내사·조사단계를 거쳐 범죄의 혐의가 있다고 판단하여 수사를 개시하는 경우가 있다. 후자의 방법에 따른 수사 개시를 범죄인지 또는 입건이라고 한다. 예를 들어 검사는 신문 기사, 익명의 신고, 풍설 또는 첩보를 통해 내사를 실시하고(검찰사건사무규칙 §224), 금융당국의 통보(수사의뢰) 사건에 대해서는 조사를 실시한다(동 규칙 §228). 내사·조사 결과 범죄혐의가 확인되는 경우 입건하여 수사에 착수한다.

2. 특사경의 수사개시 요건

자본시장 특사경의 수사개시 요건은 검사나 사법경찰관리보다는 제한적이다. 특사경은 증선위가 통보한 사건 중 검사가 지휘한 사건에 대해 수사를 개시할 수 있으나, ⅰ) 거래소의 심리결과 통보에 따른 조사사건 또는 공동조사 사건 중 수사 전환 필요성이 있는 사건이나, ⅱ) 금융위 특사경이 입건 전 사건을 인지한 사건의 경우 금융위원회 내 자본시장 특별사법경찰 수사심의위원회의 심의를 거쳐 수사 개시를 할 수 있다(자본시장특별사법경찰 집무규칙 §27, 28). 이는 특사경이 수사개시 권을 자의적으로 행사하는 것을 통제하기 위한 목적이 있다. 만약 특사경이 수사심 의위원회의 심의를 거친 인지 사건 등의 수사 개시를 하는 경우 관할 지방검찰청 검사장에게 수사개시 보고를 해야 한다(규칙 §30). 자체인지 수사권한을 보유한 금 융위 특사경은 인지사건에 대한 수사 개시 여부를 결정하기 위한 사전조사(입건전 조사)를 할 수 있다(규칙 §29).

3. 고발에 따른 수사개시

금융위원회나 금융감독원의 조사결과 자본시장법 위반 혐의가 확인되는 경우 증권선물위원회의 의결을 거쳐 수사기관에 고발 또는 통보하고, 다른 법률을 위반한 경우에는 수사기관에 통보할 수 있다(법 §426⑤, 영 §376①11). 금융당국은 증권선물위원회의 의결 직후 혐의자의 인적사항과 개괄적인 위반내용을 기재한 고발ㆍ통보 문서를 검찰에 송부하여 사건을 이첩한다. 수사기관 고발은 자본시장법 위반 혐의가 확인된 사건으로서 부당이득 규모가 상당하거나 시장에 미치는 영향 또는 사회ㆍ경제적 파급효과가 큰 사건에 대하여 이루어진다. 고발ㆍ통보사건이 담당 검사실로 배당되면 금융당국에 구체적인 조사내용이 기재된 처리의견서 및 증거자료를 요청하여 수사자료로 활용한다(법 §178의3②).

4. 인지에 따른 수사개시

검찰은 고소ㆍ고발ㆍ자수 이외의 수사단서가 있는 경우 범죄의 인지를 위하여 내사 또는 조사를 하고, 혐의가 확인되는 경우 입건하여 수사에 착수한다. 금융 당국이 통보한 사건의 경우 고발사건과 달리 혐의 판단을 위한 조사를 거쳐야 한 다. 금융당국의 통보는 위반 정도가 상대적으로 낮거나 증거가 불충분한 경우에 이루어지는데 미공개중요정보 이용행위 사건에서 통신사실조회 등 조사권한의 한계로 인해 정보전달 경로의 확인이 어려워 통보하는 경우를 예로 들 수 있다. 한편 무자본 M&A 등 부정거래행위 조사사건의 경우 내부자의 횡령ㆍ배임 혐의가 포착되는 경우가 많은데 이러한 자본시장법 외의 법규 위반사항은 정보사항으로 기재하여 검찰에 제공된다.

Ⅱ. 임의수사

1. 의 의

수사의 방법에는 임의수사와 강제수사가 있다. 임의수사는 강제력을 행사하지 않고 상대방의 동의하에 행하는 수사를 말하며 강제처분에 의한 수사를 강제수사라고 한다. 형사소송법상 대표적인 임의수사 방법은 피의자신문과 피의자 이외의 사람에 대한 조사 및 사실조회가 있다.

2. 피의자신문

(1) 의 의

피의자신문은 수사기관이 피의자를 신문하여 진술을 듣는 것을 말한다(형사소송법 §200). 피의자신문은 임의수사 절차이므로 피의자는 진술거부권이 보장되며(헌법 §12, 형사소송법 §244의3), 수사기관의 출석요구에 응할 의무가 없고 출석한 때에도 퇴거가 가능하다. 이러한 진술거부권의 보장은 수사기관의 자백 강요를 막기 위한 것이다. 수사기관이 피의자에게 출석요구를 하려는 경우 피의자와 조사의 일시·장소에 관하여 협의해야 하고, 변호인이 있는 경우 변호인과도 협의하여야 한다(검사와 사법경찰관의 상호협력과 일반적 수사준칙에 관한 규정 §19).

(2) 신문방법

피의자의 진술은 조서에 기재하여야 하고, 작성된 조서에 대하여 피의자에게 열람하게 해야 한다. 만약 진술한 대로 기재되지 않거나 사실과 다른 부분에 대하여 피의자가 이의를 제기하거나 의견을 진술한 때에는 이를 조서에 추가로 기재하여야 한다. 작성된 조서는 피의자가 간인한 후 기명날인 또는 서명한다(형사소송법 §244).

피의자의 진술은 영상녹화할 수 있는데(동법 §244의2①), 진술자의 기억이 불명확한 경우에 기억환기용으로 사용할 수 있다(동법 §318의2②). 영상녹화할 때에는 피의자에게 미리 영상녹화사실을 알려주어야 하나 피의자 또는 변호인의 동의를 받을 필요는 없다. 동의를 요구할 경우 영상녹화제도가 사실상 어렵다는 점을 고려한 것이다.[153)]

(3) 불공정거래 신문과정의 특징

시세조종 및 부정거래의 경우 특성상 다수 관련자가 참여하여 은밀하고 조직

---

153) 이재상·조균석·이창온, 「형사소송법」, 박영사(2022), 262면.

적으로 이루어지는 특성이 있으므로 피의자의 진술을 통하여 사건의 진상을 명확히 규명하는 것이 중요하다. 만약 당사자가 사실관계에 대하여 다른 주장을 하는 경우 피의자신문을 통한 실체적 진실의 발견에 한계가 있다. 예를 들어 ⅰ) 중요사항의 부실표기에 대해 당사자가 위법성에 대한 인식이 없었다고 주장하거나, ⅱ) 다수의 M&A사업자, 전주(사채업자) 또는 투자조합 등이 참여하는 부정거래행위에서 서로 공모관계를 부인하는 경우 또는 ⅲ) 시세조종 가담자들이 물량 확보를 위한 분할매수주문을 한 것으로 시세조종의 공모·고의가 없다고 주장하는 경우이다.

만약 공범 중 일부가 형을 낮출 목적으로 사실관계를 진술하는 등 협조하는 경우 사건의 전모를 파악하는 결정적인 기여하는 경우가 많다. 2023년 자본시장법 개정을 통하여 도입된 진술 등 협조자에 대한 형벌 등의 감면 제도(법 §448의2)는 실체적 진실 파악을 위하여 공범 등에게 인센티브를 제공할 목적을 갖는다.

3. 참고인 조사

수사에 필요한 때에는 피의자가 아닌 제3자, 즉 참고인의 출석을 요구하여 진술을 들을 수 있다(형사소송법 §221①). 참고인은 수사 협조자에 불과하므로 참석·진술 여부는 참고인의 임의사항이다. 다만 참고인이 출석 또는 진술을 거부한 경우에는 검사는 제1회 공판기일 전에 한하여 판사에게 참고인의 증인신문을 청구할 수 있다(동법 §221의2①). 불공정거래 사건의 경우 사건의 사실관계를 알 수 있는 관계자나 금융위원회, 금융감독원 또는 한국거래소의 조사·심리요원이 참고인이 된다.

4. 사실조회

수사에 관하여는 공무소 기타 공사단체에 조회하여 필요한 사항의 보고를 요구할 수 있다(형사소송법 §199②). 사실조회는 영장에 의할 것을 요구하지 않는 등 의무의 이행을 강제할 방법이 없다는 점에서 임의수사로 보는 것이 일반적인 견해이다.[154]

불공정거래 수사에서 대표적인 사실조회로는 검찰이 한국거래소에 공문으로 요청하는 심리분석의뢰가 있다. 불공정거래는 그 특성상 매매데이터를 통한 분석을 통하여 혐의 여부를 확인하는 것이 필수적인데, 검찰의 인지사건 수사의 경우 자체 첩보만으로 범죄사실을 규명하는 것은 한계가 있다. 따라서 검찰은 수사대상 종목과 대상기간을 특정하여 한국거래소에 요청한 심리결과를 바탕으로 피의자의

---

154) 이재상 외, 위의 책, 154면.

불공정거래 매매양태, 호가관여율, 부당이득 산정을 위한 증거자료로 사용하게 되는 것이다. 다만 심리보고서에 부속된 세부심리자료(매매장, 호가장, 입출금내역 등 원장자료)는 금융실명법에 따른 금융거래정보에 해당하므로 검찰은 한국거래소에 대한 압수·수색 영장의 집행을 통해 동 자료를 확보하여 사실관계 확인, 혐의 입증 등을 위한 증거로 사용할 수 있다.

Ⅲ. 강제수사

강제처분이란 소송의 진행과 형벌의 집행을 확보하기 위하여 강제력을 사용하는 것으로서 수사기관의 강제처분을 강제수사라고 한다. 강제처분인 체포, 구속, 압수·수색은 헌법이 보장하는 개인의 자유나 재산권 등 기본적 인권을 침해하는 것이나, 국가형벌권의 실현을 위하여 불가피한 범위내에서 법률에 따라 자유를 제한하는 것이다. 형사소송법상 강제수사권은 대인적 강제처분인 체포와 구속, 증거물이나 몰수물의 수집과 보전을 목적으로 하는 대물적 강제수사권인 압수·수색과 검증이 있다.

1. 압수·수색

압수란 물건의 점유를 취득하는 강제처분을 말하고, 수색은 압수할 물건 또는 체포할 사람을 발견할 목적으로 주거·물건·사람의 신체 또는 기타 장소에 대하여 행하는 강제처분을 말한다. 수색은 압수와 함께 행하여지는 것이 일반적이고, 실무상 압수·수색영장이라는 단일영장으로 발부된다. 통상의 압수·수색 장소는 피의자나 그 외 제3자의 집이나 사무실, 금융기관, 자동차, 서버 보관 장소 등이다. 불공정거래 사건의 압수·수색 목적물은 사업관련 문서, 회계장부, 계약서, 금융거래기록 및 이러한 압수물을 보관하고 있는 컴퓨터, 서버, 기타 USB 등 이동식 저장장치, 피의자의 휴대전화 등을 예로 들 수 있다. 컴퓨터나 서버의 경우 하드디스크를 압수할 수도 있으나, 통상 디지털포렌식 요원이 피압수자 등 참여하에 데이터 전체를 복제하거나 사건과 관련이 있는 파일만 복제하여 자료의 압수를 진행한다. 압수·수색은 해당 사건과 관계가 있는 것으로 한정되므로(형사소송법 §215①), 압수·수색 영장에 기재된 물건만 가능하며, 사건과 관련이 없는 물건의 압수·수색을 할 수 없다.

2. 금융거래정보의 압수

(1) 의 의

압수 대상물 중 금융거래정보는 불공정거래 수사에 가장 중요한 증거자료이다. 금융거래정보가 없다면 미공개중요정보를 이용한 거래 여부, 시세조종 주문 여부, 관련자들 간 거래내역을 통한 연계성 여부 또는 부당이득 산정이 불가능하기 때문이다. 금융위원회, 금융감독원, 한국거래소 등은 영장 없이 금융회사에 금융거래정보를 요구할 수 있으나, 검찰 등 수사기관은 법원의 영장을 발부받아야 금융회사로부터 거래정보를 받을 수 있다(금융실명법 §4).

(2) 금융거래정보의 내용

수사기관은 금융투자회사 외의 금융회사로부터 금융거래정보를 받을 수 있으나, 증권범죄 수사의 경우 금융투자회사의 금융거래정보 활용 비중이 높다. 금융투자회사로부터 받을 수 있는 금융거래정보로는 위탁계좌 기본정보(계좌주의 인적사항), 계좌관리자 기본정보(계좌를 관리하는 증권사 직원의 인적사항)와 원장정보인 유가증권 잔고, 신용거래잔고, 고객계좌부(거래내역 및 잔고), 수표입출금, 이체입출금, 대체입출금, 현금입출금, 유가증권 입출고 내역 등이다.

(3) 한국거래소의 호가장·매매장

한국거래소의 경우 시장에 참여한 전체계좌의 호가 또는 매매내역이 기록된 호가장, 매매장을 보유하고 있다. 호가장은 매매체결을 위해 투자자가 제출한 호가내역으로서 고가매수, 허수성 주문 등 불공정거래 호가 양태를 파악하고 호가관여율을 산정하는 데 활용된다. 매매장은 혐의계좌와 거래상대방의 매매체결 수량 및 체결가격을 파악할 수 있고, 가장·통정매매의 여부 및 부당이득 규모의 파악이 가능하다. 호가장·매매장은 매매거래내역 외에 위탁자의 투자자 구분(개인, 기관 또는 외국인 여부), 위탁매매 또는 자기매매(금융투자업자 자기계산의 매매), IP·MAC 주소가 기재되어 있으므로 위탁자의 거래 성격을 파악하는 한편 식별정보를 통해 연계계좌를 확인하는 데 활용된다.

한국거래소가 심리하는 경우 호가장·매매장 및 금융거래정보요구를 통해 금융투자업자로부터 제출받은 원장정보(위탁계좌 기본정보, 계좌관리자 기본정보 포함)와 같은 세부심리자료가 생성되므로, 검찰은 한국거래소에 심리의뢰하여 받은 심리결과보고서를 검토하여 필요한 경우 압수·수색 영장을 집행하여 금융거래정보인 세부심리자료를 취득하는 것이 일반적이다.

3. 체포와 구속

(1) 체 포

체포는 피의자 신병 확보를 위해 피의자를 단기간 수사관서 등 일정한 장소에 인치하는 대인적 강제처분이다. 체포는 그 요건이 완화되고 단기간인 점에서 엄격한 요건 하에서 장기간 신체의 자유를 제한하는 구속과는 구분된다. 형사소송법상 체포는 체포영장을 원칙으로 하지만(형사소송법 §200의2), 긴급체포와 현행범인의 경우 영장 없는 체포를 허용한다. 체포한 피의자를 구속하고자 할 때는 체포한 때로부터 48시간 이내에 구속영장을 청구한다(동법 §200의2⑤). 체포영장을 발부하기 위해서는 피의자가 죄를 범하였다고 의심할만한 상당한 이유가 있고, 정당한 이유 없이 수사기관의 출석에 응하지 아니하거나 응하지 아니할 우려가 있어야 한다(동법 §200의2①).

(2) 구 속

구속은 범죄의 수사 또는 형사소송의 진행을 확보할 목적으로 피고인 또는 피의자의 신체의 자유를 장기간에 걸쳐 제한하는 대인적 강제처분을 말한다. 구속의 요건은 죄를 범하였다고 의심할 만한 상당한 이유가 있고, ⅰ) 일정한 주거가 없을 때, ⅱ) 증거인멸 염려가 있을 때, ⅲ) 도망 또는 도망할 염려가 있을 때 중 어느 하나에 해당하는 사유가 있어야 한다(동법 §70ㆍ201).

사법경찰관과 검사의 피의자 구속기간은 10일 이내이다(동법 §202ㆍ203). 검사는 법원에 연장신청을 통하여 10일 이내에 구속기간을 연장할 수 있다(동법 §205). 따라서 사법경찰관이 구속 후 검사에게 인계한 경우 최장 30일까지 구속할 수 있다. 한편 법원의 피고인에 대한 구속기간은 2개월이며, 구속을 계속할 필요가 있는 경우 심급마다 2차에 한하여 2개월까지 연장할 수 있다(동법 §92). 다만 상소심(2심, 3심)은 피고인 또는 변호인이 신청한 증거의 조사, 상소이유를 보충하는 서면의 제출 등으로 추가 심리가 필요한 부득이한 경우에는 3차에 한하여 갱신할 수 있다(동법 §92②). 따라서 1심부터 구속된 경우 1심, 항소심, 상고심 각각 최대 6개월까지 구속이 가능하므로 도합 18개월까지 구속이 가능하다.

제 3 장
한국거래소의 시장감시

제 1 절　한국거래소의 조직 및 업무

I. 한국거래소

　　한국거래소는 증권 및 장내파생상품의 공정한 매매를 위하여 금융위원회의 허가를 받아 설립된 주식회사이다. 그 명칭이 보여주듯 거래소는 금융투자상품의 매매거래를 중개하는 유통시장의 개설·운영이 본질적 기능이다. 거래소는 공정한 매매를 위하여 시장의 개설·운영에 관한 업무뿐 아니라, 상장심사, 상장법인의 신고·공시에 관한 업무, 이상거래의 심리 및 회원의 감리에 관한 업무 등을 수행한다(법 §377). 거래소는 유가증권시장·코스닥시장·파생상품시장 및 시장감시본부, 경영지원본부, 청산결제본부 등 총 6개 본부로 조직되어 있다.

II. 시장감시위원회

　　시장감시위원회는 시장감시, 이상거래의 심리 및 회원에 대한 감리, 불공정거래의 예방, 분쟁의 자율조정 등의 업무를 수행하는 자율규제기구이다(법 §402).
　　시장감시위원회는 시장감시위원장을 포함한 총 5인의 위원으로 구성한다. 시장감시위원장은 시장감시위원회의 추천을 받아 거래소 주주총회 결의를 통해 선임하며, 업무집행조직인 시장감시본부의 본부장을 겸직한다.
　　실무집행 조직인 시장감시본부는 이상거래의 감시를 수행하는 시장감시부, 심리를 수행하는 심리부(2개 부서), 회원에 대한 감리 및 징계업무를 수행하는 감리부, 공매도특별감리부와 불공정거래 예방업무를 담당하는 사전예방부, 본부 총괄업무를 담당하는 시장감시제도부 등 총 7개 부서로 조직되어 있다.

제 2 절   이상거래의 심리

Ⅰ. 이상거래 심리의 의의

1. 의 의

이상거래의 심리란 이상거래의 혐의가 있다고 인정되는 종목의 거래나 그 주문 또는 호가 등이 법 제147조, 제172조부터 제174조까지, 제176조, 제178조, 제178조의2 및 제180조를 위반하는 등 불공정거래 행위에 해당하는지 여부를 확인하는 초동조사절차이다(법 §404①1, 한국거래소 시장감시규정 §2③). 거래소는 심리를 위하여 금융투자업자에게 그 사유를 밝힌 서면으로 관련 자료의 제출을 요청할 권한을 갖는다(법 §404① 본문).

2. 심리의 법적 성격

한국거래소의 회원에 대한 자율규제활동은 회원이나 상장법인이 지켜야 하는 시장감시규정 등 거래소의 업무관련규정을 근거로 한다. 회원이나 상장법인이 업무관련규정을 준수하지 않을 경우, 해당 규정의 징계규정을 근거로 회원이나 상장법인을 징계할 수 있다.

반면 심리는 회원이나 상장법인을 감시·감독하는 것을 목적으로 하는 것이 아니라, 오로지 거래소 시장에서 불공정거래 혐의자를 찾아내어 금융위원회에 통보함으로써 종국처분인 형사처벌·행정처분을 바라는 목적이 있다. 이 점에서 심리는 자율규제기능보다는 공적 조사기능의 성격이 더 강하다. 한국거래소에 금융투자업자에 대한 금융거래정보요구권을 부여(금융실명법 §4①7)하고, 심리결과 자본시장법 위반혐의를 알게 된 경우 금융위원회에 통보하도록 한 것은 심리업무의 공익성을 고려한 것이다.[155)]

---

155) 심리·감리권한을 법적으로 명문화한 증권거래법 개정안 개정이유서에는 "자본시장의 자율규제기능을 강화하기 위하여" 거래소의 심리 및 감리권한을 부여한 것으로 되어 있는데,

II. 심리절차

1. 심리의 착수

심리는 ⅰ) 시장감시부의 심리의뢰, ⅱ) 금융위원회나 검찰의 심리의뢰, 또는 ⅲ) 민원 등을 통하여 착수한다(시장감시규정 §13).

① **시장감시부 심리의뢰**　　시장감시부는 전체 상장종목에 대한 일별 시장감시 과정 중에 적출된 이상거래종목[156]에 대한 분석을 실시하고, 혐의점이 있는 경우 심리부에 심리의뢰를 한다. 거래소의 심리사건은 주로 시장감시부의 심리의뢰를 통하여 착수한다.

② **금융위원회의 심리의뢰**　　금융위원회와 금융감독원은 불공정거래 조사를 위하여 필요한 경우 거래소에 심리의뢰를 할 수 있다.

③ **검찰의 심리의뢰**　　검찰은 불공정거래 사건의 수사에 필요한 경우 한국거래소에 심리의뢰를 할 수 있다. 2013년 주가조작 근절대책 이후 긴급사건에 대한 Fast-track 제도가 시행됨에 따라 검찰의 심리의뢰가 활성화되고 있다. 검찰은 매매분석에 특화된 거래소의 심리자료를 바탕으로 혐의점을 확인하는데 활용하며, 필요한 경우 사건의 증거로 사용하고 있다.

2. 심리의 방법

(1) 사전 분석

거래소는 상장종목의 장내거래를 중개해 주는 기관이므로, 장내의 모든 호가 및 매매체결 데이터를 보유하고 있다. 투자자가 주문을 내는 경우 종목, 수량, 호가종류, 가격, 회원번호, 지점번호, 계좌번호, IP 및 MAC 주소 정보가 거래소의 매매체결 시스템으로 전송된다. 이러한 호가정보 데이터인 호가장, 그리고 체결결과의 데이터인 매매장 데이터를 바탕으로 이상거래 혐의 종목에 대한 사전분석을 실시한다. 사전분석에는 한국거래소가 보유한 시장감시시스템을 활용하여 이상호가 과다구간의 확인 및 IP, MAC 주소가 연계된 이상거래 계좌의 적출, 공시·언론·게시판 분석을 통한 부정거래행위 가능성을 판별하게 된다.

증권사 본·지점 대비 금융감독기구의 인력이 부족한 현실에서 심리·감리 기능을 부여하여 금융기관에 대한 감독의 실효성을 확보하는데 목적이 있는 것으로 설명하고 있다; 국회 재정경제위원회, "증권거래법중개정법률안(정부제출) 검토보고", (2001.12), 10면 참조.

156) 주가의 이상 급등락, 거래량의 급증, 중요정보의 공시·보도 전 대량 순매수도 종목 등이다.

동 분석 결과를 통하여 대상기간 동안 중요공시 전 대량매수도 계좌, 매매차익이 많은 계좌나 대량매매계좌 등 시장지배력이 높은 계좌, 연계계좌(IP, MAC 주소가 동일한 계좌)를 선정한다.

(2) 심리실시, 금융거래정보요구 및 분석

거래소는 사전분석 결과를 바탕으로 이상거래가 의심되는 계좌를 대상으로 심리를 착수한다. 심리요원은 사전분석 결과를 바탕으로 금융투자업자에게 금융거래정보를 요구하게 된다. 거래소는 심리와 관련하여 금융실명법에 따라 금융투자업자에게 금융거래정보의 제공을 요구할 수 있다(§4①7 나목). 금융위원회·금융감독원의 경우 모든 금융회사를 대상으로 금융거래정보를 요구할 수 있는 반면, 거래소는 금융투자업자에 한정된다.

거래소 심리요원은 금융거래정보상 위탁자 기본정보를 바탕으로 회사 내부자의 거래 여부, 계좌간 인적 연계(주소 동일, 동일 직장 여부 등)를 확인하여 내부자거래 여부, 시세조종행위의 연계계좌 등을 확인하게 된다.

금융거래정보 중 혐의계좌의 원장(거래종목, 거래일자, 수량, 금액 등), 현금 입출금 거래내역, 증권 입출고 거래내역, 계좌관리자 인적사항 등은 혐의계좌간 입출금·입출고 여부, 계좌관리자를 통한 불공정거래의 연계 여부 등을 확인하는 데 활용한다.

이러한 매매거래내역 분석에는 공시·보도자료도 활용한다. 대량보유보고의 내용과 달리 최대주주가 사채업자 등 타인에게 출고하거나, 신규사업 진출 보도자료 배포나 타법인 출자·인수 공시를 통해 주가를 부양한 후 보유지분을 매각해 차익을 실현하는 계좌를 적발한다.

거래소는 거래소 내 거래정보저장소(Trade repository : TR)[157]에서 수집한 TR 정보 중 CFD계좌의 거래정보를 심리 목적으로 제공받아 사용할 수 있다. 이는 SG증권발 주가조작 사태로 장외파생상품인 CFD계좌를 이용한 불공정거래 문제가 대두됨에 따라 금융위원회의 승인으로 이루어진 조치이다.[158]

---

157) TR은 장외파생상품 거래로 인한 시장 리스크 방지를 위하여 금융투자업자 등으로부터 당해 거래정보를 보고받아 수집·보관하는 곳을 말한다. 당해 거래정보는 금융위원회, 금융감독원, 한국은행, 외국 금융감독기관 및 금융위원회의 승인을 받은 기관에서 제공받을 수 있다(금융투자업규정 §5-50의4).

158) 증권선물위원회, "거래정보저장소의 정보제공에 관한 한국거래소의 요청 승인안", (2023. 10.23.).

한편 거래소는 심리를 위하여 필요한 경우 관계자의 출석·진술을 요청할 수 있다(법 §404②). 그러나 일반적으로는 향후 행정조사·수사 과정의 기밀성 유지와 심리의 신속성 제고를 위하여 출석·진술을 통한 조사는 실시하지 않는다.

(3) 심리결과의 통보

거래소는 이상거래 심리 결과 자본시장법 위반 혐의를 확인한 경우에는 금융위원회에 통보하여야 한다(법 §426⑥). 심리요원은 심리결과보고서를 작성하여 심리결과의 적정 여부에 대한 내부심의를 거쳐 금융위원회에 통보한다. 심리결과보고서에는 자본시장법상 혐의 여부(미공개중요정보 이용행위, 시세조종, 부정거래, 대량보유보고 위반, 임원등 소유주식보고의무 위반, 단기매매차익 반환의무 사항 등), 혐의계좌 및 거래내역, 세부혐의내용 등이 반영된다.

제3절 감 리

I. 감리의 의의

감리는 거래소가 회원의 업무관련규정 또는 제178조의2에 따른 시장질서 교란행위 금지규정 준수여부를 확인하기 위한 목적으로 하는 조사를 뜻한다(시장감시규정 §2④).

금융투자업자가 거래소 시장에서 거래를 하기 위해서는 거래소의 회원이 되어야 한다.[159] 회원은 시장참가자로서 자본시장법과 거래소의 규정을 준수할 의무가 있고(회원관리규정 §27), 이를 따르지 않을 경우 회원의 제명, 거래의 정지, 10억원 이하의 제재금 등을 부과받을 수 있다(회원관리규정 §35, §36, 시장감시규정 §21, §22). 회원에 대한 감리 및 제재는 시장참가자인 회원에 대한 계약상 의무를 기반으로 하는 자율규제활동이다.[160]

---

[159] 한국거래소 회원관리규정 제2조(정의) ① 이 규정에서 사용하는 용어의 뜻은 다음과 같다.
    1. "회원"이란 거래소가 개설한 증권시장에서의 증권의 매매거래 또는 파생상품시장에서의 장내파생상품거래에 누구의 계산으로 하든지 자기의 명의로 참가할 수 있는 자를 말한다.
[160] 시장감시규정과 별도로 자본시장법상 감리실시 및 회원의 징계의 근거(법 §402, 404)

Ⅱ. 감리 대상

1. 감리 대상자

감리 규제 대상은 거래소의 회원이다(시장감시규정 §2⑥). 회원은 자본시장법에 따라 투자매매업 또는 투자중개업의 인가를 받은 자만이 입회 자격이 있다(회원관리규정 §4). 회원의 종류는 거래가 가능한 금융투자상품에 따라 증권회원, 지분증권전문회원, 채무증권전문회원, 파생상품회원 등으로 구분되고, 금융투자상품의 결제이행책임 부담 여부에 따라 결제회원 및 매매전문회원으로 구분된다(회원관리규정 §3).

2. 감리 대상행위

(1) 개 관

감리대상이 되는 사항은 거래소의 업무관련 규정 및 자본시장법 제178의2에 따른 시장질서 교란행위 금지규정 위반사항이다(시장감시규정 §2④).

업무관련규정 위반행위는 거래소 시장의 업무규정 및 시장감시규정의 준수의무사항을 위반하는 행위를 말한다. 시장 업무규정 위반행위는 주로 공매도 규제 위반, 착오매매정정 위반, 주문기록 유지의무 위반, 결제시한 위반, 호가입력사항 위반 등이 감리 대상이 된다. 시장감시규정의 경우 회원의 금지행위(§3) 및 공정거래질서 저해행위의 금지(§4) 규정을 두고 있는데, 주로 공정거래질서 저해행위가 감리대상이 된다.

(2) 공정거래질서 저해행위

1) 개 관

공정거래질서 저해행위는 시세형성에 부당한 영향을 주는 허수성 호가, 통정·가장성 호가, 시가·종가 예상가 관여, 특정종목 매매집중 호가, 종가관여 과대호가, 분할호가 등을 금지하고 있다(§4).

회원은 공정거래질서 저해행위를 위탁자에게 권유하거나 그 거래의 위탁을 받아서는 아니된다(규정 §4③). 따라서 회원의 자기매매뿐 아니라 투자자로부터의 위탁매매도 금지대상이다.[161] 이러한 위탁매매를 통한 불공정거래를 예방하기 위해

를 규정하고 있다.

161) 한국거래소는 메릴린치증권 서울지점의 허수성 호가 주문수탁과 관련하여 허수성주문 수탁을 금지하는 시장감시규정(제4조제3항) 위반을 사유로 회원제재금 1억7천5백만원을 부과한 바 있다(한국거래소 보도자료, "시장감시위원회, 메릴린치인터내셔날엘엘씨

서 회원은 모니터링시스템을 운영하여 거래소가 제시하는 감시항목 및 운영기준을 준수할 필요가 있다(규정 §6).

2014년 자본시장법상 시장질서 교란행위 금지규정이 신설되면서 감리대상에 포함되었다(법 §404①3). 시장질서 교란행위 중 시세관여형 교란행위 금지규정(법 §178의2②)의 허수성호가, 손익이전 목적의 통정매매 금지규정은 시장감시규정 제4호의 공정거래질서 저해행위 금지규정을 모델로 하여 도입하였다. 동일한 양 규정이 규제기관 간 중첩적으로 적용될 경우 자율규제기관의 감리가 위축될 가능성을 방지하기 위하여 시장질서 교란행위에 대한 감리근거를 자본시장법에 별도로 규정한 것이다.

2) 시가 · 종가 등 관여행위

제4조(공정거래질서 저해행위의 금지) ① 회원 또는 그 임원 · 직원은 다음 각 호의 어느 하나에 해당하는 행위를 하여서는 아니된다.

1. 시가 · 최고가 · 최저가 또는 종가 등 특정 시세의 형성에 관여하는 호가를 계속적으로 또는 순차적으로 제출하여 시세의 상승 · 하락 또는 고정 · 안정을 초래하는 행위

시가, 종가 또는 최고가 · 최저가 관여 호가는 시가 또는 종가 결정을 위한 호가 접수시간에 시세관여 호가를 제출하거나, 최고가 · 최저가 또는 이에 근접한 가격으로 형성시키는 호가를 계속적 · 순차적으로 제출하는 방법으로 상승 · 하락 또는 고정 · 안정을 초래하는 행위를 말한다.

시가와 종가는 투자결정에 큰 영향을 미치는 투자 지표이다. 시가 · 종가 관여 주문은 짧은 단일가 매매시간 동안 적은 주문으로도 가격에 미치는 영향이 크다. 또한 시가는 해당 종목의 당일 가격제한폭에 영향을 미치고, 종가는 합병가액, 주식담보대출 담보가액, 대용가격의 공정시세로 사용되므로 시세관여의 유인이 될 수 있다.

시가 · 종가 등 관여행위는 시세조종금지와 같은 매매유인 목적을 요구하지는 않는다. 반면 현실거래에 의한 시세조종의 구성요건과 달리 호가의 계속적 · 순차적 제출을 요건으로 하므로, 단 1회의 호가의 제출로는 금지 요건을 충족하지 못한다. 따라서 동일 호가행위가 일정 시간 또는 기간 내에 여러 차례 발생할 것을 요한다. 또한 호가 제출의 결과 시세의 상승 · 하락 또는 고정 · 안정을 초래할 것을 요건으로 하기 때문에 행위의 결과 시세변동 등 시세관여 여부에 대한 객관적인 입증이 요구된다.

증권 서울지점에 대해 회원제재금 부과", (2019.7.16.) 참조).

이 행위 유형은 주로 회원의 자기매매 과정에서 종가관여 과다호가를 제출하거나,[162] 종가관여 과다주문을 수탁하는 경우가 자주 적발된다.[163]

3) 대량 호가 · 거래행위

제4조(공정거래질서 저해행위의 금지) ① 회원 또는 그 임원 · 직원은 다음 각 호의 어느 하나에 해당하는 행위를 하여서는 아니된다.
4. 특정 종목의 시장수급상황에 비추어 과도하게 거래하여 시세 등에 부당한 영향을 주거나 오해를 유발하게 할 우려가 있는 호가를 제출하거나 거래를 하는 행위

시가, 종가, 접속매매 등 정규장에서 대량호가를 제출하면 수급불안으로 주가가 등락한다. 이러한 대량 호가 · 거래는 단 1회라도 정상 수급에 의한 가격형성을 저해하고 투자자에게 오해를 유발하므로 금지한다. 대량매매를 희망하는 경우 별도의 대량 · 바스켓매매(코스닥시장 업무규정 §19의2, 19의4) 또는 경쟁대량매매(동 규정 §19의3, 21의2) 세션을 제공하여 장내거래로 인한 시장왜곡을 예방하고 있다.

한국 도이치증권은 도이치은행 홍콩지점의 수탁을 받아 2010년 11월 11일 KOSPI200 풋옵션을 대량으로 매수한 후 보유하고 있던 KOSPI200 구성종목 전량 (약 2조 4천억원)을 매도하였고, 이로 인해 KOSPI200 지수를 급락(-2.79%)시켜 도이치은행 홍콩지점이 약 489억원의 부당이득을 실현한 바 있다. 한국거래소는 2011년 2월 25일 한국 도이치증권에 대하여 대량 호가 · 거래행위 규정 등 위반에 대하여 10억원의 회원제재금을 부과하였다.

4) 통정 · 가장매매

제4조(공정거래질서 저해행위의 금지) ① 9. 취득 또는 처분의 의사 없이 통정하여 거래를 하거나 권리의 이전을 목적으로 하지 아니하는 가장된 거래를 하는 행위

---

[162] D증권사와 M증권사는 ELS 조기상환일 기초주식의 거래 과정에서 종가 동시호가 시간대에 낮은 가격으로 매도주문을 제출하여 조기상환조건 성취를 무산시켜 한국거래소로부터 회원제재금을 부과받은 바 있다. 이 사건은 ELS 관련 시세조종으로 유죄판결을 받은 바 있다(본서 제3편 시세조종행위 제2장 제5절 참조); 한국거래소. "회원 및 임직원에 대한 시장감시위원회 조치내용", (2009.7.21.) 보도자료.

[163] H투자증권은 종가단일가시간대에 반복적인 주문을 수탁함으로써 시장수급상황에 비추어 과도하게 시세에 관여하여 2018.11.27. 한국거래소로부터 회원제재금을 부과받은 바 있다.

시장감시규정상 통정·가장매매는 자본시장법이 규제하는 통정·가장매매와 개념상 차이가 없다. 다만 법 제176조 제1항은 매매성황의 오인·오판 목적이라는 주관적 구성요건을 요구하나, 시장감시규정상 통정·가장매매 금지규정은 이러한 요건을 두고 있지 않다. 사례를 보면 회원이 운용자별 각각의 자기매매계좌를 가지고 ELW 종목을 데이트레이딩하는 과정에서 가장매매가 이루어져 회원 경고조치를 하는 등 통정·가장매매 관련 다수 사례가 적발된 바 있다.[164]

5) 허수성 호가

제4조(공정거래질서 저해행위의 금지) ① 5. 거래 성립 가능성이 희박한 호가를 대량으로 제출하거나 직전가격 또는 최우선호가의 가격이나 이와 유사한 가격으로 호가를 제출한 후 당해 호가를 반복적으로 정정·취소하여 시세 등에 부당한 영향을 미치거나 미칠 우려가 있는 행위

시장감시규정상 허수성 호가는 자본시장법상 시장질서 교란행위 유형 중 허수성 호가 금지규정(법 §178의2②1)의 모델이 된 규정으로서 내용상 큰 차이가 없다. 현실거래에 의한 시세조종과 같은 매매유인 목적이나 시세변동 목적이 요구되지 않으므로, 허수성 호가 제출에 따른 시세변동 여부에 대한 입증을 요구하지 않는다. 허수성 호가 사례로는 회원이 위탁자의 허수성 호가를 지속적으로 수탁·처리하여 회원제재금을 부과받은 사건 등 다수의 사례가 있다.[165]

6) 분할호가

제4조(공정거래질서 저해행위의 금지) ① 6. 동일 가격의 호가를 일정 시간에 분할하여 제출함으로써 수량배분 또는 시세 등에 부당한 영향을 미치거나 미칠 우려가 있는 행위

분할호가는 주문을 일시에 제출하지 않고 여러 번에 걸쳐 나누어 제출하는 행위를 말한다. 거래자 입장에서 분할호가는 대량주문에 따른 주가급락·급등을 방지하고 유리한 가격에 체결하는 장점이 있다. 그러나 분할호가가 지속될 경우 시세에 부당한 영향을 미칠 수 있다.

---

164) 한국거래소, "2011년 제2차 현물·파생상품시장 정기감리 결과에 따른 회원사에 대한 제재조치", (2012.3.27.) 보도자료.
165) 한국거래소, "현물시장 감리 결과에 따른 회원사에 대한 제재조치", (2016.8.30.) 보도자료.

또한 수량배분을 많이 받기 위하여 분할호가를 악용하는 경우가 있다. 시가결정을 위한 단일가매매 시간대에 시가가 상하한가로 결정되면 시간우선원칙이 적용되지 않고, 호가수량이 많은 것부터 6차례에 걸쳐 수량배분을 한다(코스닥시장 업무규정 시행세칙 §19). 이를 이용하여 많은 수량을 배분받기 위해 분할호가를 제출하는 유인이 발생한다. 이 경우 다른 투자자에게 분배될 물량을 편취하거나, 실제 매매 의사에 의해 호가 수량을 부풀려 시세에 부당한 영향을 미칠 수 있다. 또한 거래소 시스템에 과부하를 초래하여 시장공신력을 실추시킬 수 있다.

K증권사는 KOSPI200 옵션 최종거래일에 매도물량 증대를 목적으로 자기매매 계좌를 통해 182,000회의 분할호가를 제출하여 다른 투자자의 배분물량을 감소시키고, 시장거래시스템 과부하로 거래체결을 지연시킨 바 있다. 한국거래소는 K증권사에 대하여 회원제재금 3억원을 부과하였다.[166]

Tip + 시가 단일가매매시간대에 상하한가로 시세가 결정되는 경우 체결방법

- 시가결정을 위한 단일가매매시간대 시가가 상·하한가로 결정되는 경우에는 단일가매매에 참여한 상한가매수호가(상한가일 때) 또는 하한가매도호가(하한가일 때)는 시간우선원칙을 배제하고 수량우선원칙에 따라 물량을 배분한다.

- 상·하한가일 때 시간우선원칙을 적용한다면 먼저 상·하한가 호가를 제출한 자가 물량을 독식하여 시간상 후순위 투자자는 물량을 배분받지 못하는 문제가 있기 때문이다.

동시호가 물량배분방법

배분차수	1차	2차	3차	4차	5차	6차
배분수량	100주	500주	1,000주	2,000주	잔량의 1/2	잔량

- 호가수량이 많은 주문부터 적은 순으로 배분하고, 접수된 일방의 호가 전량이 체결될 때까지 동일한 순서로 배분을 실시한다.

---

166) 한국거래소, "과다한 분할호가제출 회원 및 임직원에 대한 시감위 조치결과", (2009. 6.2.) 보도자료.

(3) 업무관련규정 위반행위

업무관련규정은 한국거래소의 유가증권시장, 코스닥시장, 파생상품시장의 시장 관리 관련 규정인 업무규정, 공시규정, 상장규정, 그리고 회원관리규정, 시장감시규정 및 관련 하위 세칙·지침 등을 말한다. 그 중 공시규정이나 상장규정은 상장법인의 의무를 부과하는 규정이므로 회원 감리가 이루어지는 경우가 없다. 따라서 실제 회원 감리 대상이 되는 업무관련규정 위반행위는 각 시장의 업무규정, 시장감시규정상 회원의 금지행위(§3) 및 공정거래질서 저해행위(§4)가 주 대상이 된다. 여기서는 각 시장 업무규정 중 주로 감리가 이루어지는 사안을 중심으로 설명한다.

1) 공매도

회원은 공매도를 하거나 그 위탁을 받아 호가를 하여서는 아니 되고, 위탁자의 공매도 여부 및 차입여부를 확인할 의무가 있다(코스닥시장 업무규정 §9의2). 그 외에 업틱룰 규제(동 규정 §9의3) 및 회원의 기록보관의무(동 규정 §9의4)를 진다. 공매도 감리는 별도의 공매도 감리부서에서 수행하는데, 한국거래소는 회원의 공매도 금지규정 위반 여부에 대하여 감리를 실시하여 회원을 징계하고, 위탁자나 회원의 법률 위반혐의는 금융당국에 통보한다. 거래소 업무규정을 위반한 공매도는 자본시장법 위반에 해당하므로(영 §208②), 금융당국에 통보하는 것이 일반적이다.[167]

2) 착오매매 정정

착오매매는 회원이 착오로 투자자의 주문(종목, 수량, 가격 및 매도·매수)과 다르게 호가하여 이루어진 매매체결을 말한다. 매매체결을 전제로 하므로 회원이 투자자의 주문을 누락하거나 주문 내용보다 적은 수량을 호가한 경우는 착오매매에 포함하지 않는다.

이 경우 회원은 착오매매에 대해 체결내용을 정정하는 착오매매 정정이 가능하다(코스닥시장 업무규정 §27). 이는 회원의 착오매매로 인한 시장 리스크 방지 목적을 갖고 있고, 회원의 수탁과정에서 발생할 수 있는 단순 착오에 대한 구제 목적도 있다.

회원은 착오분을 자기계산으로 인수하여 정정하는 정정신청서를 다음 매매거래일 장종료시까지 거래소에 제출하고, 거래소는 건별로 정정 확정 후 착오매매 정정 내역을 반영하여 결제자료를 산출한다(세칙 §45).

착오매매 정정에 관한 업무규정 위반의 주된 사유는 위탁자의 착오주문인데도

---

167) 공매도 규제에 관한 상세내용은 제5편 참조.

회원의 착오인 것으로 하여 착오매매 정정을 신청하는 경우이다. 회원은 고객관리 목적으로 자기계산으로 인수하여 정정함으로써 위탁자의 착오로 인한 손실을 보전해주려는 유인이 있다. 이 경우 업무규정상 착오매매정정 규정을 위반한 것뿐 아니라, 투자자에게 입은 손실의 전부 또는 일부를 사후에 보전하는 행위를 금지하는 손실보전 등의 금지규정(법 §55, 시장감시규정 §3) 위반에 해당한다. 실무상 법률 위반사항은 감리 후 금융위원회에 통보한다.

K증권사가 위탁자인 자산운용사의 착오주문에 대해 회원의 착오매매정정 신청한 사건에서 거래소는 2021년 12년 22일 회원 주의 및 임직원에 대한 징계요구를 한 바 있다. 이 사건에서 위탁자는 14:28경 "종가 NAV(순자산가치)로 블록진행" 메시지를 전송하고, 15:51 종가NAV 5416.15원과는 가격차가 있는 "600,000주 5,147원, 3,400,000주 5,146원" 주문 메시지를 전송하였는데, K증권사는 당초 종가 NAV를 주문가격으로 하는 의사합치가 있었으므로, 회원의 착오매매에 해당한다고 주장하였다. 이에 대한 징계요구무효확인 소송에서 법원은 "위탁자가 종가 NAV 가격을 착오하여 주문을 잘못한 것에 불과하다"라고 하면서, 거래를 쉽게 정정할 경우 거래 안정성을 침해할 수 있다는 점에서 업무규정을 엄격하게 해석해야 한다고 판시하였다.

착오매매정정 규정의 엄격 해석(서울남부지방법원 2023.6.15. 선고 2022가합103462 판결, 원고 항소하지 않아 판결확정)

유가증권시장 업무규정 제28조의2가 대규모착오매매의 구제에 관하여 규정하면서 '회원 또는 위탁자'의 착오의 경우에 예외적으로 이를 구제할 수 있다고 규정하여 유가증권시장 업무규정 제28조와 달리 명시적으로 '위탁자'의 착오도 규정하고 있는 점을 고려하면 유가증권시장 업무규정 제28조의 착오는 예시적 규정이 아니라 열거적 규정으로 해석해야 한다. 그리고 거래소 또는 회원의 착오의 경우에만 예외적으로 매매계약을 정정할 수 있다고 규정하고 있는 취지와 매매계약체결내용을 쉽게 정정할 수 있는 경우 거래의 안정성이 침해될 수 있는 점까지 고려하면 위 규정은 엄격하게 해석하여야 한다.

3) 주문기록 유지의무

회원은 위탁자로부터 문서, 전화, 팩스, 전자우편, 메신저 또는 HTS·MTS를 통해 주문을 받을 수 있다(코스닥시장 업무규정 §39①). 회원은 주문을 받는 경우 위탁자의 주문사항을 기록할 의무가 있다. 예를 들어 문서, 팩스로 주문받는 경우 주문표를 작성해야 하고, 전화로 주문받는 경우 녹음하여 기록할 수 있다. 메신저나 HTS · MTS의 경우 주문기록을 보관해야 한다(시행세칙 §41).

주문기록 유지의무는 금융투자업자의 임의매매, 과당매매 또는 불법일임매매의 가능성을 사전에 방지하여 투자자를 보호하고 각종 분쟁의 발생을 예방하기 위한 목적을 갖는다. 회원 감리를 하는 경우 꾸준히 적발되는 사항이다. 자산운용사 등 금융기관은 메신저를 통해 주문하는 경우가 일반적인데, 메신저 서비스 제공업체의 시스템 변경으로 인해 주문기록이 소실되는 경우가 있다. 최근에는 HTS · MTS 거래의 일반화로 주문기록유지 미이행 가능성은 상대적으로 낮아졌다.[168]

4) 미결제약정수량 제한 등

투자자가 파생상품시장에서 과도한 미결제약정을 보유한 상태에서 시세가 급변하는 경우 결제금액이 커지므로 결제불이행 위험이 커진다. 또한 과도한 미결제약정 수량을 청산하는 과정에서 호가가 급증하면 시세에 영향을 줄 개연성이 있다. 이러한 결제불이행 위험 및 불공정거래의 방지를 위하여 투자자의 상품별 미결제약정수량을 제한하고 있다(파생상품시장 업무규정 §154). 예를 들어 KOSPI200 선물의 미결제약정수량 한도는 20,000계약으로 제한된다. 회원의 미결제약정수량 제한 위반은 약식제재금 부과대상이다(시장감시규정 시행세칙 §29). 그 외에 상장법인의 자기주식 호가제출 위반(코스닥시장 업무규정 §10), 프로그램매매 호가 보고 위반(코스닥시장 업무규정 §13) 역시 약식제재금 부과대상이다.

(4) 회원의 금지행위

회원의 금지행위는 회원이 고객으로부터 주문을 수탁하는 과정에서 시장건전성을 저해하는 행위를 말한다.[169] 회원의 금지행위는 자본시장법상 금융투자업자

---

168) K증권사는 위탁자의 주문기록을 보관 · 유지하지 않아 2021.8.19. 회원경고를 받은 바 있다.
169) 제3조(회원의 금지행위) 회원 또는 그 임원 · 직원은 다음 각 호의 어느 하나에 해당하는 행위를 하여서는 아니된다.
    1. 위탁자의 주문정보를 이용하거나 당해 주문을 처리하기에 앞서 호가(주문을 포함한다. 이하 같다)하는 등 자기 또는 제3자의 이익을 위하여 거래를 하는 행위
    2. 시장에서의 거래와 관련하여 정당한 사유없이 위탁자의 손실 또는 수수료를 보전하거나 손익을 이전시켜 주는 등 위탁자에게 직접 또는 간접으로 재산상의 이익을 제공하는 행위
    3. 특정 종목의 매수(매도)를 명시적 또는 묵시적으로 추천한 후 당해 종목을 매도(매수)하거나, 특정 종목을 매수(매도)한 후 당해 종목을 매수(매도) 종목으로 명시적 또는 묵시적으로 추천하여 이익을 얻거나 손실을 회피하는 행위
    4. 투자수익률게임 등에서 관리종목, 투자주의종목, 투자경고종목, 투자위험종목 또는 발행 · 유통주식수가 적은 종목 등을 대상으로 과도한 투기적 거래를 유발하게 하는 행위
    5. 위탁자로부터 거래에 관한 위탁을 받지 아니하고 위탁자의 재산으로 거래를 하거나 그 거

의 영업행위 규칙(제2편 제4장)의 직무관련 정보의 이용 금지(법 §54), 손실보전 등의 금지(법 §55) 등과 유사한 내용을 담고 있다. 금융투자업자의 영업행위와 관련한 조사는 금융감독원 또는 관련 검사업무의 위탁을 받은 금융투자협회가 수행하므로, 회원의 금지행위 감리의 필요성은 상대적으로 낮다.

Ⅲ. 감리절차

1. 감리의 종류

(1) 정기감리

정기감리는 거래소가 연간 감리계획을 수립하여 실시하는 감리방법이다. 연간 감리계획에는 감리대상, 감리방향, 중점 감리사항 및 감리 방법·일정 등을 포함하고 있다. 거래소는 연간감리계획을 확정하게 되면 회원에게 통지하고, 회원사가 감리대상 사안에 대하여 준비·대응할 수 있도록 하고 있다(시장감시규정 §16, 세칙 §12).

정기감리대상은 허수성호가, 분할호가, 가장·통정성 매매, 시·종가 관여, 예상체결가 관여 등 시장감시규정 제4조에 따른 공정거래질서 저해행위가 대상이다.

(2) 수시감리

수시감리는 각 부서에서 이첩되는 혐의사안과 시장 이슈사항을 대상으로 비정기적으로 실시한다. 수시감리대상은 공매도 관련 규정 준수여부, 착오매매정정의 적정성, 주문수탁방법의 준수여부 등 정기감리대상 이외의 업무관련 규정 준수여부가 대상이다.

2. 감리대상 회원지점 선정

거래소는 매매데이터 분석을 통해 불건전행위 과다 적출 회원을 대상으로 감리대상 회원지점을 선정한다.

정기감리의 경우 분석 결과 업무관련규정을 위반할 우려가 있는 회원에 대하

래에 대하여 추인을 요구하는 행위
6. 증권의 가치에 중대한 영향을 미치는 사정을 미리 알고 있으면서 이를 알리지 아니하고 위탁자에게 해당 증권의 매수를 권유한 후 자기 또는 제3자가 보유한 증권을 매도하거나 위탁자에게 해당 증권의 매도를 권유한 후 자기가 매수하거나 제3자에게 매수하도록 하는 행위
7. 자기 또는 제3자의 이익을 도모할 목적으로 업무상 알게 된 정보를 거래에 이용하는 행위
8. 연계거래와 관련된 제1호·제3호 및 제6호의 행위
9. 그 밖에 투자자보호나 시장의 건전성에 반하는 행위

여 정기감리대상으로 선정될 수 있다는 사실을 예고할 수 있다(시장감시규정 시행세칙 §12④).

3. 감리의 실시

거래소는 감리를 실시하는 경우 해당 회원사에 회원감리 실시 통보문서를 송부한다. 통보문서에는 감리사유, 감리대상기간, 감리실시기간, 서면·실지감리 여부 등이 기재되며, 금융거래정보 등 감리를 위하여 필요한 자료도 함께 요청한다.

감리방법은 감리요원이 회원사 영업점에 방문하여 조사하는 실지감리, 서면자료를 받아 조사하는 서면감리 방법으로 구분된다(시장감시규정 §17).

거래소는 감리를 실시하는 경우 회원에 대하여 업무관련 규정 위반 혐의와 관련한 자료의 제출을 요청할 수 있고(법 §404②), 회원에 대하여 금융거래정보의 제공을 요구할 수 있다(금융실명법 §4①7).

실지감리 시에는 통상 3인 내외의 감리반을 편성하고, 회원사 지점에 임점하여 감리를 실시한다. 실지감리 결과 위반내용이 경미한 경우에는 감리반장은 현지에서 시정조치·주의조치하여 조치사항을 해당 지점장 등에게 교부하고, 사후관리를 위하여 당해 회원사 감사 또는 준법감시인에게 통보한다(시장감시규정 시행세칙 §12의4).

4. 감리결과의 처리

감리요원은 감리가 완료되면 감리결과의 내용 및 처리방안에 대한 감리보고서를 작성하고, 내부 보고절차를 거친다. 회원의 위규사항이 확인되는 경우에는 감리요원은 관련 책임자 등에게 위반사항에 대한 확인서를 징구하고, 회원 및 임직원에 대한 징계조치 의견을 보고서에 반영한다. 회원 조치사항의 경우 시장감시위원회 내 심의기구인 규율위원회의 심의(시장감시규정 §25)를 거쳐 최종 의결기구인 시장감시위원회에 상정한다.

Ⅳ. 회원의 징계

1. 의 의

거래소의 회원은 자본시장법, 회원관리규정 및 거래소 업무규정을 준수하여야 한다(회원관리규정 §27). 이 규정을 위반하는 경우 회원관리규정 및 시장감시규정에 따라 징계를 받는다.

회원은 거래소와의 사법상 계약관계를 통하여 회원관리규정, 시장감시규정, 기타 업무규정에 따른 권리와 의무가 있고, 이 규정들은 거래소가 정한 계약의 내용인 약관의 성질을 갖고 있다.[170] 다만 자본시장법상 거래소에게 심리·감리 등 시장감시업무를 통해 투자자를 보호할 의무를 부여했다는 점에서 공정한 시장관리를 위한 공익적 기능도 갖는다.

시장감시위원회는 감리결과 거래소의 업무관련규정 등을 위반한 경우 회원 또는 그 임직원에 대하여 징계를 요구할 수 있다(시장감시규정 §21).

2. 징계사유

한국거래소는 심리 또는 감리의 결과 회원 또는 그 임원·직원이 아래의 사유에 해당하는 경우에는 징계를 할 수 있다(시장감시규정 §21). 감리결과 징계사유가 되는 것은 주로 회원의 업무규정 위반행위, 공정거래질서 저해행위이다.

1. 제3조(회원의 금지행위), 제4조(공정거래질서 저해행위), 제7조(회원의 보고의무) 및 제19조의2(공매도 점검의무)의 규정을 위반한 경우
2. 법 제147조·제172조부터 제174조까지·제176조·제178조·제178조의2 및 제180조의 불공정거래 행위와 관련된 규정을 위반한 경우
2의2. 거래소의 업무관련규정을 위반한 경우
3. 법 또는 이 규정에 의한 위원회의 조치를 위반한 경우
4. 법 또는 이 규정에 의하여 위원회에 제출하는 보고서·자료 등을 허위로 기재하거나 그 기재를 누락한 경우 또는 그 제출을 게을리 한 경우
5. 심리 또는 감리를 방해·불응하거나 위원회가 요청한 자료제출등을 거부하는 등 심리 또는 감리에 협조하지 아니한 경우

---

170) [대법원 2007.11.15. 선고 2007다1753 판결] 주식회사 한국증권선물거래소가 증권거래법의 규정에 따라 제정한 유가증권상장규정은, 행정기관이 제정하는 일반적, 추상적인 규정으로서 법령의 위임에 따라 그 규정의 내용을 보충하는 기능을 가지면서 그와 결합하여 대외적인 구속력을 가지는 법규명령이라고 볼 수는 없고, 증권거래법이 자치적인 사항을 스스로 정하도록 위임함으로써 제정된 주식회사 한국증권선물거래소의 자치 규정에 해당하는 것으로서, 상장계약과 관련하여서는 계약의 일방 당사자인 주식회사 한국증권선물거래소가 다수의 상장신청법인과 상장계약을 체결하기 위하여 일정한 형식에 의하여 미리 마련한 계약의 내용, 즉 약관의 성질을 갖는다(충남방적의 기업정리절차 개선신청에 따른 상장폐지 결정에 대한 상장폐지결정 무효확인의 소와 관련하여 거래소─상장법인간 체결되는 상장계약 및 상장규정에 따른 상장폐지결정의 법적 성질을 다룬 판례임).

3. 징계절차

(1) 사전통지 및 의견진술

시장감시위원회는 회원에 대한 징계 및 회원의 임직원에 대한 징계요구를 하려는 경우에는 관련 당사자등에게 시장감시위원회 회의일 10일 전까지 징계등의 원인이 되는 사실과 징계등의 내용 및 근거, 의견진술과 관련한 사항 등이 반영된 사전통지를 하여야 한다(시장감시규정 §26①).

당사자등은 징계 또는 징계요구를 하기 전에 구두 또는 서면에 의하여 의견을 진술할 수 있다(시장감시규정 §26의2). 사전통지와 의견진술은 시장감시위원회 뿐 아니라 규율위원회 심의에도 동일하게 적용된다.

(2) 규율위원회의 심의

거래소는 감리결과 회원 또는 회원 임직원의 징계에 대한 사항(임직원에 대한 경고 또는 주의요구는 제외)을 공정하게 심의하기 위하여 외부위원 등으로 구성되는 규율위원회를 설치·운영하고 있다.

규율위원회 위원은 총 7인으로 구성하는데, 시장감시위원장이 위촉하는 증권·선물 또는 법률에 관한 전문지식과 경험이 풍부한 자 4인, 회원으로서 증권을 대상으로 금융투자업을 영위하는 투자매매업자 또는 투자중개업자의 상근 임원 1인, 회원으로서 장내파생상품을 대상으로 금융투자업을 영위하는 투자매매업자 또는 투자중개업자의 상근 임원 1인, 시장감시본부 소속 집행간부 1인으로 구성한다(시장감시규정 §25).

규율위원회 위원은 ⅰ) 심의안건과 직접적인 이해관계가 있는 경우, ⅱ) 심의안건의 내용과 관련된 회원의 임원·직원과 친인척 관계에 있는 경우, ⅲ) 기타 업무수행의 공정성을 잃을 우려가 있는 경우에는 제척된다(시장감시규정 시행세칙 §21③).

4. 시장감시위원회의 징계 결정

시장감시위원회는 회원에 대한 감리결과에 따른 회원의 징계 또는 임직원의 징계요구의 결정을 한다(법 §402①).

(1) 회원에 대한 징계

회원은 징계사유에 해당하면 ⅰ) 제명, ⅱ) 6개월 이내의 회원자격의 전부 또는 일부의 정지, ⅲ) 1,000만원 이상 10억원 이하의 회원제재금의 부과, ⅳ) 경고, ⅴ) 주의의 징계를 할 수 있다(시장감시규정 §22①).

회원에 대한 징계기준은 공정거래질서 저해 및 시장의 공신력 실추 정도, 동일·유사행위의 반복 정도 또는 행위의 누적 정도에 따라 징계 수위를 결정한다(시장감시규정 시행세칙 §14①).

규정상 제명, 회원자격이나 거래정지의 중징계를 할 수 있으나, 이 경우 금융투자업을 사실상 영위할 수 없는 수준의 징계에 해당하므로 2005년 통합거래소 출범 후 이러한 징계가 적용된 사례는 없으며, 실제로는 회원제재금의 부과가 실질적인 중징계로 기능하고 있다.171)

(2) 회원에 대한 임직원 징계의 요구

거래소는 회원의 임직원이 징계사유에 해당하는 경우 ⅰ) 임원의 해임·직무정지·경고 또는 주의, ⅱ) 직원의 면직·정직·감봉·견책·경고 또는 주의를 해당 회원에게 요구할 수 있다.

임직원에 대한 징계기준은 공정거래질서의 저해 여부, 시장의 공신력 실추 여부, 고의나 과실 여부, 감독 소홀 또는 선량한 관리자로서의 주의의무 위반여부 등에 따라 징계 수위를 결정한다(시장감시규정 시행세칙 §16).

5. 회원에 대한 약식제재금 부과 등

시장감시위원회는 보고의무 위반사항 등 경미한 사안에 대하여 약식조치하기 위하여 200만원 이하의 약식제재금 부과제도를 운영하고 있다(시장감시규정 §28). 이 제도는 공식적인 징계절차보다는 약식조치를 통하여 제재의 신속성과 실효성을 제고하고 회원의 부담을 경감하는 데 목적이 있다. 약식제재금 부과대상은 각 시장의 업무규정에 따른 미결제약정수량 제한 위반, 프로그램매매 호가 관련 위반, 자기주식매매 관련 위반사안이다. 약식제재금의 부과기준은 시장감시규정 시행세칙에서 별도로 정한다(시장감시규정 시행세칙 §23, 별표 2).

그 외에 회원에 대한 징계사항은 아니지만 회원 및 회원의 임직원의 위법·위규행위와 관련한 개선 또는 시정이 필요한 경우에 개선요구, 시정요구, 주의촉구 및 이행확약서를 징구하는 제도를 운영하고 있다(시장감시규정 시행세칙 §14②).

---

171) 감리결과 가장 높은 수위의 중징계는 2010.11.11. 도이치증권 옵션쇼크 사건과 관련하여 한국거래소 시장감시위원회가 2011.2.25. 한국 도이치증권(주)에 대하여 10억원의 회원제재금을 부과한 사례가 있다.

제4절 불공정거래의 예방활동

I. 의 의

불공정거래의 예방활동은 거래소가 거래질서의 유지 및 투자자 보호를 위하여 회원, 주권상장법인, 전문투자자 등을 대상으로 하는 활동을 말한다(법 §402①4, 시장 감시규정 §5①). 자본시장법상 불공정거래 규제는 불공정거래에 대한 사후 제재를 중심으로 이루어져 있다. 이러한 공적 규제는 이미 발생한 불공정거래에 대한 사후 제재를 통해 추가적인 불공정거래 발생을 억제하는 효과를 기대할 수 있다.

반면 거래소의 불공정거래 예방활동은 불공정거래 수준에는 못 미치지만 확산 가능성이 있는 행위를 적출·조치하여 불공정거래를 사전에 차단하는 기능을 한다. 거래소는 자율규제가 갖는 유연성을 바탕으로 시장현실에 맞는 예방활동을 통해 시장건전성을 유지하는 역할을 수행하는 것이다.

II. 불공정거래 모니터링

1. 의 의

불공정거래 모니터링은 거래소의 회원(금융투자업자)이 불공정거래의 예방을 위하여 위탁자의 불건전주문을 적출하고 수탁거부 등의 조치하는 것을 말한다. 이 업무는 회원의 자체적인 모니터링 기준에 따라 적출 및 조치하는 회원의 자율규제 활동이지만, 한편으로는 회원의 수탁책임에서 비롯된 것이기도 하다. 회원이 시세조종 매매의 수탁을 할 경우 법 제176조에 따른 시세조종 위반에 해당하는데, 위탁계좌의 이상거래에 대한 적절한 모니터링이 이루어지지 않았다면 시세조종 주문 수탁에 따른 법적 책임을 부담해야 한다.

2. 한국거래소의 모니터링 예시기준

한국거래소의 시장감시규정은 회원이 자체 모니터링 시스템을 운영해야 하고, 한국거래소가 제시하는 모니터링 감시항목 및 운영기준을 준수하도록 하고 있다(§6 ①). 한국거래소는 「회원 모니터링 예시기준 및 감시요령」을 정하고, 회원이 동 예

시기준을 참고하여 운영하도록 지원하고 있다(시장감시규정 시행세칙 §3의8).172)

예시기준이 정하는 감시항목은 허수성 주문, 가장매매, 통정매매, 과다한 매매·주문관여, 시가·종가 관여 매매 등으로 시세조종행위와 관련된 매매·주문행위가 주를 이룬다.

3. 조치대상 선정 및 조치

회원은 감시항목에 따라 적출된 주문·매매가 불건전주문으로 판단될 때는 조치대상으로 선정하고, 내부 심사를 거쳐 해당 계좌주에게 유선경고를 한다. 그 이후에도 해당 계좌주가 조치대상으로 선정되면 서면경고, 수탁거부예고를 거쳐서 가장 중한 조치인 수탁거부조치를 할 수 있다.

모니터링 감시항목은 불공정거래 조사와 같은 호가분석 및 진술 등 심도 있는 검토를 통해 판단하는 것이 아니라, 일반적으로 발생하는 불공정거래 유형을 통계적 방법으로 적출하는 것이므로, 모니터링 조치대상이 반드시 시세조종 등 불공정거래로 단정하는 것은 아니다. 반대로 모니터링 조치대상이 아니라고 해서 처벌대상이 되는 불공정거래가 아니라고 단정할 수도 없다. 예를 들어 특정 회원 개별계좌의 매매 양태만으로는 불공정거래로 판단하기 어렵지만, 다수 증권사의 계좌를 연계한 불공정거래는 한국거래소 등 금융당국의 조사를 통하여 파악할 수 있다.

▼ 모니터링 조치단계

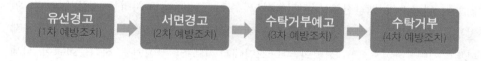

4. 수탁거부

모니터링의 최종 조치인 수탁거부는 거래소의 업무규정173)과 금융투자업자－계좌주간 약관인 「매매거래계좌설정약관」에 따른 일시적인 거래제한 조치이다.174)

---

172) 거래소는 회원이 모니터링 예시기준을 참고하여 동 예시보다 강화된 기준으로 자체적인 모니터링 기준을 운영하도록 하여 자의적인 적용으로 인한 모니터링 공백을 막도록 하고 있다.

173) 유가증권시장 업무규정 제84조.

174) 금융투자협회의 표준약관인 「매매거래계좌설정약관」은 "고객의 매매거래의 위탁에 관하여 공익과 투자자 보호 또는 거래질서의 안정을 위하여 필요하다고 인정할 때에

수탁거부가 이루어지면 계좌주는 추가적인 주문을 할 수 없으므로, 시세조종성 주문이 일정 기간 차단되는 효과가 있다.[175] 수탁거부는 최초 5일 이상의 수탁거부 조치를 하는데, 수탁거부 조치 이후 일정기간 내에 조치대상으로 선정되면 기간을 가중하여 다시 수탁거부조치가 이루어진다.

만약 A회원사에서 수탁거부된 계좌가 있는 경우 B회원사는 어떠한 조치를 취할 수 있는가. 이 경우 수탁거부계좌에 대한 조치의 실효성 제고를 위하여 B회원사는 수탁거부예고 이상의 조치를 할 수 있다. 이러한 조치를 위해서는 회원사 간 수탁거부계좌의 인적정보가 포함된 금융거래정보의 공유가 필요한데, 한국거래소는 회원간 수탁거부계좌의 정보를 공유할 수 있도록 수탁거부계좌 데이터베이스를 제공하고 있다. 수탁거부계좌 정보의 공유는 금융회사 상호 간 거래정보의 제공에 해당하므로, 회원 간 동 정보의 공유가 가능하다(금융실명법 §4①5).

5. 예방조치요구

예방조치요구는 거래소가 별도의 기준에 따라 적출된 계좌를 대상으로 수탁회원에게 장중 건전주문 안내 및 조치를 요구하는 것을 말한다(시장감시규정 §5②, 동 시행세칙 §2의2①). 거래소의 적출기준은 모니터링 기준보다 더 많은 시세조종성 행위 유형을 대상으로 하므로, 회원의 모니터링에서 놓칠 수 있는 유형의 행위에 대하여 조치할 수 있다는 장점이 있다.

거래소로부터 장중 건전주문 안내 또는 예방조치를 요구받은 회원은 해당 고객에게 건전주문 안내 또는 조치를 해야 한다. 조치방법은 앞서 설명한 모니터링 조치단계와 동일하다. 예를 들어 이미 회원의 1차 조치인 유선경고가 있는 상태에서 예방조치요구가 있다면 2차 조치인 서면경고조치가 이루어진다.

는 매매거래의 수탁을 거부하여야 한다"고 정하고 있다(§6).
175) 수사사례를 보면 시세조종 실행 조직원이 시세조종 → 수탁거부 → 차명계좌 개설을 반복하는 경우를 종종 볼 수 있다. 이 경우 수탁거부된 계좌를 대체하기 위해 지인을 통해 차명계좌를 개설하게 되는데, 그 과정에서 시세조종이 일시적으로 중단되므로 시세조종을 억제하는 효과를 거두게 된다.

Ⅲ. 시장경보제도

1. 의 의

시장경보제도는 투기적이나 불공정거래 개연성이 있는 종목 또는 주가가 비정상적으로 급등한 종목에 대하여 일반에 공표하거나 매매거래정지의 방법으로 투자자의 주의를 환기시킴으로써 불공정거래를 사전에 예방하기 위한 제도이다.

시장경보 종목의 지정은 투자주의종목 → 투자경고종목 → 투자위험종목의 3단계로 이루어지는데, 주가상승률 등 일정한 계량적 요건을 충족하면 지정이 된다. 반대로 해제 시에는 투자위험종목 → 투자경고종목 → 투자주의종목 순으로 거쳐서 해제된다. 투자경고종목·투자위험종목으로 지정되면 위탁증거금 100% 납부의무, 신용거래제한 및 대용증권으로 이용의 제한이 이루어진다. 시장경보제도가 적용되는 증권은 주권, 증권예탁증권 및 주식워런트증권이 대상이다(시장감시규정 §5의2①, 동세칙 §3①).

2. 투자주의종목

투자주의종목의 지정대상이 되는 종목은 소수계좌거래 집중종목 또는 그 밖에 투자자의 주의환기가 필요한 종목으로서 세칙으로 정하는 종목이다(시장감시규정 §5의2①).

소수계좌거래 집중종목은 특정 계좌들의 매수 또는 매도 관여율이 높은 종목을 말한다. 특정 세력의 시세관여에 따른 불공정거래 확산 예방 목적을 갖는다.

그 밖에 세칙으로 정하는 종목은 ⅰ) 종가 급변종목, ⅱ) 상한가잔량 상위종목, ⅲ) 단일계좌 거래량 상위종목, ⅳ) 소수계좌 매수관여 과다종목, ⅴ) 특정계좌군 매매관여 과다종목, ⅵ) 풍문관여 과다종목,[176] ⅶ) 스팸관여 과다종목,[177] ⅷ) 투자경고 지정예고 종목, ⅸ) 투자경고종목 지정해제 종목이다. 투자주의종목의 지정에 관한 주가상승률, 관여율 등 계량적 요건은 시장감시규정 시행세칙에서 정한다(§3).

유의할 점은 ⅷ) 투자경고 지정예고 종목에 해당하는 경우에만 재상승하는 등 계량적 요건을 충족할 시 투자경고종목으로 상향하고, 나머지 요건은 투자주의종목 지정 후 투자경고종목으로 상향되는 요건은 없다는 점이다.

---

176) 네이버 등 인터넷 포털의 증권 게시판에 동일내용의 풍문이 증가한 경우를 말한다.
177) 한국인터넷진흥원에 신고된 주식관련 광고문자의 신고건수를 기준으로 지정한다.

투자주의종목의 요건을 충족하면 그 다음 매매거래일 1일간 투자주의종목으로 지정하여 공표한다.

3. 투자경고종목 · 투자위험종목

투자경고종목은 계량적인 주가상승 요건(예: 3일간 100% 상승한 경우)을 충족하면 투자경고종목 지정예고 후 재차 주가가 급등할 경우 투자경고종목으로 지정한다. 투자위험종목은 투자경고종목 지정 이후 주가상승 요건을 충족하면 투자위험 지정예고하고, 재차 주가가 급등할 경우 투자위험종목으로 지정한다.

투자경고종목과 투자위험종목은 매매거래정지 및 신용거래 제한 등 시장조치도 수반된다. ⅰ) 투자경고종목 지정 이후 2일간 40% 상승하는 경우에는 그 다음 매매거래일 1일간 매매거래가 정지되고, ⅱ) 투자위험종목으로 지정되는 경우 그 지정일 당일 매매거래가 정지되어 이상급등을 냉각할 수 있는 조치가 이루어진다(시장감시규정 시행세칙 §3의5 · 3의6).

투자경고종목 및 투자위험종목은 대용증권 지정에서 제외되고(코스닥시장업무규정 시행세칙 §44), 회원은 매수주문시 매수대금 전액을 위탁증거금으로 징수해야 한다(코스닥시장 업무규정 §42).

제 8 편

가상자산 불공정거래 규제

제 1 장
가상자산 규제체계

제 1 절 가상자산의 이해

Ⅰ. 가상자산의 개념

1. 가상자산의 의의

가상자산은 "분산원장 기술을 사용하여 이전·저장될 수 있는 가치나 권리에 대한 디지털 표시"로 정의할 수 있다. 여기서 가상자산과 여타 디지털자산을 구분하는 특징은 "분산원장" 사용 여부이다. 비트코인, 이더리움을 비롯한 가상자산은 금융기관과 같은 중앙화된 기관의 개입 없이 탈중앙화된 분산원장 기술을 사용한 거래가 이루어진다. 반면 중앙은행이 발행하는 디지털 화폐(CBDC)나 카카오페이 같은 전자화폐는 이전·저장이 가능한 디지털자산이기는 하나, 중앙화된 시스템을 사용하며 「전자금융거래법」 등 별도 법률의 규제를 받는다(가상자산법 §2조1호 각목).

국내외 규제체계는 한때 가상자산에 대하여 화폐 성격을 갖는 것으로 보기도 했지만, 지금은 자산성(asset)을 강조한다.[1] 화폐나 전자화폐는 일상에서 재화를 구입하고 대가를 지급하는 교환수단으로 사용되나, 가상자산은 해당 블록체인 네트워크에 국한된 교환수단으로 사용되거나 가치 저장수단으로 활용되는 것이 일반적이다. 특히 가상자산이 투자자산으로 주목받아 시장에서 실시간으로 거래되면서

---

[1] 과거 국제자금세탁방지기구(FATF)는 가상화폐(virtual currency)로 명명하기도 했지만, 현재는 가상자산(Virtual Asset)으로 용어를 통일하고 있다; FATF, Virtual Currencies Key Definitions and Potential AML/CFT Risks, (2014.6), at 4; FATF, Guidance for a Risk-Based Approach to Virtual Assets and Virtual Asset Service Providers, (2019).

자산성이 부각되기 시작했다. 그리고 비트코인 이후 알트코인[2]들이 ICO를 통해 출시되면서 증권성 여부에 대한 논란도 제기되고 있다. 예를 들어 네트워크 개발성 과에 따른 가상자산의 수익 가능성을 광고하거나, 가상자산을 받은 보유자에게 배 당하는 경우 투자계약증권 해당여부가 문제가 된다.

가상자산 서비스는 아직 태동기라 할 수 있어 그 성격을 명확히 정립하기 는 쉽지 않다. 향후 가상자산의 기능이 완전히 구현되면 그 성격은 다시 정립 되어야 할 수도 있다.

2. 가상자산의 종류

가상자산에 대한 국제적으로 통일된 분류체계는 없다. 우리의 가상자산법 은 가상자산을 포괄적으로 정의하고 제외대상을 열거하는 반면(§2), EU의 암호자 산시장규칙(MiCA : Regulation on Markets in Crypto-Assets)은 전자화폐토큰, 자산준 거토큰, 그 외의 토큰으로 구분한다(§3). 증권 토큰의 경우 주요 국가들은 증권으 로 보아 기존의 증권법규로 규제한다.

그보다는 시중의 분류체계가 더 명확해 보인다. 통상 자체 블록체인 네트 워크 사용 여부에 따라 코인과 토큰으로 대별하고, 가상자산의 기능에 따라 스 테이블 코인, 유틸리티 코인 또는 증권 토큰으로 분류한다.

(1) 코인 vs 토큰

가상자산은 크게 코인과 토큰으로 대별된다. 코인(Coin)은 교환수단으로 사용 되는 블록체인 네트워크상의 디지털자산을 말한다. 코인은 자체 블록체인 네트워 크(메인넷)를 사용한다. 비트코인과 이더리움이 코인에 해당한다.

토큰(Token)은 독립된 네트워크가 아닌 이더리움과 같은 기존 블록체인 네트 워크를 사용하고, 해당 애플리케이션에서 특정 서비스를 위한 교환수단으로 활용 된다는 점에서 코인과 구분된다. 예를 들어 샌드박스 토큰은 더 샌드박스의 메타버 스 DApp[3] 내 NFT[4] 형태의 부동산 거래에 사용하는데, 폴리곤(Polygon) 네트워크

---

2) 비트코인을 제외한 코인들에 대한 별칭이다.
3) 디앱(DApp : Decentralized Application) : 전통적인 앱과 달리 중앙 서버 없이 이더리움 등 블록체인을 사용하여 정보를 저장 및 구동하는 앱이다. 분산된 네트워크에 저장하므 로 해킹 위험이 없으나 거래속도는 느린 단점이 있다.
4) NFT(Non-Fungible Token) : 블록체인을 사용하여 디지털자산의 소유주를 증명하는 대체불가 토큰이다. 그림 등 디지털 파일 주소를 토큰에 담아 소유권을 나타내는 용도 로 사용된다. NFT는 주로 수집 목적으로 거래되므로 가상자산법상 가상자산에서 제외

상 스마트 콘트랙트5)을 통해 거래가 이루어진다. 만약 토큰이 독립된 네트워크(메인넷)로 진출하면 토큰에서 코인으로 바뀌게 된다(예: 퀀텀, 이오스).

(2) 스테이블 코인(stable coin)

달러와 같은 기존 화폐나 자산에 준거하여 안정적 가치를 유지하는 것을 목표로 하는 토큰 또는 코인을 말한다. 화폐준거토큰 중 대표적인 것은 달러에 페깅하는 테더(USDT)와 USDC를 들 수 있다.6) 자산준거토큰으로는 다른 가상자산에 페깅하는 DAI, EOSDT가 있다. 그 외에 알고리즘 기반 스테이블 코인으로는 테라를 들 수 있다.7)

(3) 유틸리티 토큰

발행자가 제공하는 상품 또는 서비스에 대한 디지털 접근권을 제공하는 토큰이다. 앞서 설명한 샌드박스 토큰이 유틸리티 토큰에 해당한다.

(4) 증권 토큰

금융위원회가 정하는 증권 토큰(Security Token)은 분산원장 기술을 기반으로 하여 디지털화된 증권을 말한다.8) 금융위원회는 증권에 해당하면 자본시장법의 규율을 받고, 그 외의 가상자산은 가상자산법의 규율을 받도록 하였다.9) 따라서 코인·토큰의 증권 해당 여부에 따라 규율이 달라진다. 자본시장법상 요건이 명확한 지분증권, 채권 등의 경우 판단에 문제가 없으나, 주로 STO 대상이 되는 투자계약증권의 경우 비정형적이므로 개별적인 판단을 요한다.

된다.

5) 스마트 콘트랙트(Smart Contract) : 블록체인상에서 프로그래밍된 계약을 체결하는 것을 말한다. 대금결제, 송금 등 여러 종류의 계약을 체결할 수 있다. 비탈릭 부테린이 이더리움을 통해 스마트 콘트랙트 기능을 구현하면서 상용화되었다. 스마트 콘트랙트는 주로 이더리움과 같은 플랫폼 블록체인을 중심으로 사용된다. 비트코인은 스마트 콘트랙트를 구현하지 않는다는 점에서 이더리움과 구분된다.

6) 테더의 경우 테더 1개에 1달러의 가치를 갖는데 예치된 달러를 단기 국채, 기업어음, 회사채 등에 투자하여 수익을 가져가는 수익모델의 비즈니스를 한다. 테더와 USDC는 이더리움 등 기존 블록체인 네트워크를 사용한다.

7) 한국산 암호화폐로 주목받던 가상자산인 테라와 루나는 가치하락을 방지하기 위해 한쪽의 가상자산을 매입하거나 판매하는 방식으로 가치를 조정하는 스테이블 코인인데, 테라 가치 폭락으로 루나의 대규모 발행이 이루어지자 루나의 시세 역시 급락하는 현상이 발생하여 2022.5.12. 테라와 루나의 가격이 99% 폭락하는 사태가 발생한 바 있다.

8) 금융위원회 등, "토큰 증권 발행·유통 규율체계 정비방안", (2023.2), 1면; 금융위원회는 동 방안에서 "토큰 증권"으로 표기하는데, 증권임을 강조할 의도를 갖는다.

9) 금융위원회 등, 위의 자료, 2면.

투자계약증권의 증권성 판단과 STO를 통한 유통의 규제는 우리나라뿐 아니라 주요국 증권 토큰 규제의 핵심문제라 할 수 있다. 예를 들어 블록체인은 그 운영에 기여한 노드들에게 코인으로 보상함으로써 그 체계를 유지한다. 그런데 타인의 노력에 따른 대가를 받는 경우에는 증권성 여부가 문제가 된다. 투자자에게 스테이킹(지분증명) 대행 서비스를 제공하고 이에 따른 이익을 약속하거나 이익을 제공한 경우에는 투자계약증권에 해당할 수 있다.[10]

투자계약증권은 투자자가 ⅰ) 이익획득 목적으로 금전등을 투자하여, ⅱ) 주로 타인이 수행한 공동사업의 결과에 따른 손익을 귀속받는 ⅲ) 계약상의 권리가 표시된 것을 말한다(자본시장법 §4⑥). 예를 들어 뮤직카우가 발행한 음악 저작권료 참여청구권은 뮤직카우의 사업으로 생성된 청구권을 투자자들이 저작권료 수입 또는 매매차익을 목적으로 매수한 것으로서 투자계약증권에 해당한다.[11]

현행법상 증권은 실물 증권 또는 「주식·사채 등의 전자등록에 관한 법률」(이하 '전자증권법')에 따라 전자증권으로 등록해야 한다. 이 경우 분산원장에 기록되는 증권 토큰의 발행 형태가 문제가 된다. 이와 관련하여 금융위원회는 전자증권법 개정을 통하여 분산원장에 따른 증권 토큰의 발행을 허용하기로 하였다.[12] 다만 전자증권법 개정 이전에는 분산원장과 전자증권을 연동(미러링)하여 발행·유통하여야 한다.[13]

Ⅱ. 가상자산의 특징

1. 탈중앙화 금융

가상자산의 출현은 기존의 중앙화된 금융시스템의 문제의식에서 비롯되었다. 비트코인 창시자인 사토시 나카모토는 그의 논문에서 거래의 신뢰를 위해 금융기관에 의존하는 시스템이 거래비용을 높이는 비효율을 지적하였다.[14] 그는 금융기관의

---

10) SEC는 가상자산거래소인 크라켄의 스테이킹 서비스에 대해 증권법 위반혐의로 기소하고 스테이킹 서비스 중단 및 민사제재금 부과에 합의한 바 있다; SEC, Kraken to Discontinue Unregistered Offer and Sale of Crypto Asset Staking-As-A-Service Program and Pay $30 Million to Settle SEC Charges, (Feb. 9, 2023).
11) 금융위원회, "저작권료 참여청구권의 증권성 여부 판단 및 ㈜뮤직카우에 대한 조치", (2022.4.20), 보도자료.
12) 금융위원회 등, 앞의 자료, 6면.
13) 금융위원회 등, 위의 자료, 9면.
14) Satoshi Nakamoto, Bitcoin: A Peer-to-Peer Electronic Cash System, (2008), at 1.

개입 없이 거래 당사자 간 작업증명에 기반해 거래하는 전자화폐 시스템인 비트코인을 제안했다. 이러한 P2P 금융거래 방식을 탈중앙화 금융(DeFi : Decentralized Finance)이라 부른다. 기존의 금융거래는 금융기관이 돈의 이동과 거래내역을 보증해주는 반면, 탈중앙화 금융은 분산된 네트워크 참여자들이 합의를 통해 거래내역을 증명한다. 은행은 예금·대출의 양, 계좌개설 조건 등을 직접 결정하지만, 이더리움 등 블록체인상 금융서비스는 사용자의 수요·공급에 따른 알고리즘에 의해 코인 대출의 양과 이자율을 결정한다.[15)]

2. 블록체인 네트워크

(1) 의 의

탈중앙화 금융의 혁신성은 블록체인 네트워크에서 찾을 수 있다. 블록체인 네트워크는 거래기록이 저장된 블록을 체인 형태로 연결하여 여러 서버에 저장하는 분산형 데이터 저장기술을 말한다. 블록체인은 거래 시 모든 네트워크 참여자 서버(노드)가 기록을 검증하여 위변조·해킹을 막는다. 노드는 거래정보의 저장과 검증의 역할을 하므로, 노드를 제공하는 참여자들에 대한 보상은 필수적이다. 그 보상으로 사용하는 것이 비트코인과 같은 가상자산이다. 따라서 블록체인과 가상자산은 불가분의 관계라 할 수 있다.

블록체인은 탈중앙화된 파일 공유 방법인 토렌트와 비교하면 이해가 쉽다. 피어(Peer)들은 동영상 파일 조각들을 각각 저장하고 공유하며, 그 보상으로 동영상 파일을 다운로드할 수 있다. 토렌트 피어가 많아지면 저장 가능한 서버가 늘어나는 효과가 생기는데, 이는 블록체인의 노드의 경우도 동일하다.[16)]

---

15) 가상자산 예금-대출 서비스를 제공하는 Compound, 가상자산의 해킹이나 거래정지에 대한 보장을 받는 보험 서비스인 Nexus Mutual, 탈중앙화 거래소인 Uniswap을 예로 들 수 있다.
16) 코인 트레이너, 「비트코인에 가려진 세상 이더리움」, 지식오름(2022), 75면.

(2) 작업증명

▼ 블록체인을 통한 거래과정[17]

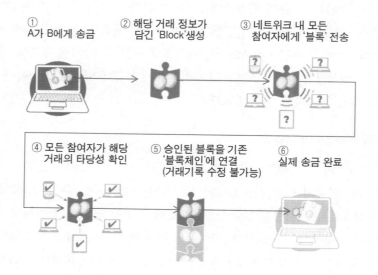

① A가 B에게 송금
② 해당 거래 정보가 담긴 'Block'생성
③ 네트워크 내 모든 참여자에게 '블록' 전송
④ 모든 참여자가 해당 거래의 타당성 확인
⑤ 승인된 블록을 기존 '블록체인'에 연결 (거래기록 수정 불가능)
⑥ 실제 송금 완료

위 그림은 비트코인의 작업증명 방식을 설명하고 있다. ① A가 B에게 비트코인을 송금하면, ② 각 노드[18]가 작업증명(채굴)[19]을 시도하고, 그 중 작업증명을 성공한 노드가 거래기록들이 담긴 블록을 생성한다. ③ 해당 블록은 모든 노드에게 전송되어, ④ 각 노드들의 상호 검증을 거치고, ⑤ 과반의 승인을 통해 검증이 완료된 블록은 체인에 연결되며 ⑥ 송금이 완료된다.

비트코인 네트워크는 해시함수를 반복적으로 대입하여 연산에 먼저 성공하는 채굴자에게 비트코인 보상이 돌아간다. 채굴의 성공은 전산 인프라 수준과 상관관계가 있으므로, 과도한 기계운영 비용과 전력비용이 수반되는 단점이 있다.

---

17) 출처 : KB금융지주 경영연구소.
18) 노드(node) : 네트워크 참여자 개개인의 서버이다. 풀노드(full node)와 라이트노드(light node)로 구분된다. 풀노드는 블록체인의 모든 거래정보를 저장하고 검증하는 노드이다. 라이트노드는 블록의 거래정보 중 헤더 정보만 저장하고, 풀노드에 거래 데이터를 요청하여 개별 거래를 검증한다.
19) 채굴은 노드가 비트코인의 거래내역을 확인하고 승인하는 컴퓨터 작업(작업증명)을 통해 새로운 블록이 생성되고 그 보상으로 비트코인을 지급받는 것을 말한다.

(3) 지분증명

이더리움 등 대다수의 블록체인 네트워크는 코인 수량에 비례한 지분증명 방법으로 거래정보를 검증한다. 이더리움의 경우 지분증명 권한을 이더리움을 예치한 노드에게 랜덤으로 부여하고, 해당 노드(밸리데이터)가 검증을 하면 이더로 보상받는다. 이렇게 이더리움을 예치하고 밸리데이터가 되어 이익을 얻어가는 것을 스테이킹(staking)이라고 부른다. 지분증명은 작업증명과 같은 채굴 경쟁이 필요 없다는 장점이 있다. 다만 다수가 코인을 독점할 경우 의사결정의 독점 문제가 생길 수 있다. 비트코인의 경우 이미 완성된 네트워크이므로 블록체인의 업데이트 수요가 없고, 설령 업데이트를 시도하더라도 채굴자들의 손해 우려로 인한 반대에 부딪힐 수 있다. 그러나 이더리움과 같은 플랫폼 블록체인은 지속적인 업데이트가 필요하므로 작업증명 방식이 적합하지 않다. 비트코인, 도지코인 외의 대부분의 네트워크는 지분증명 방식이 대세를 이룬다.

(4) 장 점

블록체인 네트워크의 장점은 탈중앙화를 통해 제3자의 개입 없이 거래의 신뢰를 확보한다는 점에서 찾을 수 있다. 블록체인 네트워크상 모든 거래기록은 모든 참여자의 서버에 배포되고 분산되어 관리되므로, 거래기록에 대한 특정인의 위변조나 해킹을 막을 수 있다. 중앙화된 금융기관의 서비스는 다수의 인력과 설비를 요구하지만, 블록체인을 활용하면 중개인 없이도 거래가 가능하므로 중개비용을 절감할 수 있다.[20]

(5) 단 점

블록체인 네트워크는 보안성과 탈중앙성의 장점이 있는 대신, 여러 노드의 검증과정을 거치는 분산원장의 작동원리상 중앙화된 거래보다 처리 속도가 늦다는 문제가 있다. 예를 들어 노드가 많아지면 보안성과 탈중앙성을 높이지만 블록체인이 비효율적일 수밖에 없다. 반대로 노드가 적으면 속도는 빠르나 일부 세력의 노드 독점 가능성이 높아지는 문제가 있다. 이렇게 블록체인의 탈중앙성, 보안성 및 확장성 모두를 충족하지 못하는 것을 블록체인 트릴레마라고 부른다. 이를 보완하기 위해 기존 메인넷의 합의 알고리즘 방식의 개선이나 롤업(Roll-up) · 샤딩(Sharding)과 같은 데이터 압축 · 분할기술을 반영하기도 하고(layer 1), 보조 네트워

---

20) 권민경, "스마트계약에 기반한 DeFi의 활용 가능성" 자본시장연구원 이슈보고서 21-24(2021), 11면.

크의 병렬 처리를 통해 처리 속도를 개선하고 블록체인을 확장하는 방법(layer 2)을 채택하기도 한다.

3. 탈중앙화 조직

(1) 분산형 자율조직

블록체인 네트워크는 중앙화된 조직 없이 거래 참여자를 중심으로 운영하므로, 전통적인 회사법제의 권리·책임 구조에서 이들을 어떻게 수용할지가 문제가 된다. 여기서 거론되는 것이 분산형 자율조직이다.

분산형 자율조직(DAO : Decentralized Autonomous Organizations)은 기존의 법인체와 다르게 블록체인의 탈중앙화를 기반으로 가상자산을 보유한 구성원들의 의결로 운영되는 자율조직을 말한다. 이를 최초로 제안한 소프트웨어 개발자인 댄 라리머(Dan Larimer)는 소스코드가 규칙을 정의하는 회사를 제안했다.[21] 이러한 제안은 비탈릭 부테린(Vitalik Buterin)이 개발한 이더리움을 통해 자율조직인 DAO로 실현되었다.[22]

DAO는 중앙화된 조직과 달리 모든 참여자(member)가 프로젝트 내용을 확인하고 아이디어를 제안하며 조직을 구성할 기회를 갖는다. DAO의 규칙은 스마트 콘트랙트로 구현되며, 이는 블록체인에 기록된다. 의사결정은 토큰의 개수나 기여도에 비례한 투표권 행사로 결정한다.

(2) 법적 성질

DAO는 구성원 모두가 업무에 참여할 권한을 갖고, 과반수의 의결을 거치며, 조직의 재산을 공동소유하고 별도의 유한책임 법리가 적용되지 않는다는 점에서 민법상 조합과 유사하다는 견해가 있다.[23] 이 경우 DAO 구성원은 DAO 채무에 무한책임을 져야 하고, 법인격이 없는 단체로서 독자적인 권리능력이 인정되지 않는다는 한계가 있다.

미국의 경우 버몬트, 와이오밍 및 테네시주가 DAO에 대해 유한책임회사(LLC)로 인정하는 입법을 한 바 있다. 버몬트주법의 경우 2018년 블록체인에 기반한 유한책임회사(BBLLC : Blockchain-Based Limited Liability Companies) 설립 근거를 신설하

---

21) Dan Larimer, Overpaying for Security, LTB NETWORK(Sept. 7, 2013).
22) https://ethereum.org/en/whitepaper
23) 노혁준, "블록체인과 회사법 - DAO를 중심으로 한 시론적 고찰 -", 「상사법연구」 제41권 제3호(2022), 95면.

여,24) 조직 정관에 BBLLC임을 명시하고, 운영계약을 정하도록 정하고 있다(§ 4172).

다만 DAO의 법적 성격을 명확화하더라도 수평적 의사구조의 비효율성 문제는 여전히 남아 있다. 만약 법인화 과정에서 중앙화된 기관이 설치될 경우 탈중앙화의 기본 취지가 퇴색될 우려도 있다.

비트코인과 같이 발행자가 불명확하고 일부 개발자 그룹만 존재하는 경우 MiCA나 우리 가상자산법상 발행자 규제가 어렵다. 다만 30억 파운드 상당의 비트코인 개인 키 삭제와 관련하여 비트코인 개발자 그룹·개인에 대해 신인의무 위반으로 제기한 소송에서 영국 항소법원은 개발자가 수탁자로서 비트코인을 이전하기 위한 코드를 도입할 신탁 의무를 진다고 판단한 바 있다.25) 식별 불가능한 발행자 규제와 관련한 주목할 만한 판결이다.

제 2 절 가상자산 규제

I. 가상자산 규제의 의의

가상자산은 블록체인 네트워크에서 지불수단으로 사용되지만, 법률의 규제를 받는 전자화폐는 아니다. 기존의 법체계로 규율하기 어렵다는 의미이다. 가상자산 거래는 탈중앙화된 블록체인을 기반으로 운영된다. 따라서 모든 시스템, 데이터 및 의사결정이 중앙화된 법인에 대한 규제체계를 그대로 적용하기 어렵다. 암호화된 거래의 익명성은 자금세탁의 수단으로 악용되기도 하지만, 금융거래정보요구권 같은 조사·통제수단을 사용할 수도 없다. 가상자산시장은 어떤가. 자본시장에 견줄 규모와 높은 변동성을 갖고 있지만, 자본시장법과 같은 규제 장치가 없으므로 「전자상거래법」 상 통신판매업자로 등록하여 규제할 수밖에 없었다.

따라서 가상자산의 개념을 명확화하고, 발행자나 가상자산사업자의 규제, 이용자 보호를 위한 공시의무 및 불공정거래 규제, 자금세탁 방지를 위한 신고의무 등 제반의 규제사항을 새로 정할 필요가 있다. 문제는 날로 변화하는 가

---

24) Vt. Stat. tit. 11 §4171~4176.
25) Tulip Trading Limited (A Seychelles Company) v Bitcoin Association For BSV & Ors (2023) EWCA Civ 83 (03 February 2023).

상자산에 대한 성격을 명확히 규정하고 규제하기가 쉽지 않다는 점이다. 이러한 문제로 인해 우리나라의 가상자산 규제는 이용자 보호를 위한 규제사항에 머물고 있다는 한계가 있다.

현재 가상자산을 규제하는 법률은 「특정 금융거래정보의 보고 및 이용 등에 관한 법률」(이하 "특금법") 및 「가상자산 이용자 보호 등에 관한 법률」(이하 "가상자산법")이다. 특금법은 가상자산사업자의 등록, 자금세탁방지를 위한 신고 등 의무를 규율하고, 가상자산법은 이용자 자산 보호를 위한 가상자산사업자의 의무, 불공정거래 규제 및 감독 의무를 규율한다.

II. 가상자산법

1. 제정 경과

2020년 개정 특금법은 가상자산을 이용한 자금세탁방지 등을 위한 보고·관리체계 마련(트래블룰 등)26)과 함께 가상자산사업자 신고제를 도입하였다. 이는 FAFT가 2019년 채택한 가상자산에 관한 국제기준27)에 대한 회원국의 준수의무를 이행하는 것으로서, 가상자산에 대한 법적 규제가 없는 상황에서 가상자산거래소의 난립으로 인한 투자자 피해를 막기 위한 국제적 차원의 긴급처방 성격을 갖는다. 따라서 불공정거래의 대응, 감독 및 이용자 피해구제에는 한계가 있었다.28)

2023년 7월 18일 제정된 가상자산법은 가상자산 이용자 보호와 불공정거래 규제에 관한 사항을 명시함으로써, 가상자산시장의 건전한 거래질서를 확보하고 이용자의 권익을 보호하는 데 목적이 있다.

애초 국회에 발의된 19개의 가상자산법안들은 가상자산사업자 진입규제 및

---

26) 트래블룰: 가상자산사업자 간 100만원 이상의 가상자산을 이전하는 경우, 이를 송신하는 가상자산사업자는 송금 요청인의 정보(성명, 주민번호, 가상자산 주소 등)을 이전받는 가상자산사업자에게 제공하고, 금융정보분석원 또는 이전받는 가상자산사업자가 요청하는 경우에는 요청일로부터 3영업일 이내에 가상자산을 보내는 고객의 주민번호 등을 제공할 의무가 있다(영 §10의10).

27) 가상자산취급업자에 대한 인허가 또는 신고·등록, 감독당국의 자금세탁 방지 관련 규제·감독 및 가상자산취급업자의 자금세탁방지의무 준수 등이 반영되었다; FATF, International Standards on Combating Money Laundering and the Financing of Terrorism & Proliferation, The FATF Recommendations(2012-2019).

28) 최민혁, 강련호, "가상자산법의 입법 배경과 경위 및 향후 전망", 「BFL」 제122호 (2023.11), 7면.

영업행위 규제, 공시의무, 가상자산 육성 및 협회 설립에 관한 사항도 담았으나, 2022년 루나 사태 및 FTX 사태로 인해 가상자산 이용자 보호와 불공정거래 규제 사항 중심으로 대안을 마련하여 우선 제정하고, 나머지는 향후 추가입법을 통해 반영하기로 하였다.[29]

2. 주요 내용

(1) 이용자 보호

가상자산법은 ⅰ) 예치금 보호 등 이용자 보호와 ⅱ) 불공정거래 규제 및 감독을 핵심내용으로 한다. 우선 가상자산 이용자 보호를 위한 가상자산사업자의 의무가 강화되었다(제2장). 가상자산사업자는 이용자의 예치금을 고유재산과 분리하여 은행에 예치·신탁하여 관리하고, 이용자의 가상자산을 자기소유 가상자산과 분리하여 보관하여야 한다. 가상자산사업자는 위탁한 가상자산과 동종·동량의 가상자산을 실질적으로 보유하여 이행을 보증하되, 일정 비율 이상은 인터넷(핫월렛)과 분리하여 보관해야 한다(콜드월렛 보관 의무). 또한 사고에 따른 책임 이행을 위해 보험·공제에 가입하거나 준비금 적립의무가 부과된다. 가상자산 거래기록은 15년간 보관해야 한다.

(2) 불공정거래 규제

불공정거래 규제의 경우 자본시장법상 미공개중요정보 이용행위 등 3대 불공정거래 규제가 상당 부분 반영되었다(제3장). 가상자산사업자는 자기발행 가상자산의 거래가 제한되고, 가상자산 관련 입출금의 임의적 차단이 금지된다. 또한 가상자산사업자는 이상거래 감시 및 금융당국 보고 의무가 부과된다. 금융위원회는 가상자산사업자에 대한 감독·조사 및 조치 권한을 갖는다(제4장).

(3) 역외적용

가상자산법은 국외에서 이루어진 행위로서 그 효과가 국내에 미치는 경우에도 적용한다. 가상자산이 세계 각국에서 거래되는 점을 고려한 역외적용 규정이다. 실질적인 적용을 위해서는 국제증권관리위원회(IOSCO)와 같은 감독당국 간 국제협력체계의 구축이 필요할 것이다.

---

29) 국회 정무위원회, "가상자산 이용자 보호 등에 관한 법률안(대안)", (2023.6, 의안번호: 22983), 11면.

제3절 주요국의 가상자산 불공정거래 규제

Ⅰ. 미국

1. 규제체계

미국은 가상자산에 관한 별도의 법률 규제가 없고 현행 증권·상품시장 규제를 사용한다. 증권에 해당하는 가상자산은 증권법 및 증권거래법에 따르고, 상품 또는 파생상품에 해당하는 가상자산은 상품거래법의 규제를 받는다.

예를 들어 증권형 가상자산을 거래하는 거래소는 증권거래법에 따라 전국증권거래소로 등록하거나, 대체거래소(ATS : Alternative Trading System)에 대하여 적용되는 Regulation ATS를 준수해야 한다.[30] 일례로 SEC는 바이낸스에 대하여 미등록 거래소, 브로커−딜러, 청산기관 운영 및 미등록 증권 판매 혐의로 연방법원에 소를 제기한 바 있다.[31]

CFTC는 비트코인을 비롯한 비증권형 가상자산을 상품거래법의 규제 대상인 상품(commodity)으로 보고 규제한다.[32] 뉴욕연방법원은 비트코인 등 가상자산 거래를 미끼로 고객의 현금과 가상자산을 가로챈 CDM사에 대하여 상품거래법상 불공정거래 포괄 금지규정(§9①)을 적용하여 민사제재금 및 손해배상금 110만 달러를 부과한 바 있다.[33]

미국은 기존 법제로 규율하다 보니 가상자산의 증권 또는 상품 해당 여부 등 관할권에 대한 혼란이 있다. 이로 인해 미 의회는 디지털상품거래법(DCEA : The Digital Commodity Exchange Act) 등 감독권한과 관련한 주요 4개 법안을 상정한 상태이다.[34] 현재 비트코인과 같은 탈중앙화된 코인 규제는 상품(commodity) 개념의 포괄적 성격으로 인해 CFTC가 주도적 위치에 있다. 다만 대부분의 플랫폼 블록체

---

30) Securities and Exchange Commission, Statement on Potentially Unlawful Online Plat−forms for Trading Digital Assets, (2018.3.7.).

31) Securities and Exchange Commission, SEC Files 13 Charges Against Binance Entities and Founder Changpeng Zhao, Press Release(2023.6.5.).

32) CFTC, Testimony of CFTC Chairman Timothy Massad before the U.S. Senate Com−mittee on Agriculture, Nutrition and Forestry, (2014.12.10.).

33) CFTC VS Patrick K. McDonnell and Cabbage Tech, Corp d/b/a Coin Drop Markets (CDM)(E.D.N.Y. 2018.8.23.).

34) 2023년 12월 기준.

인은 ICO를 통해 투자자를 모집하고, 코인 보유자에 대한 보상이 있다는 점에서 증권성 여부가 문제가 된다. 증권토큰 규제의 경우 리플 사건과 같이 SEC가 코인의 공모 과정에서 투자계약증권으로 판단하여 규제하는 사례가 반복되고 있다.[35]

2. 디지털자산의 증권성 판단기준

증권성 판단기준인 Howey 기준은 판례를 통해 확립된 투자계약에 대한 판단기준이다.[36] 연방대법원은 i) 금전의 투자, ii) 공동의 사업, 그리고 iii) 오로지 타인의 노력으로 창출되는 iv) 투자 수익의 기대를 투자계약 여부의 판단 요건으로 제시하였다.

SEC는 2019년 「디지털자산에 대한 투자계약 분석을 위한 프레임 워크」라는 투자계약 여부 판단을 위한 가이드라인을 발표하였는데,[37] 기존의 Howey 기준 중 문제가 되는 iii), iv) 요건에 대한 판단기준을 제시하였다. 타인의 노력의 의존(Reliance on the Effort of Others)의 경우 개발자(third party: AP)의 개발, 운영, 의사결정, 자금분배 등에서의 역할이 많을수록 타인의 노력에 의존하는 것으로 볼 수 있다. 투자이익의 기대(Reasonable Expectation of Profits)는 디지털자산 보유자에게 배당·분배를 통해 이익을 공유하거나, 유통시장의 거래를 통해 평가이익을 실현할 수 있는 경우 등에 해당하면 투자이익의 기대가 있는 것으로 볼 수 있다.

다만 탈중앙화 네트워크와 디지털자산이 이미 다 개발되어 기능하고 있거나, 디지털자산이 네트워크에서만 사용할 수 있거나, 가상화폐로서 결제에 사용 가능한 경우에는 증권으로 볼 가능성이 낮다.

---

35) 리플은 자금이체·결제에 활용되는 분산원장 기반 가상자산인데, SEC는 증권법상 투자계약을 판매한 혐의로 소송을 제기하였다. 그 외에 SEC의 2018년 Airfox 및 Paragon Coin, 2019년 Block.one에 대한 민사제재금 조치 역시 미등록증권 공모 금지규정 위반이 문제가 되었다. 자세한 내용은 김은경, "가상화폐의 자본시장법상 법적성격에 관한 고찰 — SEC v. Ripple Labs, INC.를 중심으로", 「과학기술법연구」 제27집 제3호 (2021), 참조.
36) SEC v. W.J. Howey Co., 328 U.S. 293(1946); Howey사가 감귤 농장 일부를 일반인에게 판매하면서 감귤재배, 관리 및 판매를 Howey사가 수행한 사건이다.
37) SEC, Framework for "Investment Contract" Analysis of Digital Assets, (2019).

II. EU : 암호자산시장규칙

1. 개 관

EU의 가상자산 규제는 2023년 6월 29일 발효된 암호자산시장규칙(MiCA : Regulation on Markets in Crypto-Assets)에 따른다. MiCA는 EU가 2020년 9월 발표한 「디지털 금융 패키지」(Digital Finance Package)[38] 중 하나로서 암호자산에 대한 규제뿐 아니라 법적 지원체계의 구축을 목표로 한다. MiCA는 가상자산 관련 최초의 통합법률로서 암호자산의 매매거래, 암호자산발행 및 암호자산서비스에 관한 통일된 요건을 정하는 데 목적이 있다.

MiCA는 암호자산의 정의, 발행규제, 불공정거래 규제 및 감독 체계 등을 상세히 정하고 있다. MiCA의 가장 큰 특징은 암호자산의 종류를 구체적으로 정하고, 암호자산별 차등적인 규제를 채택했다는 점이다.

2. 암호자산의 정의

암호자산은 "분산원장이나 이와 유사한 기술을 사용하여 전자적으로 이전·저장될 수 있는 가치나 권리에 대한 디지털표시"로 정의하며, 암호자산을 ⅰ) 자산준거토큰, ⅱ) 전자화폐토큰, ⅲ) 자산준거토큰이나 전자화폐토큰이 아닌 암호자산으로 구분한다(§3).

NFT와 금융상품에 해당하는 암호자산은 적용대상에서 제외된다(§2③·④(a)). 따라서 금융상품인 증권토큰은 MiCA 규제대상이 아니며, 기존 자본시장에서 적용되는 제2차 금융상품시장지침(MiFID Ⅱ)과 시장남용규칙(MAR)이 적용된다.

---

38) 디지털 금융 패키지는 ⅰ) 디지털 금융 전략, ⅱ) MiCA, ⅲ) 금융부문 디지털 운영 탄력성 규칙(Digital Operational Resilience Act: DORA) 및 ⅳ) 분산원장의 금융시장 인프라 시범 적용 규칙(DLT Pilot Regime)으로 구성된다. 이 패키지는 EU가 암호자산의 국제적 표준을 선도하기 위한 목적을 갖는다.

▼ 암호자산의 종류

구분	정의
자산준거토큰	전자화폐토큰이 아니면서 하나 이상의 공식 통화, 다른 가치나 권리 또는 그 조합물을 준거하여 안정적 가치를 유지하는 암호자산
전자화폐토큰	단일 공식 화폐의 가치를 준거하여 안정적 가치를 유지하는 암호자산
자산준거토큰이나 전자화폐토큰이 아닌 암호자산	예: 유틸리티 토큰(발행자가 제공하는 상품 또는 서비스에 대한 디지털 접근권만을 제공하는 암호자산)

3. 발행자 규제

(1) 규제내용

자산준거토큰이나 전자화폐토큰에 해당하지 않은 암호자산(예: 유틸리티토큰)은 암호자산 발행자가 백서를 공개하면 암호자산의 발행이 가능하게 하여 규제를 최소화하였다(§5). 그러나 자산준거토큰이나 전자화폐토큰과 같은 스테이블코인은 지급결제나 교환수단으로 사용될 수 있으므로 발행인에 대한 규제를 엄격하게 적용한다. 자산준거토큰 발행인은 EU 내 설립 법인으로서 회원국의 인가가 요구되며(§16), 전자화폐토큰은 더 나아가 은행 및 전자화폐기관만 발행하도록 제한하였다(§48).

또한 자산준거토큰, 전자화폐토큰 발행인은 자기자본요건, 지배구조체계, 정직·공정의무, 이해상충 관련 의무, 정보공시, 투자자 보호절차 등 금융상품시장지침(MiFID)상 금융회사 진입규제 수준의 규제를 적용받는다.

(2) 규제 제외

암호자산 발행자는 암호자산의 생성에 대해 통제권을 갖는 업체(entity)이어야 하며(전문 20), 식별 가능한 발행자(identifiable issuer)가 없는 암호자산은 발행자 규제 범위에 속하지 않는다(전문 22). 또한 자산준거토큰이나 전자화폐토큰에 해당하지 않은 암호자산 중 분산원장 또는 거래검증에 대한 보상으로 자동으로 생성되는 암호자산은 발행자 규제대상에서 제외된다(§4③(b)). 비트코인의 경우 상기 요건에 따르면 발행자 규제대상에서 제외되는 결과가 된다. 다만 식별 가능한 발행자가 없는 암호자산이더라도 동 암호자산에 대한 서비스를 제공하는 암호자산서비스제공자에 대한 규제는 동일하게 적용된다(전문 22).

4. 암호자산서비스제공자

암호자산서비스제공자(crypto-asset service provider)는 암호자산의 보관·관리, 교환, 거래플랫폼의 운영, 주문집행, 모집주선, 자문, 포트폴리오 운용 서비스를 사업으로 하는 자이다(§3①16). 암호자산서비스제공자는 유럽연합 내에 소재한 회원국 인가를 받아야 한다(§53). 암호자산서비스제공자는 유럽증권시장감독청(ESMA)의 등록 의무가 있으며, 행위규제, 공시, 이해상충 방지, 지배구조, 준비금 관리 등 금융회사에 준하는 규제가 적용된다.

5. 불공정거래 규제

시장남용행위(market abuse) 규제는 ⅰ) 내부자거래 규제와 ⅱ) 시세조종이나 불공정거래행위를 규제하는 시장조작행위로 대별되는데, 자본시장 불공정거래 규제인 시장남용규칙(MAR)을 계수한 것이다. 암호자산 거래를 전문적으로 주선·실행하는 자(person professionally arranging or executing transactions)[39]는 시장남용행위를 방지·적발하기 위한 체제, 시스템과 절차를 갖추고, 시장남용행위에 대해 회원국 주무당국에 지체없이 보고할 의무를 갖는다(§92①).

(1) 내부자거래

1) 내부정보

내부정보는 "암호자산 발행자, 청약 권유자(offerer), 거래참여자(persons seeking admission to trading) 또는 암호자산과 직간접적으로 관련된 일반에 공개되지 않은 정확한 정보로서, 공개될 경우 해당 암호자산이나 관련 암호자산의 가격에 상당한 영향을 미칠 수 있는 정보"를 말한다(§87①). 발행자 외에도 청약권유자, 거래참여자 또는 암호자산과 직간접적으로 관련된 정보를 포함하므로 암호자산의 가격에 영향을 미칠 수 있는 시장정보 등 외부정보도 포섭할 수 있다.

2) 내부정보의 공시

발행자, 청약권유자, 거래참여자(이하 "발행자 등")는 내부정보의 공시의무가 있다(§88①). 다만 ⅰ) 해당 공시가 발행자 등의 정당한 이익을 침해할 우려가 있고,

---

39) MiCA 조문상 '거래를 전문적으로 주선·실행하는 자'에 대한 정의는 없으나, 모델이 된 EU Market Abuse Regulation은 "금융상품에 대한 주문의 접수 및 전송 또는 거래 실행에 전문적으로 종사하는자"로 정의한다(§ 3㉘). ESMA 해석상 시장운영자뿐 아니라 투자회사(자기매매 포함)도 포함한다; European Securities and Markets Authority, Questions and Answers On the Market Abuse Regulation, (22 November 2022), at 23.

ii) 공시 지연이 대중을 오도할 우려가 없으며, iii) 발행자 등이 해당 정보의 기밀성을 보장할 수 있는 때에만 내부정보의 공시를 지연할 수 있다(§88②). 이 경우 발행자 등은 지연공시 후 주무당국에 지연사실을 통보해야 한다(§88③).

3) 내부자거래

'누구든지' 암호자산에 대한 내부정보의 이용이 금지된다(§89②). 누구든지 규제대상이므로, 발행인 등 내부자뿐 아니라 정보 전득자, 시장정보(예: 대량거래정보)를 생성하거나 취득한 외부인도 규제대상이 된다. 누구든지 타인이 내부자거래에 관여하도록 추천하거나 권유하는 것도 금지하므로 정보제공행위도 금지대상이 된다.

(2) 시장조작행위

시장조작행위(market manipulation) 금지규정은 시세조종과 부정거래행위 금지규정에 해당하는 조항이다. 시세조종 관련 금지규정은 누구든지 정당한 이유로 수행되었음을 입증하지 않는 한 다음과 같은 거래의 체결, 주문 또는 기타 행위를 하는 것을 금지한다. i) 암호자산의 수요, 공급 또는 가격에 대해 거짓 또는 오해를 주거나 줄 수 있는 행위, ii) 하나 또는 여러 암호자산의 가격을 비정상적이나 인위적인 수준으로 형성하거나 형성할 가능성이 있는 행위이다(§91②(a)).

부정거래에 해당하는 규정은 i) 부정한 수단 또는 기망이나 계책을 사용하여 암호자산 가격에 영향을 미치거나 미칠 가능성이 있는 거래·주문 또는 그 밖의 행위, ii) 인터넷을 포함한 매체나 기타 수단을 통해 허위 또는 오해를 주거나 줄 수 있고, 이로 인해 암호자산의 가격이 비정상적이거나 인위적인 수준으로 형성하거나 형성할 가능성이 있는 정보나 풍문을 전파하는 행위가 금지된다(§91②(c)).

그 외에 i) 직간접적으로 매도·매수 가격의 고정 또는 불공정거래 조건을 발생시킬 수 있는 암호자산의 수급에 관한 지배적 지위를 확보하는 행위,[40] ii) 암호자산 거래플랫폼의 기능을 방해 또는 지연시키거나 이러한 영향을 미칠 가능성이 있는 행위, iii) 진정한 주문인지 타인이 식별하기 어렵게 하거나 그럴 가능성이 있는 행위,[41] iv) 일정한 추세를 조성하거나 가속화하는 주문을 통해 암호자산의 수급 또는 가격에 대한 허위 또는 오인을 하게 하는 행위,[42] v) 암호자산의 포지션을 갖고 있으면서도 이해상충을 공개하지 않은 상태에서 암호자산의 가격에

---

40) 시장지배력 확보행위를 말한다.
41) 허수성호가에 해당.
42) 모멘텀 촉발행위(Momentum Ignition)를 말한다.

대한 의견 제시를 통해 가격에 미치는 영향력을 이용하여 이익을 얻는 행위[43]도 금지 대상이다(§91③).

6. 가상자산 감독

MiCA는 회원국, 유럽은행감독청(EBA), 유럽증권시장감독청(ESMA) 등의 감독권한과 기관 간 협력의무를 규정하고 있다(제7편). MiCA는 별도의 규제기관을 만드는 것이 아닌 기존의 금융당국의 인프라를 활용하는 방식을 채택하였다.

기본적으로 회원국은 발행인 및 암호자산업자에 대한 인가, 검사, 제재 등의 감독권한을 가진다. 다만 전자화폐토큰 발행인의 인가권은 유럽중앙은행이 보유한다. 유럽증권시장감독청은 중요자산준거토큰 발행인 및 중요암호자산업자의 검사, 제재를 수행하고, 유럽은행감독청은 중요전자화폐토큰의 회원국과 공동 감독업무를 수행하여 기관 간 업무를 분배한다.

III. 일 본

1. 자금결제법에 따른 규제

(1) 개 관

일본은 유가증권에 해당하는 암호자산은 「금융상품거래법」(이하 "금상법")의 규제대상이고, 그 외의 암호자산은 「자금결제에 관한 법률」(이하 "자금결제법")이 규제한다. 다만 불공정거래 규제의 경우 모두 금상법의 규제 관할에 둠으로써 규제의 효율성을 도모하고 있다.

일본은 2014년 일본 동경에 소재한 세계 최대 가상자산 거래소인 마운트곡스가 거액의 해킹사고로 파산하면서 투자자 보호 이슈가 발생하였고, 이에 대응하여 2016년 자금결제법 개정으로 가상통화의 매매나 교환, 그 중개나 주선 또는 대리, 가상통화의 관리업무 등을 '가상통화교환업(現 암호자산교환업)'으로 규정하고 이들에게 금융청 등록의무를 부과함으로써 가상통화의 규제가 도입되었다(§2⑮, §63의2). 그리고 「범죄에 의한 수익 이전방지에 관한 법률」 개정으로 가상통화 교환업자의 자금세탁 및 테러자금 방지를 의무화하고 벌칙을 신설하였다.

자금결제법상 암호자산은 물품·서비스의 대가로 사용하거나 매매, 이전이 가

---

43) 애널리스트의 매수추천행위를 예로 들 수 있다.

능한 전자적으로 기록된 재산적 가치로 정의된다.[44] 다만 금융상품거래법상 증권토큰에 해당하는 '전자기록이전권리'는 제외한다.

(2) 암호자산교환업자 규제

암호자산교환업은 ⅰ) 암호자산의 매매 또는 다른 암호자산과의 교환, ⅱ) ⅰ)의 주선, 중개 또는 대리, ⅲ) ⅰ)·ⅱ)의 행위 관련 이용자의 금전 관리, 또는 ⅳ) 타인을 위하여 암호자산의 관리를 하는 것을 업으로 하는 것을 말한다(법 §2⑮). 암호자산교환업을 하기 위해서는 등록의무가 있다(법 §63의2).

암호자산교환업자는 이용자 자금과 자기 자금을 분리 관리하고, 신탁회사 등에 신탁해야 하며(법 §63의11), 이행보증을 위하여 동종·동량의 암호자산의 관리 의무가 있고(법 §63의11의2), 지정 분쟁해결기관이 있는 경우 동 기관과 절차실시 계약 체결의무가 있다(법 §63의12).

자금결제법은 암호자산교환업자가 설립한 협회의 설립을 허용한다(제5장). 현재 일본암호자산거래업협회가 설립되어 운영 중이며, 자금결제법 제88조가 정하는 업무인 규칙의 제정, 회원 검사 및 지도, 권고·처분과 같은 자율규제 업무와 민원, 정보제공 및 통계조사 업무를 수행한다.

2. 금융상품거래법상 증권토큰 규제

(1) 증권토큰

금상법상 증권토큰을 이해하기 위해서는 일본의 유가증권의 분류체계를 이해할 필요가 있다. 금상법상 유가증권은 1종 유가증권(주식, 채권, 투자신탁 등)과 2종 유가증권(집단투자기구지분,[45] 신탁수익권 등)으로 분류된다. 1종 유가증권은 유통성

---

44) 자금결제법 제2조 ⑭ 이 법률에서 "암호자산"이란 다음에 열거하는 것을 말한다. 단, 「금융상품거래법」 제29조의2제1항제8호에서 규정하는 권리를 표시하는 것을 제외한다.
 1. 물품 등을 구입하거나 임차하거나 서비스를 제공받는 경우, 이러한 대가의 변제를 위하여 불특정한 자에 대하여 사용할 수 있고 불특정한 자를 상대방으로 하여 구입 및 매각할 수 있는 재산적 가치(전자기기 및 그 밖의 물건에 전자적 방법으로 기록되어 있는 것에 한하여, 일본통화 및 외국통화, 통화건물자산 및 전자결제수단(통화건물자산에 해당하는 것을 제외한다)을 제외한다. 다음 호에서 같다)이며 전자정보 처리조직을 이용해 이전할 수 있는 것
 2. 불특정한 자를 상대방으로 하여 전호에 열거된 것과 상호 교환할 수 있는 재산적 가치로서 전자정보 처리조직을 이용하여 이전할 수 있는 것
45) 투자자가 조합이나 사단법인에 출자하여 출자 대상사업에서 발생하는 이익의 배당이나 재산의 분배를 갖는 권리를 말한다(금상법 §2②5).

이 높으므로 유가증권 모집을 하는 경우 유가증권신고서 제출의무(법 §2③, §4①)
및 사업연도별 유가증권보고서의 제출의무(법 §24①4)가 부과된다.

증권토큰은 주로 2종 유가증권인 집단투자기구지분(자본시장법상 투자계약증권
에 해당)의 토큰화를 통한 STO가 이루어질 것이므로, 이에 대한 발행규제가 문제가
된다. 따라서 2종 유가증권의 권리를 토큰화하는 경우 '전자기록이전권리'로서 1종
유가증권으로 분류하여 STO에 따른 발행 및 유통 규제가 이루어진다(법 §2③).

금상법상 증권토큰에는 전자기록이전권리 외에도 적용제외 전자기록이전권리
및 전자기록이전 유가증권 표시권리가 있다. 적용제외 전자기록이전권리는 전자기
록이전권리 요건은 충족하나 유통성을 제한하는 조치를 하는 경우[46]에는 1종 유가
증권에 대한 규제가 이루어지지 않는다.

전자기록이전 유가증권표시권리는 주식, 채권과 같은 제1종 유가증권으로 보는
권리 중 전자정보처리조직을 이용하여 이전할 수 있는 것을 말한다(법 §2②). 따라서
주식·채권의 증권토큰화도 가능하다.

▼ 유가증권의 종류 및 규제내용

구분	유가증권	증권토큰화 할 경우
1종 유가증권	주식, 채권 등	전자기록이전 유가증권표시권리
2종 유가증권	신탁수익권, 집단투자기구지분, 합동회사 사원권 등	• 전자기록 이전권리(1종 유가증권으로서 공모규제) • 적용제외 전자기록 이전권리(전자기록 이전권리에 해당하나 유통성 제한조치를 한 경우)

(2) 업자규제

1) 발행자

일본은 STO를 위한 발행자의 요건을 엄격히 규제한다. 전자기록이전권리 발
행자가 직접 취득권유를 하는 경우(자기모집) 원래 권리(예: 집단투자기구지분)인 2종
금융상품거래업의 등록의무가 있다(법 §28②). 만약 발행자가 전자기록이전권리 발
행에 따라 투자자로부터 출자를 받아 유가증권 투자사업을 하는 경우(자기운용) 투
자운용업 등록을 해야 한다(법 §28④).

---

46) 은행, 금융상품거래업자 등 적격기관투자자 외의 자에게 취득·이전할 수 없게 하는 기
술적 조치를 취하거나(취득자 제한), 발행자의 승낙이 없으면 양도할 수 없게 기술적 조
치가 취해지고 있는 경우(양도제한)를 말한다(영 §9의3).

2) 모집의 중개 등

전자기록이전권리의 STO를 위하여 모집·사모의 취급 등을 실시하기 위해서는 1종 금융상품거래업 등록이 필요하다(법 §28①1). 전자기록이전권리는 1종 유가증권이므로 가상자산거래소가 당해 매매 시장을 개설하기 위해서는 금융상품거래소 면허를 취득해야 한다(법 §80①). 다만 실제로는 일본경제에서 차지하는 비중이 낮은 점을 고려할 때 거래소 규제를 가할 필요성은 없어 1종 금융상품거래업 등록을 요구하는 것으로 알려져 있다.[47]

3. 불공정거래 규제

(1) 개관

유가증권에 해당하는 암호자산은 금융투자상품에 관한 불공정거래 금지 규정의 적용을 받는다. 금융상품거래법은 회사관계자의 금지행위(미공개중요정보 이용행위에 해당, §166), 시세조종(§159), 그리고 불공정거래 포괄규제 규정인 부정거래행위(§157, §158) 금지규정을 두고 있다.

그 외의 암호자산(암호자산 관련 파생상품 포함)의 불공정거래는 금융상품거래법 제6장의3에 별도로 규정한다. 부정거래행위(§185의22, §185의23), 시세조종 금지(§185의24)가 이에 해당한다. 동 조항들은 기존의 금융상품에 대한 불공정거래 금지규정과 내용상 큰 차이가 없다.

암호자산 불공정거래에 대한 조사·검사 권한은 증권거래등감시위원회가 담당한다(§194의7① · ②, 영 §38①).

(2) 부정거래행위

부정거래 금지규정은 암호자산 또는 관련 파생상품 거래 등에 대하여 ⅰ) 부정한 수단, 계획 또는 기교를 하는 행위, ⅱ) 중요사항에 대한 허위표시, ⅲ) 매매 기타 거래 유인 목적의 허위 시세 이용행위를 금지한다. 또한 시세 변동 목적의 풍설의 유포, 위계의 사용 또는 폭행 또는 협박을 금지한다(§185의23).

(3) 시세조종행위

시세조종금지 규정은 가장매매, 통정매매, 현실거래에 의한 시세조종, 허위 표시에 의한 시세조종을 금지하고 있는데(§185의24), 금융투자상품에 대한 시세조종

---

47) 金融庁パブコメ回答, 33頁 126番等[令2.4.3]; 안수현, "암호자산 규제법제 정비를 위한 검토", 「경제법연구」 제21권 제1호(2022), 157면.

금지규정과 비교 시 안정조작 금지(§159②4)가 없다는 점만 제외하면, 양 규정 간에 내용상 큰 차이가 없다. 안정조작 금지규정의 경우 모집·매출과 관련한 금융투자업자의 시장조성을 위한 안정조작의 예외 적용이 규제의 핵심이라 할 수 있는데, 암호자산의 경우 안정조작의 예외를 적용할 근거가 없고, 다른 시세조종 금지규정으로도 안정조작 행위의 규제가 가능하다는 점이 고려되었을 것으로 생각된다.

한편 암호자산의 불공정거래 금지규정은 암호자산 관련 파생상품거래에 대해서는 적용을 배제하는 대신(§185의22② 등), 금융투자상품에 대한 불공정거래 규정을 적용한다(§2의2).

금융상품거래법은 암호자산에 대한 연계시세조종 금지규정이 없는데, 기존 금융투자상품에 대해서도 연계시세조종에 대한 규제가 없기는 마찬가지이다.

(4) 내부자거래

암호자산에 대해서는 내부자거래에 대한 규제 근거가 없는데, 가상자산의 내부자의 특정이 어렵다는 것과 규제대상 정보인 미공개중요정보를 특정하기 어려워 제외한 것으로 알려져 있다.[48] 금융상품거래법상 회사관계자의 금지행위 규정은 우리 자본시장법과 달리 중요정보에 대한 열거주의를 채택하고 있으므로, 현행 법체계에 상응한 가상자산관련 중요정보를 열거하기 어려웠을 것이다.

(5) 벌칙

암호자산에 대한 불공정거래는 형사처벌 대상이나(§197①6·②2, §207①1), 과징금 부과 근거는 없다. 금융상품 불공정거래의 경우 부정거래행위는 산정의 어려움으로 인해 과징금 부과대상에서 제외하고 있으므로, 설령 암호자산에 대한 불공정거래 과징금을 도입하더라도 시세조종에만 과징금 부과가 가능하게 된다. 이러한 점이 과징금 도입을 주저하게 한 요인이었을 것으로 보인다.

---

48) 仮想通貨交換業等に關する研究會, "仮想通貨交換業等に關する研究會報告書", (2018. 12.21.), 13頁.

제 2 장

가상자산 불공정거래 규제

제1절 개 관

Ⅰ. 가상자산시장의 특징

1. 공시체계의 부재

주식과 같은 금융투자상품은 발행회사의 내재가치를 평가할 지표가 있다. 자본시장법은 증권의 발행·유통 과정에서 증권신고서, 사업보고서 등의 공시의무를 부과한다. 일반 투자자는 공시된 재무제표나 실적 등을 기초로 주식의 내재가치와 현재가를 비교하여 투자 여부를 결정할 수 있다.

비트코인과 같은 가상자산은 금융투자상품과 같은 방법으로 내재가치를 평가하기 어렵다. 가상자산이 ICO[1]를 하는 경우 오로지 발행사가 공개한 백서에 의존할 수밖에 없는데, 그 백서의 내용은 대체로 해당 가상자산의 블록체인 기술이나 보안성에 관한 설명이 주를 이룬다.

만약 발행자가 가상자산 유통량을 임의로 증가시킬 경우 현재 가상자산시장은 가상자산의 발행·유통에 대한 법정 공시의무가 없으므로, 이를 모르는 투자자는 유통물량 증가에 따른 가격하락에 무방비 상태에 놓이게 된다.[2]

---

[1] ICO(Initial Coin Offerings)는 증권시장의 IPO와 유사한 개념으로서, 가상자산 발행자가 백서를 공개하고 투자자들에게 판매하여 자금을 조달하는 것을 말한다. 정부는 ICO 등 가상자산거래소의 금지행위를 명확히 규정하고 위반시 처벌하겠다는 방침을 세운 바 있다; 국무조정실 등 정부 합동, "정부 가상통화 관련 긴급 대책 수립", (2017.12.13) 보도자료. STO(Security Token Offering)는 토큰 증권 발행자가 해당 토큰 증권을 투자자들에게 판매하는 것을 말한다. 토큰 증권의 경우 자본시장법상 공모 요건을 충족해야 한다.

2. 가격 변동성

가상자산은 내재가치의 평가가 어렵고 투자판단을 위한 공시규제가 없다. 금융투자상품은 시세가 내재가치 이상으로 상승하면 투자자는 더 이상의 매수를 꺼릴 것이지만, 가상자산 투자는 수급 상황과 정책정보에 의존하여 투자판단을 하는 경향이 있다. 이러한 가상자산시장의 특성은 가두리 펌핑[3)]과 같은 수급조정을 통해 가상자산의 가격 급변을 일으키는 환경을 제공한다.

한편 증권시장은 해당 증권의 본질가치와 무관한 외부요인으로 인한 가격 급등락을 완화하는 장치를 갖추고 있다. 한국거래소 주식시장의 경우 하루 동안 가격이 변동할 수 있는 폭을 기준가격 대비 상하 30%로 제한하는 가격제한폭을 설정하고 있다.[4)] 또한 주가가 비이성적으로 급등하면 이를 냉각시키기 위하여 주식시장의 일시 매매중단 제도인 서킷브레이커 제도를 운영하고 있다.[5)]

반면 가상자산시장은 주식시장과 같은 가격제한폭이나 서킷브레이커와 같은 가격안정화 장치가 없으며, 24시간 동안 세계 각국의 가상자산거래소의 가상자산 시세와 연동하여 등락을 반복한다.

3. 가상자산거래소의 문제점

가상자산거래소는 증권시장과 달리 투자자가 직접 거래소에 매매주문을 내는 방식(DMA : Direct Market Access)으로 거래하므로, 시장의 중개자, 시장조성자, 모니터링, 가상자산의 예탁관리 등 유통시장의 모든 업무를 수행한다. 업무가 분화된 증권시장과 달리 가상자산거래소는 모든 업무를 수행하다 보니 시장질서의 공정성, 고객자산의 안전성, 시스템 안정성 등에서 문제점을 노출하고 있다.[6)] 거래소

---

2) 상장법인인 위메이드는 자회사 위메이드트리를 통해 발행한 '위믹스' 코인을 대량 매도하면서 수천억 원의 현금을 조달하여 이를 애니팡 개발사 '선데이토즈' 등을 사들이는 M&A 자금으로 사용한 바 있다. 이후 위메이드가 아무런 언급 없이 위믹스 코인을 팔았다는 사실이 알려지면서 불안감을 느낀 개인 투자자들이 위믹스 코인을 투매했고 이는 곧 가격 급락으로 이어지기도 했다. 하지만 가상자산시장은 대량 처분과 관련한 공시의무가 없다는 점에서 규제 공백에 따른 투자자 피해 문제가 제기된 바 있다; 매경이코노미, "P2E 선두 주자 위메이드에 무슨 일이, 위믹스로 자금 조달…혁신이냐 사기냐", (2022.01.21.) 기사 참조.
3) 가두리 펌핑은 해당 가상자산의 거래소 입출금을 막은 상태에서 시세조종을 함으로써 가격상승을 극대화하는 시세조종 전략을 말한다.
4) 유가증권시장 업무규정 제20조, 코스닥시장 업무규정 제14조.
5) 유가증권시장 업무규정 제25조, 코스닥시장 업무규정 제26조.
6) 국무조정실, "가상자산사업자 현장컨설팅 결과", (2021.8.16.), 보도자료.

가 시장조성을 이유로 직접 장내거래의 참여 주체가 되기도 하고, 거래소가 직접 가상자산 발행주체가 되는 등 이해상충의 문제가 발생한다.[7]

가상자산거래소 입장에서는 거래량의 증가가 수익에 직결되므로 가상자산의 사업 전망이나 기술력을 보기보다는 시가총액이 작은 소위 '잡코인'을 다수 상장시켜 변동성을 일으키려는 유인이 강하다. 위믹스는 실제 공지된 유통량보다 더 많은 수량을 유통시켜 2022년 디지털자산거래소공동협의체(DAXA) 차원에서 상장폐지를 결정했지만, 그 이후 특별한 명분 없이 코인원, 고팍스, 코빗 및 빗썸이 위믹스를 재상장시켜 거래하고 있다.

II. 불공정거래 규제의 특징

가상자산법 제정 이전에는 불공정거래에 대하여 일반 형법 조항을 적용할 수밖에 없었다. 가상자산 잔고를 전산적으로 부풀리는 경우 사전자기록등위작죄(형법 §232의2)를 적용하고, 가상자산 거래소가 직접 가장매매 등 시세조종을 하여 거래가 성황을 이루는 것처럼 가장하는 경우에는 위작사전자기록등행사죄(§234)나 사기죄(§347)를 적용하였다.[8] 그러나 사전자기록의 위작이나 행사의 경우 자본시장법보다 그 처벌 수준이 미약하고, 사기죄가 포섭하지 못하는 다양한 유형의 불공정거래를 규제하기 어렵다. 특히 가상자산사업자에 대한 법령상 의무가 없는 상태에서 금융투자업자나 한국거래소 수준의 의무를 부과하기는 쉽지 않다.[9]

가상자산법상 불공정거래 금지 규정의 특징을 보면 자본시장법상 3대 불공정거래 규제 중 실효적으로 작동하는 규정만 반영하여 적용의 불명확성을 제거하려

---

7) 2022년 FTX가 자체발행한 코인(FTT)의 폭락으로 인해 파산한 바 있다.
8) 대법원 2020.8.27. 선고 2019도11294 판결, 대법원 2021.6.24. 선고 2020도10533 판결, 대법원 2021.6.30. 선고 2020도3014 판결(사전자기록위작·행사죄와 사기죄를 인정한 판례); 반면, U 가상자산거래소가 허위의 가상자산 잔고를 입력하고, 이를 이용해 가장매매 등 시세조종을 한 사건의 경우 법원은 검찰이 압수한 거래내역이 위법수집증거에 해당한다고 하여 무죄 판결을 한 바 있다(서울고등법원 2022.12.7. 선고 2020노367 판결, 대법원 2023.11.9. 선고 2022도16718 판결로 확정).
9) [서울남부지방법원 2020.1.31. 선고 2018고합618 판결] 한국거래소와 달리 가상화폐 거래소를 규율하는 특별한 규정이 없는 상황에서는 유사한 외관을 형성하였음을 들어 한국거래소와 가상화폐 거래소를 같은 기준으로 판단할 수는 없다. 가상화폐 거래소의 거래참여 여부에 대한 적절성, 비난가능성에 대한 판단은 별론으로 하더라도, 현행 법령상 가상화폐 거래소의 거래참여 자체가 금지된다거나 신의성실의 원칙상 가상화폐 거래소가 거래에 참여하지 않을 것이라 당연히 기대된다고 보기는 어렵다(앞의 판례와 동일한 사건의 하급심 판결임).

했다는 점을 들 수 있다. 시장질서 교란행위를 반영하지 않은 것도 그러한 이유인 것으로 보인다. 두 번째로 가상자산사업자의 자기발행 가상자산 거래금지나 임의적 입출금 차단 제한이 도입되었는데, 그간 문제된 가상자산거래소의 이해상충행위를 차단하기 위한 목적이다. 3대 불공정거래 금지 규정은 앞서 설명한 자본시장법 조항을 계수한 점을 감안하여 특징적인 사항만을 중심으로 설명하고자 한다.

제 2 절　3대 불공정거래 규제

Ⅰ. 미공개중요정보 이용행위

1. 개 관

(1) 의 의

미공개중요정보 이용행위는 내부자등이 가상자산에 관한 미공개중요정보를 가상자산의 매매 등에 이용하는 행위를 말한다. 가상자산에 관한 사업계획 또는 발행·유통 정보 등은 가상자산의 가격에 영향을 미치는 정보이므로, 내부자등이 우월적 지위를 이용하여 해당 정보를 이용하는 행위를 규제함으로써 가상자산 이용자를 보호하고 거래의 공정성을 확보하는 데 목적이 있다.

(2) 자본시장법과 비교

미공개중요정보 이용행위 규제대상자는 자본시장법 제174조 제1항의 신분범에 대한 규제체계를 따르면서도, 대상정보는 '가상자산에 관한 미공개중요정보'로 하여 정보의 범위를 포괄적으로 설정했다는 특징을 갖는다. 외부정보를 포섭할 목적으로 보이나 규제대상자를 내부자로 한정하므로, 외부인이 생성한 시장정보나 정책정보 등 외부정보를 포섭하기 어렵다는 문제가 있다. 비트코인 같은 가상자산은 내부정보보다는 수급상황과 정책정보가 투자판단에 영향을 미친다. 자본시장법상 정보이용형 교란행위(§178의2①)와 같은 외부 생성정보의 이용 규제를 도입하지 않은 것은 의외이다.

가상자산법은 자본시장법과 같은 공개매수정보, 대량취득·처분 정보 이용행위(자본시장법 §174②·③) 규제가 없다. 이 정보들은 시장정보에 해당하나 경영권

취득과 관련한 공개매수제도(자본시장법 §133), 대량보유보고(자본시장법 §147)에 기반한 정보 이용행위를 규제하기 위함이다. 가상자산법에 공개매수나 대량보유보고 공시규제가 없는 이상 관련 불공정거래 규제 근거를 마련할 필요는 없다. 다만 이더리움 DAO와 같이 가상자산 보유자가 의결권을 갖거나, 중앙화된 지배구조를 갖게 된다면 블록체인 네트워크상의 경영권 분쟁 발생 가능성이 있으므로, 관련한 정보의 규제가 필요할 수도 있다.

2. 규제 대상 가상자산

제2조(정의) 1. "가상자산"이란 경제적 가치를 지닌 것으로서 전자적으로 거래 또는 이전될 수 있는 전자적 증표(그에 관한 일체의 권리를 포함한다)를 말한다. 다만, 다음 각 목의 어느 하나에 해당하는 것은 제외한다.

가. 화폐·재화·용역 등으로 교환될 수 없는 전자적 증표 또는 그 증표에 관한 정보로서 발행인이 사용처와 그 용도를 제한한 것

나. 「게임산업진흥에 관한 법률」 제32조제1항제7호에 따른 게임물의 이용을 통하여 획득한 유·무형의 결과물

다. 「전자금융거래법」 제2조제14호에 따른 선불전자지급수단 및 같은 조 제15호에 따른 전자화폐

라. 「주식·사채 등의 전자등록에 관한 법률」 제2조제4호에 따른 전자등록주식등

마. 「전자어음의 발행 및 유통에 관한 법률」 제2조제2호에 따른 전자어음

바. 「상법」 제862조에 따른 전자선하증권

사. 「한국은행법」에 따른 한국은행(이하 "한국은행"이라 한다)이 발행하는 전자적 형태의 화폐 및 그와 관련된 서비스

아. 거래의 형태와 특성을 고려하여 대통령령으로 정하는 것

가상자산은 "경제적 가치를 지닌 것으로서 전자적으로 거래 또는 이전될 수 있는 전자적 증표"로 정의한다. 이러한 정의는 2019년 FATF의 국제기준에 따라 마련한 특금법상 정의를 사용한 것이다. MiCA의 암호자산 정의는 "분산원장이나 유사한 기술"을 사용할 것을 요건으로 하나, 가상자산법은 특정기술과의 결부를 요구하지 않는다. 향후 출현 가능한 체계를 염두에 둔 것으로 보인다.

가상자산법은 가상자산을 포괄적으로 정의하는 대신, 제외대상을 구체적으로 나열하는 방식을 취한다. 제외대상을 보면 ⅰ) NFT, 게임 아이템과 같이 교환, 거

래·이전이 제한적인 것, ⅱ) 네이버 페이나 교통카드와 같은 선불전자지급수단이나 전자화폐, 전자등록주식, 전자어음, 전자선하증권, 한국은행이 발행하는 디지털화폐(CBDC)와 같이 전자적으로 거래·이전되는 전자적 증표에 해당하나 분산원장에 기반한 가상자산도 아니고 개별 법령에서 별도로 정하는 것은 제외한다.

토큰 증권은 증권으로서 전자등록주식 형태로 발행되어야 하므로, 가상자산법 제2조 라목에 따라 가상자산에서 제외한다. 따라서 증권에 해당하는 가상자산은 자본시장법의 규제를 받는다. 금융위원회는 2023년 2월 6일 「토큰 증권 가이드라인」을 제정하고, 「주식·사채 등의 전자등록에 관한 법률」상 증권발행 형태로 수용하는 한편, 장외거래 플랫폼을 허용하였다. 장내거래의 경우 자본시장법 시행령상 상장 가능한 금융투자상품의 범위에 투자계약증권이 포함되지 않으므로(영 §345의3②), 한국거래소의 디지털증권시장을 통한 투자계약증권의 상장을 규제 샌드박스를 통해 허용하였다.10)

3. 규제 대상자

제10조(불공정거래행위 등 금지) ① 다음 각 호의 어느 하나에 해당하는 자는 가상자산에 관한 미공개중요정보(이용자의 투자판단에 중대한 영향을 미칠 수 있는 정보로서 대통령령으로 정하는 방법에 따라 불특정 다수인이 알 수 있도록 공개되기 전의 것을 말한다. 이하 같다)를 해당 가상자산의 매매, 그 밖의 거래에 이용하거나 타인에게 이용하게 하여서는 아니 된다.

1. 가상자산사업자, 가상자산을 발행하는 자(법인인 경우를 포함한다. 이하 이 조에서 같다) 및 그 임직원·대리인으로서 그 직무와 관련하여 미공개중요정보를 알게 된 자

2. 제1호의 자가 법인인 경우 주요주주(「금융회사의 지배구조에 관한 법률」 제2조 제6호나목에 따른 주요주주를 말한다. 이 경우 "금융회사"는 "법인"으로 본다)로서 그 권리를 행사하는 과정에서 미공개중요정보를 알게 된 자

3. 가상자산사업자 또는 가상자산을 발행하는 자에 대하여 법령에 따른 허가·인가·지도·감독, 그 밖의 권한을 가지는 자로서 그 권한을 행사하는 과정에서 미공개중요정보를 알게 된 자

4. 가상자산사업자 또는 가상자산을 발행하는 자와 계약을 체결하고 있거나 체결을 교섭하고 있는 자로서 그 계약을 체결·교섭 또는 이행하는 과정에서 미공개중요정보를 알게 된 자

---

10) 금융위원회, "토큰 증권(Security Token) 발행·유통 규율체계 정비방안", (2023.2), 6면.

5. 제2호부터 제4호까지의 어느 하나에 해당하는 자의 대리인(이에 해당하는 자가 법인인 경우에는 그 임직원 및 대리인을 포함한다)·사용인, 그 밖의 종업원 (제2호부터 제4호까지의 어느 하나에 해당하는 자가 법인인 경우에는 그 임직원 및 대리인)으로서 그 직무와 관련하여 미공개중요정보를 알게 된 자

6. 제1호부터 제5호까지의 어느 하나에 해당하는 자(제1호부터 제5호까지의 어느 하나의 자에 해당하지 아니하게 된 날부터 1년이 경과하지 아니한 자를 포함한다)로부터 미공개중요정보를 받은 자

7. 그 밖에 이에 준하는 자로서 대통령령으로 정하는 자

(1) 내부자

1) 의 의

내부자는 가상자산사업자·가상자산발행자와 그 임직원·대리인, 주요주주(주요주주가 법인인 경우 임직원·대리인 포함)가 해당한다. 자본시장법상 내부자 범위와 비교할 때 상장법인이 가상자산사업자·가상자산발행자로 바뀐 것 외에는 유사한 구조이나, 가상자산사업자·가상자산발행자의 계열회사는 내부자에서 제외한다는 차이가 있다. 계열회사는 우월한 정보접근권을 갖고 중요 의사결정의 주체가 될 수 있다는 점에서 규제의 필요성이 있다. 추후 입법 시 포함할 필요가 있다.

2) 가상자산사업자

"가상자산사업자"란 가상자산의 매매, 교환, 이전 또는 보관·관리하는 행위(동 행위를 중개·알선·대행하는 행위를 포함)를 영업으로 하는 자를 말한다(법 §2). 가상자산사업자는 고객을 대신하여 매매 등을 영업으로 하는 자이므로, 본인을 위한 가상자산 거래행위나, 일회성 행위, 수수료 없이 플랫폼만 제공하는 행위 등을 제외되는 것으로 본다.[11]

가상자산사업자는 가상자산거래업자, 가상자산 보관관리업자 또는 가상자산 지갑서비스업자가 이에 해당한다. 가상자산거래업자는 일반적으로 가상자산의 매매 및 가상자산간 교환을 중개·알선·대행하거나, 가상자산 이전을 수행하는 곳으로서 거래소로 통용되는 업체가 여기에 해당한다. 가상자산 보관관리업자는 가상자산 커스터디, 수탁사업 등을 말하며, 가상자산 지갑서비스업자는 중앙화 지갑서비스, 수탁형 지갑서비스 또는 월렛 서비스 등을 말한다.

---

11) 금융정보분석원, 금융감독원, 「가상자산사업자 신고 매뉴얼」, (2021.2), 2면.

이러한 가상자산사업 서비스 중 ⅰ) 게시판 운영자와 같이 매수·매도 제안을 게시할 수 있는 장(場)만을 제공하거나, ⅱ) 거래 조언, 기술서비스를 제공하는 경우, ⅲ) 개인 암호키 등의 보관·저장 프로그램만 제공할 뿐 독립적인 통제권을 갖지 않아 매도·매수·교환 등에 관여하지 않는 경우 또는 ⅳ) 콜드월렛[12] 등 하드웨어 지갑서비스 제조자 등은 제외될 수 있다.[13]

3) 가상자산 발행자

자산자산을 발행하는 자는 법인인 경우를 포함한다(법 §10①1). 따라서 상법상 주식회사이거나 특별한 법인격을 요구하는 것은 아니다. 발행자의 조직 형태가 상법상 회사가 아닌 경우를 염두에 둔 것이다. 다만 비트코인과 같이 완전히 탈중앙화되어 발행자가 식별되지 않으면 현실적으로 발행자의 규제가 어렵다는 문제가 있다.

(2) 준내부자

가상자산사업자 또는 가상자산발행자에 대하여 ⅰ) 법령에 따른 인허가 등 권한을 갖는 자, ⅱ) 계약체결자는 준내부자로서 규제 대상자이다(법 §10①3.4). 준내부자의 범위는 자본시장법상 준내부자와 차이가 없다.

(3) 1차 정보수령자

내부자나 준내부자로부터 미공개중요정보를 받은 자는 규제 대상자이다(법 §10①6). 자본시장법상 1차 정보수령자의 범위와 같다. 다만 가상자산법은 자본시장법 제178조의2와 같은 정보이용형 교란행위 금지규정이 없으므로, 2차 정보수령자는 규제할 수 없다.

(4) 그 밖에 이에 준하는 자

내부자, 준내부자 또는 1차 정보수령자에 준하는 자로서 대통령령으로 정하는 자도 규제 대상이다(법 §10①7). 가상자산시장의 특성을 고려하여 수범자를 탄력적으로 규제할 목적을 갖는다. 법률상 내부자 등에 준하는 자이어야 할 것이므로 그 범위를 무한대로 넓히는 것은 한계가 있다. 반면 MiCA의 내부자거래 규제는 '누구든지' 암호자산에 대한 내부정보의 이용을 금지하므로(§89②), 외부정보를 생성한 자나 정보의 전득자를 규제할 수 있다.

이의 보완책으로 시행령에 대량취득자나 대량보유자를 반영하자는 견해가 있

---

12) 가상자산 개인 암호키를 종이, 플라스틱, 금속 등 오프라인으로 출력하여 보관하는 것을 말한다.
13) 금융정보분석원 외, 앞의 자료, 3면.

으나,[14] 정책정보, 분석보고서 등 여타 시장정보를 생성 · 지득하는 자는 규제하기 어렵다.

4. 가상자산에 관한 미공개중요정보

규제대상 정보는 "가상자산에 관한 미공개중요정보"이어야 한다. EU MiCA의 내부자거래 금지 규정상 "암호자산에 관한 내부정보(inside information about crypto-assets)"와 유사하다(§78①). 자본시장법과 같은 발행자의 업무관련성을 요구하지 않아 규제대상 정보가 포괄적이기는 하나, 법문상 내부자의 범위를 제한하고 있으므로, 시장참여자의 거래정보 등 외부정보는 규제할 수 없다는 문제가 있다. MiCA와 같은 정보이용 중심의 규제도 아니고, 회사관계 중심의 규제라고도 할 수 없는 법문이다.

규제 가능한 대상 정보로는 가상자산발행자의 가상자산 발행 · 유통정보나 사업계획, 가상자산사업자의 거래지원 · 종료(상장 · 폐지), 거래중단, 시장조성 또는 유동성 공급 정보를 예로 들 수 있다. 예를 들어 가상자산 발행자가 에어드랍[15]을 하거나 하드포크[16] 결정하는 경우 가상자산 가격에 중대한 영향을 미치는 정보에 해당한다.

5. 정보의 공개

미공개중요정보는 "불특정 다수인이 알 수 있도록 공개되기 전의 것"이어야 한다(법 §10① 본문). 내부자 · 준내부자 · 1차 정보수령자는 정보가 공개되기 전에 해당 정보를 거래 등에 이용해서는 아니 된다.

정보의 공개 방법은 가상자산사업자가 정보 공개 후 6시간이 경과한 경우, 가상자산 발행자가 백서를 공개한 인터넷 홈페이지 등에 공개한 지 1일이 경과한 경우에 공개한 것으로 본다.[17] 자본시장법과 같은 거래소에 대한 공시규제가 없고

---

14) 정순섭, "가상자산입법의 제도적 의의와 과제", 「Bi-Weekly Hana Financial Focus」제13권 제15호(2023.7), 4면.

15) 가상자산을 출시하는 경우 이용자의 관심을 유도하거나, 하드포크가 있는 경우 이용자의 보상책으로 무료로 가상자산을 제공하는 것을 말한다.

16) 블록체인 프로토콜의 변경으로 블록체인이 나뉘는 것을 말한다. 예를 들어 2015년 이더리움 출시 이후 2016년 해킹사건이 발생하자 프로토콜을 업그레이드하면서 이에 대한 참여자 과반수의 지지로 생긴 새로운 갈래가 공식 이더리움 블록체인이 되고, 업그레이드에 동의하지 않은 그룹은 기존 갈래(이더리움 클래식: ETC)로 잔류했다.

17) 금융위원회, "「가상자산 이용자 보호 등에 관한 법률」의 시행령 및 감독규정 제정안 입

해당 매체의 주지효과가 떨어지는 점을 고려하여 자본시장보다 기간을 길게 설정한 것이다.

II. 시세조종행위

제10조(불공정거래행위 등 금지) ② 누구든지 가상자산의 매매에 관하여 그 매매가 성황을 이루고 있는 듯이 잘못 알게 하거나, 그 밖에 타인에게 그릇된 판단을 하게 할 목적으로 다음 각 호의 어느 하나에 해당하는 행위를 하여서는 아니 된다.

1. 자기가 매도하는 것과 같은 시기에 그와 같은 가격으로 타인이 가상자산을 매수할 것을 사전에 그 자와 서로 짠 후 매매를 하는 행위
2. 자기가 매수하는 것과 같은 시기에 그와 같은 가격으로 타인이 가상자산을 매도할 것을 사전에 그 자와 서로 짠 후 매매를 하는 행위
3. 가상자산의 매매를 할 때 그 권리의 이전을 목적으로 하지 아니하는 거짓으로 꾸민 매매를 하는 행위
4. 제1호부터 제3호까지의 행위를 위탁하거나 수탁하는 행위

③ 누구든지 가상자산의 매매를 유인할 목적으로 가상자산의 매매가 성황을 이루고 있는 듯이 잘못 알게 하거나 그 시세를 변동 또는 고정시키는 매매 또는 그 위탁이나 수탁을 하는 행위를 하여서는 아니 된다.

---

1. 개 관

(1) 의 의

가상자산은 투자성이 있는 자산으로 주목받으면서 가상자산거래소에서 유통되고 있다. 가상자산거래소의 거래방식이 증권시장과 차이가 없고 시세와 수급상황이 실시간으로 공표되므로, 증권시장과 같은 시세조종이 가능한 동일한 환경을 갖고 있다. 가상자산거래소는 가격제한폭 없이 24시간 거래되면서도 어떠한 시장 안정화 장치를 두고 있지 않으므로 시세조종에 더 취약할 수밖에 없다. 시세조종 금지규정은 인위적인 방법으로 가상자산 가격을 왜곡하는 행위를 금지함으로써 가상자산 이용자를 보호하는 데 목적이 있다.

시세조종 사례를 보면 유통량이 적은 신규코인의 일반 이용자의 매매를 유인

법예고 실시", (2023.12.11.), 18면.

하기 위한 시세조종이나, 가상자산거래소간 가격차를 이용한 시세조종의 특징을 갖는다.

(2) 증권시장과 유사성

가상자산거래소의 거래방법은 증권시장과 큰 차이가 없다. 실시간 경쟁매매방식으로 거래되며, 체결 우선순위도 증권시장과 같이 가격우선, 시간우선의 원칙이 적용된다. 호가가격 및 수량은 실시간으로 공개되는데, 증권사 HTS에서 제공하는 호가창과 비교할 때 그 정보와 구성에서 차이가 없다. 호가현황은 투자자에게 시장의 수급현황을 알려주는 투자판단요소로 활용되지만, 투자자에게 매매를 유인하는 시세조종 수단으로 악용되기도 한다. 거래방식과 호가공개 방식이 증권시장과 차이가 없으므로, 증권시장의 시세조종 양태가 동일하게 나타날 수 있다.

가상자산시장은 여러 거래소에서 24시간 거래되고 가격제한폭, 서킷브레이커와 같은 가격안정화 장치가 없으므로, 유통물량이 적은 가상자산의 시세조종 효과가 극대화되는 등 시세조종에 취약한 구조를 갖는다.

2. 규제대상 가상자산

자본시장법의 경우 시세조종 대상 상품을 상장증권 및 장내파생상품으로 제한하나, 가상자산법은 가상자산의 가상자산시장 상장여부를 묻지 않는다. 이에 대하여 사인간의 거래까지 적용되는 문제가 있으므로 '가상자산시장에서 이루어지는 가상자산 매매'로 한정하자는 견해가 있다.[18] 만약 사인 간 상대매매의 시기·가격·수량 등이 공개되지 않는다면 매매성황이나 매매유인의 효과가 없으므로 규제의 필요성이 없을 것이다. 그런데 비트코인, 이더리움 등 가상자산의 상대매매 정보는 일반에 공개되고 있으므로, 상대매매를 이용한 시세조종 가능성도 생각해 볼 수 있다.[19] 그보다는 외국 가상자산거래소의 시세가 투자판단에 영향을 줄 것이다.

미국 증권거래법은 미등록증권의 시세조종도 금지하며(§8), 일본 금상법은 비상장 금융투자상품과 암호자산의 시세조종을 금지한다(§159, §185의24). 우리나라의 경우 상대매매 방식으로 거래하는 장외시장인 K–OTC 시장의 시세조종에 대해 시세조종 금지규정을 적용할 수 없어 부정거래행위 금지규정을 적용하기도 했다.[20]

---

18) 임세영, 박영주, "가상자산법의 법적 쟁점 3", 「BFL」 제122호(2023.11), 77면.
19) 예를 들어 비트코인의 경우 blockchain.com, 이더리움은 Etherscan을 통해 가상자산 이전(트랜젝션) 시기, 거래량 등의 정보가 공표된다.
20) 서울경제신문, "'제2의 두올물산' 봉쇄…상폐사유 발생 상장사 K–OTC 등록 막는다",

3. 요건

(1) 통정매매·가장매매

시세조종 금지규정은 가상자산의 매매에 관하여 통정매매·가장매매(법 §10② 1~3), 현실거래에 의한 시세조종(법 §10③)을 금지한다.

통정매매·가장매매는 매도자─매수자 간 미리 짜고 이루어지는 거래를 통해 매매가 성황을 이루는 것으로 오인하게 할 목적을 갖는다. 가상자산거래소가 봇 프로그램을 사용하여 가장매매하는 경우를 예로 들 수 있다.

가상자산거래소의 가장매매(서울고등법원 2019.7.23. 선고 2019노396 판결)[21]

피고인들이 공모하여 '㈜E 가상화폐 거래시스템에 가공계정을 만들고, 가상화폐 포인트 및 KRW 포인트를 허위 입력한 후, 봇 프로그램을 통해 자동으로 다량의 매도·매수 주문을 제출하여 가공계정들 사이, 가공계정과 일반계정 사이에 거래가 체결되게 함으로써 마치 다수의 실제 이용자들에 의해 거래가 이루어져 시세와 거래량이 정상적으로 형성되는 것처럼 보이게 하는 방법'으로 이용자들을 기망하여 ㈜E로 하여금 이용자들로부터 예탁금 및 수수료 명목의 금전을 편취하게 한 사실을 인정할 수 있으며, 피고인들에게 사기 범의도 인정된다.

이와 같은 가상자산거래소의 시장조성행위는 가격발견기능 제고보다는 이용자의 거래참여 유인을 통한 수수료 수입 증대가 주목적으로 보인다. 가상자산거래소의 조성행위가 정당화되기 위해서는 한국거래소 업무규정 같은 금융당국의 승인을 받은 조성원칙에 따라 투명하게 운영될 필요가 있다. 금융위원회도 이러한 점을 고려하여 가상자산거래소의 시장조성호가가 시세조종행위에 해당할 수 있다는 입장이다.[22]

(2) 현실거래에 의한 시세조종

현실거래에 의한 시세조종은 이용자의 매매를 유인할 목적으로 실제 시장참여자와의 주문 또는 매매거래를 통해 매매성황의 외관을 형성하고 시세를 변동시키는 행위를 말한다. 시세를 변동시키는 매매주문을 위해서는 고가매수주문, 물량소진주문, 허수호가주문, 시장가주문 등이 사용된다.

(2022.2.24.), 기사.

21) 대법원 2020.8.27. 선고 2019도11294 전원합의체 판결로 확정.

22) 금융위원회, 앞의 보도자료, 19면.

국내 주요 가상자산 거래소의 호가제도 현황을 살펴보면 4곳 중 3곳(빗썸, 업비트, 코빗)은 지정가주문, 시장가주문 및 예약주문(자동주문)을 허용하고 있고, 1곳(코인원)은 지정가로만 거래할 수 있다. 주식시장의 시세조종 주문 역시 지정가주문과 시장가주문을 사용하는 것이 대부분이므로, 가상자산거래소에서도 시세조종 주문의 제출이 가능하다.

현실거래에 의한 시세조종 사례를 보면 가상자산거래소가 가상자산의 입출금을 막아놓고 시세조종을 하는 '가두리 펌핑'이나,[23] 그리고 봇 프로그램(Bot Program)을 이용하여 다른 가상자산거래소보다 시세가 낮은 경우 고가매수주문을 제출하여 가격을 상승시키는 경우를 들 수 있다.[24]

4. 자본시장법과 비교

시세조종 금지규정은 자본시장법상 시세조종 금지 규정 중 가장·통정매매(§ 176①), 현실거래에 의한 시세조종(자본시장법 § 176②1)을 그대로 차용하되, 표시에 의한 시세조종(동법 § 176②2·3), 시세고정·안정행위(동법 § 176③) 및 연계시세조종 금지규정(동법 §176④)은 반영하지 않았다.

표시에 의한 시세조종(시세조종 유포행위, 중요사실에 관한 거짓 또는 오해유발 표시행위)은 포괄규정인 부정거래(§10④1) 및 중요사실에 관한 거짓 표시행위(§10④2)로 규제가 가능하고, 자본시장법상으로도 해당 조문의 적용례가 드물다는 점에서 반영하지 않는 것이 타당하다.

시세고정·안정행위는 가상자산업자에 대한 안정조작의 예외 근거가 없고, 자본시장에서 시세고정·안정행위(예: 반대매매 방지, 상장폐지 모면)가 현실거래에 의한 시세조종 금지규정으로 규제할 수 있다는 점이 고려된 것으로 보인다.[25] 일본도 가상자산에 대한 시세고정·안정행위에 대한 규제 근거가 없다. 대신 가상자산법상 현실거래에 의한 시세조종 금지규정에 "시세를 변동 또는 고정시키는 매매"

---

23) 거래소가 입출금을 제한하면 가상자산의 유입이 제한되고(가두리 상태), 발행사와 공모한 시세조종 세력이 시세를 견인하여 투자자의 해당 코인 거래를 유인하게 된다. 구체적인 사례는 안현수, "가상자산시장 불공정거래의 규제 - 자본시장 불공정거래 규제와의 비교를 중심으로 -",「금융소비자연구」제12권 제2호(2022.8), 58면 이하 참조.

24) 서울남부지방검찰청, "가상화폐거래소 운영자들의 비리사건 수사결과", (2018.12.18.), 보도자료, 5면.

25) 대법원 2005.12.9. 선고 2005도5569 판결(상장폐지 모면을 위한 시세고정에 대해 현실거래에 의한 시세조종을 적용한 판례).

로 규정함으로써 시세고정행위 역시 금지대상임을 명확화하였다.

　　연계시세조종의 경우 가상자산－가상자산 연계 시세조종의 입법은 필요하다. 예를 들어 테라－루나와 같이 서로를 기초자산으로 하는 스테이블 코인의 경우 A코인의 가격을 인위적으로 하락시키고 B코인으로 차익을 실현하는 연계시세조종이 가능하다.26)

　　다만 가상자산－파생상품간 연계시세조종(예: 비트코인 선물), 가상자산－파생결합증권간 연계시세조종(예: 비트코인 ETF)의 경우 기존 자본시장법상 연계시세조종 금지규정(§176④)의 적용이 가능하므로 규제에 문제가 없다.

III. 부정거래행위

제10조(불공정거래행위 등 금지) ④ 누구든지 가상자산의 매매, 그 밖의 거래와 관련하여 다음 각 호의 행위를 하여서는 아니 된다.

1. 부정한 수단, 계획 또는 기교를 사용하는 행위
2. 중요사항에 관하여 거짓의 기재 또는 표시를 하거나 타인에게 오해를 유발시키지 아니하기 위하여 필요한 중요사항의 기재 또는 표시가 누락된 문서, 그 밖의 기재 또는 표시를 사용하여 금전, 그 밖의 재산상의 이익을 얻고자 하는 행위
3. 가상자산의 매매, 그 밖의 거래를 유인할 목적으로 거짓의 시세를 이용하는 행위
4. 제1호부터 제3호까지의 행위를 위탁하거나 수탁하는 행위

---

1. 의 의

　　부정거래행위 금지는 미공개중요정보 이용행위, 시세조종행위 금지규정이 규제하지 못하는 신종 불공정거래를 규제하기 위한 포괄조항이다. 가상자산법은 자본시장법 제178조의 부정거래행위 금지규정 중 위계 등 사용금지(동조 ②)를 제외하고 그대로 계수하였다.

---

26) 2개 코인 상호 간 수급 알고리즘에 의존하는 알고리즘 기반형 스테이블 코인(테라－루나)의 예를 보자. A코인이 1달러 상당의 B코인과 교환이 보장되는 조건의 스테이블 코인이 있다. 만약 A코인의 가치가 1달러 미만으로 떨어지면 가격이 싼 A코인을 구매하여 1달러 상당의 B코인으로 교환하려는 차익거래 수요가 발생하게 된다. 만약 A코인의 가격을 인위적으로 하락시키고 B코인으로 교환할 경우 현물·현물 연계 시세조종에 해당한다.

가상자산시장의 경우 자본시장에서도 예상하기 어려운 불공정거래 유형이 발생할 가능성이 높으므로 부정거래 금지규정을 통한 규제의 필요성이 있다. EU의 MiCA(§91②(c))나 일본 금융상품거래법(§185의22 등) 역시 암호자산에 대한 부정거래 금지 근거를 마련하고 있다.

2. 요 건

(1) 부정한 수단, 계획 또는 기교

부정한 수단, 계획 또는 기교를 사용하는 행위(법 §10④1)는 다른 규정이 미치지 못하는 불공정거래를 규제하는 포괄규정이다. 판례는 이 조항을 "사회통념상 부정하다고 인정되어 허용될 수 없는 일체의 수단, 계획 또는 기교를 말한다"고 포괄적으로 해석한다.[27]

예를 들어 가상자산거래소 임원이 가장매매를 위해 차명계정을 생성하고 거래화폐와 원화 잔고금액을 허위 입력한 행위는 부정한 수단, 계획 또는 기교에 해당한다.[28]

발행자가 상장유지 목적의 가두리 펌핑을 통한 시세조종 과정에서 가상자산거래소가 시세조종세력에게 슈퍼계정을 제공하여 가상자산 가격을 부양하는 행위도 부정한 수단, 계획 또는 기교를 사용하는 행위에 해당할 수 있다. 이 경우에는 가상자산거래소와 시세조종세력은 상장유지라는 단일한 범의 하에 시세조종과 부정거래를 실행한 공범으로서 포괄일죄에 해당할 것이다.

가상자산시장의 경우 SNS를 이용하여 작전의 대상이 되는 가상자산을 공개하고, 가격이 상승하면 보유한 가상자산을 매도하여 차익을 실현하는 펌프 앤 덤프(Pump & Dump) 전략이 성행하고 있다.[29] 자본시장도 증권방송이나 유튜브를 통해 매수 추천행위 후 보유물량을 매도하는 행위가 발생하는데 이 경우 부정한 수단을 사용한 것으로 본다.[30]

---

27) 대법원 2011.10.27. 선고 2011도8109 판결.
28) [대법원 2020.8.27. 선고 2019도11294 판결] 피고인들이 이 사건 거래소 은행계좌 등에 원화 등의 실제 입금 없이 이 사건 거래시스템에서 생성한 차명계정에 원화포인트 등을 입력한 행위는 이 사건 거래시스템을 설치·운영하는 공소외 1 회사와의 관계에서 그 권한을 남용하여 허위의 정보를 입력함으로써 공소외 1 회사의 의사에 반하는 전자기록을 생성한 경우로서 형법 제232조의2에서 정한 '위작'에 해당한다(형법 제232조의2에 따른 사전자기록위작죄로 처벌한 판례).
29) 구체적인 사례는 안현수, 앞의 논문, 63면 이하 참조.
30) 대법원 2017.3.30. 선고 2014도6910 판결, 대법원 2018.4.12. 선고 2013도6962 판결.

(2) 중요사항에 관한 거짓 기재 또는 표시

중요사항에 관한 거짓 기재 또는 표시행위를 금지한다(§10④2). 중요사항은 "투자자의 투자판단에 중대한 영향을 미칠 수 있는 정보"를 말한다.[31] '거짓의 기재 또는 표시'는 문서뿐만 아니라 언론보도, 인터넷, SNS, 강연 등을 통한 거짓 기재·표시를 포함한다.

예를 들어 가상자산 발행자가 실현 가능성이 없는 내용의 백서를 공표하고 ICO를 통해 자금을 모집하는 경우에는 중요사항에 관한 거짓 기재에 해당할 것이다.[32]

3. 자본시장법과 비교

자본시장법상 위계 등 금지(§178②) 같은 조항이 없으므로 입법 반영이 필요하다는 지적이 있다.[33] 자본시장법의 경우 요건이 더 포괄적인 제178조 제1항 제1호 (부정한 수단)가 신설되면서 동 조항이 주로 적용된다. '위계'는 기망의 결과 투자자의 일정한 행위를 유인할 목적을 요구하나, '부정한 수단'은 이러한 목적을 요구하지 아니하며 매매 그 밖의 거래를 할 목적도 요구하지 않는다. 따라서 포괄조항인 제10조 제4항 제1호만으로도 규제상 문제는 없다.

---

31) 대법원 2011.10.27. 선고 2011도8109 판결.
32) 서울서부지방법원 2001. 12. 6. 선고 2001고단2003 판결(비상장증권 부정거래 주식공모 광고 및 안내문 허위기재에 대한 판결이다).
33) 임세영, 박영주, "가상자산법의 법적 쟁점 3", 「BFL」 제122호(2023.11), 81면.

제 3 절 가상자산사업자의 이해상충행위 규제

Ⅰ. 자기발행 가상자산 거래금지

> 제11조(가상자산에 관한 임의적 입·출금 차단 금지) ⑤ 가상자산사업자는 다음
> 각 호의 어느 하나에 해당하는 경우 외에는 자기 또는 대통령령으로 정하는 특수
> 한 관계에 있는 자(이하 "특수관계인이라" 한다)가 발행한 가상자산의 매매, 그
> 밖의 거래를 하여서는 아니 된다.
> 1. 특정 재화나 서비스의 지급수단으로 발행된 가상자산으로서 가상자산사업자가
>   이용자에게 약속한 특정 재화나 서비스를 제공하고, 그 반대급부로 가상자산을
>   취득하는 경우
> 2. 가상자산의 특성으로 인하여 가상자산사업자가 불가피하게 가상자산을 취득하
>   는 경우로서 불공정거래행위의 방지 또는 이용자와의 이해상충 방지를 위하여
>   대통령령으로 정하는 절차와 방법을 따르는 경우

이 규정은 가상자산사업자나 특수관계인이 발행한 가상자산의 매매, 그 밖의
거래를 금지하는 규정이다. 원래 특금법 시행령상 가상자산사업자에게 자기발행에
관한 제한 기준을 마련하도록 간접규제하였으나(§10의20제5호가목), 2022년 FTX가
자체발행한 코인(FTT)의 폭락을 계기로 파산함에 따라 동 규제가 도입되기에 이르
렀다. 다만 ⅰ) 유틸리티 토큰과 같이 특정 재화나 서비스의 지급수단으로 발행된
가상자산이나, ⅱ) 가상자산 특성으로 인하여 불가피하게 취득하는 경우로서 시행
령상 절차와 방법을 따르는 경우에는 거래가 가능하다.

Ⅱ. 임의적 입출금 차단 금지

> 제11조(가상자산에 관한 임의적 입·출금 차단 금지) ① 가상자산사업자는 이용자
> 의 가상자산에 관한 입금 또는 출금을 대통령령으로 정하는 정당한 사유 없이 차
> 단하여서는 아니 된다.
> ② 가상자산사업자가 이용자의 가상자산에 관한 입금 또는 출금을 차단하는 경우

에는 그에 관한 사유를 미리 이용자에게 통지하고, 그 사실을 금융위원회에 즉시 보고하여야 한다.

③ 제1항을 위반한 자는 그 위반행위로 인하여 형성된 가격에 의하여 해당 가상 자산에 관한 거래를 하거나 그 위탁을 한 자가 그 거래 또는 위탁으로 인하여 입은 손해에 대하여 배상할 책임을 진다.

④ 제3항에 따른 손해배상청구권은 청구권자가 제1항을 위반한 행위가 있었던 사실을 안 때부터 2년간 또는 그 행위가 있었던 때부터 5년간 이를 행사하지 아니한 경우에는 시효로 인하여 소멸한다.

1. 의 의

이 규정은 가상자산사업자가 정당한 사유 없이 이용자의 가상자산 입·출금을 차단하는 행위를 금지하여 이용자의 경제적 권리를 보호하기 위한 것이다. 그간 가상자산거래소는 뚜렷한 이유 없이 가상자산의 입출금을 중단시키는 경우가 많았는데, 이 경우 가상자산의 거래소 유입이 제한되어 해당 거래소만 가격이 급상승할 수 있기 때문이다. '가두리 펌핑'으로 불리는 이 기법은 가상자산거래소와 발행사가 공모하여 시세조종을 하는 수단으로 지적되었다. 이러한 이유로 불공정거래 규제 조항에 포함한 것이다.

2. 예 외

사업자의 귀책사유 없이 입출금 차단이 불가피한 경우에는 이용자 보호를 위하여 신속한 입출금 차단조치가 가능하다. 예를 들어 예치금 관리기관, 입출금 계정을 발급한 금융회사, 가상자산 네트워크에 전산장애가 발생하거나, 법원, 수사기관, 국세청, 금융위원회 등에서 법령에 따라 입출금 차단을 요청한 경우 등이다.

이러한 정당한 사유로 입출금을 차단하는 경우에도 그 사유를 금융위원회에 보고해야 하며(법 §11②), 정당한 사유 없이 임의적으로 입출금을 차단한 경우에는 이용자가 입은 손해를 배상하여야 한다(법 §11③).

제4절 이상거래 감시 및 조사

제12조(이상거래에 대한 감시) ① 가상자산시장을 개설·운영하는 가상자산사업자는 가상자산의 가격이나 거래량이 비정상적으로 변동하는 거래 등 대통령령으로 정하는 이상거래(이하 "이상거래"라 한다)를 상시 감시하고 이용자 보호 및 건전한 거래질서 유지를 위하여 금융위원회가 정하는 바에 따라 적절한 조치를 취하여야 한다.

② 제1항의 가상자산사업자는 제1항에 따른 업무를 수행하면서 제10조를 위반한 사항이 있다고 의심되는 경우에는 지체 없이 금융위원회 및 금융감독원장(「금융위원회의 설치 등에 관한 법률」 제24조제1항에 따라 설립된 금융감독원의 원장을 말한다. 이하 같다)에게 통보하여야 한다. 다만, 제10조를 위반한 혐의가 충분히 증명된 경우 등 금융위원회가 정하여 고시하는 경우에는 지체 없이 수사기관에 신고하고 그 사실을 금융위원회 및 금융감독원장에게 보고하여야 한다.

I. 이상거래의 감시

1. 의 의

가상자산시장을 개설·운영하는 가상자산사업자는 시장의 이상거래를 감시하고, 금융위원회가 정하는 바에 따라 적절한 조치를 취해야 하며, 불공정거래가 의심되는 경우 금융당국에 통보할 의무가 있다. 가상자산시장의 초동감시를 통해 시장의 공정성을 제고하고, 향후 행정조사·수사에 이르는 프로세스를 구축하기 위함이다. 이 규정은 자본시장법상 거래소의 이상거래의 심리 및 예방업무 등 시장감시업무(§377①8, §404)를 모델로 한 것이다.

2. 감시 주체

상시감시 및 조치 의무는 '가상자산시장을 개설·운영하는 가상자산사업자'에게 있다. 통상 가상자산거래소로 불리는 가상자산사업자를 말한다. 가상자산시장은 '가상자산의 매매 또는 가상자산간 교환을 할 수 있는 시장'을 말한다(법 §2조4호).

만약 가상자산거래소가 아닌 가상자산사업자가 장외에서 상대매매하거나 교환을 업으로 하는 경우에도 이를 가상자산 '시장'으로 보아 감시의무를 부과해야 하는가. 가상자산법상 불공정거래 규제가 상장을 전제하지 않는다는 점에서 장외 매매·교환업자도 적용 가능하다는 견해가 있으나,[34] 법문상 "가상자산시장을 개설·운영하는 가상자산사업자"인 가상자산거래소에게 불특정다수의 실시간 매매를 중개하는 과정에서 '상시' 감시의무를 부과한 취지를 갖는다. 향후 가상자산거래소에 대한 별도의 정의와 인가요건을 통한 명확한 구분이 필요하다.

자본시장법의 경우 금융투자상품시장은 증권·장내파생상품의 매매를 하는 시장으로서 금융당국의 허가를 받는 '거래소'를 의미한다(자본시장법 §8의2). 따라서 자본시장법은 장외에서의 매매거래를 업으로 하는 곳은 '시장'으로 보지 않는다.

3. 통보의무 등

가상자산시장을 개설·운영하는 가상자산사업자는 이상거래에 대한 감시업무를 수행하면서 제10조의 불공정거래 금지규정 위반이 의심되는 경우 금융위원회 및 금융감독원에 통보해야 한다. 다만 위반 혐의가 충분히 증명된 경우 등 금융위원회가 고시하는 경우에는 바로 수사기관에 신고하고 그 사실을 금융위원회 및 금융감독원에 보고하여야 한다(법 §12②). 이는 불공정거래 혐의사실을 금융당국 또는 수사기관에 통보함으로써 후속되는 행정조사 또는 수사에 활용하기 위함이다.

자본시장법의 경우 거래소의 이상거래 심리 결과는 금융위원회에 통보하도록 규정하나, 가상자산시장의 감시결과는 경우에 따라 수사기관 통보가 가능하다.

가상자산사업자는 한국거래소와 같은 금융투자업자에 대한 자료제출요청권(자본시장법 §404① 본문)이나 금융거래정보요구권이 없다(금융실명법 §4①7). 가상자산거래소의 경우 계좌의 개설, 자금의 예치, 가상자산의 보관 및 중개를 자체적으로 수행한다는 점이 고려된 것으로 생각된다.

Ⅱ. 불공정거래 조사

가상자산법상 불공정거래 조사 규정(법 §14)은 조사공무원의 압수·수색 권한(자본시장법 §427)이 없다는 것만 제외하면 자본시장법상 조사권한(동법 §426)과 동일한 내용을 담고 있다.

금융위원회는 혐의자 또는 그 밖의 관계자에 대하여 ⅰ) 자료제출요구권, ⅱ)

---

34) 윤종수·이정명, "가상자산법의 법적 쟁점 4", 「BFL」 제122호(2023.11), 96면.

진술요구권, iii) 영치권 및 iv) 현장조사권을 갖는다. 특징적인 것은 조사 요구 불응에 대해 자본시장법은 처벌 조항(§426②)을 두는 것과 달리 가상자산법은 1억원 이하의 과태료 부과대상으로 하고 있다는 점이다. 임의조사에 대한 벌칙은 진술 등의 임의성 보장을 훼손하는 것이나, 과태료 대상으로 한 것은 그나마 진일보한 것이라 평가할 수 있다.

제5절 과징금 및 벌칙

I. 과징금

법 제10조에 따른 미공개중요정보 이용행위, 시세조종 및 부정거래 금지 규정을 위반한 자는 부당이득의 2배이하의 과징금을 부과할 수 있고, 부당이득이 없거나 산정하기 곤란한 경우에는 40억원 이하의 과징금을 부과할 수 있다(법 §17①). 이 조항은 2023년 신설된 자본시장법상 불공정거래에 대한 과징금 조항(§ 429의2)과 동일한 내용을 반영하였다. 부당이득을 초과한 배수의 과징금 부과가 가능하므로, 자본시장법상 불공정거래 과징금의 예와 같이 불공정거래 규모나 전력 여부에 따라 가중·감경될 것이다.

II. 벌칙

법 제10조에 따른 미공개중요정보 이용행위, 시세조종 및 부정거래 금지 규정을 위반한 자는 1년 이상의 유기징역 또는 부당이득의 3배 이상 5배 이하의 벌금에 처한다. 부당이득이 없거나 산정이 곤란한 경우 또는 부당이득의 5배에 해당하는 금액이 5억원 이하인 경우에는 벌금의 상한액은 5억원으로 한다(법 §19①). 벌칙조항 역시 자본시장법상 불공정거래 벌칙조항의 내용을 그대로 반영하였다. 부당이득에 따른 징역형의 가중(법 §19④), 필요적 몰수·추징(법 §20)도 마찬가지이다. 다만 자본시장법은 징역과 벌금을 필요적 병과사항으로 하는 반면(자본시장법 §447의2), 가상자산법은 임의적 병과사항으로 정하고 있다는 차이가 있다(법 §19⑤).

▪ 판례 색인 ▪

■ 사항 색인 ■

저자 약력

- 광주 生, 전남대학교 법학과 졸업(1999), 성균관대학교 법학전문대학원(법학박사, 2017)
- 한국거래소 입사(2000), 기획부, 홍보부, 코스닥 상장심사부, 금융위원회(파견), 서울남부지방검찰청 증권범죄합동수사단(파견), 기획감시팀장, 코스닥 상장심사팀장, 심리총괄팀장, 시장감시제도팀장, 증권·파생상품 연구실장
- 現 한국거래소 감리부장, 한국증권법학회 이사

주요 논문

- 가상자산시장 불공정거래의 규제 – 자본시장 불공정거래 규제와의 비교를 중심으로 – 「금융소비자연구」 제12권 제2호(한국금융소비자학회, 2022.8)
- 한국형 기업인수목적회사(SPAC) 규제체계의 특징과 개선과제 – 미국의 기업인수목적회사 제도와의 비교를 중심으로 – 「증권법연구」 제21권 제1호(증권법학회, 2020.4)
- 자본시장법상 내부자거래의 정보이용요건에 관한 연구 「형사법의 신동향」 제64호(대검찰청, 2019.9)
- 자본시장법상 불공정거래 조사권한의 법적 성질에 관한 연구 「법조」 제68권 제4호(법조협회, 2019.8)
- 자본시장법상 불공정거래행위 과징금 제도에 대한 고찰과 개선과제 – 일본의 과징금 제도와의 비교를 중심으로 – 「증권법연구」 제19권 제3호(한국증권법학회, 2018.12)

제2판
자본시장 불공정거래

초판발행	2022년 1월 30일
제2판발행	2024년 5월 10일
지은이	안현수
펴낸이	안종만·안상준
편 집	윤혜경
기획/마케팅	조성호
표지디자인	BEN STORY
제 작	고철민·조영환
펴낸곳	(주) 박영사
	서울특별시 금천구 가산디지털2로 53, 210호(가산동, 한라시그마밸리)
	등록 1959. 3. 11. 제300-1959-1호(倫)
전 화	02)733-6771
f a x	02)736-4818
e-mail	pys@pybook.co.kr
homepage	www.pybook.co.kr
ISBN	979-11-303-4721-9 93360

정 가   38,000원